北京市金融年鉴

2015

ALMANAC
OF BEIJING FINANCE
AND BANKING

《北京市金融年鉴》编辑部

（总第29卷）

中国金融出版社

责任编辑：王慧荣
责任校对：孙　蕊
责任印制：程　颖

图书在版编目（CIP）数据

北京市金融年鉴 2015（Beijingshi Jinrong Nianjian 2015）/《北京市金融年鉴》编辑部编．—北京：中国金融出版社，2016. 1
ISBN 978－7－5049－8275－9

Ⅰ．①北…　Ⅱ．①北…　Ⅲ．①地方金融事业—北京市—2015—年鉴
Ⅳ．①F832. 71－54

中国版本图书馆 CIP 数据核字（2015）第 311227 号

出版发行　中国金融出版社
社址　北京市丰台区益泽路 2 号
市场开发部　（010）63266347，63805472，63439533（传真）
网上书店　http：//www. chinafph. com
（010）63286832，63365686（传真）
读者服务部　（010）66070833，62568380
邮编　100071
经销　新华书店
印刷　北京市松源印刷有限公司
尺寸　185 毫米×260 毫米
印张　46
插页　10
字数　952 千
版次　2016 年 1 月第 1 版
印次　2016 年 1 月第 1 次印刷
定价　100. 00 元
ISBN 978－7－5049－8275－9/F. 7835
如出现印装错误本社负责调换　联系电话（010）63263947
（内部发行）

2014年11月5日，中国人民银行营业管理部与中关村管委会、海淀区人民政府签署支持人民银行中关村中心支行持续发展备忘录。

2014年9月11日，北京农商银行与河北省农村信用社联合社、天津农商银行签订京津冀农村金融服务一体化战略合作协议。

2014年12月17日，建设银行北京市分行与中央国家机关住房资金管理中心签署全面加强住房资金业务合作协议暨住房公积金贷款、归集业务合同。

2014年3月17日，北京银行与西城区人民政府签署政银合作协议。

2014年12月1日，北京国际信托有限公司与北京市首都公路发展集团有限公司签署战略合作协议。

交通银行北京市分行与北京市国有文化资产监督管理办公室签署全面战略合作协议。

2014年7月14日，招商银行北京分行与海淀区人民政府签署战略合作协议。

2014年6月12日，中国民生银行总行营业部与中国长城资产管理公司北京办事处签署战略合作协议。

2014年6月24日，平安银行北京分行与北京产权交易所有限公司签署战略合作协议。

2014年8月20日，北京银行与北京市科学技术委员会联合举办全面战略合作签约仪式暨循环贷产品发布会，北京银行将在四年内为北京市科技企业提供1 000亿元意向授信。

2014年9月27日至10月5日，中信银行总行营业部举办“我爱中信　我爱中网”活动。

2014年6月26日，中信银行总行营业部与北京北方出租汽车有限公司、北京银联商务有限公司联合举办出租车受理银联卡签约暨发车仪式。

2014年9月28日，华夏银行北京分行与华夏银行天津分行、华夏银行石家庄分行同步举行“华夏京津冀协同卡”首发仪式。

2014年9月2日，北京农商银行举办互联网金融产品“社区e服务”平台发布会。

工商银行北京市分行举办“关心残疾人 让爱多一点”——助残日活动暨中国工商银行服务指南（盲文版）、助盲卡发布启动仪式。

邮储银行北京分行积极扶持小微企业，为京郊服装企业提供资金支持。

2014年11月21日，太平洋财产保险公司北京分公司向通州区果农赔付117.8万元。这是北京市自2007年开办政策性农业保险以来，单个农户获得的金额最大的保险赔款。

国家开发银行北京市分行以北京市保障房建设投资中心作为市级统贷统还平台，创新设立“预授信+核准”的“北京模式”，积极支持北京市棚户区改造。

北京农商银行积极为昌平区草莓种植户提供优质金融服务，扶持其创收致富。

中国进出口银行北京分行相关人员深入企业调查研究。

太平财产保险公司北京分公司携手瑞尔齿科、正气堂为社区居民义诊。

中国人寿保险公司北京市分公司向首都平安志愿者赠送团体意外伤害保险。

北京农商银行为印刷类小微企业提供优质金融服务。

邮储银行北京分行充分发挥村官信贷员优势，深入田间地头，真情服务“三农”。

2014年6月30日，太平洋财产保险北京分公司与中国医院协会妇产医院管理分会签署保险协议，首席承保全国关爱母婴安全项目。

中国银行北京市分行为2014年APEC会议提供优质金融服务。

2014年1月21日，由北京银行发起设立的北银金融租赁公司正式开业，这是国内首家由城市商业银行发起设立的金融租赁公司。

国内首台个人信用报告自助查询机正式落户北京农商银行朝阳支行望京分理处并开通使用，城乡居民凭身份证件即可查询个人信用记录。

2014年，建设银行北京市分行在京设立了40家个人出入境金融服务中心。该中心提供包括外汇汇款、个人存款证明、携带外汇出境许可证、外汇买卖、光票托收、出国咨询、世界旅行信用卡、移民咨询等服务。

南京银行北京方庄支行开业。

农业银行北京市分行正式上线“超级柜台”。该“柜台”通过整合关联交易、柜面设备和单证协议，可实时反馈账户信息、生动展示在售产品、快速联动签约销售，实现大部分个人非现金业务的快速处理。

新华人寿保险公司北京分公司四星级客服柜面揭牌。

杭州银行北京石景山文创支行作为北京市首家文创金融专营支行参展第九届中国北京国际文化创意产业博览会。

民生人寿保险公司北京分公司开展“3·15”消费者权益保护宣传活动。

太平人寿保险公司北京分公司的客服人员向客户发放保险知识普及读本。

平安银行北京分行开展“平安关爱 最美夕阳”敬老公益活动，为社区老人讲解反假货币知识。

上海银行北京分行开展“金融知识伴您同行服务月”户外宣传，向市民介绍银行卡、理财产品等业务特色和服务流程。

大连银行北京分行开展反洗钱宣传活动。

中国银行北京市分行开展“防范和打击非法集资相关知识”宣传教育活动。

中国银联北京分公司开展以“宣传随行 互动暖心”为主题的银行卡知识宣传活动。

太平人寿保险公司北京分公司与中国少年儿童杂志社合作开展太平爱心公益林活动。

华泰财产保险公司北京分公司举办“保险进社区”志愿服务活动。

农业银行北京市分行开展“普及金融知识万里行”活动。

泰康人寿保险公司北京分公司以“爱无疆，责任在行”为主题，开展保险公众宣传日活动。

太平洋人寿保险公司北京分公司举办“少年智”第九届少儿书画大赛。

人民银行营业管理部献礼祖国65华诞，“我和国旗有个约会”。

人民银行营业管理部青年课题组荣获2014年人民银行青年论坛金奖。

中信银行总行营业部组织党员赴中共中央当年香山办公地举行党日活动。

建设银行北京市分行举班首届自助设备技能大赛。

邮储银行北京分行员工利用晨会时间进行礼仪演练。

华夏银行北京分行举办“创建华夏服务品牌 提升客户服务价值”会计专业技能比赛。

盛京银行北京分行举办新员工拓展训练。

大连银行北京分行举办第一届员工趣味运动会。

平安银行北京分行举办第六届职工运动会。

《北京市金融年鉴》编辑委员会

《北京市金融年鉴》编辑部

编辑说明

一、《北京市金融年鉴》（以下简称《年鉴》）是北京市金融行业年鉴，是全面反映北京市金融运行、发展情况的资料性工具书。由中国人民银行营业管理部牵头，北京银监局、北京证监局、北京保监局、北京市金融工作局，60多家银行业、证券业、保险业机构以及10余家协会、商会、学会共同参与编写，《北京市金融年鉴》编辑部组织编纂，逐年出版。

二、本卷《年鉴》为总第29卷，主要记述的是2014年北京市金融业运行与发展情况、重大事件、活动及各金融机构贯彻执行国家金融政策，依法合规经营，防范和化解金融风险，改进金融服务，加强精神文明建设，支持首都经济增长目标的实现等方面所做的大量工作和面临的问题。

三、本卷《年鉴》收录的北京主要经济社会指标摘自《北京市统计年鉴》，金融统计资料由中国人民银行营业管理部、北京银监局、北京证监局、北京保监局提供。在使用中请注意统计口径的差别和适用范围。

四、本卷《年鉴》中各金融机构的排列顺序名次无高低之分。

五、本卷《年鉴》在编纂过程中得到北京市金融系统各单位的大力支持，在此表示衷心的感谢。

六、由于编纂水平有限，书中难免有缺陷和疏漏之处，诚请广大读者批评指正。

《北京市金融年鉴》编辑部

2015年12月

目　　录

一、形势综述

二、市场运行

三、发展与监管

四、服务与管理

五、机构业务综述

金融管理机构

金融机构

六、文件与规章

七、专题与调研

八、统计资料

(一) 金融业务综合统计

（二）金融机构业务统计

（三）机构、人员统计

九、大事记

十、附　　录

（一）北京市金融机构名录

(二) 机构简介

（三）协会、商会、学会活动简介

（四）2014 年度北京市金融系统先进单位、先进个人名录

一、形势综述

关于北京市2014年国民经济和社会发展计划执行情况与2015年国民经济和社会发展计划草案的报告

——2015年1月23日在北京市第十四届人民代表大会第三次会议上

北京市发展和改革委员会

各位代表：

受市人民政府委托，现将北京市2014年国民经济和社会发展计划执行情况与2015年国民经济和社会发展计划草案的报告提请市第十四届人大第三次会议审议，并请市政协各位委员提出意见。

一、2014年国民经济和社会发展计划执行情况

2014年，全市上下深入学习贯彻习近平总书记系列重要讲话和对北京工作的重要指示精神，在党中央、国务院和中共北京市委的坚强领导下，在市人大及其常委会的监督支持下，坚持稳中求进工作总基调，紧紧围绕落实首都城市战略定位和建设国际一流的和谐宜居之都的目标，加大空气污染治理和环境整治力度，调整疏解非首都核心功能，加快构建“高精尖”经济结构，着力稳增长、促改革、调结构、惠民生，较好地完成了全年主要目标和任务，实现了首都经济社会持续稳步发展。

（一）重点领域改革全面深化

落实市委全面深化改革的决定，完成了110项年度重点改革任务，市场活力和发展动力进一步激发。进一步简政放权。取消和下放70项审批事项，公布市级投资项目审批事项清单，总结推广优化投资项目审批流程试点经验，修订政府核准投资项目目录，核准事项减少65%。实施“先照后证”、“三证合一”等商事制度改革。激发市场主体活力。制定实施全面深化市属国资国企改革的意见，积极推动国有企业并购重组和资本运营。出台加强金融支持小微企业发展的若干措施，落实小微企业税收优惠政策，进一步减轻企业负担。加快投融资体制改革，126项市政基础设施领域市场化试点项目70%的社会资本来源已经落实，新一批61个试点项目正式发布。深化财税金融改革。扩大“营改增”试点范围，总减税376.6亿元，成功发行地方政府债券105亿元、企业债券332.5亿元。全国中小企业股份转让系统挂牌企业达到1 572家。印发政府向社会力量购买服务的实施意见。稳妥推进价格改革。实施居民生活用水阶梯价格政策，调整了非居民水价、电价、气价、热价，利用价格杠杆促进资源节约。实施公共交通票制票价改革，建立了票价动态调整机制，促进公共交通可持续发展。加快社会领域改革创新步伐。深化教科文卫体等领域新兴服务业议案办理，出台促进健康服务业发展的意见，西城区、朝阳区

纳入国家养老服务业综合改革试点。深化教育领域改革，义务教育免试就近入学取得突破。出台继续深化医药卫生体制改革的意见，落实城乡居民大病保险制度，稳步推进基层医疗卫生机构综合改革，继续深化公立医院综合改革。创新社会治理体系，研究制定深化首都社会治理体制改革的意见。

（二）首都经济稳中提质

坚持主动作为、综合施策，有效应对经济下行压力，着力稳增长；坚持和强化首都城市战略定位，综合运用多种手段，引导非首都核心功能调整疏解，加快调结构。

经济运行质量进一步提升。呈现出增长稳、就业增、价格低、效益好的良好局面。全市地区生产总值比上年增长7.3%，处于经济运行的合理区间。城镇登记失业率1.31%，居民消费价格上涨1.6%。城乡居民人均收入分别同比增长8.9%和10.3%，扣除价格因素分别实际增长7.2%和8.6%。一般公共预算收入增长10%。资源消耗和排放水平进一步降低，万元地区生产总值能耗、水耗预计分别下降5.5%和4%，二氧化硫、氮氧化物、化学需氧量、氨氮等主要污染物排放量降幅超额完成年度任务。

结构调整出现积极变化。消费拉动作用更加突出。全市实现社会消费品零售额9 098.1亿元，增长8.6%，其中网上零售额增长69.7%；完成全社会固定资产投资7 562.3亿元，增长7.5%。重点产业支撑更加稳固。规模以上工业增加值和服务业增加值分别增长6.2%和7.5%。集成电路、节能环保等战略性新兴产业增加值增长17.9%。金融、信息服务、科技服务等生产性服务业保持较快增长。惠民文化消费的关联带动作用进一步释放，文化创意产业收入增速逐季提高，北京环球主题公园正式获批。都市型现代农业发展向好，制定实施调结构、转方式、发展高效节水农业的意见，成功举办第75届世界种子大会和第11届世界葡萄大会。产业融合化、国际化趋势更加明显。信息技术、金融、商业、生活服务等领域新业态、新模式发展迅速。制定了文化创意和设计服务融合发展行动计划，加快落实文化科技融合相关政策。“引进来”和“走出去”相结合，服务业实际利用外资、服务贸易规模、企业境外直接投资分别增长13.1%、15.4%和77.6%。

创新引领效应不断释放。发布加快全国科技创新中心建设的意见，赋予单位科技成果自主处置权，促进科技资源开放共享，增强对科技人才的激励。发布实施“京校十条”、“京科九条”、北京技术创新行动计划等政策，中关村先行先试政策向全国推广。中关村示范区技术收入增长18.4%，全市年技术交易额达到2 531.5亿元，发明专利授权量达到2万件以上。文化创意产业功能区建设发展规划和产业提升规划发布实施，国家文化产业创新实验区获批设立。大力推进文化金融创新，设立文创融资担保公司，文化企业兼并重组、资产证券化步伐明显加快，鼓励民间资本投资发展文化创意产业。

非首都核心功能产业加快疏解。严格控制增量产业，制定实施新增产业的禁止和限制目录，按目录要求工商部门不予登记和不予办理增项等变更登记已达3 760件，市区两级发展改革和经济信息部门新批的1 278个投资项目均符合目录要求。加快推进存量产业调整，发布工业污染行业、生产工艺调整退出及设备淘汰目录，实施工业企业调整退出奖励资金管理办法，关停退出392家一般制造业和污染企业；拆除中心城36个商品交易市场，推进53个产业转移疏解项目；实施128项污染防治和节能技改项目，开展34家中心城商品交易市场升级改造。

（三）“城市病”治理向纵深推进

加强人口规模调控。明确人口规模调控工作任务措施，落实区县责任，综合运用经济、法律等多种手段调控人口，全市常住人口增速进一步放缓。依法治理群租房、地下空间违法居住、无证照经营等行为。严控中心城大型公建项目，以功能疏解和产业调整促进人口疏解。

聚焦环境污染治理。严格实施大气污染防治条例，出台36项配套政策和制度，全面落实84项重点治理措施。全年实现压减燃煤280万吨，五环路内基本取消燃煤锅炉。淘汰老旧机动车47.6万辆，率先实现黄标车基本淘汰。推广应用节能、清洁能源和新能源汽车1.3万辆，在社会公用领域建成电动汽车充电桩1 400余根。完成平原造林35万亩。加快实施生活垃圾处理设施、污水处理和再生水利用设施建设三年行动方案，鲁家山生活垃圾焚烧厂等项目投入运行，槐房、定福庄等4座再生水厂加快推进。大幅提高主要污染物排污、非居民生活垃圾和建筑垃圾处理收费标准，碳排放权交易市场交易额达到1.1亿元，运用经济手段从源头促进污染减排。

持续开展交通治堵。轨道交通地铁7号线、6号线二期、15号线一期西段、14号线东段等4条线路建成通车，新增运营里程62公里，总运营里程达到527公里，编制完成北京市城市轨道交通建设规划（2014～2020年版）。加强路网建设和道路微循环改造，建成通车万寿路南延、京良路等工程，开工建设长安街西延等中心城骨干道路，加快推进北新华街、体育馆西路等微循环道路建设。出台实施加快公共交通发展提高服务和管理水平的意见，公共交通出行比例达到48%。

城市运行保障能力继续提升。南水北调中线一期工程建成通水，多水源保障格局基本形成。西北热电中心建成投用，天然气陕京四线全线工程获得国家核准，陕京三线及大唐煤制气一期工程实现通气，能源需求得到有效保障。制定加强城市地下管线建设管理工作职责分工方案，完成地下管线消隐改造52.5公里。72条中小河道治理工作顺利推进，确保了安全度汛。完善应急储备体系，生活必需品保障进一步加强。

（四）城乡区域发展更趋协调

实施区县差异化考核评价体系，四类功能区差异化、特色化发展格局更加巩固。核心区环境整治、旧城保护、功能疏解等重点任务有序推进，100条背街小巷整治进展顺利。拓展区创新动能加速积聚，开放发展、集约发展水平进一步提升。发展新区经济发展活力增强，城市副中心核心区建设加快。生态涵养区生态保护与经济社会发展协调推进，怀柔雁栖湖生态发展示范区建成并为APEC会议提供高水平服务，密云古北水镇项目投入运营。重点区域建设提升步伐加快。城南行动计划第二阶段任务稳步推进。发布推进首钢老工业区改造调整和建设发展意见，首钢西十筒仓改造主体工程完工。城乡结合部环境不断改善，50个重点村回迁安置房建设进展顺利，第二道绿化隔离地区6个统筹城乡建设用地试点积极推进。落实国家新型城镇化规划（2014～2020

年)，积极申报国家级新型城镇化试点。完成第二批小城镇污水处理设施市场化建设项目特许经营招标。顺义石家营等48个新型农村社区试点有序开展，丰台南宫、平谷西柏店等588个村庄启动美丽乡村建设。

（五）民生保障水平不断提升

全市城乡就业困难人员实现就业15.5万人，六项社会保障待遇标准均提高10%左右。修订城乡居民基本生活消费品价格变动应急救助预案，确保低收入群体生活不受价格调整影响。完成老旧小区综合整治1 608万平方米，实施棚户区改造项目205个，拆除违法建设1 531万平方米，环境风貌进一步改善。保障性住房竣工10.7万套，新开工10.1万套，超额完成年度任务。继续实施送气下乡、农宅保温改造等能源安居工程，96万户城乡居民用能条件得到改善。学前教育、中小学、市属高校三个三年行动计划建设成效陆续显现，新增城乡一体化学校20所、学前教育学位1.6万个。清华长庚医院、北大国际医院建成投入使用，天坛医院迁建工程顺利推进。推行分时段就诊，成立30个区域医联体，完善分级诊疗服务体系。南城养老院主体工程基本完工，海淀清河等3家区县级公办养老机构投入使用，104个街乡镇养老照料中心建设顺利推进，第一批医养结合试点稳步实施，推动养老助残“券变卡”工作。东城豆瓣社区等一批体育生活化社区和门头沟潭柘寺镇等一批重点镇文体中心陆续建成，基层消防站、人民法庭加快建设。

（六）京津冀协同发展迈出坚实步伐

认真落实国家京津冀协同发展领导小组各项工作部署，主动融入协同发展大局，各项工作取得积极进展。成立北京市推进京津冀协同发展领导小组，设立区域协同发展领域改革专项小组，全面加强组织领导和统筹协调。积极推进合作机制建设，与天津市、河北省分别签订了合作框架协议和备忘录，明确合作宗旨和合作重点，并逐项分解落实。扎实推进交通、生态环保、产业三个重点领域的率先突破。坚持问题导向，制定工作方案，对现实急需、具备条件的重点工作和重大项目先行启动。加快交通基础设施互联互通，组建京津冀城际铁路投资公司，北京新机场、京张铁路八达岭越岭段、京沈客专实现开工，京昆高速、国道111二期建成通车。建立区域生态环境保护协调机制，积极推进10万亩京冀生态水源保护林、张家口坝上地区25万亩退化林分改造试点等重点工程。加快构建“4 + N”的产业合作格局，设立北京京冀协同发展产业投资基金，提出曹妃甸协同发展实施方案，大力推进新机场临空经济合作区、张承生态功能区等规划建设，中关村示范区与滨海新区合作取得进展。支持区域性物流设施、批发市场有序转移。全力推进北京—张家口联合申办2022年冬奥会工作。促进公共服务共建共享和市场一体化建设，全面实施京津冀通关一体化，北京朝阳医院与河北燕达医院合作取得实质性突破。

过去的一年，本市圆满完成了新中国成立65周年庆祝活动和亚太经合组织第二十二次领导人非正式会议相关服务保障工作，成功入围2022年冬奥会候选城市。过去的一年，本市牢牢把握首都发展的阶段性特征和新形势、新任务、新要求，不断深化对首都城市战略定位的认识，全面启动“十三五”规划编制和城市总体规划修改，积极调整疏解非首都核心功能，构建“高精尖”经济结构，努力克服经济下行压力，较好地完成了全年主要目标和任务，成绩来之不易。但首都经济社会发展中也存在着一些突出困难和矛盾亟待解决。从年度计划的执行情况看，空气中细颗粒物（PM2.5）年均浓度下降 4%，与下降 5% 左右的计划目标还有一定差距，需要进一步加大工作力度。从重点任务的落实情况看，受选址难、落地难、融资难、市场化环境仍不完善等因素影响，部分垃圾处理、道路交通、燃气管线项目建设慢于预期进度。从发展难题破解看，人口调控、交通拥堵等“城市病”治理难度大，需要持之以恒地推进；首都功能核心区提升、城乡结合部环境整治有待加强，垃圾污水处理能力仍显不足；结构调整任务仍然艰巨，存量产业调整难度较大，新兴产业接续不足，稳增长与调结构压力并存。同时，教育、医疗、养老、安全生产、食品安全等民生保障任务仍然繁重。

二、2015 年经济社会发展计划初步安排

2015 年是全面深化改革的关键之年，是全面推进依法治国的开局之年，也是全面完成“十二五”规划的收官之年。我们要按照政府工作的总体要求，深入贯彻落实党的十八大、十八届三中、四中全会和中央经济工作会议精神，深入学习贯彻习近平总书记系列重要讲话和对北京工作的重要指示精神，主动适应经济发展新常态，坚持稳中求进工作总基调，牢牢把握首都城市战略定位，积极落实京津冀协同发展战略，更加注重改革创新，更加注重经济发展的质量和效益，更加注重生态文明建设，更加注重城市精细化管理，更加注重保障和改善民生，更加注重法治政府建设，推动首都经济社会持续健康发展，向着国际一流的和谐宜居之都迈出坚实步伐。在年度计划执行中，要切实把适应经济发展新常态、落实“四个中心”新定位、建设国际一流的和谐宜居之都的新目标贯穿于各项工作之中，重点把握稳增长与调结构的平衡，促进经济社会发展与城市功能更加协调、与民生需求更加适应、与提质增效升级要求更加契合。2015 年经济社会发展主要目标初步安排是：

经济发展主要目标。地区生产总值增长 7% 左右。一般公共预算收入同口径增长 7% 以上。居民消费价格指数控制在 103.5% 左右。

社会发展主要目标。更加重视发展成果惠及人民。城镇登记失业率控制在 3% 以内；城镇居民人均可支配收入和农民人均纯收入均实际增长 7%；城乡居民和城镇职工各项保险参保率进一步提高，社会保障覆盖面继续扩大。

创新发展主要目标。继续加强以企业为主体的创新体系建设，全社会研究与试验发展经费支出占地区生产总值比重保持在 6% 左右，每万人发明专利授权量达到 10.3 件。

绿色发展主要目标。加大节能减排和生态环境改善力度。万元地区生产总值能耗和二氧化碳排放量分别下降 2% 和 2.5%，万元地区生产总值水耗下降 4%；全市林木绿化率达到 59%，生活垃圾资源化率达到 55%，再生水利用率达到 75%。空气中细颗粒物（PM2.5）年均浓度下降 5% 左右，城市环境、空气质量不断改善。

三、实现 2015 年经济社会发展计划的主要措施

落实中央和市委各项决策部署，通过全面深化改革进一步释放市场活力，通过创新驱动加快转换发展动力，通过转方式调结构不断提升发展质量和效益，全面实现“十二五”规划目标任务，谋划好“十三五”时期首都发展，适应新常态、落实新定位、迈向新目标。

（一）着力提升京津冀协同发展水平

实施京津冀协同发展国家战略，认真对接和落实京津冀协同发展规划纲要，创新协同发展体制机制，消除隐形壁垒，加快推进重点领域率先突破。

加快疏解非首都核心功能。（1）严控增量。严格落实新增产业的禁止和限制目录，完善相关配套措施，把好审批和登记源头，严格准入。（2）调整存量。加快研究制定调整疏解具体方案，梳理项目清单，按就地淘汰、转移疏解、改造升级等方向对存量功能和产业加快调整。就地关停退出300家污染企业，逐步清退镇村工业大院，加快疏解一般制造业和区域性批发市场，引导符合首都核心功能、具有一定提升空间的产业进行改造升级。（3）有序对接。强化统筹指导、政策制定、对接协调和督促检查，明确阶段性任务，做好与外埠园区和机构对接协作，推动医疗、教育等领域政策衔接和对接合作。

推动重点领域率先突破。（1）将交通一体化作为协同发展的先行领域。加快京沈客专、京张铁路、京台高速等一批快速铁路和高速公路项目建设，推进跨区域重点城市公交一卡通、货运公共信息平台等交通服务管理一体化。（2）健全京津冀生态合作体制机制。完善协同发展生态环境保护规划，共同建立污染监测预警与应急联动机制，积极推进跨区域碳排放权交易市场建设，继续实施生态水源保护林等工程，推进京津保中心区过渡带生态建设，共同构建区域生态安全体系。（3）集中构建“4+N”产业合作格局。用好京冀协同发展产业投资基金，建设曹妃甸协同发展示范区，推动临空经济合作区规划编制和实施工作，加大张承生态功能区支持力度，增强天津滨海—中关村科技园研发转化和制造功能，积极争取科技体制机制、人才吸引等改革创新政策。

创新协同发展体制机制。（1）发挥好规划协同引领作用，完善跨行政区、跨领域的规划对接机制，落实与天津、河北签订的合作框架协议和备忘录。（2）按照共享共担原则，积极探索共建产业园区的税收、节能减排等方面的利益分配和责任分担机制。（3）推动构建区域一体化市场体系。推进建立要素资源市场化流转制度和资本跨区域流动的促进机制，推动跨区域企业、技术、人才和资源的优化配置。

加快协同创新共同体建设。（1）发挥中关村和天津滨海新区先行先试政策优势，促进创新功能的跨区域配置。（2）推动构建区域创新分工协作体系。在研发、中试、产业化、孵化、市场等功能环节进行差异化细分，加强区域创新资源整合与优势互补。（3）促进区域科技创新资源共享。共同构建开放的技术交易市场，加强人才联合培养，推动高新技术企业资质互认、科技成果交易市场开放。（4）搭建跨区域产业合作平台，促进跨区域成果转化和产业化。

（二）着力全面深化改革

围绕突出问题推进改革，做好改革方案制定，抓好改革措施落地。深入推进行政审批制度改革。做好国务院下放审批事项的衔接落实，再精简200项以上审批事项，不再保留非许可类审批事项，依法加强事中事后监管。市级具有审批职能的部门进驻政务服务中心开展工作，实现审批规范化、集中化。深化商事制度改革，为企业准入提供更多便利。稳步实施财税金融改革。制定发布本市预算管理制度改革的实施意见，建立跨年度预算平衡机制，做好“营改增”扩围等工作。继续完善多层次资本市场体系，加快国家科技金融创新中心建设。积极有序推进价格改革。加快修订完善政府定价目录，缩小定价范围，改革完善定价机制规则。适时调整非居民气价、热价，研究推行居民阶梯气价政策，积极推进医疗服务价格改革，分期分批加快出台医疗服务价格改革项目。加快国资国企改革。出台市属国资国企改革实施规划和配套政策，调整优化国有资本的投资方向和重点，提高国有资本证券化率。深化教育和医疗改革。制定实施教育综合改革意见，进一步巩固义务教育免试就近入学改革成果，坚持学区制、九年一贯制和教育集团等做法。深化公立医院改革，全面推进医药分开。进一步推进基层医疗卫生机构综合改革，探索建立康复护理体系。持续优化社会办医政策环境。研究出台本市加快发展商业健康保险的实施意见。

（三）着力构建“高精尖”经济结构

实施创新驱动战略，充分发挥全国文化中心、科技创新中心作用，加快形成创新引领、技术密集、价值高端的经济结构。

深入实施创新驱动发展战略。（1）深化科技体制改革。全面落实加快全国科技创新中心建设的意见，深入实施北京技术创新行动计划、“京校十条”和“京科九条”等已出台政策。用好重大科技成果转化和产业项目统筹资金，进一步争取国家高技术产业专项、战略性新兴产业专项等资金支持。（2）强化企业创新主体地位。实施知识产权战略，支持企业创新资源整合和自主品牌建设。积极搭建创业创新平台，推进国家级和市级工程研究中心、工程实验室、企业技术中心等建设，促进行业关键共性技术突破。（3）提高创新对转型发展的引领作用。争取国家超前部署能源、生命、环境、材料等领域重大科技基础设施，提高战略前沿领域原始创新能力。在大数据、3D 打印等领域开展关键核心技术攻关，推动科技成果转化和产业化。鼓励运用互联网等现代信息技术改造提升传统产业，提升产业智能化发展水平。继续开展政府采购新技术、新产品在城市基础设施项目中推广应用。（4）强化中关村的创新主战场作用。研究制定中关村加快建设具有全球影响力的科技创新中心若干改革措施，实施好先行先试政策，加快中关村人才特区建设。（5）提升文化创新贡献。搭建文化创新服务平台，落实文化创意产业功能区建设发展和产业提升规划，推进数字出版、创意设计、版权投资交易等业态发展。引入社会资本，加大对老旧厂房、文体设施的改造与转型利用。深化文化体制改革，以资本为纽带推动国有文化企业战略重组，支持北京文化产权交易中心建设发展，加快国家文化产业创新实验区建设，利用天竺文化保税园平台推动文化贸易发展。加强历史风貌的保护和非物质文化遗产的传承。挖掘传统文化资源，发展壮大具有民族特色的文化产业。完善公共文化服务体系，促进文化事业发展。

培育提升高端产业竞争新优势。充分发挥市场机制的决定性作用，发现和培育新的增长点。（1）加快发展生产性服务业。制定实施促进生产性服务业发展的意见，深化石景山国家服务业综合改革试点和中关村现代服务业试点。完善金融服务功能，促进融资租赁、私募股权基金、创业投资基金和天使投资发展，加快北京保险产业园建设，推动第三方支付、网络融资等互联网金融业发展，支持全国中小企业股份转让系统、北京股权交易中心建设发展。全面提升信息服务业发展水平，促进云计算、物联网、移动互联等领域发展，运用互联网思维催生新产品、新模式、新业态。优化商务环境，鼓励发展会计、审计、法律、咨询等商务服务业。(2) 大力发展战略性新兴产业。落实战略性新兴产业发展规划，加快电子商务、云计算、下一代互联网等国家级试点示范城市建设。落实促进软件产业和集成电路产业发展的若干政策。发布促进节能环保产业发展的意见，研究制定本市推行环境污染第三方治理的实施方案，推广合同能源管理等方式，培育和拓展市场空间。(3) 促进新兴服务业发展。适应个性化、多样化消费需求，实施养老、健康等产业促进政策，扩大体育产品和服务供给，进一步放开市场准入门槛，支持社会力量兴办服务机构和企业。(4) 提升生活性服务业品质。制定实施提高生活性服务业品质三年行动计划，促进品牌化、特色化、规模化发展。(5) 发挥旅游会展对城市提升的综合作用。做好2022年冬奥会申办、2019年世园会筹办、北京环球主题公园建设工作。落实本市旅游功能区规划建设和加快旅游产业发展有关意见。

增强高端产业功能区承载能力。(1) 将“六高四新”打造成为高端产业主阵地，发展生态智能商务楼宇，增强高端产业功能区对优质资源的支撑承载能力。(2) 强化重大项目市级统筹，突出主导产业方向，构建差异化、互补性的功能区体系，形成高端产业集群。(3) 严格资源、环保、人口等准入标准，合理控制开发强度，研究存量优化提升机制，进一步提高园区集约发展水平。(4) 增强功能区综合服务能力，加强外部交通联系，完善内部便利化配套设施。

（四）着力拓展释放有效需求

发挥好消费基础作用和投资关键作用，促进经济提质增效升级。

多点支撑促进消费升级。落实国家六大领域消费工程，积极构建多点支撑消费增长的新格局。(1) 促进新兴消费快速发展。鼓励网上消费，促进电子商务加快发展。支持发展“网订店取”、“自动取货柜”等线上线下融合模式，促进传统商业业态转型升级。加快下一代互联网和4G应用开发，支持移动互联、数字电视等信息消费发展。(2) 扩大健康养老、教育培训、文化娱乐、家政服务、旅游休闲等服务消费。落实全面深化旅游综合改革发展实施意见、国民旅游休闲纲要、促进文化消费的若干意见等政策，提升消费体验。(3) 进一步优化消费环境。支持消费信贷、小额信贷。推进食品药品等重点行业和领域信用体系建设。

扩大有效投资支撑作用。(1) 集中支持重点投资领域。聚焦环境提升、基础设施建设、民生改善、“高精尖”产业培育、京津冀协同发展等五大领域，集中推动200项重点工程，加快北京新机场、北京环球主题公园等重大功能性项目建设，发挥投资调结构、补短板、添后劲、惠民生和提升城市功能的引导作用。(2) 提高投资统筹能力。强化政策集成创新，进一步加强市级基本建设资金的归口统一安排和管理，提高政府性资金的使用效益。加强部门协同，周密安排建设时序，加大协调调度和稽查监管力度，提高审批和执行效率。（3）进一步增强融资能力。全面落实国家关于创新重点领域投融资机制鼓励社会投资的指导意见，制定出台本市实施细则，在生态环保、交通设施、棚户区改造、公共服务等领域再谋划一批社会投资示范项目。拓宽融资渠道，积极扩大地方政府债券发行规模，实施项目收益债、资产证券化等新兴融资工具试点。落实国家关于加强地方政府性债务管理的意见，通过特许经营、政府购买服务等方式，创新投融资体制。

优化外贸结构。（1）落实支持外贸稳定增长、促进贸易便利化的若干措施，支持跨境电子商务等新兴贸易方式发展。（2）争取服务业扩大开放综合试点，建立健全有利于服务贸易发展的融资、通关、结售汇等政策措施。（3）研究制定促进本市境外投资发展的实施方案，为企业“走出去”做好服务。

（五）着力优化区域发展格局

以核心区基础设施提升、城乡结合部环境整治、新城建设为重点，优化城市布局，促进城乡发展一体化，提升服务管理水平。

增强核心区“四个服务”能力。（1）加快核心区功能疏解。禁止在首都功能核心区新建扩建制造业，加快疏解动物园、天意小商品等区域性批发市场，积极推动部分教育、医疗等公共服务功能在郊区和周边区域布局。（2）提升核心区基础设施建设品质。编制首都功能核心区基础设施建设和改造提升实施计划（2015～2020年）。进一步加密轨道交通线网，推进北纬路、正义路南延等微循环道路建设，建成西城区自行车出行示范工程。完善双源无轨和纯电动公交车、出租车等新能源公交设施。（3）加强核心区环境治理。加快推动旧城保护、棚户区改造、背街小巷治理。全面建成环二环绿道。

提升城乡结合部建设和管理水平。编制实施城乡结合部建设三年行动计划。（1）提高城乡结合部基础设施服务水平。加快推进6号线西延等轨道交通项目建设，完善东坝、垡头等城乡结合部路网，实施定福庄、郭公庄等地区自备井置换工程，延伸供排水管网辐射半径。（2）提升城乡结合部环境品质。继续加快建设一道绿隔地区“郊野公园环”，推进环状休闲绿道前期工作。实施“三山五园”园外园生态环境提升工程。着力解决好城乡结合部污水、垃圾等环境问题。（3）加强城乡结合部和绿隔地区治理，竣工重点村回迁安置房166万平方米，扩大“一绿”地区城市化建设试点，推动“二绿”地区统筹城乡建设用地试点，逐步建立运行管理的长效机制。

提升城市副中心和新城承载能力。（1）加快城市副中心建设。完成通州核心区启动区基础设施建设任务，加快北京国际医疗服务区建设，继续完善宋庄文化创意产业集聚区基础设施体系，改善环渤海高端总部基地对外交通条件，实施国家大剧院舞美基地、北京五中通州校区等重点项目。（2）提升新城吸引力。以“产城融合、职住平衡”为目标，进一步完善新城基础设施和公共服务设施，支持中心城区优质教育、医疗资源到新城发展，提高新城综合承载能力，使新城更具吸引力。

深入推进新农村建设。（1）深度调整农业结构。积极创建国家现代农业示范区，开展粮田、菜田划定工作，促进节水技术示范与推广，加快发展高效节水农业。（2）以“新三起来”带动农村改革深化。全面推进土地承包经营权确权登记颁证工作，支持农业合作社、农村金融创新发展。（3）改善乡村环境风貌。继续抓好48个新型农村社区试点建设，再启动500个左右村庄美丽乡村建设。落实农村经济薄弱地区发展规划，支持低收入村发展。做好重点传统村落修缮保护。抓好农业废弃物资源的循环利用，促进农业源污染减排。

加快薄弱地区均衡发展步伐。（1）继续实施第二阶段城南行动计划，加快公共服务、基础设施、生态环境等重点项目建设。（2）深入落实加快西部地区转型发展的实施意见，落实好推进首钢老工业区改造调整和建设发展意见及年度实施计划，提高基础设施、产业培育、服务配套能力，引领带动西部地区转型发展。（3）积极推动生态涵养发展区绿色发展，推进延庆、密云国家生态文明先行示范区和主体功能区试点建设，支持门头沟创建国家可持续发展试验区。（4）做好国家级新型城镇化试点工作，通过集约利用集体土地等方式吸引本地农民就地就近城镇化。创新城镇化投融资体制，打造一批功能定位清晰、配套设施完善的特色小城镇。

提高城市建设管理质量。（1）提升水资源、能源和生活必需品保障能力。严格水资源管理，完善外调水配置格局，建成南水北调来水调入密云水库调蓄、通州支线等工程。提升来水有效利用能力，建成第十水厂，加快推进通州、大兴黄村、房山良乡等新城水厂，尽早实现每个新城建成一座主力水厂的目标。启动电力外送电通道工程建设，开工建设天然气陕京四线，提高电力和燃气运行保障水平。加快农产品流通体系和储备设施建设，支持骨干企业到外埠建立农产品供应基地。（2）消除城市安全隐患。完善防洪排水体系，建成西郊砂石坑雨洪调蓄工程，完成第三、第四阶段680公里中小河道疏浚治理，实施中心城25处下凹式立交桥积水治理。加强城市地下管线综合管理，新建改造中心城区供水管网300公里、排水管网160公里，改造老旧电力管网15公里。（3）推动智慧城市建设。应用大数据、云计算、物联网技术，进一步完善城市综合管理信息系统，提高智能交通、防灾减灾和应急处置能力。（4）加强城市精细化服务与管理。制定一批城市治理和建设发展方面的地方标准。把环境整治放到更加重要的位置，拆除违法建设1 500万平方米。

（六）着力破解制约城市可持续发展难题

积极回应社会关切，打好人口调控、交通治堵、污染治理等“城市病”治理的攻坚战，切实提升宜居宜业水平。

强化人口调控和服务管理。严格落实本市人口规模调控任务，依法加强管理，实现常住人口增速明显下降。（1）实施人口服务管理责任分解，强化区县、部门责任。加强人口数据信息动态监测，做好流动人口的服务管理。（2）落实国家户籍制度改革要求，出台居住证制度，研究制定积分落户政策。（3）加大专项治理行动力度。持续推进群租房、地下空间治理，取缔无证无照违法经营。（4）由人口布局倒推发展布局。对四类功能区进行分类指导，通过棚户区改造、城乡结合部环境整治、提高新城承载能力等方式，引导人口合理布局。

全力治理大气污染。严格执行本市大

气污染防治条例，坚决落实清洁空气行动计划年度重点任务。（1）加强污染源治理。全年压减燃煤400万吨左右。全面实现核心区无煤化，城六区基本取消燃煤锅炉，农村地区新增减煤换煤120万吨。完成200家企业清洁生产审核，实施50项清洁生产项目。淘汰老旧机动车20万辆，加快发展清洁能源公交车，新能源汽车配置指标增加到3万辆，加快配套设施建设。开征施工工地扬尘、挥发性有机物的排污费，强化扬尘监管治理。（2）健全应急管控措施，强化空气重污染应急措施力度，完善预报预警、科技治污、空气重污染应急机制，加强周边地区联防联控。（3）加大生态环境建设力度。完成平原造林11万亩，实施京津风沙源治理二期、太行山绿化三期等工程，新增和恢复湿地1万亩。

加大交通治堵力度。制定实施新一轮综合缓堵措施。（1）提高公共交通设施建设水平。全力做好轨道交通建设，开通14号线中段、昌平线二期，加快建设8号线三期、燕房线、S1线等线路，开工新机场线等4条新线。提升地面公交运行效率，施划公交专用道30公里，增开微循环公交。推进地面公交、轨道交通优化衔接。（2）提高公共交通服务水平。完善轨道交通车站配套设施，提高换乘效率。推动信息发布系统、电子站牌建设，加强交通出行信息服务。加大停车治理力度，规范停车收费，建设12个停车管理示范小区、30条示范街。

提升垃圾污水治理能力。全面完成生活垃圾处理设施、污水处理和再生水利用设施建设三年行动方案，提高资源循环利用水平。（1）增强垃圾资源化处理能力。建成投运大工村、南宫、高安屯二期垃圾焚烧厂和延庆生活垃圾综合处理厂，生活垃圾资源化率达到55%。（2）提高污水处理和再生水利用水平。完成高碑店、小红门等污水处理厂升级改造，建成高安屯再生水厂。加快实施截污管网配套工程，解决污水直排问题。大力推进污泥处理处置设施建设。（3）加快水系治理。完成新机场天堂河改线主体工程，加快推进清河和凉水河水环境综合治理一期工程。

（七）着力保障和改善民生

加快推进基本公共服务水平提升，创新公共服务供给模式，切实保障多层次民生需求。

积极做好就业和社会保障工作。制定城乡统一的就业促进政策，落实大学生就业创业促进计划，加大对就业困难群体帮扶力度。推进城乡居民养老保险市级统筹，继续深化医疗保险付费方式改革，统一城乡低保标准。在国家政策指导下，继续推进社会保障制度整合衔接，制定机关事业单位与企业职工养老保险并轨的具体办法。

进一步改善基本公共服务。按照保基本、补缺口、促均衡原则，重点推进“四个一批”设施建设。（1）向郊区疏解一批。北师大昌平附属学校等一批城乡一体化学校全部开工建设。天坛医院迁建工程主体结构完工，同仁医院经济技术开发区院区扩建工程、北京电影学院通州校区工程实现开工。（2）在薄弱领域新增一批。实现三年新建、改扩建200所中小学目标，实施第二期学前教育三年行动计划，基本建成郊区县10个区域医疗中心，推动通州、房山养老院和石景山文化中心、延庆体育中心开工建设。（3）在重点领域提升一批。实施北京回龙观医院门急诊综合楼、抗日战争纪念馆台湾展厅、北京市第二儿童福利院改扩建等重大项目。(4) 在基层强化一批。统筹城乡文化、体育设施布局，继续建设一批体育生活化社区和市民文化休闲中心。健全“枢纽型”社会组织，提升基层服务能力。

推动公共服务多元化供给。推进健康与养老服务工程建设，实施一批社会化、市场化项目，满足多样化服务需求。推进北京国际医学中心等社会办医项目落地。落实居家养老服务条例，完善社区养老服务体系，开工建设40个街乡镇养老照料中心，推动公办养老机构改革，增加公办养老机构床位供给，推广医养结合。鼓励社会资本利用闲置设施举办医疗、养老、文化健身服务机构。

实施一批民生实事。通过新建、收购、租赁和货币补贴等方式，筹集各类保障房10.5万套。实施1 150万平方米老旧小区综合改造。政策统筹、市区联动、分类推进棚户区改造，累计完成8万户搬迁任务。完成8万户农宅抗震节能改造。继续大力实施送气下乡、煤改电、太阳能采暖等能源安居工程。进一步加强食品药品安全监管。排查治理安全隐患，加强人员密集场所和大型活动的安全管理，坚决防范遏制重特大事故，全力维护社会和谐稳定。

各位代表，2015年任务艰巨而繁重，我们要坚决贯彻落实中央各项决策部署，在中共北京市委坚强领导下，在市人大、市政协的监督支持下，深化改革、依法履职、锐意创新、扎实工作，全面完成“十二五”，谋划“十三五”，为加快建设国际一流的和谐宜居之都而努力奋斗！

北京市货币信贷政策执行情况

2014年，北京市金融运行稳健，金融体系平稳适度的流动性为企业进一步扩大融资规模提供了较为充裕的空间，货币政策通过金融体系向实体经济传导，对北京市经济增速企稳和结构优化发挥了重要的支持作用。截至年末，北京市金融机构（含外资，下同）本外币存款余额100 095.5亿元，同比增长9.2%，比年初增加8 435亿元，同比多增1 846.2亿元；本外币贷款余额53 650.6亿元，同比增长12%，增速比上年末高1.1个百分点。

人民币存款波动趋缓，外币存款受汇率波动影响前升后降。截至年末，北京市金融机构人民币存款余额95 370.5亿元，同比增长8.4%，为近4年来的较低水平，比年初增加7 379.9亿元，同比多增993亿元。上半年，人民币存款"季初月减少、季末月增加"的波动幅度进一步扩大；第三季度以来，随着存款偏离度监管要求的强化，存款波动性明显减弱。9月当月人民币存款增加1 810.4亿元，比前两个季末月的平均值低2 550.3亿元。截至年末，北京市金融机构外币存款余额772.2亿美元，同比增长28.3%，增速较上年末提高18.6个百分点。人民币对美元汇率浮动幅度进一步扩大，人民币汇率双向波动明显增强，全年呈现出"贬值—升值—贬值"的走势。第二季度以来，经济主体结汇意愿减弱、购汇动机增强。受此影响，外币存款呈现出前升后降的特点。9月以来，在美元走强、人民银行降息等背景下，人民币汇率趋向贬值，境内外人民币对美元汇差拉宽至54～106个基点，绝大多数交易日境外美元较境内贵，企业更趋向于境内购汇或以自身持有的外汇对外支付，导致第四季度银行代客结售汇逆差创季度新高，人民币存款和外币存款出现双降。

贷款增长基本平稳，重点领域和薄弱环节得到有效支持。截至年末，北京市金融机构人民币贷款余额45 458.7亿元，同比增长12.2%，增速比上年同期高1个百分点；外汇贷款余额1 338.8亿美元，同比增长10.7%，增速较上年末下降2个百分点。中资银行高新技术产业贷款余额2 669.5亿元，同比增长60.9%；文化创意产业人民币贷款累计发放823.4亿元，同比增长12.2%；本外币涉农贷款余额2 595.3亿元，同比增长11.9%，比年初增加252.2亿元。北京市金融机构小微企业本外币贷款余额4 373.2亿元，同比增长18.1%，增速比大、中型企业分别高7.4个、4.6个百分点。

2014年，中国人民银行营业管理部（以下简称人行营业管理部）认真贯彻中国人民银行（以下简称人民银行）工作会议精神，围绕人行营业管理部中心工作，在人民银行"保持定力，主动作为，加强定向调控"的政策思路下，认真贯彻落实稳健的货币政策，坚持服务实体经济本质要求，有效落实各项货币信贷政策，稳妥开展金融市场管理，深入落实利率市场化改革各项措施，支持首都经济发展方式转变。

一、认真贯彻落实稳健货币政策，引导金融机构贷款适度增长

一是继续贯彻落实稳健货币政策，做好地方法人金融机构宏观审慎管理工作。召开辖内法人金融机构货币信贷及货币市场工作座谈会，传达人民银行工作会议精神，提出2014年地方法人金融机构货币信贷工作总体要求。建立金融机构负责人报备制度，形成日常沟通和应对突发状况双级联系制度。研究创新银行差别准备金动态调整公式，继续丰富和完善宏观审慎管理工具。针对银行同业业务快速发展的问题，在差别准备金动态调整公式中引入同业资产运用因子这一政策参数，将商业银行同业业务开展情况纳入合意贷款测算范畴。创新管理方式强化动态监测，对金融机构贷款投放实行递进式分级管理。在金融机构的贷款监测管理中，创新采用递进式分级管理方式，通过月度监测，根据金融机构新增贷款超过合意贷款的情况，将金融机构划分为“正常”、“关注”、“警示”和“特别处理”四级，实现对单家金融机构新增贷款情况的监测预警。

二是加强稳健货币政策宣传力度，保证货币政策顺利传导。多形式、多渠道宣传稳健货币政策，积极争取地方政府理解与支持。按季度向市委、市政府报送稳健货币政策执行成效，定期报送经济金融形势分析报告，为市领导决策提供参考。加强沟通和宣传，合理引导社会舆论和市场预期。召开辖内银行经济金融形势分析例会暨窗口指导会，召开人行营业管理部情况通报会，通过多个层面及时向市政府、金融系统和有关方面传达人民银行工作会议精神，引导辖内金融机构主动落实稳健货币政策工作要求。

二、充分发挥信贷政策导向作用，着力支持首都经济社会协调发展

一是着力提升小微企业金融服务水平。积极推动各项小微企业信贷政策在北京辖区的贯彻落实。通过系统评估和现场调查等形式完成对辖内32家中资商业银行2013年度小微企业信贷政策导向效果的评估工作。督促辖内商业银行加大小微企业金融产品创新力度，优化信贷模式和服务流程。

二是抓好科技金融政策落实工作。深入贯彻人民银行等六部委《关于大力推进体制机制创新　扎实做好科技金融服务的意见》，推动相关工作任务的落实。联合北京银监局等八部门研究制定《关于进一步做好首都科技金融工作的意见》，参与起草北京市《深化改革　加快建设国家金融创新中心的意见》，得到市政府的高度肯定。深入开展中关村“零信贷”小微企业金融服务拓展活动，辖内银行累计为1 108家科技型小微企业办理贷款卡，为超过500家企业发放贷款8.6亿元。积极参与制定《中关村国家自主创新示范区小微企业信贷风险补偿资金管理办法（试行）》和《中关村国家自主创新示范区小额贷款保证保险试点办法》等专项政策。

三是增强金融对于文化创意产业发展的支持力度。与市文资办签署《文化金融战略合作协议》，立足北京实际，依托国家政策，开展文化金融合作试验区建设。全年，共组织召开三次专题研讨会研究落实政策，两次文化金融银企对接专题活动，专项调研通州区等主要文化产业聚集区。

四是加强房地产监测及调研分析工作。及时转发人民银行、银监会关于北京市增加经济适用房开发贷款试点项目和开展公租房开发贷款试点的批复。开展自住型商品住房专项调研。基于人民银行对首套房贷利率水平的高度关注，先后两次开展关于辖内银行首套房贷利率情况的紧急调查。及时转发人民银行和银监会9月30日联合发布的《关于进一步做好住房金融服务工作的通知》。召开专题会议，及时掌握房地产新政对北京房地产市场的影响和各银行落实情况。

五是加大对家庭农场等新型农业经营主体的支持。联合市农委、北京银监局在开展实地调研基础上，通过印发工作方案、窗口指导以及政策工具运用等方式，积极引导金融机构调整涉农信贷结构。鼓励金融机构创新符合“三农”特点的抵质押担保方式和融资工具，联合相关部门组织召开农村土地承办经营权抵押贷款试点工作现场会，探索推动林权、农民住房财产权抵押、农村土地承包经营权抵押贷款业务试点，开展土地流转收益担保贷款等新型业务。

六是继续做好民生金融工作。配合市财政局等部门研究制定并印发《北京市小额担保贷款奖励性补助资金管理办法》。落实北京市《关于进一步加大创业孵化基地扶持力度　鼓励创新创业的意见》，引导辖内商业银行创新服务方式。按照《2014年度推进创业带动重点工作任务分工要求》，推动商业银行落实各项创业扶持政策。配合市财政局转发《财政部　教育部　中国人民银行　银监会关于调整完善国家助学贷款相关政策措施的通知》，研究制定落实措施。

三、深入落实利率市场化改革各项措施，加强金融机构利率定价指导

一是开展合格审慎评估工作，为辖内法人银行参与市场利率自律机制做好评估初审和政策传达工作。启动金融机构合格审慎评估工作，成立评估工作小组，制定操作规程和评分细则，做好政策宣传、解释和指导工作，动态监测评估效果。

二是全面调研财务公司利率定价机制建设情况，制定专项指导意见，推动财务公司加快提高利率市场化改革适应能力。通过对辖内财务公司利率定价机制建设情况开展全面摸底调研，出台专项指导意见和工作指引，组织专题培训交流等系列工作，稳步推进辖内财务公司利率定价机制建设。

三是形成金融管理部门与金融市场主体相互分工协作的调研模式，为推进利率市场化改革提供有力依据。在分析研究金融机构所受影响及其应对思路和工作举措等方面的基础上，联合辖内中外资银行、财务公司等拟订课题合作方案，共同开展《LPR在贷款定价中的应用情况》等课题研究，为政策决策和制定提供有力依据。

四、建立金融市场流动性监测分析框架，加强金融市场监督和管理

一是建立金融市场流动性监测框架体系，定期监测金融市场流动性变化情况。加大对辖内金融机构流动性状况监测分析和应急管理力度，完成《外资银行流动性管理经验及借鉴》、《法人银行流动性管理改进状况和政策建议》等报告。

二是强化监督检查职能，进行金融市场业务现场检查。参加综合执法检查，对上海银行北京分行等3家银行黄金市场业务进行现场检查。开展金融市场业务专项检查，对浦发银行北京分行等3家机构同业拆借等金融市场业务进行现场检查。

三是探索以债券融资方式促进北京市发展，积极推进项目收益票据试点工作。联合市金融局共同组织召开市政债暨项目收益票据工作会，推动银企对接，加快落实项目收益票据试点相关工作。召开项目收益票据政策辅导会，邀请中国银行间市场交易商协会注册办公室专家到会作专题辅导。

四是积极推动债券融资市场发展，协助银行间市场交易商协会完成债务融资工具发行前的调查工作。对洛娃科技有限公司、新华联投资控股有限公司、东兆长泰投资集团公司、北京信威通信技术有限公司和国测集团注册发行短期融资券和中期票据，以及2014年度农业第二期中小企业集合票据发行的前期工作进行现场调查，为促进实体经济发展、支持中小企业和高科技企业融资作出贡献。

五是继续对理财产品进行监测，及时分析理财业务对商业银行资产负债表的影响。开展对个人理财和机构理财的分类统计和收益率监测，组织召开商业银行同业业务座谈会，分析《关于规范金融机构同业业务的通知》对商业银行资产负债业务的影响。

六是加强对北京地区黄金市场的管理。开展对商业银行黄金业务的备案，分析黄金业务机制设计和潜在风险。组织辖内29家中资银行开展黄金市场投资者教育主题宣传活动。妥善开展非法黄金交易平台清理有关工作，接待来访人员20余人次，对3家公司从事非法组织经营黄金期货的行为进行性质认定。

七是开展金融市场业务培训活动，宣传银行间市场最新政策和创新业务。组织召开辖内机构金融市场和利率管理工作会议暨培训班。邀请人民银行、银行间市场交易商协会相关人员就我国银行间货币市场管理、流动性管理、互联网金融等热点专题进行培训。

八是加强同业拆借市场管理，创新管理方式和服务手段。继续认真做好同业拆借市场管理，加强对新入场机构的指导，组织召开辖内新入场机构座谈会，通用技术财务公司等8家机构参会。

五、做好货币政策工具管理与操作，有效发挥流动性支持功能

一是通过货币政策工具向金融机构提供流动性支持，引导金融机构增加对小微企业、涉农企业和中关村科技企业的信贷投入。制定人行营业管理部常备借贷便利操作规程、再贷款与常备借贷便利抵押品管理实施细则，做好有价证券预质押。

二是做好农商银行专项票据兑付后监测工作。根据人民银行要求下发《中国人民银行营业管理部关于调整农村信用社改革试点专项中央银行票据兑付后续监测考核方式等有关事项的通知》。对北京农商银行2013年改革成效和辖内2家县域村镇银行2013年经营情况进行监测考核。按季向人民银行上报农村合作机构数据库表。

三是加强存款准备金管理。制定2014年存款准备金检查方案，对辖内6家机构开展存款准备金制度执行情况现场检查。对新开业金融机构进行存款准备金政策的辅导，对违反准备金管理规定的金融机构依法进行行政处罚。转发人民银行关于定向降低存款准备金率的通知，做好6月16日定向降低存款准备金率条件的计算，对4家符合条件的金融机构分别发出降低存款准备金率的通知。按季向人民银行上报存款准备金政策执行报告。召开存款准备金管理座谈会，撰写《我国存款准备金制度操作中存在的问题与建议》、《关于降低财务公司存款准备金率的理由》等调研报告。

四是加强再贷款管理，增强再贷款引导扩大小微企业和支农信贷投放的作用。召开北京农商银行、村镇银行信贷支持再贷款座谈会，印发人行营业管理部信贷支持再贷款操作规程。对北京农商银行发放期限为1年的支小再贷款5亿元，支持该行增加对小微企业的信贷投放。

五是做好再贴现、再贷款和票据市场监测分析。按月给人民银行上报再贴现相关数据统计表和货币信贷及再贷款运行情况报告。按季上报票据业务季报表和资产管理公司、农发行经营情况报告以及再贴现操作及票据市场发展情况报告。

（魏海滨　张丹）

北京市金融运行报告

中国人民银行营业管理部　货币政策分析小组

一、金融运行情况

2014年，北京市金融运行总体平稳，信贷增长符合预期，信贷结构持续优化，金融机构改革继续稳步推进，金融服务水平显著提高，金融生态环境建设取得新成效。

（一）银行业运行平稳，信贷增长符合预期水平

1. 银行业金融机构平稳发展，经营效益有所提升。2014年，北京市银行业金融机构资产规模平稳增长，年末资产总额同比增长20.3%，高于全国平均水平；实现利润同比增长3.8%；银行业金融机构数量持续增加，年末机构网点总数同比增长10.4%；法人金融机构数量同比增长7.8%（见表1）。银行支付业务快速发展，全年银行卡业务金额为18.5万亿元，同比增长4.2%；年末银行卡发卡量累计达到1.85亿张，全年新增1 600万张。

表1　2014年北京市银行业金融机构情况

机构类别	营业网点			法人机构（个）
	机构个数（个）	从业人数（人）	资产总额（亿元）	
一、大型商业银行	1 782	53 007	70 010	0
二、国家开发银行和政策性银行	17	926	15 303	0
三、股份制商业银行	789	21 419	38 434	2
四、城市商业银行	306	10 062	17 114	1
五、城市信用社	0	0	0	0
六、小型农村金融机构	711	8 561	5 237	1
七、财务公司	46	1 919	8 709	46
八、信托公司	3	541	137	3
九、邮政储蓄	565	2 732	2 320	0
十、外资银行	114	8 230	3 198	9
十一、新型农村金融机构	15	597	139	10
十二、其他	15	3 526	2 712	11
合　计	4 363	111 520	163 314	83

注：营业网点机构数据不包括国家开发银行和政策性银行、大型商业银行、股份制银行金融机构总部；大型商业银行包括中国工商银行、中国农业银行、中国银行、中国建设银行和交通银行；小型农村金融机构指农村商业银行；新型农村金融机构包括村镇银行、贷款公司和农村资金互助社；“其他”包含金融租赁公司、汽车金融公司、货币经纪公司、消费金融公司等。

数据来源：中国人民银行营业管理部、北京银监局、北京市金融工作局。

2. 人民币存款波动趋缓，外币存款前升后降。2014 年末，北京市金融机构本外币存款余额同比增长 9.2%，比 2013 年末高 1.2 个百分点。其中，人民币存款余额同比增长 8.4%，比 2013 年末高 0.3 个百分点（见图 1），为近 4 年来的较低水平。第三季度以来，随着存款偏离度监管要求的强化，存款波动性明显减弱。外币存款受汇率波动影响前升后降。2014 年末，北京市金融机构外币存款余额同比增长 28.3%，增速较 2013 年末提高 18.6 个百分点。

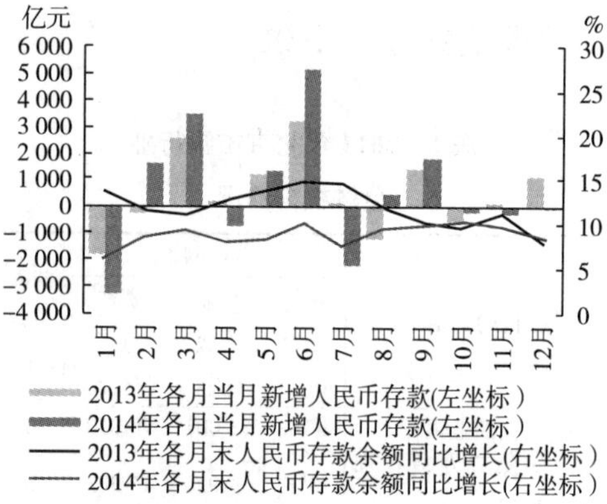

数据来源：中国人民银行营业管理部。

图 1　2013～2014 年北京市金融机构人民币存款增长

3. 本外币贷款增长平稳，重点领域和薄弱环节得到有效支持。2014 年末，北京市金融机构本外币贷款余额同比增长 12%，增速比 2013 年末高 1.1 个百分点，全年新增贷款量为 5 年来最高。其中，人民币贷款余额同比增长 12.2%，比 2013 年末高 1 个百分点（见图 2、图 3）。2014 年末，北京市金融机构外币贷款余额同比增长 10.7%，增速较 2013 年末低 2 个百分点。

信贷持续为重点领域和薄弱环节提供有效支持。2014 年，北京市中资银行高新技术产业、文化创意产业、现代制造业人民币贷款累计发放额同比分别增长 76%、12.2% 和 28.7%。2014 年末，北京市金融机构本外币小微企业贷款余额同比增长 18.1%，增速比各项贷款余额增速高 6.1 个百分点，比大型企业、中型企业分别高 7.4 个、4.6 个百分点；中资银行本外币涉农贷款余额同比增长 11.9%。

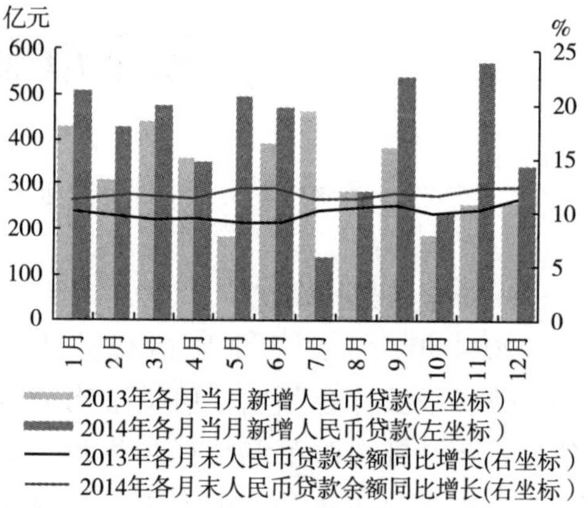

数据来源：中国人民银行营业管理部。

图 2　2013～2014 年北京市金融机构人民币贷款增长

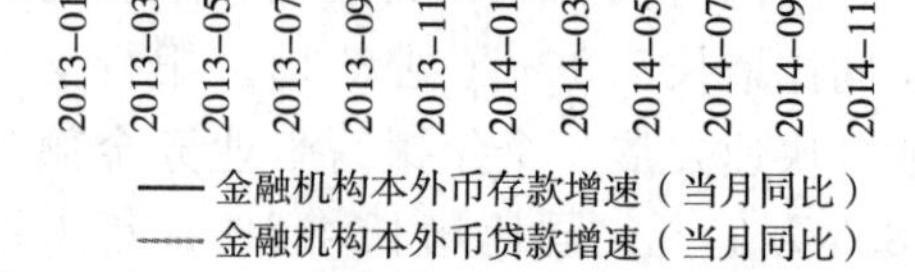

数据来源：中国人民银行营业管理部。

图 3　2013～2014 年北京市金融机构本外币存、贷款增速变化

4. 人民币存贷款利率平稳运行，外

币存贷款利率波幅加大并在年末明显回落。2014年，人民币贷款总体利率水平在6.3%上下45个基点幅度内波动运行。第四季度，执行下浮利率的人民币贷款占比明显上升（见表2）。人民币存款利率总体较为平稳，定期存款利率整体降低。受人民币汇率预期变化、进出口贸易不景气及银行加强风险控制等因素影响，外币存贷款利率波幅加大并在年末回落（见图4）。

表2 2014年北京市金融机构人民币贷款各利率区间占比 单位：%

月份		1月	2月	3月	4月	5月	6月	7月	8月	9月	10月	11月	12月
合计		100.0	100.0	100.0	100.0	100.0	100.0	100.0	100.0	100.0	100.0	100.0	100.0
下浮		23.6	23.4	18.0	16.1	15.2	31.6	24.9	20.4	24.1	27.0	28.2	53.1
基准		36.8	32.6	38.9	38.6	35.1	32.3	29.3	32.0	28.9	25.8	28.2	18.7
上浮	小计	39.7	44.0	43.1	45.3	49.7	36.1	45.8	47.6	47.0	47.2	43.6	28.2
	(1.0, 1.1]	17.2	20.7	19.1	17.7	22.0	16.1	19.0	17.1	16.7	20.3	17.4	12.2
	(1.1, 1.3]	12.9	13.6	14.7	14.8	14.4	11.6	15.0	17.0	17.4	13.8	11.9	7.8
	(1.3, 1.5]	6.0	6.1	6.8	8.0	7.9	4.9	6.8	9.6	8.7	8.5	9.1	4.4
	(1.5, 2.0]	2.0	1.5	0.9	2.8	3.4	2.1	2.8	2.7	2.3	2.6	3.9	3.0
	2.0以上	1.6	2.1	1.6	2.0	2.0	1.4	2.2	1.2	1.9	2.0	1.3	0.8

数据来源：中国人民银行营业管理部。

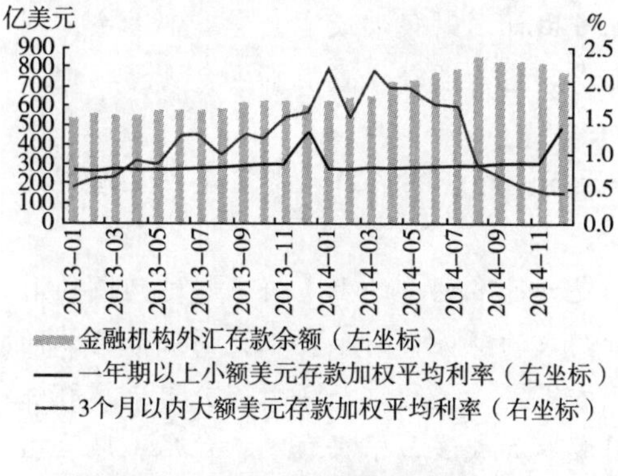

数据来源：中国人民银行营业管理部。

图4 2013~2014年北京市金融机构外币存款余额及外币存款利率

5. 银行类金融机构改革继续推进，金融服务水平不断提升。2014年，国家开发银行北京市分行积极支持棚户区改造项目建设；中国进出口银行北京分行在信息传输与技术服务等战略性新兴产业领域不断完善金融服务；中国农业发展银行北京市分行在支持农田水利建设等方面充分发挥了政策性银行的作用。两家地方主要中资法人银行盈利水平进一步提高，风险防范能力增强。

6. 不良贷款有所增加，但风险抵御能力依然较强。2014年末，辖内银行业金融机构不良贷款余额同比增长28.1%；不良贷款率0.47%，比2013年末高0.06个百分点。2014年末，辖内法人银行平均拨备覆盖率达226.5%，贷款损失准备充足率为138.4%，二者均依然维持高位；资本充足率为13.9%，比2013年同期高0.2个百分点。

7. 跨境人民币业务快速发展。2014年，北京地区银行办理跨境人民币实际收付11 272亿元，同比增长51.6%。2014

年，北京地区银行办理人民币外商直接投资业务 1 072.2 亿元，同比增长 1.3 倍，办理对外直接投资人民币业务 541.2 亿元，同比增长 74.3%。北京地区已有 3 家跨国企业集团开立人民币双向资金池专用账户，归集跨境本金收入合计 1.7 亿元。

专栏 1　积极推动在京财务公司提高利率市场化适应能力

为贯彻落实中国人民银行（以下简称人民银行）关于推进利率市场化改革的相关工作要求，进一步夯实改革微观基础，中国人民银行营业管理部（以下简称人行营业管理部）结合北京辖内企业集团财务公司众多的特点，将加强辖内财务公司利率定价机制建设指导列为重点工作，通过对辖内财务公司利率定价机制建设情况开展全面摸底调研、出台专项指导意见和工作指引、组织专题培训交流等方式，稳步推进辖内财务公司利率定价机制建设，全面提升财务公司利率自主定价能力，不断增强其利率市场化改革适应能力。

一、财务公司利率定价现状

（一）财务公司的管理体系不断完善，利率定价机制、系统初步建立

超过半数财务公司基本建立了以决策、执行、监督检查为主线的利率定价管理架构。定价决策层面，多数财务公司由总经理办公会负责，其他分别由资产负债委员会、董事会或经理班子负责。定价执行层面，多由计划财务部或资金管理部牵头，利率报价等前台工作则普遍由各条线业务部门负责。定价监督检查职责主要由稽核部或风险控制部承担。

（二）人民币存款多采用一浮到顶的定价方法，贷款多采用参考同业或基准下浮的定价方式

超过半数的财务公司将人民币存款价格制定为基准利率的 1.1 倍，超过两成的财务公司直接将存款价格定为基准利率，另有近两成的财务公司采用跟随商业银行等同业定价的方式。约半数财务公司采用参考同业方式定价，超过三成财务公司采用盯住基准或基准下浮定价，仅有 3 家财务公司采用成本加成法，根据成本、费用、风险溢价和收益情况定价。

（三）部分拥有分支机构的财务公司初步建立了内部资金转移价格体系

4 家设立了分支机构的财务公司初步建立了内部资金转移价格体系，以达到资金集中和绩效考核的目的。其中，3 家实行差额内部资金转移定价，以优惠利率鼓励分公司上存资金。

（四）财务公司利率定价机制建设整体仍较为薄弱

近七成财务公司将“服务集团企业和跟随市场定价”设定为定价目标，未将

"具备自主定价能力"作为发展方向。定价决策流程过于简单，省略了部门内部审核和风控等环节，也未设置授权管理制度，直接由公司决策层审批定价。内部资金转移定价建设及应用仍处于起步阶段，已建立内部资金转移定价的财务公司定价方法较为简单，作用发挥有限，采用单一价格，而未分期限和产品类型，或在实际应用中调整频率过低，难以对产品定价起到及时引导作用。目前开发应用客户评级系统的财务公司仍然较少，风险管理系统多应用于市场风险和业务处理风险分析，尚未在利率定价中发挥作用。

二、人行营业管理部主要举措

（一）开展全面摸底调研，了解和分析财务公司利率定价现状和问题

为全面了解评估辖内财务公司利率定价机制建设现状，人行营业管理部对辖内56家财务公司进行了全面摸底调研。调研内容涉及利率定价机制的决策体系建设、制度建设、利率定价技术、利率定价信息系统建设以及利率风险管理等情况。在深入调研的基础上，对辖内财务公司利率定价现状、存在的问题做出深入分析，提出相关建议，最终形成了《关于北京地区财务公司利率定价机制建设情况的调研报告》，并印发给全辖财务公司。

（二）制定专项指导意见和工作指引，为财务公司利率定价机制建设指引方向

人行营业管理部出台了《加快推进在京企业集团财务公司利率定价机制建设指导意见》和《在京企业集团财务公司利率定价机制建设工作指引》等文件，从利率定价机制建设的重要意义、定价组织架构和定价决策体系、定价目标和定价原则、定价方法、利率风险防控、信息系统、企业集团支持保障等七个方面对财务公司加快推进利率定价机制建设提出指导意见。

（三）组织专题培训交流，促进财务公司加快推进利率定价机制建设

针对财务公司利率自主定价尚处于起步阶段、自身经验积累较少的现状，人行营业管理部制定了财务公司利率定价培训计划，邀请商业银行专家就全额资金计价方法和实践、Shibor在银行产品中的应用等专题开展培训。选择3家利率定价机制建设工作较为领先和特色突出的财务公司，分别就贷款自主定价方法、定价模型变量选择、定价机制建设情况和发展规划等内容在全辖开展经验交流，为辖内其他财务公司提供有益的思路和经验借鉴。

（二）证券业改革稳步推进，"新三板"纾解中小企业融资难

1. 证券业资本实力进一步增强，盈利水平大幅提高。2014年，辖内新增法人证券公司1家，达19家；新增证券营业部60家，达330家；法人基金公司、期货公司分别为23家、20家（见表3）。辖内证券市场活力显著增强，证券公司资产同比增长超过80%，净资本同比增长超过20%，净利润总额同比增长1倍。

2. 资本市场融资功能得到发挥，"新三板"市场挂牌公司数量大幅增加。北

京地区国内上市公司达235家，境外上市公司达215家。全年境内非金融企业资本市场融资规模合计超过7 000亿元。“新三板”面向全国运行仅一年就新增挂牌公司1 276家，覆盖30个省、市、自治区。

3. 要素市场较快发展，服务实体经济能力进一步提升。2014年，新设北京邮票交易中心、北京铁矿石交易中心和北京文化产权交易中心等3家交易场所。2014年末，全市40余家交易场所完成交易额同比增长61.5%。

表3　2014年北京市证券业基本情况

项　　目	数量
总部设在辖内的证券公司数（家）	19
总部设在辖内的基金公司数（家）	23
总部设在辖内的期货公司数（家）	20
年末国内上市公司数（家）	235
当年国内股票（A股）筹资（亿元）	1 324
当年发行H股筹资（亿元）	—
当年国内债券筹资（亿元）	23 121
其中：短期融资券筹资额（亿元）	17 295
中期票据筹资额（亿元）	5 068

注：当年国内股票（A股）筹资额指非金融企业境内股票融资。

数据来源：中国人民银行营业管理部、北京证监局。

（三）保险业经营持续向好，保障功能不断增强

1. 保险机构经营持续向好。2014年末，在京经营业务的保险总公司和分公司达104家，其中，财产险公司43家，人身险公司56家，再保险公司4家，政策性保险公司1家。在京保险公司总资产较上年末增长19.8%，实现原保险保费收入1 207.2亿元，同比增长21.4%（见表4）。

2. 服务首都经济发展能力不断增强。2014年，北京市保险业保险深度为5.7%，同比提高0.6个百分点；保险密度5 659.3元/人，同比上升905.8元/人。在京保险公司积极拓展责任保险，开展安全生产责任保险试点，推进商业健康险信息平台与社会保障卡系统对接，扩大新农合“共保联办”项目覆盖面，提升了保险业服务民生水平。

3. 保险产品创新持续推进。2014年，在京财产险公司加大保险支持实体经济发展力度，创新推出中小企业知识产权质押贷款保证保险，累计为28.5亿元消费贷款信用风险提供保险保障；加强农业领域保险产品创新，推出蜂业气象指数保险、杂交小麦种业一揽子保险、果树林木保险以及蛋（种）鸡产业链保险等四类特色险种。

表4　2014年北京市保险业基本情况

项　　目	数量
总部设在辖内的保险公司数（家）	61
其中：财产险经营主体（家）	29
人身险经营主体（家）	13
保险公司分支机构（家）	89
其中：财产险公司分支机构（家）	36
人身险公司分支机构（家）	49
保费收入（中外资，亿元）	1 207
其中：财产险保费收入（中外资，亿元）	315
人身险保费收入（中外资，亿元）	893
各类赔款给付（中外资，亿元）	407
保险密度（元/人）	5 659
保险深度（%）	6

数据来源：中国保监会官方网站、北京保监局。

（四）间接融资增长较多，货币、黄金市场交易活跃，金融创新不断加快

1. 间接融资增长较多，企业债券净融资增长放缓，境内股票融资恢复增长。2014 年，北京地区社会融资规模为12 877.2亿元，其中，人民币贷款增加 4 844.7 亿元；委托贷款、信托贷款和未贴现银行承兑汇票合计增加 2 787 亿元，占地区社会融资规模的 21.6%，比 2013 年下降 3.1 个百分点。北京地区企业债券净融资为3 316.8亿元，同比少 931.1 亿元。全年企业股票发行额超过 900 亿元，占地区社会融资规模的比重为 7%，比 2013 年同期高 5.7 个百分点（见图 5）。

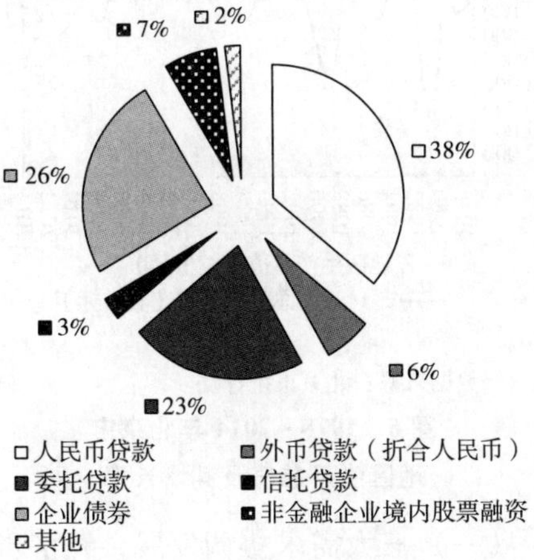

数据来源：中国人民银行营业管理部。

图 5　2014 年北京地区社会融资规模分布

2. 货币市场交易活跃，债券回购增势迅猛，货币市场利率从高位平稳回落。2014 年，北京市金融机构同业拆借和债券回购累计成交 196.2 万亿元，同比增长 28.1%，其中，债券回购成交 163.4 万亿元，同比增长 39.6%。2014 年，人民银行加强价格型货币政策工具运用，引导货币市场利率从 2013 年的高位逐步回落，信用拆借、质押式回购和买断式回购平均利率比 2013 年分别下降 27.9 个基点、56.4 个基点和 43.6 个基点，各期限 Shibor 波幅明显低于 2013 年。

3. 票据市场交易活跃，再贴现资金周转率明显提升，票据市场利率整体震荡下行。2014 年，北京市金融机构累计签发银行承兑汇票同比增长 7.5%，累计贴现票据金额同比增长 73.1%。2014 年末，银行承兑汇票余额同比增长 10.4%，票据贴现余额同比增长 63.4%。再贴现余额同比下降 14.1%，再贴现资金周转率明显提升。北京地区票据贴现利率总体呈现震荡下行态势（见表 5、表 6）。

表 5　2014 年北京市金融机构票据业务量统计

单位：亿元

季度	银行承兑汇票承兑		贴现			
			银行承兑汇票		商业承兑汇票	
	余额	累计发生额	余额	累计发生额	余额	累计发生额
1	2 368	1 393	1 083	4 859	89	240
2	2 348	3 005	1 335	11 569	94	468
3	2 576	4 591	1 751	18 972	96	747
4	2 644	6 225	1 823	26 811	187	1 127

数据来源：中国人民银行营业管理部。

表 6　2014 年北京市金融机构票据贴现、转贴现利率

单位：%

季度	贴现		转贴现	
	银行承兑汇票	商业承兑汇票	票据买断	票据回购
1	6.4981	6.8677	6.1774	6.1504
2	5.3448	6.6121	5.3870	4.9252
3	4.9438	5.9118	5.0171	4.8432
4	4.9724	6.4741	4.8501	4.9457

数据来源：中国人民银行营业管理部。

4. 银行间外汇市场交易量增加，黄金交易显著增长。2014 年，外汇掉期交

易买卖累计同比增长32.3%，外汇远期交易买卖累计同比增长61.2%。北京地区交易所会员黄金买卖累计成交6 510.3吨，同比增长42.4%。

5. 金融市场创新不断推进，同业合作日益广泛。北京辖内银行理财产品发行量继续增长，2014年共发行理财产品75 301.5亿元，同比增长36.7%，比2013年同期高16.5个百分点。年末理财产品余额14 151.9亿元，同比增长21.3%。股份制银行在京营业机构成为引领机构理财业务快速增长的主力军。

（五）金融生态环境持续优化，各项工作取得积极成效

首都金融生态环境建设稳步推进。深入开展中关村"零信贷"小微企业金融服务拓展活动，启动文化金融合作试验区建设，科技金融、文化金融长效机制建设全面深化。深入推进普惠金融，发放信贷政策支持再贷款，发行北京农业中小企业集合票据，金融机构支农、支小力度不断加大。深入推进跨国公司总部外汇资金集中运营试点，中关村率先开展境外并购外汇试点，外汇管理政策环境进一步优化。扎实推进首都社会信用体系建设，成立全国首个征信行业自律组织，建成覆盖全市的个人信用报告查询服务网络，中关村被人民银行确定为首批小微企业信用体系建设试验区。开通12363金融消费权益保护咨询投诉电话，完善金融消费权益保护机制。大额支付系统结算金额及网上支付业务金额均居全国首位。推广支付机构客户备付金监管账户工作，试运行北京市支付机构监管信息系统，支付机构监管手段进一步丰富。坚持金融知识宣传与打击违法犯罪并举，开展金融安全、反假货币、征信、反洗钱等宣传活动，严厉打击制贩假币、洗钱、银行卡犯罪、非法集资以及外汇违法违规行为，有力维护首都金融市场秩序，提高社会公众的金融安全意识。

二、经济运行情况

2014年，北京市按照中央稳增长、促改革、调结构、惠民生的总体要求，实现了经济社会持续稳步发展，经济增长质量和效益稳步提高。初步核算，2014年北京市实现地区生产总值21 330.8亿元，按可比价格计算，同比增长7.3%（见图6）。

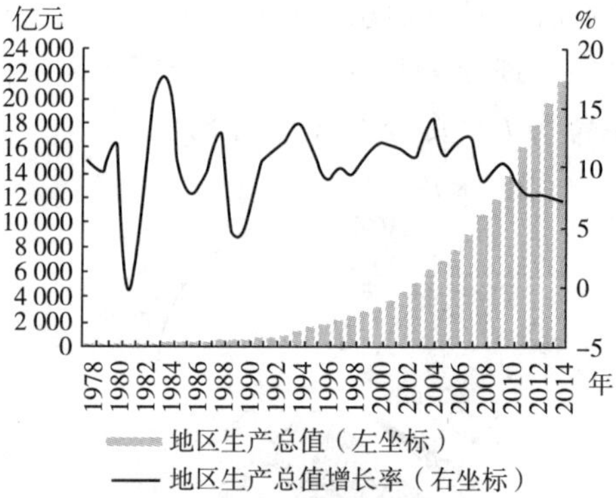

数据来源：北京市统计局。

图6 1978～2014年北京市地区生产总值及其增长率

（一）三大需求协调发展，经济步入新常态发展阶段

2014年，北京市步入中高速发展的新时期，经济增速缓中趋稳。一季度至四季度的GDP增速分别为7.1%、7.2%、7.3%和7.3%，全年GDP增速为7.3%，低于2013年7.7%的水平。从三大需求看，北京市投资稳步增长，消费增速平稳，进出口规模略有收缩。

1. 投资稳步增长，基础设施投资带动作用明显。2014年，北京市完成全社会固定资产投资7 562.3亿元，同比增长7.5%（见图7），增速比2013年回落1.3

个百分点。基础设施投资同比增长13%。房地产开发投资同比增长12.3%。

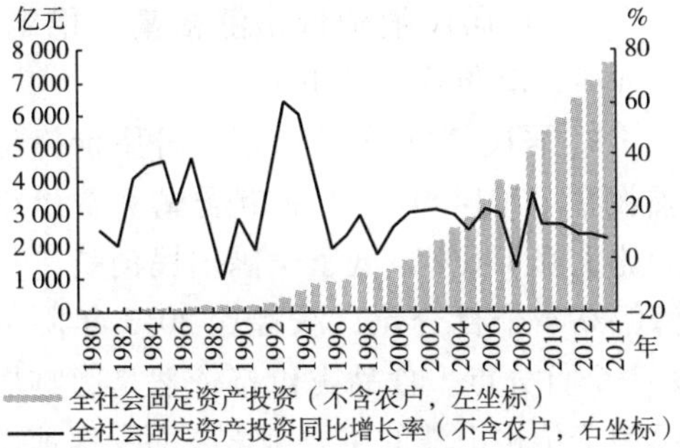

数据来源：北京市统计局。

图7 1980～2014年北京市固定资产投资（不含农户）及其增长率

2. 居民收入稳步增加，消费市场增势较好。2014年，全市城镇居民人均可支配收入43 910元，同比增长8.9%。农村居民人均纯收入20 226元，同比增长10.3%。全市实现社会消费品零售总额9 098.1亿元，同比增长8.6%（见图8），增速比2013年低0.1个百分点。

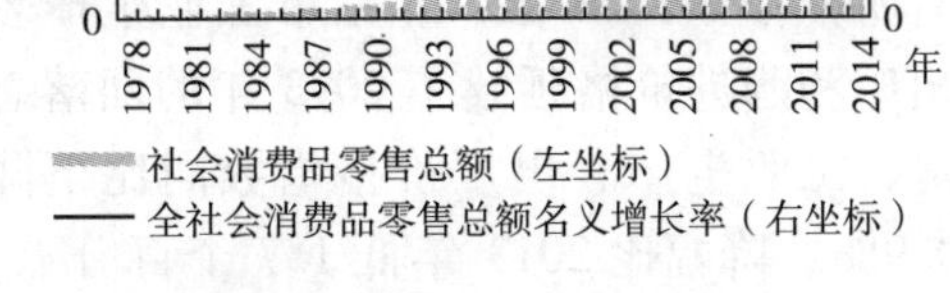

数据来源：北京市统计局。

图8 1978～2014年北京市社会消费品零售总额及其增长率

3. 进出口略有下降，利用外资稳步增长。受世界经济复苏乏力的影响，北京地区进出口规模略有收缩。2014年，北京地区进出口总额同比下降3.3%。其中，进口同比下降3.7%，出口同比下降1.2%（见图9）。实际利用外资90.4亿美元，再创年度引资规模新高，同比增长6.1%，连续13年实现正增长（见图10）。引资结构继续优化，引资方式和领域不断扩展。

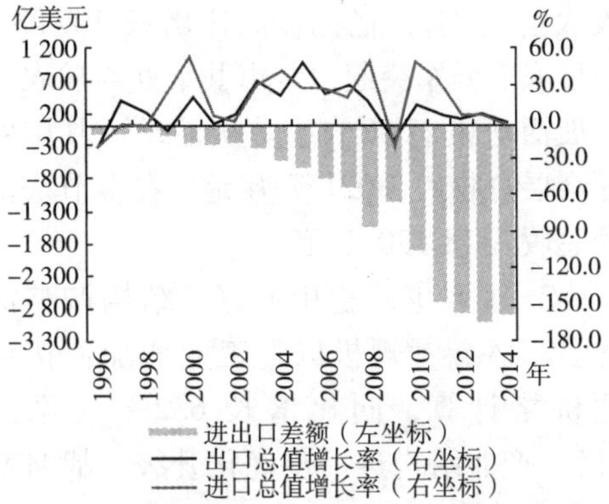

数据来源：北京市统计局。

图9 1996～2014年北京市外贸进出口变动情况

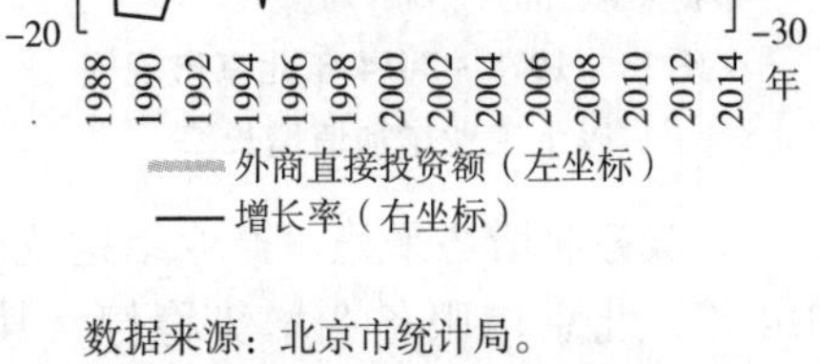

数据来源：北京市统计局。

图10 1988～2014年北京市外商直接投资额及其增长率

（二）产业结构调整深入推进，经济运行质量进一步提升

2014年，北京市持续促进产业结构优化升级，三次产业结构由2013年的0.8:21.7:77.5进一步调整为0.7:21.4:77.9。

1. 农业生产平稳增长，都市型农业发展向好。2014 年，北京市农林牧渔业总产值 420.1 亿元，同比下降 0.4%，扣除价格因素实际与上年持平。平原造林是拉动农业增长的主要动力，林业全年增长 19.5%。观光农业发展良好，民俗旅游总收入达到 11.3 亿元，同比增长 10.4%。会展农业异军突起，全市共举办 4 项农业会展活动和 27 项农事节庆活动，其中农业会展总收入 5 021.7 万元，农事节庆活动总收入 18 130 万元。

2. 工业生产稳中向好，结构调整深化。2014 年，规模以上工业增加值按可比价格计算，同比增长 6.2%（见图 11）。产业结构进一步优化升级，战略性新兴产业增长 17.9%，对规模以上工业增长的贡献率达到六成左右。

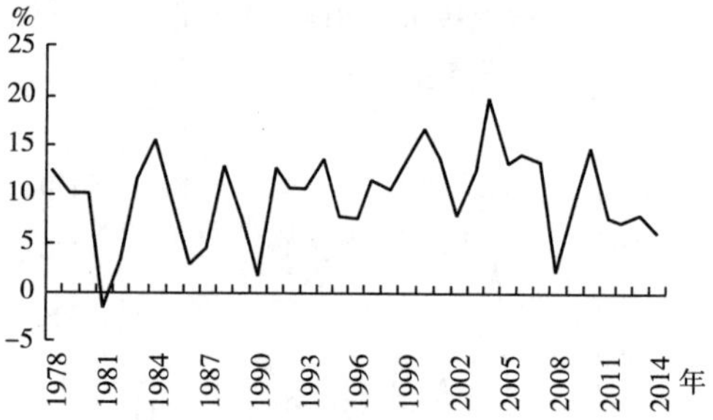

数据来源：北京市统计局。

图 11　1978 ~ 2014 年北京市规模以上工业增加值增长率

3. 服务业增势平稳，产业结构优化。2014 年，北京市服务业增势稳健，其中金融业、信息服务、科技服务业带动作用不断增强，房地产业有所下降。第三产业增加值按可比价格计算，同比增长 7.5%。重点行业中，金融业，信息传输、软件和信息技术服务业，科学研究和技术服务业增长较快，增速分别为 12.3%、11.7% 和 11.1%，租赁和商务服务业、批发和零售业和房地产业增长率分别为 5.8%、5.5% 和 −2.2%。

（三）居民消费价格涨幅基本稳定，工业生产者价格持续下降

1. 居民消费价格稳定，居住价格涨幅收窄。2014 年，北京市居民消费价格同比上涨 1.6%，低于全国居民消费价格涨幅 0.4 个百分点，涨幅比 2013 年降低 1.7 个百分点。食品类价格依然是影响居民消费价格上涨的主要因素，而受房地产市场持续低迷的影响，居住类价格增速回落，导致居民消费价格涨幅下降（见图 12）。

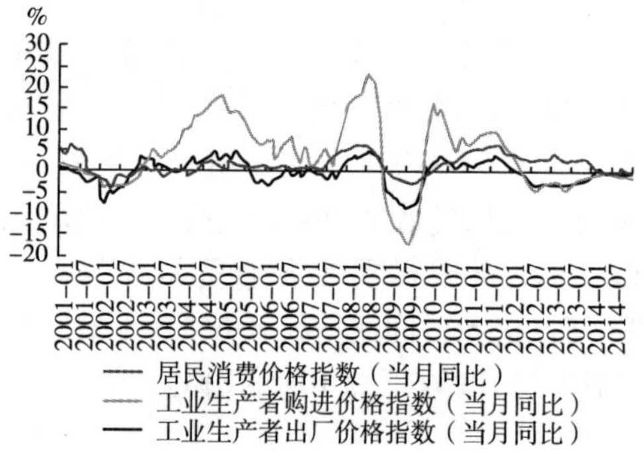

数据来源：北京市统计局。

图 12　2001 ~ 2014 年北京市居民消费价格和生产者价格变动趋势

2. 工业生产价格进一步回落，降幅有所减小。2014 年，北京市工业生产者出厂和购进价格延续了 2013 年的回落态势，工业生产者出厂价格指数同比下降 0.9%，降幅比 2013 年低 1.7 个百分点，低于全国 1 个百分点。工业生产者购进价格指数同比下降 1.2%，降幅比 2013 年低 1 个百分点，降幅低于全国 1 个百分点（见图 12）。

3. 劳动力成本平稳增长，社会保障水平进一步提高。2014 年，北京市城镇居民家庭人均工资性收入达到 33 044 元，

同比增长9.2%；农村居民家庭人均工资性收入达到13 072元，同比增长8.6%。城镇新增就业42.7万人。企业退休职工基本养老金平均增幅为10%；城乡居民基础养老金、福利养老金增幅分别为10.3%和12.9%；伤残津贴增幅10.2%；失业保险金增长12.7%；企业最低工资标准增幅11.4%；城市、农村低保涨幅分别为12.1%和21.7%，各项社会保障水平全国领先。

4. 资源性产品价格改革继续深化，利用价格杠杆促进资源节约。5月1日起开始实行阶梯水价，上调非居民用水价格，再生水价格由政府定价管理调整为政府最高指导价管理。进一步实施居民生活用电阶梯电价，上调非居民电价，引导节约用电。提高燃气热电厂热力出厂价格、管道天然气各类非居民销售价格、非居民供热价格。

（四）财政收支平稳增长，财政支出结构进一步优化

2014年，北京市财政收入保持平稳较快增长态势。地方公共财政预算收入4 027.2亿元，同比增长10%，财政收入运行保持在合理区间（见图13）。从收入结构看，增值税、营业税、企业所得税、个人所得税四大主体税种占财政收入的比重达到74.9%，分别增长12.5%、3.3%、14.2%和14.9%，总体较为稳定。扩大“营改增”试点范围，减税376.6亿元。全年地方公共财政预算支出4 510.5亿元，同比增长8.1%。支出结构进一步优化，加大对大气污染治理、垃圾污水处理、交通拥堵、城乡环境改善等工作的资金投入力度，推动形成可持续发展的城市治理体系，“有退有进”引导产业发展，促进经济结构调整，持续加大民生投入力度，促进基本公共服务均衡化。

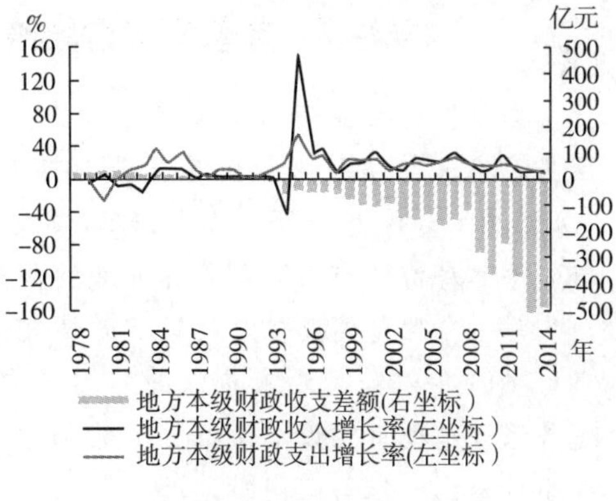

数据来源：北京市统计局。

图13 1978～2014年北京市财政收支状况

（五）生态建设大力推进，城市服务管理水平稳步提升

2014年，北京市全面推进生态文明建设。在节能环保方面，全市规模以上工业万元增加值能耗同比下降11%，万元地区生产总值能耗、水耗、二氧化碳排放量预计分别下降5.5%、4%和6%。西北热电中心建成投用，改造燃煤锅炉6 595蒸吨，压减燃煤280万吨。淘汰老旧机动车47.6万辆，基本淘汰黄标车。完成平原造林35.5万亩。着力推进垃圾污水治理，全市生活垃圾资源化率提高2.1个百分点，再生水年利用量增长7.5%。全年大气主要污染物排放量大幅下降，空气中的PM2.5年均浓度实际下降4%，空气质量进一步改善。在产业调整方面，积极落实京津冀协同发展战略，疏解非首都核心功能。制定实施新增产业禁止和限制目录，关停退出392家一般制造业和污染企业；拆除中心城36个商品交易市场，推进53个产业转移疏解项目；实施128项污染防治和节能技改项目，开展34家中心城商品交易市场升级改造。

专栏 2　完善住房市场格局，推出自住型商品住房政策

自住型商品住房是北京市针对“夹心层”推出的中低价位自住型、改善型商品住房。推出自住型商品住房是北京市住房市场由“保障房＋商品房”二元模式向“保障房＋自住房＋商品房”三元模式转变的一种尝试，对住房供给结构、购房需求、整体房价、市场预期等各方面均会产生较大影响。

一、自住型商品住房政策实施情况

2013 年以前，北京市保障房主要包括廉租房、公租房、经济适用房、限价房，随着保障房项目建设加快推进，廉租房、公租房并轨分配及运营管理，产权型保障模式逐步退出。但与此同时，近年来北京房价仍保持较快上涨态势，保障房建设带来的财政压力也越来越大。在房价调控目标基础上，结合未来长效机制建设，北京市通过引入市场化机制，构建了“保障房＋自住房＋商品房”的三元模式，逐步实现住房供应体系“低端有保障、中端有支撑、高端有市场”的目标。

自住型商品住房运营模式有以下特点：一是创新土地出让方式。自住型商品住房可以采取集中建设或者配建等多种方式，由房地产开发企业通过“限房价、竞地价”等出让方式公开竞得。鼓励市属国有企业利用自有土地开发自住型商品住房，盘活闲置土地。二是明确套型面积和价格标准。自住型商品住房套型建筑面积以 90 平方米以下为主，最大套型建筑面积不得超过 140 平方米。三是申购门槛较低。在京具有购房资格的家庭，均可以购买自住型商品住房。四是体现产权共有。自住型商品住房购房人取得房屋产权证后，原则上 5 年内不得转让；5 年以后转让的，如有增值，应当按照届时同地段商品住房价格和该自住型商品住房购买时价格差价的 30% 交纳土地收益等价款。

自住型商品住房于 2013 年 10 月正式推出，截至 2014 年末，全市共出让自住型商品住房用地 53 宗，规划建筑面积 522 万平方米，可建设约 5.5 万套自住型商品住房；启动 32 个项目的网上申购，剔除重复申购，28.1 万户刚需家庭申请了自住型商品住房；已上市 22 个项目，提供 2.5 万套住房；21 个项目进入签约环节，已签约 1.7 万套。

二、自住型商品住房政策对北京市住房市场的影响

一是影响住房市场供给结构，自住型商品住房替代部分普通商品住房。根据 2014 年北京市国有建设用地供应计划，5 万套自住型商品住房需用地约 450 公顷，占商品住宅用地计划的 45%。2013～2014 年北京市计划供应自住型商品住房 7 万套，占 2006～2013 年年均新增商品住房套数的 66%，自住型商品住房上市预计将对商品住房的供应结构产生较大影响。

二是转化部分“夹心层”购房需求，分流或缓释部分家庭的商品住房购房需求。在自住型商品住房推出前，部分“夹心层”只能依靠租赁市场满足住房需求。在自

住型商品住房推出后，这部分“夹心层”的购房需求将部分得到满足。此外，一部分普通商品住房的有效需求会处于自住型商品住房项目的申请、审核、摇号过程中，短期内将对普通商品住房市场产生明显的需求分流。

三是拉低平均住房价格，有利于实现房价调控目标。自住型商品住房的供应会在当期拉低平均住房价格水平，间接稳定新建商品住房价格。如在自住型商品住房集中上市的2014年10月，当月全市新建商品住房成交均价为2.31万元/平方米，环比下降18.0%。

（六）主要行业分析

1. 房地产开发投资保持较快增长，新开工面积、销售面积均有所下降，房价总体回落。2014年，北京市完成房地产开发投资同比增长12.3%，比2013年提高1.8个百分点；商品房新开工面积同比下降30%，其中住宅新开工面积同比下降24.9%；商品房竣工面积同比增长14.5%，其中住宅竣工面积同比增长6.6%；2014年，商品房销售额同比下降22.4%，商品房销售面积同比减少23.3%，降幅比2013年扩大21.2个百分点（见图14）；北京市新建商品住宅销售价格指数环比自7月起连续6个月下降，同比自10月连续3个月下降；二手住宅销售价格指数4~9月连续6个月环比下降，10月起开始小幅回升，同比自9月连续4个月下降。全年保障性住房实现投资639亿元、新开工10.1万套、竣工10.7万套，分别完成全年计划的128%、144%、107%（见图15）。

房地产贷款同比增速有所回落，个人住房贷款年末增长明显。2014年末，北京市金融机构本外币房地产贷款余额同比增长6.2%，比2013年同期高3.1个百分点，房地产贷款余额同比增速在7月达到近一年以来的最高值后，整体呈回落态势。其中，受政府土地储备机构贷款到期还款影响，房地产开发贷款余额同比减少1.4%，降幅比2013年收窄3.9个百分点；个人住房贷款余额同比增长11.3%，比2013年下降0.5个百分点。受9月30日房贷新政影响，10月下旬以来新建商品住房和二手房成交量明显回升，12月个人住房贷款新增额创近三年新高。全年辖内中资银行累计发放保障性安居工程贷款余额同比增长63.5%，人民银行通过抵押补充贷款支持国家开发银行加大棚户区改造贷款投放力度取得积极成效。

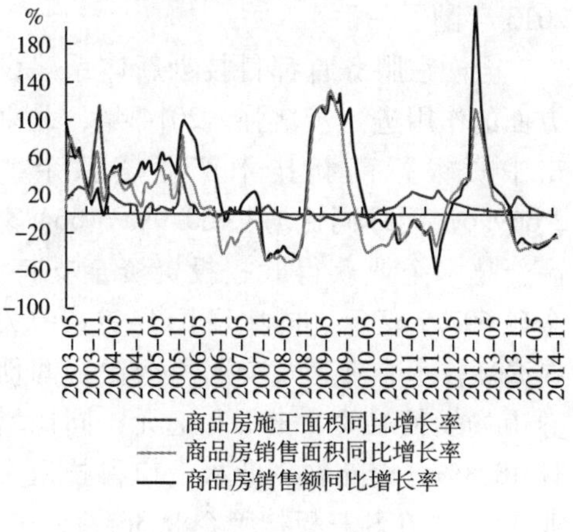

数据来源：北京市统计局。

图14 2003~2014年北京市商品房施工和销售变动趋势

2. 高新技术产业保持高速发展趋势。2014年，北京市规模以上高技术制

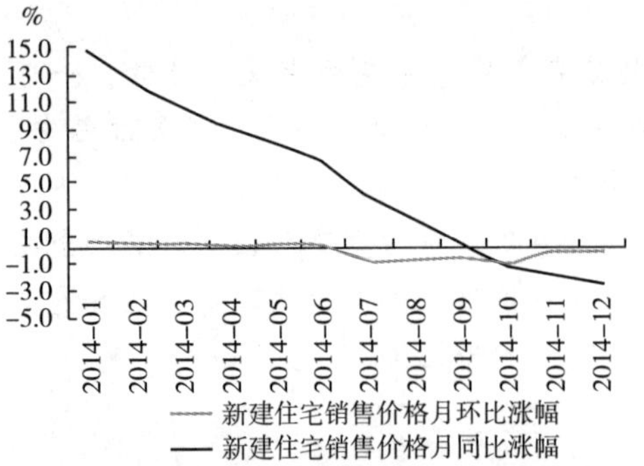

数据来源：北京市统计局。

图15　2014年北京市新建住宅销售价格变动趋势

造业工业增加值同比增长11%。计算机、通信和其他电子设备制造业增长17%、医药制造业增长9%，重点行业对全市高新技术产业增长的支撑作用更加明显。2014年，全市研发（R&D）经费支出1 286.6亿元，相当于地区生产总值的6%，位列全国第一。2014年在中关村国家自主创新示范区新创办并实际经营的科技型企业超过1.3万家，比2013年翻了一番。

金融在服务首都科技创新体系建设方面的作用进一步增强。2014年，北京市中资银行高新技术产业贷款余额2 669.6亿元，同比增长60.9%。664家高新技术企业获得股权投资资金支持，金额697.9亿元，同比增长14%。中关村高新技术企业通过交易所或银行间债券市场发债融资1 191.8亿元，同比增长48.8%。全年在创业板上市科技型企业58家；在新三板挂牌企业364家；在北京股权交易中心挂牌企业318家，备案中小企业私募债10只，备案总金额11.3亿元。

三、预测与展望

2015年是全面深化改革的关键之年，也是全面完成“十二五”规划的收官之年。尽管国内外经济形势仍然复杂严峻，但随着改革红利的释放和战略定位的明确，首都经济结构将进一步得到优化，经济运行的效率、质量将进一步提高，经济发展的可持续性也将进一步增强。

从国际环境看，干扰全球经济复苏的短期性因素有望进一步减少，但增长动力依然不足。主要经济体复苏速度不同，货币政策取向分化明显，新兴经济体增长普遍放缓，地缘政治风险增加和国际大宗商品走势的不确定性也将进一步加大国际经济环境的复杂性。从国内情况看，经济正处于降速换挡、结构调整和前期政策消化“三期叠加”的阶段，但中国市场空间广阔，经济结构调整回旋余地很大，财政、金融、行政、价格、城镇化等领域改革步伐加快，都将极大激发实体经济的创新活力和增长潜力。从北京自身情况看，在国家战略层面推进京津冀协同发展、疏解非首都功能，强化了北京作为全国政治中心、文化中心、国际交往中心、科技创新中心的战略定位，有助于突破经济发展中的资源约束，加快构建“高精尖”经济结构，促进区域内人口、经济、资源、环境协调发展。

2015年，北京市经济发展的质量将进一步提高。投资的重点向生态环境、基础设施、民生改善等领域倾斜，房地产开发占全社会投资的比重将有所下降。重大项目建设将加快推进，养老、医疗、金融、教育等服务业也都有巨大的投资需求空间。随着《关于促进文化消费的若干意见》等促进消费政策不断出台以及社会保障体系不断完善，养老和文化、体育领域的消费有望大幅增长，将在一定程度上填补住房和汽车消费市场回调形成的缺口。

价格方面，经济增长放缓、国内粮食稳定增产、房地产市场进入调整周期和居民通胀预期减弱将抑制消费价格涨幅；受产能过剩依然突出、国内外有效需求不足和国际大宗商品价格回落等诸多因素的影响，工业生产领域价格仍将低位运行；居民用水、天然气和公共交通等公用事业产品价格改革，以及人口结构变化导致部分服务业价格上涨，会对物价水平产生一定的上涨压力。预计2015年北京市主要价格指标将保持相对稳定，其中居民消费价格上涨2%左右，工业品出厂价格略有下降。

从金融运行情况看，人民银行设立中关村国家自主创新示范区中心支行，有助于进一步加快国家科技金融创新中心建设，实现金融资源与科技创新的融合发展。全国中小企业股份转让系统、北京股权交易中心加快发展，北京铁矿石交易中心、北京文化产权交易中心等交易场所投入运营将进一步丰富和完善首都要素市场体系，提高金融资源配置效率。2015年北京市金融业将围绕首都经济结构调整和转型升级方向，创新金融产品和服务方式，加大对科技创新、文化创意、重点基础设施和京津冀协同发展等关键领域，以及小微企业、“三农”等薄弱环节的金融支持，降低社会融资成本，更好地服务实体经济发展。

2015年，人行营业管理部将全面贯彻落实党的十八届三中、四中全会和中央经济工作会议精神，认真落实人民银行工作会议的部署，坚持稳中求进的总基调，主动适应经济发展新常态，进一步畅通货币信贷政策传导渠道，切实维护区域金融稳定，提升金融运行效率，增强金融服务实体经济的能力，支持经济发展方式转变和经济结构调整，促进首都经济持续健康发展。

总　纂： 李　超　姜再勇

统　稿： 魏海滨　张　丹

执　笔： 贺　杰　苏乃芳　刘文权　姚　刚　徐海永　赵晓英　张向军　吕潇潇　童怡华　王新宇　单　方　卢　静　张英男　周　翔　朱　睿　解运亮　张　丹

以下人员提供了相关材料： 邓凯宏　李海辉　周　丹　黄美娟　项银涛　谌春秋　赵　强　唐　均　张　煜　李晓闻

北京市金融稳定报告（摘要）

中国人民银行营业管理部　金融稳定分析小组

2014年，北京市金融业在经济结构优化调整中实现平稳发展，产业结构进一步优化，民间投资比重上升，第三产业投资增长较快；消费品市场增速回落，网上销售持续高速增长；消费价格涨幅回落，工业生产价格降幅收窄。银行业资产负债规模平稳增长，同业资产比重大幅提高；经营效益提升，经营成本略有增加；不良贷款有所反弹，但风险抵御能力依然较强。证券市场活跃度显著回升，证券经营机构利润大幅增加，“新三板”市场规模快速扩张。保险业保费规模居全国前列，保险市场秩序好转。金融市场运行总体稳定，金融体系流动性总体平稳适度，人民币汇率双向波动范围逐步扩大，人民币对美元汇率小幅回落，北京地区黄金买入和自营交易规模显著增加。支付、征信、反洗钱、跨境人民币结算等金融服务及基础设施建设继续改善。

一、区域经济运行与金融稳定

2014 年，北京市经济增长平稳，增长质量与效益继续提升，经济发展方式转变进一步加快，经济结构调整取得积极进展，为全市金融平稳运行提供了良好的经济环境。

（一）区域经济运行情况

1. 全年经济增长总体平稳，居民收入增速回升

2014 年，北京市实现地区生产总值 21 330. 8 亿元，按可比价格计算，同比增长 7. 3%，增幅同比下降 0. 4 个百分点。全年城镇居民人均可支配收入 43 910 元，同比增长 8. 9%，增幅同比提高 1. 8 个百分点。农村居民人均纯收入 20 226 元，同比增长 10. 3%，增幅同比提高 2. 6 个百分点。

2. 产业结构继续优化，行业利润整体大幅增长

2014 年，北京市三次产业结构由上年的 0. 8∶21. 7∶77. 5 变化为 0. 7∶21. 4∶77. 9，服务型经济特征更加明显，产业结构更加高端化。全市规模以上工业增加值按可比价格计算，同比增长 6. 2%，增幅比上年回落 1. 8 个百分点。重点行业支撑作用增强，计算机、通信和其他电子设备制造业增长 17%，汽车制造业增长 12. 3%，医药制造业增长 9%，对全市工业增长合计贡献率达 74. 2%。全年规模以上工业企业实现利润 1 493. 2 亿元，同比增长 18. 5%。

3. 民间投资比重上升，第三产业投资增长较快

2014 年，北京市完成全社会固定资产投资 7 562. 3 亿元，同比增长 7. 5%。其中，民间投资增长 8. 3%，增速高于全市投资平均增速 0. 8 个百分点，占全社会固定资产投资的比重为 34. 7%，同比提高 0. 3 个百分点。第三产业投资增长 9. 5%。

4. 消费品市场增速基本保持稳定，网上销售继续高速增长

2014 年，北京市实现社会消费品零售额 9 098. 1 亿元，同比增长 8. 6%，增幅比上年低 0. 1 个百分点。按消费形态分，商品零售额 8 385. 1 亿元，增长 9. 5%；餐饮收入 713 亿元，下降 0. 8%。限额以上批发零售企业实现网上零售额 1 456. 9亿元，同比增长 69. 7%，对社会消费品零售总额增长的贡献率超过八成，占社会消费品零售总额的比重为 16%，比上年提高 4. 9 个百分点。

5. 进出口总值同比小幅下降，利用外资增速稳中微升

2014 年，北京地区进出口总值 4 156. 5 亿美元，同比下降 3. 3%。其中，进口总值 3 533. 1 亿美元，下降 3. 7%；出口总

值 623.5 亿美元，下降 1.2%。全年实际利用外商直接投资 90.4 亿美元，同比增长 6.1%，增幅比上年提高 0.1 个百分点。

6. 居民消费价格涨幅回落，工业生产价格降幅收窄

2014 年，北京市居民消费价格同比上涨 1.6%，增幅比上年下降 1.7 个百分点。其中，食品上涨 3.2%，娱乐教育文化用品及服务上涨 3.2%，居住上涨 1.4%，衣着上涨 0.4%，家庭设备用品及维修服务上涨 0.3%，交通和通信下降 0.8%，烟酒及用品下降 0.3%，医疗保健和个人用品下降 0.1%。北京市工业生产者出厂和购进价格比上年分别下降 0.9% 和 1.2%，下降速度比上年明显收窄。

（二）需要关注的问题

1. 实体经济增长动力仍面临考验

虽然从季度增长表现和部分重要经济指标看，2014 年北京市经济增长有回稳迹象，但政策刺激与房地产投资拉动作用依然较大，基础设施投资和房地产开发投资分别增长 13% 和 12.3%，分别高出全市平均 5.5 个和 4.8 个百分点。消费增长基本平稳，外部需求总体疲软，内生经济增长动力还需进一步培育。

2. 房地产业运行存在不确定性

2014 年，北京市商品住宅累计销售面积同比下降 16.3%，年末有所回暖，但持续性仍有待观察。房地产开发企业资金链条有所趋紧，资金来源连续 8 个月下滑；对贷款依赖度上升，年末金融贷款比重同比提高 7.3 个百分点。2014 年北京市住宅施工面积同比下降 1.8%，新开工面积同比下降 30%，有可能会改善未来市场供求关系。但若未来房价出现高位较快增长，将会形成高房价与投资型需求之间相互加强的正反馈环，不利于房地产市场健康发展，增加北京地区整体金融脆弱性。

3. 民间投资面临速度与结构双重挑战

2014 年，北京市民间投资增长 8.3%，增幅比上年同期大幅下降 7.6 个百分点，民间投资增速高出全社会固定资产投资增速空间，由 2013 年的 7.1 个百分点收缩至 0.8 个百分点；79.3% 的民间固定资产投资集中于房地产业，投资额同比增长 13.1%，明显高于民间投资整体增速。综合来看，民间投资增速快速回落，表明经济内生增长动力仍不够稳定。而民间投资高度集中于房地产业，反映出民间投资结构亟待优化调整。

二、金融业与金融稳定

（一）银行业

2014 年，北京地区社会融资规模增长稳定，辖内银行业资产负债以及本外币存贷款规模保持较快增长，经营效益平稳提升，风险抵御能力较强；非银行金融机构资产负债总规模快速扩张，经营实力大幅提升。与此同时，银行业资产质量下行压力明显，利率市场化改革对商业银行资产负债管理能力提出更高要求，同业业务将面临业务整合与转型压力，相关风险值得高度关注。

1. 银行业经营情况

（1）社会融资规模稳定增长，人民币贷款比重上升。2014 年，北京市非金融企业境内外融资规模比上年增加 750 亿元。其中，境内社会融资规模比上年增加 319.5 亿元，占全国的比重为 7.8%（含中央级财务公司和信托公司占比为 9.6%），比上年同期提高 0.5 个百分点；

境外净融资折合人民币比上年增加430亿元。

从境内融资结构看，人民币贷款增加同比多增890.6亿元，占同期社会融资规模的37.6%，比上年提高6.1个百分点。委托贷款同比多增473.8亿元。信托贷款同比多增63亿元。未贴现银行承兑汇票融资自3月以来持续下降，同比多减845.9亿元。受债券集中兑付影响，全年企业债券净融资同比减少931.1亿元。新股发行重启带动北京地区非金融企业境内股票融资明显回升。

（2）辖内银行业资产负债规模保持较快增长，增幅高于全国平均水平。2014年末，北京辖内银行业金融机构资产总额占全国的9.71%，同比增长15.65%，高出全国平均2.07个百分点；负债总额占全国的10.20%，同比增长15.55%，高出全国平均2.51个百分点。资产和负债规模均居全国第二。

（3）本外币贷款平稳增长，有力支持北京地区实体经济发展。2014年末，辖内金融机构本外币各项贷款余额同比增长12.05%，增幅比上年提高1.19个百分点。从贷款期限结构来看，辖内金融机构本外币短期贷款同比增长12.39%，增幅同比下降10.14个百分点；本外币中长期贷款同比增长9.62%，增幅同比提高2.64个百分点。从币种结构看，2014年末，人民币贷款余额同比增长12.23%，增速比上年提高1.07个百分点；外币贷款余额同比增长10.69%，增幅同比回落1.97个百分点。从贷款投向看，前五位行业依次是：交通运输仓储和邮政业、租赁和商务服务业、制造业、房地产业以及批发和零售业。

（4）本外币存款平稳增长，同业存款规模大幅增加。2014年末，辖内金融机构本外币存款余额同比增长9.2%，增幅同比提高1.16个百分点。其中，人民币存款余额同比增长8.39%，增幅同比提高0.28个百分点；外币存款余额同比增长28.28%，增幅同比提高18.54个百分点。

2014年末，辖内金融机构本外币同业往来（来源方）同比增长99.27%，增幅同比提高60.55个百分点。其中，人民币同业存款和同业拆借合计余额同比增长119.44%，增幅同比提高76.26个百分点。

（5）经营效益平稳提升，经营成本略有增加。2014年，辖内银行业金融机构实现营业收入同比增长13.77%，增幅同比下降11.42个百分点。其中，中间业务收入同比增长15.15%，增幅同比下降7.52个百分点。累计实现利润同比增长3.76%，总体平稳。成本收入比率比上年提高0.42个百分点，经营成本略有增加。资产利润率比上年下降0.09个百分点。

（6）不良贷款有所反弹，但风险抵御能力依然较强。2014年末，辖内银行业金融机构不良贷款余额增长28.07%；不良贷款率同比增加0.06个百分点，由连续十年“双降”转为“双升”。辖内法人银行平均拨备覆盖率和贷款损失准备充足率比年初均有所下降，但仍维持高位；资本充足率比上年提高0.17个百分点，信用风险抵补水平充分。

（7）非银行金融机构资产负债总规模快速增长，经营实力大幅提升。2014年末，辖内非银行金融机构资产总额同比增长36.45%；其中，财务公司、汽车金融公司和金融租赁公司资产规模位列前三位；消费金融公司、金融租赁公司和货币经纪公司资产同比分别增长102.04%、

75.06%和74.04%。负债总额同比增长38.86%。全年累计实现利润同比增长24.25%。其中，消费金融公司和货币经纪公司利润增速迅猛，分别高达124.26%和105.34%，经营实力整体明显提升。

2. 需要关注的问题

（1）资产质量下行压力明显，继续劣变可能性增加。受销售放缓、价格调整和资金链条趋紧综合影响，房地产业不良贷款较为集中。全市房地产业不良贷款率较年初上升0.21个百分点。同时，逾期贷款快速增长，年末辖内银行业金融机构逾期贷款余额较年初增长89.47%，特别是90天以内的逾期贷款明显增加，潜在风险较大，值得高度关注。

（2）利率市场化改革不断深入，商业银行资产负债管理压力加大。随着利率市场化改革深入推进，银行在自主定价空间逐步扩大的同时，盈利能力面临一定压力，资产负债管理难度不断加大。2014年，辖内银行业金融机构净利息收入比例同比上升1.37个百分点；利息收入率同比降低0.27个百分点。从资产端看，随着利率市场化进一步深化和资本市场不断完善，大中型企业出于资金使用灵活性和成本等方面考虑，可能逐步调整融资结构，更多利用集团内部贷款、发行债券以及股票等手段融资，对银行信贷需求将进一步减弱。从负债端看，随着互联网金融创新产品和理财产品对一般性存款的冲击，银行负债管理成本进一步加大，存贷款利差进一步压缩，银行盈利能力和资产负债管理能力将面临严峻考验。

（3）同业业务规范后面临业务整合和转型压力。2014年，中国人民银行等五部委联合下发了《关于规范金融机构同业业务的通知》（银发〔2014〕127号），中国人民银行营业管理部（以下简称人行营业管理部）按照要求开展了现场督察，发现和纠正了部分金融机构中存在的违规业务，规范了同业市场。但金融机构同业业务规模庞大，在相关规范政策落实后，各金融机构面临同业业务整合与转型压力，相关影响还需密切跟踪观察。

（4）银行理财业务风险值得关注。商业银行理财业务风险主要表现在：一是期限错配矛盾增加流动性管理压力。负债端是期限较短、流动性较高的理财产品，而资产端多是期限在一年以上的中长期、流动性较差的投资资产，存在严重期限错配，易引发流动性紧张。二是部分理财资金投向地方政府融资平台、房地产、“两高一剩”等高风险或限制性行业和领域，或向不符合信贷准入条件的客户融资，与宏观调控和监管政策意图相悖。三是商业银行理财产品刚性兑付风险值得关注。

（5）信托业行业兑付风险依然较大。在目前行业发展面临转型和外部经济环境“三期叠加”背景下，信托业兑付风险值得关注。2014年末，全国已有369个信托产品属于风险项目，规模达到781亿元。从北京地区看，信托公司固有业务不良资产整体有所上升，个别公司固有业务不良率已高达45.11%；已出现信托业务未能正常兑付及未到期项目发生风险的情况。

（二）证券业

2014年，随着我国资本市场保持较高活跃度，北京市证券经营机构活力显著增强，资本实力进一步增强，利润大幅提升，基金管理公司发展迎来新机遇，期货行业整合加快，上市公司境内募集资金规模保持较高水平，“新三板”市场有力缓解中小企业融资难的问题。同时，证券公司在业务创新、信用和流动性风险管理、跨市场金融风险传播等方面值得关注。

1. 证券业经营情况

（1）证券公司资产总额快速增长，利润大幅度提升。2014 年末，北京市正常经营的法人证券公司比上年增加 1 家；证券公司在京营业部比上年增加 60 家。辖内法人证券公司资产总额同比增长 84. 97%。其中，净资本同比增长 21. 17%。证券市场交易额同比增长 51. 61%，其中股票基金交易额同比增长 58. 30%，市场保持较高活跃度。营业收入同比增长 53. 83%。其中，经纪业务手续费收入同比增长 133. 57%；证券发行收入同比增长 93. 22%。全年北京地区证券公司净利润同比增长 100. 85%。

（2）基金管理公司业务发展较快，管理资产规模大幅上升。2014 年，北京辖区共有基金管理公司 23 家（含 5 家外埠注册，总部在北京的基金管理公司），基金分公司 52 家。辖内法人基金管理公司 18 家，其中 9 家中外合资法人基金管理公司。全年北京市基金管理公司新发基金 165 只，是上年的 1. 96 倍。辖内法人基金管理公司管理基金数量同比减少 22. 91%。2014 年末，辖内法人基金管理公司年末资产净值 8 560. 97 亿元。其中，封闭式基金资产年末净值 95. 71 亿元；开放式基金资产年末净值 8 465. 26 亿元。当年新发基金 66 只，新发基金首次募集 991. 07 亿份。

（3）期货公司行业整合加快，向综合业务经营转型平稳。2014 年末，北京市期货经纪公司比上年减少 1 家；期货营业部比上年增加 2 家。北京辖区法人期货公司资产总额和净资产同比分别增长 30. 7% 和 11. 54%。北京辖区期货公司实现期货代理交易额同比增长 10. 94%。全年实现净利润同比增长 15. 16%。随着多个重要期货品种陆续上市以及期货资管等新业务开展，期货公司转型平稳，过去业务模式单一、收入依靠手续费的局面有望改变。

（4）资本市场融资步伐加快，上市公司市值不断增加。2014 年，资本市场活跃进一步助力北京市产业结构调整。全年共有 18 家企业实现境内上市，24 家企业实现境外上市。北京地区 A 股上市公司 235 家，居全国第二，境外上市公司 215 家，居全国首位。2014 年末，北京地区境内上市公司总市值 15. 81 万亿元，流通市值 10. 85 万亿元。

（5）新三板市场有力缓解中小企业融资难的问题。全国中小企业股份转让系统面向全国运行仅一年，新增挂牌公司 1 225家，覆盖 30 个省、市、自治区。新三板制度创新为中小微企业联通各种融资渠道，近半数挂牌公司属于创业投资基金和股权投资基金投资企业，近 300 家挂牌公司成功完成股票发行融得资金，近 50 家挂牌公司涉及重大资产重组或被上市公司收购、控股和参股。

2. 需要关注的问题

（1）证券公司盈利能力建设仍需加强。2014 年，北京地区证券公司手续费及佣金净收入占全部营业收入的比重同比上升 19. 67 个百分点。证券公司盈利模式单一，收入增长与资本市场行情相关性较高等问题依然存在。C 类营业部[①]大量成立和互联网金融发展将加剧行业经纪业务佣金率竞争，证券业盈利模式集中于经纪业务局面将面临挑战。

（2）证券公司信用和流动性风险值得关注。2014 年，随着证券业机构业务范围不断扩展和资本市场进一步活跃，证券公司在融资融券等高杠杆信用交易业务管理方面暴露出诸多问题。据监管部门对业务检查的通报情况看，部分证券公司存在违规为到期融资融券合约展期、向不符合条件的客户融资融券、未按规定及时处分客户担保物、违规为客户与客户之间融资提供便利等问题。证券公司融资融券规模快速增长，交易杠杆率显著提高，证券公司“短借长融”问题显现，信用和流动性风险值得关注。

（3）证券市场风险传染可能性增加。目前，证券公司已广泛开展银证信、银证保、银证委托贷款、理财等通道类业务。部分创新业务延长交易链条，不仅使证券公司经营面临新的风险，而且还增加了金融风险在银行、证券和保险等机构之间相互传染的可能性。

（三）保险业

2014 年，北京市保险市场总体呈现平稳较快发展态势，市场秩序继续好转，行业风险基本可控。全年原保险保费收入同比增长 21.4%，保费规模居全国第四，增速居全国第六；累计赔付支出同比增长 28%。在京保险公司总资产较年初增长 19.77%；保险深度同比增 0.6 个百分点；保险密度同比增加 905.8 元/人。2014 年末，在京经营业务的保险分公司和总公司 104 家。其中，财产险公司 43 家，人身险公司 56 家，再保险公司 4 家，政策性保险公司 1 家。保险专业中介机构 387 家，兼业代理机构 7 110 家，保险销售人员 8.2 万人。

1. 保险业经营情况

财产险公司经营稳健，保费收入稳步增长。2014 年，辖内财产险公司实现保费收入同比增长 10.3%。其中，车险保费收入同比增长 9.1%；非车险保费收入同比增长 13%。累计赔款支出同比增长 11.9%。产险公司综合赔付率同比上升 0.5 个百分点；综合费用率同比上升 0.7 个百分点；承保利润率同比下降 1.2 个百分点。

人身险公司实现保费收入大幅增长，银邮渠道仍是主要销售通道。2014 年，人身险公司实现保费收入同比增长 26.2%。其中，寿险业务保费收入同比增长 24.2%，健康险和意外险保费收入同比分别增长 40.4% 和 12.5%。寿险产品中，普通寿险实现保费收入同比增长 3.7 倍，分红寿险实现保费收入同比下降 10.8%。从销售渠道看，银邮渠道占比 45.1%，个人代理渠道占比 34.4%，公司直销渠道占比 16.4%，其他渠道占比 4.1%。寿险新单期交率同比下降 11.8 个百分点，退保率同比上升 1.2 个百分点。

外资财产险机构保费收入大幅增长，人身险公司保费收入稳定增长。2014 年，在京外资财产险公司比上年增加 2 家，实现保费收入同比增长 31.5%。在京外资人身险公司 22 家，与上年持平；实现保

① 中国证券业协会 2012 年 12 月发布券商营业部信息技术相关指引，将券商营业部分为 A、B、C 三类，其中，A 类为传统营业部，提供现场交易服务；B 类营业部提供部分现场交易服务；C 类营业部既不提供现场交易服务也不需配备相应的机房设备。

费收入同比增长8.5%，市场份额同比下降2.7个百分点。

农业保险市场秩序进一步规范，保费收入同比有所下降。2014年，北京政策性农业保险实现保费收入同比下降19.2%，参保农户12.5万户次，提供风险保障241.9亿元，受益农户达13.1万户次。

保险中介市场发展稳定，代理保费收入稳步提高。2014年末，在京保险专业中介法人机构387家，同比增加2家。其中，代理机构168家，经纪机构171家，公估机构48家。在京保险专业代理机构实现代理保费收入同比增长33.8%。其中，代理财产险保费收入同比增长39.7%；代理人身险保费收入同比增长22%。全年实现代理佣金收入同比增长35.6%。在京保险经纪机构实现经纪保费收入同比增长14.3%。其中，财产险经纪保费收入同比增长13.2%，人身险经纪保费收入同比增长13.1%，再保险经纪保费收入同比增长30.3%。全年实现经纪佣金收入同比增长21.6%。

2. 需要关注的问题

行业基础仍较薄弱。保险业资产规模相对较小，行业竞争力有待继续提升。而保险公司竞争手段单一，产品同质化程度较高，创新还不够活跃，将对保险行业健康发展形成一定程度制约。

行业风险防范仍需关注。当前保险市场风险总体可控，但行业没有经历过经济周期考验，防范化解风险压力依然较大，满期给付和退保风险、资金运用风险、外部金融风险向保险业传导等都需要加以高度重视，个别保险机构偿付能力不足问题值得关注。

保险市场秩序有待进一步规范。2014年，北京保监局加大市场整治力度，开展了针对保险经营机构违法违规经营、误导诱导投保人以及虚假宣传等问题的专项检查。先后对34家机构、39名责任人进行了处罚；受理消费者投诉5 150件。但保险市场秩序仍有待进一步规范。

三、金融市场与金融稳定

2014年，北京地区金融市场运行总体稳定。货币市场债券回购交易量大幅增长，信用拆借小幅缩减，银行类金融机构资金充裕，净融出增长显著，货币市场利率明显回落。人民币汇率双向波动范围逐步扩大，人民币对美元汇率小幅回落，外汇市场远期、掉期交易活跃。黄金价格先降后升，北京地区黄金买入和自营交易显著增长。同时，经济结构调整期金融机构流动性管理难度加大，市场利率定价自律机制尚不完善，资本市场资金流动、财政资金划拨、人民币跨境流动等因素对市场流动性扰动日益加强。

（一）金融市场运行基本情况

1. 货币市场交易活跃，债券回购增势迅猛

2014年，北京地区金融机构①网上信用拆借累计成交额同比下降9.18%，占全国交易量同比下降7.3个百分点。信用拆借加权平均交易利率同比下降27.9个百分点。北京地区金融机构净拆出资金同比增长83.75%。财务公司和证券公司是主要资金需求方，净拆入资金同比分别增

① 指在北京地区营业的所有金融市场成员，包括各政策性银行、各国有商业银行总行及北京市分行、各股份制商业银行总行及在京营业机构、北京银行、北京农商银行、中国邮政储蓄银行、各外资银行在京营业机构，在京各证券公司、财务公司、基金管理公司、保险公司、信托投资公司、资产管理公司等。

长 12.7%、115.7%。

债券回购交易活跃，银行类机构为主要资金提供者。2014 年，北京地区金融机构债券回购成交同比增长 39.6%。债券回购利率整体下降，债券回购加权平均交易利率同比下降 55.88 个百分点。债券回购净融出资金同比增长 82.73%，国有商业银行、政策性银行净融出规模领先，而保险公司、证券公司、财务公司、基金管理公司和其他机构依然为资金净融入机构，融入规模持续扩大。

2. 现券市场现券成交量略有下降，银行类金融机构净买入大幅缩减

2014 年，北京地区金融机构现券买卖成交量同比下降 2.5%，占全国交易量同比下降 5.6 个百分点。北京地区现券交易总体表现为净卖出，主要是商业银行和证券公司净卖出债券增多所致。

3. 银行间外汇市场交易活跃，外汇远期交易量增加较多

2014 年，银行间外汇市场以美元和人民币交易为主导，占各币种交易量的 97.5%。银行间即期外汇买卖成交量同比下降 5.6%。外汇掉期交易买卖累计成交额同比增长 32.3%；外汇远期交易买卖累计成交量同比增长 61.2%。2014 年度，人民币兑美元汇率中间价整体呈小幅上涨态势，人民币小幅贬值并持续双向波动，进入 9 月后人民币开始逐步升值，波动幅度进一步扩大；人民币兑日元、欧元等主要外币走向基本一致，下半年以来人民币处于强势，促使银行间外汇市场远期结汇大幅增长。

2014 年，外币对买卖累计成交同比增长 12%。外币对交易集中在欧元/美元、美元/港元，欧元/美元交易比上年下降 24.8%。英镑/美元、澳元/美元和美元/日元在外币对交易中占比不大，但交易增幅较大，分别增长 2 倍、21.7 倍和 2.4 倍。

4. 黄金市场交投活跃，黄金价格先降后升

2014 年，上海黄金交易所现货金价主力合约品种 AU9999 年初开盘价 238.85 元/克，12 月 31 日收于 240.59 元/克，加权平均价格最高为 272.84 元/克，最低为 224.13 元/克，振幅为 21.7%。黄金市场交投活跃，但黄金实际提货量缩减。2014 年度，北京地区交易所会员黄金买卖累计成交量同比增长 42.4%，实际提货量同比下降 37.7%。

（二）需要关注的问题

1. 经济结构调整和金融改革进一步深化，金融机构面对的经营环境更趋复杂

金融机构进入政策环境适应期，存贷款统计口径调整，以及利率市场化、人民币汇率形成机制、存款保险制度等金融改革加快推进，资产负债结构变化和市场价格的波动有可能加大，金融机构流动性管理面临更为严峻挑战。

2. 市场利率定价自律机制有待进一步完善

目前，Shibor 报价还存在诸如中长端报价因缺乏实际交易基础而与实际中长端交易价格差异较大、市场早盘交易占比较低等问题，影响了报价行对市场资金状况的判断。

3. 市场流动性面临资本市场流动、国库资金转移及人民币跨境交易量的影响

2014 年，股票发行日渐密集，新股申购冻结资金数额巨大，在资金冻结期间引起市场流动性紧张、利率上扬，市场波动加剧。国库资金每年 4 月末所得税清缴

及年底集中划拨，导致资金大规模转移，引发市场剧烈波动。近年来人民币跨境交易量大幅增长，跨境人民币流动也将成为影响市场资金流动重要因素。

四、金融基础设施与金融稳定

2014年，北京市金融基础设施建设继续稳步推进，支付环境继续优化，社会信用体系不断完善，反洗钱监管成效显著，人民币跨境使用稳步扩大，金融生态环境进一步改善，为北京金融体系的平稳运行提供坚实保障。

（一）支付系统建设情况

第二代支付系统推广工作进展顺利，辖内法人银行二代系统切换工作接近尾声。大额支付系统和网上支付跨行清算系统处理业务同比分别增长132.69%和58.28%。

支付业务监管进一步加强，支付市场秩序进一步规范。首批参与备付金监管到户试点的4家预付卡发行机构和11家备付金存管银行运行平稳。向3家非金融支付机构发放《支付业务许可证》，5家机构新增业务许可，受理业务初审7家。2014年末，共56家非金融支付机构获得《支付业务许可证》，居全国首位。联合市工商局、公安局成功处置3家非金融支付机构非法从事多用途预付卡支付业务。对53家法人支付机构客户备付金账户开立情况进行专项检查。组织“北京市打击银行卡犯罪专项行动”，挽回经济损失近千万元。推进空头支票行政处罚管理系统建设。大力推广非现金支付工具使用，电子商业汇票贴现量居全国第二位。

（二）征信系统建设情况

2014年末，人行营业管理部累计为符合条件的25家企业征信机构办理备案并发放备案证，指导成立北京地区征信机构总经理联席会议。研究起草辖内企业征信机构监管实施细则。对辖内7家商业银行进行征信业务执法检查，有效防控违规查询风险。联合市金融局发布《关于开展小额贷款公司信用评级和评价试点工作的通知》，出台《北京市小额贷款公司信用评价暂行管理办法》，将信用评级结果纳入监管评价体系。建立评级机构分级管理机制和年度检查报告制度。大力推进小微企业信用体系建设，为2 200家小微企业建立信用档案；全年共有450家园区企业获得约9亿元贷款。建成覆盖全市的个人信用报告查询服务网络，在全市16个区县布放29台个人信用报告自助查询机，设立3个人工服务网点，累计提供个人征信现场查询服务42.9万次。非银行机构接入征信系统工作稳步推进，首批18家小额贷款公司顺利通过征信数据测试验收，6家正式报送数据；14家融资性担保公司接入资格获中国人民银行批复；3家信托公司、23家财务公司接入系统，接入数量位居全国首位。

（三）反洗钱监管情况

2014年，人行营业管理部共对辖内17家法人机构进行现场督导，涵盖银行、证券、保险、基金、期货、支付六类行业。对8家机构进行反洗钱现场检查。探索金融机构洗钱风险评估方法，优化完善风险评估指标。开展大额和可疑交易报告综合试点，建立北京地区银行机构洗钱类型分析工作体系，为银行机构科学评估自身风险、深入落实风险预警和提示工作奠定制度基础。北京市反洗钱监测机制有效性显著提高，线索移送数量同比增长80%，协助破获多起有一定社会影响力的案件。组织开展以“预防洗钱、维护金融安全”为主题的反洗钱宣传月活动，提高社会公众反洗钱意识。

（四）外汇检查工作情况

2014 年，国家外汇管理局北京外汇管理部按照“五个转变”工作思路，紧密围绕国家外汇管理中心工作开展检查工作；以外汇检查分析应用系统为依托，有力打击违法犯罪活动。全年共立案 118 件，结案 123 件，结案率 104.2%。与北京海关缉私局共同采取行动，成功破获 6 起走私案件。与市国税局签署《打击外汇违法行为和出口退税违法行为合作备忘录》，北京地区外汇管理与税务部门监管专题合作机制正式启动。与公安部门打击“地下钱庄”违法犯罪活动成效显著，打掉“地下钱庄”17 个，正式批捕 17 人，冻结涉案银行账户 264 个。

（五）跨境人民币业务发展情况

2014 年，北京地区银行跨境人民币实际收付金额同比增长 51.62%。其中，办理跨境贸易人民币实际收付金额同比增长 10.09%；资本与金融项目人民币实际收付金额增长 2.45 倍。跨境人民币信贷融资余额和同业融资余额大幅增长。

（六）金融生态环境建设情况

2014 年，人行营业管理部联合有关部门全面深化科技金融、文化金融长效机制建设，打造良好政策环境。深入推进普惠金融，通过发放信贷支持再贷款、发行北京农业中小企业集合票据等方式，加大支农、支小力度。外汇管理政策环境进一步优化。深入推进跨国公司总部外汇资金集中运营试点，在全国率先开展中关村境外并购外汇试点，相关经验在其他地区推广。中关村被中国人民银行确定为首批小微企业信用体系建设试验区。坚持金融知识宣传与打击违法犯罪并举，开展金融安全、反假货币、征信、反洗钱等宣传活动，严厉打击制贩假货币、洗钱、银行卡犯罪、非法集资以及外汇违法违规行为，有力维护首都金融市场秩序。金融消费权益保护制度体系进一步完善。制定《金融消费者群体性投诉应急预案》、《12363 电话应急预案》，进一步规范投诉处理工作，确定金融消费投诉处理工作机制。推进投诉处理机制建设，妥善处理各类金融消费纠纷。2014 年，金融消费者投诉电话 12363 正式对外开通，全年共处理金融消费者投诉 75 件，处理金融消费者群体性投诉 1 起，解答有关机构、消费者投诉 1 619 件。

五、总体评估与政策建议

（一）总体评估

2014 年，北京市经济增长总体平稳，银行业资产规模稳步增加，经营效益平稳提升；证券市场进一步活跃，证券机构盈利水平大幅提高；保险业总体呈平稳发展态势；金融市场整体运行平稳；金融基础设施建设继续加强，金融生态进一步改善。

人行营业管理部金融稳定定量评估模型结果显示，北京市 2014 年金融稳定状况综合得分 78.79 分，扣除不可比因素①后，此次金融稳定实际综合得分同比提高 2.45 分。此次金融稳定综合得分提高主要有以下几个原因。一是保险部门保费增长情况明显好转；二是金融市场整体运行受上证指数年内走高影响而有所好转；三是企业部门利润比上年大幅提高；四是房

① 由于证券业净资本比例指标数据无法获得，为保证未来数据连续性及非相关性，将净资本比例指标替换为反映基金业发展情况的基金总规模增长率，评价区间也相应调整。

地产业贷款比率及房屋销售价格指数指标均有所好转。

（二）政策建议

1. 加快经济结构调整步伐，创新驱动经济发展

2014 年，北京市经济发展已经进入经济结构优化升级以及经济发展方式更多创新驱动为特征的“新常态”。未来还需进一步简政放权，鼓励创新，引导大众创业，加强环境建设，推动优势产业做大做强，实现经济增长进一步提质增效。

2. 鼓励民间投资，助力经济可持续发展

加大政策和财税支持，引导民间投资资金流向符合北京市产业调整方向和具有良好发展前景的产业和领域，促进经济结构调整优化。

3. 完善全面风险管理体系，加强操作风险、声誉风险管控

宏观经济下行压力有可能引发金融风险加快释放，传统行业贷款资产质量劣变可能明显增加，需要商业银行完善全面风险管理体系加以应对，进一步强化信用风险防控，降低市场风险，做好流动性管理。当前商业银行理财业务、代销业务中操作风险、声誉风险有所上升，需要进一步加强内部风险控制建设，完善内部工作流程体系，完善责任追究机制。

4. 加强证券行业自律，防范跨市场风险传染

证券业经营机构要提升合规经营意识，加强证券行业自律，坚决杜绝违法、违规操作，严控操作风险。密切监测证券市场运行风险，防止交易杠杆非理性上升，减少监管套利，防范跨市场交叉性风险传染。

5. 提高保险业创新能力，进一步规范市场秩序

在经济新常态下，稳步推进保险行业改革创新，在科技和公共服务等领域拓展服务和发展空间，加快转变发展方式，提升行业核心竞争力。同时高度关注资金运用、外部风险传播以及偿付能力不足等风险，规范保险市场秩序，保护消费者权益。

6. 适应金融改革进程，积极调整业务结构

未来我国金融改革进程将会加快，存款保险制度、利率市场化、汇率形成机制改革、人民币国际化等金融改革将对金融市场产生深远影响。金融机构应未雨绸缪，主动适应我国金融改革，积极调整资产负债业务结构，提升核心竞争力，实现业务稳健发展。

总　纂：付喜国
统　稿：董洪福 项银涛
执　笔：刘文权　田　娟　李艳丽　马凌霄　楼　丹
其他参与写作人员：刘　建　李　媛　张　丹　刘　欣　谌春秋　吴逾峰　赵　强　孙玉实　李雪飞　李长卿　陈　岩

二、市场运行

金融市场

2014年，北京地区金融市场运行总体稳定，流动性适度宽松。货币市场债券回购交易量大幅增长，信用拆借小幅缩减，银行类金融机构资金充裕，净融出增长显著，货币市场利率明显回落。人民币双向波动范围逐步扩大，人民币对美元汇率小幅回落，外汇市场远期、掉期交易活跃。黄金价格先降后升，北京地区黄金买入和自营交易显著增长，实际提货量下降。新常态下金融机构流动性管理面临更加复杂的外部环境，市场利率定价自律机制尚不完善，资本市场资金流动、财政资金划拨、人民币跨境流动等因素对市场流动性影响日益显著等相关问题需要关注。

一、金融市场运行特点

（一）货币市场交易活跃，债券回购增势迅猛，主要交易品种价格下降

1. 信用拆借交易量小幅下降，净拆出大幅增长

信用拆借一般作为金融机构货币市场债券回购交易的补充，受债券回购交易大增影响，信用拆借交易量有所收缩。2014年度，北京地区金融机构①网上信用拆借累计成交32.82万亿元，同比下降9.18%，占全国交易量的43.6%，较2013年同期下降7.3个百分点。信用拆借加权平均交易利率3.0001%，比2013年下降27.9个基点。

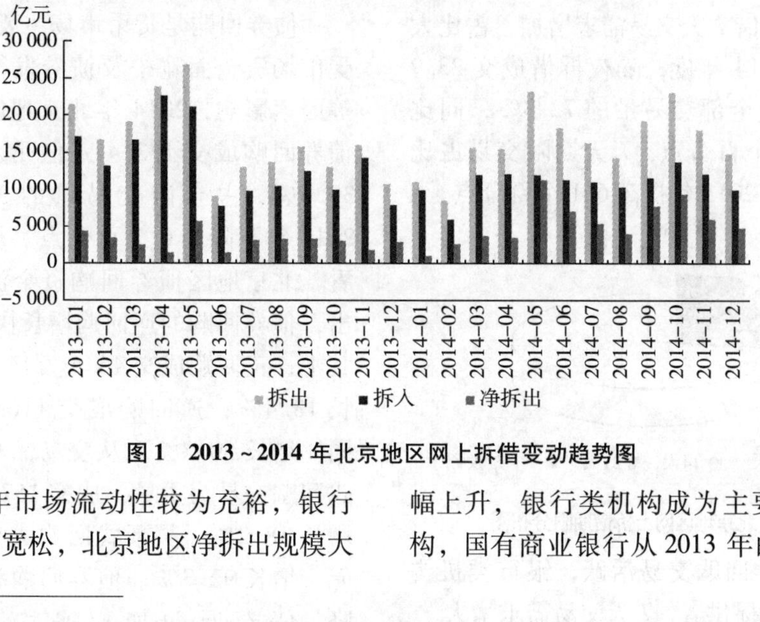

图1　2013～2014年北京地区网上拆借变动趋势图

2014年市场流动性较为充裕，银行体系资金面宽松，北京地区净拆出规模大幅上升，银行类机构成为主要净拆出机构，国有商业银行从2013年的净拆入转

① 指在北京地区营业的所有金融市场成员，包括各政策性银行、各国有商业银行总行及北京市分行、各股份制商业银行总行及在京营业机构、北京银行、北京农商银行、中国邮政储蓄银行、各外资银行在京营业机构，在京各证券公司、财务公司、基金管理公司、保险公司、信托投资公司、资产管理公司、汽车金融公司、金融租赁公司等。

为净拆出，其他银行净拆出增长尤为突出。2014 年度，北京地区金融机构净拆出资金 6.58 万亿元，同比增长 83.75%。其中，政策性银行净拆出 6 万亿元，规模最大，同比增长 6.4%；国有商业银行净拆出 1.56 万亿元，2013 年为净拆入5 701 亿元；其他银行[①]净拆出 3.7 万亿元，同比增长 152.2%。财务公司和证券公司是主要资金需求方，分别净拆入资金 2.3 万亿元和 2.85 万亿元，同比分别增长 12.7%、115.7%（见图1、图2 和图3）。

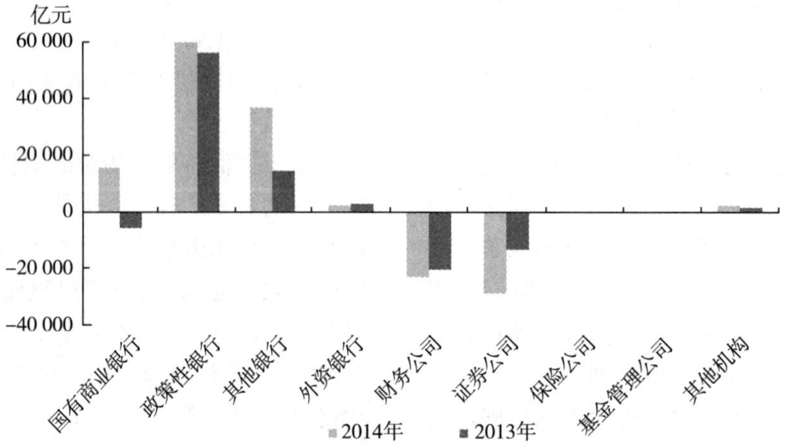

图 2　北京地区网上拆借净融出资金分布图

信用拆借 7 天交易需求增加，占比大幅提高。2014 年度，隔夜拆借成交 23.9 万亿元，占全部交易量的 72.8%，同比下降 6.28 个百分点；7 天期限交易占比 20.2%，比 2013 年提高 6.1 个百分点。

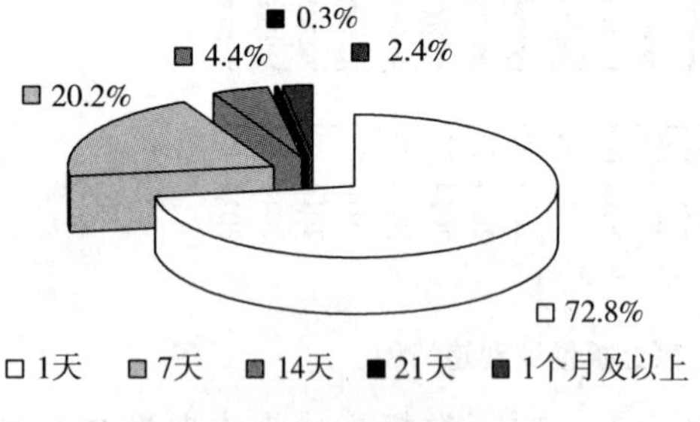

图3　北京地区网上拆借期限分布图

2. 债券回购交易活跃，银行类机构为主要资金提供者，7 天交易需求增大

债券回购是货币市场主要交易品种，受市场资金面宽松及债券发行大幅增长等因素影响，2014 年北京地区金融机构债券回购成交 163.4 万亿元，同比增长 39.6%，占全国交易量的 36.4%，较 2013 年下降 0.6 个百分点。从交易方向看，北京地区债券回购资金流向为净融出，债券回购的逆回购增长快于正回购。其中，正回购成交 46.5 万亿元，同比增长 18.4%；逆回购成交 116.9 万亿元，同比增长 50.3%。从交易品种看，质押式回购交易为主导，成交 157.7 万亿元，增长 38.2%；买断式回购成交 5.7 万亿元，增长 92.3%。债券回购利率整体下降，债券回购加权平均交易利率

① 指在京各股份制商业银行总行及营业机构、中国邮政储蓄银行、各城市商业银行北京分行、北京银行、北京农商银行。

3.0251%，比2013年下降55.88个百分点（见图4）。

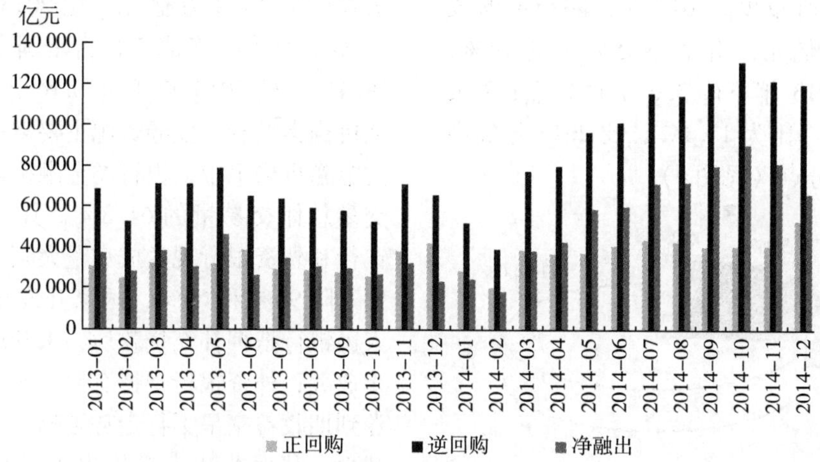

图4　北京地区债券回购交易变动趋势图

北京地区债券回购净融出资金量大幅增加。2014年，北京地区金融机构债券回购净融出资金70.46万亿元，比2013年增长82.73%。其中，国有商业银行、政策性银行净融出规模领先，分别为35.4万亿元、41.4万亿元，分别增长58%、64%；其他银行净融出资金8.15万亿元，2013年为净融入6 460.23亿元；外资银行净融出资金1 083亿元，下降73%；保险公司、证券公司、财务公司、基金管理公司和其他机构依然为资金净融入机构，融入规模持续扩大，财务公司、证券公司、其他机构净融入资金分别为1.3万亿元、5.6万亿元、5.9万亿元，分别增长34%、58.4%、149.6%；保险公司和基金管理公司净融入资金1.74万亿元、6.39亿元，分别比2013年下降9%、98%（见图5）。

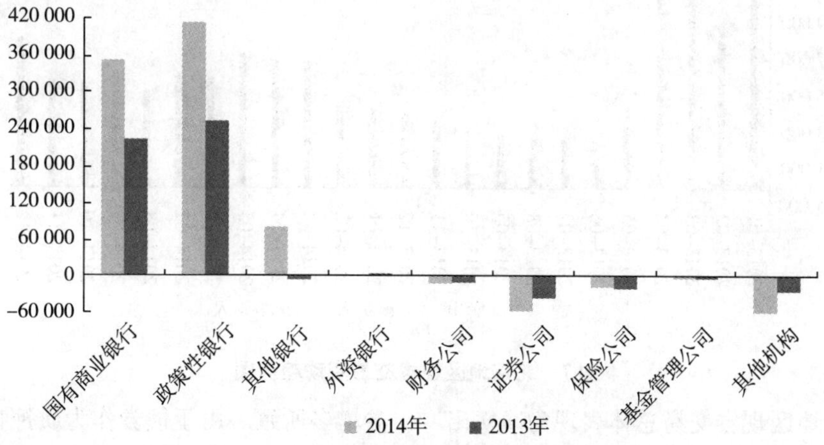

图5　北京地区债券回购净融出资金分布图

债券回购7天交易需求明显增加，隔夜交易有所减少。2014年，隔夜回购成交121万亿元，占全部交易量的74%，占比较2013年下降3.6个百分点；7天回购交易占比为17.1%，比2013年提高3.3个百分点（见图6）。

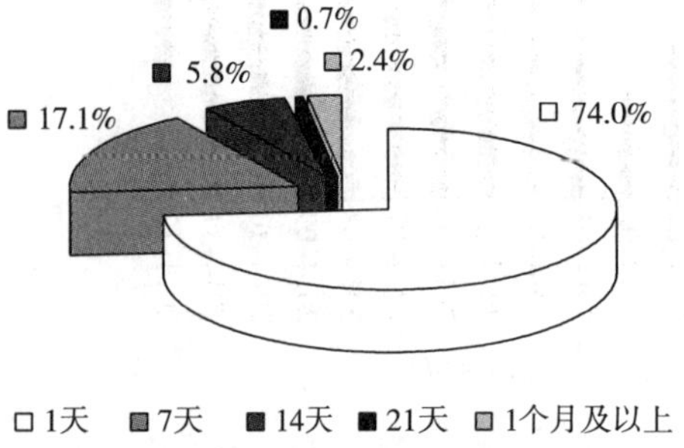

图6 北京地区债券回购期限结构分布图

（二）现券市场成交量略有下降，银行类金融机构净买入大幅缩减，非金融企业信用债成交量明显减少

2014年度，北京地区金融机构现券买卖成交14.8万亿元，比2013年下降2.5%，现券买卖成交量占全国交易量的18.4%，较2013年下降5.6个百分点。从机构类型看，债券资源主要掌握在银行类金融机构手中，银行类金融机构占现券交易总体交易量的61.8%，其中政策性银行和外资银行现券成交量大幅减少，分别下降98%和62%，国家开发银行承接人民银行抵押补充贷款后，未开展现券买卖业务；外资银行受持有债券资源少及现券到期收益率呈下行走势影响，现券买卖减少；其他非法人机构出于产品收益要求，增加债券现券交易，现券买卖成交2.4万亿元，比2013年增长29.7%。从交易品种看，主要集中在政策性金融债（36.5%）、中期票据（18.8%）、短期融资券（10.7%）、超短期融资券（8.6%）、国债（7.7%）和企业债（6.24%）等品种（见图7）。

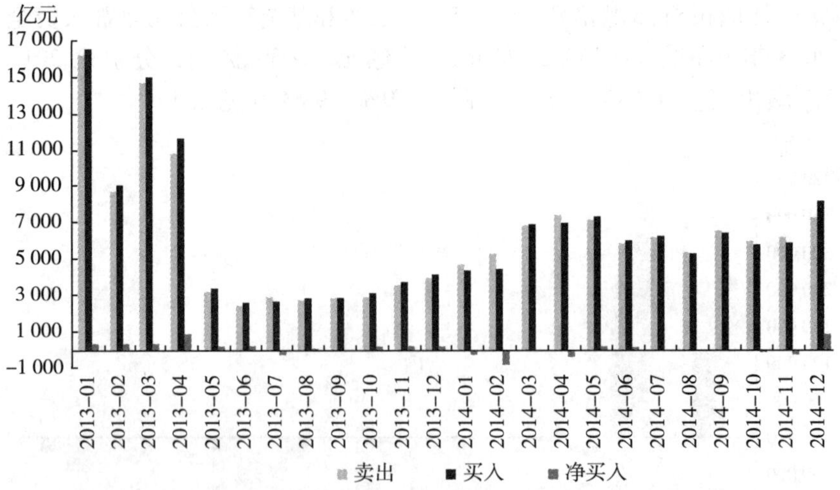

图7 北京地区现券交易变动趋势图

北京地区现券交易总体表现为净卖出821.8亿元，2013年为净买入2 697.9亿元，主要是其他银行和证券公司净卖出债券增多所致。由于债券作为质押物及回购交易增长等因素，可用于现券交易的债券资源减少，国有商业银行和政策性银行现

券净买入分别下降 60.5%、68%，其他非法人机构为持有获得到期收益，现券净买入增幅较大，增长 59.1%。其他银行和证券公司为获得债券溢价收益及流动性资金净卖出大幅增长，现券净卖出分别为 3 056.8 亿元、743.2 亿元，分别增长 78.8%、516.4%（见图8）。

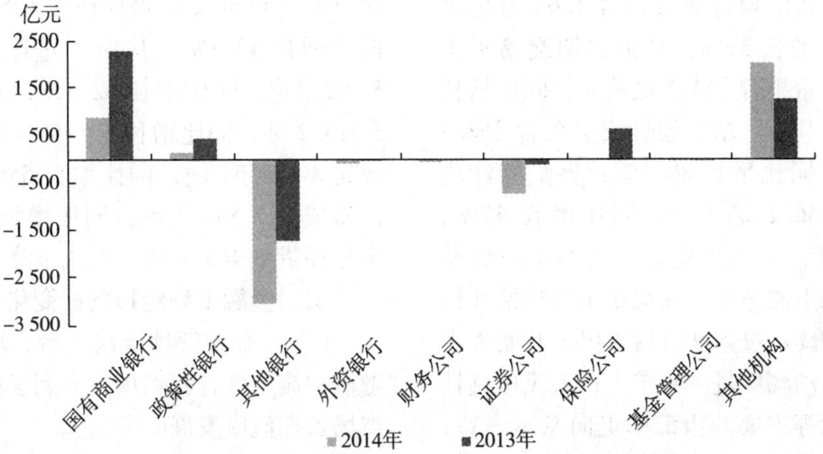

图8　北京地区各金融机构净买入债券分布图

现券买卖更集中于信用等级高并易于变现的债券品种，非金融企业债券交易量有所下降，金融机构创新型债务融资工具品种增加带动二级市场交易快速增长。受实体经济需求疲弱、企业利润下降等因素影响，非金融企业债券交易量有所下降。2014 年度，北京地区非金融企业信用债券成交7.1 万亿元，比2013 年下降12%，占全部债券现券交易量的 48%，比 2013 年占比下降6.8 个百分点，其中企业债和中期票据成交量同比分别下降 47.8%、27.3%。超短期融资券和政策性金融债因发行信用级别较高及期限较短等优势，成交量同比分别增长 107%、19.7%；国债因质押占用量增大，国债现券成交减少，同比下降 12%。

金融机构新型债务融资工具虽在现券交易中占比较低，但交易量增长迅速。2013 年末推出的同业存单在 2014 年累计成交 1 503.3 亿元；二级资本工具成交 115 亿元，2013 年仅 2 亿元。新型债务融资工具在一级市场发行量增长，带动二级市场交易量大幅增加，从全国数据来看，2014 年同业存单发行量 8 985.6 亿元，比 2013 年增长 25 倍；二级资本工具发行 3 448.5亿元，比 2013 年增长 202 倍。二级资本债券在银行间市场发行和交易成为商业银行补充二级资本的重要渠道；同业存单发行成为银行稳定的负债来源之一，同业存单收益率还成为 Shibor 中长端利率的重要参考。

（三）人民币汇率双向波动幅度增大，银行间外汇市场掉期和外币对交易活跃，外汇远期交易量增加较多

2014 年度，银行间外汇市场以美元和人民币交易为主导，占各币种交易量的 97.5%。按业务品种划分，银行间即期外汇买卖成交量折合 3.6 万亿美元，比 2013 年下降 5.6%。其中，结汇成交 1.8 万亿美元，比 2013 年下降 4.3%；售汇

成交1.81万亿美元，比2013年下降7%。外汇掉期交易买卖累计成交折合3.79万亿美元，同比增长32.3%。其中，结汇累计成交折合2.16万亿美元，同比增长27.6%；售汇累计成交折合1.63万亿美元，同比增长39%。外汇远期交易买卖累计成交量折合524.7亿美元，同比增长61.2%。其中，结汇累计成交折合268.3亿美元，同比增长80.3%；售汇累计成交折合256.4亿美元，同比增长45%。2014年度，人民币兑美元汇率中间价整体呈小幅上涨态势，人民币小幅贬值并持续双向波动，进入9月后人民币开始逐步升值，波动幅度进一步扩大；人民币兑日元、欧元等主要外币汇率走向基本一致，下半年以来人民币处于强势，促使银行间外汇市场远期结汇大幅增长。

外币对交易增长。2014年度，外币对买卖累计成交折合414.9亿美元，同比增长12%。外币对交易集中在欧元/美元，美元/港元，其中，港元与美元实行联系汇率，美元/港元汇率相对稳定，美元/港元交易同比增长5.3倍；欧元区信贷和通缩风险未得到改善，经济基本面疲弱和实施宽松的货币政策，使欧元汇率下行，欧元/美元交易比2013年下降24.8%。英镑/美元、澳元/美元和美元/日元在外币对交易中占比不大，但2014年交易增幅较大，分别增长2倍、21.7倍和2.4倍。

（四）黄金价格低位运行，黄金市场交投活跃

2014年度，上海黄金交易所现货金价主力合约品种AU9999年初开盘价238.85元/克，12月31日收于240.59元/克，继2013年大跌行情后持续低位运行，加权平均价格最高为272.84元/克，最低为224.13元/克，振幅为21.7%。

黄金价格低位运行为市场主体购入黄金创造了时机，北京地区黄金买入和自营交易显著增长。2014年度，北京地区交易所会员黄金买卖累计成交6 510.3吨，同比增长42.4%。其中，黄金买入成交3 192.2吨，同比增长52.5%；卖出成交3 318.2吨，同比增长33.9%。自营交易成交3 977.64吨，同比增长55%；代理交易成交2 532.7吨，同比增长26.3%。实际提货量468.4吨，同比下降37.7%。

二、金融市场运行的新变化

（一）金融管理新政出台，增强了金融机构流动性自我约束，有利于促进金融市场长期健康发展

2014年多项金融管理政策出台，对金融机构经营产生重大影响，金融机构尚处于新政策适应期，由此也直接导致金融市场运行的一些新变化。

一是商业银行流动性管理加强，流动性状况得到改善。《商业银行流动性风险管理办法》出台，要求商业银行建立流动性风险管理体系，进行流动性自我约束和管理；随着商业银行流动性风险管理制度的建立及监管部门监管考核的完善，银行类金融机构的流动性状况得到逐步改善，资产负债流动性加强，期限错配问题得到改善。从流动性监管指标看，以中资法人银行（包括民生银行、华夏银行、北京银行、北京农商银行）为例，流动性比例有所上升，9月末，中资法人银行流动性比例平均为46.32%，比第二季度上升6.89个百分点，比年初上升14.32个百分点，比2013年同期上升7.62个百分点；流动性缺口缩小，流动性缺口率逐步接近零，6月末中资法人银行（口径同上）流动性缺口率为－0.48%，比第一

季度末升 0.69 个百分点，比年初上升 9.22 个百分点；9 月末流动性缺口出现大幅上升的变化，主要是 3 个月至 1 年内到期资金缺口显著增大，流动性缺口率 -5.59%，比第二季度降低 5.11 个百分点。

二是规范同业业务，控制其规模过快增长，推进同业业务向标准化产品转移。4 月，人民银行等五部委发布关于规范金融机构同业业务管理的文件，通过对同业业务资本占用及同业融资余额的规范对同业业务规模进行限制。同时对商业银行同业业务治理在风险审查、统一授信、会计核算、资本占用、风险分类、计提拨备等全流程风险管理提出更高要求。商业银行经营非标产品受限，向标准化产品转移成为趋势，也成为促使 2014 年银行间市场债券回购交易量的激增原因之一。资本占用增加使得商业银行债券融资需求显著增强，北京地区金融机构债券发行从品种到规模都大幅增加，特别是同业存单、二级资本工具及金融债的发行都大幅上升，为金融机构补充资本金、稳定负债、调整资产负债结构开辟了新渠道。

三是存款偏离度考核有效抑制存款季末大幅波动，同时平抑了金融市场流动性及价格的大幅波动。存款偏离度考核从 2014 年第三季度开始实施，9 月末，北京地区中资银行人民币存款余额 8.9 万亿元，当月新增人民币存款 1 799 亿元，同比多增 439 亿元；12 月末，人民币存款余额 8.93 万亿元，当月新增人民币存款 1 071亿元，同比少增 1 217 亿元，季末存款大幅波动得到抑制。银行间市场交易平稳，市场利率平稳下降，拆借和质押式回购的隔夜交易没有大幅度变化，7 天期限拆借和质押式回购从 7 月开始有所增加，存款偏离度考核可能是影响市场资金需求延长的原因之一。银行间市场交易利率则从 7 月开始下降，10 月初逐步回升。12 月 15 日后，各期限交易利率大幅提升，主要是受到新股发行冻结资金影响，市场资金面收紧，因此交易量没有大幅增加，市场流动性保持平稳。

（二）人民银行加强定向调控和价格型货币政策工具运用，稳定市场预期，保障市场流动性松紧适度

2014 年以来，人民银行公开市场操作从年初大规模操作到逐步缩量，并在第四季度多周连续净投放为零，年末连续 2 周停止操作，反映市场流动性较为稳定，随着下半年外汇占款的逐月减少，公开市场操作调节市场整体流动性及对冲外汇占款的作用逐步弱化，定向调节工具发挥了更为重要的作用。SLO、SLF、MLF 等流动性调节工具多次运用，分别对符合宏观审慎管理要求的商业银行、政策性银行提供短期流动性支持和基础货币投放，支持主要银行机构及地方中小金融机构的流动性，定向支持金融机构对“三农”和小微企业贷款投放，以 MLF 利率加强对市场中期利率的引导；2014 年创新推出抵押补充贷款工具，专项支持国家开发银行投放棚户区改造贷款。实施定向降准，先后对县域农村商业银行和合作银行、支持“三农”和小微企业达到一定标准的银行类金融机构及财务公司、金融租赁公司、汽车金融公司 3 类金融机构定向实施，鼓励金融机构信贷向“三农”和小微企业等实体经济倾斜，引导金融机构信贷结构调整。采取非对称方式下调存贷款利率基准利率和扩大利率浮动范围，引导社会融资成本下降，推动金融机构定价能力提高。

从多项货币政策工具实施效果看，通过定向投放基础货币和实施非对称性降息政策，适时运用差别准备金动态调整工具，引导信贷合理增长，加大基础货币投放，并以较低成本的政策工具资金引导金融机构增加对“三农”和小微的信贷投放，适度降低企业融资成本，辖内小微贷款比年初增加626亿元，增长16.7%，高于大中型企业贷款增速。一般贷款月平均利率在下半年明显下降，从8月年内高点6.7211%，降至12月的5.8774%。银行间市场实际交易利率下半年以来基本呈平稳下行走势，市场交易更为活跃。

（三）市场利率自律机制建立稳定市场利率波动，Shibor对市场利率引导作用加强

为健全市场化利率形成机制，强化金融机构定价自律管理，2013年9月，在人民银行指导下，商业银行组建了市场利率定价自律机制，在符合国家有关利率管理规定的前提下，对金融机构自主确定的货币市场、信贷市场等金融市场利率进行自律管理。2014年以来，经过对金融机构合格审慎评估，市场利率定价自律机制从首批10家成员扩大到103家，涵盖国有商业银行、股份制银行、城商行、农商行、外资银行等多种类型银行，市场利率定价自律机制的行业代表性和自律作用明显增强。市场利率自律机制通过Shibor报价时间优化调整、稳步推进同业存单发行交易、开展各类创新型研究等重点工作，优化了Shibor报价形成机制，提高了Shibor基准性，Shibor与各关联市场发展相互促进的格局逐步显现。

Shibor走势从2014年年初的季节性波动逐步趋于平稳，短端Shibor与货币市场利率高度相关，除12月外，隔夜拆借和回购月加权平均利率与Shibor报价差异均在10个基点以内，7天期限差异在20个基点以内；中长端Shibor与货币市场利率相关性提高，同业存单的发行交易规模的扩大，进一步加大了中长端Shibor的交易基础，提高了中长端Shibor的基准性。下半年以来，3月期同业存单发行利率与同期限Shibor差异明显缩小，12月由于市场波动加大，成员机构对市场预期出现分歧，利率差异有所上升。Shibor报价时间调整提前，也增强了Shibor传导政策意图、稳定市场预期的作用，7月底公开市场14天正回购利率下调，8月上半月市场利率即呈现下行走势，Shibor引导市场利率的作用显著提升。

（四）创新型融资工具拓展市场参与主体的投融资渠道，推动金融市场更快发展

创新型融资工具成为2014年银行间现券买卖新的增长点，虽然交易占比不大，但增长迅速，包括财务公司债、汽车金融公司金融债、证券公司短期融资券、二级资本工具、同业存单。其中，同业存单一经推出即成为中长端Shibor报价的重要参考依据，在一级市场发行规模迅速扩张，带动二级市场交易火爆；商业银行减计型二级资本债的创新推出，为商业银行补充资本开辟了新的渠道，各大型商业银行基本都在2014年发行了二级资本债，因期限长、发行人信用级别较高等优势，使其在二级市场成交量大增，比2013年增长55.7倍。财务公司债、汽车金融公司金融债及证券公司短期融资券都是近年来为拓宽非银行类金融机构融资渠道而在银行间市场推出的新型融资工具，因机构数量和规模所限，发行规模较小，但二级市场交易量增幅仍居于前列；证券公司短

期融资券是上述创新型融资工具在现券交易占比最大的品种，2014 年成交 5 781 亿元，比 2013 年增长 4.5 倍。北京银行于 2013 年发行了 300 亿元的小微企业金融债，从对该行小微金融债发行后续管理情况看，北京银行小微企业贷款增速超过全部贷款增速，小微企业贷款占比增加。

表 1　2014 年北京地区现券买卖新型融资工具交易情况

单位：亿元、%

	净买入	成交额	成交占比
财务公司债	-3.83	19.63	0.01
二级资本工具	6.56	115.37	0.08
汽车金融公司金融债	0.00	12.42	0.01
同业存单	-49.69	1 503.30	1.01
证券公司短期融资券	218.19	5 780.88	3.90
现券买卖合计	-821.83	148 266.85	100

从新型融资工具在银行间市场的发展看，新型融资工具满足了特定类型金融机构融资需求，推动了其业务健康发展，同时，丰富了市场交易工具品种，使市场参与主体更为多样化，更有利于市场流动性的平衡及价格的稳定。

三、值得关注的问题及建议

一是金融机构应对市场变化面临更加复杂的外部环境。在“三期叠加”影响下，金融机构处于适应调整期，多种政策叠加增加了金融机构经营变化的复杂性。经济下行压力、规范政府债务、加快推进利率市场化和人民币汇率机制改革使金融机构面临更为复杂的外部环境。金融机构主动调整资产负债结构，也会对市场价格波动产生影响。在此背景下，金融机构应不断完善流动性风险管理制度，加强同业业务流动性风险管理，主动增加标准化同业融资和投资产品，严格控制同业业务资产负债期限错配风险，健全内部资金转移定价机制和同业往来定价机制，为适应利率市场化做好储备。

二是市场利率定价自律机制有待进一步完善。目前，Shibor 报价还存在一些问题，如中长端报价因缺乏实际交易基础而与实际中长端交易价格差异较大；市场早盘交易占比较低，影响了报价行对市场资金状况的判断等。针对以上问题，应从创新融资工具、增加投资主体种类、加强对相关市场产品实际交易价格量化分析等方面入手，扩大真实交易基础，活跃市场交易品种；同时，金融机构应增加对 Shibor 报价的运用，通过推出与 Shibor 挂钩的金融产品，促进 Shibor 向其他关联市场的传导。

三是资本市场波动、国库资金转移及人民币跨境交易对市场流动性的影响需要关注。2014 年，新股发行较为频繁，新股申购冻结资金数额巨大，全年达到 9.14 万亿元，在资金冻结期间引起市场流动性紧张，利率上扬，8 月下旬及 12 月下旬都发生了此类情况，引起市场波动加剧。国库资金每年 4 月末所得税清缴及年底集中划拨，导致资金大规模转移，也引发市场剧烈波动。近年来人民币跨境交易量大幅增长，2014 年全国跨境人民币实际收付量已达 9.95 万亿元，成为影响市场资金流动的重要因素。金融机构应加大对资本市场资金流动和股票发行的监测，关注国库资金转移的节奏和进度以及人民币跨境资金流动，增强自身调节和适应能力。

（单方）

票据市场

2014 年，北京地区票据市场运行平稳，再贴现业务有序开展，银行承兑汇票签发量保持稳定，票据贴现市场持续活跃，票据市场利率震荡下行，票据融资成本不断回落。

一、票据市场发展步伐加快，市场利率震荡下行

（一）银行承兑汇票市场平稳发展，股份制商业银行和城市商业银行成为主力军

2014 年，北京地区金融机构累计签发银行承兑汇票 6 225.4 亿元，比上年增加 436.9 亿元，增长 7.5%。从全年各月看，银行承兑汇票签发额呈现明显波动特征，6 月、9 月、12 月签发金额明显增大，2 月、5 月、8 月、10 月则出现回落。签发银行承兑汇票能带动存款增长，季末银行签发承兑汇票的热情高涨，导致签发金额明显增长。

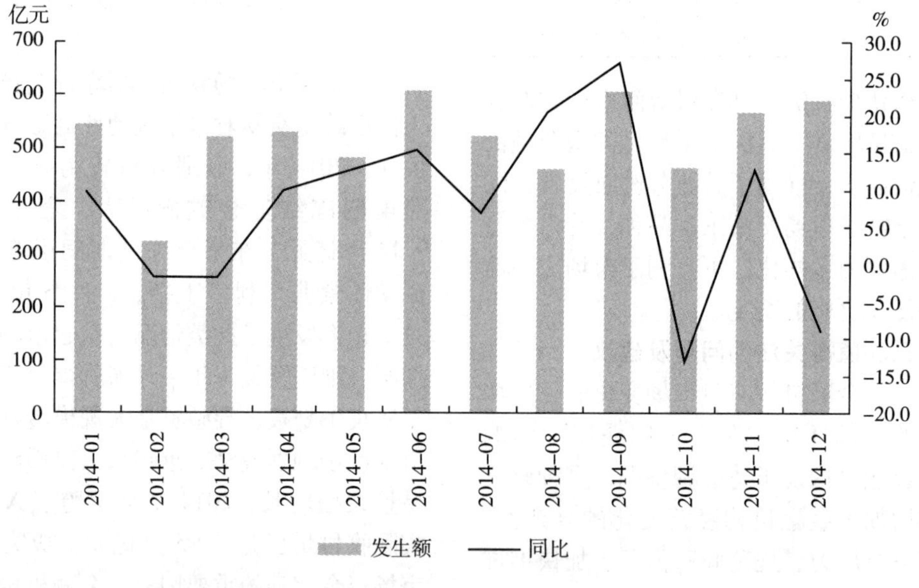

图 1　北京地区银行承兑汇票当月签发金额

受存款资金成本不断提高及存款竞争压力加大影响，股份制商业银行和城市商业银行等小型银行成为签发银行承兑汇票的主力军，全年分别签发 3 267.9 亿元和 1 860.4 亿元，占比分别为 52.5% 和 29.9%。四大国有商业银行签发 702.4 亿元，占比 11.3%。财务公司和其他银行分别占比 4.4% 和 2.0%。财务公司银行承兑汇票签发量明显上升，全年累计签发 271.3 亿元，同比增长 113.3%，占比较上年提高 2.1 个百分点。随着财务公司数量的不断增加以及其服务集团企业职能的

不断强化，财务公司签发的银行承兑汇票将呈现日益增长趋势。

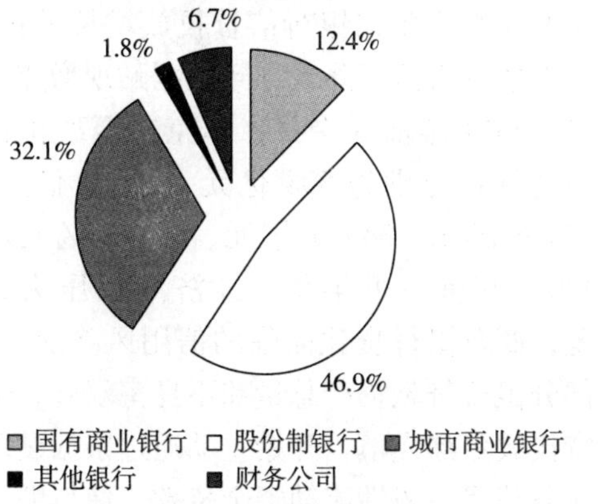

图 2　2014 年北京地区金融机构银行承兑汇票余额占比

12 月末，银行承兑汇票余额 2 644.4 亿元，比上年末增加 248.1 亿元，增长 10.4%。银行承兑汇票也主要集中于股份制银行、城市商业银行，余额分别为 1 240.7 亿元和 849.9 亿元，两者占比合计接近八成。其余银行承兑汇票主要为四大国有商业银行、财务公司、外资银行等其他银行所持有。

（二）贴现市场持续活跃，金融机构票据供给意愿增强

2014 年，北京地区金融机构累计贴现票据金额 27 937.5 亿元，比上年增加 11 798 亿元，增长 73.1%。其中直贴 9 083.2亿元，同比增长 74%；买断式转入 18 854.3 亿元，同比增长 72.7%。从全年看，买断式转入发生额均远高于直贴发生额，成为贴现的主要方式。9 月以来，在票据融资总量增长以及人民银行维持流动性宽松的有利条件下，金融机构积极开展票据转贴现业务以获取交易价差盈利，同时又能够灵活调节信贷投放规模，导致买断式转入交易活跃。

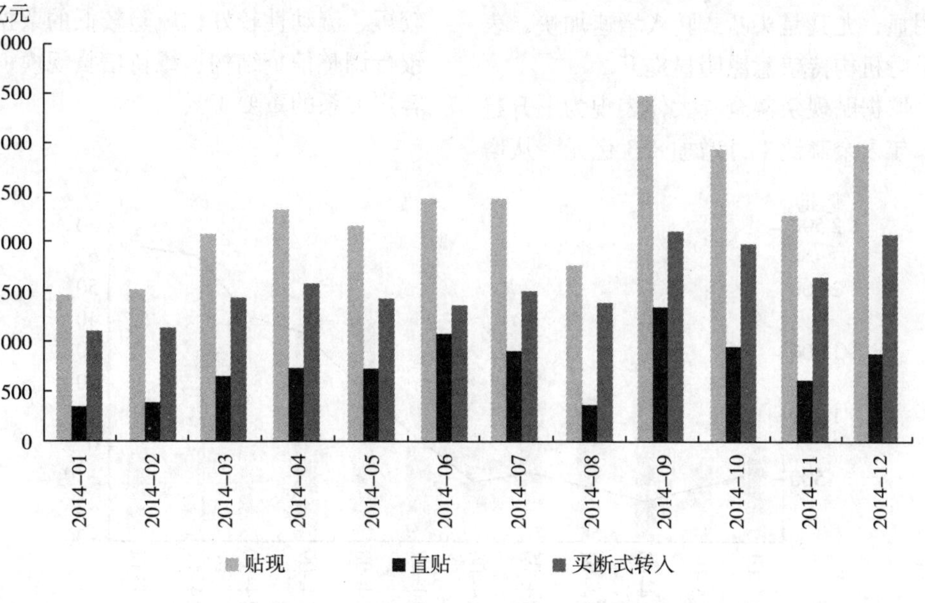

图 3　北京地区票据贴现当月发生额

从金融机构类型看，股份制银行贴现发生额占比最高，全年贴现票据金额 21 263.4亿元，占比超过七成。其他依次为城市商业银行、其他银行、国有商业银

行、财务公司。

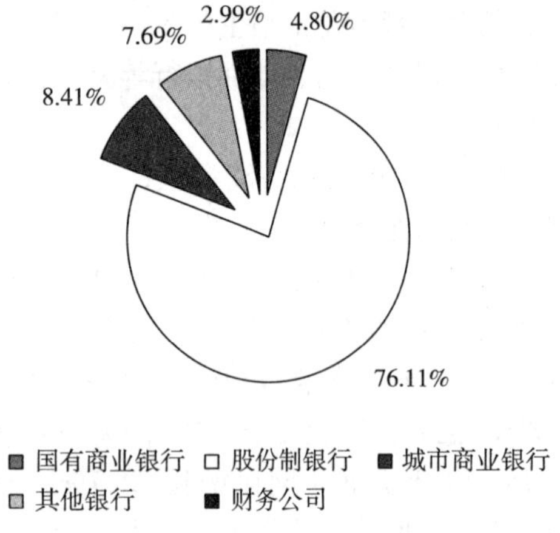

图 4　北京地区金融机构票据贴现发生额占比

12 月末，票据贴现余额 2 010.2 亿元，同比增长 63.4%。其中直贴余额 695.5 亿元，同比增长 12.4%；买断式转入余额 1 314.7 亿元，为直贴余额的 1.9 倍，同比增长 115.1%。票据贴现余额增长明显，尤其是买断式转入增速加快，表明金融机构持票意愿明显提升。

票据贴现余额全年大体表现为上升趋势，年末余额比 1 月增加 853 亿元。从增速看，贴现余额上半年同比下降，下半年同比上升，12 月余额同比增长 63.4%。主要原因为年初银行信贷投放增长较快，票据融资供给下降，导致票据贴现增速下降。2014 年前 6 个月，北京市金融机构新增贷款分别为 508 亿元、425.9 亿元、476.6 亿元、349.5 亿元、494.4 亿元和 470.6 亿元。下半年，经济下行压力显现，商业银行贷款面临的信用风险加大，部分银行贷款资产总量和不良率双升，信贷投放更加谨慎，开始主动通过票据贴现业务替代一般性流动资金贷款，使得贴现余额在各项贷款中的比重逐步上升。7～12 月，北京市金融机构新增贷款分别为 142.3 亿元、286.3 亿元、541.2 亿元、236.4 亿元、570.4 亿元和 342.5 亿元，明显低于前 6 个月。12 月末，票据贴现占全部贷款的比重为 4.4%，比年初提高 1.6 个百分点。在经济下行周期中，期限较短、流动性较好、风险较低的票据成为银行调整信贷结构、维持信贷规模、维系客户关系的重要工具。

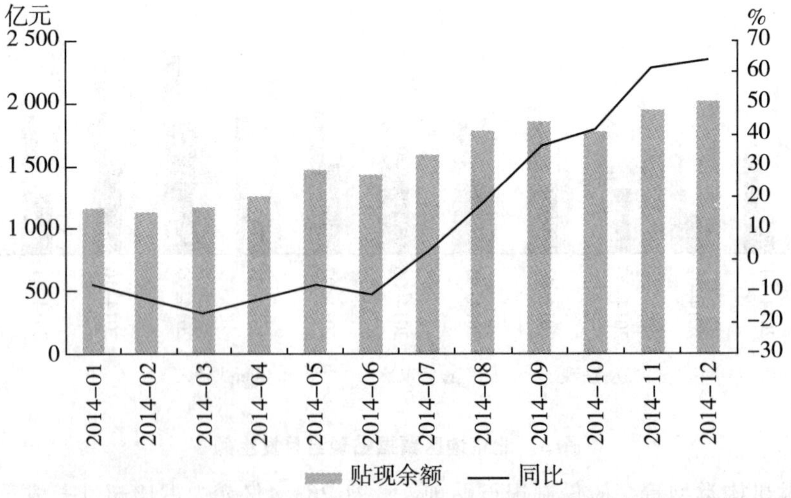

图 5　北京地区票据贴现余额及同比增速

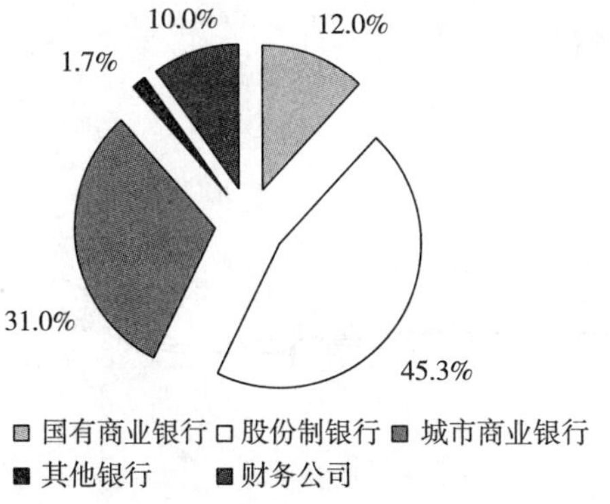

图6 北京地区金融机构票据贴现余额占比

（三）回购式转贴现交易趋缓，同业监管政策效果显现

2014年以来，受市场对监管部门出台同业业务监管新政策较强预期影响，金融机构票据回购式交易意愿下降，交易量增长缓慢。年末回购式转入余额为2 185.7亿元，同比下降14.2%，全年回购式转入发生额15 323亿元，同比仅增长6.9%。

（四）票据市场利率整体震荡下行，融资利率持续回落

2014年，在金融机构流动性及票据市场供求关系变化等多重因素影响下，北京地区票据贴现利率总体呈现震荡下行和年末回升的运行态势。年初，受春节因素影响，票据贴现利率高位运行，3个月以内期限的银行承兑汇票贴现加权平均利率为7.4%，达到全年最高水平，此后逐步走低。第二季度，人民银行维持公开市场净投放操作，并两次定向下调存款准备金率释放流动性，带动票据贴现利率持续下行。第三季度，受缴存准备金及IPO重启影响，资金面趋紧，票据贴现利率有所回升，7月，3个月以内期限的银行承兑汇票贴现加权平均利率为5.1%，比6月提高0.37个百分点。此后，随着资金面改善，贴现利率再度下行。12月末，资金面趋紧，贴现利率小幅攀升，3个月以内期限的银行承兑汇票贴现加权平均利率为5.7%，比11月提高1.35个百分点。

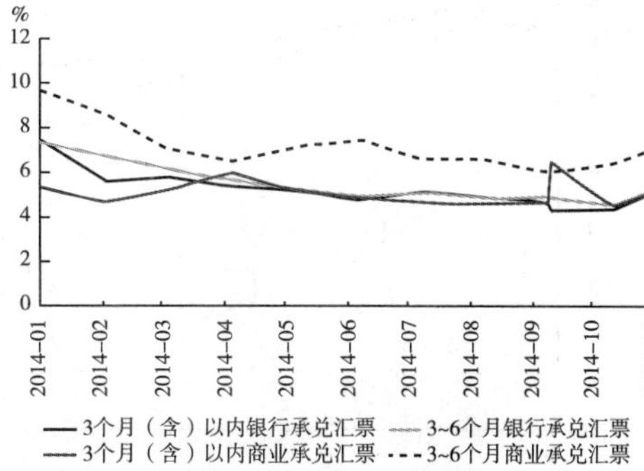

图7 北京地区金融机构银行承兑汇票贴现利率变化情况

从近两年比较而言，票据融资利率也趋向下行。2014年前5个月，3个月以内期限的银行承兑汇票贴现加权平均利率高于上年同期，但增幅逐渐收窄。6月开始至12月末，利率均低于上年同期水平。票据贴现利率下降表明人民银行一系列维持流动性适度宽松及下调贷款基准利率的货币政策措施效果显现，市场资金面紧张状况不断改善，金融机构流动性较为充裕，切实推动企业融资成本持续回落。

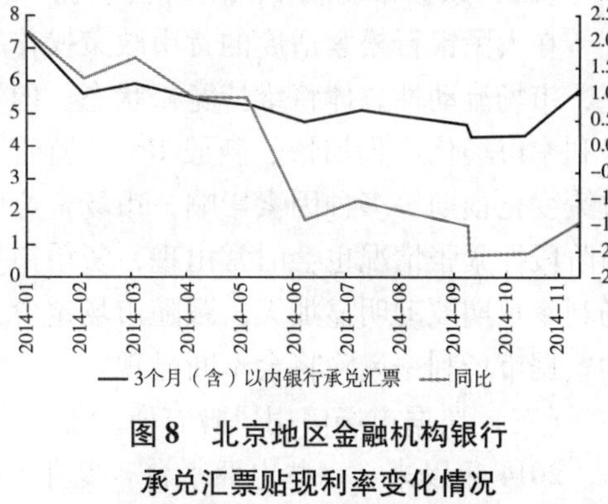

图8 北京地区金融机构银行承兑汇票贴现利率变化情况

同样受银行间市场资金面及票据供求关系影响，转贴现利率走势同贴现利率走

势大体一致，表现为波动下行年底回升。

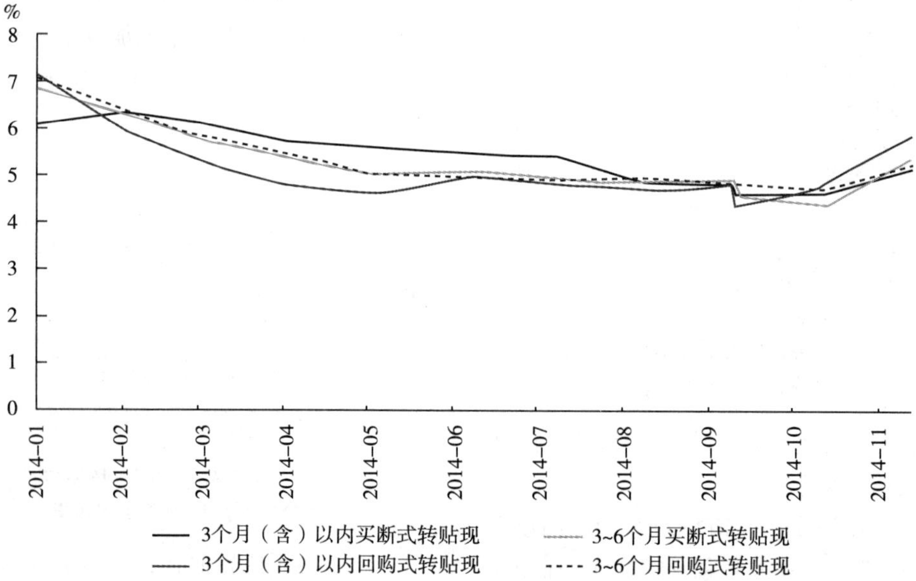

图9 北京地区金融机构银行承兑汇票转贴现利率变化情况

二、票据市场运行中值得关注的问题

（一）票据市场管理难度加大

在新常态下，票据市场呈现出票据业务跨市场发展、票据融资脱媒、票据市场参与主体多元化、票据业务资金化运作等特征，加大了票据市场管理难度。

（二）票据市场利率风险将会显现

在人民银行松紧适度的货币政策操作下，市场流动性总体将维持宽松状态。但受利率市场化进程加快、新股IPO、监管政策变化预期等多种因素影响，市场资金面阶段性紧张情况也会时常出现，货币市场利率短期波动明显加大，跟随市场定价的票据市场利率风险将会不断显现。

（三）票据市场信用风险有所增加

2014年以来，一些电商平台、专业票据网站开始进入票据市场，开展以银行承兑汇票为投资标的的票据理财业务，如阿里巴巴公司打造的“淘宝理财”，新浪网站“微财富”推出的“金银猫票据14001”理财产品，“苏宁理财”推出的“金银猫票据”，京东网上商城金融推出的“小银票”等票据理财产品，均受到投资者的青睐。这些电商平台、专业票据网站线上办理票据业务，缺乏有效的监管，如果融资企业提供假票、克隆票等无效票据，或者融资企业不存在、资金用途不真实、质押票据被挪作他用、平台自身倒闭或跑路等，都会使承兑银行面临较大的信用风险。

（朱睿）

证券市场

一、全国证券市场总体运行情况

2014 年，积极的财政政策和宽松的货币政策、国企改革等政策密集出台，多重因素推动证券市场大幅攀升。年末上证指数收于 3 234.68 点，比上年上涨 1 118.7点，涨幅 52.87%；深证成指收于 11 014.62 点，比上年上涨 2 892.43 点，涨幅 35.61%。沪港通为市场带来新增的资金并凸显 A 股估值的吸引力，投资者风格出现转变，市场一改往日小盘股领涨的局面，沪深 300 收于 3 533.71 点，比上年上涨 1 203.68 点，涨幅 51.66%；创业板收于 1 471.76 点，比上年上涨 167.32 点，涨幅 12.83%（见图 1）。

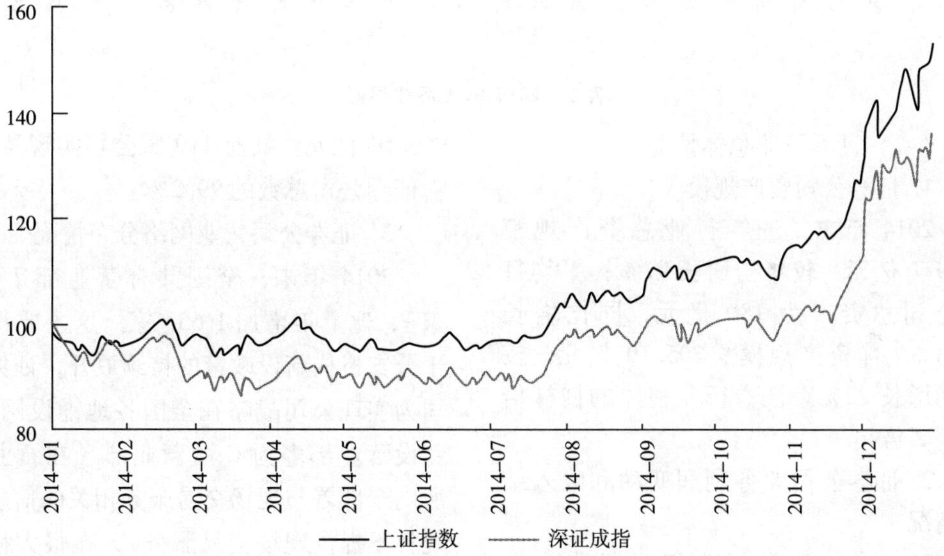

图 1　2014 年指数变化图

2014 年，A 股市场共有 125 家新股首发上市，募集资金 787 亿元，有 263 家企业完成增发和配股，募集资金 2 856 亿元。沪深两市交易活跃度显著增加，A 股总成交额 74.14 万亿元，同比增长 58.9%，日均成交额 3 026.03 亿元，同比增长 54.3%。其中，沪市成交 37.51 万亿元；深市成交 36.62 万亿元（见图 2）。

2014 年末，沪深两市上市公司家数 2 613家。两市 A 股总市值 37.3 万亿元，已上市流通市值 31.6 万亿元。

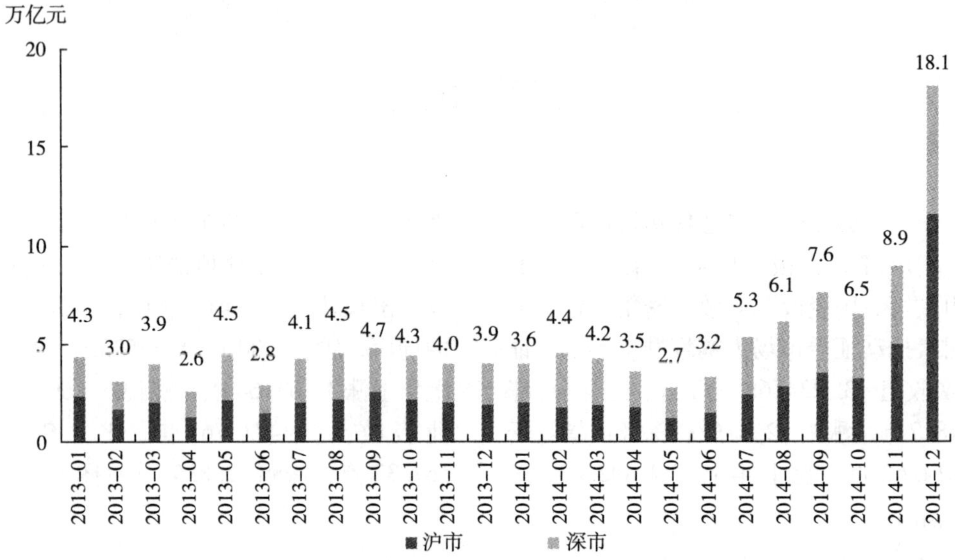

图2 2014年A股交易额

（一）证券行业总体情况

1. 证券公司资产规模

2014年末，证券行业总资产规模4.09万亿元，较年初增长97%；平均每家公司总资产为180亿元，同比增长19.3%。净资产规模9 205.19亿元，较年初增长22%。证券行业整体的杠杆倍数3.2倍[①]。

2. 证券公司业务利润变动和收入结构情况

2014年，证券行业实现营业收入2 602.84亿元。其中，代理买卖证券业务净收入1 049.48亿元；证券承销与保荐业务净收入240.19亿元；财务顾问业务净收入69.19亿元；投资咨询业务净收入22.31亿元；受托客户资产管理业务净收入124.35亿元；证券投资收益（含公允价值变动）710.28亿元；融资融券业务利息收入446.24亿元。全年实现净利润965.54亿元。共有119家公司实现盈利，占证券公司总数的99.2%。

3. 证券公司营业网络分布情况

2014年末，全国共有营业部7 199家[②]，比上年增加1 655家。这主要得益于分支机构新设政策的持续放开，证券公司为实现公司战略在全国各地铺设网点，新设营业部多为C型营业部（在营业场所内未部署与现场交易服务相关的信息系统且不提供现场交易服务），在很大程度上降低了营运的成本。在营业部的分布上，东南沿海和东部沿海地区较为密集，广东省、上海市、江苏省、浙江省四地区营业部数量分别为726家、658家、672家、531家。

4. 证券公司从业人员

2014年末，证券公司注册从业人员24万人，同比增加1万人。其中，一般

① 计算证券行业杠杆率时不考虑客户资金。

② 数据来源：中国证券业协会。

从业人员 14.6 万人，比上年增加 3 000 人；证券经纪业务营销人员 2 895 人，比上年减少 850 人；证券经纪人 5.68 万人，比上年增加 6 500 人；证券投资咨询业务（分析师）2 777 人，比上年增加 125 人；证券投资咨询业务（投资顾问）2.97 万人，比上年增加 3 100 人；保荐代表人 2 675万人，比上年增加 205 人；投资主办人 1 222 人，比上年增加 116 人。

（二）证券业务具体情况

1. 经纪业务显著回升

2014 年，股票、基金交易量 78.9 万亿元，同比增长 64%。其中，A 股总成交额 74.14 万亿元（沪市成交 37.51 万亿元，深市成交 36.62 万亿元），同比增长 58.9% ，日均成交额 3 026.03 亿元，同比增长 54.3% ；基金交额突破 4 万亿元，同比增长 219%。截至年末，沪深两市 A 股账户数 18 145.6 万户，较上年增长 5.1%，其中个人账户 18 075.6 万户，机构账户 70 万户；融资融券信用证券账户 586.7 万户，较上年增长 120.4%。

2. 投行业务回暖

2014 年，新股发行重启，共有 125 家企业完成首发上市，募集资金总规模 786.56 亿元；再融资发行总规模 2 822.46 亿元，同比增长 39%，其中定向增发（只考虑增发目的为项目融资和配套融资的市场化定向增发）规模 2 706.33 亿元，同比增长 80%，仍为最主要的再融资方式。全年 A 股市场股权融资总额 3 642.24 亿元，同比增长 35%。

2014 年，债券发行规模 6.7 万亿元，同比增长 58%，其中短期融资券和中期票据发行规模 4.1 万亿元，同比增长 45%，占比 62%；受证券公司竞相发行短融及商业银行发行二级资本债推动，金融债发行规模 1.2 万亿元，同比增长 100%。在大力发展信贷资产支持证券、盘活信贷存量的政策导向下，资产证券化产品发行规模 3 212 亿元，同比增长超 10 倍。

3. 资管业务迅猛增长

2014 年末，开展资产管理业务的 89 家券商管理资产规模合计 7.97 万亿元，同比增长 53.1%。其中，管理集合计划产品 6 555 亿元，占比 8.2%，同比增长 83.7%；定向资产计划管理规模 72 779 亿元，占比 91.3%，同比增长 50.4%（其中通道类定向资产管理规模 65 971 亿元，同比增长 49.4%）；专项资产计划管理规模 366 亿元，同比增长 228.8%。

从集合理财计划发行的情况看，全年共发行 2 333 只，同比增长 16.5%；但发行规模略降 1 208 亿元，降幅 11.6%。其中，发行股票型集合理财计划 134 只，规模 87.4 亿元，占总发行规模的 7%；发行混合型集合理财计划 693 只，规模 432.8 亿元，占总发行规模的 36%；发行债券型集合理财计划 904 只，规模 334.4 亿元，占总发行规模的 28%；发行货币市场型集合理财计划 69 只，规模 80.8 亿元，占总发行规模的 7%；发行另类投资型集合理财计划 533 只，规模 272.8 亿元，占总发行规模的 23%。

4. 两融业务进入爆发性增长期

2014 年末，沪深两市融资融券余额 10 257 亿元。其中，融资余额 10 174 亿元；融券余额 83 亿元。全年累计融资期间买入额占股票成交额的比重为 12.82%。转融通业务，年末转融资规模 1 037 亿元，转融券余额 107 亿元，转融券余量 8.26 亿股。

5. “新三板”业务蓬勃发展

2014 年末，“新三板”市场挂牌公司家数从上年末的 300 多家增至 1 572 家，同比增长 324%。全年，“新三板”市场股权融资 132 亿元，同比增长 1 220%。“新三板”市场对中小企业的金融扶持能力持续显著上升。

二、北京辖区证券市场总体情况

2014 年下半年以来，A 股市场回暖带动市场交易活跃，证券公司经纪、自营业务直接受益，IPO 重启使投行收入上涨，辖区公司经营情况优于上年，盈利翻番，发展态势良好。

（一）辖区证券经营机构数量稳步上升

2014 年，北京辖区证券经营机构数量持续增长。截至年末，北京辖区有证券公司 19 家（本年度迁入 1 家）、分公司 49 家、营业部 330 家，证券投资咨询机构 18 家及分公司 3 家，资信评级机构 2 家。

（二）辖区证券经营机构盈利水平大幅增长

2014 年，北京辖区 19 家证券公司共实现营业收入 412.09 亿元，净利润 135.17 亿元，较上年有较大幅度增长。

（三）辖区证券交易量稳步提升

2014 年，辖区营业部证券交易金额 22.72 万亿元，较上年增加 8.6 万亿元，增长 60.91%。其中，股票交易额 9.95 万亿元；基金交易额 5 900 亿元；其他交易额 12.18 万亿元。

（四）投资者数量持续增长

2014 年，辖区投资者资金开户数从年初的 570 万人增至年末的 619 万人，全年持续增长。

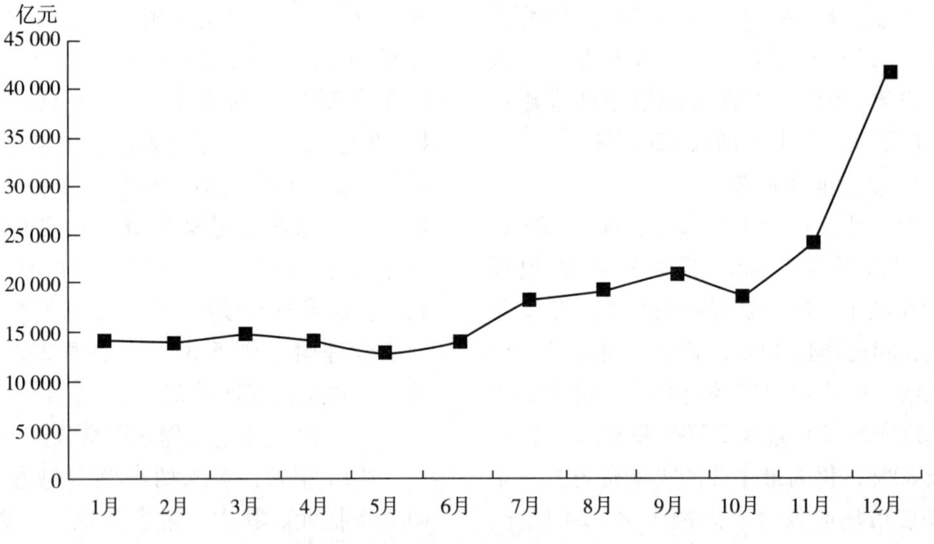

图 3　2014 年北京辖区证券营业部每月交易量

（张琼）

基金行业发展情况

一、北京辖区基金业基本情况

2014年末，北京辖区共有基金管理公司23家，管理基金410只，占全国的21.61%；基金资产净值合计12 903.84亿元，基金份额规模合计11 495.30亿份。其中，封闭式基金10只，资产净值231.10亿元，份额规模217.17亿份；开放式基金400只，资产净值2 672.74亿元，份额规模11 278.13亿份；QDII基金共23只，资产净值212.83亿元，份额规模270.06亿份。全年北京辖区共发行基金101只，辖区基金管理公司资产规模行业占比为28%，列全国第二位，有4家基金管理公司（华夏、嘉实、工银瑞信、建信）管理资产规模在全国居前十位。共有1 052家注册地在北京的私募基金管理人完成了登记备案，管理产品1 210只，管理规模2 901亿元，相关从业人员超过2万人。

二、主要特点

（一）机构集聚效应明显，非公募资产管理规模上升显著

2014年，北京辖区基金机构数量呈加速增加态势，全年新增基金类监管对象20家，监管对象合计203家。其中，基金管理公司23家，年内新增3家；销售机构77家，年内新增11家；基金分公司及理财中心65家，年内新增3家；基金专户类子公司15家，年内新增3家；资产类外资代表处21家；开展公募业务的证券公司2家。从管理规模上看，辖区基金管理公司专户管理规模合计7 309.97亿元，专户子公司管理资产总规模7 886.25亿元。

（二）机构大力发展创新，自主创新步伐进一步加快

一是推进产品创新，参与混合所有制改革的“嘉实元和基金”的推出，在投资范围和投资比例上不同于传统公募基金，是将混合所有制改革的红利第一次惠及了普通投资者。二是推进业务创新，辖区基金管理公司与互联网企业开展多种形式的业务合作，利用移动互联网等现代技术改进传统基金销售模式；同时，通过货币基金“T+0”等方式拓展货币基金的支付功能。三是辖区部分基金管理公司打破传统的投研模式，开展事业部制的管理模式，将公司、投研团队和投资者的利益关联在一起，提高了投研人员的主动性、稳定性。

（三）基金销售渠道多元化发展，服务业务范围进一步拓宽

2014年末，北京辖区共有10家机构（9家独立销售机构，1家保险公司）通过基金销售现场检查验收并获得基金销售业务牌照，还有5家机构提交了相应的材料，北京获批独立销售机构已达21家。除传统的银行、券商渠道外，独立销售机构、保险公司、证券投资咨询公司、期货公司等多元化的销售格局已形成。

（四）私募基金监管亟需加强

北京辖区私募基金管理人数量众多，商业模式多样，其管理规模、投资能力、风险控制水平也差异极大。多数私募基金

管理人登记备案较为积极，运作相对规范，但也存在涉嫌非法集资或集资诈骗的情况。

（王微　李琳琳）

期货市场

一、全国期货市场总体运行情况

2014 年，期货行业认真贯彻党的十八届三中全会、中央经济工作会议、全国金融工作会议精神，坚持稳中求进，成功推出热轧卷板、硅铁、锰硅、晚籼稻、玉米淀粉和聚丙烯 6 个期货品种。截至年末，全国期货市场客户保证金 2 710 亿元，同比增长 38.48%；期货市场成交 49.88 亿手，同比增长 21.65%；成交金额 581 万亿元，同比增长 8.8%。

二、北京辖区期货市场总体情况

2014 年，辖区期货市场继续保持稳健发展态势，实现安全平稳运行。

1. 机构数量保持稳定，资本实力进一步增强

截至年末，北京辖区共有 20 家期货公司、92 家营业部，比上年减少了 1 家公司、增加了 2 家营业部。辖区 20 家公司的资产总额 613.24 亿元，同比增长 30.64%，净资本 83.77 亿元，同比增长 6.3%，资本实力进一步增强。

2. 客户数量增长较快，保证金规模持续上升

截至年末，辖区公司共代理客户 44.96 万户。其中，法人客户 1.63 万户，比上年增长 19%；自然人客户 43.33 万户，比上年增长 25.49%。辖区公司共吸收客户保证金 483.70 亿元，同比增长 36.43%，占全国的 17.84%。

3. 市场交易规模有所增长，手续费收入逆势下降

2014 年，辖区期货公司代理交易量 7.35 亿手、代理交易额 81 万亿元，同比分别增长 13.95%、10.96%，市场交易规模保持良好上升势头。全年辖区公司手续费收入 17.53 亿元，同比下降 12.35%。

（谢兆辉）

保险市场

2014 年，北京保险业呈现平稳较快发展态势。截至年末，北京地区共有保险法人机构 59 家，较年初持平；保险分公司 94 家，较年初增加 1 家；专业中介法人机构 387 家，较年初增加 2 家；行业总资产 4 802.8 亿元，较年初增加 792.8 亿元；全行业共管理保户储金及投资款 1 020.4亿元，较年初增加 212.7 亿元。

一、业务规模较快增长

2014 年，北京地区累计实现原保险保费收入 1 207.2 亿元，总规模首次突破千亿元大关，居全国第四位，同比增长

21.4%。其中，财产险业务314.7亿元，同比增长9.3%；寿险业务708.7亿元，同比增长24.2%；健康险业务149.2亿元，同比增长41.2%；意外险业务34.6亿元，同比增长15.7%。人身险公司保户投资款和投连险独立账户新增交费446.7亿元。

二、业务结构不断调整

2014年，财产险公司责任保险、企业财产保险和工程保险分别实现原保险保费收入18.8亿元、34亿元和7.8亿元，同比分别增长25.6%、11.1%和8%，合计占比18.4%，同比上升0.7个百分点。

人身险公司普通寿险原保险保费收入246.5亿元，同比增长3.7倍，占寿险业务的34.8%，同比上升25.5个百分点。健康险、意外险原保险保费收入分别为143.2亿元、26.3亿元，同比分别增长40.4%、12.5%，合计占比19.3%，同比上升1.3个百分点。银邮渠道业务同比增长46.8%，占比45.1%，同比上升6.4个百分点。

三、风险保障和社会服务作用进一步增强

2014年，全行业累计赔付支出407.2亿元，同比增长28%，高出保费增速6.6个百分点。其中，财产险业务赔付支出182.7亿元，同比增长10.5%；寿险业务赔付支出164.7亿元，同比增长52.3%；健康险业务赔付支出50.7亿元，同比增长32.7%；意外险业务赔付支出9.2亿元，同比增长39.7%。

2014年，北京地区保险深度5.7%，同比上升0.6个百分点，保险密度5 659.3元/人，同比增加905.8元/人。全年向全社会提供风险保障167.5万亿元，同比增长9.6%。其中，责任保险为全社会提供各类风险保障59 750.6亿元；政策性农业保险为农业的生产和发展提供了保险保障241.9亿元；寿险和健康险为人民群众未来的养老和健康积累准备金3 664.4亿元。

（王岭）

要素市场

2014年，北京市积极推动要素市场体系建设和业务创新，市场交易额稳步增长，业务创新层出不穷。40家交易场所共完成交易额约2.18万亿元，同比增长61.5%。其中，北京产权交易所集团完成交易额10 893.42亿元，同比增长6.84%（北京产权交易所本部完成交易额1 151.69亿元，同比增长62.73%）。北京金融资产交易所在人民银行、银行间市场交易商协会的授权和指导下，稳步推进非金融企业债务融资工具集中簿记建档发行、二级市场交易、债券信息披露平台等建设工作，完成交易额3 841.25亿元。

加快市场体系建设，年内新增批准设立了北京铁矿石交易中心、北京邮票交易中心和北京文化产权交易中心。联合水利部积极向国务院申请在京设立中国水权交易所，并开展种业交易平台、北京国际纸浆交易中心和北京钱币交易中心等交易场所的筹备工作。

北京环境交易所碳排放权交易试点工作取得优异成果，交易量居全国第二位，成交额突破亿元，居全国第三位。与河北省保定市政府签署《低碳发展战略合作框架协议》，协助保定市完善城市温室气体排放有关的统计与核算体系。

北京石油交易所与山东省东营市共建华东石油交易中心，试点介于现货和期货之间的大宗商品交易；联合中国石油和化学工业联合会、中国石油流通协会共同研发成品油价格指数，并通过央视财经频道每日滚动播报，为成品油市场提供了一个客观、公正的评价指标。联合仓储、银行、信托公司等机构，围绕产业链条推出了“油信通”、“油单通”、“油贸通”等系列融资服务产品，有效地满足了各类交易商会员的融资需求。

中国技术交易所不断完善中小企业信息披露与融资交易平台建设，完成知识产权质押贷款产品设计和信托买断产品等设计工作。

北京产权交易所与上海大智慧公司合作推出视频直播节目“北交所时间”，全年共播出 142 期，重点推介各类项目 3 000余项。与天津产权交易中心、河北产权交易中心在京联合发起“京津冀产权市场发展联盟”，在信息联合披露、会员资源共享、业务交流和学习等方面开展密切合作；与天津市旅游局签署战略合作协议，在旅游项目投融资、资产流转等方面开展全面合作。

北京国际矿业权交易所与中国矿业联合会等机构合作，共同探索风险勘察资本市场建设。

中国林业产权交易所开展林地、苗木抵押贷款服务，进一步整合行业资源，积极筹建“中国林业金融创新服务中心”。

（任妍）

三、发展与监管

银行业发展与监管

▲政策性银行

一、基本情况和重大变更事项

（一）基本情况

2014 年末，中国农业发展银行北京市分行（以下简称农发行北京市分行）、中国农业发展银行总行营业部（以下简称农发行总行营业部）和中国进出口银行北京分行（以下简称进出口银行北京分行）资产总额 4 491.77 亿元，比上年增长 17.97%。贷款余额 4 363.3 亿元，比上年增长 17.28%。负债总额 4 439.57 亿元，比上年增长 18.16%。所有者权益 52.2 亿元，比上年增长 3.74%。

2014 年，辖内 3 家政策性银行均实现盈利，累计实现利润 78.56 亿元，较上年同期增长 18.51%。

（二）重大变更事项

中国农业发展银行总务部原总经理蔡志斌调任农发行北京市分行行长；中国农业发展银行资金计划部原副总经理陈武调任农发行北京市分行副行长；中国农业发展银行办公室（党委办公室）秘书一处原正处级秘书兼党委秘书杜晓力调任农发行北京市分行行长助理。

刘宝仑任农发行总行营业部副总经理。

进出口银行北京分行原副行长马焱调任中国进出口银行工作；中国进出口银行优惠贷款部原副总经理高兵调任进出口银行北京分行行长助理；进出口银行北京分行公司业务一处原处长王英磊提任该行行长助理。

二、金融产品创新和金融服务

农发行总行营业部认真执行国家宏观调控政策和计划的实施，加强异地库存商品监管的有效性和信贷基础管理，推动历史遗留欠款形成的中央储备肉、糖不良贷款的妥善解决。积极拓展政策指导性业务，上线首家客户银企直联系统。全年共支持企业完成 358.82 万吨棉花、40 万吨古巴糖、1.83 万吨国产糖、600 吨冻牛羊肉的收储任务。

农发行北京市分行认真履行政策性银行职能，持续加大涉农、重大基础设施和民生保障工程建设信贷支持力度。全年发放粮油贷款 21.65 亿元，支持企业购入粮食 24.66 亿公斤；发放新农村建设贷款 5.65 亿元；发放水利贷款 21.65 亿元，支持北京市中小河道治理防洪工程。积极推动支持生态环境治理、农村路网建设工程、龙头加工企业粮食购销以及农业产业化龙头企业流动资金需求等系列惠民利民项目，累计发放贷款 14.25 亿元。

2014 年末，进出口银行北京分行进出口信贷余额占比 75.58%，全年新增进出口贸易贷款余额占比 68.03%，支持企业“走出去”贷款余额 92 亿元，比上年增长 58.62%。创新推出服务贸易流动资金贷款、境外中资企业发展并购贷款、境外中资企业发展流动资金贷款、农业产业化发展贷款、转型升级贷款、企业创新发展流动资金贷款，累计发放 27.87 亿元，年末余额 21.76 亿元。

三、存在的问题和风险

资产质量下行压力较大，资金风险不容忽视，对农业现代化建设及首都经济的支持方式有待升级，信贷管理的有效性及精细化程度有待提高，人力资源和信息科技系统建设滞后，内控管理有待进一步加强。

四、监管工作情况

（一）督导各机构立足自身经营定位，支持国家和北京地区产业结构调整，服务实体经济

中国银行业监督管理委员会北京监管局（以下简称北京银监局）督导各机构坚持政策性金融定位，充分发挥自身优势，加强对产业结构调整、保障和改善民生、维护国家粮食安全、提高对外开放水平等领域的信贷支持和金融服务。引导进出口银行北京分行深入贯彻落实中央促进外贸发展各项方针政策，支持进出口贸易和企业“走出去”。引导农发行两家在京营业机构在优先支持粮棉油收储，保障国家粮食安全和重要农产品有效供给的基础上，在风险可控的前提下，支持农业开发和农村基础设施建设。

（二）督导机构妥善应对资产质量下行压力，切实承担风险防控主体责任

北京银监局针对信用风险、行业风险、国别风险以及地方“担保圈”、“借贷圈”等重点风险隐患加强风险提示，督导各机构持续做好重点客户、行业风险防控，切实提升风险敏感度，通过完善风险处置预案、加强“名单制”管理等措施强化风险管理的前瞻性，切实承担风险防控主体责任。

（三）督导机构切实改进信贷管理薄弱环节，全面提升内控管理的有效性

北京银监局督导各机构扎实做好信贷资产精细化管理，重点提升评级授信、项目审批、资金发放、贷后监控等环节的审慎性，加强信贷业务全流程监督检查。明确业务经营部门的管理职责，强化风险管理、法律合规部门的职能和履职效力，发挥内审部门的审计监督作用，查处和纠正信贷业务操作过程中的违规行为。切实强化对异地项目、境外项目的风险审查和持续监控。落实案件风险防控常态化，加强队伍建设和信息系统建设，夯实全面风险管理基础。

（徐菲）

▲商业银行（一）国家开发银行

一、基本情况和重大变更事项

（一）基本情况

2014 年末，国家开发银行北京市分行（以下简称国开行北京市分行）、国家开发银行企业局（以下简称国开行企业局）资产总额本外币合计 10 811.67 亿元，比上年增长 9.10%；各项贷款余额 10 107.22 亿元，比上年增长 7.86%。负债总额 10 708.96 亿元，比上年增长 9.33%。所有者权益 102.71 亿元，比上年下降 10.97%。

2014 年，辖内国家开发银行两家机构均实现盈利，累计实现利润 100.71 亿元，比上年同期下降 11.16%。

2014 年末，国开行北京市分行内设 20 个处室，其中 7 个客户处，共有员工 219 人；国开行企业局内设 16 个处室，其中 6 个客户处，共有员工 135 人。

（二）重大变更事项

马红任国开行北京市分行副行长。

二、金融产品创新和金融服务

2014 年，国开行北京市分行积极主动满足北京市重点在建续建项目的合理资

金需求，大力支持棚户区改造等保障性安居工程建设。截至年末，累计发放棚户区贷款490.6亿元，余额254亿元，占全辖的57.41%。配合市政府搭建北京市棚户区改造和环境整治项目统贷平台，遵循“市级统筹、区县自愿、统借统还、专款专用”的原则，通过实施“预授信+核准”，对列入2013~2017年全国棚户区改造计划的北京市棚户区改造项目进行支持。自2014年9月发放首笔贷款以来，截至年末，国开行北京市分行在获其总行审批500亿元预授信承诺额度（含50亿元软贷款回收再贷）的基础上，通过统贷平台发放专项贷款合计45.57亿元。

国开行企业局着力保障国家战略性、基础性重大项目融资需求，贷款主要投向铁路、矿产能源、火电排放改造、水利等国计民生领域。全年，累计发放铁路系统贷款340.57亿元，年末贷款余额977.60亿元，年内完成重大铁路贷款项目50个；新发放南水北调工程贷款24.82亿元，年末贷款余额206.70亿元，牵头银团贷款总余额387.47亿元；累计发放外汇贷款183亿美元，年末贷款余额1 005亿美元。

三、存在的问题和风险

重点客户信用风险和资产质量下行压力突出，贷款集中度风险和行业风险值得关注。平台贷款、异地贷款和境外贷款管理水平有待进一步提升，业务及人员管理的复杂程度上升，内控管理有待细化。

四、监管工作情况

（一）引导机构牢牢把握开发性金融服务实体经济的本质要求，全面提升服务国家战略的质效性

北京银监局引导机构坚持业务运作的市场化、商业化原则，在风险可控的前提下探索创新，深入贯彻落实中央调结构、稳增长各项政策，重点推进南水北调、棚户区改造、过剩产能化解等战略部署，科学合理保障交通运输、矿产能源等关键领域的资金需求。

（二）督导机构妥善应对资产质量下行压力，强化风险管理工作的前瞻性

北京银监局督导机构提高集团客户风险甄别能力，切实提升风险敏感度，通过完善风险处置预案、加强“名单制”管理等措施强化风险管理的前瞻性；严控授信限额、严格贷款审批、完善信用风险控制技术，阻止重点行业、重点客户风险通过新增项目向银行传递。严防产能过剩行业信用风险，高度关注行业集中度和客户集中度风险。

（三）督导机构切实改进信贷管理薄弱环节，全面提升内控管理的有效性

北京银监局督导机构重点提升评级授信、项目审批、资金发放、贷后监控等环节的审慎性，切实强化对异地项目、境外项目的风险审查和持续监控。建立健全内部控制管理责任制，完善档案管理等基础性工作，夯实全面风险管理基础。

（赵阳）

▲商业银行（二）工、农、中、建、交5家银行

一、基本情况和重大变更事项

（一）基本情况

2014年末，工商银行北京市分行、农业银行北京市分行、中国银行北京市分行、建设银行北京市分行和交通银行北京市分行（以下简称5家银行）资产总额70 009亿元，比上年增长9.71%，其中各项贷款余额19 562亿元，比上年增长10.16%。负债总额69 570亿元，比上年增长9.73%，其中各项存款余额53 505

亿元，比上年增长5.52%。所有者权益总额439.52亿元，比上年增长15.19%；累计净利润697.81亿元，比上年增长16.15%。不良贷款总额比年初上升88.13%，不良贷款率比年初上升0.30个百分点。

截至年末，5家银行共有机构网点1 784家（含分行），比上年增加4家。其中，分行6家；支行1 673家，比上年增加51家；分理处25家，比上年减少5家；储蓄所80家，比上年减少42家。共有纳入监管范围的高级管理人员197人，比上年减少8人。在职员工53 007人。其中，工商银行北京市分行18 769人，农业银行北京市分行7 808人，中国银行北京市分行9 955人，建设银行北京市分行11 704人，交通银行北京市分行4 771人。

（二）重大变更事项

1. 机构变更情况

2014年，交通银行北京市分行新设28家支行，农业银行北京市分行新设16家支行，中国银行北京市分行新设3家支行，建设银行北京市分行新设4家支行。

2014年，5家银行分理处、储蓄所进一步减少，其中农业银行北京市分行、工商银行北京市分行分理处分别减少3家、2家，建设银行北京市分行、工商银行北京市分行储蓄所分别减少40家、2家。

2. 分行级高级管理人员变更情况

付捷不再担任工商银行北京市分行副行长。

陈军、裘夏雨任农业银行北京市分行副行长。

王建宏任中国银行北京市分行行长，张金良不再担任中国银行北京市分行行长。

王光明任建设银行北京市分行纪委书记兼副行长，董建恒不再担任纪委书记，王新立任副行长，方秋月、张力铮不再担任副行长。

尹兆君任交通银行北京市分行行长，朱鹤新不再兼任行长，郑家渡不再担任副行长。

二、金融产品创新和金融服务

（一）支持中关村国家自主创新示范区建设

2014年，5家银行针对中关村管委会公布的瞪羚重点培育企业和其他优质科技型小企业，积极进行信贷支持。建设银行北京中关村分行累计向小微企业发放贷款10亿元。

（二）创新支持北京市城乡一体化改造项目

2014年，根据国务院关于加快棚户区改造工作的意见，5家银行按照风险可控、商业可持续原则，创新金融产品，改善金融服务，积极支持北京“50个重点村”、棚户区、西红门镇城乡一体化改造等项目，为首都城市建设贡献力量。截至年末，5家银行“50个重点村”贷款余额135.58亿元，棚户区改造贷款余额472.2亿元，西红门城乡一体化改造贷款余额7.85亿元。

（三）积极支持保障房建设工作

2014年，5家银行积极响应市政府号召，调整房地产贷款结构，严格执行差别化住房信贷政策，积极支持保障性安居工程建设（包括限价商品住房、公共租赁住房、经济适用房、定向安置房）。截至年末，5家银行保障性安居工程贷款余额76.84亿元。

（四）发放中小微企业贷款，加大对文化创意等产业的支持力度

2014年末，5家银行小微企业贷款余

额共计 1 476.59 亿元，比上年增长 17.13%，高于全部贷款增速 6.42 个百分点，达到“两个不低于”监管要求。加大对文化创意、高科技等产业的信贷支持力度，5 家银行文化创意产业贷款年末余额 212.96 亿元。

（五）加大对节能环保产业支持力度，发展绿色信贷

2014 年，5 家银行贯彻落实中国银监会的各项政策要求，通过完善内控制度，调整信贷政策，细化操作流程，不断加大对节能环保产业的支持力度，发展绿色信贷。截至年末，5 家银行节能环保项目及服务贷款余额共计 3 484.85 亿元，比年初增加 936.27 亿元，增长 36.73%。

（六）发放涉农贷款，支持北京都市农业发展

2014 年，5 家银行继续加大对涉农产品的支持力度，农业银行北京市分行推出农村合作社联保贷产品；中国银行北京市分行推出“信贷工厂”，支持郊区农民合作社。截至年末，5 家银行涉农贷款余额 868.45 亿元，比上年增长 15.24%，高于全部贷款增速 4.53 个百分点。

（七）积极探索网点转型，发展普惠金融

2014 年，5 家银行勇于接受来自市场的压力和挑战，以为客户提供方便、快捷的金融服务为宗旨，探索网点转型发展，实现资源的整合与减员增效。截至年末，5 家银行已设立 12 家智能型网点、24 家特色网点、25 家普惠网点。

三、存在的问题和风险

部分领域资产质量有所下滑，盈利水平呈下降趋势，发展转型压力凸显，消费者投诉有所增加，银行精细化管理和保护消费者合法权益工作有待加强，个别银行合规文化建设亟待加强。

四、监管工作情况

（一）把握风险监管底线，确保银行安全稳健运行

一是做好土地储备融资风险监管，建立全辖银行土地储备融资情况季度监测制度，与市财政局、国土局建立季度对话机制，定期了解土地储备机构融资规模需求和批复情况；二是按照“有保有压”原则督导落实房地产调控政策和差别化信贷政策，随时关注市场变化，督导 5 家银行认真执行房贷调控政策；三是稳步推进平台贷款分类管理，持续督导 5 家行按照总量控制、结构调整的原则管理政府融资平台贷款；四是强化金融产品销售环节管理，创新推进行为监管，持续完善理财业务风险监管，建立理财产品研发投向季度监测制度，加大监管力度；五是加强对同业业务风险监管，对创新型同业业务进行风险性和合规性审核，对同业业务发展较快的银行进行重点监管；六是加强重点领域风险“双防双控”，确保资产质量稳定，有的放矢应对银行不良贷款上升苗头；七是保持监管敏锐性，及时研判声誉风险、特殊风险，指导 5 家银行高度关注民间融资和非法集资风险，加大案件防控工作力度。

（二）把握服务实体经济基石，服务首都发展

一是创新破解城乡一体化改造金融创新难题；二是持续加大“重点村”改造和保障房建设金融支持力度；三是鼓励各行加大对小微企业和涉农贷款支持力度；四是加强对国家重点项目建设的金融支持；五是主动引领大型银行审慎开展业务创新，支持实体经济发展。

（三）把握改革转型主线，着力引导创新发展

一是推进5家银行通过体制重塑、架构再造、机构改革等举措，逐渐建立起了一套管理机制完善、权责边界明晰、市场反应灵敏的运营管理架构；二是以绩效考评为抓手，引领5家银行合理设定各项经营计划，充分发挥绩效考评对稳健经营和科学发展的引领作用；三是以升级转型为契机，引领5家银行培养差异化竞争优势，提高集约化、精细化管理水平。

（四）把握消费者权益保护原则，努力推进服务升级

一是严谨细致处理来访来电来信，把好投诉事项受理关，试点建立投诉快速处理机制；二是以信访投诉为切入点，严查侵害消费者权益事项；三是着力核查收费问题，严格查处银行不规范经营行为；四是加强绩效考评管理，调整业务结构转型发展；五是督导5家银行提升金融服务能力和服务水平。

（阎颖茜）

▲商业银行（三）其他商业银行

一、基本情况和重大变更事项

（一）基本情况

2014年末，中信银行总行营业部、中国民生银行总行营业部、中国光大银行北京分行、华夏银行北京分行、招商银行北京分行、上海浦东发展银行北京分行、广发银行北京分行、兴业银行北京分行、平安银行北京分行、渤海银行北京分行、浙商银行北京分行、恒丰银行北京分行（以下简称12家银行）本外币资产总额38 433.61亿元，比上年增加7 419.37亿元，增长23.92%；其中贷款余额10 742.87亿元，比上年增加860.52亿元，增长8.71%。负债总额38 084.33亿元，比上年增加7 421.71亿元，增长24.20%；其中存款余额24 580.22亿元，比上年增加2 851.18亿元，增长13.12%。全年累计实现净利润282.98亿元，同比减少0.91亿元，下降0.32%。

截至年末，12家银行在京营业机构数共计787家，比上年增加288家。其中，分行级机构12家，比上年增加1家；支行775家，比上年增加287家。在职人员共计21 419人，其中高管人员573名。

（二）重大变更事项

1. 机构变更情况

2014年，恒丰银行北京分行在北京市西城区成立。兴业银行北京分行完成迁址工作。

2. 人事变更情况

平安银行北京分行原行长张金顺离职，中国民生银行重庆分行原行长刘树云调任中国民生银行总行营业部代行长。中信银行总行营业部原总经理王晖离职，中信银行副行长朱家麟兼任总行营业部总经理。

二、金融产品创新和金融服务

（一）积极创新信贷产品体系，加大小微企业扶持力度

2014年，12家银行加大信贷结构调整力度，进一步加强和改进小微企业金融服务，在支持中关村国家自主创新示范区建设、支持北京地区小微企业发展等方面取得较好成效。截至年末，12家银行小微企业贷款余额2 418.27亿元，较年初增长39.37%，高于各项贷款平均增速30.66个百分点。各行深入开展市场调研，紧密贴合小微企业客户融资需求创新信贷产品体系，以满足小微企业灵活、快速、多层次的融资需求。华夏银行北京分行创新小企业流动资金贷款还款方式，推

出分段融资、自动延长还款期限的年审制贷款。中信银行总行营业部与银联商务合作推出 POS 商户网络贷款，得到北京地区部分商圈的青睐，主要客户群体集中在茶城、电子产品市场、服装和小商品批发市场等。截至年末，已累计放款超过 13 亿元。

（二）着力推进社区支行建设，不断下沉业务服务重心

2014 年，12 家银行借助社区支行这一新型载体聚焦普惠金融，积极转变发展方式，满足社区金融服务需求，实现特色化经营与可持续发展。截至年末，12 家银行社区支行数量已达 201 家，改变了以往中小商业银行网点大多分布于各主要商业区以及市中心繁华地段的状况，金融服务覆盖范围得到有效延伸。

（三）充分发挥自身资源优势，迎接互联网金融挑战

2014 年，12 家银行积极借鉴互联网理财的普惠金融理念，纷纷推出活期储蓄账户对接货币市场基金、附加各项增值服务的类余额宝产品，主动应对互联网金融挑战。中信银行、渤海银行充分发挥银行在线下支付结算领域的优势，推出的“薪金煲”、“添金宝”能够实现无需赎回即可直接进行 ATM、柜台等线下渠道取现、转账、缴费、刷卡消费和线上网银支付交易等功能。广发银行针对本行与信用卡关联的储蓄账户推出“智能金”，在进行相关设定后能够实现储蓄账户内余额自动投资货币市场基金，并按时自动赎回基金归还信用卡欠款的功能。

（四）加快电子渠道建设，促进金融智能化发展

2014 年，12 家银行进一步加强电子渠道建设，推出微信银行、手机支付业务、网上金融商城等，拓宽电子银行服务渠道，不断提升服务品质及客户体验。上海浦东发展银行北京分行与北京移动全面对接，全网点可更换移动 4G NFC - SIM 卡，建立移动官网与理财产品的销售链接，移动客户专属理财产品销量超 13 亿元，全年新增手机银行有效客户近 17 万户，手机银行客户活跃度达 42%。

三、存在的问题和风险

信用风险仍是辖内股份制商业银行面临的主要风险，资产质量存在下行压力。信访投诉数量有所增加，潜在声誉风险不容忽视。机构网点数量快速增加，银行管理难度加大。市场竞争日趋激烈，个别银行业务合规管理有所松懈。

四、监管工作情况

（一）多措并举，确保各行业务平稳发展

进一步加大日常非现场监测与动态风险评估力度，完善联动机制建设，推动与 12 家银行的互动交流，通过政策传导、风险提示、实地走访、监管会谈、信息调研、督导检查等形式，及时通报风险、传导政策、明确要求，推动 12 家银行各项业务平稳健康发展。

（二）引导各行下沉服务重心，积极推进社区支行建设

积极引导 12 家银行合理确定社区支行、小微支行发展规划，有效填补金融服务空白。持续了解社区支行、小微支行建设情况，积极开展市场准入方面的政策辅导，先后 40 余次进行实地访查，并及时反映两类支行发展中的新情况、新问题。鼓励 12 家银行将物理网点下沉到社区，充分发挥人员、产品、渠道等优势，精心打造错时经营、亲民便民、公益宣传等特色，努力填补金融服务空白，为周边居民

带来更多实惠和便利。

（三）切实做好重点领域信用风险防控工作，严防不良贷款过快反弹

一是持续监测12家银行融资平台、房地产、过剩产能等重点行业的信贷业务变动情况，及时通过监管通报、下发监管意见书和风险提示单、召开风险座谈会等方式，传导银监会相关监管工作要求，提示相关业务风险。二是针对12家银行不良贷款整体规模持续上升的趋势，多次通过监管会谈和实地走访等方式，深入分析和了解不良贷款快速增长的原因，并向相关银行提出有针对性的监管要求。三是持续关注个别央企集团贷款风险重组进展情况，并开展跨处室协作，推动各债权银行加强沟通，统一制定风险化解方案。

（四）日常监管与现场督导并重，提升各行业务操作合规性

一是针对年内各项新出台的法律、法规，及时通过问卷调查、实地走访等方式，了解12家银行政策执行情况以及在执行中存在的问题。二是通过现场检查等方式，督导12家银行认真落实银行业服务收费有关监管要求，对于存在不规范经营行为的个别银行进行严肃查处。三是高度重视信访投诉事项的处理，对于核查发现的问题，及时通过监管会谈、下发监管意见等方式向银行进行通报，提出监管要求。

（五）强化案防第一主体责任，案件风险管控成效显著

要求12家银行认真落实银监会“双线”风险防控责任制相关要求，不断强化风险防控第一主体责任。通过下发监管意见书、开展监管会谈、实地走访等多种方式，持续督导12家银行高度重视案件风险防控工作，认真开展案件风险的定期排查和不定期抽查，有效形成案防高压态势。同时，督促12家银行严格落实银监会案件处置三项制度的有关内容，如实报送员工处罚登记信息，有效防范银行从业人员“带病”流动。

（黄未）

▲城市商业银行（一）北京银行

一、基本情况和重大变更事项

（一）基本情况

2014年末，北京银行资产总额15 136.14亿元，比上年增长13.15%；负债总额14 172.97亿元，比上年增长12.53%；各项贷款余额6 637.81亿元，比上年增长13.84%；各项存款余额9 212.67亿元，比上年增长10.70%；实现利润160.38亿元，同比增长19.21%。

（二）重大变更事项

1. 张东宁任行长，强新任监事长，董事会部分专门委员会人员构成有所调整。

2. 开展总行组织架构调整，初步完成理财业务事业部制改革和同业业务专营部门制改革，新设司库管理部牵头全行流动性风险管理；新设两家分行级专营机构、两家一级异地分行及三家二级异地分行。

3. 全资子公司北银金融租赁公司开业。

4. 机构发展情况。2014年末，北京银行共有营业网点361个（含总行营业部，不含香港和阿姆斯特丹代表处），比上年增加91个；从业人员12 683人，比上年增加1 716人。

二、金融产品创新和金融服务①

（一）加大小微企业金融支持力度

2014 年，北京银行始终将支持小微企业发展作为践行社会责任和加快战略转型的重要途径，努力构建服务小微企业的多层次金融支持保障体系，切实提高小微企业信贷可获得性，有效拓宽小微企业金融服务覆盖面。截至年末，北京银行小微企业贷款余额 2 200.94 亿元，同比增加 408.54 亿元，增长 22.79%，顺利完成“两个不低于”目标。一是开展业务流程创新。梳理小微业务流程，提升业务效率；推动新资本项目“零售打分卡”系统上线运用。二是强化产品创新。创新推出“小微贷”、“成长贷”、“循环贷”等产品，推出“POS 流水贷”、“公积金短贷宝”、“农合宝”、“社员宝”等多个“短贷宝”子产品。三是推动模式创新。推动“见贷即保”模式在北京地区全面铺开，探索网络融资模式和小额“短贷宝”线上审批业务。四是积极推进事业部制落地。组织召开经验交流会，探索建设“信贷工厂”2.0 版本。五是加快夯实信息系统基础。开发上线小微业务管理系统，搭建从前端营销，到客户经理及风险预警等的全流程管理体系；打造小企业业务移动终端，延展行内系统功能的应用。

（二）以特色打造为依托，提升竞争优势

一是科技金融。与中关村管委会、市科委等签署新一轮战略合作协议，在未来几年内提供意向性授信额度逾千亿元；携手中关村科技租赁公司发布“银租通”产品；聚焦“新三板”资本市场，与全国中小企业股份转让系统有限公司、相关券商建立合作关系；与中关村亚洲杰出企业家成长促进会签署战略合作协议并启动“小巨人—摇篮计划”。二是文化金融。参加文化部组织召开的全国文化金融合作会议，荣获“优秀文化金融合作创新成果”奖；与市文资办、文投集团等签署全面战略合作协议，在未来几年内提供意向性授信额度近千亿元；与创新工场、文化科技担保公司签署孵化小微文化企业的战略合作协议，联合推出“文创信保贷”创新产品等。三是绿色金融。联合国际金融公司开展绿色金融行业培训，提升业务操作和把握能力；联合国家发改委、银监会、国际金融公司等共同启动中国节能服务产业调研项目；获得银监会及国际金融公司颁发的“绿色信贷水效项目开拓奖”。截至年末，北京银行科技金融贷款余额 638 亿元，较年初增加 196 亿元，增长 44%；文化金融贷款余额 220 亿元，较年初增加 57 亿元，增长 35%；绿色金融贷款余额 184 亿元，较年初增加 74 亿元，增长 67%。

（三）服务“三农”力度持续加大

推出“惠民直通车”品牌。2014 年末，北京银行在北京 10 个郊区县布放 215 台“富民通”助农取款终端，覆盖 200 余个村域农户，累计发行“富民卡”26 万张，“富民贷”46 亿元，“富民通”累计受理查询、取款业务近 2 000 笔，累计交易金额 50 万元。

（四）致力民生金融服务，提升社会形象

一是“京医通”项目稳步推进。北京地区 11 家市属三甲医院及 4 家中央直属医院上线“京医通”项目，累计发卡

① 本部分情况由北京银行提供。

量突破253万张，增长267%；北京银行南昌分行与南昌市第一医院签约，实现“京医通”模式外埠分行首单突破。二是社保业务合作不断推进。北京银行长沙分行中标湖南省社保资金项目，新增社保资金4.9亿元。三是与市残联合作推出“残疾人服务一卡通”，试点发行“社区一卡通——乐邻卡”。四是与中华慈善总会共同成立“大爱基金”并组建“大爱志愿者团队”。五是持续推进消费者保护、金融知识普及工作，组织宣传5 000余次，覆盖3 000余万人，荣获“金融知识进万家活动标兵单位”称号。

三、存在的问题和风险

不良贷款较上年“双升”，流动性风险管理水平仍有待提高，利率风险管理面临难度加大，金融服务水平和信访投诉处理能力有待加强，信息科技风险管理水平需进一步提升。

四、监管工作情况

（一）指导北京银行完善公司治理体系

做好监事长、行长及多名董事任职资格准入工作，要求北京银行调整董事会部分专门委员会人员，并对其绩效考评开展监管评估。

（二）推动北京银行深化业务治理体系改革和完善内控体系

指导北京银行初步建立起以同业票据管理部为全面同业专营部门、资产管理部为理财业务事业部的业务治理体系。对同业业务专营部门制改革要求落实情况开展现场核查并督促整改。指导北京银行以业务条线风险管理中心为抓手加强风险把控，推动风险关口前移。开展全面现场检查和业务连续性现场检查。

（三）推动北京银行加强资本的前瞻性和精细化管理

推动北京银行探索拓展多元化、可持续的资本补充渠道，督促其审议通过2015年资本补充计划。对北京银行新资本协议实施情况进行现场评估，持续跟踪新资本项目系统建设与运用进展。支持北京银行通过资产证券化、信贷资产流转等方式调节业务结构、盘活存量资产。

（四）督导北京银行做好全面风险管理

一是指导北京银行加强授信风险管理，及时提示单体性、区域性和行业性风险。二是督促北京银行做好流动性风险管理，妥善应对因同业新规、存款偏离度指标要求等导致的市场流动性变化。三是指导北京银行加强市场风险管理，提升交易账户划分的准确性与管理的规范性，合理评估市场风险变动对资本充足率的影响。四是督促北京银行做好声誉风险和信息科技风险防控工作，指导其妥善应对负面舆情、确保核心系统平稳升级。

（五）引导北京银行持续提升金融服务水平

一是继续引导北京银行加大实体经济支持力度，做好小微企业、“涉农”和文化创意产业金融服务。二是督导北京银行加强产品、服务信息披露，持续改进服务质量，提升消费者满意度。

（杨帆）

▲城市商业银行（二）其他城市商业银行

一、基本经营情况

（一）基本情况

2014年末，北京辖内共有12家异地城市商业银行分行级机构，其中包含11家北京分行和1家国际业务结算中心，分别为天津银行北京分行、大连银行北京分行、杭州银行北京分行、南京银行北京分行、盛京银行北京分行、上海银行北京分行、江苏银行北京分行、宁波银行北京分行、包商银行北京分行、锦州银行北京分行、厦门国际银行北京分行和昆仑银行国际业务结算中心（以下简称12家城商行北京分行）。截至年末，12家城商行北京分行共有支行网点92家（以取得北京银监局开业批复为口径，不含未持牌分行营业部），从业人员3 796人（含派遣制员工）。

2014年，12家城商行北京分行实现平稳发展，资产规模稳步增长，总体资产质量良好。截至年末，12家城商行北京分行资产总额6 288.34亿元，较年初增长15.31%，其中各项贷款余额1 621.46亿元，较年初增长26.62%。负债总额6 223.57亿元，较年初增长15.22%，其中各项存款余额3 688.31亿元，较年初增长31.30%。全年实现利润52.77亿元，较上年同期增长30.01%。

（二）重大经营事项

1. 机构设立情况。2014年，在银监会批准筹建的基础上，经北京银监局批准，昆仑银行国际业务结算中心取得开业批复。

2. 机构发展情况。2014年，12家城商行北京分行共新设立22家支行（含1家社区支行，以开业批复为准）。

3. 高管变动情况。赵文津任天津银行北京分行行长，董尚斌任昆仑银行股份有限公司国际业务结算中心总经理。

二、金融产品创新和金融服务

（一）突出特色，金融服务品牌初步形成

2014年，12家城商行北京分行不断契合北京地区经济特色，通过产品创新努力打造具有影响力的服务品牌。锦州银行北京分行着眼于“基本户、基本客户群、基本结算量”，将目标客户群定位于小门店、小摊床、小企业，通过科技、文创产业类商会，市场、产业园区以及担保公司等渠道，积极调整信贷结构，将信贷资源向这三类客户倾斜。

（二）重心下沉，小微金融服务“质”、“量”双升

2014年末，12家城商行北京分行小微企业贷款余额335.89亿元，较年初增加78.31亿元，高于各项贷款平均增速3.78个百分点，实现“两个不低于”持续达标；小微企业贷款户数6 364户，较年初增长14.17%；户均贷款余额527.80万元，小微企业金融服务重心不断下沉。同时，12家城商行北京分行通过互助基金、圈链式营销等业务模式，依托小微信贷差异化管理制度，实现批量拓展、成本集约、风险可控的高效管理机制。

（三）服务延伸，机构网点体系持续优化

2014年，12家城商行北京分行共新设网点22家，其中6家位于郊区县或小微企业聚集区，占比27.27%。截至年末，12家城商行北京分行在中关村示范区内共设立营业网点18家，较年初增加3家。

三、存在的问题和风险

信贷资产质量向下迁徙压力较大，信贷资产风险分类准确性有待提高。声誉风险意识仍较为薄弱，风险管理的积极性与主动性有待进一步增强。经营发展模式仍较粗放，部分银行尚未形成明确的市场定位，经营特色尚未形成。

四、监管工作情况

一是夯实风险防范基础。探索分类监管模式，将监管政策要求与北京地区特点相结合，有重点地开展监管工作。密切监测机构信贷资产质量迁徙变动趋势，加强对 12 家城商行北京分行经营薄弱环节和重点业务领域的风险提示力度；指定并跟踪 12 家城商行北京分行重点内审项目，实时掌握风险变化情况，督导其提升内控有效性。二是引领 12 家城商行北京分行稳步推进小微金融。督导单列小微企业信贷计划，指导制定尽职免责制度和不良贷款容忍指标，定期统计各项小微服务指标达标情况，政策激励金融创新并给予政策倾斜。三是督导 12 家城商行北京分行做好金融服务助力北京市经济发展。通过实地走访调研，与政府主管部门、银行、企业、担保公司、商会开展座谈等方式，探寻金融支持北京经济发展的新途径；引导 12 家城商行北京分行加强金融创新，助力北京市“双轮驱动”战略。

（薛飞）

▲农村商业银行——北京农商银行

一、基本情况和重大变更事项

（一）基本情况

2014 年末，北京农商银行资产总额 5 237.28亿元，较年初增长 12.29%。各项贷款余额 2 651.94 亿元，较年初增长 12.13%，其中票据贴现余额 740.9 亿元，较年初增长 53.06%。负债总额 4 919.6 亿元，较年初增长 10.52%，其中各项存款余额 4 213.58 亿元，较年初增长 10.39%。储蓄存款在全部存款中占比 52.32%，比年初上升 0.61 个百分点，存款结构保持稳定。净利润 50.08 亿元，同比增加 12.03 亿元。资产利润率和资本利润率分别达到 1.01%和 18.88%，同比分别上升 0.16 个百分点和下降 0.09 个百分点。涉农贷款余额 677.47 亿元，同比增加 85.63 亿元，增长 14.47%，增速高于各项贷款平均增速 2.34 个百分点；小微企业贷款余额 446.27 亿元，较年初增加 139.87 亿元，增长 45.65%，增速高于全部贷款平均增速 33.52 个百分点。

（二）重大变更事项

1. 高管人员变化

2014 年，北京农商银行共有总行级高管人员 13 人，较年初增加 4 人。工商银行北京市分行公司业务一部原总经理田晖被聘任为北京农商银行行长助理；计划财务部原总经理王正茂提任北京农商银行行长助理；北京市政府侨办原党组书记、主任李印泽调任北京农商银行党委副书记；中共北京市纪律检查委员会原宣传部部长杜淑华调任北京农商银行纪委书记。

2. 股权变动

2014 年末，北京农商银行所有者权益共计 317.68 亿元，较年初增加 104.88 亿元，增长 49.28%，其中年内增资扩股 54.15 亿元（其中 16.41 亿元计入实收资本，37.74 亿元计入资本公积）。现有股份总数 121.48 亿股，其中法人股东持股比例 79.82%（国有企业股 44.32%，非国有企业股 34.96%），自然人股东持股比例 20.72%。第四季度，北京农商银行开展增资扩股工作，年末完成 16.41 亿股的募集工作，入股资金均已完成验资。

二、金融产品创新和金融服务

一是改善农村地区金融服务环境。积极投入市委市政府首批“村村通”工程，承担农村基本金融服务点建设工作。2014 年末，北京农商银行共有农村地区网点 407 家，自助机具 1 041 台，是唯一一家营业网点全面覆盖北京市16个区县、182个乡镇的商业银行，在其中的36个乡镇是唯一的银行网点。此外，北京农商银行已建成乡村便利店138家、乡村自助店21家、农村金融服务点450多个，有效填补了偏远农村地区金融服务空白。

二是支农信贷力度保持同业领先地位。北京农商银行建立了新农村建设贷款产品体系，为“三农”、小微企业创业推出了“福农”信用卡。截至年末，涉农贷款余额677.49亿元，占北京市涉农贷款余额的12.19%；涉农贷款余额较年初增加85.63亿元，涉农贷款投放占全行贷款投放的26.51%。

三是为弱势群体提供优惠金融服务。北京农商银行针对享受各级政府资金补贴及社会保障的人群，推出“银政惠民账户”。该账户整合了城乡居民养老保险、失业保险等社会保险业务，低保补助城乡居民补贴等财政补贴业务，粮食直补综合直补等涉农业务等近31项政府资金补贴及社会保障政策性代理业务。同时，在代理本市基本养老金发放的基础上推出集养老助残电子券账户、金融账户、电子现金账户等多应用于一体的“养老（助残）卡”，解决了养老券不能找零、不能循环使用、丢失损毁不能补办、使用网点和服务种类少等问题，为首都离退休人员提供了便捷优惠的养老金融服务。

三、存在的问题和风险

公司治理有效性需进一步提升，薪酬绩效体系有待完善。资本规划仍需完善，经济资本运用不足。信贷资产结构有待优化，信用风险防控仍需加强。内部控制管理及内审工作仍需优化。资金业务及流动性管理水平与监管要求尚有差距。信息科技风险管理能力有待提高。普惠金融开展力度仍需加大，郊区县金融服务有待改进。

四、监管工作情况

（一）持续引领北京农商银行提高公司治理的有效性

北京银监局持续关注北京农商银行公司治理有效性建设，下发监管意见要求该行健全董事会及其专门委员会运行机制，对全行风险管理及战略定位工作进行明确和完善；督导北京农商银行落实公司治理指引各项要求修改公司章程，并对绩效考评体系建设和执行情况进行评估，通过监管会谈反馈发现的问题并提出监管要求。

（二）引导北京农商银行完善资本管理

北京银监局持续引导北京农商银行加强资本管理，关注信用风险内部评级法进展情况，对新资本协议实施情况进行现场评估，年末完成增资扩股事项审批工作。

（三）督导北京农商银行提高信用风险管理水平

北京银监局通过对北京农商银行委托贷款、融资担保贷款等进行现场检查，发现了该行在信贷管理制度建设和执行过程中存在的部分问题。持续关注北京农商银行不良贷款压降、“中钢”大额贷款、房地产、“两高一剩”、异地贷款及置换贷款管理等重点领域，下发监管意见和风险提示督促该行在信贷政策和管理制度修订过程中，加大对上述领域的管理力度。

（四）要求北京农商银行加强操作风险、内控合规及内部审计管理

北京银监局高度关注北京农商银行内控合规建设、操作风险防范和案防工作，多次约见高管人员，督导该行充分发挥内

控合规部和内部审计部门的作用，尤其是加强对员工行为的监督和管理。结合“促监管政策进基层行”活动，对北京农商银行上百位基层网点负责人和理财经理进行“商业银行理财业务监管政策与典型案例”培训宣讲，年末对北京农商银行案防工作进行了现场评估。

（五）关注北京农商银行资金业务管理，合理把控流动性风险

按照银监会关于推进改革的相关要求，北京银监局督促北京农商银行按时完成同业业务和理财业务专营部制改革，并对其同业业务及同业新规执行情况进行了两次现场检查。现场走访北京农商银行流动性管理系统上线运行情况，督促其持续完善同业业务和流动性风险管理体系。

（六）推动北京农商银行提升信息科技管理水平

北京银监局通过对北京农商银行信息科技外包进行现场检查，发现了该行在信息科技制度建设与落实、项目管理、开发质量、外包管理等方面存在的问题。持续关注北京农商银行灾备体系建设和业务连续性工作，局领导带队走访调研该行灾备体系和信息系统应急演练工作。

（七）加强对北京农商银行的“三农”政策引领，提升普惠金融支持力度

北京银监局下发《北京银监局关于深入推进支农金融服务、全面贯彻落实“三大工程”的监管意见》，多次赴北京农商银行密云、延庆、大兴、怀柔等郊区支行，就支农信贷产品、融担合作、便民服务等业务进行调研，切实了解北京农商银行服务“三农”发展中存在的问题和困难。

（于洋）

▲村镇银行

一、基本情况和重大变更事项

（一）基本情况

2014年末，北京地区共有10家村镇银行，分别为北京延庆村镇银行、北京密云汇丰村镇银行、北京怀柔融兴村镇银行、北京大兴九银村镇银行、北京昌平兆丰村镇银行、北京大兴华夏村镇银行、北京顺义银座村镇银行、北京通州国开村镇银行、北京门头沟珠江村镇银行和北京房山沪农商村镇银行。截至年末，辖内10家村镇银行资产总额139.44亿元、负债总额127.1亿元、所有者权益12.33亿元、各项存款余额117.75亿元、各项贷款余额61.9亿元，分别较年初增长14.38%、14.37%、14.43%、20.81%、14.70%，其中储蓄存款余额32.2亿元，增长27.52%，高于各项存款增速6.71个百分点。

2014年，共有9家村镇银行实现盈利，盈利面与上年持平，实现净利润14 372.54万元，较上年增加2 400.14万元；资产利润率为1.1%，资本利润率为12.46%。

2014年，辖内村镇银行均能按照监管部门要求，扎实开展合规和风险防控工作，各行风险总体可控，资本、拨备、流动性等主要监管指标符合监管要求。截至年末，加权资本充足率为18.54%，核心一级资本充足率为17.44%；不良贷款率为0.12%，拨备覆盖率为2 241.1%，拨贷比为2.75%，拨贷比首次实现全部村镇银行达标；存贷比为52.57%，流动性比例为62.61%，超额备付率为4.49%；农户和小微企业贷款余额占各项贷款余额的比例为92.24%，较上年提升1.75个百分点。

（二）重大变更事项

1. 机构发展情况

2014 年末，北京地区 10 家村镇银行共有 32 家营业网点，年内新设支行 7 家；在册员工 754 人，比上年增加 114 人，其中高管人员 65 人。

2. 主要人事变更情况

2014 年 4 月，北京顺义银座村镇银行新任行长张云明任职资格获得批复，原任行长杨灵国离任；5 月，北京通州国开村镇银行新任监事长王峥任职资格获得批复；9 月，北京密云汇丰村镇银行新任行长罗远鹰任职资格获得批复，原任行长吴琪离任；11 月，北京门头沟珠江村镇银行新任行长李重达任职资格获得批复；12 月，北京昌平兆丰村镇银行新任行长刘温任职资格获得批复。此外，部分村镇银行的副行长及新设支行行长的任职资格也获得批复，正式开始履职。

3. 股权变动情况

2014 年 12 月，北京大兴九银村镇银行股权变更事项获得北京银监局批复。

二、金融产品创新和金融服务

（一）营业网点继续下沉，金融服务深度和广度持续增加

2014 年末，已开设支行的村镇银行达到 6 家，年内新设支行 7 家，开业支行总数达到 22 家。

（二）金融服务基础设施建设稳步推进，服务便利度持续提升

2014 年末，已有 7 家村镇银行开通了银行卡服务，较上年增加 1 家，有 6 家开通了网上银行，另有 2 家村镇银行的网上银行处于测试阶段。北京顺义银座村镇银行开通了手机银行、网上商城、直销银行等服务。

（三）服务意识加快转变，“三大工程”活动进一步推向深入

2014 年，北京地区 10 家村镇银行开展了金融服务进社区、进村居活动，提高了社会认知度。在北京银监局开展的“三大工程”推进落实情况评比活动中，北京顺义银座村镇银行和北京怀柔融兴村镇银行被评为先进典型。

三、存在的问题和风险

不良贷款余额持续增加，处于“双升”状态。银担合作管理不规范，担保贷款风险频发。内控治理体系不健全，全面风险管理能力亟待提升。合规意识淡薄，合规风险较为突出。业务发展两极分化趋势更加明显，多数村镇银行发展基础依然薄弱。

四、监管工作情况

（一）持续加强对村镇银行的风险监管，加大审慎监管力度

北京银监局在完成日常的报表审核、非现场信息分析和预警外，还加强了对村镇银行信贷业务、票据业务、同业业务等重点领域的风险监管，并下发了专门的监管意见，对相关业务进行了规范。此外，还多次督导部分村镇银行开展大额信贷风险化解工作。

（二）自主开展多项现场检查和核查，准确把控村镇银行风险动态

一是对部分村镇银行的收费情况进行了专项检查，指出个别银行存在未公示而收费等情况，并进行了相应的行政处罚。二是对 3 家村镇银行进行了同业业务现场核查。三是对 2 家村镇银行开展了全面现场检查，并对其后续整改工作进行了督导跟踪。

（三）认真落实联动监管会谈制度，进一步提升监管有效性

一是建立北京银监局分管局领导定期

约谈村镇银行主发起行相关负责人制度，提请主发起行协调解决事关村镇银行持续发展的重点和难点事项，全年开展十余次。二是加强与并表监管部门的工作联动，先后参加马鞍山农商银行、上海农商银行、汇丰银行发起设立村镇银行的联动监管会议，向外地银监局介绍北京银监局的村镇银行监管工作情况，学习交流监管工作经验。三是在银监会合作部的大力支持下，组织召开了2014年民生银行发起设立村镇银行的联动监管会议。

（四）积极开展监管服务，帮助村镇银行突破发展瓶颈

针对村镇银行面临的发展难题，北京银监局十余次走访辖内村镇银行，参加股东大会和董事会会议，宣讲监管政策，明确监管要求，统一发展思路。组织召开村镇银行微贷技术交流会，引导村镇银行加强微贷技术的开发和引进。目前已有多家村镇银行陆续从主发起行引进微贷技术，积极开展业务结构调整工作。

（五）加大调研力度，锻造并提升监管能力

一是加强实地调研力度。多次深入村镇银行一线开展调研，现场帮助村镇银行解决发展和风险防控难题。二是积极做好普惠金融、村镇银行微贷业务技术模式、村镇银行财政补贴等方面的课题研究，为村镇银行监管提供政策储备，共完成调研报告10余篇，撰写的《北京辖内村镇银行践行普惠金融理念的主要做法、面临的问题及未来发展方向》、《北京农村地区普惠金融发展的现状、存在的问题及政策建议》等调研信息获得银监会和市委市政府的好评。

（高宾）

▲邮政储蓄银行

一、基本情况和重大变更事项

（一）基本情况

2014年末，中国邮政储蓄银行股份有限公司北京分行（以下简称邮储银行北京分行）总资产2 320.33亿元，较上年增长25.72%；总负债2 309.72亿元，较上年增长26.24%。其中，各项贷款余额645.78亿元，较上年增长115.7%；各项存款余额1 566.3亿元，较上年增长10.48%。所有者权益10.61亿元，较上年下降33.40%。全年实现税后利润16.93亿元，同比增长42.51%。

2014年末，邮储银行北京分行所辖支行及代理网点共564个，其中银行自营网点135个，二类支行122个（含名行实所59个），邮政代理网点307个；所辖机构数较年初增加14个。员工共计3 461人，较年初减少68人。

（二）重大变更事项

1. 高管人员变动

邮储银行北京分行副行长徐兴晔调任中国邮政储蓄银行审计局天津审计分局副局长；高级业务经理、总审计师助理吴玲提任邮储银行北京分行副行长。

2. 新业务开办情况

2014年，邮储银行北京分行新增国内信用证项下专卖福费廷、个人商务E捷贷、个人外币兑换、小微企业增信贷、烟草贷5项业务。

二、金融产品创新和金融服务

邮储银行北京分行小微企业贷款快速增长，小额贷款核心营销团队和核心信贷员机制建设初见成效。针对小微企业“短、频、急”的融资需求特点，探索实施差异化审批模式，连续试点推出多项面

向中小企业信用贷款产品，帮助优质企业群体发行中小企业集合私募债，公司类客户群体明显扩充，涉及能源电力、轨道交通等行业。稳步推进土地承包经营权质押贷款，金融服务能力有较大提升。

2014 年，完成 2 家二类支行迁址工作，新增设代理营业机构网点 12 家，有效填补城乡结合部和远郊区县金融空白。通过客户群体细分，开展有针对性的金融服务产品的研发和推广。加强财政性存款营销联动，开展京东、百度企业网上支付业务合作，对接全国高速公路电子收费系统项目，实施居民“健康卡”项目整合医疗系统对公账户和个人联卡资源，带动对公存款沉淀。

三、存在的问题和风险

金融市场业务内控管理不到位，信贷业务“三查”制度执行存在薄弱环节，基层网点案防工作存在隐患，综合运营及管理能力仍需增强。

四、监管工作情况

（一）督导围绕首都实体经济需求，提升金融服务质效

北京银监局督导邮储银行北京分行积极支持北京市重点项目和民生工程建设，服务北京总部经济，认真管理维护好存量公司贷款客户群体，切实防范企业集团客户信用风险。进一步优化投放结构，促进产业转型升级。持续加大信贷资源倾斜，探索都市“三农”新领域，帮扶小微企业成长。推进邮银网点资源整合和服务转型，践行普惠金融服务，积极开展金融服务创新。鼓励贴近不同群体、不同年龄零售客户需求，拓宽电子网络渠道，提供便捷基础结算和个性化财富管理服务。加强产品创新和机制建设，及时满足小微客户融资需求。继续探索改进林权、土地承包经营权抵质押贷款试点。

（二）督导紧扣重点风险领域，落实风险防控责任

北京银监局督导邮储银行北京分行认真开展现场检查发现问题的续整改及问责工作，并以此为契机全面强化内部风险管控，保持案防工作高压态势。加强金融市场业务内控制度建设，提升信贷业务制度执行力度，遏制网点违规操作和不当销售行为。

（三）推动夯实综合管理基础，保障业务发展

北京银监局督导邮储银行北京分行进一步加强信息科技建设，增强业务精细化管理的系统支撑。进一步提升人力资源管理能力，持续强化二级支行负责人任职选拔和履职管理监督，推进专业条线员工持证上岗工作。进一步强化培训教育，不断提升管理人员专业素养和综合管理能力，不断丰富各条线、层级人才储备。

（刘来成）

▲外资银行

一、基本情况和重大变更事项

（一）基本情况

1. 机构及人员情况

2014 年末，北京辖内共有外资银行营业性机构 114 家，较年初增加 5 家。其中，外资法人银行 9 家；外资法人银行分行 29 家，较年初减少 1 家；外国银行分行 13 家，较年初增加 1 家；支行 63 家，较年初增加 5 家。代表处 67 家，与年初持平。辖内外资银行营业性机构从业人员 5 717 人；辖内外国银行代表处共有正式员工 214 人。

2. 行业发展概况及特点

（1）资产增速放缓，拆放同业和投

资增长快速。2014 年末，辖内外资银行资产总额 5 207 亿元，较年初增长 9.62%，增速比上年下降 3.88 个百分点；占全辖银行资产总额的 3.19%，较年初呈下降趋势；占全国外资银行资产总额的 18.64%，高于年初水平。从资产结构来看，仍以各项贷款和同业资产为主，余额占比分别为 42.24% 和 37.82%。投资年末余额 253.52 亿元，较年初增长 41.31%。

（2）各项贷款略有增长，贴现增幅较大。2014 年末，辖内外资银行各项贷款余额 2 080.69 亿元，较年初增长 6.46%，增速低于全国外资银行（7.22%）及全辖银行业增速（12.87%）；各项贷款占全国外资银行（17.5%）及全辖银行业（3.41%）比例均较年初有所下滑。从各项贷款结构来看，普通贷款占比 68%，贴现和贸易融资占比分别为 18.1% 和 13.9%。其中，短期贷款和中长期贷款余额基本持平；贸易融资余额 289.16 亿元，较年初增长 16.23%。主要集中于制造业、批发零售业，占比分别为 35.1%、23.94%。人民币贷款占比 73.08%，较年初略增。

（3）各项存款保持稳定，韩资法人银行储蓄存款增长明显。2014 年末，辖内外资银行各项存款余额 3 514.47 亿元，较年初增加 283.6 亿元，增长 2.72%，低于全国外资银行整体增幅（3.74%）和全辖银行业整体增幅（10.28%）。各项存款中，单位存款占比 85.71%，较年初上升 1.71 个百分点。储蓄存款余额 380.23 亿元，与年初基本持平。其中，辖内韩资法人银行储蓄存款增长 36.47%。

（4）盈利水平总体较好，中间业务收入增长较快。2014 年，北京辖内外资银行实现净利润 59.4 亿元，同比增长 34.89%，远高于辖内中资银行（0.8%），略低于全国外资银行整体水平（40.54%）。有 7 家外资银行北京分行出现亏损。利润来源以利息收入为主，占总收入的 85.3%，较上年同期高近 15 个百分点。全年实现中间业务收入 26.27 亿元，同比增长 43.32%。

（5）表外业务增速高于表内业务。2014 年末，北京辖内外资银行表外授信余额 2 031.8 亿元，较年初增加 333.07 亿元，增长 19.61%。表外授信以承诺和保函为主，其中，承诺 1 153.26 亿元，占表外授信的 56.76%，较年初增长 19.44%；保函 677 亿元，占比 33.33%，较年初增长 52.03%。委托贷款余额 1 219.63亿元，较年初增加 728.56 亿元，增长 148.36%。

（二）重大变更事项

1. 机构变更

2014 年，北京辖内外资银行分行开业 1 家，分行筹建 4 家，支行筹建 2 家，支行开业 5 家；新设代表处 1 家，1 家代表处升格为分行；法人异地分行开业 4 家。韩亚银行（中国）有限公司完成吸收合并外换银行（中国）有限公司。

2. 人事变更

2014 年，北京辖内外资银行共核准或初审转报银监会高管任职资格 77 人。其中，总行级行长、副行长 10 人，董事 12 人，首席财务官 1 人，首席风险官 3 人，首席信息官 1 人，首席运营官 1 人；分行级行长 9 人，分行级副行长 5 人；支行长 15 人；外国银行代表处首席代表 9 人；合规负责人 8 人；内审负责人 3 人。

二、金融产品创新和金融服务

（一）外资银行利用母行资源，提供

特色化、差异化金融产品

外资银行利用母国的资源和网点优势，为境内个人消费者和“走出去”中资企业提供特色化金融服务。友利银行（中国）有限公司依托母行与韩国法务部、文化体育观光部的合作关系，向符合条件的中国籍个人客户开展“访韩优惠卡”业务。该卡除借记卡所拥有的功能及服务外，还向客户提供韩国机场出入境绿色通道服务、韩国境内旅游购物优惠服务等。法国兴业银行（中国）有限公司凭借母行在非洲的强大网络资源，在中国境内推行“走进非洲”项目。通过牵头与法兴阿尔及利亚银行及中国工商银行合作，为我国某大型企业开立约1亿美元的一系列预付款及履约保函，期限为3年，支持该企业在阿尔及利亚的住房建设项目。

（二）立足本地需求，加快产品创新，为小微企业提供多元化金融服务

2014年末，辖内外资银行小微企业贷款余额352.85亿元，较年初增长7.33%，占各项贷款的16.96%，服务各类客户近2万户，贷款分布在制造业、教育、科学研究和技术服务业、信息技术服务业等20多个行业。

2014年，外资银行积极开展服务中小微企业的各类产品创新。韩亚银行（中国）有限公司与西安工信中小企业管理服务有限公司合作推出的金融IC复合金卡—“企福达卡”。东亚银行（中国）有限公司推出“金赢贷”，则根据小微客户群自身风险特征及融资需求“短、小、频、急”及持续性等特点，采取“差异化授信政策”及“灵活性营销”业务拓展策略，在风险可控的前提下以“零售业务批发做”的模式开展业务，解决小企业融资问题。

三、存在的问题和风险

不良贷款上升明显，个别机构风险暴露需加强关注。汇率波动促使市场风险内在水平呈上升趋势。信息科技风险值得关注，操作风险呈上升趋势。

四、监管工作情况

（一）加强重点领域的风险监管

2014年初，北京银监局召开辖内各类外资银行年度监管通报会，根据辖内外资银行的经营情况和风险特点，将信用风险、市场风险、操作风险、跨境风险等领域的风险防控作为重点，明确提出监管措施和要求。全年组织各类监管会谈、风险提示90余场。

（二）密切关注重点机构的风险状况，严防案件风险

北京银监局加强对重点机构风险情况的处置，针对客户信用卡被盗刷事件、个别银行操作风险案件等，迅速展开调查，及时下发风险监管提示，督导银行稳妥处理风险事件。针对现场检查发现的问题妥善采取行政处罚措施。按照银监会统一部署，审慎推进辖内外资银行合并事项，督促机构合并过程中稳健经营，有效防范相关风险。

（三）加强理财产品销售的风险监控

北京银监局下发《关于对近期外资银行个人理财业务的风险提示》，督导各行严防理财业务声誉风险。对辖内外资银行分支机构现场走访、暗访、访查63次。针对机构在理财业务销售管理中存在的问题，采取约谈等措施，提出监管意见。全年共处理投诉事项12起，7起投诉的投诉人主动撤回投诉，部分投诉人致信感谢，其他5起均在时限内办结。

（四）贯彻落实国务院简政放权精

神，简化优化行政审批流程

北京银监局根据新颁布的《中国银监会外资银行行政许可事项实施办法》及修订的《外资银行管理条例》，更新完善准入审批流程。组织召开辖内外国银行代表处行政许可事项专题辅导会，向辖内外资银行下发《北京银监局关于便利外资银行行政许可有关报送事项的通知》，提高市场准入工作效率。全年共完成市场准入事项110余件。其中，初审转报事项28件，下发批复82件，对外征求监管意见6次，现场验收10余次。

（五）积极开展外资银行监管研究

围绕“以监管促服务，支持外资银行发展”、“外资银行对当前经济形势及热点问题的看法”，与辖内部分外资银行交流探讨。走访辖内开展小微金融服务的10余家外资银行，就小微企业服务、风险管控模式、产品创新等方面进行调研，支持外资银行拓展小微金融服务。赴天津、广东等地实地调研，对外资银行分支机构管控、区域治理模式进行研究，完成《北京辖内外资欧美法人银行分支机构经营和发展情况调研报告》、《外资银行跨境人民币业务操作及代表处作为非营业性机构在其中扮演的角色》等调研报告。全年完成各类信息120篇，其中局内监管信息采用64篇，新闻稿采用22篇。组织编译《国际银行业监管动态摘报》18期。

（陈巧凤）

▲金融资产管理公司

一、基本情况和重大变更事项

（一）基本情况

2014年末，辖内中国华融资产管理公司北京市分公司（以下简称中国华融北京市分公司）、中国长城资产管理公司北京办事处（以下简称长城资产北京办事处）、中国东方资产管理公司北京办事处（以下简称东方资产北京办事处）、中国信达资产管理公司北京市分公司（以下简称中国信达北京市分公司）总资产458.87亿元，同比增加203.83亿元，增长79.92%，其中商业化资产443.21亿元，同比增加204.46亿元，增长85.64%。商业化利润22.74亿元，同比增加3.97亿元，增长21.15%。全年新增商业化项目76个，年末余额283.08亿元。其中，商业化收购项目245.53亿元、占比86.74%；投资项目30.65亿元、占比10.83%；远期收购承诺项目5.9亿元、占比2.08%。

（二）重大变更事项

1. 高级管理人员变更情况

卢奇茂、毛晓雷任中国华融北京市分公司总经理助理。

齐银庚任长城资产北京办事处总经理。

江杰任东方资产北京办事处副总经理。

周顺、毕进宇、洪叶任中国信达北京市分公司副总经理。

2. 机构变更情况

长城资产北京办事处增设资产经营四部、资产经营五部。

中国信达北京市分公司撤销风险合规部，增设风险管理部，将原有6个前台业务部门调整为8个。

二、存在的风险和问题

一是合规意识仍需强化，创新业务伴生多类型问题。二是风险防范能力亟待提升，项目风险暴露增加。三是内控优先意识有待提升，内控管理不到位。

三、监管工作情况

（一）引导适应经济新常态，推进深化改革转型

一是主动适应经济新常态。引导辖内资产管理公司进一步转观念、调思路，结合自身优势，以经济新常态寻求发展新机遇，明确业务定位。二是做好首都“金融稳定器”。立足北京地区经济社会发展需要，充分发挥不良资产处置专业优势，积极盘活不良资产。三是发挥综合金融服务作用。探索在国企改革、问题企业重组中，以不良资产处置、股权并购、托管清算、提供咨询服务等方式介入。积极配合银监会推进已股改的资产管理公司按照现代金融企业治理要求持续完善治理机制，推动未股改的资产管理公司支持总公司改制转型进程。

（二）督促树立风险经营理念，切实防范化解项目风险

一是强化风险防范意识。督促研究分析经济新常态，在经济增速趋缓、结构转型、驱动改变的背景下，积极应对新挑战，防范新风险。二是筑牢风险管理防线。严格行业、项目、债务人资质准入标准，构建风险第一道防线。综合运用征信查询、案件执行查询等方式调查债务人信用状况，动态掌握还款意愿，筑好第二道防线。加强独立研判能力，认真分析债务人财务实力，严格审查第一还款来源，做好押品管理，筑牢第三道防线。三是提升风险全面管理能力。优化行业、地域布局，调整业务结构，控制单一债务人最高业务额度，降低集中度风险，关注外部环境变化，提升风险管控的前瞻性和针对性，防范房地产行业等重点领域风险。四是及时化解逾期风险。摸清项目底数，排查风险问题，探索处置方式，制定落实化解方案，总结经验教训，严格问责管理。

（三）督导加强合规意识，培育良好内控文化

一是提升合规经营意识。督导认真学习国家法律、法规，深入领会监管精神，树立合规经营理念。创新业务要围绕不良资产主业，服务实体经济，不得设计复杂交易结构进行监管套利。试点开办创新业务应符合监管部门有关规定并按要求报备。二是推进内控文化建设。健全内控管理部门、内部审计岗位、业务部门组成的分工合理的内控组织架构。制定全面、系统、规范的业务制度流程，控制权限，严格财务，确保财务顾问费质价相符，完善内部控制措施。建立科学绩效考评体系，提高员工职业道德素养及专业能力，引导员工树立合规意识、风险意识，规范员工行为，加强风险管理力量，保障内控目标实现。认真落实项目运作制度要求，保证项目运作规范、风险可控，严格内部评价、监督，强化责任追究，督促各岗位内控职责履行到位。

（周晓俊）

▲信托、财务、汽车金融、金融租赁、金融消费、货币经纪公司

一、基本情况和重大变更事项

（一）基本情况

2014 年末，辖内共有信托公司、企业集团财务公司、汽车金融公司、金融租赁公司、消费金融公司和货币经纪公司六大类 60 家法人非银行金融机构，资产合计（本外币合计，其中包含信托公司信托资产 3 934.24 亿元）15 355.85 亿元，比上年增加 3 579.06 亿元，增长 30.39%。

1. 信托公司

2014 年末，辖内 3 家信托公司资产

合计3 934.24亿元，比上年增加329.74亿元，增长9.15%。其中，固有业务资产合计137.20亿元，比上年增加47.56亿元，增长53.06%；信托资产合计3 797.04亿元，比上年增加192.54亿元，增长5.48%。固有业务负债合计18.02亿元，比上年增加10.87亿元，增长152.03%。所有者权益合计119.18亿元，比上年增加36.69亿元，增长44.48%。全年累计实现净利润15.74亿元，同比增加2.28亿元。

截至年末，辖内3家信托公司存续管理的信托项目共计1 071个。其中，集合资金信托计划297个；单一资金信托项目727个；财产权信托项目47个。全年，3家信托公司共计清算交付（不包含部分到期的信托项目）474个信托项目，累计给付信托本金1 357.04亿元，累计分配信托收益120.16亿元。

2. 财务公司

2014年末，辖内46家企业集团财务公司资产总额8 709.26亿元，比上年增加2 330.48亿元，增长36.53%；负债总额7 481.74亿元，比上年增加2 123.65亿元，增长39.63%；所有者权益合计1 227.52亿元，比上年增加206.82亿元，增长16.85%。全年累计实现净利润137.69亿元，比上年增加30.77亿元，增长28.77%。

3. 汽车金融公司

2014年末，辖内7家汽车金融公司资产总额1 690.7亿元，比上年增加471.32亿元，增长27.88%；负债总额1 449.76亿元，比上年增加415.88亿元，增长28.69%；所有者权益合计240.94亿元，比上年增加206.82亿元，增长16.85%。全年累计实现净利润22.69亿元，比上年增加4.14亿元，增长18.28%。

4. 金融租赁公司

2014年末，辖内2家金融租赁公司资产总额896.63亿元，比上年增加384.45亿元，增长75.06%；负债总额814.32亿元，比上年增加359.29亿元，增长78.96%；所有者权益合计82.3亿元，比上年增加25.15亿元，增长44%。全年累计实现净利润5.16亿元，比上年增加1.39亿元，增长36.87%。

5. 消费金融公司

2014年末，北银消费金融公司资产总额124.21亿元，比上年增加62.73亿元，增长102.04%；负债总额106.78亿元，比上年增加59.89亿元，增长127.7%；所有者权益合计17.43亿元，比上年增加2.85亿元，增长19.5%。全年累计实现净利润3.19亿元。

6. 货币经纪公司

2014年末，中诚宝捷思货币经纪有限公司资产总额0.81亿元，比上年增加0.34亿元，增长74.04%；负债总额0.26亿元，比上年增加0.17亿元，增长187.18%；所有者权益合计0.55亿元，比上年增加0.19亿元，增长52.78%。全年累计实现净利润0.18亿元。

（二）重大变更事项

2014年，泰康人寿保险股份有限公司、泰康资产管理有限责任公司和江苏悦达资产管理有限公司入股国投信托有限公司，该公司注册资本金增至22亿元。

二、金融产品创新和金融服务

（一）支持中关村科技创新型企业发展

2014年末，北京国际信托有限公司（以下简称北京信托）参与成立的“中关村瞪羚投资发展基金”（一期）累计投资项目 14 个，投资金额 27 360.48 万元，已完成全部投资；年内新增投资项目 5 个，新增投资额 10 283 万元，为中关村科技型企业的长远发展提供持续的金融资源。

（二）满足中小企业融资需求

2014 年末，北京信托针对中小企业发展特点和融资需求设计的“北京信托·中小企业系列信托”累计发放信托贷款695 笔、金额 76.18 亿元，其中年内新增贷款 267 笔，新增贷款发放规模 26.34 亿元，主要行业分布为高科技类、高端制造类、文化创意类、生物医药类等。

（三）支持“三农”发展

2014 年，北京信托在密云县水漳村设立北京地区首单土地信托产品，合计归集 1 600 余亩土地经营权，将土地集中后租赁给专业的合作社经营，并向合作社提供融资服务，年末贷款余额 1 000 万元。同时，将合作社的农产品直接对接华联集团旗下超市，以保证农产品销售渠道的畅通。

（四）辖内财务公司积极开展创新试点业务

一是北汽财务公司积极申请产业链金融服务试点业务，探索开展“一头在外”的票据贴现、应收账款保理和对现有客户的金融增值服务等业务，在探索产业链金融服务方面迈出了实质性的一步。二是各财务公司积极开展外汇资金集中试点业务，北控财务公司和华电财务公司年内已完成跨国公司总部外汇资金集中运营管理试点业务的申请。

（五）汽车金融公司积极拓宽融资渠道

辖内汽车金融公司积极盘活存量，拓宽融资渠道，进行消费升级。针对资产负债期限结构严重错配、增资频繁等问题，辖内汽车金融公司积极探索交易所市场资产证券化和寻求中长期资金来源，运用新增资金支持汽车、教育、文化旅游、电子产品等消费。全年辖内 3 家汽车金融公司在同业市场成功发行 23.96 亿元的信贷资产支持证券。

（六）消费金融公司加快创新发展速度，提升普惠金融服务力度

一是北银消费金融公司积极促进人民生活改善和消费升级，为中低收入人群提供普惠金融服务。截至年末，北银消费金融公司单笔贷款金额为 3 万元，服务客户近 30 万人次；累计服务农村家庭、农民客户超过 10 万个，贷款总额超过 20 亿元。二是北银消费金融公司积极尝试异地展业发展。截至年末，北银消费建立了 10 个异地销售中心，在 27 个省市开展业务，合作商户 412 个，贷款余额 18.17 亿元。

三、存在的问题和风险

（一）信托公司

信托业务风险管理难度显著增加，风险管理水平亟需进一步提升。以往发展模式难以为继，主动管理能力有待提高。

（二）财务公司

委托贷款业务风险加大。新设财务公司管理基础比较薄弱，公司治理、内部控制有待完善，风险管理和合规经营意识亟需加强。

（三）汽车金融公司

法人治理独立性不足，董事会及监事会的相关职能未能充分有效发挥，且绩效考评体系有待完善。部分公司年内不良贷款“双升”明显，在贷前调查、评级及定价模型设计、资产质量管理等环节的风

险管控力度有待提升。部分公司消费者权益保护工作的制度建设及运行机制未成体系，且缺乏相关激励约束机制，消费者权益保护体系建设有待加强。

（四）金融租赁公司

售后回租业务占比较高，风险管理有效性有待提升。融资渠道较单一，流动性风险较大。股权结构单一，公司治理独立性有待提高。

（五）消费金融公司

公司治理及内控机制有效性仍有待增强，存在多元化股权结构效能有待评估、薪酬激励体系有待完善、内审工作质效有待加强等问题。产品设计、代销商管理、贷款审核、贷后信息整合分析、催收外包管理等环节的风险管控效率有待提升。

（六）货币经纪公司

行业人才匮乏，对高端人才的风险监督不够。行业竞争激烈，盈利状况仍不稳定。我国货币经纪业务还处于初级阶段，交易品种少、服务同质化，业务拓展主要依靠几个核心经纪人，一旦核心经纪人流失，对盈利状况的影响不容乐观。

四、监管工作情况

（一）以法人监管为基础，促进信托公司稳健发展和转型

一是通过列席重要会议、监管会谈等方式，督促和引导信托公司科学制定经营规划，实现业务结构和盈利模式转型。二是密切关注信托公司管理团队变动及组织架构调整对公司治理及运行的影响，加强董事、高管人员准入审查及履职评价工作。三是督导信托公司建立流动性支持机制，要求公司股东承诺或在章程中约定，当信托公司出现流动性风险时，给予必要的流动性支持。四是深入学习借鉴国内外金融机构恢复与处置机制的设计思路及良好做法，结合信托行业实际和自身治理架构、业务特点，指导信托公司制订行之有效、切实可行的恢复与处置计划。五是结合现场检查后续整改，跟踪信托公司内控机制更新情况和执行效果，引导其进一步提升内控系统性和执行力。

（二）以风险监管为核心，严密防控信托公司各类风险

一是强化信托项目尽职管理，督促公司提升对信托项目基础资产、抵质押品的动态估值能力，建立动态估值制度，明确相应业务流程，并按季报送估值报告。二是督导信托公司规范产品营销，切实履行“卖者尽责”义务，严禁委托非金融机构推介产品；加强营销团队建设，打造资产管理和财富管理“双引擎”。三是进一步加强舆情监测，将声誉风险纳入监管评级范畴，推动信托公司切实加强声誉风险防控。

（三）深入调研，引导和支持信托公司合规开展创新

一是深入调研热点难点问题，以研究成果为监管工作提供支持。先后就土地信托、信托产品兑付风险、信托公司恢复与处置计划、信托公司异地业务风险等问题形成调研报告并上报银监会。二是收集整理近年来辖内信托公司开展业务中主要采用的交易模式及变化趋势，分析出各类信托项目的交易实质及监管关注点，并根据相应监管依据提出监管措施，完成《信托典型案例汇编》。

（四）引导机构做好支持实体经济工作

一是继续支持推动财务公司境外资金归集试点和产业链金融试点业务，引导财务公司围绕实体经济开展特色化经营。二是支持汽车金融公司发行金融债券和资产

证券化业务常态化，促进消费增长。三是督促金融租赁公司全面落实新办法对租赁物管理的要求，助推制造业转型升级。四是鼓励消费金融公司为促进人民生活改善和消费升级提供普惠金融服务。

（五）持续推动机构转型发展

一是督促财务公司建立适当有效的利率定价机制，减少利率市场化对财务公司传统盈利模式的冲击，促进财务公司战略转型。二是支持汽车金融公司开展附加产品及服务融资和其他服务创新。三是鼓励金融租赁公司灵活运用自贸区、保税区优惠政策，因地制宜设立子公司开展业务。四是引导支持消费金融公司与互联网思维融合，创新产品，提升服务效率。

（六）扎实推进监管能力提升

一是创新推行财务公司风险评级和非现场监管工作整合，改进优化评价方式，改革分类监管。二是运用新工具提高数据挖掘深度，引入 EAST 检查方法，加强非现场监管分析能力。三是认真落实简政放权工作要求，提高准入工作效率。

（李世朝　王大伟）

证券业发展与监管

▲证券公司

一、基本情况和重大变更事项

（一）行业发展概况

创新带动发展，辖区证券公司质量持续提升。2014 年末，辖区 19 家证券公司总资产 5 261.06 亿元，净资产 1 141.08 亿元，净资本 1 006.32 亿元，注册资本 498.54 亿元；计算的各项风险资本准备 162.24 亿元，占净资本的 16.12%。托管客户证券资产 46 872.61 亿元，客户交易结算资金 1 639.75 亿元，资产管理业务的受托资产 8 448.45 亿元（其中定向资产管理业务 7 652.03 亿元）。与上年同期相比，总资产增加 2 382.71 亿元，增长 82.76%；管理客户资产增加 2 962.76 亿元，增长 54.01%（其中定向资产管理业务增加 2 657.54 亿元，增长 53.21%）；净资产增加 165.44 亿元，增长 16.96%；净资本增加 17.03 亿元，增长 1.72%；注册资本增加 10.3 亿元，增长 2.11%。辖区证券股公司资产规模不断扩大，资本实力持续增强。

2014 年，辖区 19 家证券公司营业收入 412.09 亿元，净利润 135.17 亿元，19 家公司均盈利。与上年同期相比，累计营业收入增加 137.25 亿元，增长 49.94%；累计净利润增加 67.69 亿元，增长 100.31%。辖区公司盈利水平有较大提升。

辖区分支机构数量显著增加。2014 年末，辖区正式开业的证券营业部 330 家，营业部从业人员 8 545 人，其中营销人员 6 831 人，占总人数的 79.94%。营业部资金账户开户数 619.15 万户，托管客户证券资产 82 763.46 亿元。全年，辖区营业部累计收入 110.94 亿元，累计净利润 53.72 亿元，交易量 227 241.87 亿元，A 股平均佣金 0.73‰。

2014 年，在证监会证券公司分类评

价中，北京辖区 15 家公司参评。其中，5 家公司被评为 A 类 AA 级，4 家公司被评为 A 类 A 级，3 家公司被评为 B 类 BBB 级，1 家公司被评为 B 类 BB 级，1 家公司被评为 B 类 B 级，1 家公司被评为 C 类 CCC 级。AA 级和 A 级公司分别占到全行业的 25% 和 22%。

（二）机构发展及重大变动情况

1. 机构重大变动情况

（1）辖区证券营业部同城迁址情况

1 月 20 日，新时代证券有限责任公司北京东三环北路证券营业部迁址至北京市朝阳区东三环北路 17 号新时代证券大厦 11 层，名称未变。

1 月 23 日，信达证券股份有限公司北京翠微路证券营业部迁址至北京市海淀区万寿路 17 号 A 座 3 层 301 ~ 320 室，更名为信达证券股份有限公司北京万寿路证券营业部。

3 月 3 日，太平洋证券股份有限公司北京海淀大街证券营业部迁址至北京市海淀区彩和坊路 11 号华一控股大厦 18 层 1805 室，名称未变。

3 月 7 日，湘财证券股份有限公司北京建国门内大街证券营业部迁址至北京市东城区建国门内大街 7 号 16 层 17 室，名称未变。

3 月 11 日，德邦证券有限责任公司迁址至北京市西城区武定侯街 2 号、4 号 10 层，名称未变。

日信证券有限责任公司北京新街口北大街证券营业部迁址至北京市海淀区中关村大街甲 59 号文化大厦 2 层 203 室，更名为日信证券有限责任公司北京中关村大街证券营业部。

4 月 17 日，中国银河证券股份有限公司北京分公司迁址至北京市西城区太平桥大街 111 号湘西大厦 4 层 414 ~ 416 室，名称未变。

10 月 15 日，国都证券有限责任公司北京复兴路证券营业部迁址至北京市石景山区鲁谷路 74 号中国瑞达大厦 10 层 F1008 ~ 1010 室，更名为国都证券有限责任公司北京鲁谷路证券营业部。

10 月 17 日，中信证券股份有限公司北京京城大厦证券营业部迁址至北京市朝阳区新源南路 1 号 1 号楼 2404 室，名称未变。

中信证券股份有限公司北京东三环中路证券营业部迁址至北京市朝阳区广渠路 39 号院 2 号楼 7 层 01 单元，名称未变。

11 月 6 日，东莞证券有限责任公司北京中关村大街证券营业部迁址至北京市海淀区万柳中路 11 号派顿大厦 7 层 708 室，更名为东莞证券有限责任公司北京万柳中路证券营业部。

11 月 26 日，国信证券股份有限公司北京通朝大街证券营业部迁址至北京市通州区翠景北里 21 号楼金成中心 708 室，更名为国信证券股份有限公司北京通州九棵树证券营业部。

（2）辖区新设证券营业部情况

1 月 6 日，日信证券有限责任公司北京东四环中路证券营业部开业，地址为北京市朝阳区东四环中路 82 号 2 - 2 座 1 层 101 室。

1 月 7 日，信达证券股份有限公司北京朝阳路证券营业部开业，地址为北京市朝阳区朝阳路 67 号 8 号楼 2 层 272 室。

1 月 10 日，信达证券股份有限公司北京朝阳门证券营业部开业，地址为北京市东城区南竹杆胡同 2 号银河搜候中心 50210 室。

1 月 13 日，中信建投证券股份有限

公司北京西翠路证券营业部开业，地址为北京市海淀区西翠路17号院20号楼1层。

恒泰证券股份有限公司北京金融大街证券营业部开业，地址为北京市西城区金融大街33号C座507室。

恒泰证券股份有限公司北京西四环北路证券营业部开业，地址为北京市海淀区西四环北路160号1层一区109室。

1月16日，中信证券股份有限公司北京望京证券营业部开业，地址为北京市朝阳区阜通东大街6号院1号楼13层。

1月16日，华安证券股份有限公司北京万柳中路证券营业部开业，地址为北京市海淀区万柳中路11号万柳派顿大厦8A层8907室。

1月22日，中信建投证券股份有限公司北京青年路证券营业部开业，地址为北京市朝阳区青年路29号院11号楼1层。

1月23日，西南证券股份有限公司北京平谷证券营业部开业，地址为北京市平谷区紫贵庄园8号楼1~2层。

1月28日，中信建投证券股份有限公司北京远大路证券营业部开业，地址为北京市海淀区蓝靛厂金源时代购物中心B区2#B座5G室。

2月3日，中信建投证券股份有限公司北京金融大街证券营业部开业，地址为北京市西城区金融大街5号、甲5号501A室。

2月6日，中信建投证券股份有限公司北京北辰西路证券营业部开业，地址为北京市朝阳区北土城西路7号1层6单元101室。

2月7日，西南证券股份有限公司北京房山营业部开业，地址为北京市房山区拱辰街道楸树家园北里5号楼一单元2层。

2月10日，中信建投证券股份有限公司北京太阳宫中路证券营业部开业，地址为北京市朝阳区太阳宫火星园8号楼。

2月19日，宏信证券有限责任公司北京雅宝路证券营业部开业，地址为北京市朝阳区朝外雅宝路12号3层207室。

2月28日，齐鲁证券有限责任公司北京方庄南路证券营业部开业，地址为北京市丰台区方庄南路9号院7号楼谱田大厦410室。

3月3日，联讯证券有限责任公司北京房山证券营业部开业，地址为北京市房山区良乡地区西潞东里甲1号楼2层。

3月4日，齐鲁证券有限责任公司北京建国门外大街证券营业部开业，地址为北京市朝阳区建国门外大街22号赛特大厦6层610室。

3月6日，齐鲁证券有限责任公司北京高粱斜街证券营业部开业，地址为北京市海淀区高粱桥斜街59号院2号楼3层2-310室。

3月11日，国都证券有限责任公司北京朝阳路证券营业部开业，地址为北京市朝阳区八里庄西里97号楼1506号。

3月25日，华安证券股份有限公司北京西三环北路证券营业部开业，地址为北京市海淀区西三环北路72号世纪经贸大厦B座1800室。

4月22日，天风证券股份有限公司北京佟麟阁路证券营业部开业，地址为北京市西城区佟麟阁路36号。

日信证券有限责任公司北京北辰东路证券营业部开业，地址为北京市朝阳区北辰东路8号12号楼2层2号。

国泰君安证券股份有限公司北京建国

路证券营业部开业，地址为北京市朝阳区建国路93号院5号楼119室。

国泰君安证券股份有限公司北京中关村大街证券营业部开业，地址为北京市海淀区海淀北二街8号1层107室。

4月23日，国泰君安证券股份有限公司北京金桐西路证券营业部开业，地址为北京市朝阳区金桐西路12号1层。

5月6日，招商证券股份有限公司北京北苑路证券营业部开业，地址为北京市朝阳区北苑路甲13号院2号楼01层101内105B。

5月30日，招商证券股份有限公司北京上地农大南路证券营业部开业，地址为北京市海淀区农大南路1号院2号楼5层办公B－522室。

招商证券股份有限公司北京方庄路证券营业部开业，地址为北京市丰台区紫芳园四区2号楼。

6月18日，中国国际金融有限公司北京科学院南路证券营业部开业，地址为北京市海淀区科学院南路2号A座6层608室。

6月23日，齐鲁证券有限责任公司北京安慧里证券营业部开业，地址为北京市朝阳区安慧里四区15号楼5层519室及1层大厅。

6月26日，国泰君安证券股份有限公司北京朝内大街证券营业部开业，地址为北京市东城区南竹杠胡同2号银河搜候中心2层。

7月8日，华鑫证券有限责任公司北京清河证券营业部开业，地址为北京市海淀区清河嘉园东区1号楼1层107室。

7月13日，安信证券股份有限公司北京阜荣街证券营业部开业，地址为北京市朝阳区望京园601号楼9层1009室。

安信证券股份有限公司北京建国门外大街证券营业部开业，地址为北京市朝阳区建国门外大街乙24号1层N1010。

安信证券股份有限公司北京小武基北路证券营业部开业，地址为北京市朝阳区南磨房乡小武基北路维吉奥广场商业街N1－F2－06。

安信证券股份有限公司北京青塔西路证券营业部开业，地址为北京市丰台区青塔西路52号院10号楼。

安信证券股份有限公司北京朝阳路证券营业部开业，地址为北京市朝阳区朝阳路71号锐城国际大厦2层229室。

7月31日，新时代证券有限责任公司北京管庄路证券营业部开业，地址为北京市朝阳区鑫兆佳园15号楼3层。

8月6日，招商证券股份有限公司北京东三环北路证券营业部开业，地址为北京市朝阳区东三环北路19号楼2层201室。

8月11日，恒泰证券股份有限公司北京金融大街证券营业部开业，地址为北京市西城区金融大街33号C座5层。

恒泰证券股份有限公司北京西四环北路证券营业部开业，地址为北京市海淀区西四环北路160号1层一区109室。

10月30日，华西证券股份有限公司北京彰化路证券营业部开业，地址为北京市海淀区彰化路5号楼1层。

11月5日，江海证券有限公司北京慧忠里证券营业部开业，地址为北京市朝阳区慧忠里103号洛克中心B座707室。

11月13日，华融证券股份有限公司北京文慧园证券营业部开业，地址为北京市海淀区文慧园北路9号今典花园9号楼1层北侧。

华融证券股份有限公司朝外大街证券

营业部开业，地址为北京市朝阳区天福园8号楼底商。

2. 主要人事变更情况

1月6日，徐哲任瑞银证券有限责任公司董事，范磊任瑞信方正证券有限责任公司合规总监。

1月24日，袁立任国开证券有限责任公司董事长。

1月26日，万勇任新时代证券有限责任公司副总经理。

2月10日，石军任中国国际金融有限公司董事。

2月17日，徐国强任华融证券股份有限公司监事。

3月14日，邹迎光、黄凌、刘乃生、王广学、张昕帆任中信建投证券股份有限公司经营决策会议成员。

3月25日，徐欣任华融证券股份有限公司副总经理，邓强任信达证券股份有限公司副总经理。

3月31日，彭朗辉任信达证券股份有限公司董事。

4月15日，冉红艳任瑞银证券有限责任公司独立董事。

4月28日，白重恩任华融证券股份有限公司独立董事。

5月4日，顾建飞、白国红任华融证券股份有限公司董事。

5月12日，令强华任华融证券股份有限公司董事，邓中科任华融证券股份有限公司监事，王惠任新时代证券有限责任公司副总经理。

5月21日，辛洁任中国国际金融有限公司财务总监。

5月29日，单蔚良任中国民族证券有限责任公司副总经理。

6月4日，楚刚任中国国际金融有限公司运营副总监，杜向杰任华融证券股份有限公司副总经理。

6月9日，吕建东任一创摩根证券公司的首席运营官。

6月11日，樊平任华融证券股份有限公司副总经理。

6月16日，刘国升任民生证券股份有限公司监事，李畅任华林证券有限责任公司监事。

6月19日，周忠惠任中信建投证券股份有限公司独立董事。

6月27日，蒲冰任民生证券股份有限公司监事。

7月11日，韩晓生任民生证券股份有限公司董事。

7月15日，陶耀辉任瑞银证券有限责任公司董事。

7月31日，庄奇任一创摩根证券公司的合规总监。

8月4日，李铁生任中信建投证券股份有限公司经营决策会议成员。

8月28日，杜斌任东兴证券股份有限公司监事。

9月15日，朱寒松任高盛高华证券有限责任公司副总经理。

9月19日，赵洁任瑞银证券有限责任公司财务负责人。

9月29日，林立任华林证券有限责任公司董事长，徐黄迪航任瑞银证券有限责任公司董事。

10月16日，陈晴任信达证券股份有限公司经营决策会议成员。

10月27日，黄康林任中国国际金融有限公司首席风险官。

10月30日，秦皓任新时代证券有限责任公司经营决策会议成员。

11月5日，金同水任民生证券股份

有限公司董事。

12 月 2 日，孙祁祥任国开证券有限责任公司独立董事。

12 月 16 日，王国君任新时代证券有限责任公司独立董事。

12 月 22 日，汪民生任瑞信方正证券有限责任公司总经理。

12 月 28 日，郑葳任一创摩根证券公司的首席风险官。

12 月 31 日，梁斌任一创摩根证券公司的监事。

二、存在的问题和风险

（一）辖区证券公司资本实力不够强大，资金面普遍较紧

2014 年末，北京辖区 19 家公司总资产仅占全行业 120 余家公司的 7%，净资本排名前五名的没有北京辖区的公司，前十名中只有一家公司。由于“参一控一”、股权结构及历史遗留问题等影响，辖区仅有银河证券发行了 H 股，东兴证券 A 股上市，在个体资本实力上与国内第一梯队证券公司尚有差距。

（二）辖区证券公司创新力度不够充足，首发创新项目不多

从辖区公司情况看，在小额股票质押回购、限制性股票融资等融资类创新，信用风险缓释工具、股票期权交易试点，与微信平台、门户网站、社区服务终端合作从事开户和产品销售等创新试点等业务中，辖区公司除个别公司在个别项目中走在全国前列之外，大部分公司在产品、业务和组织结构创新等方面处于“跟跑”状态。创新动力不是很足、创新方法也不是很多、创新产品规模不是很大，在一定程度上阻碍了辖区公司跨越式发展。

（三）辖区证券公司内部管理能力不够扎实，违规及风险事件陆续发生

主要表现为：一是部分公司在公司治理等基本架构上不健全、不符合法规要求。二是辖区公司的各地分支机构及辖外公司在京分支机构的员工越权违规操作、外部营销人员私自代客理财、客户异常交易等情况时有发生，监管部门信访投诉及 12386 热线一直处于高负荷状态，因分支机构管理被监管机构多次下发警示函或监管函。三是投行和私募债承销业务引发多起风险事件。2014 年末，辖区公司多个投行项目受到社会媒体质疑，辖区公司承销的公司债出现违约风险并进行了处置，个别公司承销的中小企业私募债项目多次出现违约风险。四是辖区公司的合规和风险管理力量普遍不够强，人员数量及员工素质跟业务的快速发展不匹配。

（四）辖区证券公司信息系统超前建设和安全管理的意识不够紧迫，滞后与故障现象并存

辖区证券公司目前对信息系统建设和运维的重视程度不够、人力不够、投入不够，具体表现为：一是超前规划能力不足，公司总部的信息系统主要满足于现有的证券交易，与互联网和信息技术类公司的合作不够；二是自主研发能力薄弱，各种技术系统和模块均是向开发商购买，产品同质化现象非常严重，受技术开发商掣肘现象明显；三是信息系统安全运维能力不够。2014 年，辖区公司多次出现系统故障事件，有公司因此而被采取监管措施。

（五）辖区合资证券公司发展路径和内部管理不够明晰，普遍面临发展瓶颈

辖区 6 家有合资券商，属于我国证券公司对外开放的重要桥头堡和试验场。经过多年的发展，各家合资券商普遍感受到对外开放体制现状所带来的问题。有的合

资券商中外方股东存在一定分歧，影响业务整体发展；有的合资券商经营管理受制于境外股东，独立性不够，战略不明，发展速度上不来；有的券商限于单独牌照，人才优势、经营管理能力和综合经营能力的优势发挥不出来。合资券商经过多年发展，尚存在普遍的水土不服现象，经营战略和发展规划比较模糊，公司规模和利润往往做不大，对国内证券行业技术引进和产品创新的带动效应不强，各方在做大做强合资券商的问题上往往有所顾虑和分歧。

三、监管工作情况

（一）放松管制，依法行政，减少微观干预

一是积极落实证监会简政放权的根本要求。结合最新法规，及时向辖区机构公示行政审批转事后备案事项的监管要求，指导证券机构严格履行备案义务。二是依法行政确保审核工作履职尽责。严格遵循审核制度及程序，统一审核标准及尺度，坚持全过程公开。全年共核准行政审批事项71件。

（二）加强现场检查、非现场检查，实施严谨、高效的日常监管

一是以风险为导向有针对性开展现场检查。完成对辖区公司全面资产管理业务、港股通业务准备情况的现场检查；配合证监会专项直检工作；对涉及证券经营机构违法违规线索的投诉事项每件必查。二是多渠道强化非现场监管职责。通过优化备案审阅工作流程、年报信息披露审核、月度经营数据分析、合规总监季度报告、编制持续监管记录，全面了解公司经营及风险状况，健全监管档案，提高非现场监管的分析和风险预判能力。三是加强对风险事项的应急处置。对辖区公司债券违约事件、信息系统事故等重大风险事件，启动应急机制，履行报告义务，排查风险隐患，督促公司平稳解决风险事件。

（三）倡导合规诚信，多举措构建分支机构监管体系

以分支机构负责人为抓手，以营业部分类评价为手段，积极探索将监管要求和监管标准公示化的透明监管模式，结合现场检查和集中培训，力求通过透明化的监管来引导辖区营业部自查自纠、自我完善，以此提升辖区营业部的自我规范合规和自我诚实守信的意识。

（四）丰富监管手段，形成共赢、开放、互动的监管格局

一是发布监管通报，以风险为导向的信息共享机制。坚持“个案跟进、风险研判、重点督导、及时报告”的原则，以风险为导向，由点及面，对风险业务的重点环节和关键流程进行梳理，向辖区公司情况通报、风险提示、部署监管措施、重申监管要求，有效降低和防范由个案风险持续蔓延、扩大引发的区域性风险。二是优势互补，完善派出机构监管合作机制。本着“加强联系，相互协作，信息共享”的原则，与深圳、广东证监局建立监管合作，初步实现整合资源、经验交流、信息共通，检查互帮机制。

（五）发挥行业自律，创建机构创新发展、合规经营的新平台

积极指导协会搭建会员沟通和交流平台，在原有的合规总监、资产管理、经纪业务专业委员会的基础上又成立了营业部自律规范委员会，为会员单位的业务人员提供交流学习的空间，对促进辖区证券经营机构的创新合规发展、维护公平和谐的竞争环境、增强自我规范、自我诚信、合规守法意识起到了积极作用。

（六）以研究促监管，发挥派出机构一线监管的前沿作用

一是开展证券公司流动性风险管理研究。联合德勤会计师事务所、中央财经大学、证券公司成立课题组，从流动性风险识别、计量、处理、报告等方面展开研究，为提升行业整体流动性管理水平提供业务指南及最佳实践。二是以风险为导向进行专项调研。及时总结行业及辖区机构监管的新情况、新问题，提出应对建议及措施，为证监会机构部的行业宏观监管提供政策依据，发挥一线监管的前沿作用。三是对行业发展的前瞻性问题提供政策建议。结合辖区证券机构经纪业务发展和转型的现状，提出经纪业务转型的政策建议，完成了经纪业务转型发展的调研报告；对辖区合资证券公司业务开展情况进行了专项调研和思考，完成了证券公司对外开放的专项调研报告。

（张琼）

▲基金管理公司

一、基本情况和重大变更事项

2014 年末，北京辖区共有基金管理公司 23 家（北京注册 19 家），专户子公司 15 家，分公司 52 家，基金理财中心 13 家，基金代销机构 77 家（其中商业银行 26 家、外资银行 9 家、证券公司 14 家、投资咨询机构 3 家、期货公司 1 家、保险公司 2 家、独立销售机构 21 家、独立销售机构北京分公司 1 家）。年内共新设 3 家基金管理公司、3 家分公司、11 家基金代销机构。

辖区有 5 家公司具有社保业务资格，4 家公司具有企业年金业务资格，23 家公司具有专户业务资格，7 家公司具有 QDII 业务资格。共有 4 家公司拥有全牌照业务资格，15 家公司成立了专户子公司。辖区有 11 家合资基金公司（北京注册 8 家），5 家公司在香港设立子公司，并已获得资产管理等业务牌照，其中华夏、嘉实、工银瑞信香港子公司已发行多款 RQFII 产品。

2014 年末，北京地区共有基金从业人员 3 454 人，其中基金经理 259 名。全年共发生基金经理任职 222 人次，离职 110 人次，人员变动较大。

2014 年末，辖区基金管理公司共管理基金 410 只，占全国的 21.61%；基金净值 12 903.84 亿元，占全国的 28.31%；基金份额 11 495.30 亿份，占全国的 27.17%。在基金行业规模排名中，辖区有 4 家基金管理公司居前 10 名，华夏基金管理有限公司、嘉实基金管理有限公司、工银瑞信基金管理有限公司、建信基金管理有限责任公司分别列第二名、第三名、第四名和第九名。

2014 年末，辖区共有 1 052 家注册地在北京的私募基金管理人完成了登记备案，管理产品 1 210 只，管理规模 2 901 亿元人民币，相关从业人员超过 2 万人。

二、存在的问题和风险

（一）人才短缺，难以支持基金行业的迅速发展

随着资产管理行业门槛的进一步降低，对于基金行业专业人才的需求缺口进一步增大。一方面，新公司不断成立，需要大量的专业人才支撑公司的业务发展；另一方面，证券公司、阳光私募、保险公司等强势进军资产管理行业，基金管理公司核心人才的职业选择更广，加剧了人才的流失。在多种因素的影响下，基金管理公司普遍存在人才短缺的情况，对公司和行业的持续健康发展形成了制约。

（二）大财富管理格局下，类似的产品面临不同的监管标准

大资管时代开启，各类资产管理产品层出不穷。相比于公募基金，银行理财、信托产品对于投资标的、投资比例以及宣传推介的限制更为宽松，使其得以通过多样化的投资获得较高的收益，同时凭借其对于预期收益率的宣传和隐性的刚性兑付约定，获得了越来越多投资者的青睐。与它们相比，公募基金在大财富管理格局下并不具备明显优势和强大的竞争力。

（三）行业发展外部竞争加剧，基金管理公司在夹缝中求生存

新基金法下，证券公司、保险公司、阳光私募均纷纷进军公募资产管理行业，在产品供给、人才竞争等各个方面对传统的基金管理公司造成巨大的冲击。在基金销售方面，基金管理公司受限于银行渠道的问题依旧突出。与此同时，互联网公司异军突起，余额宝等一系列产品的强势扩张支撑了互联网公司在基金销售方面的主导地位，基金管理公司在与互联网公司的合作关系层面话语权较弱。

三、监管工作情况

（一）加强检查与查处，严厉打击各类违法违规行为

按照“放松管制、加强监管”的总体思路，北京证监局将日常监管工作重心逐渐从重事前控制向重监督检查、事后查处转变，现场检查方式从以往“大而全”转变为“专而精”，着重风险点检查，以推动辖区公司提升内控管理水平。年内，对公募类基金管理公司及其子公司进行了14次现场检查，出具监管措施责令整改5次、警示函2次、监管提示函5次。

（二）梳理排查潜在风险，提升内控管理水平

结合日常监管中辖区各公司发展现状，北京证监局从“三条底线”、公司治理、内幕交易防控、信息技术、投资者保护等多角度出发，重点检查相关公司在内控管理上的缺陷及风险隐患，使专项检查更具针对性和深入性。针对检查发现的问题，对一家内控严重缺失的公司采取责令整改的行政监管措施；对一家公司治理存在缺陷的公司进行了意见反馈并要求其及时整改。

（三）开展从业人员违规炒股专项治理行动，防范“老鼠仓”

北京证监局组织召开辖区基金管理公司投资管理人员行为规范培训会，近500名从业人员参加了培训。会上介绍了基金行业典型的背信行为对行业声誉的负面影响、监管部门对行业违规背信行为的打击态势、交易所数据监察体系特别是内幕交易防控体系的强大分析监控功能，从意识源头加强辖区从业人员合规理念，并督促其以实际行动维护基金行业声誉和形象。

（四）集中力量，督导基金子公司堵漏纠偏

辖区基金子公司管理规模增长态势迅猛，且风险较高的通道业务占比较大。北京证监局对6家业务量较大、风险较集中的基金子公司开展专项检查，督促其业务合规有序发展。

（五）缜密部署，完成私募基金现场核查工作

北京证监局克服人员少、任务重等多重困难，对辖区相关私募机构进行了一系列的现场检查或暗访核查。针对公司登记备案、合格投资者、投资运作、宣传推介等方面不规范的情况，下达了责令改正的行政监管措施，以督促其尽快完成整改。

（六）以信访投诉为突破口，维护好

中小投资者利益

一是严格按照工作程序及时受理、认真调查、充分沟通、按时答复，充分做好对投诉人的安抚和疏导工作，避免涉诉风险及涉稳事件。二是以暴露出来的信访投诉为突破口，针对薄弱环节和突出问题强化监管，加强源头预防，避免其犯原则性错误、重复性错误，出现无法承受的风险。

（七）做好常规及专项投保工作，切实保护投资者权益

一是通过制订基金监管2014年投资者保护工作计划，明确全年工作重点，结合新基金法的实施和基金监管工作的特点，根据辖区基金管理公司和代销机构投诉处理的现状，有针对性地开展一系列专项投资者保护工作。二是向辖区基金管理公司和代销机构下发投保工作通知，传达国务院办公厅《关于进一步加强资本市场中小投资者合法权益保护工作的意见》，要求公司加强学习，积极开展各项投资者保护工作。三是按月统计投保工作信息表和集中答复信息表。

（王微　李琳琳）

▲期货公司

一、基本情况和重大变更事项

（一）基本情况

一是机构数量保持平稳，整合加快，资本实力增强。2014年，辖区新增5家营业部，终止3家营业部，已开业营业部达到92家；1家期货公司被其他辖区期货公司并购重组，辖区公司数量减少1家。辖区公司资产总额613.24亿元，同比增长30.64%；净资本83.77亿元，同比增长6.3%，抗风险能力进一步提高。

二是投资者群体扩大，机构投资者比例进一步提升。2014年，辖区投资者数量44.96万人，比上年增长25.24%，其中机构客户1.67万人，比上年增长19%。

三是交易规模增加，盈利水平持续提升。2014年末，辖区期货公司客户保证金483.70亿元，同比增长36.43%，占全行业的18%；利润总额7.38亿元，同比增长15.8%。全年代理交易量7.35亿手、代理交易额81万亿元，同比分别增长13.95%、10.96%。

四是公司合规运作，业务多元化发展。2014年，辖区共有17家公司具有投资咨询业务资格，收入1 068万元；有9家公司具有资产管理业务资格，管理资产规模8.17亿元，收入784.46万元。6家公司成立风险管理子公司。在2014年证监会期货公司分类评价中，北京共有A类AA级公司5家（全国19家），A类A级公司5家（全国26家），B类公司8家，C类公司3家。

（二）重大变更事项

2014年，经易期货经纪有限公司被五矿期货有限公司吸收合并，辖区期货公司数量减少1家。

二、金融产品创新和金融服务

2014年末，辖区共有6家期货公司成立了风险管理子公司，主要从事期现结合的风险管理业务，包括仓单服务、合作套保、定价服务以及基差交易等。年内，辖区6家风险管理子公司为实体企业仓单服务合同金额70亿元，个别风险管理子公司尝试开展场外衍生品业务。

三、存在的问题

一是期货公司金融属性不强，业务单一，规模较小，盈利能力较弱，人才匮乏。

二是期货资产管理业务以及期货风险管理子公司等创新业务处于起步阶段，资管一对多业务于年底推出，短期无法形成有效的业务收入，难以满足市场需求，服务实体经济的功能有待进一步发挥。

三是随着金融混业趋势的不断加强，期货公司在激烈的市场竞争中处于弱势地位，发展受限。

四、监管工作情况

（一）切实推进简政放权，精简行政审批等事前审批事项

北京证监局严格落实并积极配合关于取消和下放行政许可的要求，取消5项行政许可审批事项，3项备案及考试或验收事项，清理废止7项监管规范性文件；及时修订、公示20余项工作流程和申报要求，公示审批进度，增加行政许可的规范化和透明化。

（二）着力强化事中事后监管，提升监管效能

一是加大现场检查力度，改进现场检查方法，提升现场检查效能。加大现场检查力度，全年累计投入检查力量近百人次，检查期货公司16家次，检查覆盖面过半；检查期货营业部22家次，检查重点覆盖期货营业部的全部关键业务环节。

二是梳理非现场监管工作，调整修订工作规程，提高监管的有效性和针对性。适应监管转型的新形势，探索落实非现场检查的有效手段，全年梳理非现场监管工作事项25项，调整修订工作规程，制定《非现场检查工作月度汇总表》。充分利用期货公司分类评价指导监管实践。认真开展“两金”的非现场监管工作，逐月审核“两金”数据的准确性和真实性，及时处理保证金监控中心预警。认真部署期货公司年报审计工作，召开年审会计师座谈会，明确审计工作要求，细化工作步骤，提出审计工作重点，确保年报审计工作质量。

三是借力协同监管机制，营造期货市场良性竞争环境。落实证监会《关于做好商品现货市场非法期货交易活动认定有关工作的通知》的要求，做好非法期货交易活动认定工作。主动向证监会打非局、期货部汇报工作开展情况，多次与市工商局、人行营业管理部就打非工作进行沟通、交换意见。全年共接到5起地方公安、工商等部门的商品现货市场非法期货交易活动认定请求，并出具认定意见。

四是以信访工作为切入点，加大对违法违规行为的查处力度。全年共办理12起投诉、4起举报和27起“12386”热线信访事项，对问题较为突出的3家机构，下发《监管提示函》，对4名从业人员、1家机构采取下发《警示函》的监管措施。编发《监管动态》，分析和通报信访投诉涉及的热点和共性问题，以点带面提高辖区投资者保护水平。

（三）指导期货商会培养和建立自我监督、自我完善的行业自律监管机制

一是指导、推动北京期货商会构建诚信体系。二是出台措施，加强手续费自律公约的执行力度，营造良性、公平竞争环境。三是协调处理投资者诉求，保护投资者合法权益。四是围绕服务实体经济这一主题，组织形式多样的宣传、交流、推广平台，积极扩大期货业的影响力。五是积极推动期货行业人才储备建设。六是联合浙江期货业协会举办“北京浙江期货公司首席风险官座谈会”，加强两地首席风险官工作经验交流，促进辖区期货机构风险管控能力的提高。七是指导商会举办首届中国大宗商品衍生品交易与风险管理论

坛，就中国大宗商品衍生品市场监管体制和方针政策、衍生品交易平台搭建、交易与风险管理、IT 系统建设等诸多问题进行充分研讨与交流。

（四）加大对创新业务的关注力度，推动辖区机构通过创新发展提升核心竞争力

一是为全面掌握辖区期货公司期权业务筹备情况，了解筹备过程中遇到的困难和问题，北京证监局就有关问题进行了摸底调查。二是积极指导和鼓励期货公司参与创新发展，要求各公司要抓住机遇，结合实际，及早做好战略定位和布局。三是组织召开北京辖区期货公司创新发展座谈会。

（五）积极为期货行业发展献计献策

一是积极协助做好《期货法》立法的各项配合工作。配合证监会完成《期货法》立法需求征集、相关草案征求意见工作，协助完成《期货法》立法调研工作，组织辖区公司做好全国人大财经委在北京辖区召开的《期货法》立法工作调研，鼓励辖区公司从期货市场经营主体的角度提出立法建议等。积极为《期货法》立法工作建言献策。参加证监会主席办公会、《期货法》立法专题会议，就《期货法》（草案）的调整范围、体例结构、市场建设、行业发展等方面提出建设性意见，其中多项意见建议已被有关部门吸收采纳。

二是积极开展市场调研，深入期货公司、境外持证企业，就期货公司的资产管理、子公司业务、风险管理、信息技术以及持证企业的交易运作、风控系统等展开专题调研，完成《我国场外衍生品市场建设的思考》、《监管转型下期货经营机构非现场监管和监管模式探究》两篇调研课题，为期货行业发展建言献策。

三是认真完成《关于进一步推进期货经营机构创新发展的意见》、《境外交易者参与境内期货交易》等多项办法或草案的意见反馈工作，多项意见建议被采纳。

（谢兆辉）

▲证券投资咨询公司

一、基本情况

2014 年末，北京辖区共有 18 家证券投资咨询机构，3 家异地公司在京分公司。辖区证券投资咨询公司总资产 10.29 亿元，净资产 4.8 亿元，营业收入 5.48 亿元，合计盈利 0.31 亿元①。

二、主要问题与风险

一是投资咨询机构营销人员流动比较频繁，加之目前暂无备案或注册管理，监管机关缺乏有效抓手，对于人员的道德风险和执业行为难以实行有效管理。

二是辖区投资咨询机构客户以散户为主，多数为中小投资者，但机构在投资者教育及适当性管理等方面不足，易引发纠纷。

三、监管工作情况

2014 年，北京证监局在坚持依法行政的前提下，根据辖区证券投资咨询机构的行业现状与特点，积极研究和探索投资咨询机构监管的新思路、新办法，形成了一系列富有成效的经验与做法，在多措并举遏制“荐股软件”泛滥取得良好成效的基础上，有序开展监管工作。

一是顺利完成了投资咨询机构 2014 年年检工作。

---

① 数据来源：CISP 系统。

二是积极调研，及时发现重大风险隐患。完成《关于证券投资咨询公司分支机构监管相关情况的调研报告》、《加强投资咨询公司监管　防范现货交易风险蔓延》2 份信息专报上报证监会；开展了《证券投资咨询机构存在的主要问题、成因与对策——以辖区证券投资咨询机构为分析样本》课题研究。

三是针对问题较多的北京东方高圣投资顾问有限公司、黑龙江容维投资顾问有限公司北京分公司下发监管措施，消除了问题隐患。对公安部督办的骆利琴等人投诉“金融界”事宜与公安部、市公安局进行有效沟通，依法妥善处理了骆利琴等人的群访、重复访案件。

四是积极支持投资咨询机构转型发展。指导辖区投资咨询公司通过开展基金代销、与券商开户合作等方式赢取阳光、合法利润。

（张琼）

保险业发展与监管

▲财产保险公司

一、基本情况

2014 年末，北京地区在京经营财产保险业务的主体 42 家①。全年累计实现原保险保费收入 329 亿元，同比增长 10.3%，增幅提高 1.9 个百分点；赔款支出 190.1 亿元，同比增长 11.9%；实现承保利润 4.4 亿元，同比下降 34.2%。资产总额 415 亿元，较年初增长 38.2%。所有者权益总额 104 亿元，较年初增长 183.5%。

1. 车险业务增速放缓。受北京地区机动车限购政策持续实施制约，可保机动车总量增长受限，增速持续放缓。2014 年，北京地区车险累计实现保费收入 224.1 亿元，占总保费的 68.1%，同比增长 9.1%，较 2013 年、2012 年分别下降 3.1 个和 6.1 个百分点。

2. 非车险业务平稳增长。2014 年，非车险业务实现保费收入 105 亿元，同比增长 13%，占总保费的 31.9%，同比提高 0.8 个百分点。受“新国十条”下发后政府和公众更加重视保险功能的影响，与国计民生密切相关的责任险、信用险、健康险等都实现快速增长，增速分别为 25.6%、63% 和 60.9%。而工程险和货运险则因国家基础设施投资放缓、国际原油价格下跌等因素影响，增速分别降至为 8% 和 –5.4%。

3. 产险公司市场集中度提高。近几年，中国人民财产保险公司北京市分公司、中国太平洋财产保险公司北京分公司、中国平安财产保险公司北京分公司的市场占有率持续上升。2014 年，这三家公司合计实现保费收入 233.2 亿元，占市场总量的 70.9%，较 2013 年、2012 年分别提高 1.2 个和 2.4 个百分点；实现承保利润 8.4 亿元。

① 包括 38 家分公司、4 家在京直接经营业务的总公司。

二、金融产品创新和金融服务

（一）服务“三农”发展

2014年，北京地区经营政策性农业保险的保险公司共7家；统颁险种从最初的12类扩展至23类，保险标的范围不断扩大、保险责任逐步扩展，基本实现了可保自然风险的全覆盖。全年累计实现保费收入4.5亿元，参保农户12.5万户次，提供风险保障236.4亿元。累计赔付支出4.9亿元，受益农户13.1万户次。

（二）支持中小微企业发展

中小企业知识产权质押贷款保证保险、小额贷款保证保险平稳实施，发挥保险增信作用，支持中小企业融资1 950万元。中国平安财产保险公司北京分公司推出消费信贷保险，服务普通消费者的贷款需求，全年累计承保6 898个客户共计28.5亿元贷款的风险。

（三）辅助社会管理创新

安全生产责任保险试点工作顺利起步，烟花爆竹、餐饮等领域已有出单。医疗责任保险持续发展，全年实现保费收入1亿元，承保医院869家次，覆盖风险7.6亿元。西城区、海淀区等7个区县投保了政府公众责任保险，累计承担风险金额约1.54亿元。道路承运人责任保险、养老机构责任保险、地铁轨道责任保险等责任保险有序开展。

三、存在的问题和风险

（一）经营成本持续攀升

全年手续费支出48.1亿元，同比增长12.4%，手续费率14.6%，同比提高0.27个百分点。赔款支出190.1亿元，同比增长11.9%，其中商车险受配件价格、人伤医疗费用上涨影响，案均赔款4 371.9元，同比提高6.9%。业务及管理费44.7亿元，同比增长10%。

（二）服务水平有待提高

2014年，全行业车险投诉率0.55‰，同比增长0.15‰，35家车险经营主体中有25家投诉率攀升。部分中小公司由于人力不足、管理不健全，业务量与服务能力不匹配，导致投诉率居高。此外，未决赔案件数清理率排名落后，清理力度有待提高。

四、监管工作情况

（一）稳步推进车险管理创新改革

一是积极推动北京地区车险电子保单试点。2014年12月，中国平安财产保险公司北京分公司等6家公司首批通过试点验收，可提供商业车险电子保单，为投保人提供了更加便捷的车险服务。二是中国保险监督管理委员会北京监管局（以下简称北京保监局）指导行业协会研究完善北京地区商业车险费率浮动方案，完善无赔款优待系数，逐步与严重交通违章挂钩，探索引入车型系数、随人因素、创新因子等费率浮动系数，择机逐步推出，促进车险市场公平发展。

（二）持续提升车险理赔服务质量

一是推动行业协会制定《北京保险行业车险理赔服务承诺》，提出人伤跟踪、小额快赔、代位求偿等10项服务承诺，明确全行业基本理赔服务标准。二是完善车险理赔质量测评指标体系，改进公开披露方式，将结案周期、结案率、小额案件结案周期、服务承诺达成率、定损人员充足率、立案投诉率六项指标在北京保监局、行业协会网站同步披露，督促公司提高理赔服务质量。三是会同市交管局积极推进交通事故快处快赔信息系统，指导行业综合运用移动互联网技术、道路交通监控设施等手段，实现交通事故快速处理和保险快速赔付，缓解因交通事故造成的首都道路拥堵。

（三）推动保险业服务中小微企业发展

一是与中关村管委会等有关部门联合出台《中关村国家自主创新示范区小额贷款保证保险试点办法》，鼓励保险公司和银行合作开展面向中关村小微企业的小额贷款保证保险业务。二是推动中小企业知识产权质押贷款保证保险共保、海淀区中小企业贷款履约保证保险等试点工作的开展。

（李响）

▲人寿保险公司

一、基本情况

（一）市场发展态势平稳，保费规模快速增长

2014 年末，在京经营业务的人身险市场主体共 58 家，其中分公司 52 家，直接经营业务的总公司 6 家。按类型分，寿险公司 49 家，健康险公司 4 家，养老险公司 5 家。全年累计实现保费收入 878.2 亿元，同比增长 26.2%，保费规模全国排名第 3 位，其中新单保费 492.2 亿元，同比增长 41.6%；累计标准保费 192.3 亿元，同比增长 20.7%。年末寿险责任准备金 3 270.2 亿元，同比增长 15.0%；长期健康险责任准备金 326.3 亿元，同比增长 18.9%。

（二）市场结构逐步优化，业务发展日趋多元

从市场结构看，整体呈现逐步优化趋势，寿险业逐渐回归保障，内涵价值进一步提升。

一是寿险业务大幅增长。2014 年，寿险业务实现保费收入 708.7 亿元，增速 24.2%，同比上升 21.2 个百分点。其中，普通寿险同比增长 365.5%，占比 34.8%，同比上升 25.5 个百分点。寿险业务新单保费 368.3 亿元，同比增长 40.3%；续期保费 340.4 亿元，同比增长 10.4%。

二是新单业务结构呈现好转趋势。2014 年，寿险业务新单期交率 23.5%，低于上年 11.8 个百分点，但各月环比呈现上升趋势。从新单折标率来看，与新单期交变化一致，2014 年新单折标率 39.1%，较上年下降 6.7 个百分点，各月环比也呈现上升趋势。

三是渠道结构进一步调整。2014 年，公司银保渠道保费收入同比小幅增长，全年实现保费收入 396.1 亿元，增幅 6.4 个百分点，占比 45.1%；公司直销渠道保费收入 144 亿元，同比增长 17.5%，占比 16.4%。

四是市场集中度有所回升。2014 年末，北京市场保费规模前五位的保险公司实现保费收入 479.5 亿元，占比 54.6%，同比上升 1.2 个百分点，北京寿险市场集中度小幅回调。

二、保险产品创新和保险服务

（一）保险产品创新情况

1. 意外保险方面。中国人寿保险公司北京市分公司为北京市老年人推出定制人身意外伤害保险产品。全年，共受理理赔申请 1 583 件，给付赔款 382.99 万元。其中，意外身故和残疾理赔 4 件，赔付金额 30 万元；意外伤害医疗理赔 1 579 件，赔付金额 352.99 万元。

2. 失独家庭保障方面。中国人寿保险公司北京市分公司与市计生协合作开展的“暖心计划”，为北京市失独家庭父母提供养老、疾病身故、意外伤残、意外身故、意外伤害医疗和女性重疾等多重保障。2014 年，市级财政出资 2 757 万元，

为全市所有失独家庭投保“暖心计划”，涉及5 200户失独家庭，总人数9 888人，风险保额累计超过9亿元。

3. 小额保险方面。中国人寿保险公司北京市分公司分别与房山、平谷、昌平、通州四个区政府签署合作协议，根据各区具体需求，为低保和低收入人群承担意外身故残疾、意外医疗和交通工具意外等保障责任，收取保费每人每年60元至100元，最高保额15万元。

4. 住房反向抵押养老保险方面。2014年，保监会发布《关于开展老年人住房反向抵押养老保险试点的指导意见》，北京、上海、广州、武汉为试点城市，试点期为两年，自2014年7月1日起正式实施。老年人住房反向抵押养老保险，是一种将住房抵押与终身年金相结合的创新型商业养老保险业务，即拥有房屋完全产权的老年人，将其房屋抵押给保险公司，继续拥有房屋居住权，并按照约定条件领取养老金直至身故；老年人身故后，保险公司获得抵押房屋处置权，处置所得将优先用于偿付养老保险相关费用。

（二）保险服务方面

一是推进新农合“共保联办”项目覆盖面。2014年，“共保联办”模式成功复制到怀柔、大兴和顺义三个区，已覆盖北京市新农合参保人群的51%，在降低群众医疗负担、节约政府行政成本、减少基金不当支出和提升商业保险可持续服务能力等方面成效明显，得到政府和参合人群的广泛认可。

二是稳步推进大病保险业务规范发展。2014年，《北京市城乡居民大病保险试行办法》正式实施，允许门头沟区、平谷区、密云县的农民大病保险由商业保险机构以“共保联办”的方式参与经办，同时要求北京市有关部门要积极探索并创造条件向商业保险机构购买大病保险，发挥商业保险机构的专业化优势，提高大病保险的运行效率、服务水平和质量。9月，中国人民健康保险公司北京分公司与平谷区政府签订合作协议，确定由商业保险公司以委托经办的方式管理平谷区大病保险业务。

三是充分发挥信息技术在保险服务创新中的推动作用。2014年末，北京人身意外伤害保险信息平台累计登记接收意外险保单信息1.53亿件，涉及被保险人1.97亿人次，保费收入74.44亿元；累计向2 010.16万人次发送投保短信提示，为14.25万人次的消费者提供了保单自助查询、在线咨询等服务。

三、存在的问题和风险

（一）退保风险与满期给付风险仍需密切关注

从退保、满期给付情况来看，2014年，北京地区退保和满期给付金额保持高位。退保和满期给付本身不存在风险，但客户对收益不满、销售误导等问题凸显，会产生集中退保、投诉纠纷等问题，行业风险防范处置将面临较大压力。

（二）外部风险传递对保险公司提出较大挑战

随着保险和实体经济、其他金融行业的相互融合的深入，各类隐性风险逐步显性化。特别是当保险公司销售人员向客户直接推介销售包括第三方理财产品在内的非保险金融产品，或者以介绍客户等方式间接从事相关销售活动时，一旦出现兑付困难，将带来较大的风险隐患。

（三）销售行为不规范的问题仍然存在

一是产品说明会误导问题易发、多

发，如承诺高收益、产品停售促销、混淆保险和其他理财产品等。二是部分银邮代理网点存在将保险产品与储蓄存款、银行理财产品混淆，私自印制宣传材料，隐瞒与合同有关的重要事项等问题。三是部分保险公司和银邮代理机构对销售人员的培训仍存在“重销售、轻教育，重技巧、轻合规”的倾向，涉及法律法规、业务知识、职业道德等培训内容相对匮乏。

四、监管工作情况

（一）坚持标本兼治，综合治理销售误导

一是出台办法，规范经营行为。北京保监局出台《北京地区人身保险经营行为管理办法》，规范人身险经营行为。二是多重措施，提高销售人员素质。北京保监局按照“控制增量，改善存量”的总体思路，研究推进销售资质分类管理工作，提高销售人员的专业化水平，完善销售人员警示信息管理系统，净化从业人员队伍。三是明示查处标准，保持高压态势。2014年，北京保监局对经查实存在“欺骗投保人”问题的4家寿险公司进行处罚，累计罚款115万元。严肃追究5名相关人员的责任，其中有2名为公司高管人员。

（二）守住风险底线，持续开展风险监测和防范化解工作

一是全面排查风险，准确摸清底数。北京保监局指导辖内人身保险公司开展了包括退保和满期给付风险排查在内的多个领域的排查工作，摸清了风险分布。二是前移风险防线，做好重点防范。北京保监局对排查中发现的风险较高的公司，及时下发风险提示函，明确风险漏洞，提出限期整改等监管要求。三是创新监管方式，以非现场监测的方式指导监管工作。北京保监局依托意外险信息平台，定期监测意外险业务的合规性，锁定问题公司，开展重点监管，实现了意外险业务现场检查与非现场监测的有效结合。

（三）立足地区实际，推动人身险业服务经济社会发展

一是加强信息化建设，提高健康险经营水平。北京保监局指导行业协会进一步优化北京健康保险信息平台功能，探索建立健康险平台数据校验机制，提高数据报送质量。二是扩面“共保联办”，提升商业保险参与社会管理能力。2014年末，商业保险公司已在6个区县开展新农合“共保联办”项目。三是开展民生项目，提升人身险服务民生水平。北京保监局指导辖内人身险公司开展了计划生育家庭保障项目、失独家庭综合保障计划、低保低收入人员小额保险、北京市老年人意外伤害保险等服务民生项目，丰富和完善了社会保障体系。

（秦琨）

▲保险中介机构

一、基本情况

（一）保险专业中介机构主体数量稳定，业务实现较快增长

2014年末，北京地区共有保险专业中介法人机构387家，同比增加2家。其中，代理机构168家（其中全国性代理38家），经纪机构171家，公估机构48家。

2014年，在京保险专业代理机构实现代理保费收入73.30亿元，同比增长33.8%；在京保险经纪机构实现经纪保费收入285.91亿元，同比增长14.33%；在京保险公估机构实现业务收入2.50亿元，同比增长19.83%。

（二）保险兼业代理机构主体数量减少，人身险业务增速较快

2014年末，北京地区共有保险兼业

代理机构7 110家，同比减少282家，其中仍以银邮类和汽车类兼业代理机构为主，数量分别为3 973家和2 084家，占比分别为55.88%和29.31%。

2014年，北京地区保险兼业代理机构实现保费收入584.65亿元，同比增长28.89%，占全市总保费收入的48.51%。其中，财产险公司通过保险兼业代理机构实现保费收入177.57亿元，同比增长4.35%，渠道占比为54.29%；人身险公司通过保险兼业代理机构实现保费收入407.09亿元，同比增长43.62%，渠道占比为46.35%。

二、存在的问题和风险

（一）经营行为不规范

保险中介机构经营管理仍较为粗放，重业务、轻合规问题依然突出。一是部分机构存在侵害保险消费者合法权益的行为，通过夸大保险产品收益或者夸大保险责任等形式误导消费者购买保险产品。二是部分保险公司与中介机构合作，存在虚构中介业务套取佣金的情形。

（二）专业性不强，内控管理薄弱

一是专业性不强。多数机构仍将主要精力放在业务拓展上，缺少对市场保险需求和风险管理的研究，专业化保险服务欠缺。二是内控管理薄弱。大部分保险专业中介机构规模较小，管理手段落后，管理制度不健全，重业务轻管理情况较为普遍。

（三）存在非法集资等潜在风险

在清理整顿摸查及现场检查中发现，北京地区个别保险中介机构涉嫌非法集资，部分中介机构或所属业务人员在从事非保险金融产品的销售过程中，金融风险交叉传递隐患突出。

三、监管工作情况

（一）以清理整顿为中心，防范风险，规范市场秩序

2014年，保险中介市场清理整顿工作开展以来，北京保监局突出问题导向，部署辖内保险公司和保险中介机构，深入开展自查。一是加大准入退出管理力度。严格准入审核，控制增量，同时加大清理注销机构的力度，对问题突出的机构进行劝退。全年共要求6家法人机构撤回34家分支机构设立申请材料，先后清理注销专兼业中介机构387家，劝退1家专业代理法人机构。二是加大检查及处罚力度。全年共对32家保险机构进行了中介业务相关检查或调查，处罚16家机构，处罚责任人员17名。

结合清理整顿工作，北京保监局在日常监管中抓好市场风险防范工作。通过加强监管基础数据的统计分析，关注指标异动，积极做好风险排查，针对排查过程中发现存在问题或风险隐患的机构，及时提出整改要求。高度重视投诉举报案件线索，及时查处某代理公司涉嫌参与非法集资的问题，停止其接受新业务，责令整改，并在全行业予以通报，有效防范了风险蔓延。

（二）以促进中介市场健康发展为中心，深入开展市场调研和制度改进工作

2014年，北京保监局开展对美国、英国、日本和中国台湾的保险中介市场和监管情况调研，通过书面、电话、面谈和越洋视频连线等方式，组织16家外资保险公司驻华代表处、中外资保险公司和中介机构座谈了解4个国家和地区的保险监管政策法规、保险中介机构的组织形态、机构准入政策和市场行为监管的各项要求，为推进保险中介监管制度的改革，简化对中介机构的准入要求，强化保险公司责任提供了宝贵的经验。

（陆昀）

其他机构发展与监管

▲小额贷款公司

一、基本情况

（一）资本规模持续扩大

2014年末，北京市小额贷款公司共批设89家，实现全市16个区县全覆盖，注册总资本金125.68亿元，从银行等机构融入资金余额13.13亿元，带动社会资金百余亿元，有力地支持了“三农”和小微企业，成为传统商业银行的有效补充。

（二）信贷规模不断增加

2014年末，北京市小额贷款公司贷款余额191.94亿元，贷款资金总额680.69亿元。贷款以保证贷款和抵押贷款为主，贷款利率严格控制在规定的利率区间。

（三）面向“三农”和小微企业的金融服务能力进一步增强

2014年末，北京市小额贷款公司贷款资金全部投向了“三农”、小微企业以及个体工商户，涉及行业包括农业、林业、交通运输业、商业饮食业、居民服务业和技术服务业等。同时，不断调整贷款金额，改进贷款形式，努力提升服务品质。为“三农”客户提供的小额贷款最低单笔借款额度为2 700元，部分小额贷款公司与贷款客户签订2万元的个人授信贷款合同，由村委会提供保证担保，在不超过授信额度下可随借随还。

（四）风险防控能力不断提高

北京市小额贷款公司均参照银行业信贷管理制度及流程，结合公司特点及区县实际，不断建立健全包括信贷管理、内部风险控制、财务稽核等在内的各项制度。全年运行稳健、经营合规，未发现虚假出资、非法集资、变相吸收公众存款、暴力收贷等现象和行为。

二、存在的问题和风险

一是部分小额贷款公司存在制度不健全或者没有按制度执行，财务核算欠规范、合同资料不全、合同管理混乱等问题，内控机制有待加强。二是部分小额贷款公司的合同内容、业务流程存在法律风险，还需进一步完善。三是小额贷款公司人员整体流动性较大，人才匮乏，人员素质参差不齐。

三、监管工作情况

（一）主动服务，优化政策环境

北京市金融工作局（以下简称北京金融局）结合银监会《小额贷款公司管理办法（征求意见稿）》，牵头启动本市《北京市小额贷款公司试点实施办法》的修订工作，研究制定小额贷款公司业务指引，体现主动服务意识。

（二）加快审批速度，提高服务效率

加强对区县金融主管部门初审指导力度，加快审批速度，提高服务效率。

（三）引导资源配置，鼓励业务创新

引导小额贷款公司立足“三农”，服务小微，筑牢服务农村市场理念，鼓励业务创新，扩大支农支小的拉动放大效应。2014年末，试点开展的信贷资产收益权转让业务累计开展18笔，规模3.28亿元。

（四）监管与内控双管齐下，加强风险防范

综合运用现场检查、非现场监管、外部审计和信息化监控等多种手段实施市区两级监管，逐步提升监督管理规范化程度，并督促小额贷款公司参照银行业信贷管理制度及流程完善内控机制。

（五）加强从业人员培训，提高行业专业素质

针对小额贷款公司高管、业务、财务等不同岗位的人员开展有针对性的培训，提高行业整体队伍的执业水平和职业能力，以能力建设促行业健康发展。

（任妍）

▲融资担保机构

一、基本情况

2014 年末，北京市获批经营许可证的融资性担保机构 130 家，全部为 5 年期。其中，法人担保机构 126 家（含再担保机构 1 家），非法人分支机构 4 家。

2014 年末，北京市融资性担保机构注册资本 553.96 亿元，总资产 761.65 亿元，净资产 601.20 亿元，融资性担保责任余额 1 901.67 亿元，融资性担保平均放大倍数 3.16 倍，融资性担保代偿率 1.44%。

二、存在的问题和风险

总体来看，北京市融资性担保行业运行稳定，规范化程度较高，但部分融资性担保机构存在备案登记手续办理不及时、部分风险监管指标不合规、违规使用非经营性资金等问题。

三、监管工作情况

（一）规范业务流程，扎实做好行政审批工作

北京市金融工作局认真分析本市融资性担保行业发展状况和趋势，结合日常监管工作中发现的问题及 2014 年行政审批工作情况，对业务申报流程、材料提交、审核要点环节进行逐条分析、归纳，规范审批流程，全年完成融资性担保机构相关监管事项发文约 145 件。

（二）完善监管制度体系，切实提高监管执行力和有效性

北京市金融工作局印发《关于加强本市融资性担保机构规范发展的指导意见》（京金融〔2014〕180 号），从强化区县监管权责、建立信息披露制度、健全机构退出机制等方面引导融资性担保机构依法合规经营；印发《北京市金融工作局关于进一步规范融资性担保机构与银行签订专项资金监管协议有关事宜的通知》，规范融资性担保机构与银行签订的专项资金监管协议，强化银行对资本金监管的责任，加大对融资性担保机构资本金的监管力度。

（三）加强对融资性担保机构的现场检查和非现场监管

年内，北京市金融工作局以市区分级、属地检查的形式对全市 130 家融资性担保机构开展现场检查。并充分运用非现场监管系统及时掌握各融资性担保机构的相关情况，有针对性地开展日常监管和现场检查，通过现场检查结果与非现场监管数据的比对，实现线上监管与线下监管的统一。

（四）启动撤销融资性担保机构经营许可证程序

为进一步防控风险，促进融资性担保行业健康发展，北京市金融工作局根据相关规定，对中海信达担保有限公司等部分已停业整顿、涉及重大违规风险事件且不接受监管等情况的融资性担保机构，启动撤销其融资性担保机构经营许可证的程序，完善退出机制，推动行业规范化。

（任妍）

四、服务与管理

货币金银管理

2014 年，北京市货币金银管理工作有序开展，北京立体库安全平稳运行，开展“人民币整洁度提升年”活动，构建反假货币体系，合理调拨发行基金，组织普通纪念币发行，有效地保障了北京市的现金供应。

一、北京立体库安全平稳运行

2014 年是北京立体库试运行的第三年，中国人民银行营业管理部（以下简称人行营业管理部）根据立体库试运行的工作情况和实际需要，修订并印发《中国人民银行营业管理部仓储管理系统管理办法（试行）》、《中国人民银行营业管理部立体库自动化物流设备管理办法（试行）》，成功处置北京立体库在运行过程中发生的硬件故障 386 个、软件故障 17 个，对新分配的备品备件归类整理、登记造册并设专人管理。全年，北京立体库试运行基本稳定，发行基金出入库正常，首都现金供应得到有效保障。

二、推进人民币收付业务

（一）开展“人民币整洁度提升年”活动

一是实施“千户定投”计划，做好包括火车站、大型连锁超市、商场、医院等场所在内共 1 076 个单位的小面额人民币供应工作。二是建立并启用 550 条小面额残损币兑换绿色通道，市民在部分银行网点的取号机中可以直接选择“残损币兑换业务”优先办理。三是各银行采取“走出去”、“请进来”相结合的方式主动回收小面额残损人民币，发挥 145 个现金服务工作联系点开展残损币回收的作用。四是指导督促银行做好硬币兑换自助服务网络运行维护工作。全年共兑换硬币 13 986笔、153.15 万元、231.9 万枚。

（二）实现全额清分

人行营业管理部通过月度报告制度、开展全额清分质量检查、加大督促力度等形式，实现全额清分的目标。截至年末，辖内 61 家银行均已报告实现全额清分。

（三）开展“现金服务贴心工程宣传月”活动

一是组织辖内银行以营业场所为主阵地，深入社区、学校等场所，通过 LED 屏幕显示、设立宣传台、举办小课堂等形式宣传现金服务知识。活动期间，北京市各银行共开展宣传活动 2 000 余次，办理残损币、零币兑换 1.7 亿元。二是利用公交站公益灯箱广告，在朝外大街、积水潭等繁华场所，设立“现金服务贴心工程宣传墙”，向市民宣传现金服务知识，受众约 60 万人次。

（四）为市民兑换特殊残损人民币

全年共办理特殊残损人民币兑换 22 笔、2 916张、21 9347 元。

三、开展反假货币工作

（一）实施“新媒体反假币工程”

一是 9 月 10 ~ 30 日，每天 8:00 至 17:00，在歌华有线电视回看栏目投放反假货币电视公益宣传广告，播放 4 种假货币识别方法。二是与中央电视台、北京电视台等新闻媒体合作，录制《教您识破假币陷阱》等多档节目，有效应对

“M3W96”开头的假货币舆情。三是设立微信公众号“北京人民币管理”，向全社会宣传反假货币知识。四是9月1～30日，在全市范围内开展“反假货币宣传月”活动。活动期间，在城市交通枢纽、集贸市场等地点的39个公交灯箱上张贴人民币防伪知识，印发《第五套人民币防伪知识宣传册》140万余册，宣传覆盖近百万人次。

（二）挂牌试点社区反假货币服务站

9月13日，举办“2014年北京市银行业反假货币主题宣传暨社区反假货币服务站授牌仪式”，全市33个社区反假货币服务站挂牌。

（三）完成冠字号码可查询工作任务

完成银行自动取款机、存取款一体机和柜台付出人民币冠字号码可查询工作，对化解假币纠纷、保护金融消费者权益起到了积极的作用。截至年末，全市12 346台自助取款机和11 629台存取款一体机，全部实现了冠字号码可查询；3 725家营业网点中，实现冠字号码可查询的有2 754家，占比73.9%。全年因假货币纠纷办理冠字号码查询业务1 456起，未发现有银行付出假货币情况。

（四）推进反假货币上岗资格证书考试制度改革

贯彻落实中国人民银行（以下简称人民银行）《关于进一步做好反假货币培训工作的通知》精神，在全市范围内测试、推广理论考试与实操考试相结合的反假货币培训考试系统，并于10月25日完成系统测试验收工作。

（五）做好假货币收缴、没收工作

2014年，全市共计收缴、没收假人民币18.60万余张、面额1 625.91万余元，与上年相比，张数和金额分别增长16.93%和11.02%。其中，来自银行系统的假人民币收缴量（包括人行营业管理部清分复点）为18.46万张、面额1 611.78万元，同比分别增长17.99%和11.62%；来自公安系统的假人民币没收量为0.14万张、面额14.11万元，同比分别下降46.24%和31.30%。

四、加强发行库及黄金进出口管理

（一）加强发行库检查

2014年，人行营业管理部组织对北京分库、中心支库共计查库12次，其中全面检查2次、突击检查4次、专项检查6次；对辖内代理发行库共计查库33次，其中全面检查29次、突击检查4次；对钞票处理中心进行2次检查，对库存拒钞实物进行抽查，抽查箱数超出要求的14倍；对23家金融机构的清分场地和业务库的环境、清分能力以及清分质量进行现场检查。

（二）完成对辖内2家代理发行库的撤库工作

根据辖内各区域经济发展、投放与回笼、发行基金调拨、各代理发行库和代理行规划等因素，对面积较小、设施配备较差、区域设置不合理的发行库予以撤销，年内撤销了延庆、丰台2家代理发行库。

（三）开展代理发行库管理人员培训

举办两期代理发行库管理人员培训班，辖内各代理发行库及部分金融机构管理人员约150人参训。

（四）完成黄金进出口审批及代人民银行保管实物工作

全年黄金及其制品进出口审批业务共计1 322笔。

五、保障北京市现金供应

根据全辖库存情况，对影响投放回笼的因素进行分析，提高预测准确率和质量，确保社会公众的兑换需求。全年，发行基金投放同比增长 4.62%；回笼同比下降 0.06%；净投放 439.41 亿元，同比增长 38.21%。

六、钞票处理业务

组织开展"2014 年钞票处理中心安全年"、中国人民银行钞票处理现代化 20 年成果宣传活动，制定《中国人民银行营业管理部钞票处理中心管理实施细则（试行）》、《中国人民银行营业管理部钞票处理设备管理实施细则（试行）》和《中国人民银行营业管理部残损人民币销毁管理实施细则（试行）》等制度，制作钞票处理业务宣传片和宣传展板。完成对捷德集团 BPS－C4 型清分机性能和功能的全面测试，并提出设备适用建议。配合人民银行货币金银局对残损人民币清分质量、清分机阈值调整、残损人民币夹杂率的测试，协助挑选不宜流通人民币票样。完成残损人民币联机销毁和大型机械销毁任务，11 月 21 日，小面额残损人民币全面实行点钞机复点，有效地提升了钞票处理工作效率。

2014 年，清分设备运行 21 010.38 小时，清分人民币回笼券 1 249 102 千张，联机销毁残损人民币 804 232.753 千张；大型机械销毁设备累计运行 405.58 小时，销毁残损人民币 567 118 千张；复点残损人民币 664 870 千张。

（胡月　杨兴安）

国家金库业务

2014 年，国家金库北京市分库认真贯彻全国国库工作会议精神，努力践行"十二五"规划，以构建现代化服务型国库为目标，提升信息化水平，创新服务手段，引入代理支库竞争机制，着力推进标准化管理，全面提升履职能力和服务水平。

一、引入竞争机制，代理支库管理工作取得历史性突破

打破个别银行垄断格局，首次引入竞争机制。撤销 1 家考核不达标银行的代理国库业务资格，受理 5 家银行的申请，批准 1 家银行的业务资格，实现了新老更替。多次召开专题会议协调相关部门做好配合，对新代理银行开展国库制度及业务培训，派专人现场组织、指导工作。

二、推进国库业务无纸化，提升国库服务水平

协调市国税局，向中国人民银行（以下简称人民银行）、国家税务局争取出口退税"退"、"更"、"免"业务无纸化第一批试点，会同市国税局开展多轮联调测试，于 5 月末开始试点。会同市财政局进一步扩大市级财政支出无纸化试点范围，实现市级财政实拨资金、直接支付、授权支付全面无纸化。配合市财政局落实市政府有关工作要求，做好财政综合信息平台建设，完成代理支库业务系统改造，为下一步实现财政部门信息共享做好准备。

三、夯实国库会计核算基础，深入推进国库会计标准化管理

及时、准确地做好国库收支核算工作。2014 年，全辖各级国库共完成财政预算收入（不含转移性收入及债务收入）14 822.61亿元，其中中央收入7 608.84 亿元，同比增长 14.9%，增幅较上年下降4.3 个百分点；地方收入 7 213.77 亿元，同比增长29.2%，增幅较上年增加15.3 个百分点；办理省级财政支出4 290.31亿元，同比增长 19.2%，增幅较上年下降2.1 个百分点。为市财政计付利息 3.72 亿元，为区财政计付利息 4.41 亿元。

进一步推进国库会计标准化管理。组织各级国库梳理相关制度，编订《国库标准化管理手册》。组织处室人员学习各项制度以及人民银行内审司审计意见、国库局工作通报等，逐项对照查找隐患、积极整改，在制度建立和执行环节促进国库会计标准化管理，提升规范化水平。

四、加大国债发行组织、宣传力度，推动国债管理工作取得新成效

加强对国债承销、分销银行的管理，加大发行宣传力度，促进国债销售。开展“国债宣传月”活动，规范银行网点公示方式及内容，要求各银行配备专职业务咨询人员；加大检查频率，发行期间对承销银行进行随机抽查，改变以往只重视发行首日检查的惯例，对存在问题的银行进行通报批评，维护首都国债市场秩序。全年共组织本市国债承销、分销机构发售4 期凭证式国债，金额 221.47 亿元；5 期储蓄国债（电子式），金额 331.06 亿元，各期国债销售金额及占比均居全国首位。

五、加强代理国库业务监管，提高监管工作水平

开展商业银行代理国库业务行政许可事项，受理了7 家银行对地方集中收付业务资格的申请，对其中6 家银行准予业务资格。利用国库非现场监管系统，加强对商业银行国库经收、集中收付业务的监管，针对部分银行上报数据不及时、不准确以及存在违规行为等情况，按季度下发通报，促进辖内银行不断规范代理国库业务行为。参加综合执法检查，对3 家银行的代理国库业务进行有针对性的检查，督促商业银行切实规范代理国库业务行为。

六、强化统计分析，提高调研水平，开展地方国库现金管理工作

从统计分析基础工作入手，建立规范、专业的工作机制和流程。落实《国库统计分析指标体系》、《国库资金运行分析框架》，完善分析指标体系和数据资料库。密切关注国库资金动态，建立国库资金运行异动信息快速反应、上报制度，提高数据的准确性和及时性。深化调查研究，全年共完成国库专项调研7 篇，金融信息15 篇，各类国库分析18 篇。做好国库现金流量预测，建立日常现金流预测模型和滚动预测机制，提升预测报告质量。开展地方国库现金管理制度建设，梳理相关政策法规，配合市财政局拟订《北京市市级国库现金管理实施细则》，确保地方国库现金管理试点工作顺利开展。

（陈永波）

支付结算清算管理

2014 年，中国人民银行营业管理部（以下简称人行营业管理部）加大支付体系建设力度，支付清算基础设施不断完善，非现金支付环境不断优化，银行结算账户管理水平不断提高，支付机构监管力度不断加大，支付信息服务决策效果不断增强。

一、支付清算基础设施不断完善

（一）第二代支付系统和ACS系统推广工作顺利开展

分管行领导亲自带队，对辖内23家法人银行进行现场业务验收。截至年末，北京辖内23家法人银行中已有22家完成切换，57家银行在京分分支机构中已有41家完成切换；按照中国人民银行（以下简称人民银行）部署，北京辖内中国银行等10家总行全部成功实现ACS综合前置子系统上线运行。

（二）电子清分服务平台上线运行

2014年6月28日，北京市电子清分服务平台上线运行。截至年末，共有74家银行及辖属3 032家营业机构接入电子清分服务平台，共处理往来业务76.34万笔、金额1.01万亿元。

（三）推动农信银资金清算中心规范发展

推动农信银资金清算中心完成增资扩股工作和开展董事会换届工作，进一步改善农信银资金清算中心股权结构，完善公司治理，夯实规范发展基础。

（四）支付清算系统稳定运行

2014年，北京市大额实时支付系统发起及收到业务7 464.67万笔，比上年增长18.90%；业务金额1 223.28万亿元，比上年下降3.87%。小额批量支付系统处理业务1.49亿笔，比上年增长21.74%；业务金额3.21万亿元，比上年下降30.22%。网上支付跨行清算系统共处理业务20.61亿笔，比上年增长132.62%；业务金额21.40万亿元，比上年增长58.28%。银行卡跨行支付系统共处理业务13.25亿笔，比上年增长30.03%；业务金额2.32万亿元，比上年增长19.59%。

二、非现金支付环境不断优化

（一）成功防控并处置银行卡预授权风险

针对年初国内部分地区出现的银行卡预授权风险事件，下发通知要求收单机构自查，并建立重点收单机构日报机制，辖内信用卡预授权业务涉险商户仅10户，整体风险可控。根据人民银行要求，对辖内易宝支付有限公司等4家机构开展银行卡收单专项检查，并配合人民银行完成对两家支付机构银行卡收单验收检查工作。

（二）加大银行卡受理市场的整顿力度

联合市公安局开展北京市打击银行卡犯罪专项行动，辖内23家银行和支付机构参与配合，共报送线索3 000余条，破获案件2 335起，抓获犯罪嫌疑人1 059人，涉案金额4 000余万元，挽回经济损失近千万元。召开银行卡受理市场专项整治工作月度例会8期，有效处理银行卡收单市场违规行为。

（三）银行卡受理范围进一步扩大

2014年末，累计发展银行卡特约商户49.52万户，比上年增长31.39%；累计安装POS机具51.17万台，比上年增长20.83%；累计安装ATM机具2.19万台，比上年增长4.29%。

（四）新型电子支付业务发展势头良好

2014年，北京市电子支付交易笔数19.03亿笔，比上年增长19.13%，增速减缓27.79个百分点；交易金额240.88

万亿元，比上年增长 64.27%，增速加快 42.32 个百分点。

（五）电子商业汇票推广取得新成绩

2014 年，辖内新增 5 家财务公司、106 家银行网点加入电子商业汇票系统，电子商业汇票承兑业务量和金额分别达到了纸质商业汇票实际结算业务量和金额的 55.41% 和 81.90%，提前实现了预定的推广目标。6 月 9 日，兵工财务有限公司正式进行财务公司电子商业汇票业务线上清算试点。

（六）农村支付环境建设迈上新台阶

按照《中国人民银行关于全面推进深化农村支付服务环境建设的指导意见》的部署，制定《北京市全面推进深化农村支付服务环境建设的工作方案》，指导银行机构开展助农取款和农村地区手机支付试点，丰富农民易于接受和获得的支付服务和产品，提升农村支付服务水平。截至年末，全市共发展助农取款点 817 个，共发生助农取款交易 3.01 万笔、金额 1 734.67万元。

三、银行结算账户管理水平不断提高

（一）账户电子化审批效率明显提高

依托账户电子化审批系统，北京地区账户行政许可效率进一步提高。全年通过电子化审批系统共受理核准类账户业务 33.22 万笔，比上年增长 15.55%，账户业务退单率比上年降低 1.68 个百分点。

（二）账户管理检查力度进一步加大

以综合执法检查为契机，对上海银行北京分行、广发银行北京分行和邮储银行北京分行的账户管理和支付结算业务办理情况进行检查。通过调阅账户管理、支付结算业务的制度性文件和业务凭证，全面查找问题，并督促三家银行落实整改，提高账户管理和支付结算业务的合规度。同时在检查中还对个人存量账户真实性核实的落实情况进行了摸底。

四、支付机构监管力度不断加大

（一）客户备付金监管到户试点工作初见成效

自正式启动支付机构客户备付金监管到户试点工作以来，各项工作稳步推进。截至年末，首批参与试点的 4 家预付卡支付机构和 11 家备付金存管银行各项工作平稳运行，新模式初见成效。

（二）支付机构监管信息系统第一阶段上线运行

2014 年 9 月 29 日，支付机构监管信息系统上线试运行。截至年末，系统共处理工作事项 451 项，报表约 1.8 万张，使用人数 791 人。全面落实人民银行客户备付金核对校验机制，提高支付机构非现场监督管理工作效率。

（三）全面开展预付卡机构备付金核查

根据辖内预付卡机构经营的实际情况，从全面防控备付金风险的角度出发，严格落实人民银行的核查要求，对北京辖内全部预付卡机构开展备付金核查工作。通过调阅银行网银流水和支付机构业务系统卡余额，调取机构业务系统数据，掌握了各预付卡机构备付金的管理情况，为今后的日常监管和执法检查打下基础。

（四）加强支付机构各项监督与管理

一是积极稳妥推进非金融机构支付服务许可申请初审等工作，全年共 3 家机构获得《支付业务许可证》，5 家机构获得新增业务许可。全市累计共 56 家非金融支付机构获得《支付业务许可证》，居全国首位。二是开展支付机构高管从业人员资质考核，北京所有法人机构和在京分公司 349 位高管参加了考试。三是加强日常监管力度，通过约谈支付机构实际控制人、下达监管意见书、现场检查、采取暂停业务等措施，有效开展日常监督管理工作。

五、支付信息服务决策效果不断增强

（一）支付信息统计分析系统上线运行

完成辖内12家法人银行（含外资银行主报告行）、10家村镇银行和14家非金融支付服务机构的支付信息统计分析系统上线运行工作，并按要求完成了12期、共6 456张支付结算业务数据表格的报送工作。

（二）支付信息的分析和应用水平不断提高

全年共报送支付结算类政务信息18篇，调研报告3篇，人民银行采用政务信息1篇、支付司采用信息2篇，完成《北京市支付信息分析报告（2013年）》的撰写，编辑《北京市支付结算工作简报》12期，并发至全辖银行机构进行业务交流，取得良好效果。

（单超）

征信系统建设与征信管理

2014年，中国人民银行营业管理部切实加强征信管理工作，建成覆盖全市的个人信用报告查询服务网络，指导成立全国首个征信行业自律组织，规范和培育信用评级市场，完善金融信用信息基础数据库建设，扎实推动首都社会信用体系建设，认真做好征信宣传教育和维权工作，努力推动辖内征信管理工作水平再上新台阶。

一、规范完成北京地区征信机构备案、初审及上报工作

面对复杂的市场形势，加强对北京地区征信市场的调查研究，创新开展机构预备案管理；拟定备案和许可材料初审工作流程；规范申请材料格式，统一填报标准；成立工作小组，明确职责分工；召开辖内征信机构工作培训会议；要求各机构提供法律合规意见书，为要件审核备案做好充分准备；通过审核材料、现场核查、公示监督等方式，认真对申请机构进行要件审核。全年共受理辖内30家企业征信机构的备案申请，其中为25家机构办理备案，发放《企业征信机构备案证》，并向社会公告；共受理20家个人征信机构申请材料的初步审核，向中国人民银行（以下简称人民银行）正式上报12家个人征信机构的申请材料。

二、建成覆盖全市的个人信用报告查询网络

在成功试点自助查询机和代理网点查询的基础上，以“覆盖城区，辐射远郊，服务重点商圈”为原则，组织辖内部分商业银行以布放个人信用报告自助查询机为切入点，建设个人信用报告查询服务网络；积极推广互联网平台查询和商业银行网银查询渠道，线上和线下相结合，开创了在特大型都市完善征信服务的新模式。在全市16个区县布放29台个人信用报告自助查询机，设立3个人工服务网点，实现辖内全覆盖。截至年末，全辖累计接待电话咨询15.6万次，提供个人征信现场查询服务42.9万次，同比增长57.7%，其中自助查询32.1万次。

三、切实加强征信管理工作

一是加强对金融机构的管理。运用“3 锁定 +2 筛选 +1 比对”检查方法，对 7 家金融机构征信业务进行检查，共发现 8 类问题，填写事实确认书 12 份；认真做好 2014 年度辖内金融机构征信业务综合评价与解释工作；指导金融机构继续完善内控制度，充分发挥异常查询预警程序的作用，对 2 家汽车金融公司出现的 8 笔异常查询行为进行现场检查，督促违规机构落实整改；进一步强化前置查询系统的应用，按月、季、半年的频度填报自查统计表，定期监测辖内金融机构报送的自查情况，通过“拉网式”排查，力争从源头上杜绝违规查询行为。

二是开展对征信机构的管理。指导全国首个征信行业自律组织——北京地区征信机构总经理联席会议成立，共有 25 家成员单位；密切关注和监测辖内征信市场，重点关注涉嫌违规经营、夸大宣传的征信机构，开展调查核实，向其提出警示及整改要求；研究起草辖内征信机构监管实施细则；与相关部门建立合作机制，积极拓展征信报告在行政管理领域的应用。

四、规范和培育信用评级市场

健全辖内评级机构备案管理制度，对 14 家评级机构备案材料和机构实际情况进行初审，报经人民银行审核后，14 家机构均取得违约率代码；对辖内评级业务进行全面监测与动态分析，及时准确在征信管理系统录入各类信贷市场和债券市场评级业务报表及分析报告，全年累计录入各类文件报表 6 000 余份；组织辖内 12 家法人机构按时、准确、全面上报违约率系统数据；开展辖内“两类”机构信用评级工作，推动出台《北京市小额贷款公司信用评级暂行管理办法》；指导北京地区评级机构第二届总经理联席会议改选，加强行业自律；加强事中、事后管理，尝试应用违约率系统开展评级质量检验。

五、完善金融信用信息基础数据库建设

（一）切实提高数据质量

督导辖内 80 余家金融机构纠改企业征信错漏数据近 5 000 条、个人征信问题数据 1.7 万条，辖内企业征信数据质量综合评分不达标机构由 15 家降为 2 家，个人征信数据质量评分均已全部达标；完善数据质量激励和约束机制，按季度通报数据质量考评情况，约谈问题突出机构；完成 2013 年度辖内征信系统数据质量工作优秀机构和个人推荐工作；做好征信新产品上线推广应用工作，加强意见反馈。

（二）小额贷款公司和融资性担保公司接入征信系统工作取得阶段性成果

首批接入的机构中有 18 家顺利通过征信数据测试验收，有 6 家正式报送数据，在全国率先开通个人征信系统查询权限；14 家融资性担保公司接入资格获人民银行批准；正式纳入人民银行互联网接入方式应用省份，确定首批 44 家接入机构。

（三）大力推进信托公司和财务公司接入征信系统工作

组织辖内 3 家信托公司、23 家财务公司接入系统，接入数量位居全国首位，完成辖内信托公司 6.44 万笔信托贷款的补报工作。

（四）以便利企业为着眼点，稳妥做好贷款卡管理

积极推动商业银行贷款卡办理“绿色通道”；积极落实中关村“零信贷”小微企业金融服务拓展活动，与北京银行合

作，在中关村设立贷款卡服务办理点。截至年末，累计完成贷款卡行政许可审批1.3万笔，完成年审6.2万户。

六、扎实推动首都社会信用体系建设

（一）充分发挥地方联席会议牵头单位的作用，全面推进首都社会信用体系建设

认真贯彻落实《社会信用体系建设规划纲要（2014~2020年）》，开展专项宣传，梳理任务，明确分工，参与制定《北京市社会信用体系建设规划纲要（2014~2020年）》；认真贯彻全国社会信用体系建设工作会议关于“十个落地”的工作部署，参与研究制定北京市《关于落实全国社会信用体系建设工作会议精神的任务分工》，落实任务分工；制定发布《北京市关于在行政管理事项中使用信用记录和信用报告的实施意见》，推动信用记录和信用报告在北京市行政管理领域的应用；参与推进北京市企业诚信创建活动试点工作。

（二）以中关村小微企业试验区为重点，大力推进小微企业信用体系建设

全面提升中关村试验区建设，联合中关村管委会，进一步完善组织、工作机制；启动中关村“零信贷”小微企业金融服务拓展活动，为试验区小微企业办理贷款卡业务开辟绿色通道，截至年末，已累计办理贷款卡业务1 108户次；推动动产融资统一登记平台及应收账款融资服务平台的应用和政府公共财政资金、小微企业流动资金贷款支持等政策实施中使用信用记录和信用报告；推动出台《中关村信用促进会三年行动纲要（2014~2016年）》等20余项小微企业政策激励措施。继续深入推进海淀、西城试验区建设，推动海淀区开始补贴和使用信用评级产品，完善授权海淀园管委会查询信用报告的工作机制。

（三）积极推进农村信用体系建设

多次与市农委、市金融办沟通协调，研究组织领导和工作推进机制；选择积极性高和条件好的区县，以专业大户、家庭农场、农民合作社、农业产业化龙头企业等为主，推进农村信用体系建设。

（四）加强行业信用体系建设

继续推动北京市生物医药行业金融激励试点工作，缓解生物医药企业的融资困境；推进文化企业信用体系建设，引导金融机构对符合条件的文化企业进行定向辅导和培育，探索建立文化企业信用信息征集、评价和通报制度。

七、认真做好征信宣传教育和维权工作

开展个人信用报告查询服务网络专项宣传，设计征信查询服务网络二维码，编印“信用报告北京查”（中英文版）宣传折页；请赛邀请媒体到北京农商银行京粮支行体验自助查询服务，中央电视台、新华网、《北京日报》等12家媒体进行了首发报道，凤凰网等媒体予以转载，共转载150余篇；组织开展为期三个月的“征信和社会信用体系”专项宣传活动，参与宣传活动的金融机构网点近3 000余家，征信机构33家，参与宣传活动的工作人员近7万人，累计开展现场活动331场，发放宣传品100余万份，60余家政府部门和200余家新闻媒体参与宣传；协调北京电视台，于9月16~25日晚间在北京卫视财经频道（BTV-5）播放征信宣传片；开展“信用北京行”活动2场，参与编写《首都市民信用手册》、《央行服务一点通》等；贯彻落实《征信投诉办理规程》，规范辖内投诉办理工作流

程，全年累计受理异议申请641项，积极督促商业银行高效完成异议处理。

（杨兵）

金融信息化建设

2014年，北京市金融信息化建设工作有效推进，完成二代支付系统推广工作；建成支付机构监管信息系统、统计数据分析平台、空头支票行政处罚管理系统、协同办公平台等系统；完成网络与桌面终端管控系统部署，推进辖内银行业信息技术产品自主可控；实现小微机构接入金融城域网；金融IC卡及支付机构行业管理工作有效开展，金融机构代码证成功发放。

一、全力以赴做好系统推广和网络建设工作

中国人民银行营业管理部（以下简称人行营业管理部）密切跟进二代支付系统的推广，制订工作方案，组织全辖参与；开展金融城域网设备更新扩容和网络结构调整，加强网络监控，顺利完成切换。管理与服务并重，规范开展小微机构入网管理，建立支付机构网络汇聚平台，拓展小微机构接入金融城域网途径。

二、信息安全保障及管理工作有效开展

（一）加强人行营业管理部内部网络、终端等安全管控建设

一是有效推进办公网分级保护测评技术准备、业务网等级保护测评工作。二是完成办公网及业务网防火墙的更换。三是完成业务网桌面终端管控软件安装，有效防范非法用户、软件及移动设备在客户端的使用。

（二）稳步推进辖内银行机构信息安全管理工作

一是完成“两会”、“APEC”等重要时期信息安全保障工作，辖内未发生信息安全事件。二是完成对3家银行综合执法信息安全检查、1家银行消费者权益保护检查以及20余家企业征信机构备案材料信息安全审核工作。三是研究制定辖内银行业信息技术产品工作思路，组织全辖开展，推进信息技术产品自主可控。

三、积极协调、全力督导，充分发挥科技行业管理职能

（一）金融IC卡应用推进工作有序开展

一是新增发卡量不断增加。累计发行金融IC卡3 520万张，居全国城市发卡量第二位。二是优化金融IC卡受理环境。人行营业管理部利用市场约束机制，加大受理环境建设力度，督导北京市银行卡市场协调委员会对未完成受理改造的机具采取退出商户、处以罚款等措施，发布《北京市银联PBOC标准IC卡伪卡风险责任转移规则》，于10月底全面完成辖内关闭降级交易工作，并自主开展了支付机构POS现场检查。三是推动辖内移动金融创新。赴3家银行现场调研，会同北京市金融工作局、中国银联北京分公司以及相关单位起草《北京市金融IC卡应用创新工作规划》，选取4家银行共同探索开展移动支付创新应用。此外，全年完成6

家银行首发卡审核工作。

（二）规范开展第三方非金融支付机构技术管理工作

人行营业管理部遵循“统一领导，规范实施”及“属地化管理”原则，建立风险提示机制，规范开展第三方支付机构技术管理工作。全年共完成对11家非金融机构支付业务许可的技术准入审核。

（三）规范开展金融业机构信息管理工作

人行营业管理部组织完成北京地区银行业金融机构及全国性商业银行代码证发放工作，其中辖内机构3 985家，全国性商业银行130家。实现了金融机构信息管理工作从无形到有形的转变，进一步提升金融机构信息管理水平。

四、人行营业管理部信息化建设工作不断推进

（一）统筹规划、大力投入，进一步完善备份系统建设

按照《营业管理部备份系统建设规划》，在2013年备份系统建设的基础上，人行营业管理部进一步完成远程数据保护设备部署，并开展主备中心网络及业务系统应急演练，为各项业务的开展提供有力保障。

（二）不断优化网络等基础设施环境建设

一是完成业务网及互联网结构调整准备工作。二是完善电视会议系统建设及运维管理，配合实施改造及延伸项目，提升电视会议系统的可靠性。

（三）规范管理、高效实施，支持服务业务创新

充分发挥科技服务业务创新职责，建立支付机构监管信息系统、统计数据分析平台、空头支票行政处罚管理系统、协同办公平台等多个系统，进一步提升了人行营业管理部内部办公及对外服务水平。

（四）夯实运维、加强保障，确保各系统安全稳定运行

落实运维岗位制度，加强电子设备运维管理，运用技术手段对重要业务系统、网络设备和网络线路状况进行严格运维，保障网络通信畅通和系统安全稳定运行，全年度未发生重大事故。

（李薇）

金融法制建设

▲中国人民银行营业管理部法制工作

2014年，中国人民银行营业管理部（以下简称人行营业管理部）围绕“服务总行，服务北京”的工作宗旨，以保障依法履行央行职责、规范行政执法行为为工作重点，不断提高各项金融法制工作的积极性和主动性，积极提升行政效能，狠抓制度落实，强化行政监督，成效显著。

一、稳步提升金融立法水准

一是认真制定规范性文件。严格执行《营业管理部规范性文件制定规程》，印发《营业管理部2014年规范性文件制定规划》，全年共印发《北京地区企业征信机构备案办理流程指引》（试行）、《中国

人民银行营业管理部关于进一步加强北京市金融机构重大事项报告工作的通知》等5项规范性文件。

二是积极参与地方立法工作。结合人行营业管理部工作实际，对市政府法制办提交的《北京市统计条例》、《北京市劳动合同若干规定》等多项地方性法规征求意见稿相关内容提出修改意见与建议。

三是开展规范性文件的废改释工作。废止了原《北京市金融统计工作考核评比办法》、《中国人民银行营业管理部关于进一步做好金融机构重大事项报告工作的通知》两个规范性文件的效力，修订了《〈北京市银行业金融机构综合评价暂行办法〉操作规程》、《营业管理部综合执法检查管理办法（试行）》，对《征信机构管理办法》中征信机构的初步审核工作进行了细化解释，并发布工作指引。取消贷款卡行政审批后，对辖内银行办理贷款操作流程进行了细化解释。

二、扎实推进依法行政和法律顾问工作

一是全力完成中国人民银行（以下简称人民银行）部署的重点工作。根据人民银行要求，先后完成了对13项两会代表建议和提案的回复、调查“以房养老”诈骗犯罪、中美投资协定相关规范性文件清理等多项工作任务；完成执法证制度改革、合同管理制度、行政诉讼法修订、电子支付、互联网金融等十余项立法调研工作。

二是积极提升金融法律服务水平。以提出法律建议、参加谈判、提交专项报告等方式，为人行营业管理部的各项具体业务提供法律顾问服务。全年共完成案件分析报告2篇，出具法律意见书6份，审查各类民事合同152件、集中采购类文件36件，完成政务公开保密审核事项24件，审核对外发文64件；开展综合执法检查培训1次，参加案审会3次，审查行政处罚决定书14份、行政处罚告知书16份、执法检查意见书26份、执法检查通知书14份；对内对外接待来访、答复法律咨询70余件；颁发《营业管理部执法证》17本。

三是为行内决策提供有力法律保障。全年共参加主任办公会9次，参加各类主任专题会6次，并就个人征信机构审批等20项会议议题进行法律审核或提供法律意见。加强重大决策的合法性审查，在“三重一大”决策中，把好法律关，确保各项决策符合法律规定，有效降低决策风险。

四是妥善处理应对外部事件。处理田军伟政府信息公开行政纠纷并主办相关行政诉讼，参与处理西金大厦相邻关系纠纷并主办相关民事诉讼，参与解决“马航事件”失联人员家属提出的涉及金融业务若干诉求的相关处理工作，处理北京海淀华航电子经营部行政复议案件和与北京树新国际教育咨询有限公司的民事纠纷，处理与北京兴润佳源科技有限公司的民事合同纠纷案件。

三、深入开展金融法制宣传培训

一是根据工作需求和受众群体差异，开展有重点有层次的专业法律知识学习培训活动。将法治教育纳入党委中心组学习内容，邀请专家讲解消费权益保护基本法律知识、普惠金融相关法律问题和依法治国与依宪治国专题；提升处级干部法治思维，举办两期学习贯彻十八届四中全会精神专题培训班；组织基层员工、新入行员工及合同制员工，开展各类普法专题培训，提高员工辨别是非的意识和能力；针对综合执法检查人员举办综合执法专项培训；开展行政复议远程培训和依法行政工作培训暨行政执法资格法律培训，进一步提升行政执法人员的依法行政意识和行政执法水平。

二是保持传统普法项目。开展学雷锋义务法律咨询、金融消费权益普法宣传活动，重点宣传维权知识；组织金融消保知识答卷、普法调查问卷、金融知识普及月优秀口号征集等活动；继续深入推进“法律六进”活动，积极做好金融法制宣传工作，提高社会公众对人民银行工作的认知度。

三是根据工作重点，深入开展专项宣传活动。3月开展“金融消费者权益日”宣传活动；9月开展“金融知识普及月”宣传活动；12月开展“国家宪法日”系列宣传活动。全年累计开展各类法治宣传及业务普及的宣传活动30余次。

四是创新宣传手段，加强金融法治和央行业务的对外宣传。充分利用“央行服务一点通”电子书、“央行北京青联”微信公众号等新兴网络形式开展金融普法宣传；组织开展金融消费者权益保护普法宣传活动。

四、强化内部管理与信息调研工作

一是狠抓信息调研工作。从人民银行对口司局的研究课题入手，以政务信息为载体，紧扣人民银行监管和服务职责，为提升人行营业管理部依法行政水平建言献策，累计上报动态类和综合类信息20篇，内容涵盖各类依法行政热点问题。

二是调研成果的工作推动效果显著。年内进行的关于执法证管理、支付机构异地分公司监管、金融机构对个人信息保护类投诉处置三类问题的调研成果，已被相关业务部门所采纳，并应用于具体工作实践中，对人行营业管理部依法行政、支付机构监管、金融消费权益保护等具体工作起到了良好的推动作用。

（董英超）

▲银行业监管法制建设

2014年，中国银行业监督管理委员会北京监管局（以下简称北京银监局）紧密围绕国家经济金融形势和银行业监管任务，不断完善监管工作机制和流程设计，结合年度监管工作实际和热点深入开展法规评价工作，不断夯实银行业监管法制基础；积极开展公职律师试点工作，大力提升依法行政工作水平；深入开展防范和打击非法集资工作，督导辖内机构保持案防高压态势，防范打击非法集资，规范银担合作，大力维护首都金融稳定良好局面；银行业监管法制工作取得显著成效。

一、深入开展法规评价，夯实银行业监管法制基础

2014年，结合年度监管工作实际和热点，北京银监局选取《中国银监会中资商业银行行政许可事项实施办法》（银监会令2013年第1号）和《银行业金融机构董事（理事）和高级管理人员任职资格管理办法》（银监会令2013年第3号）作为重点，结合准入相关监管法规和规范性文件，通过制度梳理、实地调研、征求被监管机构意见、明确专人重点研究等方式，开展2014年度法规检查评价。经评价，北京银监局共提出五方面修改建议，为提升银行业监管法律法规和规范性文件的操作性、实效性、协调性和认同度提供了有力保障。

二、法规备案和公示并举，提高政务信息透明度

2014年，北京银监局严格落实规范性文件备案公示的有关要求，认真组织起草论证，按时完成报备登记，有效避免规范性文件与上位法不衔接、不协调等问题。根据银监会相关要求，组织开展了相关规范性文件的清理工作。同时，依托监管信息网及其他定点外部媒体拓展政务信息公开的新渠道、新方式，适时对规范性文件及其他监管政策性文件进行公示，不断提高监管透明度和公众参与度。

三、狠抓操作及案件风险防控，维护首都金融稳定良好局面

（一）扎实推进“双线”风险防控责任制建设

北京银监局认真落实建立健全“双线”风险防控责任制体系相关工作要求，杜绝形式主义，务求工作实效，结合辖内银行业发展运行实际情况，细化了“加强组织推动、开展风险评估分析、建立健全全面风险管理体系、完善应急预案、严肃责任追究、做好信息报送”6点工作要求，督促辖内机构逐一对照银监会提出的7类风险防控要求，编制完成风险防控责任分解落实方案，将各项工作成果落实形成风险评估分析报告、风险管理体系建设运行情况报告和风险应急预案情况报告，做实建立健全“双线”风险防控责任制基础工作。

（二）持续加强案防督导服务

组织召开2014年度辖内银行业金融机构案件防控工作会议，书面印发案防工作要点提示。

（三）充分运用年度案防自评估成果服务监管工作

北京银监局组织督导辖内法人银行业金融机构完成2013年案防工作自评估，23家中外资法人银行自评得分平均值94.7分，49家非银行金融机构自评得分平均值93.57分；在汇总分析辖内各机构自评估发现问题基础上深入查找梳理出6类共性问题。

（四）深入开展案件风险排查和专项风险排查

2014年，北京银监局认真督促引导辖内机构将案件风险排查与日常合规内控管理相结合，与绩效考核和问责处罚相挂钩，与严禁违规放贷、防范非法集资专项排查活动相嵌套，深入开展对信贷业务、票据业务、跨业合作业务、柜台、会计结算业务、员工异常行为等重点风险领域的全口径排查，取得积极成效。

（五）从业人员处罚信息登记和高管人员离职公示工作初见成效

组织召开北京辖内商业银行从业人员处罚信息登记工作会议，通报处罚信息登记执行情况和存在问题，部署相关工作要求。有序组织辖内机构填报登记自2010年以来的5大类员工处罚信息。督导开展银行高管人员离职公示工作，要求各中资银行从2014年6月起在原任各级高管人员离职30日内将离职情况在北京市级报纸上书面公告。

（六）大力提升案件风险防范预警的前瞻性和协同性

针对2014年内发生的14起银行员工涉嫌私售第三方理财产品引发的信访投诉事项开展梳理调查，督促相关银行报送案件风险信息报告和填报从业人员处罚信息。

四、深入开展防范和打击非法集资工作，防范外部风险传染

（一）组织开展“2014年防范打击非法集资宣传月”活动

2014年，北京银监局组织开展“防范打击非法集资宣传月”活动。建立工作联系机制，主导设计宣传折页，强化活动督导，营造宣传声势，收到良好的效果。

（二）配合有关部门做好涉嫌非法集资案件性质认定和重大案件处置协调工作

协助司法机关召开账户协查会议4次，对“冠群驰骋”等多起涉嫌非法集资案件进行协查；按照市打非办要求，整理前期信访核查材料并向其提供北京大观言基金管理有限公司案涉及银行有关情况；多次参加市打非办组织的涉嫌非法集资案件分析会，建言献策，积极配合做好涉嫌非法集资案件性质认定工作。

（三）组织开展“飞单”暗访相关工作

针对信访工作中多次出现涉及辖内银行网点员工“飞单”投诉的情况，组织对部分银行网点私售情况进行专项暗访排查活动，共对辖内19家中资分行的50家网点进行了暗访。

五、举办工作论坛，搭建法律合规交流平台

2014年，北京银监局组织辖内各银行业金融机构搭建起法律合规工作论坛，选取银行业金融机构法律合规工作中的热点、难点、重点问题，邀请学术领域、司法领域、实务领域、金融领域和监管部门的专家进行授课，并组织银行业金融机构法律工作负责人和北京银监局部分监管员参加培训并进行座谈交流。年内以互联网金融、服务价格管理和信用卡业务风险为主题，组织三次论坛活动。

六、深入公职律师试点工作，打造专业化法律团队

2014年，北京银监局继续推进公职律师服务监管工作，广泛参与监管决策，积极发表法律意见。全年共完成对28份外签合同的法律审查，提供各类法律咨询170次，参与4次行政处罚委员会审议会议。

（吕辰龙）

▲证券业监管法制建设

2014年，中国证券监督管理委员会北京监管局（以下简称北京证监局）秉持依法行政的理念，着力提升监管干部的法治意识和依法办事能力，不断强化局内各项制度建设和外部监管规范，使各项监管工作有据可依。继续发挥派出机构现场检查功能，采取多种手段强化非现场监管，为保障辖区资本市场稳定健康发展、维护投资者合法权益创造良好的法制环境。

一、加强制度建设，推进监管工作的制度化与规范化

（一）完善内外工作制度，夯实依法行政基础

一是完善内部管理工作流程。制定并完善《北京证监局文件会签法律审查工作规程》、《北京证监局司法机关来访接待处理工作规程（试行）》等制度，推进内部管理工作的规范化和程序化。通过系统梳理综合行政法律规范依据，形成《日常公务规范性文件汇编》、《现行证券期货法规汇编目录》，并以此为基础对内部管理制度和管理行为的合法性进行审查，确保有章可循。

二是健全外部监管业务规范。根据市场发展和监管实际需要，制定并完善《行政许可程序规定》、《辖区证券营业部监管分类评价办法》、《辖区上市公司媒体质疑处置工作规程》、《关于商品现货市场非法期货交易活动认定的工作机制》等十余项工作规程，形成系统完备、运行有效的规程体系，为监管干部规范履行监

管职责提供了制度保障。

（二）建言监管业务规范，促进法律体系建设

一是通过多种渠道对《证券法》修改、《期货法》制定、新股发行改革和证券期货经营机构创新发展等资本市场重大问题，提出有针对性的建议。二是承担《证券公司内部控制指引》、《证券公司风险准备金管理办法》、《转融通业务监督管理试行办法》等评估修订工作任务。三是代为制定《基金服务机构业务管理办法》，探索建立公募基金管理人评价指标体系。四是承担制定现场检查工作手册及《派出机构监管工作职责》的修订工作。五是承担私募基金注册地与办公地分离情况下的监管机制研究、私募基金监管内外部协作机制研究等工作。

二、落实监管转型，积极探索创新监管与依法行政的融合

（一）依法审核许可申请，开展行政许可实施评价

一是按照证监会简政放权和放松管制的要求，大力推进行政审批制度改革，清理许可备案类事项，简化许可流程，依法做好行政许可备案工作，加强许可事项的公开。截至年末，北京证监局负责审核的行政许可事项共 12 项。除按相关规定要求设定的事项之外，北京证监局不设立类许可备案事项。

二是修订完善审核工作制度，制定审核手册，严格实施受审分离制度，明确申请标准，细化审核依据、标准和办理时限，保障行政许可的程序合法。制定完善工作底稿，确保留痕管理，加大行政许可事项公开力度，实现行政许可的全程监督。简化监管对象的报送要求，及时公示行政审批转事后备案事项的监管要求，稳步推进电子许可备案系统建设，进一步减轻行政许可对象的负担，提高行政许可的效率。

三是就北京证监局近年来实施行政许可的情况进行评估、总结，就取消、调整的行政许可事项，及加强事中、事后监管提出具体建议，从一线监管角度为简政放权提出解决方案。

（二）落实监管转型要求，做好事中、事后监管工作

一是对上市公司确立以信息披露为中心、以问题为导向、强化风险分类监管的模式。全年，北京证监局依法对辖区 46 家重点上市公司的年报进行审核，并根据审核结果进行风险评定，以此作为实施现场检查的重要依据。对 23 家上市公司开展全面检查或专项检查，通过优化风险分类评估体系科学确定检查范围，首次借助中介机构行业研究经验和参考财务风险预警精准定位检查内容。强化对高风险公司的监管，成立风险处置小组，建立局内日报、周报、专报等制度，要求公司报告重大事项，加强与交易所的联动，及时掌握公司动向，充分揭示风险，保护投资者权益。

二是对证券业务实施合法、高效的日常监管，多举措构建分支机构监管体系，坚守底线思维，依法妥善化解重大风险隐患。北京证监局以风险为导向，有针对性地开展现场检查，完成对辖区证券全面资产管理业务、港股通业务准备情况的现场检查，配合证监会机构部完成多项专项直检工作。强化非现场监管，通过审阅证券公司及其分支机构报送的年报、经营月报、合规报告、资管产品报备等报告，以及证券市场交易结算资金监控系统推送的预警信息等，密切关注证券公司及其分支

机构的日常经营情况和风险状况。推行营业部分类评价，在营业部自评的基础上对其自评结果进行审核，重点关注营业部的诚信水平。

三是对基金业务依法放宽行业准入，转变现场检查方式，强化非现场监管，启动辖区私募基金监管工作。北京证监局响应资产管理行业放宽准入的号召，鼓励支持辖区符合条件的各类机构申请公募基金管理牌照，支持基金销售渠道多元化发展，拓宽服务业务范围，推动辖区机构创新发展。转变现场检查方式，从“大而全”到“专而精”，开展了为期一个月的基金从业人员违规炒股专项治理行动，并加强追责、问责力度。充分利用信访投诉、社会舆论等手段，增强非现场监管的敏感度，建立监管快速反应机制，制定风险处置预案。在证监会私募部的统一部署下，对个别涉嫌非法吸收公众存款和存在延期兑付风险的私募机构进行暗访，探索对一些私募机构开展现场检查，初步摸清其执业情况。

四是对期货业务依法着力加强事中、事后监管，完善协同监管机制。北京证监局加大对期货行业的现场检查力度，全年共检查期货公司 16 家次、期货营业部 22 家次，检查覆盖辖区半数以上期货公司和期货营业部全部关键业务环节。制定《非现场检查工作月度汇总表》，对非现场监管发现的问题及后续处理情况实现全程跟踪与留痕，全年处理保证金监控中心预警 11 家次，对风险监管指标变动超过 20% 的 8 家次公司进行逐笔核查。

五是依法对投资咨询、资信评级机构严格监管，加大审计与评估业务的监管力度，强化对行政许可申报法律意见书的审核，切实提高辖区中介机构的执业质量。北京证监局积极支持投资咨询机构转型发展，对资信评级机构开展半年度现场检查，针对发现问题要求公司整改。审计和评估业务以年报监管为抓手，加大对审计与评估的现场检查力度。按照证监会会计部的统一部署，全年完成对 2 家会计师事务所的全面检查，4 个审计项目、4 个资产评估项目执业质量专项检查，自主开展 3 个资产评估项目的专项检查，并对存在严重问题的评估机构采取监管措施。加强律师辖区执业监管，审核行政许可报备法律意见书 27 份，对意见书中存在明显瑕疵的律师、律师事务所进行谈话警示，督促律师事务所和执业律师勤勉尽责。

（三）加强监管对象培训，引导市场主体合规运营

以培训为抓手，通过加强对监管对象的专题培训，促进公司治理和内控规范水平的提升，引导市场主体规范运营。一是面向辖区上市公司开展新任董监事培训、监管政策专题解读等专题培训。二是组织证券公司相关岗位人员参加营业部总经理、分支机构负责人合规培训，从政策解读、情况通报、案例分析、监管架构、信访处置等多方面进行宣讲。三是组织基金管理公司参加辖区投资管理人员行为规范培训会，介绍基金行业典型的背信行为对行业声誉的负面影响、监管部门对行业违规背信行为的打击态势。四是组织期货公司首席风险官参加北京证监局联合浙江期货业协会举办的“北京浙江期货公司首席风险官座谈会”，进行工作经验交流。五是联合市司法局、北京市律师协会举办第一期北京律师证券业务培训会，邀请证监会相关部门负责人就新股发行改革、并购重组监管政策进行解读。

三、坚持查审分离，实现稽查执法与行政处罚的顺畅衔接

（一）加强稽查执法，严厉打击违法违规行为

2014 年，北京证监局深入落实《关于进一步加强稽查执法工作的意见》，加大执法力度，依法完成案件调查、整非打非、清理整顿、案件协查等工作。全年共办理各类证券期货违法违规案件 67 件，办结 55 件，结案率 82%；查处涉案证券账户 300 余个、银行账户 600 余个，涉案金额近 20 亿元。

（二）启动行政处罚，依法做好案件审理工作

2014 年是北京证监局行政处罚工作的启动之年，全年共有 3 起自立案件进入行政处罚的审理程序。案审工作启动前，北京证监局集中组织审理人员对常见案件类型进行梳理总结，基本掌握了各类型案件的审理标准、法律适用。案审过程中，按照《中国证监会北京监管局行政处罚案件审理工作规则（试行）》要求，有序开展案件的移交、审理、备案、咨询、送达工作，在遵循查审分离原则的前提下，就案件事实认定和证据运用与调查部门进行充分沟通，形成对案件审理的会商纪要。在必要的情况下商请调查部门进行补充调查，逐步形成了灵活高效的会商和补充调查机制，为保证案件审理质量提供了重要支撑。截至年末，已完成 3 起案件的审理和处罚工作。

四、加强法律会签，完善行政执法行为的内控机制

2014 年，北京证监局充分利用局内法律小组及法制处的专业力量，加强重大行政行为的法律会签制度，全年累计对 166 项行政行为进行法律会签，主要针对行政监管措施、信访举报答复等开展合法性审查。并就会签过程中发现的典型问题形成会签专报，全年共起草会签专报 5 份，对执法风险进行提示，对存在的问题提出改进建议。

（一）谨慎审查行政监管措施，准确提出法律适用意见

针对日常监管环节采取的行政监管措施，法制专业处室从法律适用依据、文书格式等方面进行审查，配合出具法律会签意见，提示其中可能存在的法律风险，为规范行政监管措施的使用、防范执法风险提供保障。

（二）妥善处理信访举报事项，防范行政复议诉讼风险

针对不予受理，以及复杂、疑难的信访、举报和投诉咨询事项，法制专业处室进行强制会签，并在会签审查过程中，了解案件基础事实，讲明法理、查清依据、用准规则，确保答复意见程序合法。

五、加强内部普法，提升监管干部依法行政的意识与能力

北京证监局组织开展多种形式的法律法规和监管规则培训，提升监管干部的法律素养。法制专业处室、法律专业小组、各一线监管业务处室、处级干部等分别结合自身业务工作，邀请证监会法律部业务负责人、法学教授、资本市场业内专业人士等授课交流，开拓工作思路，提升监管视野。通过每月编发《法制工作通讯》，组织旁听行政诉讼，宣传违法行政案例等多种方式，引导监管干部学习了解资本市场相关最新制度建设情况，观摩司法机关对行政行为的审查重点，提升监管干部对依法行政的意识，预防监管执法中的违法风险。

六、依法做好普法宣传与投资者教育和保护工作

一是在北京证监局外网“普法园地”栏目分期上挂证券期货市场新法规索引、违法违规案例分析、投资者普法宣传专稿等信息，向市场主体持续开展对监管法规的解读与宣导，通过违法违规案例分析告诫市场主体合规经营。全年共上挂普法信息41条。

二是将信访举报事项的处理作为普法教育的重要阵地。在处理信访举报事项过程中，积极与信访人、举报人沟通，解释各项监管法规，查清信访举报事项是否属实，维护信访人、举报人的合法权益，帮助投资者理解问题、消除疑惑，实现向投资者普法教育的目的。

三是积极组织辖区各上市公司、证券期货经营机构的代表参观“内幕交易警示教育展”，普及有关内幕交易的法律知识，以鲜活案例警示教育从业人员远离内幕交易，共同维护资本市场的公开、公平与公正。

四是联合市打非协调小组开展“防范打击非法集资宣传月”活动，联合市金融局开展金融安全宣传，直接对投资者开展普法教育。

（傅冬霞）

▲保险业监管法制建设

2014年，中国保险监督管理委员会北京监管局（以下简称北京保监局）深入贯彻党的十八大，十八届三中、四中全会精神，以提升依法行政能力，防范化解行业风险，维护消费者合法权益为目标，不断完善法律制度，规范市场秩序，推进行业改进服务，为首都保险业的健康平稳发展提供了有力的保障。

一、完善制度，提升依法行政能力

一是开展制度清理，夯实法律制度基础。按照“制订方案，明确分工；逐一筛选，划定范围；督促执行，审核把关；重点内容，专项清理”的工作程序，全面推进规范性文件清理工作。通过废止、修订、合并等措施，将规范性文件数量从原有的224件削减为19件，清理后全年仅新增1件规范性文件。二是借规范性文件清理的契机，着力提高规范性文件质量。不断深化规范性文件的有效性研究，持续推进监管制度的废、改、立工作，力争做到规范性文件内容不缺位、不越位、有依据、有实效。三是完善内部制度，不断提升依法行政能力。根据监管工作的实际需要和发展，北京保监局对现场检查、行政处罚审核及信访工作等一系列法律事务内部流程和规程进行了修订和完善，提高了法制工作的规范性和有效性。

二、规范市场，防范化解行业风险

一是以清理整顿为中心，净化保险中介市场。结合北京地区机构多、类型广、关系复杂的特点，部署辖内47家保险总公司、92家保险分公司、393家专业中介机构、111家外地专业中介在京分支机构和46家金融类兼业代理法人机构等686家机构，深入开展清理整顿工作。二是预警与处置并重，守住风险底线。重点关注人身险公司满期给付及非正常集中退保风险，对辖内57家人身险公司开展满期给付及非正常集中退保风险排查，对风险较高的13家公司下发风险提示函。妥善处置突发事件，及时叫停个别保险公司在京销售“雾霾险”、“世界杯险”等保险；妥善处置“3·8马航客机失联”、“融典”基金风险事件。三是加大查处力度，促进市场规范。截至年末，北京保监局共派出53个检查组、171人次，对25家保险公司、28家中介机构进行检查。共处罚保险机构34家次，其中警告19家次，责令停止接受新业务4家次，罚款511万元；处罚相关责任人39人次，其中警告39人次，罚款107.5万元。四是加强高管培训，促进合规经营。组织在京97家公司经理室成员共233名高管参加北京地区高级管理人员培训班，提高高管人员的个人能力和素质，增强合规经营意识，降低经营风险。

三、开展研究，立足服务监管实践

一是针对行政处罚、法定职责申请、保险高管培训等监管实践工作开展制度研究并出台相关内部制度和规范性文件，完善操作流程，确保依法监管。二是针对农险规范、保险消费者合法权益保护、保险中介清理整顿等监管重点工作及问题开展务实研究，为决策提供依据与参考；三是针对《保险法》资金运用监管和法律责任部分开展适用评估，为保监会修订《保险法》及资金运用的监管提供理论支持。四是针对投保人违反如实告知义务等问题结合国外的相关法律开展拓展性研究，并将相关经验进行总结，为一线监管工作提供参考。全年共撰写法律研究报告13篇，分别被保监会《工作简报》、《内部信息交流》、《北京商报》等刊物采用。

四、突出重点，维护消费者合法权益

一是突出治理车险理赔难。完善车险理赔质量测评指标体系，改进公开披露方式，提高公司改进理赔服务的内生动力。推动车险管理制度改革，与市交管局共同进行机动车交通事故快速处理信息化建设，启动北京地区商业车险电子保单试点，指导行业协会研究完善北京地区商业车险费率浮动方案。二是研究出台治理寿险销售误导的治本之策。全面提高销售人员准入门槛，实行销售从业人员资质分类管理，提高销售人员的专业化水平。完善销售人员警示信息管理系统，提高销售人员违规成本，净化从业人员队伍。加强保险销售行为管控，强化重点业务领域经营规范、明确重点环节经营要求，规范寿险销售行为。三是不断深化诉调对接机制。参与保监会与最高人民法院有关诉调对接工作指导意见的起草工作，指导行业协会与北京铁路运输法院签订诉调对接协议，持续完善协助调解函、调解时限等程序和制度。及时总结工作经验及成效，充分宣传诉调对接在化解纠纷、提示风险、服务社会中的作用。全年共办理诉调对接案件84件，涉案金额3 473万元，调解履约率100%。四是推出保险消费投诉处理便民新举措。发布《保险消费投诉指南》和《来访须知》、改进告知方式、优先推荐行业调解机制、主动回访消费者等。截至年末，保险消费投诉处理满意度达92%。五是加大消费者教育工作力度。以“全国保险公众宣传日”活动为契机，通过多媒体多渠道开展公众教育，同时就汛期风险防范、寿险新单回访等消费者关心的问题进行风险提示。开展社会监督员座谈会、在线访谈、媒体沙龙等活动，倾听社会对保险行业的意见建议，宣传普及保险知识。截至年末，共发布12篇消费者提示。

（李丹）

反洗钱工作

2014年，中国人民银行营业管理部（以下简称人行营业管理部）丰富反洗钱监管手段，创新开展反洗钱现场督导，推进辖内机构履职水平不断提升；积极探索践行“风险为本”的反洗钱工作方法，促进机构反洗钱工作由形式合规向实质有效转变；反洗钱调查不断取得新成果，反洗钱监测机制有效性进一步提高，反洗钱在维护金融稳定、反腐败和反恐怖领域的作用愈加凸显。

一、丰富反洗钱监管手段，不断提高辖内机构履职水平

一是创新开展反洗钱现场督导。为进一步扩大监管范围，提高监管效率，有效落实法人监管要求，人行营业管理部创新开展反洗钱现场督导，通过进场会谈、调阅资料、查看系统、政策宣讲、答疑解惑以及约见谈话等措施，了解被督导机构反洗钱工作开展状况，加强工作沟通和交流。全年共对辖内17家法人机构进行了现场督导，范围涵盖银行、证券、保险、基金、期货和支付六类行业。

二是开展反洗钱现场检查。全年共对上海银行北京分行、广发银行北京分行、邮政储蓄银行北京分行、交通银行北京市分行、工银瑞信基金管理有限公司、中信信托有限责任公司、国付宝信息科技有限公司和商银信公司8家机构进行了反洗钱现场检查，帮助机构分析风险及问题成因，督导辖内机构反洗钱工作由注重形式合规向实质有效转变。

三是开展银行综合评价工作。对辖内85家银行机构开展反洗钱综合评价，系统地评估了各机构反洗钱工作状态及存在的问题，为实施有效监管提供了依据。通过通报评价结果，提示机构发现风险和不足，推动其工作改进和完善。

四是加强对支付机构的监管与指导。通过审核一套制度、验收一套措施、建立一份档案，查找问题、提出监管意见；借助约见谈话、座谈、培训等手段，深入了解机构情况，督促机构自查自新；对已获牌机构进行现场检查，强化政策执行效果。

二、积极践行“风险为本”的反洗钱监管方法，推动辖内机构工作方式的转变

一是探索金融机构洗钱风险评估方法。对中信银行总行营业部等3家试点机构开展实地调研，深入了解风险评估机制运行情况及遇到的问题和困难，听取机构对标准设置方面的意见及建议；根据辖内具体实践情况，优化完善风险评估指标，提升评估体系的适用性和有效性。

二是持续推进北京地区大额和可疑交易报告综合试点工作。对试点机构中国人寿保险股份有限公司和华夏基金管理有限公司进行现场调研，详细了解试点工作进展情况，研究分析自定义异常交易标准的科学性和适用性，指导试点机构完善监测指标和系统建设，为深化可疑交易报告制度改革做好经验积累和前期铺垫。

三是督促做好洗钱风险评估及客户风

险分类工作。组织辖内金融机构召开《金融机构洗钱和恐怖融资风险评估及客户分类指引》执行情况座谈会，听取机构具体执行中遇到的问题及相关建议，并向20余家机构进行了意见反馈。

三、深入开展反洗钱行政调查，提升反洗钱监测机制的有效性

人行营业管理部立足维护首都金融安全，充分发挥反洗钱调查职能优势，依法开展跨部门协查合作，全年共接收、分析金融机构重点可疑交易报告数十份，向公安机关等部门移送非法集资、腐败犯罪、地下钱庄等重点线索十余起，反洗钱在维护金融稳定、反腐败和反恐怖领域的积极作用愈加凸显。

四、认真落实洗钱类型分析工作，督促指导机构提升风险管控水平

一是建立北京地区洗钱类型分析工作机制。制定下发《中国人民银行营业管理部关于开展洗钱类型分析工作的通知》（银管发〔2014〕325号），建立起北京地区银行机构洗钱类型分析工作体系，为银行机构科学评估自身风险、深入落实风险预警和提示工作奠定了制度基础。

二是开展洗钱类型分析工作。总结分析辖内可疑资金交易类型、特征及风险趋势，完成北京地区2014年洗钱类型分析报告，为金融机构准确识别和有效防范风险提供了指引。

三是多渠道进行洗钱风险预警。通过下发《北京市反洗钱工作简报》、《洗钱风险提示》，组织座谈等方式，提示机构密切关注电信诈骗、涉税洗钱等风险，帮助机构进一步提高风险管理水平。

五、广泛开展培训宣传，营造良好的反洗钱氛围

一是组织召开北京市银行业、证券业、保险业金融机构反洗钱工作及培训会议。辖内100余家金融机构、200余名反洗钱部门负责人和相关工作人员参加了会议。

二是继续加大反洗钱宣传力度。8月，组织开展以“预防洗钱　维护金融安全”为主题的反洗钱宣传月活动，全辖近700家金融机构、支付机构举办形式多样的活动，向社会公众宣传洗钱风险和危害；9月，开展“反洗钱宣传校园行”活动，为大学生讲解反洗钱基本知识，宣传身份实名制政策和个人用卡安全；11月，开展以“多一份反洗钱知识　多一份财富保障”为主题的金融知识进社区宣传活动，提升社会公众的反洗钱意识。

（张钟元）

五、机构业务综述

金融管理机构

中国人民银行营业管理部

2014年，中国人民银行营业管理部（以下简称人行营业管理部）围绕“稳中求进”的工作总基调，认真贯彻执行稳健的货币政策，畅通政令传导渠道，着力防范区域性金融风险，维护首都金融安全与稳定，稳妥推进外汇管理改革，努力提升金融服务水平，促进首都经济金融实现平稳健康发展。

一、贯彻落实稳健的货币政策，大力支持首都经济“转方式、调结构”

（一）认真贯彻稳健的货币政策

多形式、多渠道宣传解释政策内涵，加强窗口指导，引导社会各界形成合理预期。创新实施宏观审慎递进式分级管理，引入同业资产运用因子，完善差别准备金动态调整公式。有效运用常备借贷便利等创新工具，调节地方法人金融机构短期流动性。进一步完善本外币联动分析框架，深入分析货币政策执行效果。规范货币政策工具管理与操作。

（二）有效发挥信贷政策引导作用

契合首都科技创新与文化创新“双轮驱动”的经济发展方式转变，稳步推进文化金融合作实验区建设，深入开展中关村“零信贷”小微企业金融服务拓展活动，促进科技、文化资源与金融资源的有效融合。成立中国人民银行中关村国家自主创新示范区中心支行（国家外汇管理局中关村国家自主创新示范区中心支局），探索建立具有示范引领作用的国家科技金融创新标杆。制定信贷支持再贷款操作规程，引导金融机构加大支农、支小力度。推动农村土地承包经营权抵押贷款试点，助推北京农业中小企业集合票据发行，不断加大对新型农业经营主体的支持力度。积极回应社会关注热点，开展自住型商品房、房地产新政等专项调研。

（三）深入推进利率市场化改革

开展法人金融机构合格审慎评估，发布在京企业集团财务公司利率定价机制建设指导意见和工作指引，率先在全国建立金融产品价格综合统计监测制度，继续推进同业存款利率信息共享平台建设，不断增强市场主体适应利率市场化改革的能力。

二、加强金融机构规范管理与打击金融违法犯罪活动并重，着力维护首都金融稳定

（一）全面加强金融机构规范管理

率先在全国建立覆盖银证保的金融机构同业业务统计监测制度，现场督察同业业务规范落实情况，强化交叉性金融业务风险监管。上线运行自主开发的地方法人金融机构风险监测系统，完善法人银行流动性风险评价模型，首次组织信托业全面风险排查，开展房地产信贷质量压力测试，重点机构和重点领域风险监测切实加强。召开首次全面覆盖银证保的金融稳定情况通报会。稳妥做好《存款保险条例（草案）》公开征求意见期间各项工作。深入推进“两管理、两综合”工作，对83家银行开展综合评价，对3家银行进行综合执法检查，修订金融机构重大事项报告制度。全面推广支付机构客户备付金监管到户工作，试运行北京市支付机构监管信息系统，落实客户备付金核对校验机制。深入推进大额和可疑交易报告综合试点，创新开展反洗钱现场督导，有效建立银行机构洗钱类型分析工作体系，不断丰富反洗钱监管手段。

（二）保持对金融违法犯罪活动的高压态势

与北京海关缉私局、市公安局等部门合作破获走私案件6起，捣毁地下钱庄17个；深入推进反洗钱执法与司法合作，开展行政调查93次，协助破获有较大社会影响力的案件5起，其中利用反洗钱线索协助破获全国首例离岸账户特大地下钱庄案。着力净化北京市用卡环境，与市公安局共同开展打击银行卡犯罪专项行动。

（三）深入推进金融消费权益保护工作

创新推进金融消费权益保护工作监督管理，妥善处理金融消费者投诉75件、群体性投诉1件，开通12363金融消费权益保护咨询投诉电话。

三、大力推进金融服务现代化，不断提升金融联系服务群众水平

（一）进一步提升金融服务便民惠民水平

积极开展“金融知识普及月”、“反假货币暨现金服务贴心工程宣传月”、“警惕洗钱陷阱”、“社会信用体系建设”、“黄金市场投资者教育”等主题宣传活动，多形式、多渠道实施“新媒体反假货币工程”，推出“央行北京青联”、“北京人民币管理”等微信公众平台，切实提升社会公众金融意识。在窗口部门开展文明服务标准化试点，推广自制《央行服务一点通》手机电子书，大力提升金融服务水平。

（二）全面提升支付服务现代化水平

稳步推进ACS系统、第二代支付系统推广工作，大额支付系统结算金额及网上支付业务金额均居全国首位。切实加强支付机构监管，获牌机构数量居全国首位。大力推广非现金支付工具使用，电子商业汇票贴现量居全国第二位。开展银行卡收单及预授权业务、支付机构备付金等专项检查，执法力度显著增强。

（三）切实加强货币发行管理

深入开展“人民币整洁度提升年”活动，实施“千户定投”，加强“双主管理”，建成小面额残损币兑换绿色通道550条，提前一年在辖内银行全面实现全额清分。深入落实“假币零容忍”工作，挂牌试点社区反假货币服务站33个。推进冠字号码可查询工作，覆盖北京市全部自助机具和超七成柜台渠道。圆满完成普通纪念币发行工作，发行预约网点增至百个。积极开展精细化管理和“三严一争”活动，实现效率提升与风险防控双目标。

（四）进一步健全国库服务体系

首次实现国库代理银行优胜劣汰，代理支库管理引入竞争机制取得历史性突破。成功试点出口退税无纸化业务，市级财政支出业务全面实现无纸化。深入推进国库标准化管理，组织编制《国库标准化管理手册》，核算规范化水平和风险防控能力不断提升。

（五）稳步推进信用体系建设

规范完成征信机构备案、初审工作，指导成立全国首个征信行业自律组织，实现企业及个人征信机构数量居全国首位。建成覆盖全市的个人信用报告查询服务网络，开创特大型都市征信服务新模式。完善金融信用信息基础数据库建设，小额贷款公司和融资性担保公司接入工作取得阶段性成果，信托公司和财务公司接入数量居全国首位。扎实推进首都社会信用体系建设，中关村被中国人民银行确定为首批小微企业信用体系建设试验区。

（六）不断强化科技服务和保障功能

全面推进金融 IC 卡推广应用工作，发卡量居全国第二。完成辖内银行业金融机构代码证发放，信息安全管理工作水平不断提升。有序推进小微机构接入金融城域网工作，服务小微企业发展。

（李媛）

国家外汇管理局北京外汇管理部

2014 年，国家外汇管理局北京外汇管理部（以下简称北京外汇管理部）围绕“五个转变”的总体要求，牢牢把握“推改革、防风险、夯基础、抓管理”的工作主线，各项工作取得良好成效。全年，北京地区累计实现外贸进出口 4 256.5亿美元，同比下降 3.3%；贸易逆差 2 909.6 亿美元，同比下降 3.8%；实际利用外商直接投资 90.4 亿美元，同比增长 6.1%，增速较上年高 0.1 个百分点；结售汇总量 6 155.89 亿美元，同比下降 7.12%。

一、推动外汇管理改革，摸索改革创新经验

（一）落实简政放权改革措施，深入参与政策制定与完善

2014 年，国家外汇管理局进一步改进和调整了境内企业境外放款、跨境担保、外债转贷款、特殊目的公司境外融资及返程投资等十余项资本项目外汇管理政策。北京外汇管理部积极参与了改革政策酝酿、出台和反馈的全过程，推进改革措施在北京平稳落地，取得了积极成效。境外放款政策实施仅半年，北京地区企业境外放款登记额同比增长 5.54 倍，“促流出”效果显著；特殊目的公司改革政策使境内居民个人特殊目的公司变更登记业务减少 50% 以上，大幅降低市场主体业务负担；出台外债转贷款政策，北京模式在全国得到推广；跨境担保政策实施，取消前置审批环节，缩小了登记范围，政策实施以来共办理内保外贷登记业务 64 笔，金额合计 208 亿美元，有力地支持了企业境外项目发展及融资需求。

（二）跨国公司外汇资金集中运营管理改革成效显著

试点企业规模继续扩大，跨国公司数量由 7 家扩至 40 余家，参与成员公司数量由最初的 195 家扩至 1 748 家，成员公司所在地遍及全国 180 多个城市及境外近百个国家和地区。全年，企业集团参与集中管理的外债 207.9 亿美元，对外放款 278.79 亿美元，额度共享后资金利用率比试点前平均提高近 50 多个百分点。据初步估算，试点已累计为企业带来近 6 亿元人民币的综合收益。

（三）创新非现场监测工作机制，实践主体监管

一是建立一体化重点主体监测库，切实做到抓大放小。二是构建货物贸易敏感

样本企业库，准确把握地区外汇收支形势。三是构建服务贸易行业分析组和大型机构样本组。针对辖内服务贸易涉外收支规模和企业集中度较高的特点，构建了金额覆盖面达60%的形势分析辅助样本组和预警指标体系。

（四）稳步拓展跨境电子商务外汇支付试点工作

按照“风险可控、条件成熟”的原则开展第三方跨境支付试点。截至年末，北京地区的9家试点机构中，有8家开展了跨境支付交易，累计收付汇金额4.35亿美元，结售汇金额5.49亿美元。

（五）率先实施中关村境外并购外汇管理改革试点

在全国率先实施中关村境外并购外汇管理改革试点。截至年末，北京外汇管理部已办理6笔境外并购试点业务，试点政策核准额度共计1.62亿美元，企业根据新政已办理快速汇款4 660.12万美元。

（六）开展资本金意愿结汇改革试点，继续推动股权投资基金改革试点

一是改革资本金结汇方式，允许外商投资企业外汇资本金账户中已办理出资权益确认的外汇资金，根据其实际经营需要在银行办理结汇。中关村国家自主创新示范区内约1 600家高新技术企业首先受惠。二是继续推进北京地区股权投资基金及其管理企业做好利用外资试点工作。试点以来，累计认定试点企业11家，核准额度11.31亿美元，实际资金流入2.37亿美元，累计结汇1.37亿美元。三是探索推进区域性改革试点，通过会谈、调研等形式与朝阳区、西城区金融办和顺义天竺保税区探讨改革先行先试措施。

二、加强跨境资金监测，遏制异常资金流动

（一）加强跨境资金流动监测，提高外汇形势分析水平和风险预判能力

密切关注国内外经济金融形势，加强对跨境资金双向监测，提高分析报告的针对性和有效性。加强外汇检查，加大案件查处力度，打击各种外汇违法违规行为，遏制异常跨境资金流动。

（二）进一步丰富监管手段，有效防控风险隐患

一是针对部分代理进口企业延期付汇时间过长、委托方自行付汇等不规范付汇行为，对40家代理企业开展了专项延期付汇治理行动。通过治理，有22家企业因指标明显好转且整改措施到位。二是开展“定期存款及理财”账户专项调研，筛选出余额排名前15家的金融机构和243家企业，深入分析定期存款及理财外汇账户余额增长的原因及引发的问题，为经常项目非现场核查开辟了新的视角。三是开展企业报告数据质量专项核查工作，有效地提高了报告数据质量。四是组织辖内60余家商业银行开展经常项目外汇业务合规性自查，并对发现的问题认真整改，引导银行履行代位监管职责。

（三）按照“五个转变”要求，加大跨境资本流动分析与核查力度

一是研究制定《北京外汇管理部资本项目管理处资本项目事后监管工作机制（试行）》，印制资本项目常用系统使用手册，加强人员培训，夯实监测基础，促进工作转型。二是组织专人核对资本项目信息系统数据与国际收支系统数据之间的差异，形成分析报告，深化对监测数据的分析和运用。三是总结综合执法检查工作经验，摸索通过比对系统数据差异发现异常

线索，将现场检查和非现场监测相结合的工作方法。四是提出财务公司主体监管工作方案，加强对财务公司的数据统计和监测分析。五是对融资租赁公司外债借入量迅速增长情况进行重点监测。先后与7家企业进行座谈，对近十万条数据信息进行分析处理，全面了解近三年外资融资租赁公司的业务经营情况，在此基础上完成了《北京地区外资融资租赁公司经营调查和外债使用监测分析报告》。六是加强对资本项目信息系统和跨境监测系统的利用，全年共对292条可疑线索进行了非现场和现场核查，移交涉嫌违规线索26条。

（四）加大案件查处力度，遏制异常跨境资金流动

北京外汇管理部按照“五个转变”工作思路，围绕国家外汇管理中心工作，依托外汇检查分析应用系统开展检查工作，有力地打击了违法犯罪活动。全年共立案118件，结案123件，结案率104.2%。与北京海关缉私局共同采取打击行为，成功破获6起走私案件。与市国税局签署《打击外汇违法行为和出口退税违法行为合作备忘录》，启动北京地区外汇管理与税务部门监管专题合作机制。与公安部门打击“地下钱庄”违法犯罪活动成效显著，破获“地下钱庄”17个，正式批捕17人，冻结涉案银行账户264个。

三、强化数据系统建设，夯实外汇管理基础

（一）统筹数据管理，提高统计数据质量

一是夯实统计数据质量基础。对外汇指定银行在内控制度建设、防范业务操作风险、加强统计数据质量管理等方面提出更高、更具体的要求，并明确重大差错违规处罚措施。二是完善数据核对机制，加大非现场核查力度。全年，共核查国际收支申报数据273万笔，差错率为0.1%；审核上报辖内119家银行共12期结售汇月报和22期结售汇旬报，核查报表逾13 512份，银行报送统计数据的准确性显著提高。

（二）加强系统建设和推广，提升数据统计电子化水平

一是在全国率先开发完成银行结售汇大户月报表电子表单系统。完成10家金融机构测试工作，强化了统计分析功能。二是大力推广跨境资金流动监测与分析系统。技术部门集中力量，为用户提供一对一现场演示和指导。三是维护资本项目系统的平稳运行。严格控制在京总行接口数据错误率，同时做好资本项目信息系统二期上线工作。

（三）广泛开展政策宣传，打牢外汇管理的市场主体基础

一是多次开展面向银行、企业等市场主体的政策宣讲和培训。联合市商务委组织召开北京地区跨国公司外汇资金集中运营管理政策宣讲会，对辖内147家总部企业、53家银行，总计300余人进行政策培训。二是利用互联网网站进行宣传。4月，开通北京外汇管理部子网站，公布外汇政策法规、办公指南、12部业务咨询及举报投诉电话，开辟咨询反馈板块，全年回答社会公众的业务咨询约200条。三是利用公众媒体宣传外汇管理政策。在《金融时报》、《中国外汇》、《中国金融》等媒体杂志上刊发多篇介绍北京地区外汇管理改革成果和外汇政策支持实体经济发展成效的文章，树立北京外汇管理部的良好形象。

四、加强制度理念建设，提升服务管理水平

（一）确立服务实体经济发展的管理理念，寓管理于服务中

一是为重点项目、重点行业开辟绿色通道。积极研究解决外商投资企业外方资本金结汇缴纳土地保证金问题，支持北京市“世界侨商总部聚集区”等重点建设项目顺利实施；便利 APEC 会议相关外汇业务的办理，为与会境内、外机构和个人办理外汇业务开辟绿色通道。及时为中国中信有限公司办理外国投资者并购境内企业外商投资企业登记及相关境外投资业务，保证该公司境外股份制改制的顺利实施。二是提前对中国石化股份有限公司引进外资相关登记及资金使用问题开展外汇政策辅导，促进其油品销售业务板块的重组改革；指导北京首都创业集团有限公司顺利完成境外并购担保业务，使企业海外业务拓展在外汇管理环节无障碍；针对中石油、中石化等大型企业境外发债涉及跨境担保业务的特殊性，率先试行担保项下境外发债业务预审核方式。三是对境内机构境外投资法规进行梳理，制订对外投资历史补登记处理方案报国家外汇管理局批准后实施，逐一解决众多企业对外投资补登记历史遗留问题。

（二）优化业务流程，提高工作效率

一是根据政策调整和工作实际，梳理调整资本项目业务审核权限表，细化了 20 类 112 项业务的办理权限，减少审批层级，缩短审批流程。二是完善财务公司即期结售汇资格审批工作。整合管理环节，细化工作流程，简化审批手续，加强财务公司开办结售汇业务事后监管。三是缩短返程投资特殊目的公司登记业务办理流程，提高工作时效，为支持企业发展提供便利，并对资本项目外汇业务办理首问负责制进行探索实施。四是以跨境担保新政出台为契机，重新梳理业务类型，调整业务权限，并将系统录入信息企业确认环节并入业务受理环节，减少业务流程，缩短业务办理时限，提高工作效率。五是梳理明确了财务公司结售汇业务资格审核等 15 项资本项目重点、难点业务的审核要点，规范业务办理流程。

（云璐）

中国银行业监督管理委员会北京监管局

2014 年，中国银行业监督管理委员会北京监管局（以下简称北京银监局）认真贯彻落实党中央和银监会的各项决策部署，深入学习领会习近平总书记视察北京时发表的重要讲话精神，深化对首都工作特殊重要性的认识，积极主动促改革，提质增效惠实体，持续发力控风险，较好地完成了各项工作任务。

一、稳步推进银行业改革

指导 3 家银行业金融机构引入民营资本增资扩股，批准筹建 1 家民营企业集团财务公司，配合市政府完成中关村银行筹建方案上报工作，民间资本进入银行业进一步扩大。推进银行同业和理财业务管理体制改革，辖内中外资法人银行均已建立同业业务专营部门和理财业务事业部。督促银行业金融机构改进经营管理方式，进一步完善绩效考核机制，存款偏离度达标情况良好，“冲时点”行为得到及时遏制。拓宽资本补充渠道，2 家法人银行成功发行二级资本债券300亿元，资本管理能力逐步提升。出台社区金融服务指导性文件，辖内214家社区银行、小微支行先后开业，基础金融服务“村村通”工程有序推进，城乡金融服务均等化水平进一步提升。辖内首家国际业务结算中心获批开业，首例外资银行合并事项顺利完成，北京银行业多元化服务体系进一步完善。

二、服务实体经济取得新成效

围绕新时期北京经济社会发展的关键领域和薄弱环节，加强监管引领，推动改善金融服务，降低企业融资成本。银行业金融机构多措并举盘活信贷存量，有扶有控用好信贷增量，努力提升资金使用效率。截至年末，辖内银行机构共获批发行273.58亿元资产证券化项目，累计核销不良贷款39.54亿元；全辖新增信贷投入6 955.19亿元，比年初增长12.87%；新增理财、信托等资金投入5 015.55亿元，比年初增长32.02%。增量信贷投放实现“三个倾斜”：一是向北京市重点项目建设和重点行业、产业倾斜，全年辖内新发放轨道交通等重点工程贷款超过370亿元；截至年末，中关村企业贷款突破3 000亿元，节能环保类贷款超过6 400亿元，文化创意贷款超过800亿元。二是向小微企业和涉农领域倾斜。截至年末，小微企业贷款同比增速29.31%，高于平均贷款增速16.44个百分点，实现“两个不低于”目标；辖内银行机构创新推出百余种涉农信贷产品，涉农贷款比年初增长14.91%，高于平均贷款增速2.04个百分点。三是向首都城乡一体化改造和保障房建设倾斜。截至年末，保障性安居工程贷款余额比年初增长8.96%，西红门镇及旧宫镇城乡一体化项目贷款余额22.85亿元，比年初增长110.6%，全年发放重点村贷款40.92亿元。相关机构配合市政府推出棚户区改造专项贷款的“北京模式”得到李克强总理批示肯定。

三、持续加强重点领域风险防控

辖内部分央企集团、房地产、产能过剩行业等重点领域风险得到缓释。融资平台存量债务确权工作稳步开展，平台贷款规模下降，结构优化，年末贷款余额比年初下降9.62%，省级平台占比上升3.45个百分点。信息科技风险防范体系日趋完善，分行级同城灾备中心建设全面推进。案件治理保持高压态势，实施银行业从业人员“灰名单”制管理，推动机构将案防排查与考核问责挂钩，银行业金融机构累计处罚问责违规人员184人次。配合市公检法部门和市纪委做好20余起案件查冻扣工作，打击非法集资等金融犯罪行为。信托业务兑付风险得到较好防范，声誉风险和流动性风险防控进一步加强，辖内未发生重大舆情和信访维稳事件，北京银行业大局保持稳定。

四、不断提升银行监管效能

加大违法违规惩戒力度，优化行政处罚工作流程，给予7家银行警告、罚款、没收违法所得的行政处罚，罚没金额累计近300万元；给予1名银行高管人员终身禁止从业的行政处罚，并暂停1家机构全部准入事项、1家机构高管人员准入及21家机构11项业务。积极推进监管改革和监管职能转变，认真落实简政放权要求，将7项行政许可审批事项调整为报告制，落实7项银监会下放的审批事项；以准入工作为切入点，发挥现场检查、非现场监管“双线”作用，建立完善的非现场监管联席会议制度、市场准入工作联席会议制度、创新监管联动机制；创新运用项目统筹、横贯式检查、全流程检查方式及现场检查分析系统，针对银行业金融机构公司治理、内控管理、风险管理等方面开展28项现场检查，累计发现问题629个，涉及金额4 628亿元。成立银行业消费者权益保护处，建立北京银行业消费者权益保护高层指导委员会和北京银行业社会监督员工作制度，在辖内全面推广商业银行个人投资类产品销售全程录音录像工作，切实保护消费者合法权益。

（刘雯）

中国证券监督管理委员会北京监管局

2014年，中国证券监督管理委员会北京监管局（以下简称北京证监局）按照全国证券期货监管会议精神和工作部署，着力聚焦“两维护、一促进”的核心职责，坚持科学定位，锐意改革，开拓创新，积极支持服务监管转型，探索特色监管、有效监管，服务实体经济，不断加强内部管理，各项工作成效显著，辖区资本市场实现稳定健康发展。

一、持续落实简政放权，充分释放辖区市场活力

（一）做好类许可备案事项清理工作

除按相关规定要求设定的事项之外，不设立类许可备案。截至年末，北京证监局负责审核的行政许可共13项，比上年减少4项。

（二）提高准入监管服务质量

修订完善审核工作制度，制定审核手册，严格受审分离。明确申请标准，细化审核依据、标准和办理时限。制定完善工作底稿，确保留痕管理。简化监管对象报送要求，探索信息共享机制，减轻机构报送负担。

（三）提高准入监管透明度

加大行政许可事项公开力度，及时公示行政审批转事后备案事项的监管要求，稳步推进电子许可备案系统建设。

二、全面加强事中监管，积极探索辖区监管转型

（一）建立完善风险分类机制

综合行业风险、现场检查线索、信访举报和媒体质疑等影响因素，突出风险和问题导向，建立上市公司和证券营业部分类监管机制，进一步优化期货营业部、基金管理公司和证券投资咨询公司分类监管机制。

（二）进一步丰富监管工具

与外部机构合作研发风险预警模型，探索建立多维风险预警监测体系。建立监管通报机制，动态发布风险提示及监管要求等。初步建立覆盖各监管条线的联合培训机制，召开辖区基金管理公司投资管理人员行为规范及会计师年报监管培训会。针对辖区律师从业机构、人员和业务量占比大，其执业质量对整个证券市场影响重大的情况，联合市司法局、北京市律师协会召开2014年度第一期北京律师证券业务培训会议，就IPO、并购业务的执业规范提出具体要求，辖区75家律师事务所的127名律师参加了培训。

（三）强化现场检查力度

按照监管转型要求，加大现场检查人员和资源倾斜力度，丰富检查手段。加大对资管业务、港股通业务准备情况、基金管理公司子公司、从业人员炒股和创新业务等方面的专项检查力度，涉及证券公司13家，分支机构46家，共计出动检查人员237人次。开展投资咨询机构年检工作，共计检查投资咨询机构24家，出动检查人员66人次。根据证监会债券部的要求，联合中国证券业协会、中国证券登记结算有限公司对辖区资信评级机构开展了半年度现场检查工作，检查涉及2家资信评级机构，出动检查人员32人次。参加证监会机构部组织的直检工作，完成对中信证券、招商证券、平安证券、东莞证券、国泰君安和光大证券等公司的资管、融资和两融业务专项直检工作；对高风险上市公司进行全面检查，建立媒体质疑和股价异动现场核查机制，探索现场走访方式，全年共完成现场检查26家，下发监管函及采取监管措施共计7项。选取高风险和重要性高的审计与评估机构的执业项目进行现场检查。

（四）加大行政监管措施的使用力度

全年共下发31项行政监管措施，大幅新增责令整改、责令公开说明、约见谈话、认定不适当人选等行政监管措施的使用，强化日常监管的刚性。

（五）积极做好风险防范处置

落实“首都风险零容忍”要求，前瞻性地做好重大风险处置工作。积极处置华锐风电、湘鄂情和赛迪传媒等高风险公司风险隐患，有效化解了华锐风电近28亿债券的刚性兑付风险，有效处置了瑞银证券314信息系统事件和某基金管理公司专户产品兑付风险等事件，牵头组织完成北京市各类交易场所现场检查工作，组织落实证券期货行业APEC会议安保维稳工作。

（六）构建完善综合监管体制

探索北京证监局内综合监管机制，推动会计处、法律处等专业处室与业务处室之间，机构条线、上市公司条线内部处室的监管合作；加强信息技术监管的统筹安排和协调。深化监管协作机制建设，加强与证监会、国资委、市金融局、市财政局和交易所等单位在风险处置方面的合作，构建监管合力。

三、统筹推动监管执法，有效维护投资者合法权益

（一）严厉打击证券期货违法犯罪

不断完善执法各项制度机制，着力提升案件调查程序的合法性。积极探索提高稽查执法效能，全年共办理各类证券期货违法违规案件67件，办结55件，结案率82%；办理案件协查32件。顺利启动自立案件行政处罚工作，探索完善会商程序和补充调查程序，做好类型化案件的审理经验积累，已完成一起案件的审理和法律文书送达，另有两起案件尚在审理中。

（二）保持对辖区非法证券活动严打态势

全年查处非法证券发行、非法证券投资咨询及非法从事其他证券业务等案件9件，已移送公安机关案件两起，其中一起涉案金额高达10亿元。

（三）做好“12386”和信访投诉事项

修订“12386”热线投资者诉求事项处理暂行规程，将相关工作委托转交各协会处理，提高投诉处理效率。修订北京证监局信访工作规程，着手制订信访、举报、投诉处理工作规程。

（四）将投资者保护工作融入日常监管

开展上市公司承诺履行专项治理活动，辖区企业基本完成整改。督促上市公司完善信息披露和内控管理工作。督促辖区证券期货经营机构落实投资者保护工作相关要求。加强对证券投资咨询的监管工作，对风险较大的投资咨询机构保持严格监管态势，妥善化解多起群访纠纷。

（五）开展多样化的投资者教育活动

联合市打非协调小组开展防范打击非法集资宣传月活动，联合市金融局开展金融安全宣传，督促辖区监管对象及协会开展形式多样、内容丰富的投资者教育活动。

（余超）

中国保险监督管理委员会北京监管局

2014年，中国保险监督管理委员会北京监管局（以下简称北京保监局）认真贯彻党的十八大，十八届三中、四中全会和全国保险监管工作会议精神，围绕“抓服务、严监管、防风险、促发展”的总体要求，以保护保险消费者合法权益为根本目标和核心任务，着力维护市场秩序，防范化解风险，推动行业服务首都经济社会发展，促进北京保险市场平稳健康发展。

一、着力保护消费者合法权益，切实改进保险服务

北京保监局坚持将维护消费者权益作为监管工作的出发点和落脚点，不断完善保险消费者权益保护机制，督促行业不断改进保险服务。一是提高车险理赔服务水平。建立车险理赔服务测评指标体系，指导行业协会制定全行业统一的车险理赔服务承诺，并向社会公布；联合市交管局推动机动车交通事故快速处理信息化建设，提升车险理赔时效，缓解道路交通拥堵；启动商业车险电子保单试点工作，为投保人提供便捷的车险服务。2014年末，北京地区车险滚动12个月结案率88.5%，同比提高9个百分点。二是提高销售人员从业素质。全面提高销售人员准入门槛，管控“增量”；实行销售从业人员资质分类管理，提高销售人员的专业化水平，改善“存量”；完善销售人员警示信息管理系统，提高销售人员违规成本。三是加强信访投诉处理。推出“投诉7天快处机制”等保险消费投诉五项便民措施，受到消费者广泛好评；制定完善来访接访工作制度、规范用语、调查标准等，规范信访流程；加强投诉处理测评通报，强化社会监督。四是加强消费者教育。以“全国保险公众宣传日”活动为契机，多渠道多角度开展消费者教育，累计向消费者发布各类风险提示10余次，在媒体进行消费者专题教育20余次，组织行业开展捐资助学、公益大讲堂等活动100余次，发放宣传材料10万余份。

二、全力防范化解风险，维护市场稳健运行

面对复杂的经济形势，北京保监局坚持把防范化解风险作为保险监管重要任务抓紧抓实。一是密切关注行业风险，积极应对突发事件。重点关注寿险公司满期给付及非正常集中退保风险，对辖内57家人身险公司开展风险排查，对风险较高的13家公司下发风险提示函；注重监测市场上的苗头性风险事件，及时叫停个别保险公司在京销售“雾霾险”、“世界杯险”等噱头保险；积极应对“3·8”马航客机失联、“融典”基金等风险事件。二是加大查处力度，持续规范市场秩序。全年围绕销售行为规范、车险理赔管理、中介市场清理整顿等监管重点，派出66个检查组、203人次，对36家次保险公司和33家次中介机构开展现场检查，共处罚保险机构34家次、责任人39人，罚款金额618.5万元。三是加强交流合作，维护社会稳定。与市公安局海淀分局合作成立北京海淀反保险欺诈中心，累计破获保险欺诈案件20起，涉案金额近300万元；进一步加强与相关法院联系，北京地区保险合同纠纷诉调对接范围由上年的80%扩大至100%，实现了从中心城区到远郊区县的全面覆盖。总体来看，2014年北京保险市场运行稳健，没有发生区域性、系统性风险。

三、发挥保险功能作用，服务首都经济社会发展

北京保监局积极推动北京保险业提升服务经济社会发展能力，在农业保险、健康险、责任险等方面实现新突破。一是发挥保险支农惠农作用。在全国首推生猪价格指数保险，2014年首期试点结束后向养殖户支付赔款410万元，平均每户获得补偿近3万元；试点推出秋播大白菜价格指数保险、蜂业气象指数保险、杂交小麦一揽子保险等新型险种，进一步扩大保障范围。农业保险累计为12.5万户次农户提供了241.9亿元风险保障，累计赔付支出4.8亿元，受益农户13.1万户次。二是参与社会保障体系建设。持续深化平谷区新农合“共保联办”试点，每年为政府节省近百万元人力成本，受益农村人口达117.4万人；以独生子女夭亡家庭为保障人群的“暖心计划”项目覆盖家庭5 200户，风险保额超过9亿元，为失独家庭储备长期寿险责任准备金7 629万元；与市老龄委共同推动老龄人意外险试点；为85万名首都平安志愿者免费提供团体意外伤害风险保障。三是促进首都经济提质增效。保险资金以债权投资计划形式参与北京市重点项目建设规模达847.2亿元，居全国第2位，占比9.47%；出口信用保险支持北京地区各类产品出口、对外工程承包和海外投资租赁总额601亿美元；推动开展中小企业知识产权质押贷款保证保险、中小企业贷款履约保证保险试点等，缓解中小企业融资难；落实市政府与保监会战略合作协议，召开“加快推动北京保险产业园创新发展”工作会议，吸引中保信公司、国寿电子商务公司等10家保险企业进驻保险产业园。四是积极辅助社会管理创新。配合市安监局启动安责险试点工作，为上万家企业提供安全生产风险保障；推动市医管局为全市21家三甲医院购买公众责任保险，转移医院场所责任风险；研究医责险承保新模式，引导保险公司改进医责险产品，完善医疗纠纷调解模式，为下一步医责险的改革积累经验。

四、加强沟通与交流，推动新“国十条”在首都落地

国务院关于保险业发展的新“国十条”出台后，北京保监局加强与市政府相关委办局的沟通联系，了解北京市对保险业的需求，为新“国十条”贯彻落实打好基础；多次召开业内、外座谈会，听取近40家市政府委办局和区县金融办以及主要保险机构代表的意见，会同市金融局起草《北京市人民政府关于深化改革加快北京现代保险服务业发展的意见》，从服务首都经济发展、民生保障、社会管理，促进保险业发展等方面提出了关于提升养老、健康、农业等险种服务水平，引入保险机制支持首都创新战略及和谐稳定社会建设，拓宽保险资金使用范围等具体实施意见。

（黄芳）

北京市金融工作局

初步核算，2014 年北京市金融业实现增加值 3 310.8 亿元，比上年增长 12.3%，占地区生产总值的 15.5%，较上年提高 1 个百分点；实现税收 4 752.7 亿元，同比增长 19.5%，占全市税收总量的 42.8%；资产总量 98.9 万亿元，同比增长 14.8%，占全市法人单位资产总量的 70% 以上。金融业以不到全市 4% 的从业人员，创造了占全市 15% 的地区生产总值和 17% 的地方公共预算收入，贡献了 24% 的地区生产总值增量和 40% 的地方公共预算收入增量。

一、在加快改革创新中，推动全市金融业健康快速发展

一是促进新型业态发展。与保监会联合印发《关于加快推动北京保险产业园创新发展的意见》，推动保险业改革创新项目在产业园先行先试。加强产业园的功能集聚与服务集成，完善保险产业链，吸引中国保险信息技术管理有限公司等新型保险业态入驻。推动互联网金融产业基地建设，带动新型业态快速发展。截至年末，北京市聚集了拉卡拉、人人贷、天使汇等各类互联网金融企业 200 余家，56 家企业获支付业务许可证，数量居全国首位。

二是引导产品服务创新。推动金融机构向市场服务差异化、收入结构多元化、服务能力综合化方向发展，为各金融机构开设境外分支、开展证券业务试点、柜台市场业务试点、优先股试点等做好服务，推动中关村开展境外并购外汇管理试点、外汇集中收付改革试点。

二、在承担国家战略中提升首都金融影响

一是助力“新三板”打造中小微企业融资新格局。全国中小企业股份转让系统全年新增挂牌企业 1 225 家，覆盖 30 个省、自治区、直辖市。支持“新三板”在不设财务门槛、引入做市制度方面进行制度创新，为中小微企业拓宽多元化融资渠道，近半数挂牌企业获得创业投资基金和股权投资基金支持，近 300 家挂牌企业成功完成股票发行，融得资金 130 亿元，超过 50 家挂牌公司涉及重大资产重组或被上市公司收购、控股、参股，挂牌企业获得合作银行过百亿元贷款。

二是服务高端金融平台，对接国家战略。为亚洲基础设施投资银行、丝路基金等国际金融组织落户北京提供支持，引导金融机构为企业“走出去”开展基础设施建设、资源开发、产业合作提供投融资支持。为中国信托业保障基金有限公司在京设立提供服务，参与防范系统性风险体系的建设工作。

三是健全科技金融服务体系，支持全

国科技创新中心建设。推动中国人民银行中关村国家自主创新示范区中心支行设立，引领金融管理服务向科技创新园区前移。制定实施《中关村国家自主创新示范区小额贷款保证保险试点实施办法》，推动信用保险服务科技型企业；印发《关于支持中关村国家自主创新示范区推广商业承兑汇票融资模式的指导意见》，支持商业承兑汇票推广。推动示范区建立健全信用体系、政策体系和中介服务体系，科技信贷专营机构及特色支行接近50家，新型科技信贷产品得到推广，全市高新技术产业贷款余额同比增长60.9%。

四是加快机制创新，推动京津冀协同发展。联合三地金融办支持北京产权交易所集团发起设立京津冀产权市场发展联盟，设立统一的三地旅游资源交易平台。鼓励商业银行创新产品服务，其中华夏银行北京、天津、河北三地七家分行联合推出“京津冀协同卡”，实现个人和个体业主存、贷、汇同城化，方便小商品批发等业态转移疏解。

三、在提升服务中支持首都转型发展

一是建设多层次资本市场，助力产业结构调整。积极联系监管部门和相关机构，为推动企业上市做好培训、对接和服务，全年推动18家企业境内上市，A股上市公司达到235家，位居全国第二位；24家企业境外上市，境外上市公司达到215家，居全国首位。加强多层次资本市场建设工作，拓宽企业融资渠道，全年发生并购事件423起，涉及资金5 127亿元，分别占全国的13%和31%。战略性新兴产业664家企业获得近700亿元股权投资基金支持。

二是加快要素市场改革。鼓励业务模式创新，为各类资本参与者提供顺畅、高效、阳光的交易机制。全市40家交易场所共完成交易额近2.2万亿元，同比增长61.5%。批准设立北京铁矿石交易中心、北京邮票交易中心和北京文化产权交易中心，联合水利部向国务院申请筹设中国水交易所，加大高端金融要素资源领域的统筹布局。推动北京产权交易所抓住国企混合所有制改革的契机，加大资源导入；支持北京金融资产交易所开展非金融企业债务融资工具集中簿记建档发行工作，进入银行间债券市场；支持北京环境交易所推进碳排放权交易试点；支持北京石油交易所创新推出燃料油、成品油现货交易等产品，实现跨越式增长；印发《关于金融促进首都体育产业发展的意见》，探索体育产业与金融融合发展。

三是着力发展普惠金融。印发《关于进一步加强金融支持小微企业发展的若干措施的通知》（京政办发〔2014〕58号），形成全市财税、银行、证券、保险等支持小微企业发展的全覆盖综合金融服务框架。着力构建政策性担保与商业性担保相补充、融资担保与再担保相互配合、中央、市级、区（县）多层次、多元化融资担保服务体系。管理融资性担保公司达到130家，融担责任余额规模居全国首位，覆盖小微企业4.5万户。管理小贷公司89家，涉农贷款余额增长11.9%。支持国家开发银行牵头搭建棚户区改造统贷平台，实施“预授信+核准”的“北京模式”，全年向棚户区改造项目放款330亿元。协助监管机构推动保险资金运用，其中120亿元保险资金支持地铁16号线建设，49亿元保险资金参与设立新型城镇化发展基金。推动设立首都建设引导基金，为重大项目建设补充资本金。推广土地信托模式加速农业与资本融合。农村基础金融“村村通”工程推广到752个行政村。政策性农业保险累计为12.5万户次农户提供了101亿元风险保障。在全国首推生猪价格指数保险等新型险种。启动安全生产责任险试点。为全市70岁以上老年人购买意外伤害保险。

四是持续推动金融环境优化。坚持依法行政，不断推动简政放权，起草《关于下放北京市融资性担保公司审批权限的管理实施细则（讨论稿）》，修订《北京市小额贷款公司管理试点办法》，取消筹建审批环节，简化审批流程。积极争取金融改革政策，研究制订《深化改革 加快建设国家科技金融创新中心的意见》，拟联合“一行三会”等九部委印发。多种形式搭建政金企交流平台，提升融资服务效率。推动成立北京首金小微企业金融服务有限公司，为小微企业提供“一站式”融资指导。加强金融功能区建设，提高金融街等已建成金融功能区存量资源利用率，加大对重点机构的引入工作。支持在国家科技金融功能区建设科技金融一条街，截至年末，共吸引356家金融机构入驻。成功举办“2014金融街论坛暨第十届北京国际金融博览会”、“京台论坛”、“京港论坛”、“第六届全球PE论坛”等，增强国际交流能力。积极发挥首都金融服务商会、行业学会、协会作用，推动融资主体与方式创新。加强金融业综合统计工作，健全完善金融业统计核算体系。

四、在强化监管中防范金融风险

一是加强行业监管，守住风险底线。面对经济转型期风险上升态势，协助监管部门强化风险监测和预警，采取有力措施化解和处置，重点领域风险得到有效防范。在全国率先建立覆盖银证保的金融机构同业业务统计监测制度，加强交叉性金融业务风险监管。保持对金融违法犯罪的高压态势。守住不发生区域性、系统性风险的底线。

二是切实强化地方金融监管职责。建立健全地方金融监管体系、制度，不断加强对融资担保公司和小额贷款公司的现场检查和非现场监管，推动对小额贷款公司信用评级和外部审计，形成全市统一的要素市场资金监管平台。

三是加强社会金融风险防范和处置工作。市区联合，广泛开展打击非法集资宣传和专项培训。面对非法集资案件多发态势，联合19个市级部门和各区县，对17个行业开展非法集资风险排查，加强对私募股权投资基金、网贷等风险高发领域的监控，加强区域间协作，依法协调非法集资案件处置。

（任妍）

金融机构

中国农业发展银行北京市分行

2014年，中国农业发展银行北京市分行（以下简称农发行北京市分行）累计发放贷款 81.88 亿元，累计收回贷款 142.06 亿元，各项贷款年末余额 333.9 亿元，各类存款年末余额 110.9 亿元，实现账面利润 6.42 亿元，继续保持不良贷款为零。

截至年末，农发行北京市分行共辖 13 个支行（部），在岗员工 440 人。

政策性粮油信贷业务 全年累计发放和收回粮油贷款 88.97 亿元，连续十一年实现粮油政策指导性购销贷款“双结零”。

化肥、猪肉等储备贷款业务 审批通过农发行系统第一笔国家钾肥储备贷款和农药储备贷款 13.3 亿元，累计发放糖、肉、化肥储备贷款 15.18 亿元，连续九年实现了国家淡季化肥储备贷款“双结零”。

政策性中长期信贷业务 全年累计发放水利建设贷款 21.65 亿元，支持丰台、房山、平谷 3 个区的 18 条中小河道治理工程；发放平原造林项目银团贷款 4 亿元，支持通州区平原造林项目。发放密云县新城云西四路道路工程建设项目贷款 6 476万元，支持农村路网建设。

票据业务 全年累计办理票据业务 575.28 亿元，实现利息收入 6.23 亿元。

国际结算业务 全年累计办理国际结算业务 586 笔，结算金额 18 979.71 万美元，同比增长 27.17%；实现国际业务收入 119.02 万元，同比增长 39.48%。

金融产品创新 开办险资债权投资计划独立监督人业务，进一步拓宽投资业务渠道。

不良贷款清收 继续保持新业务开办 10 年以来新增不良贷款“零增长”。完成粮油附营业务停息挂账贷款呆账核销工作，实现附营业务停息挂账贷款余额清零，资产质量进一步优化。

（李灵毓）

中国进出口银行北京分行

2014 年，中国进出口银行北京分行（以下简称进出口银行北京分行）累计批准贷款项目 119 个，批准贷款 435.14 亿元，比上年增长 6.7%；累计发放贷款 483.67 亿元，比上年增长 5.8%；各类贷款年末余额本外币合计 811.05 亿元，较年初新增 150.84 亿元，增长 22.8%；资产质量继续向好，经营效益继续稳步提升。

截至年末，进出口银行北京分行内设处室 11 个，在职正式员工 73 人。

加大业务开拓 深入辖区 5 省市开展调查研究和业务拓展，召开银政企座谈会，与 100 多家企业深入交流，实地考察 20 余家企业，在此基础上完成了 5 省区开放型经济发展情况调研报告，并汇总整理成进出口银行北京分行中长期发展规划。与北京银行、内蒙古自治区政府（以总行名义）、呼伦贝尔市政府、内蒙古银行签署战略合作协议。以银团方式向京港澳高速改扩建工程项目发放贷款 10 亿元，支持京津冀交通一体化建设。全年成功开发新客户 30 个，本外币贷款新增合计 150.84 亿元。

推动辖区经济发展 优先支持战略性新兴产业发展，向紫光集团提供6亿元人民币贷款，用于支持展讯通信实施核高基国产CPU研发国家重大技术专项课题。全年新增支持进出口贸易贷款余额占比68%，超过总行计划38个百分点；“走出去”贷款年末余额92亿元，同比增加19.56亿元，增长27%。全年发放贷款支持的商务合同金额267亿元，同比增长30%，超过总行计划10个百分点。加大对节能减排、环境保护、循环经济的支持力度，为北京城市排水集团有限责任公司提供10亿元人民币转型升级贷款，全力支持首都污水处理和生态文明建设。配合北京“双轮驱动”战略，为四达公司再次发放贷款5亿元，推动文化企业“走出去”。支持企业转型升级，为山西太钢不锈钢股份有限公司提供3 100万美元优惠利率进口信贷流动资金贷款，支持其发展特钢产品。认真落实“有扶有控”的宏观政策，主动降低钢铁、光伏、电解铝等国家宏观调控项目的贷款余额占比，三项贷款年末余额分别较年初下降了1.96个百分点、0.78个百分点和0.24个百分点。加大对小微企业的支持力度。截至年末，小微企业贷款余额108.14亿元，较年初增加59.4亿元，比上年同期多新增18亿元，小微企业贷款增速126%，高于全部贷款增速103个百分点，实现了贷款增量和增速的“两个不低于”目标。

拓展中间业务 为应对筹资成本大幅上升带来的不利影响，弥补资金成本高企、利差缩小而造成的收益减少，进出口银行北京分行大力拓展中间业务，努力提高经营效益。全年共实现中间业务收入1.2亿元，为总行下达任务的2倍。同时，全力做好关注类保函项目的风险化解工作，全年贸易融资业务无新增不良。

风险化解 由于辖区贷款企业经济效益下滑，河南、山西、内蒙古等地区的存量贷款和保函风险有所加剧，出现了10多起企业贷款到期偿还困难的问题，导致不良贷款和关注类贷款大幅增加，进出口银行北京分行积极研究对策，逐一制定风险化解方案，在总行风险管理部、法律事务部等部门的指导和帮助下，成功收回和化解当年新增不良贷款3.02亿元，年末不良贷款余额和不良贷款率实现“双下降”。

企业文化建设 扎实开展党的群众路线教育实践活动整改落实和建章立制工作，认真学习党的十八届三中、四中全会精神和习近平系列讲话精神；重新修订《中国进出口银行北京分行廉政工作手册》，向辖区全部贷款客户发出《党风廉政建设公开信》。开展春节前夕慰问和帮扶工作，组织青年员工前往38军112师开展军事训练活动，鼓励青年员工参加岷县支教，举办“三八”妇女节女性礼仪讲座等。加强人才队伍建设，招聘5名应届毕业生，通过竞争上岗选拔5名副处级干部。组织员工参加总分行各类培训讲座34次、1 200余人次。编写《北京分行信贷业务操作手册》，为员工提供中国知网等3个网上数据库，组织员工赴外地分行学习交流等，帮助业务人员熟悉规章制度，开拓工作思路，有效降低业务实践中的操作风险。

（郑海明）

国家开发银行股份有限公司北京市分行

2014年末，国家开发银行股份有限公司北京市分行（以下简称国开行北京市分行）表内外贷款余额3 912亿元，比上年增加201亿元。表内贷款余额3 008亿元，其中人民币贷款余额1 976亿元，比上年增加112亿元，外币贷款余额169亿美元，比上年增加18亿美元。表外受托业务余额904亿元。表内贷款发放1 477亿元，其中人民币贷款1 110亿元，外币贷款60亿美元。实现拨备前利润58亿元，比上年增长9.41%。不良贷款率0.05%，比上年下降0.01个百分点。

截至年末，国开行北京市分行内设处室20个，在职正式员工220人。

坚持规划引领业务发展 深化银政合作，成功推动国家开发银行与市委、市政府举行高层会谈，就合作推动棚户区改造和京津冀协同发展达成共识。作为唯一金融机构，参与并完成北京市棚户区改造系统性融资规划修编。开展京津冀协同发展、通州副中心建设等融资规划编制，参与北京市“十三五”规划前期研究，开展京津冀协同发展重点项目调研。探索农村集体建设用地融资模式创新。推动重大项目落地，与北京首都国际机场、北京碧水源科技股份有限公司、中航国际租赁有限公司等建立战略合作关系。

支持棚户区改造 搭建首都棚户区改造专项贷款统贷平台，创新提出“预授信+核准”的北京模式，给予项目预授信额度500亿元。先后对房山区良乡、青龙湖棚改项目，东城区前门东棚改项目、丰台区东铁营棚改项目进行贷款支持。棚户区改造贷款年末余额254亿元，当年表内发放75亿元。

支持首都重点领域建设 主动承担服务国家战略的责任，积极发挥开发性金融“供血”功能和骨干作用，支持首都重点领域建设。全年，发放北京市轨道交通贷款108.5亿元；发放水利贷款23.5亿元，支持北京市南水北调配套工程建设以及中小河道治理；发放养老地产项目贷款5亿元。以贷款、票据、私募债等形式，支持首钢集团及其子公司、京煤集团、北汽集团和首农集团等企业发展。

落实“双轮驱动”战略 支持京东方、中芯国际、二十一世纪等战略性新兴产业项目建设，全年发放科技类贷款15.1亿元。搭建科技金融统贷平台，完成中关村科技租赁5亿元租赁保理授信，批量支持奥瑞金等园区科技型企业发展。全年发放文化类贷款17.22亿元，支持中广传播、北青传媒、乐视网等文创企业发展，文化产业贷款年末余额38.15亿元。

助推普惠金融发展 与中国扶贫基金会合作，以中央彩票公益金为存单质押贷款，扩大合作额度，全年发放贷款3亿元，逾50万贫困农户从中获益。实施“小贷信用星”无抵押融资计划及其他合作机制，全年共为富安小贷、金陵小贷、北青航媒等中小企业发放贷款1.48亿元。落实与首农集团签订的“菜篮子三保障”合作协议，就重大项目开发、中票承销等领域开展合作。支持首农集团旗下定州现代循环农业科技示范园区（西区）、山东金乡50万套集约化蛋种鸡基地及配套孵化基地等“菜篮子”项目建设。

支持“走出去”战略实施 发放巴西石油公司中长期贷款30亿美元。深化与中信集团的战略合作，签署开发性金融合作协议，实现中信股份5亿美元循环流贷全额发放，完成中信股份上市后首笔金融机构贷款。向中国国航外汇项目发放流动资金贷款1亿美元，向振华石油、中工国际、中信建设、首钢国际、汉能集团、三一重工等重点企业发放贷款合计12.46亿美元。实现国际结算收入1.4亿元。

加强综合金融服务 完善资金、利率和存款管理，实现净收入5.27亿元，日均存款270亿元。全年为首钢集团、中关村发展集团、排水集团、首农集团、金融街集团等重点客户发行债券共计168亿元。发放银团贷款120亿元。积极参与北京市政府首次发行市政债招标，成为2014～2016年北京市政府债券承销团成员，并中标1.1亿元。支持振华石油海外代付1.5亿美元，完成京东方贸易融资292万美元，为中地海外办理应收账款保理业务。

风险管控 完善授信管理体系，严把项目入口关，从开发评审源头控制项目风险。严格授信审查与贷款审议，加强对贷款投向、授信准入的把控。开展企业担保圈、担保链专项风险排查，建立存量项目风险排查长效机制，防范重点领域风险。深化法律工作全流程覆盖，扎实推进依法收贷及风险项目化解工作，完善法律服务支持平台，加强规章制度动态管理。

（常江）

中国工商银行股份有限公司北京市分行

2014年末，中国工商银行股份有限公司北京市分行（以下简称工商银行北京市分行）本外币资产总计3.03万亿元，较年初增加3 759亿元。本外币全部存款余额2.93万亿元，较年初增加3 248亿元。本外币各项贷款余额5 553.37亿元，较年初增加507.7亿元。实现中间业务收入91.17亿元，同比增加13.63亿元。实现拨备前利润420.06亿元，拨备后利润411.91亿元，同比分别增长11.28%和12.05%。

截至年末，工商银行北京市分行共有37家二级分行（含分行营业部），555家营业网点，840家自助银行；员工总数18 811人。

信贷业务 紧紧抓住京津冀协同发展的历史性机遇，围绕新型城镇化建设、基础设施产业及基础设施、能源资源类、先进制造业、现代服务业和文化旅游业、节能环保、并购贷款和“走出去”及现代农业领域八大目标市场，重点支持国家和北京市重点在建续建项目及“十二五”规划确定的重大项目建设，全年人民币贷款累计发放3 769亿元，相当于新增量的8倍。着力加强对现代服务业、文化创意产业等新市场的支持力度，全年累计新增贷款154亿元，占公司贷款增量的48%。持续加强对中小企业的金融服务，中小企业贷款增加200亿元，供应链融资增加99亿元。积极支持居民合理消费需求，个人贷款增加93亿元，余额突破900亿元。主动适应社会融资结构多元化趋势，综合运用“投行+商行”、“表内+表外业务”、“股权+债券”等多种方式，满足国有企业混合所有制改革、大型企业优化负债结构、产业链并购重组、上市公司增发融资，以及消化、转移、整合、淘汰过剩产能等需求，全年累计办理非信贷融资3 502亿元，有力地支持了实体经济发展。全行有贷户较年初增加358户，总量接近3 300户。

存款业务 坚持“抓资金源头、抓高端客户、抓批量发展”的工作策略，拓宽民生领域资金来源，提高客户金融资产和储蓄存款留存率，全年人民币储蓄存款比上年增加17.4亿元，年末余额7 640.4亿元。着力加强军队、财政、社保、公积金等核心客户的服务层次，深化与教育、医疗、公检法、民政社团等民生类领域业务合作，围绕公司客户资金流与供应链持续开展链式营销，推动对公存款稳定增长，全年人民币对公存款（含同业）较年初增加2 774亿元，年末余额2.07万亿元。认真落实监管规定，抓好存款的稳定均衡增长，全年储蓄存款和对公存款日均余额同比分别增加133亿元和2 791亿元，实现了效益贡献与市场优势的双提升。积极拓展外汇存款潜力客户，灵活运用新型外汇产品主动负债，实现了外汇存款突破式发展，全年外汇存款增加71.79亿美元，年末余额147.86亿美元，日均余额106.90亿美元。理性应对利率市场化条件下的市场竞争，不断增强存款定价管理的灵活性和适应性，实现了客户提高存款收益和全行控制付息成本的“双赢”。

中间业务 始终把大力发展低资本消耗和无资本占用业务作为中间业务转型发展的主攻方向，通过创新引领、资源整合和专业化服务，积极开辟新的业务增长点和多元收益来源，在保持传统优势业务市场领先优势的基础上，全面推动“大零售”业务整合发展，着力提高“大资管”业务收入贡献，切实提升“大国际”业务竞争能力，实现了中间业务规模大、结构优、效率高、资本消耗少的可持续发展。全年，销售个人四项理财产品和法人理财产品6 710亿元和4 594亿元；新增信用卡223万张，总量达到1 128万张；新增个人网银、企业网银和手机银行客户99万户、2.34万户和187万户，电子银行交易额72万亿元，同比增长23%；主承销债务融资工具2 125亿元；国际结算量2 249亿美元，跨境人民币结算量1 763亿元；实现贵金属收入2.92亿元，资产托管规模1.5万亿元，同比增长27%；新增年金账户62万户，总量达到509万户。

改革创新 顺利完成分支行组织机构改革，围绕业务发展活力、经营管理效率和业务竞争能力，进一步完善绩效考评体系和业务分类评价体系，实现了经营体系和管理机制持续优化。实施网点竞争力提升工程，网点实际综合化率达到90%，网均拨备前利润0.75亿元，网均日均存款49亿元，同比分别增长8%和15%。推进网点运营标准化改革，新增低柜1 076个，高低柜配比降至1.8∶1；自助机具集中度达100%。优化渠道结构，全年改造、优化、迁建网点21家，新建自助银行144家，新增自助机具1 494台，柜面业务可分流率16.17%，同比下降8.13

个百分点，建成投产了系统内最大的智能网点——西单智能银行。不断提升窗口服务品质，客户投诉量同比下降48%，客户满意度和服务规范度保持优秀级水平，有10家网点荣获中国银行业“文明规范服务千佳示范单位”称号。

互联网金融 推动互联网金融创新发展，加强“融e购”、“融e联”、“融e行”三大平台，“工银e支付”和“线上POS”、“逸贷”、“工银e投资”三大产品线的营销推广，抢占北京市场先机。全年新增“工银e支付”客户181万户。充分发挥北京地区独有的资源优势，积极营销有北京特色的优质商户在线上入驻落户，重点拓展西单、金融街、王府井、CBD、三里屯等线下地标性商圈和高校校园商圈，通过为商户带来生意、为客户带来优惠，促进客户群培育，带动“逸贷”、分期等业务的发展，加快构建出“支付+融资+导流”的线上线下一体化的互联网金融生态圈。

风险管理 加强对融资平台、涉房贷款、产能过剩行业、小企业、个人经营贷款等重点领域的风险防控，切实抓好不良贷款清收转化和逾期贷款催收与管理，不良贷款连续14年保持“双降”，不良贷款余额降至16.73亿元，不良贷款率降至0.30%，压降潜在风险贷款48.52亿元，清收处置不良贷款7.17亿元，逾期贷款与不良贷款的“剪刀差”较年初下降3.36亿元。加快分行运营管理统一平台建设，加大监测与核查力度，开展重点领域案件和风险事件专项治理，全年可控风险暴露水平为万分之2.1，同比下降了万分之2.6，荣获人民银行营管部“银行业金融机构业务综合评价”最高等级A等。不断提升流动性风险、IT系统和信息安全、消费者权益保护、声誉风险等风险管理和防控工作，及时发现并消除风险隐患。持续推动内控合规体系建设，推进案件查防工作由以查为主向查防并重转变，加强对案件易发领域和违规多发环节的检查整治，强化外部欺诈风险信息系统的应用，不断增强内控案防工作的针对性、有效性，全年未发生重大安全事故和风险案件。

（刘振华）

中国农业银行股份有限公司北京市分行

2014年末，中国农业银行股份有限公司北京市分行（以下简称农业银行北京市分行）本外币总资产7 130亿元，比上年减少193亿元，下降2.6%。本外币各项存款余额6 346亿元，比上年减少89亿元，下降1.4%，其中人民币各项存款余额6 151亿元，比上年减少176亿元，下降2.8%。本外币各项贷款余额3 300亿元，比上年增加373亿元，增长12.7%，其中人民币各项贷款余额3 041亿元，比上年增加414亿元，增长15.8%。拨备前利润125.8亿元，比上年增长2.3%。

截至年末，农业银行北京市分行共有正常营业网点360家，在岗员工8 598人。

公司金融业务 坚持转型发展，跟进首都融资市场变化，着眼降低融资成本，运用市场化手段解决企业新增融资需求超过1 200亿元。紧跟京津冀协同发展战略，提出“五专五到位”的总体对接思路和解决方案，大力支持首都民生工程，持续做深城中村改造、“三水”治理、平原造林、棚户区改造等特色项目的同时，积极跟进新机场、环球影城，以及APEC会址主要联络线环境治理等基础设施建设，全年累计投放贷款近400亿元。不断加深银企、银政合作，先后与首旅、首钢、北京纺织等重点企业以及延庆、昌平等区县政府签署战略合作协议，提供意向性支持额度超过1 400亿元。树立“大三农”理念，助力首都“三农”事业发展，全年涉农贷款比年初增加83亿元，增长61.6%。积极支持专业大户、家庭农场和农民专业合作社等新型农业经营主体，累计发放贷款1 660万元，惠及农户1 500余户。重点扶持农业产业化龙头企业，全年共与100家国家级和市级龙头企业建立业务合作，占在京龙头企业总数的50.8%。创新小微金融服务模式，解决小微企业融资难题，年末小微企业贷款户数比年初增加304户，增长38.1%，小微企业贷款余额比年初增加26亿元，增长26.3%。

零售金融业务 坚持创新发展，深入推进以超级柜台布放、对公开户优化、对公服务能力提升、网点岗位重组“四位一体”为重点的网点二次转型，不断提升金融服务水平。全年，为15个网点配备“超级柜台”，完成155家网点的软转型工作，3家网点成为中国银行业协会首批五星级网点，1家网点入围北京市银行业协会特色网点评选。持续开展“中端客户价值提升”、“私人银行客户资产优化”活动，针对客户需求定制专属产品，全年净增个人优质客户5万户以上，净增达标私人银行客户近千户。适应金融消费由线下向线上迁移趋势，着力提升电子渠道服务能力，优化电子银行安全介质功能，开展购买“苹果”商品线上分期业务，推广“E商管家”电子商务平台，全年电子银行新增客户395万户，电子商务客户新增490户，电子渠道交易占比94%。推出“金穗速通卡”（ETC卡）、“平谷健康卡”等联名卡产品，研发北京市市民服务一卡通项目，全力助推普惠金融发展。推动短信银行（短信理财二期）成功上线，丰富理财产品的购买渠道，全年短信理财签约量比年初增加近7万户，累计实现理财产品销售近10亿元。针对国家房地产政策变化，积极推动住房贷款发展，研究制定自住型商品房贷款管理办法，满足购买自住型商品房客户信贷资金需求，全年累计发放个人住房贷款比上年增加38亿元，在个贷放款中占比同比增长23.8%。加强“三农”服务渠道建设，“惠农通”有效服务点超4 900个，“农商通”机具有效率达75%；以家庭农场、农户等为工作重点，发放“三农”个人贷款7 000余万元，同比增长59.3%。加强服务平台建设，研发网银结售汇系统、跨境电子商务外汇支付平台、“金易通宝”移动商务APP、自助渠道无卡取现、跨行信用卡还款、“三通”及“铁通”缴费、公积金账户查询及对账簿打印、企业网银跨行支付业务等新系统与新功能，不断丰富渠道产品链，提供多样化金融服务。

中间业务 推动传统中间业务产品和服务优化升级，提升传统业务的差异化竞争优势。截至年末，对私理财、个人外汇、个贷和国债四项业务收入同比增幅均超过 25%；电子银行收入在全部中间业务收入占比提升 1.9 个百分点。加强对市场热点分析，明确目标和重点，加快发展金融市场、国际贸易融资、资产托管、信用卡、电子商务等新兴业务，实现传统业务和新兴业务协同发展。全年实现中间业务收入 36 亿元，同比增长 3.5%。

业务创新 针对客户需求，探索国际业务创新，推出内保外债业务，通过提供备用信用证方式为企业境外融资增信，实现境外美元发债，助客户实现全球资源优化配置；创新财务公司场内结售汇产品，实现对集团公司的结售汇业务“归集”，全年共办理场内结售汇 50 亿美元；推出委托代理项下委托方贸易融资、代理财务公司开证、代理福费廷等产品，开发 NRA 账户的结算、融资和贸易融资全球授信，建立跨境人民币增资境内再投资业务模式。研发“苗圃园艺贷”产品，支持首都“以圃代林”计划，实现担保方式和业务模式的创新，助力苗木种养殖源头企业；研发城乡一体化综合建设贷款，全年投放 217 亿元，累计服务 8 个区县 17 个村；研发农村集体经营性建设用地贷款，支持大兴区新型城镇化建设，贷款累计投放 7 亿元；针对科技型企业融资需求，研发“科易贷”、“海帆企业金融服务方案”，结合“简式贷”、“智动贷”、“厂房贷”、“连贷通”、“工商物业贷”等产品，初步形成具有北京地区特色的小微金融业务融资类产品体系。

风险管理 践行“大风险”管理理念，着手开展风险管理体系架构改革，进行全面对标调研工作，从架构设置、工作职能、业务审批、产品准入等多方面推动风险管理体系重组与完善，提高全面风险管控能力。加强信贷业务管理，对大额关注贷款采取“一户一策”的方式落实风险化解措施，防止形态下迁，实现不良贷款有效压降。强化信贷资产分类管理，建立风险监测报告机制，提升信用风险管理水平。注重潜在客户退出工作，以新发放不良贷款、产能过剩行业和信贷防假治假为主要内容，开展重点信用领域风险专项治理工作，全年主动退出潜在风险客户贷款近 37 亿元。坚持推进以运营集中和流程优化为重点的基础管理提升工作，上收现金调缴、ATM 维护等业务，完成业务流程优化项目 85 个。全力化解风险事件，加大员工行为排查与案件防控力度，加强合规文化教育，提升风险处置与排查能力。强化声誉风险管理，加强日常监督，完善声誉风险排查与应急管理机制，提升声誉风险的识别与处置能力，营造和谐的发展环境。

品牌建设 坚持“客户至上”的服务理念，积极提升金融服务水平与品牌形象。加强新闻宣传，在国家和北京地区重点媒体刊发报道 669 篇，在《参考消息》、《金融时报》等主流媒体开展多次系列品牌宣传报道，引起社会广泛关注。加强网络互动渠道建设，制定官方微博“五大平台”发展战略，全年发布博文近 2 000 篇，粉丝突破 63 万人。策划开展“畅享亲子乐　转发有好礼”等 7 次微博活动，组织开展“服务之星”微博评选活动，超过 35 万人次参与投票。开展“普及金融知识万里行”、“金融知识进万家”等宣传活动，做好第十届北京国际金融博览会等重大主题活动的策划、筹备和宣传工作，承办农行“超级柜台”媒体见面会活动，取得较好的社会反响。加强企业文化建设与精神文明建设，积极探索弘扬社会主义核心价值观的新途径，参与北京市银行业协会“2014 北京榜样——首都银行榜样”、“首都文明单位标兵”等评选工作，持续广泛开展先进典型、先进人物筛选，树立良好品牌形象。

（李傲）

中国银行股份有限公司北京市分行

2014 年末，中国银行股份有限公司北京市分行（以下简称中国银行北京市分行）本外币总资产 11 173.79 亿元，比上年增加 861.67 亿元，增长 8%。本外币汇各项存款余额 6 413.49 亿元，比上年增加 115.62 亿元，增长 2%，其中人民币存款余额 5 950.60 亿元，比上年新增 221.20 亿元，增长 4%。本外币各项贷款余额 2 829.56 亿元，比上年新增 418.67 亿元，增长 17%，其中人民币贷款余额 2 544.04 亿元，比上年新增 349.12 亿元，增长 16%。实现净利润 70.66 亿元，同比减少 0.4 亿元，下降 0.56%。

截至年末，中国银行北京市分行共有营业机构 291 家，其中分行 1 家、管辖/直管支行 31 家、经营性支行 258 家、分理处 1 家，在职正式员工 9 957 人。

公司金融业务 探索内生动力机制下加快公司金融业务发展的长效机制，围绕整体战略发展目标，加快转型、加强创新。践行国家战略，推进中信委内瑞拉、葛洲坝阿根廷电站等国家级重点项目进程。抢抓“京津冀一体化”战略机遇，梳理客户资源，着力拓展客户基础，与天津市、河北省分行联动，营销 24 个重点项目落地。把握上海自贸区建设机遇，成立专项工作小组，与上海市分行联动进行清单式营销，争揽 13 家企业开立账户。以银医合作项目、银校合作项目、存量房资金监管、军人保障卡、区县级财政“一户通”业务等为依托，加大行政事业存款营销力度，全年新增客户 337 户、存款 209 亿元。通过渠道平台批量拓展中小企业客户，创新推出“中银慧贷通宝”、“创业快捷贷”、“中银新三板”等业务模式及“中银通宝”系列产品，为中小企业提供贷款支持。充分发挥海内外联动优势，扶植优质中小企业“走出去”。完成银监会国标口径小微企业“两个不低于”的监管要求，在人民银行营业管理部开展的“2014 年度北京辖区内中资银行信贷政策导向效果评估”工作中取得一等的成绩。截至年末，人民币公司存款余额 4 310.57亿元，比上年增加 261.27 亿元；人民币公司贷款余额 2 023.47 亿元，比上年增加 325.23 亿元。

个人金融业务 加强产品创新，顺应跨境电子商务发展契机，与四家试点支付公司开展业务合作；推出“主办账户”，实现客户多个账户的资金归集、账户管理、智能定存等功能。打造“惠民金融”品牌形象，与市内 16 家医院签署“银医卡”合作协议，并陆续推出“长城新影联借记 IC 卡”、“长城东方时尚借记 IC 卡”等产品，全年累计发放借记 IC 卡

110 万张，其中保障类借记 IC 卡新增 21 万张。利用大数据开展“集中外呼、资产提升”活动，带动中高端客户金融资产稳步提升。强化公私联动与海内外联动，与海外分行及中银集团证券、保险公司协同配合，为高端客户提供涵盖理财、保险、税务、信托规划等内容的专业资产管理方案。充分发挥国际化优势，推广“中银尊享跨境通”平台业务。依托重点信用卡产品，扩大基础客户规模，着力提升中高端客户贡献度，有效信用卡量同比增长 11.54%，消费额同比增长 21.58%。紧贴市场需求，丰富消费金融产品种类，促进分期交易量同比增长 13.39%。顺应互联网金融发展趋势，通过清单式营销及全产品整合，拓展线上业务，推动收单业务线上线下协同发展，实现人民币收单交易额同比增长 38.32%。

中间业务 坚持以效益为中心，着力发展“高收益”、“轻资本”型中间业务，全年实现中间业务收入 36.80 亿元。抢抓市场机遇，推广汇率保值创新产品，以加强产品创新、提高产品利润率、推动重点客户达成交易为抓手，全年新增对公保值交易量 161.34 亿美元。梳理重点客户名单，逐户跟进业务进程，拓展债券承销业务市场份额，全年债券承销总额 2 195.5 亿元，其中境内债券承销量 1 752.5 亿元，同比增加 830.8 亿元，增长 90.14%；境外债券承销量折合人民币 443 亿元，同比增加 271 亿元，增长 157.56%。

贸易金融 以打造地区“最好的贸易金融银行”为目标，持续巩固与扩大国际结算、跨境人民币业务领域优势，全年实现国际贸易结算量 1 504 亿美元，实现跨境人民币结算量 1 797 亿元。依托保函、单证、即期结售汇等传统优势业务，带动中间业务收入增长，全年实现收入 10.73 亿元，同比增加 4 677 万元。全年共叙做保函业务 491.23 亿元，同比增加 255.66 亿元。与 19 家海外分行开展业务联动，产品涵盖内保外贷、协议付款、进口双保理等 8 项产品。重点推广跨国公司外汇资金集中运营业务，在北京地区获批的跨国试点企业中，选择中国银行作为主办银行的企业占比超过 50%。供应链业务稳步推进，客户基础不断扩大，内控管理及外汇管理水平得到长足进步，实现国际结算业务创新、转型发展。

渠道建设 强化渠道建设，提升渠道服务效能，累计新建、迁址、改造网点 22 家，新增离行式自助银行 4 家，新投放自助设备 108 台，实现了网点厅堂 Wi－Fi 全覆盖。拓展自助设备与电子银行功能，新增公交一卡通充值、代缴热力费、代售理财产品、银医挂号等 13 项功能。进一步丰富微信公众账号功能，实现支付和预约办理信用卡，推出微信商城和出国金融 APP。稳步推进全功能网点建设，深化网点分级分类管理制度，全面推行业绩排序机制。持续开展业务下沉工作，确定 60 家试点网点，推动“中银一户通”、流动资金贷款等多项重点业务下沉。丰富企业网上银行民生服务功能，新增社会保险缴费功能，率先实现京津冀一体化电子支付保函业务。发挥电子渠道可延展网点服务能力的优势，试点开展手机取款业务，在远郊区县设立手机取款代理点 77 家。

风险管理 实施主动风险管理，前瞻性地制定业务管理和风险管理政策，引导和支持业务可持续发展。有针对性地加强市场调研工作，提前研究热点行业、地区、产品的运行状况和市场趋势，为业务发展和管理决策提供依据。改革审批机制，实施差异化授信决策，运用授信评审和发放审核等机制，引导业务转型发展。加强新资本协议成果应用，降低授信业务资本消耗，持续优化关键数据质量，提升RAROC与EVA研判水平。深化全面风险管理工作，加强对重点行业及客户信用风险的管控力度，对高风险行业及客户资产进行专项贷后管理，落实管控责任制。严格执行行业限额管理，通过采取名单式管理、加大力度退出高风险理财资产、严把发放审核关、押品核查与重估、消化历史包袱等措施，防范并化解高风险环节的信用风险。采取统一授信、专业委员会决策等措施，缓释理财业务及新型市场业务风险。构建二级机构内控管理体系，为辖属支行量身制定内控管理实施细则。强化“二道防线”检查的统筹管理，科学拟定内控检查计划，统筹推进各类检查工作。全年化解不良资产14.72亿元，其中公司类8.29亿元，零售类6.43亿元。

（朱雨辰）

中国建设银行股份有限公司北京市分行

2014年末，中国建设银行股份有限公司北京市分行（以下简称建设银行北京市分行）本外币总资产14 483.52亿元，比上年增加2 054.53亿元，增长16.53%。本外币全口径存款余额13 918.9亿元，比上年增加1 862.33亿元，增长15.45%，其中人民币全口径存款余额13 152.44亿元，比上年增加2 140.45亿元，增长19.44%。本外币贷款余额5 025.63亿元，比上年增加571.5亿元，增长12.83%，其中人民币贷款余额4 494.09亿元，比上年增加407.92亿元，增长9.98%。实现账面利润166.38亿元。

截至年末，建设银行北京市分行辖内设二级分行1家、支行37家、营业部1家、营业中心344家、个人金融中心105家，在职员工12 131人。

公司金融业务 加快推动“三大一高”战略落地和对公业务转型，通过抓客户，促存款、促中间业务收入、促其他业务发展，组织“千户大会战”、“上市公司攻坚战”、“六大攻坚战”等营销活动，促进对公业务的稳定发展。截至年末，人民币企业存款日均余额5 277亿元，比上年新增414亿元；时点余额5 629亿元，比上年新增146亿元。人民币对公贷款余额3 465亿元，比上年新增275亿元。

个人金融业务 坚持把握“识变应变、转型创新”的主线，以组织化推动和批发式营销为手段，推进客户、产品和营销转型。通过组织整合营销活动、公私联动拓展客户、加强客户经理队伍建设、开展大数据挖掘和精准营销、推进渠道转型和打造特色服务平台、加大产品创新和服务标杆网点创建等措施，促进业务经营、基础管理和服务提升等取得新突破。截至年末，本外币时点余额3 165.32亿元，比上年新增118.11亿元；日均余额2 967.65亿元，比上年新增122.78亿元。开展零资产客户激活、潜力客户晋级等活动，不断优化客户结构。着力建设特色网点、塑造特色服务品牌和渠道延伸拓展，年内40家个人出入境金融服务中心正式对外营业。推动渠道转型，大力发展自助设备渠道替代柜面业务。深化中高端客户服务，加强客户经理队伍建设，主动走出网点拓展“四至”社区。加强网点管理、金牌理财、特色经营、便民服务、特殊关爱、联动拓展六个类别标杆创建，带动和推进服务品牌的建设。加强消费者保护工作，提升风险管控能力。

信用卡业务 以“能力提升年”和“双区策略”为抓手，大力推进经营创新、组织创新、服务创新，加快传统经营转型。通过夯实营销渠道，提升网点营销产能，研发信用卡新产品，整合商户、客户、银行三方资源，提高市场竞争力。抓住B2C行业领头羊——京东商城，完成电商物流商户银企直联项目，当年收单交易额突破192亿元，收单业务净收入1 530.46万元。调整分期业务结构，专项分期向额度内分期转型，购车分期向安居分期转型，全年实现分期交易额61.9亿元。增强风险敏感度，严把客户准入关，加大信用卡不良催收力度。截至年末，实现中间业务收入8.27亿元，同比增长15%；信用卡客户新增46.5万户，特约达标商户新增1 815户，信用卡消费交易额累计617.8亿元。

电子银行业务 以持续发展和转型创新为中心，以推进活跃客户拓展、扩大电子银行产品应用量和提升中间业务收入为重点，通过总分行联手、部门间联动、渠道间互动、创新应用、数据挖掘，以及多层次精准营销等，确保电子银行业务持续稳健发展。截至年末，新增个人电子银行客户446万户，累计客户规模达到2 706万户。其中，个人网上银行活跃客户净增15.69万户，存量客户144.66万户；手机银行活跃客户净增40.65万户，存量客户83.23万户。对公网络客户新增3.25万户，累计客户规模达到14.35万户。“善融商务”活跃商户新增48户，交易额1.46亿元。电子银行账务性交易量2.72亿笔，是柜面交易量的7.94倍，占比92.02%。全年实现电子银行业务收入4.04亿元。

金融市场业务 加快实施金融市场业务转型战略，以能力提升为手段，强化管理，推动创新，促进各项业务快速发展。组织开展“破万亿”营销活动，推动托管业务快速成长，实现规模和收入双突破、双第一。全年共完成13项产品创新。抓住市场价格短期波动的时机，提前储备客户资源，布局交易对手，推动衍生组合产品和自营资金业务交易。设立风险管理岗，统筹把控风险，梳理产品操作流程，共梳理各类业务制度文件140余个、各种风险种类风险环节120余个，制定《金融市场部风险手册》，确保实现“资金零风险，零差错”。全年实现中间业务收入12亿元。其中，代客外汇资金业务中间业务收入2.65亿元；自营资金及票据业务中间业务收入1.68亿元；贵金属租借业务中间业务收入6 800万元。

投资银行业务 树立“大资产、大负债、大中收”经营理念，抓创新、促转型，努力实现由理财利差收入型向资产管理收入型转变，加快由“融资”向“融智”转变。通过资产结构的转型调整，打通股票、债券、商品、货币等多市场投资领域，实现高、中、低风险收益相匹配的投资组合，形成保本与非保本产品相结合，净值型产品、预期收益率产品及结构化产品相结合等的产品链条。明确

"三大一高"重点项目，每周更新并"上墙"。贯彻"双区"策略，通过"名单制管理"，全面落实"12 字"打法，促进存款稳增长。截至年末，实现中间业务收入 17.72 亿元，多项业务指标系统领先，投行条线业务总收入系统第一，收入占比达到 8.28%，比上年提升 1.4 个百分点；理财销售余额 1 486 亿元，比上年增加 85 亿元；日均 1 667 亿元，比上年增加 104 亿元。

授信审批业务　全面推进对公授信业务流程调整优化工作。推动审批集约化、专业化运作，顺利完成大中型对公客户、小企业客户、个人类客户信贷业务集约审批，提高对全行信贷经营整体风险的把控能力、专业化保障能力。严格执行政策底线，推行授信审批预判机制、政策制度解读机制、重大项目现场调研机制、信贷业务回访机制、审计发现问题响应机制，实施公司类客户单笔信用业务审批标准化建设，将风险管控嵌入授信审批全流程。开通重点优质客户授信审批绿色通道，集中资源、提高效率，全流程业务处理时间缩短 35%。深入推进综合授信新模式，通过"定总量、定准入、提策略"，主动授信、精准营销，将授信审批向营销一线前移，提升客户需求嗅觉敏锐度和信贷资产风险防控能力，全年评审综合授信项目 91 个，评审金额 3 173.29 亿元。加强信用评级管理，合理控制评级推翻率，优先保证"三大一高"领域重点优质客户的评级推翻需求。全年评级推翻率 12.53%，比上年下降 48%。

私人银行业务　依托专业市场研究，以技术手段提升产品竞争力。推介创新型财富管理和财富传承工具——"家族信托"，提高对 5 000 万元以上战略客户的服务能力。探索服务客户模式，推出"窗口延伸"私人银行客户专享渠道服务。立足"三大一高"战略，制定《"三大一高"单位高管人员专享私人银行服务方案》。把握客户需求脉络，结合出入境金融服务中心和"留学鑫"产品，创新"财智课堂"高端客户子女教育服务。加快"金管家"家庭现金管理系统和"财富易"远程电话交易系统的签约覆盖度，把握市场核心竞争力。截至年末，管理 500 万元以上私人银行客户 8 369 人，金融资产 567.12 亿元。

内控与风险管理　开展"正风肃纪勤业守廉"主题教育实践活动。签订《党风廉政案件防控工作责任书》，发布风险提示 24 期。修订《案件防控工作考评实施细则》和《考核标准》，对管辖行案件防控工作进行检查，考核结果与绩效考核挂钩。开展案件专项治理活动，以信贷、票据、跨业合作、业务用公章管理等部位突出案件风险为治理对象，开展风险排查和业务检查 40 余项，完善规章制度 8 项。开展"诚实守信、合规经营"主题教育活动，制作从业教育动漫短片，邀请检察院专家以案说法；印制《积分管理办法》与《违规失职行为管理办法》教育读本。开展"案防合规教育进基层"宣讲活动，累计听讲人数 7 700 多人，全年共组织安全教育 3 873 次，开展预案演练 4 977 场，员工参与率为 100%。全年成功堵截各类诈骗案件 76 起，金额 419.75 万元。其中，电信诈骗 52 起、金额 333.9 万元，假存单 4 起、金额 73.85 万元，其他案件 20 起、金额 12 万元。

（吕亚维　何冰）

交通银行股份有限公司北京市分行

2014年末，交通银行股份有限公司北京市分行（以下简称交通银行北京市分行）本外币资产总规模7 010.24亿元。广义人民币对公存款日均余额3 584.87亿元，较年初增加184.02亿元，增长5.41%；广义人民币储蓄存款日均余额1 038.29亿元，较年初增加95.29亿元，增长10.10%；广义人民币同业存款日均余额2 051.85亿元，较年初增加181.27亿元，增长9.69%；外币各项存款日均余额45.12亿美元，较年初增加15.23亿美元，增长50.95%。全年实现本外币经营利润（含资金业务）88.71亿元，实现本外币经济利润（含资金业务）39.78亿元。

截至年末，交通银行北京市分行机构网点总量117家，其中分行营业部1家、中心支行25家、直属支行7家、二级支行84家；共有员工4 814名，其中正式员工4 771人、派遣制员工43人，员工平均年龄33岁。

公司金融业务 加强与重点客户合作，成为市财政局首家全面实现电子化的代理银行、首家北京市级预算单位自助柜面业务上线银行，为北京住房公积金管理中心办理交通银行系统内首笔智慧定期存款业务。积极拓展债券主承销创新业务品种，推进投行业务与资管业务相结合。扩大交易类业务收入，拓展资金运作渠道，新开发一批外资银行机构类货币市场交易伙伴，开展同业借款业务，推进直贴及买断业务，进一步提升议价水平。

个人金融业务 突出集团综合化优势和分行板块联动优势，重点加强个贷、保险、贵金属、卡消费等业务的交叉销售，促进本外币AUM全年增加249亿元。将代发业务确立为零售板块的“一号工程”，确定客户规模、资金总量、业务覆盖率等发展目标，促进代发工作全面提升。深入开展社区行、企业行等营销活动，创新社区公益活动模式，密切与个人基础客户联系；启动“私人银行专家挂牌制”，提升个人高端客户服务能力。

国际业务 围绕做大国际结算量、结售汇量、贸易融资量，积极推进国际条线中间业务发展，全年实现国际结算量985亿美元，跨境人民币业务累计发生额628亿元；深入推进本外币、离在岸业务联动拓展，通过进口保付、福费廷等业务，推动离在岸联动贸易融资业务发展，推出转融通业务，探索离岸代理在岸开立信用证和离岸代付的业务模式，大力拓展离岸福费廷资金转卖业务。

基础管理 实施公司板块管理体制二次改革，成立大客户二部、大客户三部，理顺公司板块内分工协调机制，进一步发挥公司业务直营功能。稳步推进分行职位体系优化，完成全员职位切换工作，不断增强经营管理活力。加强人才梯队建设，健全后备人才培养机制，组织开展战略性专业人才、C层级专才后备培养推荐工作。优化网点架构，实施中心支行和直属支行架构再造，升格6家中心支行、4家直属支行，变更16家二级支行辖属关系，推进普惠型网点建设，进一步释放经营单位业务发展活力。

产品与业务创新 加快产品创新，推出交通银行系统内首笔同业定制理财和军队客户专属拥军理财产品，研发以人民币对美元看跌期权组合配合同期限远期结汇产品。创新业务模式，开通个人纸白银业务，推出小企业信托贷款买入业务、小微企业“展业增信”业务模式，开发“新三板”证券资金清算系统，作为交行系统内独家分行，与中国证券登记结算有限责任公司及各结算参与人实现对接。

风险管理 加大信用风险防控力度，严格执行临期贷款逾期风险滚动排查及报告制度，着重对房地产、政府融资平台、关注类贷款、民营类客户进行实地走访。深入推进操作风险管理，严格开展操作风险评估、风险排查、专题分析、风险提示等工作。建立重点风险领域集中管控机制，开展常态化表内外风险排查。减退潜在风险业务，截至年末，列入限额（领额）管控的 8 个产能过剩行业贷款余额较年初减少 12 亿元；减退潜在风险或低收益贷款户 72 户、95 亿元。细致梳理存量不良贷款，用好监察名单，准确反映不良资产的最新情况以及清收保全的实时进展，全年存量不良资产清收 5.3 亿元。

（康滨）

招商银行股份有限公司北京分行

2014 年末，招商银行股份有限公司北京分行（以下简称招商银行北京分行）总资产 5 724 亿元，比上年增加 1 769 亿元，增长 44.7%；全折自营存款余额 3 840亿元，比上年增加 822 亿元，增长 27.2%；全折自营贷款余额 1 557 亿元，比上年增加 106 亿元，增长 7.3%；不良贷款率 0.29%，不良贷款拨备率 2.03%。全年实现利润 105.5 亿元，比上年增加 18.5 亿元，增长 21.3%。

截至年末，招商银行北京分行开业营业机构 72 家，其中年内新开业 8 家；员工总数 4 393 人，比年初新增 628 人，其中正式员工 4 013 人，派遣员工 380 人。

发展方式转型 根据总行“立足一体两翼，深化服务升级，打造轻型银行”的整体部署和要求，加强客户营销，提升内部管理，做好风险防控，经营效益和质量持续向好。2014 年，招商银行北京分行风险调整资本收益（RAROC）水平为 90.0%，成本收入比为 18.3%；人均创利 361 万元，比上年增加 31 万元；网均创利 1.96 亿元，比上年增加 2 126 万元。

公司金融业务 跨境金融多点开花，现金管理业务快速增长，供应链金融有效拓展，并购业务稳步推进。积极采用“融资 + 融智”的综合方案，丰富金融产品。年末客户融资总量余额 3 535 亿元，比上年增加 401 亿元，债券承销、跨境联动、自营非标等新兴融资在客户融资总量中占比 66.2%。集中管理的战略客户存款规模和价值贡献持续提升，财政和机构业务取得实质性突破，首次中标北京市级财政现金管理和地方债承销资格。客户基础进一步夯实，全年新开对公客户接近上年的 5 倍，年末客户总量同比增长 98.4%。

零售金融业务 进一步巩固和强化零售业务优势。截至年末，管理客户核心资产比上年增加834亿元，同比多增加304亿元。财富管理收入同比增长39.4%。个贷业务平稳增长，年末贷款余额比上年增加54亿元，在一般性贷款中占比提升1.3个百分点；小微存款月、日均余额排名招商银行系统第一。零售客户数量快速增长，私人银行客户、钻石客户、金葵花客户增长超过20%，金卡和大众客群增长达13%。

同业金融业务 同业金融业务快速发展。同业净利息收入增长41.2%，远高于全行增长水平。票据业务准确把握市场时机，规模爆发式增长，全年直贴业务规模同比增长63%，转贴业务规模同比增长1 494%，卖断价差中间业务收入同比增长361%。托管资产规模4 500亿元，同比翻番；公司理财产品销量3 447亿元，日均理财保有量561亿元，同比增长47.2%。

（金晶）

上海浦东发展银行股份有限公司北京分行

2014年末，上海浦东发展银行股份有限公司北京分行（以下简称浦发银行北京分行）资产总额3 167.60亿元，比上年增加649.00亿元。本外币一般存款余额1 790.90亿元，比上年增加174.30亿元；本外币各项贷款余额973.50亿元，比上年增加178.10亿元；中间业务收入10.12亿元，比上年增加4.38亿元。实现账面利润39.46亿元，比上年增加6.96亿元。

截至年末，浦发银行北京分行共设有营业机构46家（含营业部），其中年内新建开业2家；正式员工1 336人。

公司银行业务 建立存款监测与报告机制，加强对存款增长的稳定性管理。制定并下发《2014年北京分行对公负债业务激励活动方案》，引导各支行积极推动存款业务规模有效增长。根据监管部门偏离度管理要求，制定新形势下存款偏离度考核管理工作措施。制定并完善对公贷款发放标准，选取重点客户进行分行直营，积极支持区县棚户区改造及环境整治项目。建立对公贷款提前还款的预报审批制度，有效缓解因客户突然提前还款而造成的贷款余额波动，全面掌握和把控对公贷款发放、收回的整体节奏。建立创新业务营销推动工作机制，梳理业务流程，建立业务项目库。加强对市区两级财政的服务，积极参与北京市地方政府债券的认购，并成为向北京市社会保险基金管理中心提供社会保险缴存及支付服务的15家合作银行之一，获得西城区、通州区国库集中收付代理银行资格，以及东城区财政非税收入代缴银行资格。

截至年末，本外币一般对公存款余额1 543.00亿元，比上年增加143.20亿元；本外币一般对公日均存款余额1 403.10亿元，比上年增加87.30亿元。人民币对公存款余额1 460.17亿元，比上年增加151.97亿元；人民币对公日均存款余额1 309.77亿元，比上年增加73.70亿元。本外币对公贷款余额779.05亿元，比上年增加 162.73 亿元。对公人民币贷款余额 774.40 亿元，比上年增加 166.40 亿元。实现对公中间业务收入 8.28 亿元，比上年增加 2.13 亿元。

投资银行业务 通过运用投行思维，大力发展股权融资，推动分行产业基金规模持续增长。2014 年已经获得总行批准和正在推进的基金项目共 27 只，浦发银行北京分行出资额合计超过 700 亿元，基金托管金额超过 1 300 亿元。积极挖掘各类发行主体的融资需求和发行规划，通过梳理排查已有授信客户、加强对支行的营销指导等措施，推动永续债、项目收益票据、资产支持票据等创新业务的营销，促进债券承销业务在质和量上取得较大提升。全年债券承销总量 434.25 亿元，债券承销手续费收入突破亿元；实现债券承销 36 只，其中以主承销商角色发行债券 15 只（独立主承销 8 只）。创新性地完成浦发银行首单私募、公募永续债产品及财务公司金融债发行，丰富了债券品种。开展 110 国道二期、海国鑫泰、建机天润、特尔特置业等牵头代理银团贷款以及京能汉慈、大唐电信联合牵头银团贷款的筹组工作。开展存量银团贷款业务 12 笔，银团贷款余额 54.78 亿元，银团贷款规模达到 151.28 亿元。并购贷款业务稳步发展，全年累计发放并购贷款 14.42 亿元，业务涉及中农种业、新合作商贸、三吉利能源、华润医药、联想控股、北大方正等企业集团。

个人银行业务 贴近市场需求，全力打造出国金融、移动金融、汽车金融三大零售金融服务方案，实现客户批量化引入，出国金融服务逐步从原来单一的留学服务拓展到签证、移民、高端旅游等多个方面。完善存量房交易资金监管平台建设。与第三方公司开展合作，扩充 POS 商户规模。开发上线浦发银行北京分行微信平台，为产品宣传、活动推广提供新渠道。推进社区银行建设，开展系列社区营销活动，探索社区银行业务拓展模式，逐步建立标准化业务运营流程。完成信用卡组织架构的搭建，制定《北京分行信用卡业务管理办法》，修订营销人员薪酬考核方案。开展客户梳理工作，制定《客户分层维护和精细化经营实施细则》，推进客户的分层维护和经营。适时调整房贷政策，提升市场竞争力，促进零售信贷业务增长。

截至年末，个人金融总资产 550.3 亿元，比上年增加 143.2 亿元；个人日均金融资产余额 493.2 亿元，比上年增加 113.2 亿元。其中，储蓄存款余额 247.8 亿元，比上年增长 31.1 亿元；日均储蓄存款余额 216.8 亿元，比上年增加 5.6 亿元。个人贷款余额 194.1 亿元，比上年增加 15.1 亿元。个人中间业务收入 2 亿元，比上年增加 9 700 万元。优质以上客户 167 071 户，比上年增加 15 061 户；白金以上客户 51 731 户，比上年增加 12 367 户；私人银行客户 580 户，比上年增加 209 户。

金融市场业务 通过拓宽营销渠道，发展多元化合作客户，开展重点客户直营，适时利用同业资产业务进行套利运作等举措，大力拓展同业负债业务。加强对支行的信息传导，每日进行客户资金动态跟踪。对同业授信客户实行属地化管理，积极营销同业借款业务，合作客户涵盖资产管理公司、金融租赁公司、汽车金融公司、消费金融公司等。按照年初制定的工作规划逐项拓展票据业务，重点开展票据资管业务，联动开展直贴、转贴、再贴业务。通过每日邮件报价、每周市场情况分析、微信群发实时动态等形式，大力推广代客代理产品。推出黄金租赁业务，填补黄金代客交易空白。标准化业务在资产配置上覆盖单一资金投资股票质押式回购业务、结构化投资股票质押式回购业务、单一资金投资定向增发业务、定增池业务、券商两融资产转让业务、二级市场业务、并购基金业务等。

截至年末，本外币同业存款余额1 294.3亿元，比上年增加456.7亿元；本外币同业存款日均余额1 288亿元，比上年增加405.5亿元。共办理金融市场业务3 849笔，累计交易金额14 685亿元，实现净收益8.95亿元，较上年增加0.99亿元。票据业务实现账面利润1.67亿元。标准化资产余额74亿元，全年实现收益2 058万元。共办理代客代理业务304笔，实现中间业务收入2 711万元。共完成大额存单认购29笔，累计发生额1 052亿元，实现收益818万元。

风险与合规管理 深化合规内控风险管理机制体制建设，制定《北京分行合规风险专员指导意见》，在全行范围内推进合规风险专员岗位设置及人员聘任工作，先期在15家二等以上支行、6家新成立三年以内的支行及13家其他支行，共聘任专职和兼职合规风险专员34名。完善并落实季度风险考核评价制度，加强过程控制，注重新型业务风险管理。落实总行风险管理下沉要求，将风险控制关口前移。加强检查预警提示，深化贷后、投后管理工作。推进重点个案风险化解工作，提前介入，妥善应对，尽量避免分类下滑，同时加大清收核销力度，有效化解存量不良。实现授信优化金额52.10亿元，实现全年信贷结构调整目标，对公风险化解取得较好成效，个贷不良增长控制在预期之内，完成各项风险经营指标和工作任务，持续实现不良“双降”。认真落实案件防控工作方案和措施，确保全年无案件。截至年末，全行后三类不良贷款余额1.03亿元，比上年减少1 008万元；不良贷款率0.11%，比上年下降0.03个百分点。

队伍建设 根据经营发展对人才的需求，制订人才引进和培训计划，加大管理人才与业务骨干的引进和培训力度，持续推进干部员工队伍建设，不断提升队伍整体竞争能力。建立在校大学生实习团队，为下一年的应届大学生招聘提前做好准备。经过层层筛选，成功录用38名大学毕业生，录用社会在职人员92人。大力推进人才的公开选聘，推出分行部室十余个竞聘岗位，经筛选14人应聘成功。建立内部人才合理流动机制，倡导“绿叶”文化，坚持人性化管理，提倡棒球精神，激励全行员工和谐共处、团结奋进。在第八届浦发银行业务技术比赛中取得团体总分第二名的良好成绩。

（王国文）

广发银行股份有限公司北京分行

2014年，广发银行股份有限公司北京分行（以下简称广发银行北京分行）

总资产 2 473.75 亿元，比上年增加 113.66 亿元，增长 4.82%；本外币存款余额 1 624.34 亿元，比上年减少 30.50 亿元；其中人民币存款余额 1 514.96 亿元，比上年减少 50.10 亿元。实现报表利润 24.83 亿元。

截至年末，广发银行北京分行营业网点 50 家；在岗人数 1 917 人，其中正式在编 1 769 人。

“两卡一中心”战略转型 贯彻落实“两卡一中心”经营战略转型工作，推动个人贷款业务、信用卡业务，小企业金融业务快速发展。持续开展“生意人卡”营销活动。8 月下旬，在大红门地区开展“贷动风云”专案活动，3 个月内开发有贷户 1 489 户，首次发放贷款金额 8.86 亿元。截至年末，个人贷款余额 127.1 亿元，较年初净增 56 亿元；实现净利息收入 3.8 亿元。全年新增信用卡 20 万张，实现营业收入 12.66 亿元，同比增长 31.81%；拨备前利润 9.03 亿元，同比增长 21.45%。小企业金融业务稳健发展。年内设立 6 家中小企业专业支行、2 个小企业金融中心；推出节能环保局能源管理专案、格力供应链专案、北京地区商超专案、创信通专案、中石化供应商专案、“新三板”挂牌企业投资联动方案、中石化上游供应商专案等，进一步拓宽中小企业服务范围。截至年末，净增小企业有效授信户 335 个，发放贷款余额 37.44 亿元。

投行业务 全年共完成投行业务融资 130 亿元，其中类信托代销 90 亿元，自营投资非标 40 亿元；完成考核利润 21 000万元，其中中间业务手续费收入 16 200万元，净利息收入 4 800 万元。融资规模较上年增长 652%，利润额较上年增长 910%。设计“资管＋委贷”、“资管＋有限合伙＋委贷”、“资管＋资产收益权”等创新业务模式。

电子银行业务 发挥电子银行的渠道优势，开展品牌推广与宣传，促进客户规模和客户体验质量的提升，拓展网上优惠商户，让广大电子银行客户享受便捷和实惠。截至年末，新增个人网上银行客户 30.68 万户，新增手机银行客户 23.62 万户；个人网上银行活跃客户 58.40 万户，手机银行活跃客户 14.05 万户；自助设备 241 台，存取款交易笔数 713 万笔、金额 846 亿元；电子渠道替代率 79%。

机构发展 年内成立 3 家网点，分布在京城周边的新兴商业、住宅区，其中设在顺义核心地区的顺义支行是广发银行北京分行的第 50 家营业网点，也是设在远郊区县的第 1 家营业网点。

（陈悦喆）

兴业银行股份有限公司北京分行

2014 年末，兴业银行股份有限公司北京分行（以下简称兴业银行北京分行）本外币资产 3 945 亿元，比上年增加 1 390 亿元，增长 54%；本外币负债 3 892 亿元，比上年增加 1 387 亿元，增长 55%。本外币存款余额 2 018 亿元，比上年增加 130 亿元，增长 7%；日均存款 1 903 亿元，比上年增加 124 亿元，增长 7%；本外币贷款余额976亿元，比上年增加93亿元，增长11%。实现营业收入76.57亿元，同比增长4.46%，其中中间业务收入11.14亿元。实现账面利润51.08亿元，成本收入比为18.88%。受部分行业风险暴露影响，不良贷款率为0.63%，较上年有所提升。

截至年末，兴业银行北京分行共设60家支行，其中社区支行15家。

企业金融业务 成立绿色金融中心、汽车金融中心，产业化金融体系框架初步形成，专业服务能力不断提升。投资银行业务取得新突破，融资规模连续两年突破700亿元；贸易融资业务量576亿元；现金管理业务实现机构全覆盖；银财合作实现跨越式增长，签约的现金管理型财务公司已达32家，财务公司存款日均120亿元。截至年末，企业金融业务本外币存款余额1 807.01亿元，比上年增加111.73亿元，增长6.59%；日均存款1 745亿元，比上年增加215亿元，增长14.05%。共拥有客户32 489户，其中核心客户9 890户。全年实现利润36亿元。

零售金融业务 零售业务稳步有序发展。截至年末，零售客户综合金融资产日均510亿元，比年初增加137.6亿元，增长37%；零售考评核心客户1 002 745户，比年初增加217 221户，增长28%；零售业务净收入9.6亿元。个人存款业务稳定发展，个人存款年末余额210.76亿元，比年初增加17.91亿元；月均市场占比0.79%，同比提升0.11%；个人存款日均191.8亿元，比年初增加17.4亿元。零售财富管理业务发展势头良好，年末金融资产余额397.2亿元，比年初增加154.6亿元，增长64%；日均318.2亿元，比年初增加120.2亿元，增长61%。累计销售理财856亿元，比上年增加359亿元，增长72%；理财年化销量313亿元，比上年增加142亿元，增长83%。零售信贷业务继续扎实推进，个人贷款年末余额131.5亿元，比年初增加3.2亿元；当年发放贷款69.8亿元；不良贷款年末余额6 731万元，比年初增加4 855万元，不良率0.51%，比年初提升0.36%。

同业金融业务 同业负债与同业资产业务均衡增长。年末同业负债余额1 659亿元，同比增长204%；同业资产余额1 202亿元，其中新增同业投资169亿元；年末实现托管规模4 252亿元，同比增长41%。主推开放式理财业务，理财产品销售全年日均174亿元，同比增长41%。实现同业金融业务净利润23.2亿元，其中中间业务收入6.67亿元，同比增长34%。

（游恒铠）

平安银行股份有限公司北京分行

2014年末，平安银行股份有限公司北京分行（以下简称平安银行北京分行）总资产2 047.64亿元，比上年增加226.98亿元，增长12.47%。本外币各项存款余额1 418.90亿元，比上年增加468.16亿元，增长49.24%，其中人民币各项存款余额1 210.35亿元，比上年增加395.52亿元，增长48.54%；本外币各项贷款余额656.09亿元，比上年增加121.81亿元，增长22.80%，其中人民币贷款余额575.09亿元，比上年增加83.84亿元，增长17.07%。实现净利润28.34亿元，同比增加3.97亿元，增长16.28%。

截至年末，平安银行北京分行下辖46个营业网点（含分行营业部）；在岗员工1 686人，其中正式员工1 625人，外聘人员61人，平均年龄31岁。

公司业务 搭建以客户为中心的营销支持平台，以产品创新引领业务发展。依托行业协会、专业交易平台等探索客户批量开发，通过“重点项目立项制”实施前中后台协同营销。拓宽资产业务出账通道，重点推动黄金租赁、商票贴现、国内信用证及其项下融资等低资本消耗的产品。成功中标中铁货运电子支付、西城区财政授权支付、市财政局国库现金管理等项目，实现了电子政务零的突破。阶梯财富B、北交所车辆拍卖、环保智融通、橙E网络融资——中企永联平台等新产品和新模式相继落地，努力探索贸融基金、商贸平台公司、租融通等创新商业模式。充分发挥离在岸一体化经营优势，重点推动保付加签、跨境担保、四方协议等离在岸联动产品落地。

截至年末，本外币公司存款余额1 267.06亿元，比上年增加426.48亿元，增长50.74%；本外币公司贷款余额422.53亿元，比上年增加42.11亿元，增长11.07%。离岸存款余额31.2亿美元，同比增长136%；实现中间业务收入1 300万美元，同比增长178%。

零售及小企业业务 积极推动零售大部制改革，全面调整和完善零售组织架构，在分行层面成立零售综合管理部，在支行设立零售副行长岗位，对一线人员实施日常标准化管理。推出涵盖“绿色就医通道”、“首都机场要客出行”、“白金客户加油88折”非金融客户权益平台。截至年末，零售存款余额151.84亿元，比上年增加41.68亿元，增长37.83%；零售贷款余额224.57亿元，比上年增加73.75亿元，增长48.90%。新增手机银行客户14.87万户，同比增长近4倍。严格执行厅堂环境及服务检查标准，在平安银行厅堂一体化服务竞赛中获“最佳服务分行”奖项。全力发展“贷贷平安商务卡”业务，不断摸索商超发票贷等创新项目；打造非友好客户信息平台，加强风险把控。严肃销售纪律，严禁通过第三方收费或与客户有资金往来，全面强化一线人员的合规意识，确保销售环节合法合规。截至年末，小企业存款余额24.76亿元，比上年增加14.90亿元，增长151.10%；贷款余额117.97亿元，比上年增加58.01亿元，增长96.73%。

金融同业业务 通过直接投资信托受益权、资管收益权等业务模式，利用稳定、优惠的同业资金与行内项目对接；积极推动创新出账，开展多元化的同业资产业务。搭建同业资产交易平台，依托平安集团综合金融优势，疏通同业资产流转渠道，化解RWA规模压力。首笔券商通过“行E通”平台代销平安银行理财产品业务落地。全年实现同业业务经营净收入13.08亿元，其中中间业务收入4.97亿元。票据业务交易量和创利大幅增长。全年转贴现累计交易量1.4万亿元，同比增加逾1万亿元，增长337%；直贴累计交易量133亿元，同比增加82亿元，增长162%；实现净收益3.74亿元，同比增加逾3亿元，增长419%。商业票据贴现突破百亿元，实现了再贴现业务零的突破。

投行综拓业务 结构化融资业务全年实现中间业务收入 5.34 亿元，同比增加 4.94 亿元，增长 1 224.39%，首单一级开发项目、首单永续债项目、平安系统内规模最大的定向增发项目成功投放。债务融资业务实现中间业务收入 0.54 亿元，同比增加 0.24 亿元，增长 78.86%，成功承做中节能中长期私募债业务，发行期限和中间业务收入实现双突破。贯彻总行投后管理要求和项目经理终身负责制，关注项目投后风险。成立资产托管部，并获总行一级授权，成功引入首笔保险资产管理产品托管业务，先后引入人保财险、五矿信托、中海信托等新的机构客户，迈出了托管前置化的重要一步。依托平安集团综合金融优势，建立平安集团在京机构联席会议制度及综合金融项目沟通会制，打通集团各专业子公司间的沟通交流渠道。建立综拓专员队伍，充分挖掘各家经营单位的综合金融商机。

风险与内控管理 将风险审查环节前置、合理嵌入到市场拓展当中，积极参与营销方案设计，围绕区域特色修订“一行一策”业务发展政策指引。密切关注风险行业及重点客户，对投行项目实施“一对一”管控，对钢贸行业异地项目等重点风险领域进行重点管控，全年共收回对公问题资产 1.17 亿元。严格落实日常风险控制管理，对 84 家零售信贷合作渠道进行全面风险排查，实地走访 61 家、停止进件 31 家。组织辖内“贷贷卡”授信客户大回访活动，走访存量客户 8 000 余户，通过双人实地调查、提交商户现场照片等方式确保所提交的客户资料真实可靠。加强清收力度，多措并举，全年共收回不良资产 2 795 万元。强化案防高压态势，全年组织 2 轮、100% 覆盖的“案防到支行”及“合规意识再教育”活动，开展“坚守合规底线、捍卫经营成果”全面风险排查。合规考核标准化、可量化、可追踪，对违规事项和人员严格问责，推动对“飞单”、员工经商办企业等违规事项的排查整改。开展“安防案防竞赛月”活动，及时消除不安全隐患。强化“首都金融无小事”的责任意识，将声誉风险和科技风险纳入全面风险管理。

服务提升 按照“十百千万工程”统一部署，全年共完成 16 家同城综合性支行的筹建并开业，网点数由年初的 30 家增至 46 家；新建 14 家社区支行和 19 家自助银行间，328 台离行单体设备（ATM 或 CRS）完成建设。推出新员工入职培训系列课程、“传、帮、带”一对一培训辅导、运营大练兵等服务水平提升方案。对内成立业务创新、流程优化专项小组；对外推出服务标准化，并引入第三方咨询公司，通过明察暗访不断提升网点服务水平和客户满意度。

（黄晓微）

中信银行股份有限公司总行营业部

2014 年末，中信银行股份有限公司总行营业部（以下简称中信银行总行营业部）本外币资产总额 5 797.85 亿元，比上年增加 700.61 亿元，增长 13.74%。本外币存款余额（含金融机构存款）5 663.60亿元，比上年增加 751.99 亿元，增长 15.31%。本外币贷款余额（含贴现）2 049.71 亿元，比上年增加 110.35 亿元，增长 5.69%。不良贷款余额 4.14 亿元，不良率 0.20%。实现利润 40.12 亿元。

截至年末，中信银行总行营业部共有支行 66 家，员工 2 706 人。

公司银行业务 负债业务，紧抓对公负债重点项目与重点领域，加强产品创新，优化内部管理，推动对公负债业务增长。截至年末，本外币公司一般性存款日均余额 3 391.90 亿元，比上年增加 367.33 亿元，增长 12.14%。

资产业务，积极支持现代制造业、现代服务业、国家战略性新兴产业以及优质中小企业的发展。截至年末，人民币公司一般性贷款余额 1 138.72 亿元。

投资银行业务，全年债券承销规模 1 340.15亿元。成功承销北汽集团永续中票，成为北京市属企业首只永续债务融资工具。结构融资业务新增客户融资规模 72.80 亿元；融资类理财新增融资规模 106.93 亿元，全年融资类理财日均规模约 508 亿元；累计销售对公理财产品 469.89 亿元。

国际业务，紧跟市场变动，持续提升产品创新能力。贸易项下收付汇规模位居北京市场前列，通过组合产品、跨境人民币产品促进负债和中间业务收入增长。截至年末，累计实现收付汇量 1 002 亿美元，同比增长 25%；实现中间业务收入 4.52 亿元，其中外汇资金业务中间收入 2.8 亿元、跨境人民币业务中间收入 0.32 亿元。

房地产金融业务，以“住宅铁三角”产业链为核心模式、以城镇化建设、保障房建设为发展契机，通过重点支持住宅项目、加速发展商业项目等方式，实现房地产开发贷款总余额、商业项目开发贷款余额的增长。新发放城镇化建设贷款 43.8 亿元，保障房建设贷款 13.02 亿元。

汽车金融业务，大力开发捷豹、路虎、宝马、奥迪等现有高端品牌，稳步拓展三、四线城市经销商。截至年末，汽车金融业务有效经销商户 428 户，日均存款合计 93.05 亿元，其中经销商日均存款 53.70 亿元；经销商累计融资 669.83 亿元，融资余额合计 148.71 亿元；完成中间业务收入 3 261.39 万元，实现经济利润 2.25 亿元，不良率为零。

零售银行业务 加强各部门的内部联动，优化零售业务厅堂及外围宣传渠道，客户数、储蓄额、管理资产规模全面提升。截至年末，一般储蓄日均余额 430.60 亿元，比上年增加 57.53 亿元；一般储蓄时点余额 479.27 亿元，比上年增加 82.58 亿元；管理资产余额 1 227.26 亿元，比上年增加 313.36 亿元，增长 34.29%；零售管理资产在 5 万～50 万元的客户总量 14.85 万人，比上年增加 3.41 万人；50 万元以上客户数总量 5.05 万人，比上年增加 1.24 万人。各项代理销售及中间业务收入实现跨越式增长，零售中间业务收入 4.16 亿元，较上年增长 25.99%。

消费金融业务，加强交叉营销，深度发掘客户金融需求；紧跟市场步伐，积极拓展渠道建设，开发消费贷新产品。截至年末，消费金融业务贷款余额 612.42 亿元，较上年增加 116.52 亿元。

小企业金融业务，优化标准抵押贷拳

头产品，打造业务全流程管理，实现小企业贷款余额跨越式增长。成立小企业幸福企业家俱乐部，建立交叉营销和客户关怀体系；狠抓资产质量管理力度，保持小企业资产质量总体优良。截至年末，小企业贷款余额 158.11 亿元，比上年增加79.54 亿元；小企业贷款客户数 4 151 户，比上年增长 221%。

金融同业业务 深度挖掘客户需求，密切关注产品创新。截至年末，同业资产1 007.77 亿元，负债日均 1 000.49 亿元。独家托管余额宝项目，首家托管信托池产品、北京地区 QFII 和 QFLP 产品，托管规模达 9 630.65 亿元，较上年增长205.67%，实现托管费收入 5.56 亿元。票据贴现业务累放量 1 057.14 亿元，北京市场占有率攀升至 35.31%。

风险控制 信贷审查，加强信用风险管理，切实履行风险过滤职能。通过审查前移、制定严格的风险细则和加强担保公司管理等方式，确保业务不良贷款额和不良率保持稳定。截至年末，不良贷款余额4.14 亿元，不良贷款率 0.2%。全年共同化解预警客户风险 12 户，安全回收授信11.31 亿元。

会计运营，搭建会计运营风险控制体系，完善会计经理委派制和会计业务审批授权制，助力一线业务发展。全面开通美元清算汇款跟踪服务，对本外币存放资金流动性进行严格管理，加强实时监控，有效防范流动性风险。

合规经营，以“防案件、防操作风险，促进依法合规经营”为目标，以“查防结合、预防为主”为原则，加强制度建设，开展专项排查和系统培训。对公司、零售、会计柜台、财务管理、员工行为进行专项审计，全年共完成审计项目21 个，覆盖业务条线 20 个，业务覆盖率和机构覆盖率均为 100%。

（张京玉）

中国光大银行股份有限公司北京分行

2014 年末，中国光大银行股份有限公司北京分行（以下简称光大银行北京分行）资产总额 3 658 亿元。一般日均存款 2 586 亿元，其中对公日均存款 2 145亿元，储蓄日均存款 441 亿元。一般日均贷款 1 111 亿元（含贴现）。实现利润 50多亿元。

截至年末，光大银行北京分行辖内营业网点 62 家，年内新增 3 家；员工 2 600多人。

公司银行业务 对公存款持续保持快速增长，完成总行核心存款指标。配合总行连续四次中标中央财政非税代理资格。与市文资办签署战略合作协议，支持文化创意企业和文创基金。与北京市属企业及其二级企业深化联系，为首都经济建设发展贡献力量。

零售银行业务 零售业务平稳增长，结构持续优化，盈利逐步改善，完成总行下达的预算目标。加快负债结构调整，确保资产质量稳定，客户基础不断夯实，盈利贡献持续提高。支持小微企业发展，全面完成国标小微贷款“两个不低于”目标。

风控与合规管理 落实总行战略部署，严防案件风险和操作风险。强化案防机制，组织开展合规教育，签订全员案件防控责任书，全面排查员工异常行为，严格执行财务制度和招采制度，杜绝小金库、虚假发票等财务风险。不良贷款实现“双降”，经营风险得到有效控制，资产质量继续保持优良，实现总行下达的风控目标，没有出现重大业务差错和案件。

消费者合法权益保护 成立消费者权益保护委员会，设立消费者权益保护办公室，负责消费者权益保护工作的总体指导、组织协调和监督推进。在网点营业大厅内开辟公众教育区，以易拉宝、宣传折页、电子显示屏等形式，就用卡安全、自助银行、电子银行、投资理财等业务存在的风险进行宣传教育。组织员工走上街头，深入社区，在户外设立宣教点，发放宣传资料，开展现场咨询。开展“金融知识万里行”、“金融知识进万家”、“金融知识普及月”等宣教活动300余场，投入人力3 000多人次，宣传覆盖人群超过百万人。

（潘远发）

中国民生银行股份有限公司总行营业部

2014年末，中国民生银行股份有限公司总行营业部（以下简称民生银行总行营业部）本外币总资产余额7 115.09亿元，比上年增加1 591.97亿元，增长28.82%。各项存款余额4 315.96亿元，比上年增加380.09亿元，增长9.66%，其中人民币存款余额4 052.06亿元，比上年增加341.92亿元，增长9.22%。各项贷款余额1 592.96亿元，比上年增加104.51亿元，增长7.02%。全年营业收入10.86亿元，营业支出48.93亿元，实现税前利润 -38.23亿元。

截至年末，民生总行营业部下设支行72家，正式员工2 968人。

公司银行业务 紧跟“京津冀协同发展”战略，服务北京首都非核心功能外迁，支持首都第二机场、高速公路、轨道交通等重大基础设施建设项目，服务京津冀一体化战略。围绕北京“政治、文化、创新、对外交流”四个中心定位，依托创新金融服务模式，加强与中关村园区内科技型企业的合作，切实服务实体经济，助力北京市实现科技创新及产业结构调整升级。大力支持环境保护类企业，为其提供一揽子金融服务，促进北京市大气污染、水污染及固废污染治理。截至年末，本外币公司贷款余额1 103.7亿元，比上年增加180.2亿元；本外币公司存款余额3 692.5亿元，比上年增加329.8亿元。

贷款业务，贷款重点投向公共管理、社会保障和社会组织、房地产业、制造业、批发和零售业、租赁和商务服务业、采矿业、建筑业，年末贷款余额占公司贷款余额的75.41%。截至年末，民营企业贷款余额占公司贷款余额的60.73%；中小企业贷款余额33.14亿元，比年初下降29.7%。服务实体经济，将高新技术企业作为信贷投放重点，积极支持园区企业发展壮大。截至年末，中关村园区内企业授信户数 252 户，贷款余额 162. 57 亿元，较年初增加 86 亿元。绿色信贷贷款余额 28. 92 亿元，较年初增加 3. 67 亿元，其中节能类贷款余额 4. 68 亿元，减排类贷款余额 13. 43 亿元，其他节能减排类贷款余额 2. 1 亿元。通过批量授信方式，对北京市供热行业、经济型酒店、产业园区、高端制造企业等进行规划调研，先后有 23 笔批量授信方案获得总行审批，总金额 256. 4 亿元，服务于科技金融、节能环保等行业的中小企业，并为其提供包括信贷业务、贸易融资、支付结算、现金管理、个人金融、电子银行、上市辅导等综合金融服务。截至年末，支持新型城镇化项目建设贷款余额（含表内授信、发债、投行等非授信）492. 42 亿元，比上年增加审批额度 247. 02 亿元，授信使用余额 239. 6 亿元，比上年增加 108. 67 亿元。

贸易融资业务，截至年末，贸易融资余额 178. 4 亿元，其中表内合计 31. 4 亿元，表外合计 147 亿元。非融资性保函余额 47. 3 亿元，融资性保函余额 27. 8 亿元，信用证余额 71. 4 亿元。表内外资产状况良好，无不良贷款发生。

票据业务，全年累计办理票据直贴业务 421. 3 亿元，转贴现 2 226 亿元，买入返售 3 101 亿元。

资金托管业务，全年新增托管业务规模 2 587 亿元，比上年增长 16. 37%。信托、基金专户、券商理财新增占比超过 70%，是主要的托管产品。资产证券化托管产品增长较快，与 P2P 网络平台探讨托管合作模式。

发债融资业务，全年发行债券 26 只，承销额 339. 5 亿元。

零售银行业务 截至年末，储蓄存款余额 623. 1 亿元，比上年增加 49. 9 亿元，增长 8. 71%。个人贷款余额 571. 66 亿元，比上年减少 45. 64 亿元，下降 7. 39%。金融资产余额 1 574. 0 亿元，比上年增加 215. 5 亿元，增长 15. 86%。本外币理财余额 822. 4 亿元，比上年增加 114. 0 亿元，增长 16. 09%。基金余额 84. 4 亿元，比上年增加 36. 6 亿元，增长 76. 57%。高端零售客户增长较快，贵宾客户 17. 15 万户，比上年增加 3. 56 万户。全年发卡 88. 58 万张。电子银行业务稳步发展，手机银行客户 103. 73 万户，比上年增加 63. 57 万户，增长 158. 29%；个人网银客户 122. 18 万户，比上年增加 30. 31 万户，增长 33%。电子银行交易替代率 97. 47%，比上年增长 3. 1%。

中间业务 大力推动公司理财、资产托管、发债融资、信用证、保理、理财产品销售、贵金属交易等业务，全年实现中间业务收入 171 006 万元。

资金业务 业务规模持续提升，交易对手快速扩张。截至年末，同业存款余额 2 704. 10 亿元，比上年增加 1 188. 24 亿元，同业存款日均 2 125. 51 亿元，同比增长 16. 93%。全年资金业务累计交易量 20 178. 45 亿元，同比增长 27. 71%。

小微金融 聚焦“小微战略”，为超过 17 万小微客户提供资产、负债、结算、理财、专业服务、非金融增值服务等综合金融服务。紧密结合首都经济发展和区域经济特色，重点服务服装服饰、家居建材、批发零售、现代农业、汽车汽配、现代服务、科技、文化创意等关系国计民生的行业。创新推出“乐意贷”、“网乐贷”小额信用产品，优化客户服务，简化优质客户续授信手续，保持小微企业融资服务领域的领先地位。截至年末，小微企业贷款余额 447 亿元，总体资产质量较好，贷款客户 30 144 户，较年初增加 3 839 户，增长 15%，户均贷款 246 万元，比年初下降 6 万元，有效扩大了小微企业贷款覆盖面。

金融服务进社区 以“便民、利民、惠民”为宗旨，在北京地区人口密集、金融服务相对欠发达社区构建社区金融服务网络，累计服务社区居民 23 万多户，管理金融资产达 378 亿元。

风险管理 贯彻落实各项监管政策，优化信贷结构，有效压缩平台贷款授信余额，政府融资平台贷款年末余额 158.56 亿元，比上年减少 47.74 亿元。通过名单制管理，对产能过剩行业客户进行行业限额管理，有效控制钢贸、风电设备、汽车制造、水泥等产能过剩行业整体授信风险，产能过剩行业客户贷款年末余额 69.61 亿元，占对公人民币贷款余额（含贴现）的 9.24%，占比较小。

（龚耀星）

华夏银行股份有限公司北京分行

2014 年末，华夏银行股份有限公司北京分行（以下简称华夏银行北京分行）资产总额 2 919.26 亿元，同比增长 30.25%；负债总额 2 894.61 亿元，增长 30.52%；一般性存款余额 2 199.13 亿元，同比增长 21.6%，日均 1 815.53 亿元，同比增长 19.31%；贷款余额 998.24 亿元，同比增长 7.42%；不良贷款率 0.50%，连续六年实现双降；中间业务收入 8.51 亿元，同比增长 22.5%；实现利润 31.5 亿元，同比增长 15.31%；纳税 9.44 亿元，同比增长 13.78%。

截至年末，华夏银行北京分行下辖 92 个所属机构，其中支行 59 个，行业公司业务部 12 个，分行部室 21 个；共有正式员工 1 940 人。

服务首都经济发展 紧紧围绕首都产业发展规划，优先支持基础设施、城市功能疏解、工业现代化等重点领域发展。参与市属企业重点项目建设；支持首都新型城镇化建设和保障房建设，新增城镇化建设贷款 39 亿元；支持首都节能减排绿色产业、科技金融、文化金融、“三农”产业发展；支持大学生创业；与北京水务投资中心合作，支持南水北调工程建设；助力首都经济建设与“京津冀一体化”协同发展；为缓解小微企业转贷难量身定制年审制贷款，为 92 个用信客户发放 5 亿元年审制贷款。截至年末，对公客户总数 43 027 户，比上年增加 2 565 户，对公有效客户 4 638 户，对公用信客户 1 574 户。

个人金融业务 个人业务保持平稳发展，客户基础进一步夯实，储蓄日均 359 亿元，比上年增加 112 亿元，储蓄存款日均占比 21.86%，比上年提高 4.33 个百分点；个人客户总数 221 万户，有效户 83 万户，比上年增加 12 万户；个人贵宾客户 8.1 万户，比年初增加 1.1 万户。服务“京津冀一体化”发展，发行“京津冀协同卡”，三地客户享受大同城服务，85 天内发卡 8 万余张；“华夏速通卡”发卡 83 万张，市场占比继续保持第一；全年新发信用卡 5.6 万张，“易达金”发放 9 251 万元，带动信用卡中间业务收入

1.45 亿元。个人业务中间业务收入 2.4 亿元，同比增长 24%，盈利能力不断提升。个贷业务实现连续六年不良贷款双降。

渠道网点建设 年内新开业支行 2 家，网点总数 59 家；累计开设自助银行 70 家，布放自助设备 697 台；布放 TPOS 机具 11 082 台、POS 机具 13 016 台。加快特色支行建设，在房山、中关村等 10 家支行设立小企业客户部，推动小企业业务发展。稳步推进社区支行建设，已正式开业 2 家，试运营 2 家，筹备中 6 家；已运营的万年花城、沿海赛洛城 2 家社区支行发展良好，资产总量双双过亿元。落实“第二银行”发展措施，推进互联网金融，提升电子银行对公司、个人客户的服务能力。移动银行客户 20.59 万户，动账交易 122.7 万笔。电子银行累计签约客户 49.6 万户，公司电子银行交易客户 1.2 万户，个人电子银行交易客户 11.2 万户，交易笔数 700 多万笔，电子银行交易替代率 69%。实施规范化服务提升工程和大堂制胜工程，进行网点服务环境升级改造。4 家网点获评全国五星级营业网点，3 家网点获评全国文明规范服务千佳示范单位，1 家网点获评北京市银行业特色示范网点。

（李原野）

渤海银行股份有限公司北京分行

2014 年末，渤海银行股份有限公司北京分行（以下简称渤海银行北京分行）本外币总资产 856.12 亿元，比上年增加 219.12 亿元，增长 34%；本外币各项贷款余额 186.48 亿元，比上年增加 29.1 亿元，增长 18 %；实现营业收入 17.61 亿元，同比增长 36%；实现中间业务净收入 3.21 亿元，同比增长 70%；实现拨备后利润 11.30 亿元，同比增长 56%；实现经济增加值 5.67 亿元，同比增长 98%；不良资产余额 153.08 万元，均为有住房抵押担保的个人业务，不良率 0.02%，资产质量保持优良。

截至年末，渤海银行北京分行共设有营业机构（含分行营业部）31 家，其中支行（含分行营业部）15 家、社区支行 16 家；员工 649 人，其中合同制员工 595 人、派遣制员工 54 人。

金融同业业务 通过创新夹层投资通道模式、结构化分级通道模式及永续债、特定资产收益权、股权收益权等多种融资交易模式，成功介入万科地产、丽泽控股、富力地产、中信地产、远洋地产、方兴地产、万达地产等优质客户，在满足客户多样化融资需求的同时，提高了市场影响力和投资资产质量。截至年末，新增银证合作业务 283.96 亿元，银证业务资产规模比上年增长 122.47%，实现金融市场预期收入 17.02 亿元，比上年增长 228%，派生存款日均 108.6 亿元。

投行业务 将私募债的发行与理财产品对接，从向银行间市场机构投资人发行的传统模式转变为通过发行银行理财产品向高收入自然人发行，开创了批零联动的新模式；成功主承销中国银行间市场注册的第一单公开发行的并购债、银行间市场首批永续债、渤海银行单笔规模最大的中期票据。截至年末，实现投行发债54亿元，实现收入3 400万元。

资产证券化业务 精心遴选资产，完成总行牵头的首笔资产证券化（ABS）业务；加快资产流转创新，完成与工商银行北京市分行合作的贴息信贷资产流转项目；与工商银行、建设银行、邮储银行等建立资产流转渠道。按照“加强信贷总量管理，用好增量、盘活存量”的要求，通过资产证券化、信贷资产流转等方式腾挪信贷规模近10亿元，以有限的资源支持更多的优质客户。

贸易金融及票据 以重点客户、重点项目为抓手，推出渤海银行首笔转开保函、外储委贷、双币种信用证等业务，外储委贷和跨境业务满足了10余个重点客户的跨境结算需求，拉动一般性存款增加近30亿元。全年实现票据贴现业务量800多亿元，实现收益3 500万元。贸易融资和票据业务实现净收入11 586万元。

零售业务 借助“添金宝”营销，有效客户成倍增长，年底个人有效客户4.82万户，年新增3.14万户；全年累计发放个人贷款30.2亿元，个贷年末余额60.8亿元，年新增20.5亿元；全年手机银行新增客户4.4万户，电子支付新增客户4.2万户。

风险控制 制定《2014年北京分行重点风险管控措施》等制度，完善授信业务标准化模板、标准化审查要点以及2014年分行贷审会工作规则。加强对重点关注客户的专题研究，建立监控预警机制；引入第三方机构对信贷资产项目进行审计；加强现场、非现场检查，对于出现风险苗头的客户及时制定催收、化解方案；推进差异化管理，按照客户的风险级别采取不同的管理措施。完善操作风险防控机制，开展黑名单系统、制度库系统、操作风险系统等权限核查工作，完成营运条线操作风险管理工具的更新、社区银行运营业务操作细则等制度的修订；加强反洗钱工作，对支行公转私业务进行现场巡查，对分行反洗钱组织构架、制度体系、身份识别、风险评估、交易报告、监督检查等进行评估。

（张俊魁）

浙商银行股份有限公司北京分行

2014年末，浙商银行股份有限公司北京分行（以下简称浙商银行北京分行）总资产715.4亿元，比上年增加85.15亿元，增长13.5%。本外币各项存款余额419.49亿元，比上年增加59.3亿元，增长16.5%；本外币各项贷款余额186.89亿元，比上年增加25.39亿元，增长15.7%。实现利润11.27亿元，比上年增加0.488亿元，增长4.5%；人均利润380余万元。资产质量保持优良，公司类授信不良贷款率为零。

截至年末，浙商银行北京分行共设有营业机构（含分行营业部）6家，共有员工326人。

综合经营 加强业务结构优化和“流程银行”建设，深入分析客户需求，有针对性地提供产品。紧抓无贷户和乡镇金融存款两个市场，通过市场细分、营销创新、政策配套等措施，实现了无贷户的较快增长；通过网点服务、授信创新等手段，实现乡镇金融的快速发展。持续调整信贷结构，支持重点客户需求；实施分类资产经营，针对地产平台、优质国企、民企等不同资产属性、信用等级、流动性状况采取针对性的业务模式，在效益最大化下保障风险、流动性的有机协调。

特色业务 投资银行业务，通过建立营销沙盘，提升营销的针对性、支持主动性和方案专业性；加大与券商合作力度，拓宽项目来源渠道，减少耗费授信资源。小企业贷款业务，积极推进核心指标完成，做好批量开发，从业务指引、方案研究、授信支持、考核配套等方面加大批量开发的推动力度；加强业务培训和宣传，从行内专业性、行外认同度两个维度提升业务基础。国际业务，以存款派生、创造效益为目标，本外币联动，细分客户、细分产品，强化与公司、同业的紧密联动，提升综合业务效益。汽车金融业务，实施总对总的批量开发，通过票据池、商票、信用证等方式在提供服务的同时提升客户粘度。资金同业业务，紧盯市场形势，抢抓商机，利用同业业务风险耗用低、机动灵活的特点，快进快出，赚取收益；灵活调整票据业务规模，持续推进成本低廉、快速通畅的票据融资渠道建设。

风险管控 不断完善市场风险管理体系建设，力促准确识别、计量、监测和控制市场风险；加强数据采集、信息系统建设以及风险模型等基础性工作的开发运用；强化基础数据管理，提升定价估值能力。按季开展以信贷、票据、柜台、会计结算、员工异常行为为重点的案件风险排查，形成有特色的常态化风险排查机制，加强重点领域和重要业务风险管控。通过信用评级和风险资产五级分类对信用风险进行计量，以定量和定性两种分析，对客户的信用状况做出客观公正的综合评判。通过授信信息管理系统，跟踪了解全行授信资产组合的优劣变化。通过资产组合管理、集中度管理、限额管理等手段，对冲信用风险，实现风险的分散化。全年实现安全营运和无“三防一保”案件。

（侯宪虎）

北京银行股份有限公司

2014年末，北京银行股份有限公司（以下简称北京银行）资产总额1.52万亿元，实现净利润156亿元，成本收入比24.65%。资产回报率1.09%，净资产收益率17.96%，不良贷款率0.86%，拨备覆盖率324.22%，资本充足率11.08%，品牌价值201.36亿元。根据英国《银行家》杂志排名，一级资本在全球千家大银行中排名第99位。

截至年末，北京银行分支机构总数325家，其中北京地区分支机构191家。

公司业务 债券承销、银团贷款、结构融资、并购融资等投行业务板块均衡发展。年内发行债务融资工具金额2 489.08亿元，较上年增长50.45%，其中北京银行承销份额1 468.36亿元，承销只数203

只，较上年增长 84.55%。完成牵头银团贷款项目 18 个、规模 196 亿元，完成年度指标的 196%；累计牵头组团规模 748 亿元，银团贷款年末余额 394 亿元，较年初增加 50 亿元，增长 14.53%。非保本理财池入池项目放款 98 笔、金额 371 亿元；理财管理计划入池项目放款 83 笔、金额 156 亿元；发行中小企业私募债 16 笔、金额 21.70 亿元。成功发行 2 期信贷资产支持证券，金额分别为 57.79 亿元、87.05 亿元。推出“网速贷”特色网络化融资方案，推广在线买方保理，支持中小企业融资；推出结构性存款等创新型增值类产品、第三方支付、要素市场现金管理解决方案。“京医通”项目快速发展，在宣武医院等 7 家市属医院、广安门医院等 3 家非市属医院及中日友好医院上线，累计发卡 253 万张。支持科技金融、文化金融、绿色金融建设，科技金融贷款年末余额较年初增长 44%，文化金融贷款年末余额较年初增长 35%，绿色金融贷款年末余额较年初增长 67%。

零售业务 加快零售业务转型，提高储蓄存款、个人贷款市场份额，储蓄存款占全行存款总额的 20%。零售贷款余额（含信用卡业务）突破 1 500 亿元，较年初增加 25 亿元，增长 27%；“短贷宝”产品年末余额突破 400 亿元，同比增加 127 亿元，增长 46%。个人理财年末余额突破 1 000 亿元，个人理财产品销售量突破 2 000 亿元，较年初增长近 30%。零售客户 1 209 万户，较年初增加 133 万户，其中 VIP 客户增长 29%；私人银行达标与潜力客户突破 1.4 万户，较年初增长 46%。信用卡客户新增 31 万户，同比增长 34%；年内新发行 3 款信用卡产品。继续发行和推广慈善信用卡品牌——“大爱卡”，累计发卡 84 万张，全年捐助款项 179 万元，累计捐助款项超过 553 万元；与中华慈善总会于 2014 年 10 月 23 日联合成立北京银行“大爱基金”，用于对偏远贫困地区教育事业的定向捐助。

金融市场业务 全年实现国际类中间业务收入 9.69 亿元，同比增长 38%；国际结算规模 644 亿美元，同比增长 17%；外汇存款时点规模 330 亿元，同比增长 38%。全年实现同业业务利润 36 亿元，同比增长 58%；同业类中间业务收入 7.6 亿元，同比增长 25%。本外币投资年末规模 3 393 亿元，较年初增长 31%；全年实现投资业务营业收入 140.54 亿元，中间业务收入 2.93 亿元；成功发行两期信贷资产证券化产品，合计金额 145 亿元，发行利率同期最低。全年实现理财类中间业务收入 7.58 亿元，年末托管资产规模 4 622 亿元，同比增长 95%。全年实现托管类中间业务收入 3.2 亿元，同比增长 82%。

优化业务结构 加大向零售、小微业务转型力度，加快中间业务发展，推进客户结构、收入结构持续优化。小微企业业务占比持续提升，年末小微企业贷款占公司客户贷款比重升至 37% 以上。零售业务全面发展，储蓄存款占全部存款总额比例达到 20%；个人贷款规模（含信用卡业务）突破 1 531 亿元，占贷款总额比例升至 20% 以上。持续推进盈利结构转型，全年非息净收入占营业收入比重同比提升 0.9 个百分点，手续费及佣金净收入占营业收入比重同比提升 0.07 个百分点。

渠道建设 年内，新开业网点 58 家，其中一级分行 1 家，二级分行 4 家。加快电子渠道建设，零售网银客户、零售手机银行客户、企业网银客户数量同比分别增长 28.41%、129.27% 和 26.5%。自助存取款机具保有量 1 851 台，其中自助取款机（ATM）1 200 台、自助存取款一体机（CRS）651 台，自助银行 417 家。

风险管理 秉持“坚守底线、预设防线”的工作思路，着力强化全面风险管理体系建设，持续推进风险全流程嵌入式管理和全方位网状化覆盖，稳步推动新资本协议项目落地实施，积极培育全面、全程、全员的风险管理文化，促进业务发展稳中求进、稳中有为、稳中提质。年末，全行不良贷款率 0.86%，拨备覆盖率 324.22%，总体风险可控。

信息化建设 坚持科技强行战略，持续推进科技建设。顺义新数据中心建设项目完成概念设计方案竞标，第四代核心系统开发取得新突破，数据仓库建设取得阶段性成效并应用于实践，第二代支付系统建设助力结算业务流程持续优化。打造“京彩生活”手机银行移动金融服务平台，大力拓展“新 e 代”网上银行产品；建立西安客服分中心，实现北京、西安两地安全、稳定、高效运营；推出远程智能柜员机和电话银行“人工智能导航”服务；支持惠民工程，积极推进金融 IC 卡及具有金融功能的社会保障卡系统、京医通系统等项目建设；持续加强科技风险管理工作，全力保障信息系统安全稳定运行。

（许玥）

大连银行股份有限公司北京分行

2014 年末，大连银行股份有限公司北京分行（以下简称大连银行北京分行）资产总额 175.75 亿元，比年初增加 7.01 亿元，增长 4.15%。各项贷款余额 76.50 亿元，比年初增加 5.68 亿元，增长 8.02%。一般性存款余额 143.55 亿元，比年初增加 3.74 亿元，增长 2.68%。实现净利润 1.75 亿元。不良贷款率为零，资产质量保持优良。

截至年末，大连银行北京分行设有 6 家营业机构（含分行营业部），共有员工 221 人。

公司业务 围绕“调结构、促转型”的经营方针，深化客户结构调整，推动产品结构优化整合，加大对授信客户贸易融资、供应链融资等表外产品的投放力度，合理布局优质表内资产，向节能环保、科技创新等战略性新兴产业及实体经济倾斜，表外业务发展迅速、表内业务稳步增长。成功搭建外部信息交流平台，分享同业、异业渠道资源，拓宽贸易融资业务合作渠道，加速国内信用证、福费廷及中小企业私募债等产品落地推广，带动中间业务收入稳步增长，实现业务发展的多元化。制定星级客户管理办法，前中后台三级联动，直客式营销大型优质集团客户，夯实负债业务的根基。

小企业业务 坚持普惠金融、服务中小的市场定位，为小微企业量身定制“信用贷”、“政信通”、“税金通”等产品，提供高效、便捷的金融服务；坚持风险前置，提高小企业申贷通过率和审批效率；改善金融服务，提高小企业专业服务团队服务水平。

个人业务 坚持走进社区、贴近市民的服务宗旨，全面打造亲民、惠民、便民的品牌形象。细分客户群体，量身定制个性化金融服务方案。让利于民，执行人民银行最高上限存款利率；持续发行有竞争力的理财产品，满足客户多元化投资需求。支持首都实体经济发展、扶持商圈客户创业，大力推广私营业主经营性贷款；通过“连民通”信用卡、小额消费贷款等产品，满足市民日常消费需求；响应国家住房政策，通过住房按揭贷款等业务，践行金融企业的社会职责。

同业业务 顺应市场变化，落实同业新规要求，推进同业专营制改革，完善业务管理规程，建立有效的流动性风险和市场风险识别、计量、监测、控制体系；调整经营策略，发挥传统票据业务安全、灵活的特点，以票据转贴现业务为支撑，加大资产证券化、同业存单等标准化业务的参与力度，引领同业业务发展方向；严守风险底线，从信用、市场、操作、合规和流动性方面，把控业务风险，建立可持续的同业业务发展模式。

内控及风险管理 严格落实监管要求，完善内控管理体系，建立“一岗三责”风险防控机制，加大内控管理考核权重，搭建微信交流群、“线上”公众举报邮箱及法律知识点平台，不断创新内控管理手段，提升内控及风险管理水平；开展合规宣讲、案防联系点、警示教育活动，提升员工风险防控能力与意识，实现年内“零案件”的风控目标。坚持审慎性原则，通过集团统一授信、流动资金贷款需求量测算、贸易背景和用途审查，提高审查审批质量，确保业务开展合法合规；全面调整信贷结构，明确信贷导向，优化业务流程，切实提高审批效率；修订贷审会议事规则，强化贷审会履职管理；积极推进信用评级和债项评级二维风险管理体系建设，健全内部控制体系。

（李格格）

天津银行股份有限公司北京分行

2014 年末，天津银行股份有限公司北京分行（以下简称天津银行北京分行）资产总额 546.94 亿元，比年初增加 12.71 亿元，增长 2.38%。各项贷款余额 178.27 亿元，比年初增加 27.44 亿元，增长 18.19%；各项存款余额 251.71 亿元，比年初增加 22.52 亿元，增长 10%；日均存款 228.2 亿元，比年初增加 36.71 亿元，增长 19.17%。

截至年末，天津银行北京分行共设有营业机构（含分行营业部）12 家，共有员工 425 人。

公司金融业务 加速业务模式创新，全力推动业务转型，持续推进结构融资、直接融资、贸易融资等资产业务的开展，努力调整对公资产、负债结构。成立专业化投行业务团队，提高业务拓展的专业性。推进名单制营销，从精细化管理入手，制定切实有效的营销措施，日均存款、资产规模、客户增长等指标取得了增长。截至年末，本外币公司存款余额 229.52 亿元，比年初增加 19.09 亿元，增长9.07%。

个人金融业务 开展“客户服务体验季”活动，提升网点的服务能力和水平。加快零售业务经营模式和增长方式的转型，以扩大基础客户规模为目标，重点推进网点从支付结算型向销售服务型转变。强化零售队伍建设，建立个人贷款中心、财富管理团队、电子银行团队，保障零售业务平稳运行。加大区域理财产品投放力度，以区域理财带动理财业务全面发展。推动零售信贷业务快速发展，个人贷款年末余额46.40亿元，较年初增加15.09亿元。

国际业务 紧跟国内外资金行情和市场动态，创新产品及业务模式，制定贸易融资营销指引，引导经营机构开展营销。细分客户，针对不同客户，提供差异化国际贸易融资服务。加强制度建设，完善档案管理，排查业务操作风险，全面提升外汇业务合规经营能力和水平。截至年末，国际业务结算量8.9亿美元，比上年增长8%，指标完成率127%；贸易融资投放量62亿元，比上年增长23%，占全行信贷投放的21%。

金融同业业务 积极应对市场形势，顺应总行政策导向，及时调整经营策略。根据客户需求创新业务品种，拓宽业务渠道。定期推出行业营销指引，为客户营销提供技术支持。积极拓展同业负债来源，鼓励开拓非银行机构资金渠道，逐步形成以20余家基金管理公司为主的非银行资金来源渠道。强化票据业务优势，带动表外业务和银行存款增长。优化资产负债结构，增加资产规模，创造高额利息收入。截至年末，共办理同业资产业务207笔，累计交易金额761.85亿元；办理同业负债业务553笔，交易额1 620.05亿元；全年实现净收益1.24亿元。

（张晓荣）

杭州银行股份有限公司北京分行

2014年末，杭州银行股份有限公司北京分行（以下简称杭州银行北京分行）资产总额591.50亿元，总负债584.59亿元，存款余额314.28亿元，贷款余额143.03亿元，营业净收入10.91亿元，利润总额5.91亿元。托管业务规模121亿元；票据业务交易量399.54亿元，其中票据贴现业务完成18.25亿元。

截至年末，杭州银行北京分行设有14家支行，员工510人。

公司业务 持续深化“投融一站通”品牌，提升“三大计划”（卓越计划、星火计划、起飞计划）、“三大金融”（科技文创金融、供应链金融、交易金融），为客户提供综合化的金融服务。截至年末，对公存款余额265.61亿元。

投行同业业务 成功完成杭州银行首单券商资管计划资金托管业务，办理首单应收款项类投资和同业借款业务，年末托管业务规模121亿元。加强对同业客户的营销走访力度，实现同业业务价差收入1.25亿元，同业投资规模193亿元。

零售业务 加快客户、产品、渠道建设，推进业务转型；积极搭建各类营销平台，优势产品成为重要营销工具，“三线联动”营销模式取得良好成效。截至年末，储蓄存款余额30.23亿元。

小微业务 存量业务以结构调整、缓释风险为重点，制定具体实施措施，调整重点业务板块及人员，稳妥转化“臻信卡”及续做贷款业务。坚持小微特色品牌，发展、培育基础客户，重组业务团队，开展抵押等强担保业务，推动小微业务发展。

科技金融 发挥科技文创专营支行优势，成立以科技金融服务为特色的上地支行，以文化创意产业金融服务为特色的石景山支行，与以科技金融服务为特色的中关村支行三角布局组成专业事业部。推出“新三板”专属金融服务方案、“瞪羚诚信贷”、“见贷即保”等创新产品，积极服务首都科技型中小企业。

（倪悦）

南京银行股份有限公司北京分行

2014年末，南京银行股份有限公司北京分行（以下简称南京银行北京分行）资产总额461.07亿元，比上年增加65.71亿元，增长16.62%；各项存款余额267.23亿元，比上年增加57.17亿元，增长23.59%；各项贷款余额128.35亿元，比上年增加13.60亿元，增长11.85%。实现利润总额3.87亿元。

截至年末，南京银行北京分行下设营业网点（含分行营业部）12家，在岗正式员工344人。

公司业务 截至年末，对公存款余额214.11亿元，比上年增加24.5亿元；公司贷款余额128.39亿元，比上年减少0.62亿元，下降0.59%；贴现余额3.9亿元，比上年增加1.53亿元，增长64.56%。

小企业金融业务 截至年末，小微贷款余额27.68亿元，比上年增加10.73亿元，增长63%；科技型贷款余额7.42亿元，比上年增加2.07亿元。

个人金融业务 截至年末，储蓄存款日均余额23.67亿元，比上年增加3.22亿元，增长15.75%。全年，累计发放个人贷款15.88亿元；定制68期理财产品，募集资金43.31亿元，年化销售量28.98亿元，实现中间业务收入565.15万元。

投行与同业业务 全年完成结构性融资项目起息20笔，金额合计89.84亿元；非金融企业债务融资工具完成注册13笔，金额243亿元，完成发行42笔，金额合计368亿元。

风险防控 全年开展三次风险排查，对所有涉及生产和经营大宗商品或以大宗商品质押办理业务的60余户逐户逐笔进行排查，并按照一户一策的原则制定后续授信方案。

（雷赛赛）

盛京银行股份有限公司北京分行

2014 年末，盛京银行股份有限公司北京分行（以下简称盛京银行北京分行）本外币各项资产合计 999.87 亿元，比上年增加 107.55 亿元，增长 12.05%；本外币各项存款余额 585.70 亿元，比上年增加 41.01 亿元，增长 7.53%；本外币各项贷款余额 199.51 亿元，比上年增加 73.27 亿元，增长 58.03%。不良率保持为零。

截至年末，盛京银行北京分行共设支行（含分行营业部）5 家，员工 186 人。

公司业务 加大对文化创意企业、科技创新企业的信贷支持力度，严格控制对高耗能、高排放行业和产能过剩行业的信贷投放，积极促进首都经济结构调整和产业升级。

国际业务 建立本外币联动营销机制，整合和优化产品结构，提高创新能力，为企业提供全方位的跨境金融服务。大力发展国际贸易融资和外汇贷款，着力支持实体经济发展，加强内控制度建设和业务风险管理，保障国际业务稳健运营。截至年末，实现国际结算量 25.77 亿美元，比上年增加 10.39 亿美元；外币对公存款时点 1.21 亿美元，比上年增加 0.58 亿美元。

小企业业务 设立中小企业及零售业务部，以小企业、小客户等“两小客户”群体为目标，以公私业务联动为经营思路，积极开拓市场，把握行业动态，实现小微客户批发式营销，拓展零售业务广阔发展空间。全年共投放小微企业贷款 1.62 亿元。

风险控制 组建分行内审队伍，成立稽核部，完善和巩固风险管理的“三道防线”建设。全年共组织各业务条线在内部控制、舆情核查、反洗钱、抵押物等方面开展 21 次风险排查工作，开展政策法规系列培训活动 12 期，制定、更新、修订制度共计 27 项。

（曾欣）

上海银行股份有限公司北京分行

2014 年末，上海银行股份有限公司北京分行（以下简称上海银行北京分行）总资产 1 296.79 亿元，比上年增加 374.58 亿元，增长 40.62%。本外币各项存款余额 290.74 亿元，比上年增加 51.36 亿元，增长 21.46%；本外币表内信贷业务余额 245.55 亿元，比上年增加 67.29 亿元，增长 37.75%；实现中间业务收入 3.97 亿元，比上年增长 79.64%；实现利润总额 7.9 亿元，比上年增加 1.26 亿元，增长 18.98%。不良贷款较年初下降 809 万元，不良资产降至为零，比上年下降0.06个百分点。

截至年末，上海银行北京分行共有营业网点6家；员工总数247人，其中在岗正式员工232人，外聘员工15人。

公司业务 竭诚服务国家、北京市两级国资委企业，融入首都主流经济；深化银政合作，共同推进区域经济发展；积极探索中小企业金融服务模式，大力扶持中小企业发展，夯实客户基础；加大中间业务拓展力度，着力收入结构调整，提升盈利空间；深化客户合作，以差异化营销及定制式产品为突破口，加大对重点客户和重点项目的营销力度，成功推动北京大学、万达集团、国美集团等重大项目落地。截至年末，对公存款余额285.51亿元，比上年增加49.79亿元，增长21.12%；对公贷款余额244.77亿元，比上年增加67.25亿元，增长37.88%。

投行业务 以创新综合金融服务为方向，加大产品创新力度，担任独家主承销商的全国首单非金融企业公开发行金融债项目已获得人民银行批准；理财业务成为中间业务收入新的增长点，全年实现中间业务收入2.46亿元；债务融资工具承销规模持续增长，债务融资工具承销规模、对公理财销售规模分别为151亿元、420亿元；结构性融资业务实现零突破，融资规模达16.5亿元。

同业业务 以客户需求为导向，紧跟市场创新步伐，提升与金融机构的合作能力，推出财务公司代开银行承兑汇票和支付宝合作的票据贷等多项同业创新产品，推动业绩增长。全年实现同业收入4.12亿元，同比增长250%；同业存款年日均785亿元，比上年翻一番。

国际业务 以提升专业化经营和精细化管理为目标，狠抓结算、中间业务收入和存款三项核心指标，发展势头稳健。存款日均11亿美元，同比增长333%；国际业务结算量49.47亿美元，同比增长108%；实现中间业务收入9 200万元，同比增长59%。

资产托管 以“四轮驱动”为指导，资产托管业务成为与公司业务、投行业务、同业业务的联动业务；通过与投行并购结构化融资结合，第三方支付机构备付金结构性存款实现零的突破，并成为新的业绩增长板块。截至年末，实现托管规模503亿元，同比增长136%；中间业务收入2 820万元，较年初增长7倍。

经营模式转型 转变营销管理机制，提升综合金融服务能力。将公司业务部、投资银行部等6个部室由中台部门调整为前台部门，直接面对市场、面对客户；零售业务与小企业合并营销，通过公私联动、财富管理等逐步培育私人银行客户群体；制定以公司业务为核心，以投行、同业、外汇、托管业务为特色的“四轮驱动”发展战略，提升协同作战能力，为建立综合金融服务体系奠定基础。

风险与内控管理 加强“三道防线”的研判与执行，做好信用风险管控，加强对重点行业、重点客户的检查频率，提高风险预警能力。深化经营一线风险防控意识，主动进行信贷结构调整，落实管理目标责任，加大风险防范和不良化解力度。全年共清收逾期贷款2.7亿元，主动退出风险贷款10亿元，成功阻截票据案件2件、金额400万元，不良资产控制为零。

（许琨）

江苏银行股份有限公司北京分行

2014 年末，江苏银行股份有限公司北京分行（以下简称江苏银行北京分行）资产总额 1 134.37 亿元，比年初增加 476.24 亿元，增长 72.36%，其中各项贷款余额 258.58 亿元，比年初增加 74.09 亿元，增长 40.15%。负债总额 1 127.71 亿元，比年初增加 474.63 亿元，增长 72.68%，其中各项存款余额 432.32 亿元，比年初增加 6.24 亿元，增长 1.46%。表外资产余额 154.51 亿元，比年初增加 27.98 亿元，增长 22.11%。报表净利润 51 684.89 万元，同比增加 1 127.30万元，增长2.23%。考核口径净利润 56 438 万元，完成年度计划的97.44%。

截至年末，江苏银行北京分行共设有 18 家支行，正式员工 508 人。

公司业务 制定“业务转型升级依托三个转变”的竞争思路及“传统业务创新做，创新业务加快做”的工作方针，注重支持高成长性、科技型、文创类中小型民营企业及混合经济体，被人行营业管理部评为“信贷支持文化创意企业发展先进单位”。

零售业务 致力于个人客户资产保值、增值和资金融通，大力发展个人财富管理、个人贷款和银行卡业务。推出“智存宝”、“卡易贷”、“轻松购”、个人住房贷款、信用卡大额现金分期等产品。截至年末，储蓄余额新增 5.5 亿元，同比增长 2.67%；存款日均新增 4.93 亿元，同比增长 3.76%。

国际业务 以满足客户多元化需求为目标，持续耕耘跨境联动及本外币创新产品，可全面支持国际结算、贸易融资、跨境担保、境内外汇兑及衍生、跨境投资资本流动等多种业务，地区市场占有率及客户认可度高速提升，成为分行联通境内外的业务窗口和平台。

金融同业部 截至年末，金融同业资产余额 762.32 亿元，比上年增加 426.2 亿元，增长 127%，各项同业资产质量状况良好，资产业务收息率为 100%；同业负债规模 794.18 亿元，约占江苏银行金融同业总量的 30%。全年实现营业净收入 40 472.74 万元，占江苏银行北京分行营业净收入的 29.3%。

（许辉）

宁波银行股份有限公司北京分行

2014 年末，宁波银行股份有限公司北京分行（以下简称宁波银行北京分行）资产总额 192.52 亿元，负债总额 190.68 亿元，各项一般性存款余额 136.28 亿元，各项贷款（含贴现）余额 74.61 亿元，实现净利润 1.84 亿元。

截至年末，宁波银行北京分行设有支行5家（含分行营业部），员工总数330人。

公司业务 根据北京地区总部经济特征及政府机构众多的特点，做大负债业务规模；坚持业务多元化，丰富盈利来源；形成贸易融资、电子银行、现金管理、票据业务、投资银行、资产托管六大业务平台，为大中型企业提供全方位的综合金融服务。截至年末，对公存款余额121.06亿元，日均存款121.86亿元，比上年增加19.87亿元。

投资托管 发挥金融中介职能，致力搭建多元化的金融服务平台，通过金融产品创新以及金融工具组合，统筹货币市场和资本市场资源，为大中型优质企业提供投资、融资及顾问等综合金融服务。截至年末，托管业务规模2 599亿元。

票据业务 秉承优质服务理念，以服务中小企业融资和多元化同业合作为宗旨，以丰富的产品体系和高效的业务流程为抓手，为企业客户票据贴现和同业客户转贴现交易提供服务。截至年末，实现票据业务利润1.16亿元。

国际业务 合理利用国际业务专项信贷额度，灵活运用优势产品，积极拓展批量获客渠道，逐步夯实客户基础。通过系统优化、流程完善和人员管理提升，完善服务支持，优化客户体验。开展多样化的重点客户活动，加大产品宣传推广力度。全年，累计完成国际结算量16.48亿美元，计划完成率244%，同比增长157%；实现收益0.2亿元，计划完成率247.6%，同比增长189%。

零售业务 推出"金色池塘"小微企业金融服务品牌，为客户提供全面的融资产品、现金管理和金融增值服务，满足小微企业不同层次的服务需求，助推企业发展。截至年末，零售条线存款余额3.93亿元，日均存款4.35亿元。

个人业务 充分利用人民币理财业务的市场竞争优势，积累客户规模；通过"白领通"、"易百分"等产品，为客户提供更加便利的资金融通渠道。开展金融服务进社区活动，做大基础客群，提升服务质量。截至年末，个人储蓄存款余额11.28亿元，理财产品销售42.65亿元，基础客户增长80.12%，高端客户增长46.23%。

（沈承）

包商银行股份有限公司北京分行

2014年末，包商银行股份有限公司北京分行（以下简称包商银行北京分行）资产总额579.50亿元；各项存款时点余额302.49亿元，比年初增加142.11亿元；各项贷款时点余额37.73亿元，比年初增加4.01亿元；同业存款余额245.74亿元；实现净利润3.13亿元。

截至年末，包商银行北京分行共有6家支行，员工437人。

小微金融业务 坚持服务首都经济、服务小微企业、服务首都市民的基本定位，在保持传统小微信贷单户分析技术优势的基础上，深入行业调研，挖掘客户资源，全面开发批量客户的综合需求，全年成功落地27个批量项目，累计授信17.7亿元。

个人金融业务 全面树立以客户为中心的经营理念，推出周三特供、大有财富专属、网银专属、手机银行专属、分档计息和理财夜市等特色产品；通过网点产能提升、网点转型、优化厅堂环境建设，提高柜面服务质量，个人客户规模不断扩大。截至年末，新增个人有效客户2 706户，新增大有财富客户1 417户，完成年度任务指标的221.75%。

电子银行业务 组织网银注册、动户短信签约、手机银行、网银专属理财等营销活动；开发特惠商户，通过电子银行联动营销，丰富客户服务项目。截至年末，新增个人网银9 141户，企业网银286户，柜面交易替代率91.74%。开通使用全国统一客户服务电话95352。

（李林凤）

北京农村商业银行股份有限公司

2014年末，北京农村商业银行股份有限公司（以下简称北京农商银行）资产总额5 222亿元，较上年增长12.16%；实现拨备前利润72.09亿元，较上年增长25.26%；资本充足率14.11%，核心一级资本充足率11.49%，拨备覆盖率374.41%。在2014年英国《银行家》杂志发布的排名中，北京农商银行按照一级资本位列全球千强银行第262位。

截至年末，北京农商银行共有管辖支行26家，机构网点694家；从业人员8 729人。

贷款业务 截至年末，本外币贷款余额2 634.04亿元，同比增加279.4亿元，增长11.87%。其中，一般贷款余额1 911.04亿元，同比增加30亿元，增长1.59%。

负债业务 截至年末，本外币存款余额4 214.27亿元，同比增加395.50亿元，增长10.36%。其中，储蓄存款余额2 204.61亿元，同比增加241.47亿元，增长12.30%；对公存款余额2 001.08亿元，同比增加164.72亿元，增长8.97%。

服务“三农”、小微企业 截至年末，涉农贷款余额677.49亿元，较年初增加85.63亿元，增长14.47%，高于全行各项贷款平均增速2.34个百分点，圆满完成涉农贷款“一个不低于”的监管要求。小微企业贷款余额439.51亿元，较年初增加140.01亿元，增长46.75%，高于全行各项贷款平均增速34.62个百分点，超额完成小微企业贷款“两个不低于”监管要求。全面推广福农信用卡，开发“惠商宝”和“手机交易宝”两款专用结算产品，建成乡村便利店138家、乡村自助店21家、农村金融服务点340个，提高了农村金融服务覆盖面和便利度。

改革创新 深化内部组织机构改革，完成金融市场部准事业部制改革，初步建立起以业绩为导向的网点层级升降机制和负责人岗位调整机制。辅业公司正式运行，基本建成后勤服务专业化运作架构。加强信息科技对经营管理的支撑和引领作用，全年投产生产应用系统23个，上线科技项目299个。互联网金融产品研发创新取得突破，推出基于互联网金融的电子账户产品——“凤凰e账户”、首个O2O互联网金融产品——“社区e服务”和首款余额理财产品——“凤凰宝”。推出凤凰速通卡、凤凰民政社保卡、凤凰居民健康卡，作为唯一合作银行与市民政局、市残联等单位联合开发养老助残卡，开通“幸福彩虹”自助银行。成功取得密云区、海淀区、朝阳区和东城区级财政国库集中收付代理银行资格、北京市2014～2016年政府债券承销商资格等业务资质。流程银行建设取得新进展，全面实现票据提入集中、授权集中、后督集中、参数集中的会计“四集中”工程，完成三个分金库整合，实现本外币柜面业务的统一归口管理，重新构建总支行分层审批架构体系，实现授信全流程电子化审批。建立重点对公新客户总支行两级专项营销工作机制，启动5亿元以上重点客户和集团客户统筹营销管理。与津冀农信机构签订战略合作协议，在理财、信贷、资金、支付结算、投资银行等领域开展直接对接，助推京津冀协同发展。

风险防控 加强全面风险管理组织推动，明确各类风险管理主体和责任主体，强化各类风险预警及应急处置预案，将2家村镇银行纳入全面风险管理体系。加强信用风险管控，搭建了以年度信贷政策为纲，行业区域和客户研究为辅的动态调整信贷政策管理体系，建立全行统一授信管理框架，规范信贷全流程管理，加强对融资平台、“两高一剩”、置换贷款、房地产贷款等的风险监测，搭建预警管理体系，实施“放款核准池”操作模式，强化担保管理。统筹推进市场风险、影子银行风险、业务外包风险等的管控，优化完善评级管理体系，研究推进风险偏好管理框架建设和客户层面风险调整后收益率（RAROC）计量，强化业务连续性管理，开展核心银行等重要信息系统灾备切换及柜面应急支付业务演练，有效提升业务连续性管理水平。着力加强内控外防能力，启动内控合规系统建设项目，逐步实现内控合规管理的标准化运行与系统化控制，初步建立合规与操作风险关键指标，组织开展流程梳理试点，全年废止制度140项，制定、修订制度202项，实施40个内控案防项目检查，开展21个专项审计和12个内控评价项目。

（郑海峰）

北京延庆村镇银行股份有限公司

2014年末，北京延庆村镇银行股份有限公司（以下简称延庆村镇银行）资产总额57 344.35万元，比上年减少8 969.99万元，下降13.53%。负债总额51 225.94万元，比上年减少9 764.13万元，下降16.01%。实现营业收入3 296.63万元，比上年增加706.05万元，增长27.25%。实现利润总额1 446.13万元，比上年增加205.2万元，增长16.54%。所有者权益6 118.41万元，比上年增加794.14万元，增长14.92%。

截至年末，延庆村镇银行共有员工

26人。

资产业务 始终坚持立足延庆、服务“三农”的经营理念，大力支持县域15个乡镇的“三农”、小微企业的信贷需求，自开业以来累计发放小微、“三农”贷款2 359笔，金额118 970.5万元，全部为涉农贷款，涉及养殖业、种植业、农家乐、新农居建设、新能源发展等。截至年末，贷款余额37 244.5万元，比上年增加5 263.75万元，增长16.46%，无不良贷款，不良率为零。现金及存放中央银行款项8 651.76万元，比上年减少125.25万元，下降1.43%。存放同业款项11 744.86万元，比上年减少13 875.38万元，下降54.16%。

负债业务 截至年末，存款余额45 224.76万元，比上年减少7 213.22万元，下降13.76%。同业存放款项5 068.49万元，比上年减少2 762.03万元，下降35.27%。

（张帆）

北京密云汇丰村镇银行有限责任公司

2014年末，北京密云汇丰村镇银行有限责任公司（以下简称密云汇丰村镇银行）存款余额17 910.55万元，较上年增加4 880.62万元，增长27.25%。贷款余额14 413.51万元，较上年增加3 374.84万元，增长23.41%。核心一级资本充足率和一级资本充足率为26.61%，资本充足率为27.74%，高于监管要求。

截至年末，密云汇丰村镇银行员工总数34人。

社会责任 开展“送贷下乡”、“金融知识进万家”等宣传活动；与密云县第三小学合作开展“JA理财小高手”讲堂活动；与首都师范大学附属密云中学共同开展“青年成就”高中生理财讲堂、“学生成长计划”金融理财征文比赛；开展“探访甘肃西部阳光驻校社工项目”，派出志愿者赴甘肃偏远山区陪伴留守儿童；每年为员工设立2天志愿者假期，鼓励员工参与社区服务与建设。

（高阅）

中国邮政储蓄银行股份有限公司北京分行

2014年末，中国邮政储蓄银行股份有限公司北京分行（以下简称邮储银行北京分行）资产规模总计2 320.33亿元，比上年增加474.73亿元，增长25.72%。各项存款余额1 566.3亿元，比上年增加148.58亿元，增长10.48%。各项贷款余额645.78亿元，比上年增加346.39亿元，增长115.7%。不良贷款率0.24%。实现利润17.24亿元，比上年增加5.33亿元，增长44.54%。

截至年末，邮储银行北京分行下辖一级支行16家，营业网点564个，其中自营网点 135 个；正式员工 3 461 人。

零售金融业务 加强零售客户分类管理，针对养老金客户、社区客户、代发工资客户、个人消费贷款客户、商贸类客户分别提供“金晖情”、“缴费易”、“薪金惠”、“消费易”、“结算惠”五大服务综合金融服务。坚持创新驱动发展，开发地铁商圈主题卡产品——“DO 卡”，面向乘坐地铁的年轻消费群体，联动线上线下，全年发卡 36.9 万张，累计刷卡消费 17 亿元，实现中间业务收入 1 211 万元。搭建银政合作平台，创新“三农”贷款模式，逐步推广土地承包经营权质押贷款、农保贷、合作社贷款，加强与农业龙头企业合作，拓宽“三农”金融服务渠道，全年涉农贷款余额 68.32 亿元，同比增长 34.66%，其中向农户发放小额贷款 4.6 亿元，同比增长 40%。积极调整零售贷款结构，拓展消费贷款，年末贷款余额 120.83 亿元，比上年增加 25.4 亿元，增长 26.62%。主动缓解中小微企业融资难问题，服务实体经济，全年发放贷款 95.55 亿元，比上年增加 24.28 亿元，增长 36.88%；创新开发小微金融服务，针对中关村园区客户推出“瞪羚企业信用贷”，面向房产抵押类优质老客户推出“增信贷”产品；中小企业私募债业务实现破冰，成功获得总行理财资金认购；积极打造“创富联盟”平台，发展创富联盟成员 1 000 余名。

公司金融业务 聚焦总部经济，以项目为抓手，以利润为核心，围绕客户需求，开展公司业务综合联动营销，全面提升公司客户综合贡献度。深入开发总部客户，充分发挥网络结算、资金归集、授信融资等优势，通过结算、授信“双轮”驱动，开展全方位合作。加强机构类客户开发，与北京市土储中心和区县分中心建立合作，对土储中心、上下游房地产公司和拆迁乡镇及村委会开展链式营销，实现土储项目最高时点存款 50 亿元。积极与第三方支付机构开展合作，与京东“网银在线”、百度“百付宝”等知名商户开展线上支付业务，实现日均公司存款余额 6 200 万元。进一步做大外汇业务规模，建立以内保外贷、外币流动资金贷款、“财贷惠”为代表的重点产品体系，全年实现外汇业务收入 8 873 万元，比上年增加 3 502 万元，增长 65.2%。

金融同业业务 顺应监管要求，以市场为导向，以效益为目标，以创新为动力，积极拓展市场，推动金融市场业务可持续健康发展。全年办理票据转贴现业务 945 亿元，存放同业 181.3 亿元，协议存款 15 亿元，同业理财投资 29.2 亿元，理财资金对接同业存款 42.5 亿元，同业投资业务 73.0 亿元。

渠道建设 实施电子银行优先发展战略，进一步加强自助渠道建设，推进办理传统业务向电子银行渠道迁移。全年实现电子银行客户 302.48 万户，交易替代率 60.87%。截至年末，建成电子银行体验区 7 家，ATM 布放累计数量 1 726 台，网点平均配备 ATM 4.7 台，离行 ATM 布放 604 台，离行自助银行 70 家，自助设备进驻北京市 7 条地铁线路，布放总数 193 台。

风险与内控管理 推进全面风险管理体系建设，严格落实各级机构与部门实质性风险管理责任，建立健全“双线”风险防控责任制。依托风险与内控管理委员会平台，理顺风险决策的传导机制，促进风险管理政策落地。加强信用风险和操作风险监测，前置风险管控，建立重点联系行监控机制，开展专项风险评估和排查，保障各项业务稳健发展。持续优化小额业务流程，建立支行营销人员、核心信贷员、分行独立审批人“三级作业”模式；推出授信审查审批限时服务承诺，建立“单人审批、双人审批和会议审批”三位一体的授信审批模式。推进郊区支行资金划拨集中管理，上收管理全部一级支行同业账户。加强合规制度建设，编印《中国邮政储蓄银行北京分行权限手册》、《营业机构合规管理手册》、《法律事务工作指引手册》、《反洗钱工作实用手册》，建立全行业务制度库。严格落实案防责任，树立底线思维，强化目标管理，充分发挥“三道防线”联动作用，加强安全隐患排查，全年实现零案件。

企业文化 深入开展“五个一”宣传教育活动，营造浓厚的廉洁从业氛围。持续做好“挂行蹲点”工作，促进机关作风转变，开展“三送”工程，切实为基层解决发展难题。推进党的群众路线教育实践活动，认真做好整改落实工作，全年完成整改落实方案 22 项，专项整治方案 15 项，制度建设 40 项。实施“人才兴行”战略，开展员工上下交流和支行管理岗位竞聘，搭建人才培养、选拔机制。举办“第七届全国大学生网络商务创新应用大赛”北京赛区的比赛，共有来自 17 所院校的 1 000 多名学生参与。推进消费者权益保护工作，荣获“2014 年金融知识进万家宣传月活动先进单位”。持续提升网点窗口服务水平，南区广安门支行获评“北京市三八红旗集体”，在“2014 年首都银行业十大榜样”评选活动中，延庆支行直属营业部榜上有名。

（胡子龙）

中国华融资产管理股份有限公司北京市分公司

2014 年，中国华融资产管理股份有限公司北京市分公司（以下简称中国华融北京市分公司）实现营业收入 133 079 万元，实现利润总额 70 778 万元。

截至年末，中国华融北京市分公司正式员工 69 人。

业务经营 全年新增项目 32 个，新增投放金额 77.73 亿元，实现资产管理类业务收入 124 063 万元，占业务收入总额的 93%。完成金鹰铜业股权处置，在合同规定期限内收回股权处置款 4 600 万元。项目质量进一步向好，全年投放项目大部分来自上市公司和国有银行，其中 AA 级客户占比 59%。

创新发展 创新研发机制，抽调业务骨干成立业务创新工作小组，全年共召开创新会议 8 次，讨论议题 18 项，为商业化业务开展提供新思路、新方式。创新流程建设，建立独立的业务审查机构，提高业务审查的专业性和独立性。创新业务模式，债转股业务抓住九大行业重组的有利契机，兼顾股权退出和机电类行业重组，支持债转股企业改革；深入调研多个银行不良资产包的组包、投标事宜，成功收购 2 个资产包，对摸清不良资产市场状况，拓展批量资产收购业务起到了积极的推动作用。

风险管理 按照“大客户小项目”、“好客户优项目”、“老客户新项目”的原则，选择优质客户，提升项目质量。完善制度办法，规范业务审查流程；建立独立的业务审查机构，强化业务审查工作。出台系列项目后期管理规章制度，从管理上把好项目预警关。全年对 15 个项目进行了重点现场巡查，形成书面巡查报告，提示业务部门关注和整改。

（肖堃）

中国长城资产管理公司北京办事处

2014 年，中国长城资产管理公司北京办事处（以下简称长城资产北京办事处）实现考核利润 36 600 万元，完成确保利润目标的 104%，力争利润目标的 100%；资产存量规模由年初的 15 亿元增长至近 73 亿元。

风险管理 加大对项目的现场、非现场检查力度，充分发挥前中后台各部门之间在业务、监督、服务过程中的联动作用，及时预警提示风险消除隐患。加强员工思想教育，发放客户廉政教育提示函，组织观看反腐警示教育影片、展览等，签订《党风廉政建设和防范风险目标责任书》、《员工廉政和防范风险目标责任书》，提高员工的自觉防范和控制操作风险的能力。

（侯玉荣）

中国东方资产管理公司北京办事处

2014 年末，中国东方资产管理公司北京办事处（以下简称东方资产北京办事处）实现新商业化考核利润 31 600 万元，比上年增加 1 170 万元，增长 3.95%，完成公司下达任务指标的 153.40%。由于存量资产减少，建设银行可疑类不良资产收现 3 106.51 万元，比上年减少 1 870.91 万元，下降 37.59%；中国银行政策性不良资产收现 1 497.24 万元，比上年减少 5 028.08 万元，下降 77.06%。

截至年末，东方资产北京办事处共有员工 37 人，其中正式员工 34 人，外聘人员 3 人。

商业化业务 全年实施新商业化业务项目 12 个，贡献利润 18 188.03 万元，占全年利润的 57.56%，涉及项目总规模 38.42 亿元。根据总公司年初工作会要求，在经济资本限额的约束下，结合自身优势和特点，积极创新业务模式，完成辖内第一单嫁接资产信用保证保险转让收益权业务和第一单股票场外质押业务。

资产处置业务 针对涉及较多利益纠纷的历史遗留债权项目，细心梳理业务情况，努力推进处置进程，部分棘手项目取得明显成效。密切关注不良资产市场新动态，积极挖掘老客户需求，成功开展多家银行不良资产包收购项目。

风险管理 采取多项措施，加强项目风险控制。对客户的选择，基本集中于传统优质客户或区域战略客户，从源头上堵住风险；项目尽职调查环节，深入现场，对项目区位、形态、周边环境以及企业情况进行全面调查了解；对于存量项目，每个季度都派人到现场检查；对于实际进度与方案批复有明显偏差的项目，采取发函提示、现场约谈、要求提前还款等多种防控措施；针对北京银监局提出的整改意见，建机制、定措施、补漏洞，不断健全长效机制。

（曾宇翔）

中国信达资产管理股份有限公司北京市分公司

2014 年，中国信达资产管理股份有限公司北京市分公司（以下简称中国信达北京市分公司）实现现金回收 29.4 亿元，税前利润 11.49 亿元，新增不良资产收购规模 113.4 亿元。

截至年末，中国信达北京市分公司正式员工 63 人。

市场业务开拓 全年实现资产收购管理规模 113.4 亿元，比上年增加 47.28 亿元，增长 71.5%；收购北京农商银行资产包 5 144 万元。拓展一批优质项目，储备了业务和客户资源。

存量业务 加大招商力度，规范处置流程，重点突破实物资产；加强走访、调研，帮助持股企业进行品牌打造、产业链整合，维护股权资产价值，全力推动持股企业上市进程。全年完成处置项目 43 户，其中企业贷款 18 户，股权 1 户，实物资产 2 户，个人贷款 22 户，回收现金 6.32 亿元。

（李苏轩）

北京国际信托有限公司

2014 年，北京国际信托有限公司（以下简称北京信托）实现收入总额 17.12 亿元，同比增长 9.8%；实现净利润 9.05 亿元，同比增长 10.6%；固有资产总额 51.56 亿元，负债总额 5.15 亿元，不良资产率为零。年末受托管理信托资产总额 1 616.27 亿元，实收信托总额 1 533.7亿元，存续项目 295 个。年内累计向信托受益人分配收益 103.62 亿元。各项监管指标全面达标，信托赔偿准备金足额提取，达到注册资本金的 28.57%。

中小企业金融服务 全年共发行 11 只中小企业系列信托产品，为 11 个行业 265 家中小企业融资近 27 亿元，该类贷款规模同比增长 72.6%。截至年末，已累计发行 67 只中小企业系列信托产品，为 800 余家中小企业融资 76.24 亿元。

土地流转信托业务 年内成立“金色

田野”——四川遂宁、北京密云水漳村土地信托项目，受托管理土地2 966亩。在密云水漳村项目中创新“双合作社+受托方授权经营+资金信托”的业务模式，获第八届中国“诚信托”价值信托产品奖。

资产证券化业务 与国开行、北京银行、华夏银行、渤海银行、汉口银行、平安银行等合作，推出银行信贷资产证券化信托产品，业务规模达153.76亿元。积极进行企业资产证券化业务探索和产品方案设计，储备了军民融合、工业地产等一批资产证券化项目。

家族信托业务 与中国银行、北京银行等金融机构签署家族信托战略合作协议，成立19个家族信托产品，较上年新增家族信托规模近6亿元；探索包括房产、股权等低流动性客户资产的全方位家族信托产品设立与管理的业务模式，为客户传富、守富、创富服务。

健康养老产业投资 与北京供销总社合作，搭建深圳前海基金平台，拓展医药医疗、医疗地产与社区以及大健康产业等领域的信托业务。以湛江等地养老项目为突破口，引入泰康、华泰、新华、平安和人保集团等多家保险公司，开展大型养老社区投资。

（王连顺）

中国银联股份有限公司北京分公司

2014年，中国银联股份有限公司北京分公司（以下简称北京银联）加快市场化转型，发扬“二次创业”精神，积极推动银联信用卡及高端卡的发卡和使用，推进磁条卡向IC卡迁移，协调成员银行和专业化服务公司规范和优化受理市场，推动互联网支付、手机支付等创新业务发展，加大营销和宣传的协同力度，做好银行卡风险防范工作，推动各项业务持续快速健康发展。

截至年末，北京地区联网商户495 200户，比上年增长36.9%；POS机具511 700台，比上年增长9.1%；ATM机具量23 200台，比上年增长10.5%。已经开展的业务种类有：银行卡跨行交易转接和资金清算服务，ATM和网上跨行转账业务，便民售电、燃气费、电话费、手机费等公共支付服务，银联卡跨境使用服务，柜面通（含柜面理财POS机），互联网支付、手机支付、固话支付、语音支付、电视支付等，财税库银、代收代付、分期付款、信用卡还款，银联标准卡特惠商户服务及持卡人服务，助农取款、农民工银行卡特色服务，银联钱包。

截至年末，北京银联有市场拓展部、创新推广部、机构服务部、业务技术部和综合管理部5个部门，在岗职工41名。

一、加强银联信用卡及高端卡的发行和使用，扩大境外银联卡受理市场

2014年，北京银联采取与商业银行签署年度发卡协议、拓展高端卡权益、协调组织各种营销活动等措施，推动银联标准卡的发行和使用。截至年末，北京累计发行银联标准卡约1.37亿张，累计发行银联IC卡3 519.82万张。

为满足中国人日益增长的境外商务、

旅游、学习的用卡需要，以及把境内商业银行的服务通过银联网络延伸到境外，中国银联积极展开国际受理网络建设。截至年末，银联卡可以在中国香港、中国澳门、中国台湾、新加坡、马来西亚、泰国、菲律宾、越南、柬埔寨、韩国、澳大利亚、新西兰、哈萨克斯坦、印度尼西亚、蒙古、法国、德国、比利时、卢森堡、土耳其、俄罗斯、瑞士、奥地利、丹麦、列支敦士登、日本、美国、荷兰、意大利、埃及、南非、埃塞俄比亚、匈牙利、安哥拉、苏里南、保加利亚、古巴等150个国家和地区开通受理，在40个国家和地区发行了银联卡。

二、推进磁条卡向IC卡迁移，做好非接受理环境改造及行业应用

协助人行营业管理部完成2014年北京市金融IC卡应用推进工作部署及考核评级方案的拟订，与交通银行北京市分行、华夏银行北京分行等多家银行签署IC卡发卡、用卡、营销协议。积极参与北京市出租车计价器、金融IC卡受理整体改造工作。6月26日，北京市出租车正式受理银联卡；9月27日，启动北京地区出租车金融IC卡打车每单（13元以上）享受5元折扣营销活动。推动北京银联商务“三通平台”受理终端全面支持IC卡缴费、IC卡圈存、IC卡电子现金等业务，已布放的近2 200余台大型缴费终端于第一季度末完成改造。推动辖内25家机构做好金融IC卡信息惠民工程标识发放和张贴工作，共发放和张贴标识2.13万张。积极推动辖内第三方非金融支付机构开展终端IC卡改造。开展屈臣氏、物美超市、华普超市、乐天玛特超市、万达百货、太平洋咖啡、味多美等商户的IC卡营销活动。

三、协调收单银行和非金融支付机构拓展受理市场，加强受理市场建设

推动北京各收单机构加强重点区域、重点街区、远郊区县受理市场拓展，协调推动“汉堡王”项目上线运行，配合工商银行北京市分行、北京银联商务落地“麦当劳”项目；推动壳牌石油项目合作并开展营销活动。借助收单机构、餐饮协会、第三方机构等多方力量，拓展银联钱包商户800余户；组织开展华普超市、俏江南等商户银联钱包营销活动。推动收单机构开展受理市场建设，推进2014年度收单银行受理市场建设评比活动。邀请在京开展收单业务的主要非金融支付机构参加北京银联举办的收单业务交流培训会，引导非金融支付机构规范发展。与市总工会、北京商联会、北京妇联联合举办北京地区第六届收银员比赛，评选出3名选手参加中国银联举办的全国决赛，并取得较好名次。联合北京农商银行等银行开展ATM跨行取现和转账营销活动，提升持卡人认知度和使用积极性。

四、大力发展互联网支付、手机支付业务等创新业务

推动建设银行北京市分行、中信银行总行营业部等银行开展银联互联网收单业务，扩大互联网收单规模；加强与非金融支付机构的业务合作，推动一九付支付、大连先锋支付、首信易支付、证联融通、上海翰银、商银信6家非金融支付机构申请北京收单机构号，将银联在线支付业务落地北京；推动美团网、聚美优品网成为银联在线支付商户，协助中国银联为京东商城、去哪儿网、美团网等商户建立大商户服务代表制度，促进百付宝轻应用业务落地北京。与北京银联商务、数字王府井开展银联手机支付商户拓展，加强与联动优势科技等合作机构的沟通，推动手机支付用户和交易量的提升。

五、加大营销力度，扩大银联品牌宣传

组织开展“银联62儿童消费节”活动，举办抢购奶粉、限时抢玩具、鸟巢童愿认领等现场活动，做好17家商户共计530余家门店在北京的落地工作，活动期间共承兑银联卡优惠券1.7万余张。组织开展“银联重阳感恩季”大型营销活动，为持卡人带来“好戏连台”、“欢乐聚宴”、“礼敬长辈”三大主题活动，北京地区银联卡持卡人在29个行业商户的400个门店可享受满额立减、6.2折等优惠。与中国银行北京市分行联合开展国航联名卡发卡营销活动，连续数月对持卡人进行奖励；与平安银行信用卡中心联合开展“银联IC卡味多美”营销活动，与北京银行联合开展“刷IC卡1元售水”活动。配合中国银联做好地铁1号线“银联号”冠名和宣传设计工作。

六、加强银行卡风险控制，做好风险防范工作

发挥银行卡风险联合防控机制合力，全年累计为公安机关、检察院、审计署等部门提供案件协查1 600余起，其中通过司法协助系统查询共计1 300余起，报送中国银联协助查询300余起。主动做好银行卡风险事件处置及风险监控。以中国银联二代系统为依托，通过定期转发、通报风险案例，建立与完善了成员机构市场风险分析和研判机制。全年中国银联风险监控系统产生风险案例65 637笔，已处理回复50 995笔，确认欺诈案例1 419笔，预警级风险案例及时处置率100%。加强安全用卡宣传，全年向各商业银行、非金融收单机构及专业化服务公司发放宣传材料6 000多份，开展互联网安全支付网络宣传。组织辖内商业银行、非金融机构开展风险管理业务培训9次，培训人员累计达300余人次；多次指导商业银行对其外包机构、商户进行风险培训和宣传。

（李涌）

北京高华证券有限责任公司

2014年末，北京高华证券有限责任公司（以下简称高华证券）总资产44.10亿元，比上年增长5%；总负债24.43亿元；所有者权益19.67亿元，比上年增长11%；实现净利润2.23亿元。在证监会组织的证券公司分类评价中获评A类AA级。

截至年末，高华证券设有3家证券营业部、3家子公司，共有员工199人。

资产管理业务 利用先进的管理技术和理念，向高净值个人、机构和渠道客户提供固定收益及量化投资产品。截至年末，集合资产管理计划和定向资产管理计划资金总规模35.30亿元，资产管理业务净收入比上年增长27%。

东兴证券股份有限公司

2014年末，东兴证券股份有限公司（以下简称东兴证券）总资产426.07亿元，比上年增长96.57%；净资产74.35亿元，比上年增长22.84%。全年实现营业收入25.98亿元，比上年增长27.73%；实现净利润10.41亿元，比上年增长55.86%。净资产收益率15.43%，比上年提高3.72个百分点。在证监会组织的证券公司分类评价中获评A类A级。

2014年，东兴证券取得股份转让系统主办券商资格、做市商资格、港股通资格、第三方支付资格、柜台市场业务（OTC）试点资格、公募基金业务资格、股票期权资格、互联网证券业务试点资格、私募产品报价与服务系统五类权限（投资类、代理交易类、创设类、推荐类、展示类）、中国结算代理证券质押登记业务资格、中国证券金融公司转融券试点资格以及北京金融产权交易所和陆家嘴金融产权交易所经纪业务资格，香港子公司已取得证监会批复。

截至年末，东兴证券设有58家证券营业部、4家分公司、3家一级子公司，共有员工2 326人。

证券经纪业务 全年实现代理买卖证券业务手续费净收入10.07亿元，比上年增长35.86%。

投资银行业务 全年完成10单债券主承销项目，承销金额121.24亿元，比上年增长60.24%；实现证券承销业务收入6 478.72万元，比上年增长46.43%。

自营业务 权益类自营业务以集中持有优质的价值成长型公司为主要投资方式，通过动态套期保值操作对冲市场波动风险并降低持仓组合向下波动的概率及幅度，并加强宏观研究提前把握市场情绪波动，主动调整仓位，降低持仓组合市值大幅下降的风险。固定收益类自营业务则持续加强交易团队建设，以持有相对高信用资质债券获取票息收入、提高把握市场能力获得债券交易价差收入为主要的投资方式，并增加无风险套利收入。全年实现综合收益7.11亿元，比上年增长72.79%，年化收益率为13.29%。

资产管理业务 资产管理业务持续扩张，年末管理总资产规模533.56亿元，比上年增长51.14%；实现受托客户资产管理业务净收入2.07亿元，比上年增长88.07%。

另类投资业务 2014年，东兴证券全资子公司——东兴证券投资有限公司（以下简称东兴投资）实现投资收益5.78亿元，主要来源于投资股票定向增发、信托计划、有限合伙企业权益、资产管理计划、量化交易等金融产品所产生的收益。7月，东兴投资开始从事衍生品量化交易，主要交易品种包括期货、期权等交易所产品及场外衍生品等。截至2014年末，东兴投资衍生品投资名义金额1.54亿元。

信用业务 信用业务快速发展，全年实现业务净收入4.57亿元，比上年增长188.81%。融资融券年末余额92.67亿元，比上年增长215.54%。股票质押式回购业务余额5.92亿元，实现利息收入

4 051.30 万元；约定购回业务余额 66.98 万元，实现利息收入 26.56 万元。

财务顾问业务 全年完成财务顾问项目 152 个，实现财务顾问业务收入 1.63 亿元，其中融资顾问业务收入 1.1 亿元。截至 2014 年末，东兴证券已推荐 15 家企业在全国中小企业股份转让系统挂牌。

期货中间介绍业务 年内，东兴证券 58 家营业部全部开展了期货中间介绍业务，拓展客户 3 829 户，比上年增长 298.02%；实现营业收入 254.50 万元，比上年增长 257.66%。

第一创业摩根大通证券有限责任公司

2014 年末，第一创业摩根大通证券有限责任公司（以下简称一创摩根）资产总额 8.67 亿元，比上年增长 2.67%；净资产 8.06 亿元，比上年增长 3.47%；实现营业收入 2.61 亿元，比上年增长 4.88%；实现净利润 2 702.38 万元，比上年增长 69.18%；净资产收益率 3.35%，比上年增长 63.41%。

截至年末，一创摩根共有员工 138 人。

2014 年，一创摩根股权再融资共完成金隅股份、杭萧钢构、物产中大和亚太股份四个非公开发行项目，以及东方电气可转债项目。债券类产品，继续巩固债权融资在公司收入中基础地位的同时，投入资源开拓信贷资产证券化产品。年内，完成了云浮城投、醴陵国投、龙泉驿国投、成都新开元四只城投债，深圳地铁、海航资本两只产业债，欧菲光、黑牡丹两只公司债，哈尔滨银行、富滇银行两只金融债，以及宁波银行、台州银行、江苏银行、九台农商行的信贷资产证券化项目，并协助第一创业证券股份有限公司完成了短期融资券和次级债券的发行工作。

高盛高华证券有限责任公司

2014 年末，高盛高华证券有限责任公司（以下简称高盛高华）总资产 31.57 亿元，比上年增长 3%；总负债 18.76 亿元，比上年增长 2%，所有者权益 12.81 亿元，比上年增长 5%；实现营业收入 6.46 亿元，比上年下降 0.93%，营业支出 5.67 亿元，比上年下降 0.35%，利润 0.58 亿元，比上年下降 15.94%。在证监会组织的 2014 年证券公司分类评价中获评 A 类 AA 级。

截至年末，高盛高华未设立证券营业部或子公司，共有员工 129 人。

投资银行业务 年内完成 5 个股票承销项目、5 个债券承销项目，承销总金额分别为 123.69 亿元和 183.49 亿元，客户包括兴业银行股份有限公司、中国建设银行股份有限公司、贵州益佰制药股份有限公司和深圳欧菲光科技股份有限公司等。

国都证券有限责任公司

2014 年末，国都证券有限责任公司（以下简称国都证券）总资产 180.54 亿元，比上年增加 83.63 亿元，增长 86.29%；总负债 113.43 亿元，比上年增加 76.84 亿元，增长 210%；所有者权益 67.11 亿元，比上年增加 6.79 亿元，增长 11.25%；实现营业收入 11.34 亿元，比上年增加 3.38 亿元，增长 42.44%；营业支出 5.79 亿元，比上年增加 1.82 亿元，增长 45.71%；实现净利润 4.44 亿元，比上年增加 1.36 亿元，增长 44.17%。在证监会组织的证券公司分类评价中获评 A 类 A 级。

截至年末，国都证券设有 54 家证券营业部、3 家子公司，共有员工 1 176 人。

2014 年，国都证券证券经纪业务实现营业收入 4.66 亿元，同比增长 38.19%；客户资金账户数为 25.25 万户，同比增长 4.59%。投资银行业务实现营业收入 9 763万元，同比增长 161.75%。场外市场业务抓住“新三板”全国扩容和做市商制度推出的契机，加大业务拓展力度，全年实现营业收入 1 117 万元，同比增长 344.95%。资产管理业务实现营业收入 4 886万元，同比增长 22.37%。证券投资业务实现营业收入 2.67 亿元。信用交易业务实现营业收入 2.39 亿元，同比增长 120.88%。

（李岩）

国开证券有限责任公司

2014 年末，国开证券有限责任公司（以下简称国开证券）总资产（合并口径）285.77 亿元，同比增长 61.52%；净资产 92.78 亿元，同比增长 12.19%；营业收入 15.26 亿元，同比增长 48.64%；营业支出 5.72 亿元，同比增长 30.83%；实现净利润 7.20 亿元，同比增长 63.17%；净资产收益率为 8.21%。全年累计证券交易量 1 584.81 亿元（其中股票交易量 1 034.33 亿元，基金交易量 11.42 亿元，债券交易量 2.61 亿元），比上年下降 16.87%；客户交易结算资金年末余额 14.11 亿元，同比增长 16.44%；开设资金账户数量 79 376 户，同比增长 2.07%，证券账户数量 146 876 户，同比增长 1.98%。在证监会组织的证券公司分类评价中获评 A 类 AA 级。

截至年末，国开证券设有 8 家证券营业部、6 家分公司及国开泰富基金管理有限责任公司；共有正式员工 572 人（含子公司 27 人），外聘员工 31 人。

证券经纪业务 积极完善业务资质，上线“港股通”、“一码通”、非现场开户等业务，并筹备代销金融产品、股票期权等资质。深化业务转型，推动营业网点向公司业务窗口和服务基地转型，探索互联网金融等创新业务。全年实现经纪业务手续费收入1.38亿元，同比增长37%，托管客户资产同比增长159%。

自营业务 截至2014年末，国开证券持有固定收益券面总额同比增长34%，实现证券投资收入（含投资收益及公允价值变动损益）7.33亿元，同比增长36%；创新投资品种，确保投资组合保值增值，全年投资回报率达19.4%。年内成立4只结构化产品，其中3款产品次级年化收益率超过20%。

投资银行业务 全年累计主承销各类债券87只，承销金额2 447亿元，业务范围覆盖35个省份和部分计划单列市。服务战略发展重点，股权类业务取得突破，年内新增立项项目56个，实现签约项目35个（其中股权融资类业务项目13个，资本市场业务项目7个，场外业务项目8个，结构化融资项目7个），上报证监会及交易所项目8个。证券承销业务全年实现收入5.88亿元，同比增长33%。

资产管理业务 全年实现收入0.40亿元，同比增长38%。巩固并提升“银证信”、“银证债”业务规模，“银证信”管理项目金额240.86亿元，“银证债”存续规模129.11亿元，年化收益率13.5%。与阜新商业银行合作开展“银证保”业务，管理规模3亿元。

融资融券业务 信用交易类业务实现收入1.65亿元，同比增长12.02倍。全年发放融资额39.11亿元，年末时点余额41.62亿元；开发“宜开宝”小额贷款产品，启动“转融通”创新业务申请；开展融资融券“百日营销”活动，业务量增速超过市场同期水平2倍。

投资顾问业务 全年实现收入0.17亿元，管理产品规模165亿元。

支持社会经济发展 协同国家开发银行完成国务院部署的资产证券化扩大试点1 000亿元发行任务，全年发行资产支持证券产品933.08亿元。支持棚户区改造，发行棚户区改造企业债24只，融资规模288.5亿元，同比增长63%，涉及江苏、贵州、黑龙江等12个省市；承销发行9只“债贷组合”产品，融资规模133亿元，其中棚户区改造类“债贷组合”产品3只，规模49亿元。在西部地区主承销债券28只，规模371亿元，其中落实中央“稳疆兴疆、富民固边”战略，发行“乌房债”和“阿克苏债”，规模24亿元，实现在新疆地区企业债“零”的突破。推动产品创新，主承销“14宁夏政府债”，规模55亿元；成功发行首只中小企业集合私募债“14云公投集合私募债”。

（于璐）

华融证券股份有限公司

2014年，华融证券股份有限公司（以下简称华融证券）实施第四次增资配股，完成10.8亿元配股增资，注册资本从31.78亿元增至37.55亿元。全年实现营业收入20.15亿元，净利润7.78亿元；年末总资产242.10亿元，总负债173.77

亿元，所有者权益68.33亿元。在证监会组织的证券公司分类评价中获评A类A级。

2014年，华融证券获得上市公司股权激励行权融资业务试点资格、约定购回式证券交易权限、转融资业务、转融券业务、“新三板”主办券商、“新三板”做市商资格、受托管理保险资金业务、代销金融产品业务、期货中间介绍业务(IB)、股份转让业务、优先股业务、权益互换与场外期权、互联网证券、OTC柜台市场、沪港通、私募托管等近20项业务资格。

截至年末，华融证券下设6家分公司、55家证券营业部、2家控股子公司，共有员工1 081人。

经纪业务 确立“营销+活动”经营主线，开展“双融开户”竞赛、对公客户拜访、金融产品销售等活动，创设“金福融”财富管理品牌，并创立“天、汇、通、金、宝”五大子品牌产品体系。全年，经纪业务累计实现营业收入81 119万元，同比增长110%；证券交易量累计6 997亿元，同比增长76.78%；客户账户数量462 521户，客户保证金42.93亿元。信用业务余额（含双融、股票质押、约定购回）57.69亿元，同比增长158.12%。

投资银行业务 大力推动传统投行业务转型，拓展再融资项目，完成蓝科高新、吉林化纤非公开发行项目，承揽湘电股份非公开发行项目；积极拓展债券承销业务，完成中国华融金融债券主承销项目200亿元，完成华元2014年第一期、第二期信贷资产证券化项目和湘元2014年第一期信贷资产证券化主承销项目，发行总规模超过60亿元，承做华商银行2014年第一期信贷资产证券化项目，完成赣粤高速、大连营口港、四川广安爱众公司等公司债券发行工作；债券交易积极调整持仓结构，改善配置，年化投资收益率42.86%；为5家企业完成“新三板”挂牌，成为全国首批做市商，为3家企业做市。

资产管理业务 综合运用定向、集合等多种产品形式和分级分期、滚动周期等多样产品设计手段，推进产品结构调整和品种创新。构建“顶层设计+风控内置+专项小组”的组织框架，设首席风险官，成立资管风控部及产品、同业、通道业务、资产证券化四个专项小组，实现“专项管理、专项负责、专项推进”的管理思路，提高全员风险防控意识。截至2014年末，资产总规模791.83亿元，比上年增加近140亿元。其中，集合资管计划规模232亿元，占比30%；定向资管计划规模559.83亿元，占比70%。年内产品共计155只，新增产品69只，开放期持续营销产品31只。标准化证券集合资管计划新增安康1－2号、华融金三板掘金系列、定增2号、质押宝系列等产品。

公募基金管理业务 从人员配置、组织机构、系统建设、制度建设等方面推动公募基金业务的发展，与中国银行等银行建立基金托管、直销、代销等合作关系，并与天天基金、好买基金、数米基金等第三方基金销售机构达成了合作意向。9月，发行首只公募基金产品——华融现金增利货币市场基金；12月，向证监会申请注册第二只基金——华融新锐灵活配置混合型证券投资基金（2015年1月获证监会准予注册的批复，并于3月23日发行）。

信息系统建设 8月20日，华融证券上线新一代门户网站暨微信服务平台，同期推出“金福融”金融商城和基金直销平台。完成金福融“一户通”财富管理平台建设，实现从开户、资金转账到基金申赎、理财服务、证券交易、信用交易等业务的一站式、多平台服务。

民生证券股份有限公司

2014年末，民生证券股份有限公司（以下简称民生证券）总资产147.70亿元，净资产36.68亿元，净资本29.55亿元，每股净资产1.685元，每股收益0.185元，合并净资产收益率11.66%，其中母公司的净资产收益率12.25%，同口径行业净资产收益率11.53%。实现营业收入（合并）15.64亿元，同比增长19.60%；归属母公司净利润4.04亿元，同比增长295.82%。

2014年，民生证券取得转融券业务试点、转融通证券代理出借业务、金融产品销售资格、网上自助开户、“新三板”做市商、“港股通”、“一码通”、股票期权经纪业务等多项业务牌照。

截至年末，民生证券设有44家证券营业部、6家分公司、2家全资子公司、1家控股子公司，共有正式员工1 836人。

经纪业务 抓住市场机遇，开展内部协同、外部合作，利用两融、股权质押、财富管理及信托等协同业务方式，拓展业务渠道和客户，推动传统通道业务收入和创新业务收入增长。全年代理股票基金交易量7 567亿元，同比增长54%，新增交易性资产91.8亿元，经纪客户年末资产1 445亿元。

投资银行业务 年内，完成股票主承销项目8家，承销额29.20亿元；完成债券主承销项目7家，承销金额59.60亿元；完成6个“新三板”项目的推荐挂牌工作和1家“新三板”增发。发展资金中介业务，完成资金对接2亿元。

资产管理业务 加强自主开拓及业务协同，积极拓展银行渠道，与平安银行、民生银行等形成稳定合作关系，定向资产管理业务实现扭亏为盈，年末资产管理规模218亿元。存续的三只大集合产品均实现正收益。全年资产管理业务规模大幅增长，年末资产管理规模219亿元，同比增长325%。

资本中介业务 积极发展融资融券、股权质押、约定购回等资本中介业务并加大资金投入，三项业务年末余额共计38.8亿元，同比增长160%。其中，融资融券业务余额32.3亿元，股权质押余额6.4亿元。信用资金账户数量6 092户，同比增长34.5%。运用互联网模式开展股票质押业务，“民融e”完成了从方案设计、制度修改、系统搭建到产品上线工作，“民融e”中股权质押年末余额7 168万元。

资本投资业务 充分发挥债券销售交易能力，实现现券交易量3 208亿元。债券投资抓住市场机会，开展债券及衍生品投资，全年实现投资收益率8.64%。证券投资在电力设备、互联网、军工环保行业进行配置，并适度参与股指期货交易，全年实现投资收益率 15.82%。7 月，成立做市业务部，参与“新三版”“绿网天下”的定向增发，并成为民生证券第一只做市股票。

信息化建设 成立互联网金融工作组，设立网络金融总部，探索互联网金融发展模式，整合信息技术及各业务条线资源，推动“e 民生”互联网金融业务平台建设。开发网上自助开户、小额融资、金融超市、FLASH 行情等模块，引入第三方支付手段，实现了咨询业务的产品化和互联网化，初步形成网络金融服务格局。

（李向东）

瑞信方正证券有限责任公司

2014 年末，瑞信方正证券有限责任公司（以下简称瑞信方正）总资产 89 570.45万元，总负债 5 210.40 万元，所有者权益 84 360.05 万元，实现营业收入 16 544.26 万元。

截至年末，瑞信方正共有员工 132 人。

投资银行业务 年内，瑞信方正实现承销金额 257.26 亿元，其中完成 14 个主承销项目，金额 255.40 亿元。股权融资方面，作为主承销商或联席主承销商完成大连控股、东吴证券、中航投资三个非公开发行项目；债权融资方面，共计参与完成 10 个承销项目，其中 9 个主承销的项目分别为以主承销商身份完成的天津滨海农商行 15 亿元金融债、大连农商行 6 亿元专项金融债，以联席主承销商身份完成的农业银行 300 亿元二级资本债、广发银行 100 亿元二级资本债、南方电网 50 亿元公司债、中原证券 15 亿元公司债、天房发展 12 亿元公司债、东方电气 40 亿元可转换债、宝钢集团 40 亿元可交换公司债；优先股业务，作为联席主承销商完成农业银行非公开发行 400 亿元优先股项目和兴业银行非公开发行 130 亿元境内优先股项目；并购和财务顾问业务，实现财务顾问收入 2 724.91 万元，签约合同总金额为 3 758 万元。

瑞银证券有限责任公司

2014 年末，瑞银证券有限责任公司（以下简称瑞银证券）总资产 27.59 亿元，总负债 11.48 亿元、所有者权益 16.11 亿元；实现营业收入 9.22 亿元、营业支出 7.69 亿元，利润总额 1.61 亿元，净利润 1.19 亿元（以上数据未经审计）。在证监会组织的证券公司分类评价中获评 A 类 A 级。

截至年末，瑞银证券设有 6 家证券营业部、2 家分公司，共有员工 347 人。

投资银行业务 及时把握市场趋势和客户需求，迅速调整应对策略，在稳健执行现有IPO项目的同时，大力拓展再融资项目，年内完成贵人鸟主板IPO项目，6单股权再融资项目。完成包括公司债、企业债、金融债在内的16单债券项目，总计发行规模355.83亿元。

证券业务 面对全新的市场动态，积极优化工作方案，取得良好的成绩。全年佣金收入同比增长24%，其中QFII收入增长41%；公募基金业务收入因营销策略变化而呈现小幅下滑，同比下降6%。

固定收益业务 利用有利的市场环境，努力保持各项业务的良好发展势头，全年实现业务收入7 134万元。销售团队与投资银行部及债券资本市场部密切合作，顺利完成债券一级市场发行工作。与海外固收团队、证券部积极合作，做好海外客户（包括QFII、RQFII和境外结算机构）的债券经纪服务。债券交易量保持稳定，客户参与的债券品种有所增加，丰富了收入来源。

财富管理业务 实施部门重组计划，对业务流程及客户的适当性管理进行持续性优化。大力拓展代销金融产品业务，代销产品利润已升至财富管理业务利润的50%左右。年内正式上线沪港通业务，运营情况良好。全年业务收入较上年增长36%。

（王晨诗）

首创证券有限责任公司

2014年末，首创证券有限责任公司（以下简称首创证券）总资产156.37亿元，比上年增加73.97亿元，增长89.76%；总负债130.86亿元，比上年增加69.78亿元，增长114.25%；所有者权益25.51亿元，比上年增加4.19亿元，增长19.63%。实现营业收入7.79亿元，比上年增加3.43亿元，增长78.53%；营业支出4.15亿元，比上年增加1.47亿元，增长54.19%。实现净利润2.73亿元，比上年增加1.28亿元，增长87.92%。证券交易量（股票、基金、债券等）4 699.31亿元，比上年增加1 696.25亿元，增长56.48%；客户数量21.77万户，比上年增加1.06万户，增长5.10%；客户保证金41.47亿元，比上年增加23.18亿元，增长126.71%。在证监会组织的证券公司分类评价中获评B类BBB级。

截至年末，首创证券设有36家证券营业部、8家子公司，共有员工1 004人。

证券经纪业务 加强分支机构建设，完善“总部—分公司—营业部”管理架构；联合专业咨询服务机构挖掘现有资源，推出“首富”启航资讯服务产品系列共14个投资顾问产品；年内取得港股通业务资格及网上开户业务资格。截至2014年末，实现手续费收入2.3亿元，比上年增长35%；实现营业收入3亿元，比上年增长37%，实现税前利润1.14亿元；客户托管资产431亿元，比上年增长近70%；新增客户1.1万户，新增托管资产超过40亿元。

融资融券业务 大力发展信用业务，并于6月取得转融通（转融券）业务资格。融资融券业务发展迅猛，在经纪业务的收入占比中逐步增大，融资余额由年初的近 4.04 亿元增至 15.30 亿元以上，两融手续费和息差收入在经纪业务收入占比 36%，成为经纪业务增收的重要来源。股票质押回购业务也得到较快推进。

期货中间介绍业务 4 月 23 日，首创证券向证监会提交开展期货中间介绍业务的报备材料，为全资控股的首创京都期货有限公司提供期货中间介绍业务。上线期货中间介绍业务信息系统，在所有营业部有安装符合中间介绍业务发展需要的客户影像资料采集系统，网上交易使用“博易大师”、“文华财经”行情软件。截至年末，已有 7 家营业部完成备案，具备了代理开户资格。

资产管理业务 截至 2014 年末，资产管理总受托规模 145.46 亿元，比上年增加 19.19 亿元；集合计划 6 只，比上年增加 3 只，受托规模 7.23 亿元。融胜 6 号集合资产管理计划在上海证券交易所挂牌，并完成一笔份额转让业务。定向计划 80 只，比上年增加 63 只，委托人主要为银行（22 只）和信托公司（47 只）；受托规模 138.23 亿元。其中，主动型定向计划 2 个，受托规模 15.48 亿元，主要投向私募债、债券逆回购、信托计划、资产支持证券等；被动型定向计划客户数 78 个，受托规模 122.75 亿元，主要投向房地产、一般工商企业、基础产业、地方融资平台等。全年实现营业收入 3 513 万元，其中集合定向计划管理收入 2 943 万元，投资咨询收入 570 万元。

投资银行业务 以成为中小企业多渠道融资综合服务提供商为目标，重点围绕全国股份转让系统开展投资银行业务。年内新增推荐挂牌项目 12 项，累计推荐挂牌项目 14 家，已经完成股份备案登记的挂牌公司融资 1.96 亿元。着力推动债券承销业务发展，完成唐山市丰南建设投资有限公司债券（城投债）、江苏春辉生态农林股份有限公司公司债券（第一期、第二期）的债券承销业务，承销总规模 25 亿元。截至年末，实现营业收入4 362 万元，全国中小企业股份转让系统挂牌推荐相关业务收入 1 887 万元（其中挂牌推荐收入 1 264 万元，股票发行收入 623 万元），债券承销及相关业务收入 2 435 万元。

自营业务 扩大业务投资范围，除传统债券外，还涉及私募债、可转债及私募票据；全年债券交易量超过 7 000 亿元，其中银行间市场交易量超过 3 200 亿元；实现固定收益业务收入 1.94 亿元，利润总额 1.54 亿元。在证券二级市场，严格控制风险，牢牢把握机会，年初投资额 2.8 亿元，年末现金与股票市值合计 4.2 亿元，浮盈与盈利合计 1.40 亿元，收益率 50.09%。

信达证券股份有限公司

2014 年末，信达证券股份有限公司（以下简称信达证券）总资产 338.47 亿元，比上年增加 156.41 亿元，增长 85.91%；总负债 270.98 亿元，比上年增加 146.62 亿元，增长 117.91%；所有者权益 67.49 亿元，比上年增加 9.79 亿元，增长16.96%。实现营业收入29.10亿元，比上年增加12.49亿元，增长75.16%；营业支出17.27亿元，比上年增加4.80亿元，增长38.46%；实现净利润9.03亿元，比上年增加5.81亿元，增长179.86%；净资产收益率14.43%，比上年增加8.67个百分点。

2014年，信达证券股票基金成交金额12 494.67亿元，比上年增加4 243.31亿元，增长51.43%；客户总数116万户，比上年增加3.67万户，增长3.27%；客户托管证券市值1 224亿元，比上年增加518.34亿元，增长73.45%；客户保证金93.81亿元，比上年增加44.81亿元，增长91.45%。在证监会组织的证券公司分类评价中获评B类BBB级。

截至年末，信达证券设有81家证券营业部、3家分公司、3家子公司；共有签订劳动合同的员工2 617人，其中母公司2 286人，子公司331人。

经纪业务及信用交易业务 截至2014年末，信达证券总客户数116万户，托管资产1 317亿元，同比增长74.2%；融资融券余额68.76亿元，同比增长158%；股票质押余额12.4亿元；约定购回余额0.44亿元。全年实现营业收入14.28亿元，同比增长51.6%。其中，佣金净收入及综合业务收入9.67亿元，同比增长37%；利差收入1.24亿元，同比增长21.5%；信用交易业务息费净收入3.37亿元，同比增长150%。

投资银行业务 抓住IPO开闸的市场机遇，成功发行九强生物、一心堂两个IPO项目；完成华西能源、围海股份、华纺股份、太平洋证券等非公开发行；作为牵头主承销商，完成中国信达200亿元金融债发行工作，完成富蕴、江苏望涛等12个债券项目发行。“新三板”业务模式基本确立，积极尝试开展场外市场业务及各类债务融资工具。全年主承销股票及债券金额272亿元。其中，股票承销金额79.06亿元，实现营业收入2.9亿元，同比增长356%；债券承销金额193亿元，实现收入8 236万元，同比增长71.6%。

资产管理业务 截至2014年末，信达证券资产管理总规模366.17亿元，实现净收入3.15亿元，较上年的0.99亿元大幅度增长。资产管理产品中，信达满堂红主题投资2014年收益率34.45%；信达创利1号次级份额收益率52.47%，信达信利3号次级份额2014年收益率44.91%。

证券投资业务 抓住市场机遇，逐步扩大权益类投资范围，初步尝试量化投资、介入定增投资，并着手开展“新三板”做市业务，实现了自营投资业务收益率的稳健增长。全年，权益类投资收益率32.8%，固定收益投资收益率16.6%。实现营业收入5.61亿元。其中，权益类投资业务投资收益3.61亿元；固定收益类投资业务收益2亿元。

（常川）

新时代证券有限责任公司

2014年末，新时代证券有限责任公司（以下简称新时代证券）资产总额1 821 214.51万元，比上年增加737 267.72万元，增长68.02%；负债总额1 363 797.48万元，比上年增加674 578.05万元，增长97.88%；所有者权益457 417.03万元，比上年增加62 689.68万元，增长15.88%。实现营业收入221 529.70万元，比上年增加87 327.09万元，增长65.07%；营业支出142 614.00万元，比上年增加46 428.72万元，增长48.27%；实现净利润55 202.23万元，比上年增加26 998.49万元，增长95.73%。在证监会组织的证券公司分类评价中获评B类BB级。

截至年末，新时代证券设有55家证券营业部、2家分公司、2家控股子公司，共有正式员工1 362人。

证券经纪业务 加大机构客户开发力度，强化与公募基金的合作，努力转变经纪业务收入结构，提升业务收入和市场占有率。全年累计实现股票基金交易额8 254亿元，比上年增加3 284亿元，增长66%；年末客户数量50万户，客户资产751亿元。着力扩大融资融券业务规模，借助微信、互联网等平台创新推出“鑫时代”小额贷款业务，融资融券业务规模从年初的16亿元增至年末的38亿元，实现利息收入2.08亿元。积极开展创新业务，鼓励分支机构承揽“新三板”项目，与新浪财经独家合作开展第三届全国投资顾问炒股大赛，筹建九五网上金融商城（www.e95399.com），推出网上开户及手机开户业务，积极申请并取得港股通业务、私募基金托管业务资格。全年，实现营业收入8.42亿元，比上年增长51.51%；业务成本3.8亿元，比上年增长10.87%；实现营业利润4.62亿元，比上年增长116.89%。

投资银行业务 抓住新股发行重启的时机，完成登云股份IPO项目，保荐承销了美都控股、宏达股份和正邦科技等非公开发行股票项目；大力拓展“新三板”市场，成功完成6个项目挂牌。截至2014年末，共完成发行企业债7只，中小企业私募债6只。积极探索新的盈利模式，完成设立并购基金，尝试开展“新三板”做市业务。全年实现营业收入28 568.41万元，比上年增长253.13%；实现业务成本18 852.04万元，比上年增长204.08%；实现营业利润9 716.38万元，比上年同期增长414.00%。

自营投资业务 顺应市场和监管交易规则的变化趋势，正确研判宏观经济形势，准确地把握市场节奏，严控业务风险。权益类投资以新股申购业务作为重点，并通过直接股权投资及设立分级产品等形式参与优质定增项目，实现了盈利模式从自营向投资管理的转型；固定收益业务，在传统的债券交易投资业务基础上，开拓性地尝试交易性投行的新思路，发挥投资交易团队的业务价值。全年，实现营业收入2.04亿元，比上年增长269.61%；业务成本8 552万元，比上年增长204.77%；实现营业利润1.18亿元，比上年增长 336.95%。

资产管理业务 健全资产管理制度体系，打造专业的投资管理团队，在扩大受托资产管理规模、实现部门利润增长、提升投资业绩、探寻业务发展新模式等方面取得长足的发展。全年，累计发行资产管理产品共计 42 只，规模 416.64 亿元。其中定向资管产品 31 只，规模 351.18 亿元；集合资管产品 11 只，规模 62.46 亿元。积极申请并获得受托管理保险资金业务资格，已开启保险资金投资顾问业务第一单；第四季度与中证资本市场监测中心对接收益凭证业务，并完成设计发行公司第一期收益凭证。全年，实现营业收入 1.23 亿元，比上年增长 675.14%；业务成本 5 137.24 万元，比上年增长 251.39%；实现营业利润 7 252.46 万元，比上年增长 5 216.93%。

中德证券有限责任公司

2014 年末，中德证券有限责任公司（以下简称中德证券）总资产 101 669.7 万元，比上年增加 1 961.77 万元，增长 2%；总负债 2 288.24 万元，比上年增加 783.67 万元，增长 52%；所有者权益 99 380.83万元，比上年增加 1 178.11 万元，增长 1%；实现营业收入 33 996.68 万元，比上年增加 7 515.25 万元，增长 28%；营业支出 32 903.12 万元，比上年增加 1 841.78 万元，增长 6%；实现利润总额 1 216.51 万元，比上年增加 5 573.39 万元，增长 128%。在证监会组织的证券公司分类评价中获评 A 类 A 级。

截至年末，中德证券共有员工 229 人。

投资银行业务 股本业务完成 7 个主承销项目，其中 2 个 IPO 项目、5 个定向增发项目，实际主承销金额 82.22 亿元，实现收入 1.67 亿元。债券业务完成 19 个主承销商项目，其中包括 5 个企业债、9 个公司债、2 个证券公司债（含短期证券公司债）、1 个金融债以及 2 个可交换私募债项目，实际主承销金额 177.26 亿元，实现收入 7 901.61 万元。财务顾问业务完成 4 个财务顾问项目，实现收入4 142.85 万元。

业务创新 年内，完成三单创新业务。海宁资产 3.6 亿元中小企业可交换私募债券项目是国内第二单可交换债券，也是第一单国有企业发行的可交换私募债券。卡森实业 2.16 亿元中小企业私募可交换债券是中德证券完成的首单民营企业发行的中小企业私募可交换债券项目。诚志股份 6.26 亿元定向增发项目是首个上市公司全体高管和骨干员工通过非公开发行实现持股的项目，也是首批资产管理计划作为战略投资者参与上市公司非公开发行的项目第一单。

中国国际金融有限公司

2014 年末，中国国际金融有限公司（简称中金公司）总资产 311.42 亿元，比上年增长 29.40%；总负债 253.36 亿元，比上年增长 34.40%；净资产 58.06 亿元，比上年增长 11.82%；实现营业收入 34.51 亿元，比上年增长 55.68%；营业支出 26.41 亿元，比上年增长 36.09%；实现利润 6.11 亿元，比上年增长 183.64%；拥有经纪业务客户逾 2 万个，A 股交易额 5 599.86 亿元，比上年增长 28.34%；客户保证金规模 85.81 亿元，比上年增长 111.20%。在证监会组织的证券公司分类评价中获评 A 类 AA 级。

截至年末，中金公司设有 20 家证券营业部、2 家分公司、4 家子公司；共有员工近 2 200 人，其中正式员工约1 900 人。

2014 年，中金公司实现投资银行业务收入 9.39 亿元，比上年增长 19.07%。实现经纪业务收入 9.53 亿元，比上年增长 11.54%。实现自营业务收入 13.09 亿元，比上年增长 48.58%。资产管理业务实现收入 2.88 亿元，同比增长 94.18%，年末管理资产 866 亿元。直投基金管理资产年末规模 26 亿美元。

创新业务 年内，中金公司获得基金公司牌照、“新三板”做市资格、沪港通业务资格等，上线互联网金融平台，在中国（上海）自由贸易试验区设立分公司。截至 2014 年末，融资融券业务规模 30.81 亿元，比上年增长 96.53%；股票质押式回购业务规模 74.65 亿元，比上年增长 68.55%。

中国民族证券有限责任公司

2014 年 8 月，中国民族证券有限责任公司（以下简称民族证券）与方正证券股份有限公司资产重组获证监会批准，民族证券成为方正证券股份有限公司的全资子公司。截至年末，民族证券（未经审计）资产总额 265.79 亿元，同比增长 89.6%；负债总额 190.84 亿元，所有者权益 74.95 亿元，增长 8.91%；实现营业收入 19.31 亿元，同比增长 84.84%；营业支出 11.55 亿元；实现利润总额 7.77 亿元，同比增长 264.72%；净利润 5.75 亿元，同比增长 274%。在证监会组织的证券公司分类评价中获评 B 类 B 级。

2014 年末，民族证券证券交易金额（含 A 股、B 股、基金、债券、权证等）累计 11 398.38 亿元，客户交易结算资金 104.98 亿元，客户数 941 719 户，客户保证金 86.42 亿元。

截至年末，民族证券设有 51 家证券营业部，共有员工 1 650 人。

证券经纪业务 年内，民资证券经纪业务佣金收入同比增长47%，实现利润总额54 344万元，同比增长92%。传统经纪业务实现利润50 006万元，同比增长95%；年末客户交易资产1 038亿元，同比增长76%。非通道业务发展迅速，实现交叉业务净收入4 269万元，同比增长115%。上线一码通、港股通、股转系统、手机开户等业务，个股期权业务通过验收；实现“现金港”网上签约功能，提升了客户体验和签约率。开展“吸金计划”主题营销活动，三个月内新增理财账户近1.8万户，理财产品销售额4.33亿元，引入体外客户3 753户，吸引场外资金1.75亿元；以“爆款产品”、“秒杀抢购”、“定向预约”、“私人定制”等模式向高端客户销售基金专项产品，以“微信专享”模式完成大众化银行理财产品的销售。财富中心着力打造的主要短线产品“点股成金”与中线产品“模拟私募”年内收益率分别为62.63%和34.10%，年末签约客户数超过2.4万户，签约资产101.82亿元，全年新签约投顾产品资产量35.37亿元。

投资业务 年内，民族证券股票投资收益合计1.75亿元，同比增长598%，年累计规模收益率54.9%（同期沪深300涨跌幅为51.66%）。固定收益业务实现收入合计2.16亿元，同比增长414%，年投资绝对收益率为20.30%。

信用业务 融资融券业务实现跨越式增长，年末余额85亿元，同比增长174%；完善股权融资业务流程，做大股票质押业务，年末股票质押业务规模10.8亿元；推出“两融服务季”活动，共有3 103名客户参与，87%的客户实现正收益。全年信用业务累计实现营业收入44 914万元，扣除资金成本后利润总额9 075万元，同比增长64%。

资产管理业务 首次全部利用外部资金发行结构化集合资产管理计划，与腾讯公司合作成立民族金融商城，并开发上线了金融互联网产品。完成营业部53个新定向资产管理项目的设立，协调完成光大银行、浦发银行等银行对公司的授信，协助石家庄、长沙等多个营业部寻求资金及项目，共完成定向通道业务运作600余笔。全年，累计实现营业收入6 635万元，同比增长12%；累计规模949亿元，比上年增加307亿元，增长近50%，其中定向计划921亿元、集合计划20亿元、专项计划8亿元。

投资银行业务 年内，申报3家IPO、5家再融资、8家“新三板”、2家独立财务顾问项目；完成债券主承销项目8家，其中上市公司债1家、企业债5家、中小企业私募债2家；完成3家重大资产重组独立财务顾问项目；完成5家“新三板”挂牌项目。全年投行业务累计实现营业收入9 190万元，同比增长45%。

研究所与机构销售业务 年内，民族证券研究所通过提供路演、组织联合调研、股票池、专题视频、电话、邮件、微信等形式为各业务部门提供日常研究支持，全年共计召开视频会议238次，为内外部路演506次，调研229次，为信用业务部提供上市公司投资价值分析报告17篇。机构销售加强与各业务线合作，在融资融券、股权质押、定增、财富现金管理、大小非减持、市值管理等创新型业务上取得突破，全年协助销售公司发行债券10亿元以上，与其他部门合作获得1个定增项目，完成4个综合金融业务项目储备。

业务创新 成立衍生品业务部，开展股票期权、量化策略交易、股票收益互换等业务。与多家金融机构开展信用业务债权融资，并首次通过资产管理计划成功引入银行资金实现与股票质押项目的对接。成立资金运营部，通过转融资、短期同业拆借和债权收益权转让融资，最大限度满足业务资金需求。全年共融通资金近60亿元，实现逆回购利息收入565万元。采取“簿记建档”方式确定发行利率并完成配售工作，年内完成两期共计30亿元的次级债券发行，两期发行利率均远低于股东会确定的7.5%的利率上限，节省近4 000万元的资金成本。

风险控制管理 增强合规管理在业务发展中的参与度，通过合规的主动管理和提前介入，及时排查可能存在的风险；组织内部律师参与年度新增案件的应诉工作，有效化解法律纠纷。稳步推进全面风险管理，建立大类风险管理架构，增加对以自有资金使用为核心的各类业务的市场风险、流动性风险、信用风险的关注，着力推动流动性风险管理工作；运用量化研究的方法，通过VaR、DV01、情景分析、压力测试等方法工具计量风险，评估承受能力，指导资源配置；根据业务发展及风险管理需要，对主营业务尤其是使用自有资金参与的业务建立限额体系，施行分级预警。年内完成各项检查项目59项，对29家营业部、8个总部部门发起整改督办，督办涉及的问题278项，整改完成276项；完成Teammate审计软件的建立、培训和上线运行等工作，提升稽核审计工作效率。年内，民族证券未收到监管部门的任何监管函件，合规及风险管理能力再上新台阶。

客户资产存管管理 客户资产存管中心是民族证券各项业务运营管理和客户资产安全存管的职能机构。年内，在确保清算交收和客户资产安全的情况下，负责200多只资管产品的估值核算，通过对客户交易结算资金的合理调配，全年累计实现增值收入约3 000万元。

（石春晖）

中国银河证券股份有限公司

2014年末，中国银河证券股份有限公司（以下简称银河证券）集团资产总额1 800.26亿元，比上年增长129.96%；负债总额1 506.90亿元，比上年增长185.06%；归属于本公司股东的权益为290.24亿元，比上年增长15.29%。全年实现收入及其他收益总计130.17亿元，同比增长54.48%；实现归属于本公司股东的净利润37.71亿元，同比增长76.59%；实现每股收益0.50元，同比增长61.29%；加权平均净资产收益率13.91%，同比增加4.22个百分点。在证监会组织的证券公司分类评价中获评A类AA级。

截至年末，银河证券设有330家证券营业部、4家子公司、36家分公司；共有员工8 275人（含销售类客户经理），其中本公司员工7 361人（含销售类客户经理）。

证券经纪业务 截至年末，银河证券客户总数593.38万户，托管证券市值2.57万亿元，股票基金交易额7.71万亿元。

股权融资业务 年内，完成2个IPO项目、10个非公开发行项目，主承销金额313.23亿元；完成1个重大资产重组并配套募集资金项目、7个并购重组财务顾问项目；完成“新三板”推荐挂牌13家、7次定向增发，股票融资金额2.62亿元；获批“新三板”做市业务资格，并为3家公司提供做市服务；完成资产证券化（ABS）、资产支持票据（ABN）业务4单，每一单均是该类资产项目在业内或交易所的首单。

债券融资业务 加大项目承揽投入力度，努力提高在大型央企债券项目中的份额，深入挖掘地方大型优质产业类企业的发债项目、上市公司债项目和小微企业增信集合债项目。截至2014年末，完成企业债券、公司债券、短期融资券等主承销项目58个，主承销金额904.6亿元，同比增长112.27%。

资产管理业务 全年实现收入及其他收益1.97亿元，比上年增长44.52%。年末受托规模296.48亿元，同比增长12.28%。其中，集合资产管理业务受托规模110.53亿元，定向资产管理业务受托规模159.95亿元，专项资产管理业务受托规模26亿元。管理产品数量54只（集合21只，定向31只，专项2只）。

自营业务 债券质押式报价回购业务（产品“天天利”）规模上升至80亿元；投资者27.4万人。稳步拓展约定购回式证券交易业务（产品“金时雨”）、股票质押式回购交易业务（产品“鑫时雨”）规模；推出小额标准化股票质押式回购（产品“鑫易雨”）和标准化新股申购股票质押式回购（产品“鑫新雨”），专用于场内交易和新股申购；质押式报价回购业务（产品“金自来”）改造升级方案12月通过深圳证券交易所组织的仿真测试。全年，集团自营及其他证券交易服务实现收入及其他收益14.02亿元，比上年增长70.24%。

融资融券业务 截至2014年末，融资融券余额603.19亿元，同比增长239%；信用账户22.77万户，同比增长207%，信用账户股票基金交易额2.1万亿元。

投资顾问业务 截至2014年末，代销金融产品293亿元，现金类产品日均保有量187亿元；金融产品保有总规模898.74亿元。

电子化建设 继续实施IT治理，推进自主开发和主导开发从创新业务向核心业务发展，建设完善VIP快速交易系统和量化交易平台，上线“网上商城”互联网金融业务模式的客户理财账户系统和支付系统，优化非现场开户系统和微信服务平台，深化互联网金融应用，确保系统安全稳定运行，无技术事故发生，信息系统安全等级保护测评率达到99.6%以上。

中信建投证券股份有限公司

2014年末，中信建投证券股份有限公司（以下简称中信建投证券）总资产1 234.06亿元，总负债1 066.78亿元，所有者权益167.28亿元，客户总数量363万户。全年实现营业收入85.87亿元，归属于母公司股东的净利润34.07亿元，公司净资产收益率22.74%。在证监会组织的证券公司分类评价中获评A类AA级。

截至年末，中信建投证券设有200家证券营业部、4家子公司，共有正式员工5 933人。

证券经纪业务 依托遍布全国的经营网点和经验丰富的销售与服务团队，通过不断完善客户体系与产品体系建设，统筹各项业务优势，为客户提供证券交易、投资咨询、金融产品销售、现金管理等一揽子财富管理服务。全年，新增25家证券营业部；销售标准化产品394亿元；完成股票基金交易量5.34万亿元。

投资银行业务 坚持以客户为中心，凭借对市场和行业的深刻理解，依托丰富的项目经验与专业的工作团队，为客户提供全面融资解决方案以及并购重组等财务顾问服务。全年，共完成169单股票及债券主承销项目，主承销金额1 660亿元；完成17单并购重组项目，涉及交易金额230亿元；完成48单“新三板”项目挂牌；完成企业债40单、公司债9单、中小企业私募债6单、金融债23单、中票短融14单、资产证券化项目27单，合计筹资规模1 238亿元。

资产管理业务 通过产品设计、投资研究、资产配置和风险管理等技术，构建了从货币型、固定收益型、股票型、量化型到全面配置型等完整的产品线，满足客户差异化需求，提升客户资产回报水平。截至2014年末，管理资产规模2 943亿份，同比增长101%。

融资融券业务 致力于满足客户个性化的证券投资需求、融资需求和理财需求，包括融资融券、股票质押、约定购回和证券出借等业务。截至年末，融资融券余额321亿元，市场占比3.13%。

自营业务 建立全国股转系统做市、定量投资、基金流动性服务、市值管理、收益互换、场外期权、黄金现货、交易所交易基金（ETF）期权、种子基金等多项业务模式，发行挂钩标的指数的收益凭证。年内首批获准成为上海黄金交易所证券类会员，并获得证监会关于期权做市业务资格的核准。

期货业务 中信建投期货有限公司设有19家期货营业部，全年完成代理交易额7.61万亿元，市场占比1.3%。

股权投资业务 中信建投资本管理有限公司年内成立4.87亿元节能环保基金和6.8亿元并购基金，完成投资项目10单。

境外业务 中信建投（国际）金融控股有限公司年内以联席财务顾问身份参与完成中信股份于香港整体上市项目，涉及资产2 269亿元；完成IPO 3单、并购重组1单、人民币债券发行项目2单。

基金业务 中信建投基金管理有限公

司年内发行公募基金3只，专户产品20只，管理资产规模40亿元。

信息化建设 大力推进柜台系统服务一体化运营，完成搭建消费支付服务系统，开发一码通、私募机构托管和算法交易等系统，推出转融通业务系统、股票质押式回购业务系统、国债预发行交易系统、非现场开户系统，建成运营质量控制和银企直连系统，上线中信建投证券统一账户平台。

（杨婕）

中国银河证券股份有限公司北京分公司

2014年，中国银河证券股份有限公司北京分公司（以下简称银河证券北京分公司）实现营业收入7.99亿元，实现税前利润5.72亿元。

截至年末，银河证券北京分公司下辖15家证券营业部，共有员工500余人。

证券经纪业务 截至2014年末，银河证券北京分公司辖区营业部客户数量44.53万户，客户总资产15 212.03亿元。全年完成股票基金交易量9 237.49亿元；北京地区公募基金（不含货币基金）认购、申购合计12.42亿元，其中认购6.1亿元，申购6.32亿元。货币基金日均保有量13.28亿元。

股指期货IB业务 年内，银河证券北京分公司辖区内共有15家营业部获得股指期货中间介绍业务（IB业务）资格，IB客户总数2 498户，客户总资产5.62亿元，全年交易额2 589.19亿元，手续费收入629.22万元。

融资融券业务 积极组织辖区内营业部开展融资融券开户业务，全年新开户25 944户，年末余额46.23亿元。

网络金融业务 开发三大网络金融营销渠道，网上开户中心开发客户523户，手机自助开户开发客户18 812户，开户链接互联网推广开发2 923户。参展北京金融博览会，共计开户380户，微信关注度增加1 872户。

（李莹）

北信瑞丰基金管理有限公司

2014年3月10日，北信瑞丰基金管理有限公司（以下简称北信瑞丰）获得证监会批准，3月17日在北京市工商行政管理局完成注册。截至2014年末，北信瑞丰资产规模1.6亿元，负债规模600万元，营业收入700万元，亏损1 500万元，所有者权益1.54亿元，基金份额13.77亿份，基金净值13.92亿元。

截至年末，北信瑞丰共有员工数量32人。

公募基金业务 年内，北信瑞丰共成立3只基金，分别为北信瑞丰稳定收益债券型证券投资基金，募集金额7.41亿元，华夏银行托管；北信瑞丰宜投宝货币市场基金，募集金额2.04亿元，浦发银行托管；北信瑞丰无限互联主题灵活配置混合型发起式证券投资基金，募集金额6.6亿元，工商银行托管。

专户产品业务 年内，北信瑞丰共成立14只专户产品，除一只是主动管理类产品外，其他均是投资于定向增发、固定收益及权益类产品，资产规模超19亿元，管理均达到正收益。

渠道开拓业务 年内，北信瑞丰开拓35家公募基金代销渠道。其中，银行6家，券商13家，第三方销售公司16家。

长盛基金管理有限公司

2014年，长盛基金管理有限公司（以下简称长盛基金）营业收入51 717.97万元，比上年增加8 207.36万元，增长18.86%；营业费用29 367.11万元，比上年增加4 410.72万元，增长17.67%；利润总额19 927.36万元，比上年增加3 715.83万元，增长22.92%；净利润15 194.16万元，比上增加2 986.68万元，增长24.47%；负债18 521.12万元，比上年增加2 734.78万元，增长17.32%；净资产90 938.85万元，比上年增加13 601.98万元，增长17.59%；总资产109 459.97万元，比上年增加16 336.76万元，增长17.54%。

2014年末，长盛基金共管理37只公募基金，合计份额384.56亿份，管理资产434.32亿元；受托管理的5只社保基金资产规模286.44亿元，资产份额201.22亿份；特定客户资产管理产品12只。

截至年末，长盛基金共有正式员工152人。

东方基金管理有限责任公司

2014年末，东方基金管理有限责任公司（以下简称东方基金）负债总额5 506.70万元，比上年增长200.58%；实现营业收入23 534.34万元，比上年增长63.64%；利润2 845.02万元，比上年增长239.95%；所有者权益30 665.4万元，比上年增长21.11%。

截至年末，东方基金设有3家分公司、1家子公司，共有员工103人。

公募基金业务 截至2014年末，东方基金旗下共有16只开放式公募基金，其中股票型基金2只、指数型基金1只、混合型基金8只、债券型基金4只和货币型基金1只。基金资产净值规模97.1亿元。

专户业务 年内，东方基金共发行32只专户产品，募集总规模49.32亿元；年末存续专户产品39只，资产净值58.63亿元；实现专户业务收入 1 673.44 万元。

方正富邦基金管理有限公司

2014 年，方正富邦基金管理有限公司（以下简称方正富邦）实现合并营业收入 11 819.71 万元，较上年的 1 826.26 万元增长 547%；母子公司合并营业收入达成率 131.33%，净利润达成率 171.10%。

2014 年末，方正富邦公募基金管理规模 9.35 亿元，基金专户管理规模 38.13 亿元；子公司——北京方正富邦创融资产管理有限公司资产管理规模 327.4 亿元。

截至年末，方正富邦共有正式员工 44 人，北京方正富邦创融资产管理有限公司共有正式员工 39 人。

国金通用基金管理有限公司

2014 年末，国金通用基金管理有限公司（以下简称国金通用）资产管理规模约 73 亿元，同比增加 70 亿元，增长 2 333%；资产总额 2.31 亿元，同比增加 1.55 亿元，增长 203%；负债总额 1.38 亿元，同比增加 1.35 亿元，增长 4 873%；营业收入 2.87 亿元，同比增加 2.66 亿元，增长 1 228%；实现净利润 1 608 万元，同比增加 4 290 万元；所有者权益 9 337 万元，同比增加 1 993 万元，增长 27%。

2014 年末，国金通用专户子公司——北京千石创富资本管理有限公司资产管理规模约 1 276 亿元。

截至年末，国金通用共有正式员工 66 人。

公募基金 年内，国金通用发行了国金通用鑫利分级债券型证券投资基金、国金通用金腾通货币市场证券投资基金和国金通用鑫安保本混合型证券投资基金 3 只基金。截至 2014 年末，国金通用旗下共有公募基金 6 只，其中 2 只货币型基金、2 只混合型基金、1 只指数型基金和 1 只债券型基金；基金管理规模约 68 亿元。

特定客户资产管理 截至 2014 年末，由国金通用担任管理人或投资顾问的 9 只量化专户产品已成立运作，合计规模约 5 亿元，各只产品的年化业绩回报平均为 12% 以上。

机制改革 2014 年 9 月，国金通用开始推行事业部制，先后成立了量化投资事业部、指数投资事业部、权益投资事业部、网络金融事业部和销售事业部，改变了以往自上而下的决策机制，将产品创设与管理、团队建设和成本管理等核心事务的决策权交给事业部，使产品设计更加贴近市场需求，并通过市场化机制稳定专业人才队伍。

成立销售子公司 2014 年 1 月 15

日，国金通用成立销售子公司——上海国金通用财富资产管理有限公司（以下简称国金财富）。国金财富具备基金销售业务资格，主要开展证券投资基金和其他金融产品的销售业务。截至 2014 年末，国金财富业务规模 684 亿元。

国开泰富基金管理有限责任公司

2014 末，国开泰富基金管理有限责任公司（以下简称国开泰富）资产总额 17 246.14 万元，同比减少 1 596.99 万元，下降 8.48%；负债总额 604.21 万元，同比减少 299.10 万元，下降 33.11%；所有者权益总额 16 641.93 万元，同比减少 1 297.88 万元，下降 7.23%；实现营业收入 854.56 万元，同比增加 718.55 万元，增长 528.31%；净利润 -1 261.84 万元。

公募基金业务 国开泰富共管理一只基金产品（国开泰富岁月鎏金定期开放信用债券型证券投资基金），年末基金份额 4.08 亿份，基金资产净值 4.21 亿元。

特定客户资产管理业务 年内，国开泰富共成立 5 只特定客户资产管理业务产品，类型包括定向增发类、固定收益类和现金管理，年末资产管理规模近 10 亿元。

国寿安保基金管理有限公司

2014 年末，国寿安保基金管理有限公司（以下简称国寿安保）总资产 6.43 亿元，比上年增长 9%；总负债 0.59 亿元，比上年增长 734%；所有者权益 5.84 亿元，比上年增长 0.15%，实现营业收入 1.05 亿元，比上年增长 2 429%；净利润 84.69 万元。

截至年末，国寿安保设有 1 家分公司、1 家子公司，共有正式员工 76 人。

公募基金业务 2014 年 1 月，国寿安保发行成立第一只公募基金——国寿安保货币市场基金。截至 2014 年末，共管理 5 只基金，涵盖货币型、指数型以及债券型，资产管理规模 187.62 亿元。

特定客户资产管理业务 年内，国寿安保成立了专户投资部和子公司——国寿财富管理有限公司，开展特定客户资产管理业务，并建立健全各项制度，配置专业的投研人员，为开展特定客户资产管理业务奠定基础。

工银瑞信基金管理有限公司

2014年末，工银瑞信基金管理有限公司（以下简称工银瑞信）旗下管理52只公募基金和逾150个年金、专户组合，资产管理总规模近6 000亿元；实现营业收入17.74亿元，比上年增加5.76亿元，增长48%；净利润5.05亿元，比上年增加1.87亿元，增长59%；总资产22.85亿元，比上年增加9.43亿元，增长70%，净资产15.39亿元，比上年增加5.28亿元，增长52%。

截至年末，工银瑞信设有3家分公司、2家子公司，共有正式员工419人。

公募基金业务 年内，工银瑞信发行各类型基金产品共11只，首募规模270亿元。债券投资算术平均收益率24.79%，其中工银添颐、工银添福、工银添利债券基金收益率分别为44.39%、43.98%和32.39%。截至2014年末，工银瑞信旗下共管理52只公募基金，管理规模2 541亿元，比上年增加1 446亿元，增长132%。

专户业务 年内，工银瑞信发行206只睿尊专户子产品，成立2只结构化母基金、募集429亿元。加强对保险公司等机构投资者的营销和服务，先后获得平安人寿、太平洋人寿、中国人寿（股份）合计38.5亿元的专户委托。工银瑞信管理的所有年金、全权管理专户组合均获得正回报，回报率在6%以上的组合规模占比达87%。

企业年金和全国社保业务 加强对主权基金类长期资金的投资和营销服务，获得全国社保基金原有组合增资和新增境内组合近80亿元，并获得证券投资者保护基金新增委托25亿元。截至2014年末，工银瑞信企业年金管理规模超388亿元，比上年增长26%。

专项资产管理子公司稳健发展 工银瑞信投资专项管理有限公司（以下简称工银瑞投）积极推进业务模式创新，拓宽投资范围，开发了债权、股权、收益权、票据资产、现金管理等六大类19项产品，全年共计发行逾550只专项资产管理计划，资产管理规模达1 720亿元，比上年增加1 331亿元。9月，工银瑞投参与中石化销售公司混合所有制改革，出资20亿元，认购中石化销售公司股权的0.56%；参与铁路投融资体制改革，认购国内首只铁路发展基金20亿股。

香港子公司业务进展顺利 工银瑞信资产管理（国际）有限公司（以下简称工银瑞信（国际））业务快速发展。6月，获得国家外汇管理局20元亿人民币RQFII投资额度，并相继向香港证券及期货事务监察委员会（以下简称香港证监会）、卢森堡金融监管委员会提交RQFII人民币货币市场基金、UCITS框架下RQFII人民币货币基金申请并获得受理、批准；9月，工银瑞信（国际）首只RQFII货币基金获香港证监会批准，这是香港证监会批准的首只以摊余成本法估值的RQFII基金。8月，工银瑞信（国际）获得澳门金融管理局QFII投资顾问资格，12月获得了QFII资格。

业务创新 2014年，工银瑞信加快产品创新，6月发行的工银瑞信绝对收益混合基金为行业内首只采取对冲策略的开放式基金；9月发行官网直销平台专属现金货币基金，收益每日结转，T+0赎回额度行业最高（200万元）；紧抓互联网金融的良好发展形势，打造“现金快线”、“超级现金快线”等重点货币基金品牌，带动了客户数量和交易规模的快速增长。全年，工银瑞信共获批12只养老金产品，涵盖各种类型产品。

华商基金管理有限公司

2014年，华商基金管理有限公司（以下简称华商基金）募集发行了华商双债丰利债券型证券投资基金、华商创新成长灵活配置混合型发起式证券投资基金、华商新量化灵活配置混合型证券投资基金、华商新锐产业灵活配置混合型证券投资基金及华商未来主题股票型证券投资基金。截至年末，华商基金共管理21只开放式证券投资基金，资产管理规模424.38亿元，管理规模年度增长率49.9%，以及25只特定客户资产管理计划，累计为超过320万投资者提供专业的理财服务。9月，华商基金获得保监会颁发的受托管理保险资金业务资格。

截至年末，华商基金共有员工139人。

华夏基金管理有限公司

2014年末，华夏基金管理有限公司（以下简称华夏基金）资产总计55.82亿元，比上年增加12.53亿元，增长29.0%；负债总计12.53亿元，比上年增加3.57亿元，增长39.8%；净资产43.29亿元，比上年增加8.96亿元，增长26.1%；实现营业收入35.78亿元，比上年增加5.31亿元，增长17.4%；净利润12.01亿元，比上年增加2.3亿元，增长23.7%。

2014年末，华夏基金管理资产规模4 583.62亿元，比上年增加1 249.88亿元，增长37.49%。其中，公募基金管理资产规模3 322.41亿元，比上年增加875.26亿元，增长35.77%，公募基金份额2 718.84亿份，比上年增加579.62亿份，增长27.10%；机构业务管理资产规模1 261.21亿元（未包括投资咨询等业务），比上年增加374.62亿元，增长42.25%。

截至年末，华夏基金设有8家分公司、2家子公司；共有正式员工700人，外聘员工19人。

企业年金管理　截至2014年末，华夏基金管理的企业年金规模600.92亿元，比上年增加99.78亿元，增长19.91%。投资业绩上，年金组合获得正收益，加权平均整体收益率为8.01%，实现了绝对收益目标。

社保基金管理 截至2014年末，华夏基金管理的全国社保基金规模357.90亿元，比上年增加66.11亿元，增长22.65%。

专户管理 截至2014年末，华夏基金管理的专户规模（含专户、境外专户、QDII专户、保险保障基金等）合计302.38亿元，比上年增加208.73亿元，增长222.88%。

产品创新 抓住货币市场基金高速发展的机遇，分别与腾讯公司和中信银行合作，推出创新货币基金产品；抢抓混合所有制改革、银行发行优先股的机会，设计中石化销售公司股权类专户产品、工商银行优先股产品；针对A股可能纳入MSCI新兴市场指数的机会，积极申报华夏MSCI中国A股ETF及其联接基金并获批；率先推出华夏沪港通恒生ETF基金及联接基金，成为沪港通业务开通后国内成立的首批沪港通基金；根据权益类市场转好的趋势，提前布局，积极申报了华夏医疗健康混合基金、华夏中证500ETF及其联接基金、华夏领先股票基金等常规类产品；抓住阿里巴巴公司海外上市机会，及时推出海外IPO专户产品。

合规与风控管理 开展内控集中梳理，全面清理投资系统权限、严格通信工具存管、加装高清视频监控、规范MAC地址登记、提高数据备份等级等；加大对员工的合规教育，加强投资申报管理，严格把关公司宣传材料及信息披露审核。制订和实施基金流动性风险管理办法及流动性风险监控指标，修订市场风险管理制度和投资管理系统操作员权限管理办法，优化存款投资流程、协调分盘组合、解决临近日反向交易等问题。华夏基金旗下所有公募基金、专户投资运作合规，全年未发生风险事件。

信息技术 完成华夏基金理财通、薪金宝、沪港通恒生ETF等重点项目的系统开发工作，上线华夏投资管理系统（CIMS），网上交易系统（OTS）实现了申赎份额实时可用，华夏基金系统接入了更多银行渠道，上线了互联网平台接入标准接口，完成活期通改版，进行了企业移动框架的初步搭建。

嘉实基金管理有限公司

2014年末，嘉实基金管理有限公司（以下简称嘉实基金）总资产39.5亿元，（集团）总资产管理规模5 000亿元。全年实现营业收入22.44亿元，净利润6.22亿元。

截至年末，嘉实基金设有8家分公司、3家全资子公司，共有员工537人。

公募基金业务 截至年末，嘉实基金共管理2只封闭式基金、66只开放式证券投资基金，基金资产规模2 726.03亿元，比上年增加821亿元。

非公募业务 服务于全国社保理事会、企业年金、保险公司、银行、财务公司、QFII等金融机构与一般企业客户，通过个性化的产品设计，为客户提高资金运作效率、改善财务绩效及实现理财需求。截至年末，嘉实基金所管理的非公募资产规模超过2 200亿元，比上年增加

1 100亿元。

建信基金管理有限责任公司

2014 年，建信基金管理有限责任公司（以下简称建信基金）按照合并报表口径，实现营业收入 6.85 亿元，比上年增加 0.64 亿元，增长 10%；营业支出 4.67 亿元，比上年增加 0.23 亿元，增长 5%；净利润 1.65 亿元，比上年增长 25%。2014 年末，总资产 10.16 亿元，比上年增加 2.07 亿元，增长 26%；负债 1.34 亿元，比上年增加 0.53 亿元，增长 66%；股东权益 8.82 亿元，比上年增加 1.53 亿元，增长 21%。

截至年末，建信基金设有 4 家分公司、1 家控股子公司，共有员工 223 人。

公募基金资产管理业务 截至 2014 年末，建信基金旗下拥有 46 只不同风险收益特征的公募基金产品，资产管理规模 1 216 亿元，为超过 600 万客户提供全方位理财服务，累计为客户实现分红超 198 亿元。

特定客户资产管理业务 截至 2014 年末，建信基金特定客户业务资产管理规模 1 125 亿元。

合格境内机构投资者 建信基金具有合格境内机构投资者（QDII）资格，拥有建信全球机遇股票型基金、建信新兴市场优选股票型基金和建信全球资源股票型基金三只 QDII 基金。

其他资产管理业务 控股子公司——建信资本管理有限责任公司（以下简称建信资本）通过综合运用股权、债权、收益权等多种业务模式，拓展建信基金的非公募业务。截至 2014 年末，建信资本实现管理规模 1 272 亿元。

江信基金管理有限公司

2014 年末，江信基金管理有限公司（以下简称江信基金）资产总计 11 750 万元，比上年增加 355 万元，增长 3.12%；负债总计 1 660 万元，比上年减少 575 万元，下降 26%；所有者权益 10 090 万元，比上年增加 930 万元，增长 10%；实现营业收入 4 673 万元，同比增加 2 881 万元，增长 161%；利润总额 877 万元，比上年增加 1 717 万元，增长 204%。

截至年末，江信基金共有员工 34 人。

公募基金业务 2014 年 5 月 29 日，江信基金发行首只债券型公募基金——江信聚福定期开放债券型发起式证券投资基金，成立规模 1.99 亿份。截至 2014 年末，该基金份额 8.80 亿份，基金资产净值 8.93 亿元，单位份额净值 1.0152 元，单位累计净值 1.1352 元，单位份额累计分红 0.12 元。

特定客户资产管理业务 年内，江信基金共发行20只特定客户资产管理计划，包括定增类、二级市场类、债券类、FOF类等，基本满足了客户的需求。截至年末，江信基金共存续18只特定客户资产管理计划，总规模38.5亿元，比上年增长154.5%。

九泰基金管理有限公司

2014年7月，九泰基金管理有限公司（以下简称九泰基金）成立。九泰基金由昆吾九鼎投资管理有限公司、北京同创九鼎投资管理股份有限公司共同发起成立。

九泰基金坚持长期投资、价值投资的经营理念，建立了有效的公司治理结构和激励约束机制，采用“创新工场+事业部制”的运行模式，在北京、上海、广州、成都、郑州设立营销中心，形成了覆盖全国26个城市和地区的直销服务网络。年内，九泰基金成立了智胜定增对冲混合型分级1号、慧通优选分级1号、慧通定增1号、智胜定增对冲混合型3号4只专户产品。

泰达宏利基金管理有限公司

2014年末，泰达宏利基金管理有限公司（以下简称泰达宏利）旗下共管理24只公募基金。其中，12只股票型基金，4只混合型基金，6只债券型基金，1只货币市场基金及1只QDII基金。管理总份额194亿份，管理总规模233亿元。共有个人客户3 715 730户，比上年增长2.84%。共管理特定客户产品42只，总规模104.17亿元，比上年增长59.53%。

截至年末，泰达宏利设有3家分公司，共有正式员工143人。

益民基金管理有限公司

2014年末，益民基金管理有限公司（以下简称益民基金）资产总计26 400.78万元，比上年增加2 188.4万元，增长9.04%；实现营业收入7 205.42万元，比上年增加297.92万元，增长4.31%；净利润1 024.8万元，比上年增加229.83万元，增长28.91%；资产负债率为3.9%，比上年增长0.44%；所有者权益25 371.11万元，比上年增加1 996.45亿元，增长8.54%。

2014年末，益民基金管理的6只契约型开放式基金规模52.64亿份、资产净值44.24亿元，比上年分别下降25%、14.6%；累计专户资产管理规模超过14亿元。

截至年末，益民基金设有2家分公司、1家子公司，共有正式员工67人，子公司正式员工9人。

银华基金管理有限公司

2014年末，银华基金管理有限公司（以下简称银华基金）实现各项收入总计108 702万元，完成全年预算的93.72%；业务支出总计63 269万元，完成全年预算的77.51%；实现利润总额45 480万元，完成全年预算的132.1%；实现净利润32 493万元，完成全年预算的131.6%。

2014年，银华基金共完成9只公募基金的募集工作，合计募集规模97.55亿元。截至年末，银华基金共管理44只公募基金，资产管理规模950.74亿元，剔除联接基金、货币基金与短期理财债券基金，资产管理规模为664.84亿元。年金业务管理规模和投资业绩全面提升，年末管理规模52.31亿元，比上年增长93.1%。机构业务取得重大突破，中标6家大型保险机构对外委托投资管理人招标，量化和固定收益专户产品规模快速增长。截至年末，银华基金共管理公募、专户、社保等各类资产1 533.78亿元。

截至年末，银华基金设有2家全资子公司，共有员工325人。

英大基金管理有限公司

2014年末，英大基金管理有限公司（以下简称英大基金）总资产14 725万元，比上年增加6 735万元，增长84.29%；总负债870万元，比上年增加519万元，增长146.51%；所有者权益13 855万元，比上年增加6 218万元，增长81.42%；实现营业收入2 625万元，比上年减少141万元，下降5.08%；亏损1 968万元，比上年减少427万元。

2014年，英大基金股东——英大国际信托有限责任公司、中国交通建设股份有限公司和航天科工财务有限公司按出资比例同比例对英大基金进行增资，英大基金注册资金增至2亿元。

截至年末，英大基金共有员工51人。

公募基金业务 截至2014年末，英大基金共管理3只公募基金，基金份额42 081万份，比上年增长8%；基金资产净值43 826万元，比上年增长18%。

特定客户资产管理业务 截至2014年末，英大基金共管理40只特定客户资产管理计划，资管规模约44.78亿元。

中加基金管理有限公司

2014年，中加基金管理有限公司（以下简称中加基金）流动资产21 408.15万元，比上年下降24.57%；非流动资产10 071.78万元，比上年增长565.11%；资产总计31 479.93万元，比上年增长5.30%；负债及所有者权益总计31 479.93万元，比上年增长5.30%；营业收入3 121.91万元；利润总额594.81万元；净利润594.81万元；资产负债率2.99%，比上年增长88.05%；净资产负债率3.09%，比上年增长91.93%；流动比率2 784.87%，比上年下降53.43%。

截至年末，中加基金共有正式员工46人。

2014年，中加基金管理3只公募基金；累计发行特定客户资产管理计划产品9只，管理规模29.06亿元。4月，中加基金出资7 500万元与其他四家股东共同设立北银丰业资产管理有限公司。

渠道建设 中加基金初步构建了覆盖银行、券商、电商和直销的多元化销售网络，拥有30家代销销售机构（其中银行代销机构12家，券商机构7家，电商和三方等机构10家）和中加直销柜台及网上直销平台。

中金基金管理有限公司

2014年2月，中金基金管理有限公司（以下简称中金基金）在北京成立，注册资本1亿元，中国国际金融有限公司为全资股东。截至年末，中金基金总资产0.78亿元，营业收入0.09亿元，亏损0.34亿元，所有者权益0.66亿元。

2014年，中金基金发行两只公募基金，合计管理规模约10亿元。近20只量化对冲专户合计管理规模约20亿元。

截至年末，中金基金未设立分支机构，共有正式员工46人。

中融基金管理有限公司

（原道富基金管理有限公司，2014年9月更名为中融基金管理有限公司）

中融基金管理有限公司（以下简称中融基金）成立于2013年5月，原名道富基金管理有限公司，因股权变更，于2014年9月更名为中融基金管理有限公司。

2014年末，中融基金总资产2.60亿元，同比增长3.49%；负债0.21亿元，同比增长36.89%；股东权益约为2.39亿元，比上年增长1.30%。资产管理总规模199.8亿元。其中公募基金3只，分别为中融增鑫一年定期债基金、中融货币市场基金和中融国企改革灵活配置型基金，管理规模174.06亿元；特定客户资产管理计划（以下简称专户产品）7只，投资类型涵盖固定收益、二级市场证券、股指期货及其他金融衍生品、上市公司非公开发行股票等，规模25.74亿元。中融基金克服因股权转让暂停业务达半年之久、人员变动较大等困难，实现盈利215.74万元。

2014年末，中融基金全资子公司——中融（北京）资产管理有限公司（以下简称中融资产）总资产6 627.45万元，负债1 357.48万元，实现盈利346.61万元；存续资产管理规模148.26亿元，存续产品67只，产品类型涵盖基础设施投融资业务、金融同业合作业务、股权投资业务、大型企业投融资业务、房地产业务、FOT及二级市场证券投资、上市公司非公开发行股票投资业务等。

截至年末，中融基金共有正式员工55人，中融资产共有正式员工90人。

中信建投基金管理有限公司

2014年末，中信建投基金管理有限公司（以下简称中信建投基金）总资产12 225.64万元，总负债583.80万元，净资产11 641.84万元；实现营业收入1 351.99万元，利润总额-2 253.81万元，净利润-2 253.81万元。

截至年末，中信建投基金共有正式员工人51人。

公募基金业务 2014年，中信建投基金3只公募基金首发募集规模合计16.77亿元，其中通过基金公司直销认购共计3.92亿元，占比23.38%；通过银行渠道销售6.98亿元，占比41.62%；通过证券公司及其他渠道销售5.87亿元，占比35.00%。

专户业务 立足证券市场的发展，与商业银行、私募基金、证券公司、高净值个人客户的合作，为其提供账户管理、估值清算、资金配资、投资交易等配套服务。21只专户产品合计发行规模39.24亿元，年末保有规模合计40.27亿元。

创新业务 中信建投基金与北京农商行合作开发的“薪金煲”业务，为商业银行客户提供工资余额理财、消费支付、ATM提款和转账等综合服务，也为中信建投基金货币基金业务带来了新的资金来源和盈利模式。

中邮创业基金管理有限公司

2014年末，中邮创业基金管理有限公司（以下简称中邮创业）资产总额9.62亿元，同比增加1.98亿元，增长25.94%；负债总额1.95亿元，同比增加1.08亿元，增长125.23%；营业收入4.49亿元，同比增加7 555.63万元，增长20.26%；利润总额2.13亿元，同比增加4 974.59万元，增长30.49%；所有者权益7.68亿元，同比增加8 984.52万元，增长13.26%。公募基金份额389.64亿份，同比减少27.2912亿份，下降6.54%；公募基金净值371.76亿元，同比增加85.45亿元，增长29.8%。客户数量469万户。

截至年末，中邮创业设有1家分公司、1家子公司，共有152名正式员工。

公募基金业务 年内，中邮创业发行中邮核心竞争力灵活配置混合型基金、中邮双动力混合型证券投资基金、中邮多策略灵活配置混合型证券投资基金、中邮货币市场基金、中邮现金驿站货币市场基金5只基金。截至年末，中邮创业共管理14只开放式基金和14只专户理财产品，资产规模合计470.91亿元。

特定客户专项资产管理业务 2014年，中邮创业全资子公司——首誉资产管理有限公司更名为首誉光控资产管理有限公司（以下简称首誉光控），中邮创业、重庆光控股权投资管理有限公司、北京庆鼎鑫投资中心（有限合伙）分别持有45%、30%、25%的股份。截至2014年末，首誉光控共管理141只资产管理计划，管理资产总规模396.26亿元。

机构及业务创新 成立量化投资部，开展公募及专户产品的量化投资及对冲交易，增强中邮创业在资本市场中的综合竞争能力。实施人才激励机制改革，成立基金经理任泽松投资工作室。发行第一只浮动管理费率基金——中邮核心竞争力灵活配置混合型基金，丰富产品线。

安信期货有限责任公司

2014年末，安信期货有限责任公司（以下简称安信期货）实现营业收入15 014.96万元，利润总额6 399.13万元，净利润4 889.78万元，同比分别增长38.24%、253.76%、255.71%。资产总计（含自有资金及客户资金）295 897万元，比上年增加56 782万元，增长23.75%；负债总计（含自有负债和客户保证金）263 429万元，比上年增加51 893万元，增长24.53%。

2014年，安信期货总成交量22 581 522手，同比增长8.24%；总成交金额39 046亿元，同比增长5.72%；客户日均权益21.56亿元，同比增长

5.88%；客户数 19 894 人。

截至年末，安信期货设有 4 家期货营业部，共有员工 147 人。

（谭蔷）

北京首创期货有限责任公司

2014 年末，北京首创期货有限责任公司（以下简称首创期货），资产同比增长 55.94%，营业收入同比增长 12.25%，所有者权益同比增长 28.02%，客户成交量同比增长 34.45%，客户成交金额同比增长 38.64%，客户数量同比增长 15.25%，客户保证金同比增长 58.74%。

截至年末，首创期货设有 21 家期货营业部，共有正式员工 277 人。

推行事业部制 年内，首创期货推行事业部制，对原业务部门进行优化重组，成立了农产品事业部、有色金属事业部、煤焦钢事业部，金融事业部，能源化工事业部。各事业部集客户的开发、研究和服务为一体，由业务人员、研究人员和客户服务人员构成，实行事业部经理负责制，产业链客户涉及矿山、冶炼、加工、贸易以及终端消费等多种企业类型。

（朴福英）

第一创业期货有限责任公司

2014 年末，第一创业期货有限责任公司（以下简称第一创业期货）客户数量 4 240 户，比上年增加 474 户，增长 12.59%；日均客户权益 3.17 亿元，比上年减少 0.06 亿元，下降 1.86%；期货交易量 2 086 247 手，比上年减少 1 464 441 手，下降 41.24%；代理成交金额 4 903.54亿元，比上年减少 2 189.82 亿元，下降 30.87%；营业收入 2 234.08 万元，比上年减少 256.85 万元，下降 10.31%；营业支出 2 576.56 万元，比上年减少 585 万元，下降 18.50%；实现净利润 -322.61 万元。

截至年末，第一创业期货设有 1 家分支机构，共有正式员工 51 人。

（华晶）

方正中期期货有限公司

2014 年末，方正中期期货有限公司（以下简称方正中期期货）总资产 72.52 亿元，比上年增长 61.26%；负债 65.92 亿元，所有者权益 6.59 亿元，比上年增长9.45%；实现营业收入41 308.46万元，比上年增长71.72%；净利润5 691.80万元，比上年增长45.84%。在证监会组织的期货公司分类评价中获评A类AA级评级。

截至年末，方正中期期货设有26家期货营业部，1家全资子公司，共有员工700余人。

经纪业务 全年代理期货成交量94 525 314手，比上年增长33.32%；总成交额123 393.40亿元，比上年增长79.50%；客户数量8万户，比上年增长9.37%；客户保证金64.43亿元，比上年增长72.30%。

IB业务 年内，方正中期期货正式启动双向IB业务，新增证券账户6 346户，累计证券账户6 579户，其中证券有效户1 256户，实现证券广义资产完成值2.72亿元，其中通过代销证券金融产品金额1.14亿元。全年实现证券分成收入71.3万元，IB日均权益3.38亿元，期末权益6.68亿元，占公司权益的10%左右。

资管业务 2014年5月，方正中期期货正式获得资产管理业务资格。全年累计自有策略产品规模700万元，其中股指日内策略平均年化收益率在30%左右，最大回撤为4%以内。

（王鑫）

国都期货有限公司

2014年末，国都期货有限公司（以下简称国都期货）实收资本20 000万元，所有者权益19 626.34万元，比上年增长4.81%。

截至年末，国都期货设有4家期货营业部，共有员工145人。

经纪业务 2014年，国都期货客户月均权益63 248.77万元，代理成交总量1 188.50万手，代理成交总额1.28万亿元。新开机构客户数同比增长1.92%，机构客户日均持仓同比增长107.36%，机构客户日均权益同比下降4.02%。油脂油料品种共成交485.22万手，成交金额0.17万亿元，油脂油料期货品种总成交量占全部品种成交总量的40.83%。

投资咨询 积极探索以风险管理、研究分析和交易咨询为主要内容的投资咨询业务，全年实现收入18.92万元，签约保证金规模1 144万元。

IB业务 截至2014年末，IB客户日均权益同比增长66.25%，成交额同比增长46.85%，手续费收入同比增长17.16%。

（王蕊）

格林大华期货有限公司

2014年末，格林大华期货有限公司（以下简称格林大华）总资产380 996.87万元，同比增加38 272.45万元，增长11.17%；实现营业收入23 193.87万元，同比增加5 786.22万元，增长33.24%；营业利润3 381.10万元；净利润3 108.12万元，同比增加524.46万元，增长20.30%。

截至年末，格林大华共有分支机构28家，共有员工522人。

财富管理与资产管理业务 2014年，格林大华共有财富管理业务产品41项，总规模34.72亿元，其中期货端规模6.94亿元，实际期货端入金10.9亿元，期货端期末权益4.9亿元。

风险管理业务 2014年9月，成立格林大华资本管理有限公司，主要开展包括仓单业务、基差业务及其他类业务（包括购买基金、委托理财、资产配置、佣金收入及现金管理等）。全年共有3单橡胶标准仓单收购业务，规模为500吨；1单白糖标准仓单收购业务，规模为150吨；3单非标准仓单逆回购业务，规模为590吨。

（周铁晨）

冠通期货有限公司

2014年末，冠通期货有限公司（以下简称冠通期货）资产总计17 0640.34万元，负债总计152 355.45万元，营业收入8 504.65万元，净利润609.49万元，所有者权益182 84.88万元。全年累计代理成交量4 068.18万手，比上年减少1 414.90万手，下降25.80%；累计代理成交金额22 279.29亿元，比上年减少6 348.19亿元，下降22.18%；客户数量1.32万户，比上年增加0.14万户，增长11.61%；期末客户保证金14.96亿元。

截至年末，冠通期货设有16家分支机构，共有正式员工222人。

（郭建英）

国元期货有限公司

2014年末，国元期货有限公司（以下简称国元期货）资产总额110 797.43万元，比上年增长80.07%，其中客户权益46 985.37万元，比上年增长20.42%；

实现业务收入 6 062.84 万元，比上年下降 14.02%；净利润 868.07 万元，比上年下降 20.67%；所有者权益 61 890.03 万元，比上年增长 194.71%。全年累计成交量 2 012.39 万手，比上年增长 14.16%；成交额 1.86 万亿元，比上年下降 9%。年末客户数量 11 290 户，比上年增长 17.96%。

截至年末，国元期货设有 7 家期货营业部，共有正式员工 152 人。

（王磊）

宏源期货有限公司

2014 年末，宏源期货有限公司（以下简称宏源期货）客户保证金余额同比增长 14.03%，营业利润同比增长 14.67%。

截至年末，宏源期货设有 16 家期货营业部、1 家子公司，共有员工 300 余人。

经纪业务 理顺利益分配机制，鼓励经纪业务与创新业务协同发展，推动营业部经营转型，探索打造综合业务平台。加强营销统筹和业务督导，组织期货、期权投资报告会 32 场。与和讯网、《期货日报》合作举办期货实盘大赛，吸引专业客户。把握市场行情，开展股指期货营销活动。利用移动互联网搭建市场营销和客户服务新平台，提高业务单元的业务规模和盈利能力，夯实创新发展基础。

资产管理业务 建立资产管理业务制度和流程，积极与银行、券商、基金等机构合作，打造财富管理平台。开发设计 15 只资产管理产品，平均年化收益率 40%，首批取得“一对多”业务资格。

期货投资咨询业务 加强研究咨询团队建设，整合内外资源，围绕市场热点，以客户需求为导向，加强对金融期货、期权工具及金融工程和量化对冲策略的研究，推出 4 款投资咨询产品。

信息系统建设 年内，完成金仕达 V6T 交易结算系统上线、网络系统升级改造、中国金融期货交易所数迅机房建设、高频交易软件开发和程序化交易平台建设，开通浦发银行、民生银行、光大银行、兴业银行银期转账系统。加强信息系统运维管理，组织应急演练，确保系统平稳运行。完成期权做市商系统建设，参加交易所组织的做市商大赛，开展期权、外汇期货、原油期货仿真测试。

（陈琦）

金鹏期货经纪有限公司

2014 年末，金鹏期货经纪有限公司（以下简称金鹏期货）资产 75 232.9 万元，负债 50 751.68 万元，营业收入 6 022.31万元，所有者权益 24 481.2 万元，利润 2 522.53 万元，期货交易量 11 108 374手，客户数量 7 094 个，客户保证金48 247.5万元。

截至年末，金鹏期货设有8家分支机构，共有员工149人。

（史琳）

民生期货有限公司

2014年末，民生期货有限公司（以下简称民生期货）资产总额42 531.07万元，同比下降5.24%；负债总额33 479.20万元，同比下降6.18%；所有者权益9 051.87万元，同比下降1.62%。实现营业收入4 007.60万元，同比下降20.22%；利润总额-142.02万元；同比增亏303.43万元；净利润-148.86万元，同比增亏269.69万元。

2014年，民生期货期货代理成交量1 149.07万手，同比下降5.84%；成交额1.71万亿元，同比增长24.41%；手续费收入2 906.81万元，同比下降33%；年末客户数量9 721人，同比增长11.90%；客户权益3.17亿元，同比下降7.31%。

截至年末，民生期货设有14家营业部，共有员工175人。

期货投资咨询业务 充分利用投资咨询业务资格，积极探索客户综合服务模式，集中公司各部门骨干组成矩阵小组，顺利完成咨询服务工作，获得收入70万元。

（姜丕臻）

首创京都期货有限公司

（原京都期货有限公司，2014年6月24日更名为首创京都期货有限公司）

2014年末，首创京都期货有限公司（以下简称首创京都期货）资产总额5 2821.90万元，同比增加34 700.20万元，增长191.48%；所有者权益7 506.46万元，同比增加232.14万元，增长3.19%。实现营业收入2 270.24万元，同比增加1 488.88万元，增长190.55%；净利润245.51万元，完成了年初制定的盈亏平衡的经营目标。在证监会组织的期货公司分类评价中获评B类B级。

2014年，首创京都期货期货交易量534.60万手，同比增加382.42万手，增长251.29%；交易额9 633.14亿元，同比增加7 668.25亿元，增长390.26%。实现手续费收入1 083.48万元，同比增加519.15万元，增长91.99%。年末客户数量2 674户，年内新增572户；客户保证金44 216.31万元，同比增加34 172.04万元，增长340.21%。

截至年末，首创京都期货设有1家期货营业部，共有正式员工47人。

（刘永红）

英大期货有限公司

2014年末，英大期货有限公司（以下简称英大期货）资产总额138 324.24万元，比上年增长18.91%；营业收入8 608.97万元，比上年下降10.23%；利润总额502.47万元，比上年下降18.19%。全年期货成交量1 849.39万手，比上年增长18.15%；成交额1.61万亿元，比上年增长5.29%；保证金规模8.87亿元，比上年增长32%。在证监会组织的期货公司分类评价中获评B类BBB级。

截至年末，英大期货实际运营的期货营业部9家，共有正式员工141人、劳务派遣员工103人。

（王凌晨）

银河期货有限公司

2014年末，银河期货有限公司（以下简称银河期货）资产总额138.31亿元，比上年增加51.25亿元，增长58.87%；负债总额123.95亿元，比上年增加51.10亿元，增长70.14%；所有者权益总额14.36亿元，比上年增加0.15亿元，增长1.04%；客户总数80 164户，比上年增加10 251户，增长14.66%；客户权益120.81亿元，比上年增加50.46亿元，增长71.73%；日均客户权益92.38亿元，比上年增加18.67亿元，增长25.33%。全年累计成交合约13 869.42万手，比上年增加2 577.10万手，增长22.82%；累计成交金额159 984.69亿元，比上年增加3 335.00亿元，增长2.13%；实现营业收入6.68亿元，比上年增加0.46亿元，增长7.36%；利润总额1.80亿元，比上年减少0.20亿元，下降1 013%；净利润1.33亿元，比上年减少0.15亿元，下降10.01%。

截至年末，银河期货设有27家营业部、1家分公司，共有员工755人。

经纪业务 截至2014年末，银河期货在上海期货交易所成交量4 941.84万手，比上年增加1 566.58万手，增长46.41%；成交金额3.49万亿元，比上年增加0.58万亿元，增长19.82%。在郑州商品交易所成交量2 690.15万手，比上年增加795.17万手，增长41.96%；成交金额0.99万亿元，比上年增加0.26万亿元，增长36.68%。在大连商品交易所成交量5 107.09万手，比上年增加84.34万手，增长1.68%；成交金额3.00万亿元，比上年减少1.74万亿元，下降36.74%。在中国金融期货交易所成交量1 130.34万手，比上年增加131.01万手，增长13.11%；成交金额8.52万亿元，比上年增加1.24万亿元，增长 16.95%。

资产管理业务 成立交易室和交易团队、风险控制团队、运营和合同管理团队、销售和渠道服务团队，承担主要的产品发行和持续管理任务，并在大连和上海设置了两个投研团队，形成了覆盖三地的业务及服务团队。截至 2014 年末，客户数量 49 户，管理资产总额 66 630.03 万元，累计收入 116.64 万元。

投资咨询业务 以金融企业、实体产业链为主要客户，以“财富管理”、“风险管理”为核心，向客户提供以风险监控与管理（金融企业）、套期保值体系搭建、企业涉期业务管理咨询、套期保值操作方案、现货信息交流等咨询服务，得到客户的认可与肯定，续签比例高。2014 年，银河期货投资咨询收入 229.63 万元，同比增长 100.80%。

成立风险管理子公司 2014 年 4 月 29 日，银河期货与中国银河金融控股有限责任公司联合出资设立了银河德睿资本管理有限公司。

（鲍羽）

银建期货经纪有限责任公司

2014 年末，银建期货经纪有限责任公司（以下简称银建期货）实现营业收入 3 438.72 万元，比上年增长 76.36%。其中，经纪业务实现手续费收入 1 408.57 万元，比上年下降 25.77%；其他业务收入 522.33 万元，比上年增长 3 102.51%。营业支出 3 408.62 万元，比上年增长 16.34%。实现净利润 33.05 万元，比上年增加 1 013 万元；资产总计 3 亿元，比上年减少 8 774.50 万元，下降 22.63%；所有者权益 1.22 亿元，比上年增加 39.11 万元，增长 0.32%；客户数量 6 739 户，比上年增加 702 户，增长 11.63%。在证监会组织的期货公司分类监管中获评 B 级。

2014 年，银建期货累计期货交易量 421.62 万手，比上年减少 11.67 万手，下降 2.69%；累计成交金额 3 914.62 亿元，比上年增加 47.03 亿元，增长 1.22%；保证金权益 13 668.06 万元，比上年减少 5 615.32 万元，下降 29.12%。

截至年末，银建期货设有 5 家期货营业部，共有正式员工 130 人，外聘人员 2 人。

（高珊）

中钢期货有限公司

2014 年末，中钢期货有限公司（以下简称中钢期货）资产总额 19.50 亿元，比上年减少 1.68 亿元，下降 7.93%；负债总额 15.18 亿元，比上年减少 2.02 亿元，下降 11.74%；所有者权益 4.32 亿元，比上年增加 0.34 亿元，增长 8.54%。全年期货交易量1 777.04万手，比上年增加503.71万手，增长39.56%；期货交易额16 510.32亿元，比上年增加3 882.38亿元，增长30.74%；客户保证金14.64亿元，比上年减少2.21亿元，下降13.12%；客户数量4 992。

截至年末，中钢期货设有8家期货营业部，共有员工132人。

（季新华）

中国国际期货有限公司

2014年末，中国国际期货有限公司（以下简称国际期货）总资产87.09亿元，总负债64.76亿元，所有者权益22.32亿元；实现营业收入4.22亿元，营业支出2.5亿元，实现利润1.3亿元。在证监会组织的期货公司分类评价中获评A类AA级。

截至年末，国际期货设有44家分支机构，3家子公司，共有员工592人。

期货经纪业务 2014年，国际期货成为中国金融期货交易所全面结算会员。截至2014年末，国际期货在国内四大期货交易所代理交易量0.73亿手，交易额6.81亿元，共有客户4.9万户，客户保证金规模约54亿元，实现手续费收入2.08亿元。

资产管理业务 截至2014年末，国际期货共开发资产管理产品30个，管理资产总额10 581.02万元。

（郭一帆）

中粮期货有限公司

2014年，中粮期货有限公司（以下简称中粮期货）期货成交量比上年增长21.54%，成交额比上年增长9.16%，年末客户保证金比上年增长22.45%。在证监会组织的期货公司分类评价中获评A类A级。

2014年，中粮期货设立风险子公司——上海祈德投资有限公司，为期权做市商以及衍生品场外市场搭建平台。

截至年末，中粮期货共有分支机构13家，共有员工360人。

（陈婷）

中衍期货有限公司

2014年末，中衍期货有限公司（以下简称中衍期货）所有者权益1.71亿元，存量客户保证金6.81亿元，营业收入1.1亿元，实现净利润2 025.22万元。全年期货交易量、交易额，均比上年增长20%以上。在证监会组织的期货公司分类评价中获评B类BBB级。

2014年，中衍期货有限公司升级为中国金融期货交易所结算会员，取得资产管理业务资格。

截至年末，中衍期货设有4家期货营业部。

（邓鸿鹰）

中国人民财产保险股份有限公司北京市分公司

2014年，中国人民财产保险股份有限公司北京市分公司（以下简称人保财险北京市分公司）累计实现保费收入109.66亿元，比上年增加10.66亿元，增长10.77%，市场占有率33.32%，承保利润2.83亿元。

截至年末，人保财险北京市分公司设有21个支公司，22个营业部，1个营销服务部；从业人员3 522人，其中在编员工1 695人。

车险 以加强服务管理推动车险业务快速发展，以提升盈利为导向，加大电话、网络销渠道开拓，提高公司直客业务占比，丰富客户资源，提高创盈能力，从而实现了赔付率、综合费用率、销售费用率均同比下降。

财产险 建立续保监控制度，实施续保短信提醒；加大对企财险和工程险的宣导力度，探讨研发中小企业相关一揽子产品；针对大项目成立技术支持小组，中标北京地铁16号线、6号线西延、8号线三期及南延段、北京轨道交通燕房线等项目，实现工程险快速增长。

船货险 以《人保财险北京市分公司贯彻落实基层建设三年规划纲要实施方案》为指引，制订船货/特险条线基层建设项目实施方案，从基层承保专业水平的提升、核保流程的优化、基层承保政策差异化的实施、基层专业人才的培养四个方面着手，努力打造高精一线团队。在人保财险全国省级分公司中，该产品线累积保费收入排名第一位。

责任险 优化发展策略，重点推动“政策性”业务，积极发展“行业性”业务。中标北京市承运人保险统保项目，实现了该业务统保的历史性突破，保费收入同比增长39.5%；中标北京市安全生产责任保险统保项目，获得首席资格，承保北京地区12个区县的业务，并在市级企业保险中取得60%的份额；承保平谷区、门头沟区、西城区、海淀区政府公众责任险；新保昌平区、延庆县自然灾害公责险，使北京市民生保险项目覆盖12个区县，为1 100万人口提供保障，新增保费收入427万元；稳定医疗责任险市场地位与份额，成功续保养老机构责任险统保项目。

信用险 探索新兴市场需求，顺利落地中关村科技型企业贷款保证保险项目；强化与政府部门沟通协作，争取政策与资金支持；加快推进个人贷款保证保险业务发展。全年信用险保费同比增速135.6%。

意外健康险 强化资源整合，深挖公司法人客户资源，提高法人客户团意险渗透率，成功中标2014年北京市市级行政事业单位人寿险项目，实现中国青年志愿者协会、北京市志愿者联合会等项目的落地；抢抓国家积极财政政策和加快城镇化建设有利时机，强化与工程险互动，制定健意险承保指引，实现中铁建、中交二公局意外险全国统保项目的保费规模；制定境外工作人员意外险承保政策、风险提示函、确定中石化境外工作人员自保业务再保手续费摊回比例，实现全份额承保；稳步提升阜外医院心脏内科介入诊疗意外险、协和医院神经外科手术意外保险、积水潭医院骨科手术安心意外险及安贞医院心脏外科手术安心意外险的出单规模；"母婴安心"险种在北京妇产医院成功上线。

农险 强化合规管控，制定《人保财险北京市分公司政策性养殖农业保险合规经营管理细则》、《人保财险北京市分公司政策性禽类养殖农业保险合规经营管理细则》；拓展外省业务，承保中储粮黑龙江种植险及北京市二商集团在河北省赤城的养殖险；开创北京市森林保险先河，成功承保北京生态公益林统保项目，业务领域覆盖10个区县。

（郑文杰）

中国平安财产保险股份有限公司北京分公司

2014年，中国平安财产保险股份有限公司北京分公司实现保费收入713 207万元，同比增长16.4%，市场占有率21.7%。其中，车险保费收入519 661万元，同比增长16.4%，综合费用率35.13%，综合赔付率57.10%，承保利润2.1亿元；财产险保费收入17.2万元，同比增长14.1%，综合费用率35.1%，综合赔付率46.2%，承保利润1.6亿元；健康险、意外险保费收入21 787万元，同比增长40.6%，综合费用率45.5%，综合赔付率36.2%，承保利润3 571万元。

重大承保 承保中化石油有限公司货运险，年保费2 700万元。首席承保北京轨道建设有限公司北京地铁16号线建筑工程一切险，总保费3 820万元。首席承保中信集团中国尊建筑工程一切险，总保额70亿元。承保拉法基水泥（Lafsrge Group）财产险，保额173亿元。承保中化泉州石化有限公司财产险，保额315亿元。

重大赔付 赔付Volkswagen AktienGeselschaft Wolfsburg货运险、出口运输险，

金额 1 760 万元。赔付天津光阳海运有限公司船舶险，金额 1 044 万元。赔付淡水河谷镍业（大连）有限公司企财险、财产险下营业中断保险，金额 1 700 万元。赔付 National Oilwell Varco Inc 企财险、财产一切险，金额 1 580 万元。赔付南水北调中线干线工程建设管理局工程险、建筑工程一切险及第三者责任险，金额 1 360 万元。

公益活动 7 月，与《京华时报》联合组织涉水险及雨季行车安全知识讲座，200 多名客户应邀参加，并开通视频同步，网络点击突破 10 万人数。9～10 月，开展“平安关爱进校园”活动，组织 15 名志愿者前往湖北黄梅县五祖镇中心小学支教；向北京北石槽中心小学师生捐赠保额 6 000 万元的意外伤害保险。

（陈家伟）

华泰财产保险有限公司北京分公司

2014 年，华泰财产保险有限公司北京分公司实现保费收入 127 018.29 万元，同比增长 1.47%，其中车险保费收入 51 888.39万元，非车险保费收入 75 129.90 万元。赔付支出 52 946.79 万元，同比下降 4.31%；承保利润 13 704.56 万元，同比增长 8.34%；已赚保费综合赔付率 51.16%，已赚保费综合费用率 32.68%，手续费率 13.08%，保费应收率 14.39%，承保利润率 16.16%。

截至年末，华泰财险北京分公司共有 8 个支公司，在编员工 396 人。

车险业务 将 EA 渠道作为车险业务发展的主渠道，对传统渠道中业务质量好、有承保效益的优质渠道予以支持，对业务质量长期较差的渠道采取有效的管控措施。业务筛选以 GLM 模型为依据，并不断完善模型因子，扩大使用范围，保证了车险业务品质，同时通过对销售费用和外部成本的有效控制，车险综合成本率明显优于市场平均水平。

非车险业务 继续落实非车险主渠道战略的执行以及细分市场的开拓，取得良好的业绩回报。新增的能源上游保险的签单，为能源险业务的发展打下坚实基础，全年保费收入比上年增长 300%。随着国家基建项目的复苏和“走出去”战略的实施，工程险、建筑工程意外险业务明显增长，保费收入比上年增长 76%。首次承保国电集团环境污染统保项目，承保份额内保费收入超过 100 万元，在环境污染责任险领域实现零的突破。

理赔服务 车险理赔采取集中管理，片域责任制，运用微信查勘等新技术，简化查勘定损流程，提高案件流转速度。对于复杂的人伤案件，由人伤大夫全程协助客户处理案件，提供专业化、专家式现场指导服务。通过增加理赔资料收集点、上门收集材料、免事故证明、理算核赔前置、强化环节考核等手段简化手续，提高理赔时效。在北京保监局公布的截至 2014 年 6 月北京地区保险公司车险理赔服务测评结果中，华泰财险北京分公司的承诺达成率 99.9%，投诉率 0.07‰。

（赵唯辰）

中国太平洋财产保险股份有限公司北京分公司

2014年，中国太平洋财产保险股份有限公司北京分公司（以下简称太平洋财险北京分公司）总保费收入52.27亿元，比上年增长9.61%；累计赔款支出30.17亿元，赔付率57.72%，比上年下降1.29%。

截至年末，太平洋财险北京分公司下设支公司11家，营业部2家，营销服务部2家；正式员工1 223人。

车险业务 深化销售管理体制改革，提高车险条线集约化深度和广度，加快车险业务结构调整；以渠道合作为基础，拓展非渠道业务，梳理并简化客户服务流程。采取引导业务结构调整、对渠道实施差异化管理、分级管理、重点目标跟进等措施，在前端控制和保障业务质量。着力提升车险业务产品、渠道、客户等策略的协调性和有效性，实施向核心业务、核心区域和核心项目倾斜的资源配置政策，持续优化车险的内部结构。强化成本控制与预算管理，适时完善车险业务发展策略，实现规模、速度和效益的最佳组合，电话和网络销售业务取得迅速发展，经营成本得到有效管控，车险业务实现稳步增长。全年车险保费收入40.71亿元，比上年增长8.51%。

非车险业务 以提升销售能力作为非车险业务发展的重点，通过落实非车险经营责任制、改善承保政策、加强分险种考核、开展专业团队培训、完善业管部门内部建设等措施，加强非车险业务销售的组织与管理，提升销售资源的使用效率，推动货运险、责任险及信用保证保险等业务的发展；完善以客户为中心的项目管理体系，巩固重大项目优势。全年非车险保费收入11.57亿元，比上年增长13.69%。其中，航运险业务比上年增长20%；责任险、信用险业务保持大幅度增长。

产品创新 加大产品创新力度，推出多项责任保险产品。首次承保的北京市安全生产责任保险为企业因安全生产造成的人民群众和社会损失提供补偿；创新设计的全国关爱母婴保险有效缓和医患纠纷，调解社会矛盾；居家养老服务综合保障保险解决了老年人在享受惠老企业提供服务时发生的人身意外、财产损失、食品安全等风险，以及给惠老服务企业带来的经济损失和法律纠纷等问题，目前承保单位为北京市13个区县的5 000余家优秀养老服务商户，涉及养老餐桌、托老所、社区居委会、社区医院、卫生所、餐饮企业、家政服务企业、维修行业及老年人心理健康咨询等行业。

重大赔付 年内向通州区果农崔某赔偿117.8万元，这是北京市自2007年开办政策性农业保险以来，单个农户获得的最大保险赔款。

客户服务 优化车险理赔运营管理模式，通过3G后台集中定损，推动小额案件标准化管理，分类实施重大案件专业化管理工作，万元以上车险赔案处理时效比上年年初减少6天，整体结案周期减少13天。实行车险人伤案件专人联系制，实现人伤小额案件通赔。通过对“车险个人已决赔案”客户进行电话回访、在网络平台开展客户满意度调查、针对投诉客户进行抽样满意度回访等形式，增加客户黏度，获取客户真实需求。

（申渝杰）

太平财产保险有限公司北京分公司

2014 年，太平财产保险有限公司北京分公司（以下简称太平财险北京分公司）实现总保费收入 68 224.29 万元，同比增长 20.43%。其中，车险保费收入 41 276.85万元，同比增长 28.5%；非车险保费收入 26 947.44 万元，同比增长 9.86%。非车险保费收入中，水险保费收入 3 093.95 万元，同比增长 49.57%；非水险保费收入 17 576.78 万元，同比下降 1.86%；意康险保费收入 6 276.71 万元，同比增长 37.9%。实现净利润 2 322.69 万元。

截至年末，太平财险北京分公司下设支公司 5 家，在职员工 248 人。

车险业务 搭建以直接业务、公司战略业务、公司大客户业务为基础的公司平台业务，加大对重点车行和代理的支持力度，根据各车行的实际需求，采取车型管理原则，差异化制定“一行一策”，提升核心车行产能。通过对承保险别优化、费用投入动态调整、提升保单折扣率等方式，加强对货车板块业务品质管控。根据北京地区特点和行业业务结构情况，在重点车商和地域开展新车业务，提升公司客户数量。全面完成车险保费年度目标，保费增长率 12.7%，高于北京行业平均增速 3 个百分点；市场占有率 1.8%，份额同比提升 0.2 个百分点。

非车险业务 根据业务进度，出台“开门红”、“双过半”、“四季度冲刺”、“齿科冲刺激励方案”等业务督导及激励措施，推动业务开展。加大对新产品的推广，高端医疗产品实现保费收入 3 600 万元，出具国内贸易信用险全系统第一张信用险保单。关注民生动态，勇于承担社会责任，获得 2014 年亚太经合组织（APEC 会议）第 22 次领导人非正式会议主会场独家承保资格，成功营销北京市安监责任险、北京市道路安全责任人保险和中国轻工业集团信用险，为扩大合作领域、服务企业奠定了基础。建立重大客户（项目）、重点经纪、重点产品三维业务跟踪体系，每周更新项目进展，加强与业务部门的沟通，确保重点项目及时落地。全年签单保费 31 082 万元，完成年度任务的 91.2%。

风险防控 梳理各条线、部门业务流程风险点，细化管理职责，明确各个节点责任人，出现问题严格追究责任，加强风险管控。车险业务充分运用核保人赔付率以及投保比管理工具，进行市场细分，制定差异化承保政策；采取选择优质品牌车型、优质险别组合、加强新车业务拓展、做好营运货车业务管控等措施，调整车险承保品质。非车险业务设立专职风险查勘人员，实现保前查勘、汛期查勘、秋冬季查勘的分层次风险管控。

（李梦溪）

中华联合财产保险股份有限公司北京分公司

2014年，中华联合财产保险股份有限公司北京分公司（以下简称中华财险北京分公司）累计实现保费收入9.06亿元，同比增长3.10%；总资产5.65亿元，同比增长2.71%；总负债8.21亿元，同比增长2.73%；实现营业收入7.63亿元，同比增长9.65%；累计处理赔案12.26万件，赔款支出5.64亿元，赔付率62.28%，同比下降8.72%。

截至年末，中华财险北京分公司下设14家支公司、2个营销服务部，与800多家中介机构建立合作关系，共有员工634人。

车险业务 实施车险渠道差异化管控政策，不断调控限制高亏代理业务，对优质代理实行承保、费用、理赔三联动的政策支持，鼓励将价值客户做大做强；积极拓展优质渠道、攻关重点项目、推动车商渠道业务发展，以优质业务带动整体保费增速。新车业务满期赔付率49.1%，同比下降8.1个百分点；商业车险优质业务占比超过60%，客户结构进一步优化。

非车险业务 依据"国十条"制定并实施财产险业务"财十条"方案，内容涵盖资源支持、重点产品、创新发展、考核奖惩等；中标湘电集团、皖赣铁路、伊电集团统保项目、北京地铁、佛山地铁、北京市公务用车定点保险政府采购项目等，签下股东——东方资产旗下5个增信项目，金额2 842万元；助力解决中小企业融资难题，出具中华财险"中小企业知识产权质押贷款保证保险"第一单。全年非车险业务保费收入首次破亿元大关，其中财产险业务同比增长42.2%，意健险业务同比增长33.1%；承保利润率34.6%。

客户服务 坚持以服务促发展，出台车险VIP客户服务升级方案，组织"爱无疆中华同行——客户服务月"系列活动，开展保险志愿者服务活动，成立防灾防损小组，以典型性企业为服务对象，开展以防灾防损为目的的上门风险评估服务等。在北京保监局首次公开发布的北京保险行业车险理赔服务测评指标中，中华财险北京分公司结案周期、结案率等6项关键指标全部优于行业平均水平，综合测评排名第一。

业务创新 签订北京市首单果树树体保险，月季花种植保险、平原造林树体保险被市农委确定为独家试点经营，推出汽车延保保险、电脑延保保险、信用保证保险，研发知识产权贷款保证保险、智能家居安全保险等。创新引入卫星遥感、无人机查勘和GPS等技术，研发集3S、3G、视频等技术于一体的"农险图"系统，实现精准定位、信息采集和调度、移动端与中心端实时交互、快速查勘、在线定损，解决农险经营难题。客运站乘客短途意外险实现刷居民身份证即可投保的操作模式，推动了意外险小额业务规模的提升。创新销售模式，与北京邦信小额贷款公司合作，开启"保险+小贷"一站式综合金融业务模式，帮助小微企业解决融资难题。

（邓小锐）

华安财产保险股份有限公司北京分公司

2014年，华安财产保险股份有限公司北京分公司（以下简称华安保险北京分公司）实现保费收入12 304.61万元，较上年增长0.89%。其中，机动车辆险类收入10 058.86万元，占总保费收入的81.75%；财产险类收入2 032.39万元，占总保费收入的16.52%；人身险类收入213.36万元，占总保费收入的1.73%。赔付支出6 225.39万元，较上年下降1.06%，综合赔付率53.0%，综合费用率46.1%，综合成本率99.1%，实现利润107.09万元。

截至年底，华安保险北京分公司下设5家支公司、4家营销服务部，在职员工97人。

传统业务发展 持续推进车险业务改革，利用再保险形式在高端车领域进行重点突破，全年承保高端车77辆，实现商业车险保费收入152.86万元。着眼于中央企事业单位、金融机构、医院和学校等单位工作人员私家车业务，依托金融保险渠道和重点客户渠道，寻找机动车辆保险新的价值区域。以稳定的政策和关系资源维护优质业务；以差异化费用政策和高品质理赔服务，积累现金流类业务；积极探索网络销售等新型销售模式，逐步成为业务发展的动力，推动车险业务向非车险业务转型。

信保业务发展 积极推动政府参与型保证保险、P2P平台、银行抵押增信类等信用保证保险业务发展。通过各种渠道，了解企业贷款额度、贷款利率、逾期情况等资讯，与建设银行、恒丰银行等进行联系沟通，寻找信用保证保险项目。积极宣介小微企业抵押贷款保证保险及业务合作模式，与建设银行北京市分行确定合作意向，并取得2亿元的授信额度。与新东网科技有限公司就手机租机业务展开合作，针对其“零首付”、“低首付”个人用户未履行与中国电信签订的相关入网协议约定的还款义务，对于个人未支付或未付清的分期付款合同约定的手机价值折算金额，按照保险合同的约定负责赔偿。

（王海月）

天安财产保险股份有限公司北京分公司

2014年，天安财产保险股份有限公司北京分公司（以下简称天安财险北京分公司）实现保费收入17 413.91万元，同比增加2 601.2万元，增长17.56%。其中，车险保费收入13 661.25万元，同比增加936.78万元，增长7.36%；非车险业务保费收入3 752.66万元，同比增加1 664.42万元，增长79.7%。

截至年末，天安财险北京分公司下设1家支公司、5家营销服务部，正式员工

141 人。

车险业务 实施车险精细化管理，强化规模和效益共赢的理念，推广渠道专业化管理，大力发展电话销售和网络销售等模式，带动业务发展；通过人车联动展业促进车险与人身险业务的共同发展，提高整体业务规模和承保盈利水平；重点拓展北京市场货车业务和汽车租赁市场业务，实行服务团队全程维护，注重理赔工作时效，确保业务规模增长。

非车险业务 坚持重点项目拓展和重点客户维护相一致，强化"效益"发展，严抓承保项目品质。组建财产险核心团队，成立非车险俱乐部。促进公司非车险业务稳定、快速发展，组建专业、核心的非车发展团队，充分挖掘全员营销潜力。开展业务培训与交流，提升人员综合素质。构建稳定的财产险渠道，为财产险业务稳定和长期发展奠定基础。

客户服务 创新服务理念，主动与客户沟通，强化"一切以客户为中心"的服务理念；在原有道路救援和上门收取理赔材料的基础上，增加查勘车配置饮用水、人伤跟踪调查赠送水果等客户关怀服务；升级科技查勘定损设备，采取手机 APP 远端移动定损技术，提升第一现场查勘力度；开展"全国保险宣传日"活动；建立标准化客户服务体系，提高车险出单人员和客服人员服务水平，开创了承保和出险客户满意度均为 99.8%、监管部门转办的亿元保费投诉量为零、95505 投诉处理及时率 100% 的良好局面。

（左洋）

中国大地财产保险股份有限公司北京分公司

2014 年，中国大地财产保险股份有限公司北京分公司（以下简称大地财险北京分公司）实现保险业务收入 3.49 亿元。其中，非车险业务收入 1 亿元，同比增长 37.62%；车险业务收入 1.85 亿元；意健险业务收入 0.63 亿元。

截至年末，大地财险北京分公司下设 3 家支公司，1 家营销服务部；从业人员 177 人，其中在编员工 157 人，劳务派遣员工 20 人。

业务品质管控 坚持"效益优先"的发展理念，紧紧围绕"调结构、创效益、促发展"进行谋篇布局，加强业务品质的管控力度，通过改善承保条件、调整费用政策，优化业务品质，摒弃不良业务。全年主动调整淘汰车险高赔付业务近 3 000 万元，优质业务占比逐月提升。截至年末，车险高盈利业务占比 29.64%，保本业务占比 49.49%，高亏损业务占比 1.52%，微亏业务占比 19.35%。

降赔成效显著 采取加强第一现场查勘复勘，严控被保险人及车主不一致案件，考核个人件均定损金额，加强配件修复降低零配件更换比例等措施，不断挤压理赔水分，有效降低车险赔付成本。强化防灾防损与大额案件沟通跟踪工作，建立联席会议制度，加强内部沟通与协调，增强风险控制的科学性，非车险发案率明显降低。截至年末，全险种精算赔付率 52.81%，同比下降 14.34 个百分点，环比第一季度末下降 1.5 个百分点，其中车险精算赔付率 53.06 %，同比下降 16.71 个百分点。

（张琦）

中国人寿保险股份有限公司北京市分公司

2014 年，中国人寿保险股份有限公司北京市分公司（以下简称中国人寿北京市分公司）实现总保费收入 76.24 亿元，市场份额 8.7%。其中，个险渠道规模保费收入 30.81 亿元，同比增长 2.3%；团险渠道规模保费收入 10.52 亿元，同比下降 15.8%；银保渠道规模保费收入 30.91 亿元，同比增长 13.9%；多元行销渠道规模保费收入 3.66 亿元，同比增长 22.7%。

截至年末，中国人寿北京市分公司下设 37 家分支机构，其中综合性支公司 10 家、个险专业化支公司 11 家、团险专业化支公司 4 家、银保专业化支公司 4 家、多元行销部 1 家及柜面 7 家；员工总数 1 389人，其中保险代理人 6 513 人。

个险渠道 实施"队伍驱动"发展战略，持续推进"四轮驱动"（队伍、客户、基础、培训）、"五位一体"（业务、队伍、客户、基础、培训）的发展主线，以价值为核心，提升渠道创费、创佣、创标水平。全年实现首年期交保费收入 5.58 亿元，其中 10 年期及以上期交保费收入 3.26 亿元，同比增长 18.7%。

团险渠道 按照"稳调严控，创新开拓"的思路，进一步调整健康险业务占比，以创新产品、服务、销售模式和业务领域的方式，开拓固有阵地、法人阵地、政保业务阵地和口子业务阵地。全年实现短期险保费收入 9.46 亿元，同比增长 15.6%，其中短期意外险保费收入 6.86 亿元。

银保渠道 紧密围绕队伍建设、客户服务、教育培训、基础管理和业务发展的目标，强化渠道公关力度，完善基础管理制度，提升队伍建设能力，在确保公司市场份额的同时，增加渠道整体的创费、创佣能力，加快渠道期交转型。全年实现规模保费 30.91 亿元，其中长期险首年保费 22.56 亿元，首年期交保费 2.35 亿元。

多元行销渠道 积极探索创新，渠道定位由原来单一电话销售，扩充为依托于移动互联网和 CTI 系统的网电结合的新渠道；顺应互联网时代"粉丝经济、体验为王"的趋势，整合公司资源，提供多元化产品和服务。全年实现首年期交保费收入 0.91 万元，其中 10 年期及以上期交保费收入 0.54 亿元，同比增长 19.9%。

社会责任 积极践行社会责任，向 85 万首都平安志愿者赠送团体意外伤害保险；与市民政局等部门联合开展老年人意外伤害保险；开展城镇低保人群小额保险，解决低保低收入个人和家庭在遭遇重大意外伤亡事故后的风险补偿问题；积极推广计划生育家庭保险，惠及近 60 万户家庭；马航 MH370 航班失联事件发生后，成立"马航飞机失联"应急工作领导小组和工作小组，搜集并排查失联客户信息，联系国际 SOS 救援机构，推出紧急口讯传递和文件递送等全方位服务，传递

中国人寿的大爱精神和责任担当。（于介豪）

中国平安人寿保险股份有限公司北京分公司

2014 年，中国平安人寿保险股份有限公司北京分公司（以下简称平安人寿北京分公司）实现规模保费收入 132 亿元，同比增长 6.3%。其中，个险新单保费 28 亿元，个险总保费 121 亿元，同比增长 9%；银保总保费 10 亿元；团险总保费 3 997 万元。总续期保费收入 100 亿元，同比增长 13%。总客户 440 万余人，保单 319 294.50 件，办理个人理赔61 326 件，赔款、死伤医疗给付 5.2 亿元，年金及满期给付 19 亿元。

截至年末，平安人寿北京分公司设有 16 个职能部门，34 个营销服务部；在职员工 940 人，返聘员工 7 人，个人代理人 18 803 名。

个人营销业务 开展“春天有约 健康随行”、“守护‘金’色童年 赢聚‘金’彩人生”、“平安相伴二十年 开启保障新时代”、“二十周年回馈 尊临天下”核心主顾开拓活动，从客户广泛关注的健康话题入手，引导客户关注家庭保障，突出寿险产品的保障功能。“微服务 享平安”活动尝试邀请客户通过 APP 享受保全服务和健康测试服务，为后续安装以 APP 为主导的客户开发模式做好准备。年末，个险人力 18 803 人；实现规模保费收入 121 亿元，同比增长 9%，市场份额 35%；其中个险新单规模保费收入 28 亿元，市场份额 34%。

银行代理业务 顺应寿险回归保障的市场需求，完善业务品质管理办法，规范作业流程，杜绝销售误导，持续深化期交转型。加大对期交产品“乐享无忧”、“爱无忧”的推动力度，全年 NBEV 达成 3 300 万元，期交保费收入 1.47 亿元，其中高价值期交乐享产品销售 1.1 亿元；期交人均产能 171 万元，人均 NBEV37.8 万元。

重大承保与理赔 客户 W 因疾病身故，其受益人获得身故保险金 1 705 万元，成为平安人寿北京分公司当年最大赔付。客户 S 先生投保寿险保额 2 000 万元，意外伤害保额 2 000 万元，年度累计承保保额 4 000 万元，成为中国平安人寿北京分公司当年最大承保契约。

社会公益 赞助“永乐汇”社区公益足球项目，支持青少年足球事业发展；将足球公益活动与平安希望小学支教活动结合，多名志愿者和“永乐汇”的足球教练共赴蒲洼乡中心小学，开展为期三周的支教活动，并向学校捐赠 1 万元校车加油卡、4 万元教具及生活用品。加强与北京地区高校专家的学习交流，促进高校学生参与平安励志计划；12 月，举办精英大学生励志计划优秀论文颁奖典礼，平安集团为获奖论文作者颁发证书及奖学金，其中北京地区获奖学生 40 余人。成立平安爱心志愿者协会，通过组织公益活动，为需要帮助的社会成员提供志愿服务。

（刘洁）

中国太平洋人寿保险股份有限公司北京分公司

2014年，中国太平洋人寿保险股份有限公司北京分公司（以下简称太平洋人寿北京分公司）实现保费收入38.97亿元，同比下降1.69%。其中，个人营销业务实现保费收入4.95亿元，同比增长17.30%；银邮业务实现保费收入4.40亿元，同比下降47.43%；团体业务实现保费收入1.52亿元，同比增长12.92%；续期业务实现保费收入28.10亿元。全年共处理各种赔付、给付27.32万件，共计金额4.01亿元。

截至年末，太平洋寿险北京分公司下辖10个支公司，2个营销服务部；在职内勤员工353名，个人营销员6 133名，银行保险系列外勤员工270名，团体业务系列外勤员工67名。

个险业务 围绕“重价值、优管理、重合规、优服务”的经营方针，贯彻“聚焦营销，聚焦期缴”的经营策略，持续强化基础管理，推动个险人力发展。以高件均的类年金产品和高保障的寿险及重疾险为主打产品，兼顾业务发展规模和新客户拓展，全年实现保费收入4.95亿元，个险业务13个月累计保费继续率94.29%、25个月累计保费继续率90.88%。

银邮业务 围绕“推动和实现可持续价值增长”的发展战略，关注价值，聚焦期缴，努力适应银保新规变化，大力推动高价值业务发展，银保新单期缴市场结构持续向好，全年实现保费收入4.40亿元，银行保险业务13个月累计保费继续率93.63%、25个月累计保费继续率91.72%。

团体业务 强化基础管理，严格执行人员置换；创新项目部管理方式，任务目标落实到人，提升绩效，加强风险管控；大项目拓展持续突破，短意险再创新高，非健短险保费保持快速增长。全年实现保费收入1.52亿元。

组织架构优化 强化个险条线的组织架构，突出其核心业务渠道地位，实行分级授权管理模式；整合银保、团险业务条线，形成法人渠道业务中心，实行垂直管理模式，定位为利润中心。整合后援条线，形成共享平台，强化业务支持和服务，进一步加强风险管控。

（多玲辉）

泰康人寿保险股份有限公司北京分公司

2014年，泰康人寿保险股份有限公司北京分公司（以下简称泰康人寿北京分公司）实现总规模保费收入40.68亿元，同比增长3%。其中，个险保费收入20.33亿元，同比增长22%（含新契约保费5.02亿元，同比增长20%），银保保费收入12.24亿元。各项赔款和给付共计30.60亿元，同比增长114%。其中，退保支出12.92亿元，占比42%；赔款支出1.84亿元，占比6%；年金给付2.99亿元，占比10%；满期给付12.08亿元，占比39%；死伤医疗给付0.77亿元，占比3%。

截至年末，泰康人寿北京分公司下设20个支公司，18个营销服务部；在职内勤员工334人，营销持证业务员4 324人，电话销售930人，银保业务员320人。

个险营销业务 以“组织发展、专业经营、幸福助力”的核心策略为依托，加强基础管理及机构建设，推动业务实现跨越式发展，全年承保标准保费3.4亿元，年度达成率100%。通过三次大规模的组织发展行动，月均在册人力跨越4 000人平台。绩优业务员及高端客户经营深耕细作，充分利用互联网带动传统个人营销渠道发展。

电话行销业务 积极探索“数据竞取”、年金产品转型，推动基盘人力建设，打造千人团队，实施精细化管理，电话行销业务实现跨越式增长，全年累计承保1.64亿元，年度达标率121%。

银行保险业务 运用保险与实体经济深层次结合的商业模式，大力推动“幸福人生”高价值终身养老型产品。践行“四位一体”养老社区战略，持续推进公司价值转型。注重渠道经营，共与9条渠道开展合作，以“幸福人生B”产品为突破点并以附加值带动渠道销售，客户服务水平迈上新的台阶。全年实现新单保费收入7.8亿元，同比增长7.1%；大个险保费收入1.2亿元，同比增长134.2%；“幸福有约”81件，同比增长179.3%。

打造手机保险第一品牌 率先推出微信投保、微信保全和微信理赔等手机保险模式，全年共为超过5 000名客户送去约8 700万元的保险金赔付，手机理赔率超过50%，案件平均结案时效为2.9天，让超过3 000名的客户享受到了“足不出户，一机在手，畅享理赔”所带来的便捷。

（王益霞）

新华人寿保险股份有限公司北京分公司

2014年，新华人寿保险股份有限公司北京分公司（以下简称新华保险北京分公司）累计实现总保费94.3亿元，其中新契约规模保费30.7亿元，同比增长12.7%；价值保费6.9亿元，同比增长19.4%。

截至年末，新华保险北京分公司共有13家支公司、9家营销服务部、4家营业部；员工总数10 827人，其中内勤员工655人，外勤队伍10 172人（含代理制8 665人、员工制1 507人）。

个险业务 坚持“围绕产品促发展，围绕技能促发展，围绕客户促发展，围绕市场促发展”，坚决执行节奏推动，大力督导节点追踪，在重点追求价值增长的同时持续推动规模发展，在保持规模人力稳定的前提下实现了活动率和活动人力、绩优率和绩优人力等关键指标的量率齐升。

全年实现规模保费8.53亿元，同比增长31.4%，计划达成率131.27%；实现价值保费5.18亿元，同比增长19.82%，计划达成率120.09%。

法人业务 以短期效益型险种开拓为业务基础，以长险拓展为规模突破，夯实发展基础，优化业务结构，增强抗结构性风险能力。全年实现总保费收入5.28亿元，其中短险保费收入3.23亿元，同比增长2.15%，计划达成率100.79%。

银代业务 以“双轮驱动”为核心，以人力为关注点，依靠“赢在干部”的基础管理，强化培训、督导追踪、优化客户服务，推动业务发展，实现了指标与价值的稳定、健康增长。全年达成规模保费15.1亿元，其中期缴保费3.9亿元。达成价值保费1.05亿万元。

续收新单业务 围绕“业务达成、人力招聘、团队活动、会议培训”四条主线，进一步深化区域化经营，提升服务效率；围绕督导追踪体系，实现各层级追踪全覆盖，实动率、绩优率等队伍体能指标显著提升；进一步完善业务管理经营模式和新人培育体系。全年达成新单价值保费9 323万元，同比增长34.93%；新单规模保费1.87亿元，同比增长2.3%。

客户服务 开展客户信息清澈活动，通过客户分类和客户亲访、迷失客户寻访等，有序开展数据清理，为加强客户服务提供基本保证。加强对客户服务流程的培训及督导，推行“五个百分百”，即“公司重大经营事项100%告知，签单后100%回访，离职业务员客户100%回访，分红报告书100%送达，100%及时保全和理赔”，确保客户得到最基本、最需要的服务。举办第15届客服节，组织“美丽中国”第五届“新华保险杯”少儿书画大赛、“名家面对面，关爱万里行”名家健康巡讲、“E服务逸生活——掌上新华”微信公众号推广等主题活动。其中，书画大赛共收到近3 200幅作品；健康巡讲共举办24场；复效活动累计复效成功件数达到6 258件，累计复效保费超过3 400万元。截至年末，新华保险北京分公司服务的个人客户总量约101.7万人，较上年增长1.5%；处理个人客户赔付案件10 707件，赔付金额2.02亿元。

（金美英）

太平人寿保险有限公司北京分公司

2014年，太平人寿保险有限公司北京分公司（以下简称太平人寿北京分公司）累计实现总保费收入39.25亿元，同比增长15.91%。其中，个险总保费收入18.04亿元，同比增长30.91%；银行保险总保费收入21.07亿元，同比增长5.66%。累计办理个险、银保理赔共计2 622件，服务客户2 263人，赔款及死伤医疗给付累计0.34亿元，年金及满期金给付累计6.88亿元。

截至年末，太平人寿北京分公司下辖3家支公司，6家营销服务部；在职内勤员工319人，银行保险客户经理325人，续期服务专员42人，个人代理7 569人。

个人营销业务 坚持专业化经营，完善客户服务项目，举办“名仕私享会”、

"卓越客户联盟"等系列活动，为客户打造卓越的服务体验。适应寿险市场发展需要，开展"汇聚大树下——太平能量招募计划"、"一步之遥——金领私享会"等增员活动，引进人才，创新新人育成体系，加强主管层级培训，打造精品保险公司。截至年末，个险新契约累计实现保费收入 8.15 亿元，同比增长 26.23%；续期保费收入 9.89 亿元，同比增长 35.04%；营销人力突破 7 500 人，增长 40%；绩优人员由上年的 48 人增长到 103 人；个险业务 13 个月累计保费继续率 93.84%、25 个月累计保费继续率 95.59%。

银行保险业务 以渠道经营为基础、队伍建设为核心、客户经营为重点、创新发展为突破，推动银行保险业务发展。推出健康增值、少儿绘画介绍会项目，举办"太平服务体验日"客服节，让新老客户充分了解、体验太平人寿的优质服务。全年累计实现新契约趸交保费收入 10.80 亿元，同比下降 2.76%；新契约期缴保费收入 1.95 亿元，同比上升 28.92%；续期年度累计保费收入 8.32 亿元，同比上升 13.61%；银行保险业务 13 个月累计保费继续率 92.13%、25 个月累计保费继续率 96.38%。

重大承保与赔付 2014 年 10 月，个人营销渠道承保客户李某太平卓越逸生终身寿险、太平卓越环球医疗保险，累计保额 1 000 万元。

社会公益 携手中国少年儿童杂志社举办第三期"保险走进校园"公益活动。为绿园小学、张北希望小学、行知小学，博智小学等京郊打工子弟小学建立"爱心图书室"，捐赠图书 7 800 余册。截至年末，"太平手拉手爱心书屋"累计捐赠图书 4.4 万册。中秋节、重阳节期间，组织客户 100 余人参加爱心敬老活动，为老人们送上丰富的慰问品和精彩的娱乐节目。

（赵塑）

民生人寿保险股份有限公司北京分公司

2014 年，民生人寿保险股份有限公司北京分公司（以下民生人寿北京分公司）实现保费收入 25 910.56 万元，同比下降 12%。其中，个人业务保费收入 13 792.86万元，同比增长 1.21%；银邮业务规模保费收入 11 408.23 万元，同比下降 23.20%；团险业务保费收入 709.47 万元，同比下降 26.17%。

截至年末，民生人寿北京分公司下设 2 个支公司，8 个营销服务部；在职内勤员工 60 人，个人营销员 137 人，银行保险客户经理 5 人、收展外勤 35 人。

个人营销业务 以打造学习型团队为核心，围绕组织发展和绩优建设两条主线，推动人力发展、架构充实与业务拉升；以主管率先垂范为核心，强化责任意识，提高合规经营水平；加强基础管理，多方位提升业务团队的管理技能、销售技能，打造纪律型团队。截至年末，个人营销业务实现新单保费收入 1 498.19 万元。

银保业务 倡导合规经营理念，对外勤团队进行全面调整；把握业务持续健康发展的方向，强化自身管理，促进业务转型。全年实现规模保费收入11 408.23万元，其中期缴保费收入11 408.19万元。

客户服务 优化服务流程，全面实行ISO体系运作管理，实现工作流程的标准化、合规化。实行保全、理赔集中作业，通过标准化办理模式，提高业务办理时效；提高客户服务质量，开展客户信息真实性补充更正工作和失效保单清理专项工作；提升客户体验，借助第九届客户服务节，围绕“关爱民生，传递精彩”的活动主题，开展“民生有礼”、民生助学行、金秋送爽电影会、舞动民生广场舞等客户服务活动。

（何超）

六、文件与规章

北京市人民政府办公厅

北京市人民政府办公厅印发《关于进一步加强金融服务“三农”发展的若干措施》的通知

京政办发〔2014〕60号

各区、县人民政府，市政府各委、办、局，各市属机构：

《关于进一步加强金融服务“三农”发展的若干措施》已经市政府同意，现印发给你们，请结合实际认真贯彻落实。

二〇一四年十一月二十六日

关于进一步加强金融服务“三农”发展的若干措施

为贯彻落实《国务院办公厅关于金融服务“三农”发展的若干意见》（国办发〔2014〕17号）精神，进一步提升本市农村金融服务的能力和水平，实现农村金融与“三农”共赢发展，提出以下工作措施。

一、完善农村金融组织体系

（一）拓展银行业金融机构服务“三农”网络。鼓励大中型商业银行设立服务“三农”专营机构，优化网点布局，增强网点服务功能。支持北京农村商业银行、北京银行等银行业金融机构增设“三农”服务网点，扩大涉农业务范围。培育发展村镇银行，支持其在乡（镇）地区布设网点。规范发展适应“三农”需求的新型农村金融机构（北京银监局、人民银行营业管理部等按职责分工分别负责）。

（二）发展新型农村金融组织。积极开展新型农村合作金融试点，支持符合条件的农民专业合作社开展内部信用合作。探索建立合作性的村级融资担保基金。支持小额贷款公司发展，放宽股权比例限制，拓宽融资渠道，扩大经营范围。规范发展其他新型农村金融组织（市农委、市金融局、市农经办等按职责分工分别负责）。

（三）发挥政策性农业投资和农业担保的支农作用。支持政策性农业投资公司和农业担保公司发展，积极吸引社会资本参与，逐步提高社会资本持股比例，实现政策性农业投资、农业担保业务在涉农区县全覆盖（市金融局、市农委、市财政局等按职责分工分别负责）。

（四）积极发展农村交易市场。进一步增强北京农村产权交易所功能，推动土地承包经营权、集体经营性建设用地等农村集体资产和农民自有财产入场交易。研究推动品种权交易市场建设。整合农产品交易资源，加快形成具有定价权的农副产品交易市场（市金融局、市农委、市国土局、市农经办等按职责分工分别负责）。

二、拓宽农村投融资渠道

（五）加快发展农村直接融资。研究推动以发行地方政府债方式筹集资金，积极支持小城镇和新农村建设。支持符合条件的涉农企业在多层次资本市场融资，引导高成长性的新型农业企业、小额贷款公司等在全国中小企业股份转让系统和北京股权交易中心挂牌融资。积极稳妥推进符合条件的涉农企业发行企业债、公司债和中小企业私募债。扩大涉农企业发行中小企业集合票据、短期融资券等融资工具的规模（市发展改革委、市农委、市财政局、北京证监局、人民银行营业管理部、市金融局等按职责分工分别负责）。

（六）发展壮大农业产业基金。切实发挥北京农业产业投资基金的作用，积极支持涉农企业发展。鼓励涉农区县政府设立农业产业引导基金，吸引社会资本参与，推动建立涉农产业投资基金。支持符合条件的涉农产业投资基金的股东或有限合伙人发行企业债，扩大涉农产业投资基金资本规模（市财政局、市发展改革委、市农委、北京证监局、市金融局等按职责分工分别负责）。

三、加大涉农资金投放力度

（七）扩大涉农贷款投放规模。推动银行业金融机构加大涉农贷款投放力度，发行专项用于“三农”的金融债。开展涉农资产证券化试点。引导银行业金融机构增加涉农信贷规模，持续提高存贷比。鼓励商业银行单列涉农信贷计划，提高贷款审批效率，优化绩效考核机制，落实尽职免责制度（人民银行营业管理部、北京银监局、北京证监局等按职责分工分别负责）。

（八）强化对涉农重点领域的金融支持。聚焦城乡经济社会发展一体化，切实加大对城乡结合部改造、新型农村社区试点和小城镇建设的金融支持力度；聚焦都市型现代农业发展，加大对节水农业、籽种农业、循环农业和生态友好型农业的金融支持力度；聚焦家庭农场、专业大户、农民合作社、农业产业化龙头企业等新型农业经营主体需求，加大对其生产经营方面的金融支持力度（北京银监局、人民银行营业管理部、市发展改革委、市农委、市金融局等按职责分工分别负责）。

四、创新农村金融产品和服务

（九）创新农村金融产品。加快在农村地区推广应用微贷技术，扩大小额贷款覆盖面。大力发展农村电话银行、网上银行业务。创新推广农村金融专营机构、信贷工厂等服务模式。探索都市型现代农业产业链融资模式。开发针对特色优势农业产业的信贷产品。研究推广“一次审核、多次使用、随贷随用”等适应“三农”需求的批量贷款模式（北京银监局、人民银行营业管理部、市农委、市金融局等按职责分工分别负责）。

（十）拓展农业保险的广度和深度。以政策性农业保险为核心，坚持灾前预防与灾后补偿相结合、保险机制与救助机制相结合、政策性保险与商业性保险相结合，建立覆盖农村生产、生活、生态各领域，以及财产、人身、责任各险种的农业保险体系。扩大政策性农业保险覆盖面，提高农户参保率。结合区域特色产业，创新森林、农房、农机具、农业基础设施和“农家乐”等方面的保险业务。试点农户小额贷款保证保险。推进商业保险参与“新农合”共保联办。建设市农业保险管理及信息服务平台，提高农业保险精细化管理水平。完善农业再保险和巨灾保险机制（市农委、市财政局、北京保监局、市卫生计生委、市园林绿化局、市民政局等按职责分工分别负责）。

（十一）创新农村抵（质）押担保方式。探索农村土地承包经营权、集体资产所有权、农民住房财产权抵押担保的有效途径。扩大林权抵押贷款规模。推广以农业机械设备、运输工具、承包土地收益权、农业科技知识产权等为标的的抵押担保方式。加强涉农信贷与涉农保险合作，将涉农保险投保情况作为授信要素，拓宽涉农保险保单质押范围。鼓励政策性融资担保机构创新农村抵押质押反担保方式（人民银行营业管理部、北京银监局、北京保监局、市国土局、市农委、市园林绿化局、市金融局、市农经办等按职责分工分别负责）。

（十二）创新农村资产经营管理模式。鼓励涉农区县政府设立集体联营公司等服务平台，并引导其与金融机构合作，加强对农村集体资产的统筹管理，切实提高经营管理效益。发挥信托公司作用，在依法合规、尊重农民意愿的前提下，审慎开展农村集体资产信托化管理试点。在不改变土地用途的前提下，探索开展农村土地承包经营权流转信托服务（市农委、市金融局、人民银行营业管理部、北京银监局、北京证监局、市农经办等按职责分工分别负责）。

（十三）探索互联网金融服务“三农”新方式。支持金融机构依托信息化网络平台，创新农村金融业务品种和服务方式。鼓励互联网企业进入农村金融领域，发起设立新型农村金融组织。推动涉农互联网金融平台建设，引导农村资产、资源、资金等要素入网交易（北京银监局、人民银行营业管理部、市金融局、市农委等按职责分工负责）。

五、优化农村金融发展环境

（十四）推动农村信用体系建设。深入开展信用户、信用村、信用乡（镇）创建活动。支持征信机构运用大数据技术开展征信工作。整合农村信息资源，推进农村电子信用档案建设，完善信用评价与共享机制（人民银行营业管理部、市农委、北京银监局、市金融局等按职责分工分别负责）。

（十五）促进农村基础金融服务全覆盖。发挥银行业金融机构作用，加强农村金融服务基础设施建设。开展基础金融服务“村村通”工程，在具备条件的行政村布设便民服务网点和自助服务终端，并采取定时定点服务等多种形式，为农民提供取款、查询、转账、缴费等基本金融服务。引导金融机构运用互联网等信息化手段，逐步实现金融服务由“村村通”到“人人通”（北京银监局、人民银行营业管理部、市金融局、市财政局、市农委等按职责分工分别负责）。

（十六）提高金融意识。制定中长期金融培训计划，加强对涉农负责人、农业经营管理人员、大学生村官、新型农业经营主体管理人员、新型职业农民等人员的教育培训。鼓励金融机构广泛开展送金融知识下乡活动，增强广大农民运用金融产品、防范金融风险的意识和能力（市金融局、市农委、人民银行营业管理部、北京银监局、北京证监局、北京保监局等按职责分工分别负责）。

六、完善配套政策措施

（十七）加强统筹协调。充分发挥市社会主义新农村建设领导小组的统筹协调作用，加强政策制定、贯彻落实、监督检查等方面的协调配合，扎实有序开展各项工作（市农委、市财政局、市地税局、市金融局、人民银行营业管理部、北京银监局、北京保监局等按职责分工分别负责）。

（十八）加大政策支持力度。研究支持新型农村金融机构发展政策。完善涉农信贷风险补偿机制。落实农村金融税收政策，研究推动小额贷款公司享受金融机构相关政策。涉农区县政府根据功能定位和发展目标，研究完善引入各类金融机构并促其加大金融服务力度的支持政策（市财政局、市地税局、市农委、市金融局、人民银行营业管理部、北京银监局、北京保监局等按职责分工分别负责）。

（十九）防范金融风险。金融管理部门按照职责分工，健全风险处置机制，着力做好风险识别、监测、评估、预警和控制工作，维护金融稳定。各区县政府和有关部门按照监管规则和要求，切实担负起对小额贷款公司、融资性担保公司、典当行、农村资金互助合作组织的监管责任。金融管理部门和各级政府要加强协调配合，坚决打击骗贷、骗保、非法集资和恶意逃债等违法行为，守住不发生系统性、区域性金融风险的底线（北京银监局、北京证监局、北京保监局、人民银行营业管理部、市金融局、市公安局等按职责分工分别负责）。

（二十）加强督促检查。各区县政府和有关部门要全面总结本地区、本部门金融支持“三农”发展的年度工作情况，提出政策意见和建议，于当年12月20日前报市政府。

中国人民银行营业管理部　中关村科技园区管理委员会

关于深入推进“中关村零信贷小微企业金融服务拓展活动”的通知

银管发〔2014〕231号

国家开发银行北京市分行、各政策性银行在京营业机构、各国有商业银行北京市分行、各股份制商业银行在京营业机构、各城市商业银行北京分行、北京银行、北京农商银行、中国邮政储蓄银行北京分行、辖内各相关外资银行，各担保公司、评级公司、征信公司等相关单位：

为贯彻落实中央、人民银行和北京市关于大力推进小微企业金融服务的相关政策要求，进一步提高科技型小微企业金融服务覆盖率，人行营业管理部与中关村管委会于2013年11月共同启动了“中关村零信贷小微企业金融服务拓展活动”（以下简称零信贷活动）。该活动开展以来，各银行及相关机构积极围绕“零信贷活动”名录内企业，加大业务拓展力度，解决小微企业缺少信用记录的客观难题，助推小微企业跨越首贷障碍，相关工作取得了积极成效。

一、主要活动成效

人行营业管理部为各银行办理贷款卡业务开辟绿色通道。2014 年 1 ~ 5 月“绿色通道”累计为 5 439 户企业办理贷款卡，为 2 320 户企业办理了贷款卡年审业务，为 16 955 户企业办理了密码变更、挂失等增值服务。在北京银行中关村分行设立了“贷款卡服务办理点”，截至 5 月末，累计办理贷款卡申请、年审等业务约 500 户次。推出中关村科技型小微企业专项再贴现并开辟快速通道，引导银行拓展相关业务。截至 5 月末，共为 31 笔中关村高新技术企业票据办理再贴现，金额共计 1.3 亿元。

中关村管委会充分发挥财政资金的杠杆作用，先后出台了《中关村国家自主创新示范区小微企业信贷风险补偿资金管理办法（试行）》、《中关村国家自主创新示范区小额贷款保证保险试点办法》等政策文件，为银行拓展“零信贷”客户提供政策保障。

截至 5 月末，辖内银行累计为 543 家“零信贷”企业办理了贷款卡，为 225 家“零信贷”企业提供了融资支持，金额合计 6.1 亿元。

二、各银行的典型做法

（一）强化组织推动

辖内银行及时制定活动方案，明确主管行领导和主要牵头部门，组成专项工作小组，研究制定明确的工作目标。北京银行总分支三级联动，争取贷款卡代办点落地其中关村分行，为创业人群订制专属产品“创业卡”，详细制定“零信贷”企业拓展方案并推出配套激励机制；北京农商银行明确将“三农”与中小企业部确定为“零信贷活动”牵头及管理部门，制定专项工作方案，并推动支行成立工作小组，并建立起总分支行联系人制度，积极推进活动开展。

（二）细分名录企业

辖内银行及时将企业名录进行细分处理，并对企业优先拓展级别进行定义，及时将拓展任务下发到各支行网点，指导各支行优先拓展在本行开户企业。工商银行北京市分行通过科技系统对名单客户进行筛选，梳理出 1 534 户在本行开立结算账户客户名单及相关结算情况，并确定 652 户企业为第一批重点目标客户；招商银行北京分行经过名录筛选，与 1 000 多家企业进行了电话沟通，与超过 400 家企业进行了面对面接触营销。

（三）推出专项服务

辖内银行积极向人行营业管理部申请加入代办贷款卡绿色通道，主动为名录内企业开辟其他业务办理绿色通道，并根据名录内企业特点，推介针对性强的金融产品。中国银行北京市分行为名录内企业开辟开户绿色通道，在系统完整上传客户资料的三个工作日内保证客户账户使用；兴业银行北京分行根据企业特点，通过“科信贷”、“易速贷”、“租金贷”、小企业设备按揭、“联贷联保”等特色产品与企业对接；华夏银行北京分行积极向“零信贷”企业营销“年审贷”产品、“信用增值贷”产品，降低科技型小微企业融资成本，便捷企业融资。

（四）实施激励约束

辖内银行及时出台专门针对“零信贷活动”的奖惩措施，切实提高一线员工参与活动的积极性和主动性。北京银行出台具体奖励措施，对于代办贷款卡、成功促成企业信贷融资的客户经理给予一定物质奖励。招商银行北京分行为每个网点筛选分配 200 户企业，支行每两周上报一次进展情况，分行每月进行通报。

（五）加强宣传推广

辖内各银行围绕目标客户群体，借助“零信贷活动”开展专题营销。工商银行北京市分行持续加大宣传力度，目前已完成户外广告设计工作，拟在海淀区部分企业集中区域的公交站台进行投放；中国银行北京市分行联合中关村管委会举办了“中关村携手中国银行助力企业走出去”系列专题讲座，向中关村科技型小微企业宣传介绍国际业务和境外市场，为“零信贷”企业提供多元化金融服务。

三、存在的主要问题

截至5月末，辖内各银行“零信贷活动”工作成效相差较大，部分银行已经在“零信贷”企业中挖掘、培养了一大批发展前景好、忠诚度高的客户，但也有部分银行尚未实现“零信贷”企业金融服务“零突破”。主要存在以下问题：一是管理层组织推动力度不够，工作效率偏低。部分银行并未制定活动方案及目标，基层业务人员没有或较晚才掌握“零信贷”企业名录。二是考核激励措施不到位，一线员工积极性不高。部分银行没有出台相应的奖惩措施，没有纳入业务考核，客户经理拓展“零信贷”企业的动力不足。三是营销方式较为粗放，业务拓展手段有待优化。部分银行过于依靠电话营销，与“零信贷”企业管理层缺乏有效、充分的沟通，所提供的金融服务和产品针对性不强。此外，部分银行也反映，“零信贷”企业目录中部分企业信息不完整，联系方式已经变更，影响了活动效率。

四、下一步工作安排

为了深入推进“零信贷活动”，提高科技型小微企业贷款卡持有率、金融服务可得率、银行贷款覆盖率，在征求辖内银行意见和建议的基础上，人行营业管理部与中关村管委会决定在2014年全年开展“零信贷活动”，总结表彰时间调整至12月，近期将发布更新后的“零信贷”企业名录，并通过组织银企专场对接等形式帮助各银行推进相关工作。现对下一步工作提出以下要求：

（一）持续推进，长期开展

各银行应按照活动初期制定的方案持续推进各项工作，及时总结活动进展，对比本行活动目标和活动计划，加大组织推动力度，将“零信贷活动”作为一项长期工作持续开展，帮助“零信贷”企业跨越首贷障碍。

（二）借鉴经验，加大投入

各银行应积极借鉴同业先进经验，改进业务拓展方式和手段，提升活动推进效率，进一步加大人力物力投入，及时出台相应奖惩措施，将“零信贷活动”成效纳入全年业绩考核内容，充分调动一线员工作参与活动的积极性。

（三）结合政策，创新产品

有效借助《中关村国家自主创新示范区小微企业信贷风险补偿资金管理办法（试行）》、《中关村国家自主创新示范区小额贷款保证保险试点办法》等新政策，探索服务科技型小微企业的新机制、新产品，提高“零信贷”企业营销工作的针对性。积极开发动产融资产品，有效利用“中征应收账款融资服务平台”，宣传融资产品，发现客户，支持小微企业融资发展。

（四）定期报告，及时沟通

各银行牵头部门应全面准确掌握本行对名录内企业的业务拓展情况，确定专人专岗负责本行的沟通协调、信息反馈等具体工作，于每月初5个工作日内报送

《“中关村科技型中小微企业金融服务拓展活动”情况表》及《业务拓展情况报告》，数据做到准确全面，报告要详细反映工作进展新情况及业务拓展中的创新点和典型案例，在拓展业务时如遇到新问题、新情况，应及时向人行营业管理部、中关村管委会反映。

特此通知。

二〇一四年七月四日

中国人民银行营业管理部

中国人民银行营业管理部关于加快推进在京企业集团财务公司利率定价机制建设的指导意见

银管发〔2014〕287号

辖内各企业集团财务公司：

为增强在京企业集团财务公司（以下简称财务公司）利率市场化改革适应能力，提高自主定价能力，促进财务公司进一步优化金融资源配置，提升资金运用效率，更有效地服务企业集团发展战略和整体利益，现就财务公司加快推进利率定价机制建设提出如下指导意见。

一、充分认识加快推进利率定价机制建设的重要意义

（一）加快推进利率定价机制建设是适应利率市场化改革的重要内容。利率市场化改革的核心是扩大市场主体的自主定价空间，优化金融资源配置。财务公司加快推进利率定价机制建设，优化定价决策体系、完善利率定价方法、加强利率风险管理、夯实基础信息系统等体系建设，是实现自主、科学定价的坚实基础。

（二）加快推进利率定价机制建设是优化企业集团内部资金配置的重要途径。通过发挥价格杠杆信息传递和行为指导功能，使市场在资源配置中起到决定性作用。财务公司加快推进利率定价机制建设，能有效发挥利率引导资金流向的作用，提高资金集中管理工作的市场化程度，提升资金配置和使用效率，传导企业集团战略发展意图。

（三）加快推进利率定价机制建设是提升竞争力、增强金融服务能力的重要手段。利率市场化进程的不断加快，对金融机构提升产品定价和议价管理能力提出了更高要求。缺乏自主定价能力意味着在同业竞争和客户议价中处于被动地位。财务公司加快推进利率定价机制建设，有利于进一步丰富内部资金管理功能，增强资产负债匹配，优化风险管理和客户管理，提高自身竞争力和金融服务能力，形成内外部金融服务的有效衔接与互补，实现企业集团整体利益的持续提升。

二、完善利率定价组织架构，优化定价决策体系

（四）完善利率定价组织架构。财务

公司应明确区分利率定价决策、执行和监督检查职能，并根据业务发展情况逐步将三种职能交由不同部门执行。规模较大的财务公司应建立专门的管理委员会或类似组织形式，负责利率定价决策，并设置日常利率管理相关职能部门和监督检查相关职能部门，做到各部门权责清晰，各业务定价逐步实现专人管理，不断提高定价工作专业化水平。

（五）合理划分各部门职责分工。管理委员会或类似组织形式主要负责制定利率定价政策和利率管理制度，分解定价目标，审议利率定价模型和调整方案。日常利率管理相关职能部门负责传达贯彻利率管理相关政策，统筹各类业务定价，确定各类业务基准利率水平和利率临界水平及其相应的定价授权范围。监督检查相关职能部门对利率定价政策执行情况进行监督、检查，协助落实相关工作。各职能部门按管理委员会确定的职责分工开展工作。

（六）优化利率定价流程。利率定价管理职能部门定期发布利率指导或参考价格，业务经营部门按照发布价格提交利率报价，风险控制与审批职能部门进行利率审核，计结息与资金结算职能部门参与利率管理，形成相互联系、相互制约的定价体系，提高利率定价的科学性。建立利率定价授权管理制度，并赋予相关职能部门一定的浮动权限，增强利率定价的灵活性和适应性。

（七）夯实利率定价制度基础。制定包含利率定价、授权管理、计结息管理等在内的管理制度，将利率管理组织架构及各部门权责制度化，细化分工和流程，制定各项业务利率定价及调整方案，确定定价授权范围和标准，明确存贷款计结息规则，做到有据可依、有章可循，确保利率定价和利率管理工作的规范性和持续性。

三、明确定价目标，合理设立定价原则

（八）明确利率定价目标。财务公司作为内部金融机构，依托并服务于企业集团，利率定价既要考虑成员单位的收益和成本，体现利率优惠特征，又要发挥市场在资源配置中的决定性作用；既要适应内部行业及企业特点，又要符合外部市场化利率变化趋势，通过利率杠杆的调节作用实现企业集团综合效益最大化。

（九）确定利率定价策略。根据自身发展需要确定科学合理的定价策略，改变在稳定利差条件下过度注重负债及依赖贷款规模的盈利模式，逐步转向关注资产与负债、规模与价格的整体平衡。通过制定和调整利率价格，体现企业集团发展战略，适应成员单位需求变化，应对市场竞争和利率市场化改革挑战，将利率定价策略与公司发展、价值创造、资金管理等经营目标有机结合。

（十）适时发挥复合定价功能。统一定价与差别定价相结合，推动产融深化发展。统一协调外部定价，通过增强企业集团外部融资统一谈判能力，提升企业集团整体议价的优势和专业性。对内通过充分发挥资金价格的风险控制机制和资源配置机制，利用涵盖风险溢价和综合贡献度等要素的定价模型，实现差别定价。

（十一）设立利率定价原则。利率定价应遵循依法合规、成本效益、风险覆盖、差别对待和有利竞争等原则。遵守国家有关法律法规和金融政策，符合利率管理相关规定；坚持风险与收益对称，合理匹配成本、风险和收益；深入研究借款企业经营特点和财务状况，依据战略地位、风险程度等实行区别对待；以具有竞争力的定价不断提高参与市场竞争的能力。

四、探索细化定价方法，提高自主科学定价能力

（十二）根据市场化程度差异，制定符合自身情况的定价方法。市场化程度较高的业务品种，根据市场收益率及同业定价等情况制定有利竞争的利率价格。市场化程度较低的业务品种，探索建立符合集团产业发展和资金结构特点的利率定价模型。定价方法根据市场情况变化加以修正和完善，不断增强定价的适应性。

（十三）人民币贷款利率定价基于自身及客户特点，实行差异化定价。根据资金成本、经营费用、风险溢价、目标利润、市场竞争因素和客户综合贡献度等确定贷款利率水平。风险溢价根据贷款期限、担保方式、行业状况及财务公司对企业的分类评级等因素加以量化。目标利润根据财务公司具体定位进行设置。客户综合贡献度根据成员单位在集团的战略地位、利润贡献、与财务公司业务合作情况、资金归集程度等因素加以综合量化。分析研究贷款基础利率（LPR）或非金融机构债务融资工具价格作为贷款定价参考的可行性。

（十四）人民币存款利率定价逐步从跟随战略向自主定价转变。在现阶段存款利率受上限管制、存款利息支出仍为可控的情况下，可选择适合的银行挂牌利率作为参考，根据存款品种、期限及客户存款规模等，确定存款利率上浮幅度。随着利率市场化改革的推进，应积极尝试结合产品特性、市场利率、经营成本、预期收益以及客户综合贡献度等情况，推行主动负债管理，实行存款利率自主定价。研究通过利率定价引导负债产品创新，丰富资金来源；探索存款利率市场化后负债端与资产端业务的协同定价。

（十五）外币业务利率定价可参考市场定价水平。在遵循定价原则的基础上，综合考虑集团国际发展战略及财务公司外币流动性、外币资产收益、离岸业务合作等因素，参考国际金融市场变化情况以及境内境外外币利率、汇率差异，制定与自身发展阶段相适应的定价方法。随着利率、汇率市场化改革的逐步推进，依托国际和国内两个市场，研究制定结合本外币、存贷款、中间业务和衍生产品的综合定价体系。

（十六）有条件的财务公司可逐步建立内部资金转移定价体系。通过推行内部资金转移定价（FTP）管理，有效核算资金成本和收益，引导利率定价，实现风险的专业管理以及多维度的绩效考核，为实施精细化管理奠定基础。根据财务公司自身发展情况和资金管理方式选择内部资金转移定价形式，参考货币市场收益率曲线、业务调整侧重点、基准利率和资金计划管理等因素，形成内部资金转移收益率曲线，量化不同期限存、贷款业务对应的机会成本。

五、强化利率风险意识，增强风险防控能力

（十七）强化利率风险意识。利率市场化改革将进一步加大利率变化及资金流向的频度和波幅，利率风险、流动性风险凸显，企业集团及成员单位投融资安排面临的复杂性和不确定性将显著增加，财务公司“长资产短负债”的状况也使资金管理及重定价周期配置面临较大挑战。财务公司应强化利率风险意识，提高利率风险管理和资产负债管理能力，为投融资安排和资金管理提供专业支持和保障。

（十八）增强风险识别和防控水平。建立利率风险应急预案制度，加强日常风险监控。完善利率风险内部控制体系，在现阶段利率风险对冲工具缺乏的条件下，通过利率水平的调整，合理配置资产负债结构，控制利率敏感性缺口，减少期限错配风险。逐步实现在全面风险管理框架下，利用计量方法测量潜在风险，提高对风险相互转化的识别能力，积累风险度量、加总与防控的经验和技术，增强风险管理对市场与客户的敏感度。

六、建立健全信息系统，夯实利率定价基础

（十九）建立完备的基础信息系统。逐步采集、积累较为完整全面的客户信息，建立定价信息支持系统，对客户经营信息、财务信息、信用信息、银行评价信息以及与财务公司业务合作信息等进行整理分类和统计分析，以此为基础建立完善客户评级系统，为差异化、精细化定价提供支持。

（二十）丰富管理会计系统功能。建立包含成本管理、客户关系管理、风险管理和绩效管理功能的管理会计系统。量化风险成本，全面测算各类业务的风险、成本和收益，逐步实现按照产品、客户以及业务经营单位等多个维度进行成本及利润贡献度的核算与考核。

七、企业集团支持是加快利率定价机制建设的重要保障

（二十一）完善公司治理结构，增强财务硬约束。财务公司作为独立法人和市场竞争参与者，应被赋予自主经营权和定价权。企业集团从股东和实际控制人的角度对财务公司加强管理，不断完善财务公司和成员单位的公司治理结构，持续增强财务硬约束，同时保持财务公司的相对独立性，确保财务公司按照市场规律开展业务活动，并在资金管理政策配套等方面为财务公司自主定价创造良好环境，将有利于财务公司加快建立利率定价机制。

（二十二）支持财务公司加强信息系统及专业人才队伍建设。财务公司利率定价机制建设和定价能力提升，需要强大的信息系统和专业人才队伍支撑。企业集团在推动内部信息共享、夯实基础信息系统建设、培育和储备利率定价与风险管理等专业人才方面，为财务公司提供相关支持，将有力促进财务公司提高精细化管理水平，有效应对利率市场化挑战。

二〇一四年八月二十七日

中国银行业监督管理委员会北京监管局

北京银监局关于中小商业银行设立社区支行、小微支行有关事项的通知

京银监发〔2014〕67号

辖内各股份制商业银行、北京银行、各城市商业银行北京分行：

为引导中小商业银行完善对小微企业、社区等领域金融服务工作，加快战略

转型，完善普惠金融，根据《中国银监会办公厅关于中小商业银行设立社区支行、小微支行有关事项的通知》（银监办发〔2013〕277号）要求，现将辖内中小商业银行申请设立社区支行、小微支行有关事项通知如下：

一、有限牌照经营

各商业银行设立的社区支行、小微支行（以下简称两类支行）应立足所在区域，为社区企业、居民、小微企业等提供良好的金融服务和产品。两类支行实行有限牌照经营，一般不办理人工现金业务，现金业务主要依托自助机具办理；社区支行不办理对公业务，小微支行单户授信余额不超过500万元。两类支行不得办理实物贵金属交易，严禁业务外包。两类支行应优先确保满足社区居民储蓄、缴费、理财、购买国债和退休职工提取退休金等基本服务需求。配备具有相关资质的销售人员的网点，可以办理保险、基金产品的销售。两类支行应将经监管部门批准的业务范围明确公示于服务区域的显著位置。

二、简化审批流程

申请设立两类支行的商业银行（以下简称申请银行）应对设立两类支行的可行性、必要性进行全面论证，科学选定两类支行设立区域，有效填补金融服务空白，防止资源浪费和过度竞争。两类支行的设立规划需经报监管部门批准后，才能进入具体申请工作流程。对于银监会批复的设立规划内的两类支行，我局将适当简化审批流程。

申请银行应于两类支行筹建前3个工作日向我局报告（报告目录见附件，报告须同时抄送市公安局、内保局）。筹建期不超过4个月，且不得延期。筹建结束后，可以提出支行开业申请（申请目录见附件）。开业申请材料应包含拟开业支行负责人的相关材料，但我局不对其任职资格进行审批。申请银行原则上可根据需求一次最多报送5家两类支行的开业申请，两批申请材料提交间隔期不得少于15日。

对于申请设立的两类支行，我局原则上采取非现场验收方式验收，并在以下方面适当放宽：包括不要求独立设置重要空白凭证保管库、机房、监控室；营业场所使用权期限不强制要求最短3年等。

三、明示人员配备

各商业银行应加强对社区支行、小微支行从业人员的管理，应针对两类支行员工建立单独的培训和管理机制，严抓案件风险防控工作，严禁员工从事各类违法违规经营，尤其是以社区支行、小微支行名义从事不规范经营活动。

每家支行应确保在岗专职人员不得少于两人。严禁银行外人员驻点。各商业银行应为两类支行严格甄选守法合规、记录良好、品行声誉良好、财务稳健、具有相关从业经历的人员，并且严格执行强制休假和重要岗位轮换等制度。原则上，支行负责人应具备大专以上学历，从事金融工作2年以上或从事经济工作4年以上（其中从事金融工作1年以上），且为银行正式编制员工。支行负责人由上级行行长兼任的，兼任数量最多不超过3家（含原任职支行）。我局发现支行负责人有不符合任职条件或不适宜任职情形的，有权要求申请银行更换。

两类支行开业后，应将全体工作人员照片、姓名、工号、电话等信息在对外营业区域进行公示。

四、明确服务标识

各商业银行可根据两类支行所在区域

名称对其命名。社区支行的简称一般命名为“＊＊银行北京＊＊社区支行”，如中国民生银行北京幸福里社区支行；小微支行的简称一般命名为“＊＊银行北京＊＊小微支行”，如华夏银行北京大红门小微支行。

两类支行应显著区分于自助银行，在服务区域区分为有人服务区和自助服务区的情况下，应在有人服务区公示金融许可证；应明确张贴或悬挂“社区支行”、“小微支行”标识。

五、严格做好安防工作

两类支行应保证营业场所符合公安、消防部门规定的安全消防标准，应加强与社区派出所、居委会等沟通联动，强化人防和技防手段，确保网点安全。应严格执行科技管理要求，采取非营业时间断网等手段，有效防范信息科技风险。区分设置有人服务区和自助服务区的两类支行，应在员工下班后对两个区域进行物理隔离，并在自助服务区公示有人服务时间段和自助服务时间段，避免出现他人冒充银行员工从事非法业务的风险事件。

六、开展准入后评估

一是开展金融服务自评价。各商业银行应就所设两类支行的社区服务、小微服务情况开展自评价。评价范围包括，对所在社区/企业聚集区的信贷支持程度、金融服务均等化水平等。并于支行正式营业一年后向我局报送自评价报告。

二是接受监管后评估。我局将对正式营业一年以上的两类支行开展监管后评估。评估指标包括：工作人员日常培训情况、社区金融宣教活动开展情况、便民惠民服务提供情况、社区居民个人类业务开展情况、小微企业和“三农”信贷支持力度以及风险管控情况等。

二〇一四年四月二日

北京银监局关于印发商业银行产品销售录音录像工作指引的通知

京银监发〔2014〕132 号

各国有商业银行北京市分行、辖内各股份制商业银行、北京银行、北京农商银行、辖内各村镇银行、各城市商业银行北京分行、中国邮政储蓄银行北京分行、辖内各外资银行，辖内各信托公司：

为保护银行业消费者合法权益，规范商业银行销售行为，培养“买者自负，卖者有责”的金融投资理念，维护公平、公正的金融市场环境，我局决定推动北京地区商业银行开展个人投资类产品销售录音录像工作，并制订了《商业银行产品销售录音录像工作指引》（以下简称《工作指引》），现予以印发。同时提出以下工作要求，请一并遵照执行：

一、高度重视，认真落实

各银行要高度重视录音录像工作，指定高管层负责人和牵头部门全面负责，相关部门协调推动。根据本行系统建设和业务开展情况，采取切实可行措施落实《工作指引》的要求；明确实施录音录像工作的各环节内容，确保达到录音录像的技术要求，使各营业网点逐步具备实施录音录像的软硬件条件。

二、逐步推进，不断完善

坚持“边开展、边总结、边完善”的工作原则。在实施过程中，要关注客户的反馈和合理化要求，寻找提升和改进空间，充分发挥录音录像工作在改善金融服务方面的作用。2015 年 12 月末前，全部在京营业网点均应实现产品销售的录音录像工作。自 2016 年 1 月 1 日起，不能达到录音录像要求的营业网点，应停止开展相关业务。

三、制定规划，有序实施

录音录像工作是一项系统工程，牵涉的部门、工作内容、业务环节均较多，需要银行内部各部门协调配合，共同推进。因此，各银行应做好统一规划，尽快制定工作方案和工作计划，统一领导，全面部署，有序推进。

请各银行于 2014 年 8 月 15 日前，将工作方案和工作计划报送我局对口监管处室。

二〇一四年七月二日

商业银行产品销售录音录像工作指引

第一章　总　则

第一条　为保护银行业消费者合法权益，规范商业银行销售行为，培养“买者自负，卖者有责”的金融投资理念，维护公平、公正的金融市场环境，根据《中华人民共和国银行业监督管理法》和《中华人民共和国商业银行法》等法律法规，制定本指引。

第二条　北京地区银行业金融机构适用本指引，包括国有商业银行、股份制商业银行、城市商业银行、农村商业银行、村镇银行、邮政储蓄银行和外资银行等，辖内信托公司参照执行。

第三条　本指引所称产品销售录音录像，是指商业银行在本行营业网点向个人客户销售具有投资性质的产品，应实施录音，并鼓励有条件的银行实施同步录音录像，统称为“录音录像”。

第二章　实施范围

第四条　商业银行在本行营业网点向个人客户销售具有投资性质的产品，包括商业银行非保本理财计划、第三方产品、贵金属业务，以及其他具有投资性质的产品。

第五条　贵金属业务包括贵金属账户交易和延期交易，上述业务在营业网点开户的，应对开户环节实施录音录像。

银行代理销售的保险产品中仅需对保单利益不确定的保险产品实施录音录像。

银行代理销售的第三方产品中，货币基金无需实施录音录像。

第六条　鼓励商业银行根据本行实际管理需求，将易出现不规范销售行为、易导致销售纠纷的产品，以及向高风险人群销售产品纳入录音录像范围。

第七条　商业银行在北京地区的营业网点开展上述业务均需实施录音录像。

第三章　基本要求

第八条　商业银行应合理设计产品销售录音录像的环节和内容，切实达到规范销售行为、厘清销售责任、保护消费者合法权益的目的。

第九条　录音录像应能客观记录产品销售重点过程，涵盖产品简介、风险提示、客户确认和反馈等环节。

第十条　录音录像应至少包括产品类型和名称、产品研发主体、产品特性、产品风险、客户权益等内容，以及产品相关规章制度要求在销售时对客户明示和提示的内容。

（一）产品类型至少应明确是商业银行理财产品，还是本行代销的信托、保险、基金、集合计划等；

（二）产品研发主体至少应明确是由银行、信托公司、保险公司、基金管理公司、证券公司等机构研发管理；

（三）产品特性应突出不同类型产品的收益、风险（如提前赎回或结束的损失）、缴费方式（如期缴或趸交）、存续期限等特点；

（四）产品风险至少应明确产品本金和收益的保障类型；

（五）客户权益除一般客户权益外，应突出不同类型产品客户具有的特殊权益（如是否具有犹豫期、质押权等）。

第十一条　商业银行可按照产品特性，统一设计销售标准话术。同时关注标准话术是否客观完整、通俗易懂，既便于销售人员营销推介产品，也利于规范销售人员销售行为；同时，便于客户对产品主要特性和风险的认知和理解。

第四章　技术要求

第十二条　商业银行应结合本行业务开展和系统建设情况，科学合理确定实施录音录像的技术手段。鼓励各行研发建设与本行生产系统相连的录音录像系统，实现同步保存音频视频资料。

第十三条　商业银行应确保音频视频资料的声音、图像完整清晰，关键信息完备。音频视频资料应实施分类存储、有序管理，能够实现快速检索调阅。

第十四条　商业银行音频视频资料应实现安全隔离存储和管理，确保前台人员及利益相关人员仅可进行检索调阅，不可更改、截取和涂抹。

第十五条　商业银行音频视频资料及相关电子信息应至少保存至产品结束后 2 年；无固定期限产品音频视频资料保存期限为客户购买之日起 5 年或客户全部赎回后 2 年。如遇产品客户投诉、法律诉讼等纠纷，应延长保管期限至纠纷结束后 2 年。

第五章 监督考核

第十六条　商业银行应建立健全录音录像相关内部控制制度和管理机制，规范流程，明确责任，切实贯彻落实本指引相关要求。

第十七条　商业银行应加强内部监督检查，特别是要加大对高风险产品、投诉多发网点的检查力度和频次，切实提高录音录像工作有效性。对于未按照要求进行录音录像、存在不合规销售行为的网点和人员，要视情况予以查处。

第六章　附　则

第十八条　本指引由中国银行业监督管理委员会北京监管局负责解释。

北京银监局关于落实简政放权改进市场准入工作有关事项的通知

京银监发〔2014〕150号

辖内各银行业金融机构：

为深入推进简政放权，进一步规范行政审批行为，提高工作效率，根据《中国银监会办公厅关于推进简政放权改进市场准入工作有关事项的通知》（银监办发〔2014〕176号，以下简称《通知》）规定，现就有关事项通知如下：

一、以下事项由审批制改为报告制管理：机构筹建延期及开业延期审批；机构降格和临时停业审批；机构由于变更名称、股权、注册资本、业务范围等前置审批事项而引起的修改章程审批；非银行金融机构变更组织形式审批；信用卡章程审批；中资商业银行、农村商业银行开办合格境外机构投资者境内证券投资托管业务审批；政策性银行、商业银行、金融资产管理公司高级管理人员在同一机构内部平级调岗转任任职资格审批等。

对上述取消的行政审批事项，我局适当简化报告内容，规范报告行为。具体报告时限要求及材料目录见附件《审批制改报告制事项报告时限要求及材料目录》。

二、根据《通知》要求，以下行政许可事项由我局负责审批：中资商业银行分行级专营机构、农村中小金融机构、除信托公司之外的非银行金融机构的开业审批；北京银行在京新设分行；各股份制商业银行在京营业机构、各城市商业银行北京分行在京新设二级分行；消费金融公司董事长、总经理任职资格；农村中小金融机构开办信用卡收单业务和使用统一品牌开办信用卡业务；属地监管的股份制商业银行法人机构除董事长、行长、董事会秘书以外的其他董事和高级管理人员任职资格的个案申请；国有商业银行和邮政储蓄银行一级分行（直属分行）、股份制商业银行分行（异地直属支行）、分行级专营机构高级管理人员任职资格的个案申请。

三、我局对银行业金融机构高级管理人员跨机构平级调动且任职资格由我局核准的，简化任职资格审查：一是免予报送身份证明、学历证书、职称证明等个人资格证明。二是已通过中国银监会及其派出机构的高管人员任职资格考试的，不再进行考试，但应提交原属地监管的中国银监会及其派出机构的任职资格批复文件，并在申报材料中注明是否通过考试。

四、我局对辖内金融机构董事、高管人员任职资格核准执行统一的考核、考试和考察程序。各机构在申报董事、高管人员任职资格时，应依据监管部门行政许可制度规定对拟任人资质严格把关，也可在本机构内部开展董事、高管人员的层层遴选，确保董事和高管团队的专业素养和执业能力。对于辖内机构聘任赴境外任职的高管人员，我局将在考试内容中增加东道国金融环境和监管制度的内容，并相应减少境内任职要求的有关内容。

五、中国邮政储蓄银行北京分行代理营业机构仍执行《中国邮政储蓄银行代理营业机构管理暂行办法》（银监发〔2009〕9号）。

本通知自下发之日起执行。

附件：审批制改报告制事项报告时限要求及材料目录（略）

二〇一四年八月十五日

中国证券监督管理委员会北京监管局

关于贯彻落实资本市场中小投资者合法权益保护工作有关事项的通知

京证监发〔2014〕50号

辖区各证券经营机构：

国务院办公厅发布了《关于进一步加强资本市场中小投资者合法权益保护工作的意见》（以下简称《意见》）。为进一步加强资本市场中小投资者合法权益的保护工作，现就北京辖区证券经营机构贯彻落实《意见》相关精神和政策举措等内容提出要求如下：

一、高度重视，深刻理解《意见》的重要意义

《意见》从我国资本市场实际情况出发，以中小投资者需求和合法权益保障为导向，针对长期以来中小投资者保护中存在的突出问题，构建了资本市场中小投资者权益保护的制度体系，是指导我国资本市场中小投资者权益保护工作和促进资本市场持续健康发展的纲领性文件。全面贯彻落实《意见》各项制度安排，必将进一步夯实资本市场健康发展的基础，提高资本市场内在质量和运行效率，资本市场的投资价值和资源配置将会进一步得到提升和优化，这是资本市场长期稳定健康发展的根本保障。

各单位要从全市场的高度来认识和理解《意见》的重要意义。在我国资本市场中，中小投资者在开户数量、交易活跃度和交易量等方面占据相当大的比例，中小投资者群体一定程度上是我国资本市场生存和发展的基础性力量。保护中小投资者就是保护资本市场，就是确保行业、公司及个人持续健康发展的基础和前提条件。

二、结合实际，深入开展《意见》的学习讨论活动

《意见》紧紧围绕中小投资者最关心的收益回报权、知情权、参与监督权和求偿权等基本权利，做出了有针对性的制度安排。《意见》体系健全、逻辑严谨、内容全面、重点突出，既指出了中小投资者保护制度构建的方向和框架，也提出了各方面的工作重点。各单位要认真组织学习讨论，主要体现在以下几个方面。

第一，学习态度要认真。各单位领导和中层干部要高度重视、以身作则，带头认真学习研究；要从公司自身发展的角度认真领会《意见》精神实质，切忌把《意见》学习当做一项走过场和应付性的活动，单位领导要带头学、带头写、带头讲。

第二，学习内容要全面。《意见》内容是一个高度凝练的有机整体。既要学习跟自身工作密切相关的内容和段落，也要学习其他的制度安排；既要学习《意见》的文字内容，更要把中小投资者保护作为一个精神和内核进行更加广泛的专题学习讨论。

第三，学习方式要多样。各单位可以通过组织专家讲座、座谈会、讨论会、知识竞赛和征文比赛等形式，就《意见》及中小投资者保护专题的相关内容，开展丰富多彩且深入有效的学习活动。

第四，学习效果要突出。通过学习活动，不但要了解掌握《意见》的文字内容，更要结合对照各自的具体工作，有认识、有思考、有改进，不断改善日常工作中与中小投资者保护相关的各项制度和执行细节。

三、有效落实，结合《意见》做好相关具体工作

贯彻《意见》精神，关键在于结合具体工作进行有效落实。各单位要结合《意见》内容做好以下工作。

（一）健全投资者适当性管理制度，把好中小投资者入市关

一是根据法律法规和自律规范，建立科学合理的投资者适当性管理制度，细化各项制度流程，认真推进落实，把好中小投资者进入资本市场的第一道保护关。

二是做好产品和服务的风险评估及等级划分，推荐与投资者风险承受和识别能力相适应的产品或者服务，向投资者充分说明可能影响其权利的信息，不得误导、欺诈客户。

三是做好客户分类和管理工作，明确提示投资者如实提供资料信息，对收集的个人信息要严格保密、确保安全，不得出售或者非法提供给他人。

四是做好执业规范和内部问责，销售人员不得以个人名义接受客户委托从事交易，对违反适当性管理规定的员工要实施内部追责，情节严重的要依法及时向监管部门报告。

（二）树立中小投资者保护意识，把好上市公司质量关

在从事上市辅导、保荐、承销和持续督导等工作中，应当树立中小投资者保护意识。要利用自身专业知识，引导、督促发行人或上市公司严格依照法律法规做好信息披露、公司治理及利润分配等各项工作，切实保障中小投资者作为上市公司股东的知情权、参与权和监督权。

（三）增强自身矛盾纠纷解决能力，力争就地解决各类信访诉求

作为金融服务的提供者，各单位要把解决中小投资者信访投诉作为首要工作职责。公司和营业部应当建立和完善客户投诉处理机制，公开处理流程和办理情况。鼓励在合理合法的基础上就服务纠纷与中小投资者进行协商解决或者达成和解协议，避免激化矛盾造成事态扩大，力争把纠纷和矛盾解决在一线。

（四）强化中小投资者教育，倡导树立理性投资意识

一是要充分认识到中小投资者教育的重要意义。有效的中小投资者教育活动，有助于中小投资者依法行使权利和履行义务。

二是要将投资者教育纳入开户、交易、营销及客户服务等各项业务环节。

三是要通过加强中小投资者教育服务，倡导树立理性投资意识，养成良好投资习惯，不听信传言，不盲目跟风，提高风险防范意识和自我保护能力。

四是鼓励各单位开展形式多样的中小投资者教育活动，如组织各类公益活动，制作投教产品，发放宣传资料，张贴宣传画或海报，利用媒体开展宣传报道等。

四、我局相关工作安排

为督促各单位切实贯彻落实《意见》相关精神，积极开展中小投资者保护的相关活动，我局将做以下工作安排。

第一、建立专题报告机制。各单位在贯彻落实《意见》过程中，可以将本单位有特色、有成效的中小投资者保护制度、工作开展情况和各类活动等内容，及时向我局报送专题报告或简报。我局将适时编辑简报上报中国证监会，同时对开展效果好的单位和活动进行宣传和表扬。

第二、开展专题调研活动。我局将在2014年上半年组织开展辖区中小投资者保护现状及投资者适当性管理等专题调研。届时会充分征集各单位的意见和建议，同时要求相关单位积极配合调研工作，以形成有利于辖区市场发展的、高质量的调研成果。

第三、适时开展现场检查工作。2014年下半年，我局将围绕资本市场中小投资者合法权益保护的主题，结合《意见》落实情况，在全面或专项现场检查中予以特别关注和评估，并适时进行奖优惩劣。

二〇一四年三月六日

关于证券公司试点发行短期公司债券有关事宜的通知

京证监发〔2014〕300号

辖内各证券公司、基金管理公司：

近期，沪深证券交易所、机构间报价与服务系统将试点发行证券公司短期公司债券（以下简称短期债券），发行主体为证券公司，期限为一年以内。根据中国证监会证券基金机构监管部《关于证券公司试点发行短期公司债券有关事宜的通知》（证券基金机构监管部部函〔2014〕1526号）的相关要求，现将有关事项通知如下：

一、本次可试点发行短期债券的证券公司共20家，分别为：中信证券、海通证券、招商证券、国泰君安证券、银河证券、广发证券、华泰证券、申银万国证券、国信证券、方正证券、西南证券、长江证券、兴业证券、安信证券、国金证券、东吴证券、东北证券、山西证券、西部证券、中原证券。中国证监会证券基金机构监管部将根据试点情况及时扩大试点范围。

二、试点证券公司的短期债券待偿还余额不得超过净资本的60%。各证券公司（不限于试点证券公司）证券自营业务可以投资短期债券。证券公司，基金管理公司及其子公司管理的资产管理计划可以根据法律法规、合同以及本通知的要求投资短期债券。

三、公募基金投资短期债券，基金管理人应当根据审慎原则，制定严格的投资决策流程和风险控制制度，并经董事会批准，以防范信用风险、流动性风险等各种风险。

2014 年 10 月 15 日前已经获得中国证监会核准或注册的基金拟投资短期债券的，基金管理人应当根据法律法规、基金合同的有关要求，履行相应程序并在基金合同中明确相应的投资策略、投资比例、估值方法、信息披露方式等。

公募基金应当在临时公告和定期报告中及时披露投资短期债券的情况。

货币市场基金参与短期债券投资的，应明确紧急情况下的流动性安排，防范大额赎回可能引发的流动性风险。

四、证券公司关联方投资本公司短期债券的，应遵守法律法规的规定，并确保交易价格公允，防范利益输送、损害投资者利益等行为。

五、证券公司承销短期债券的，应当勤勉尽责、诚实守信，严格遵守执业规范和职业道德，按规定和约定履行义务。

六、试点证券公司应通过机构监管综合信息系统（CISP）按月向中国证监会证券基金机构监管部和我局报送上一月度短期债券业务相关信息，包括上月发行规模及兑付规模、月初余额及月末余额、存量债券的期限结构、募集资金投向、问题及建议等。

七、辖区试点公司应从以下几个方面加强对短期债券业务的管理：

1. 对募集资金的使用和偿付做出合理安排，加强对流动性风险的监测与防范，首席风险官及流动性风险管理部门应具备对流动性风险进行量化监测和评估的能力；

2. 对于在短期债券中做出回售、提前购回等流动性安排的，应根据市场情况合理测算可能的回售金额，并在计算流动性覆盖率时予以考虑；

3. 建立完备的投资者适当性制度和投资者保护机制，有效保护投资者合法权益。

八、辖区各证券公司、基金管理公司应稳妥、有序地参与短期债券业务，严格控制风险，遇有新情况、新问题及重大事项及时报告我局。

二〇一四年十月二十八日

中国保险监督管理委员会北京监管局

关于印发《北京地区人身保险经营行为管理办法》的通知

京保监发〔2014〕213 号

各保险公司北京分公司，各在京直接经营业务保险公司总公司，各在京保险专业代理机构，各在京银邮类保险兼业代理机构，北京保险行业协会、北京保险中介行业协会：

为规范人身保险经营行为，维护投保人、被保险人和社会公众利益，根据《保险法》和《保险公司管理规定》、《人身保险新型产品信息披露管理办法》、《保险销售从业人员监管办法》等法律法规，我局制定了《北京地区人身保险经营行为管理办法》，现印发给你们，请遵照执行。各保险公司应将本办法转发至除银邮渠道外有合作关系的保险兼业代理机构。

二〇一四年六月二十日

北京地区人身保险经营行为管理办法

第一章　总　则

第一条　为了规范人身保险经营行为，维护投保人、被保险人和社会公众利益，根据《保险法》和《保险公司管理规定》、《人身保险新型产品信息披露管理办法》、《保险销售从业人员监管办法》等法律法规，结合北京市场实际，制定本办法。

第二条　北京地区保险公司及保险代理机构的人身保险经营行为，应当符合法律、行政法规、中国保监会的有关规定和本办法。

第二章　销售资质和诚信管理

第三条　各人身保险公司应加强保险销售从业人员的资质审核和管控，确保本公司及与本公司合作的专、兼业代理机构的保险销售从业人员持有《保险销售从业人员资格证书》（以下简称资格证书）。

各人身保险公司和专业代理机构的保险销售从业人员除取得资格证书外，还应取得保险公司或专业代理机构发放的执业证书。商业银行等专、兼业代理机构应在营业网点主动公示保险销售从业人员资质情况，供社会公众查询监督。

第四条　各人身保险公司相关管理信息系统应具备对代理机构资质信息进行校验的功能，对于未取得保险监管部门核发许可证或许可证过期的专、兼业代理机构，核心业务系统应自动予以控制，不予出单。

各人身保险公司要将保险销售从业人员信息纳入系统管理。保险销售从业人员信息应至少包括人员姓名、从业资格证书编号、所属保险公司或代理机构名称等。管理信息系统应具备对保险销售从业人员资质信息进行校验的功能，对于未取得资格证书或资格证书过期的销售人员，核心业务系统应自动予以控制，不予出单。

保险公司经营个人意外伤害保险业务不执行本条规定。

第五条　对于人身保险代理业务，各人身保险公司应在保单上载明专、兼业代理机构名称和保险销售从业人员姓名等内容。

第六条　北京保险行业协会要研究建立保险销售从业人员销售资格分级分类管理制度，提高销售人员的专业水平。

第七条　北京地区投资连结保险、变额年金保险销售人员应具备以下条件：

1. 大学本科及以上学历；
2. 一年以上寿险产品销售经验；
3. 无重大违规行为和欺诈行为。

第八条 各人身保险公司应加强保险销售从业人员的诚信管理，如实记录销售人员因不规范销售行为而受到处理的信息，及时将信息登记录入北京人身保险销售从业人员销售行为警示信息管理系统，并将相关材料报送北京保险行业协会。

第九条 各人身保险公司经纪业务参照上述第四条至第五条要求执行。

第三章 培训和宣传资料管理

第十条 各人身保险公司和专、兼业代理机构应加强销售培训的组织和管控，培训课件、培训讲义和销售用语等材料需经本公司或本机构合规审查后方可使用。

第十一条 各人身保险公司应按次妥善保存培训课件、培训讲义、销售用语和签到表等资料，保存时间不得少于5年。

第十二条 各人身保险公司应统一管理宣传资料，禁止分公司以下分支机构、专、兼业代理机构或个人自行印制宣传资料或使用违规宣传资料。专、兼业代理机构应对保险公司提供的宣传资料进行审查并记录存档，不得使用非保险公司总公司或其授权的分公司印制的宣传资料。

第四章 产品说明会管理

第十三条 本办法所称产品说明会是指各人身保险公司及其分支机构组织的，以宣传或销售保险产品为目的，以会议、讲座等形式开展的业务销售活动。以宣传或销售保险产品为目的的客户联谊会、客户答谢会等活动也适用本章规定。

第十四条 产品说明会应由人身保险公司分公司或在京直接经营业务人身保险公司总公司指定部门进行统一管理。

第十五条 各人身保险公司应统一管理在产品说明会上所散发和使用的各类宣传品资料、讲解人员使用的讲义内容和讲课课件。上述宣传品资料、讲义内容和讲课课件需经公司合规审查后方可使用。产品说明会主持人、讲解人员及其他参会工作人员应对其在产品说明会上的宣讲内容承担相应责任。

第十六条 各人身保险公司应加强对产品说明会讲解人员的管理，统一培训。

第十七条 产品说明会应进行全程录像。声像资料应全程正面摄录讲解人及其讲解课件，不得剪接编辑；各人身保险公司应采取技术手段提高摄录质量，确保声像资料的画面及其声音可以清晰再现产品说明会讲解情况。

第十八条 产品说明会举办单位应在会后7个工作日内将以下资料向人身保险公司分公司指定部门备案，备案资料至少包括：

1. 产品说明会召开时间、地点、举办方；

2. 产品说明会主持人、讲解人及其他参会工作人员、分公司或总公司参会领导名单；

3. 产品说明会议程流程、讲解人员演示的课件讲义内容（如PPT）以及其他在会场演示和散发的其他宣传资料；

4. 参加产品说明会的客户人数，营销员名单，现场签单情况统计；

5. 产品说明会全程录像的声像资料；

6. 各人身保险公司认为应保存的其他资料。

各人身保险分公司或在京直接经营业务人身保险公司总公司应妥善保存上述资料，保存时间不得少于5年。

第十九条 各人身保险公司应建立完善本公司有关产品说明会的管理制度和流程，确保政策执行到位。

第二十条 各人身保险公司应对本公司保险销售从业人员组织的，以宣传或销售本公司保险产品为目的、以会议、讲座等形式开展的业务销售活动（包括以宣传或销售保险产品为目的的客户联谊会、客户答谢会等）进行统一管理。

各兼业代理机构举办的以宣传或销售保险产品为目的，以会议、讲座等形式开展的业务销售活动（包括以宣传或销售保险产品为目的的客户联谊会、客户答谢会等），按照本章规定统一管理。

专业代理机构举办的上述活动参照本章执行。

第五章 电话销售业务管理

第二十一条 保险销售从业人员从事电话保险销售，应在销售过程中向客户告知其执业证书号码；保险代理机构开展电话销售业务的，其保险销售从业人员还应告知客户所代理的保险公司名称。

第二十二条 专、兼业代理机构以保险公司名义呼出电话时，应使用与保险公司相同的电话号码。

第二十三条 人身保险公司仅使用其他机构的场地和席位，派驻销售人员开展电销业务的，按照自建电销中心进行管理。

第六章 销售从业人员通过互联网宣传保险行为管理

第二十四条 各人身保险公司应对保险销售从业人员通过互联网宣传销售保险产品进行管理。保险销售从业人员通过自建网站或网页，或通过电子商务交易平台、网络论坛、博客、微博、微信、网上刊物、网络广告等方式宣传、销售保险产品的行为均适用本章规定。

第二十五条 各人身保险公司应对本公司保险销售从业人员通过互联网宣传销售保险产品的行为进行监督管理，并对其宣传、销售保险产品行为的合法性、合规性负责。

第二十六条 各人身保险公司应要求保险销售从业人员在通过互联网宣传销售保险产品时，明确其服务区域为北京，避免出现异地展业。

第二十七条 各人身保险公司应设专人管理，定期登陆互联网搜索、检查营销员宣传销售本公司产品的内容，并进行清理规范。

第七章 投资连结保险和变额年金保险产品销售适用管理制度

第二十八条 投连产品和变额年金产品销售适用管理制度，是指人身保险公司在销售投连产品和变额年金保险产品过程中，应根据投保人的风险承受能力推荐相应风险等级的产品，将适合的产品销售给适合的投保人。各人身保险公司在北京地区向个人客户销售投连产品和变额年金产品，应遵循销售适用管理制度。

第二十九条 投连产品和变额年金产品销售适用管理制度包括确定账户风险等级、调查投保人风险承受能力并确定投保人风险偏好类型，进行产品与投保人风险偏好类型匹配三个方面的内容。

第三十条 各人身保险公司在北京地区向个人客户销售投连产品和变额年金产品，应建立投连产品和变额年金产品销售适用管理制度，至少包括以下内容：

1. 设置投连产品和变额年金产品风险等级的标准及等级类别；

2. 对投保人风险承受能力调查的形式，确定投保人风险偏好的标准及类别；

3. 将投连产品和变额年金产品与投保人风险偏好类型进行匹配的原则。

第三十一条 各人身保险公司在推出投连账户和变额年金账户的同时，应根据该账户的投资方向、投资范围和投资比例，确定投连账户的风险等级。原则上应将投连产品和变额年金产品风险等级区分为高、中、低三个类别，并可根据实际情况进行细分。

第三十二条 各人身保险公司应定期评定已有投连账户和变额年金账户的风险等级。如有变化，应及时告知投保人。

第三十三条 各人身保险公司应制定科学合理的调查方法和简便有效的业务流程，调查投保人风险承受能力，评价其风险偏好。投保人风险偏好应通过其风险承受能力来反映，且至少应包括保守型、稳健型、积极型三个基础类型，并可根据实际情况进行细分。

第三十四条 各人身保险公司在销售投连产品和变额年金产品时，应对投保人进行调查和评价，由投保人签字确认，并向其反馈评价结果。

投保人明确拒绝接受风险承受能力调查的，各人身保险公司应对投保人进行必要的提示，揭示购买投连产品和变额年金产品可能面临的风险，并要求其亲笔抄录以下内容后签名，即“本人已阅读保险条款、产品说明书和投保提示，并了解投资连结保险/变额年金的产品特点、费用扣除和投资回报的不确定性，自愿放弃风险承受能力调查，并愿意承担相关风险”。保险公司应妥善留存有关书面记录。

第三十五条 各人身保险公司应在承保之前，将投连账户和变额年金账户与投保人风险承受能力进行匹配检验，并将账户风险超越投保人风险承受能力的情况定义为风险不匹配。

第三十六条 各人身保险公司应向投保人反馈匹配检验结果。对于同意承保的，各公司应将评价结果与匹配检验结果作为业务档案存档，存档期限不少于保单有效期限。有条件的公司，可在保险合同中附带评价结果与匹配检验结果，连同保险单一并向投保人提供。

第三十七条 人身保险公司不得违背投保人意愿向其销售与其风险承受能力不匹配的产品。投保人明确要求购买超过其风险承受能力的投连产品和变额年金产品的，人身保险公司应要求投保人进行确认，并留存书面确认信息。

第八章 新单回访管理

第三十八条 各人身保险公司应当在犹豫期内对合同期限超过一年的个人人身保险新单业务进行回访。严禁设置拒绝回访制度，或以其他方式引导客户放弃接受回访的权利。

第三十九条 对于因非投保人原因造成超犹豫期回访的保单，如在回访后合理期间内退保，应按犹豫期退保处理。合理期间应与该保单犹豫期天数一致。

因人身保险公司自身原因未成功回访或不能提供有效回访证明的，当投保人主张因销售人员误导销售而发生的合同纠纷时，人身保险公司应满足其合理诉求。

第四十条 各人身保险公司应就监管部门规定的回访内容逐一向投保人询问，并得到投保人的明确回答。回访中发现投保人未收到保险合同、投保资料非本人签名、投保人对监管规定的回访内容做出否定回答等问题时，该保单应作为问题件处理。对于因非投保人原因造成超犹豫期回访的保单，各人身保险公司应在回访中提示投保人在合理期间内享有的权利。对于通过银行等兼业代理机构销售的保单，各人身保险公司应在回访中提示该产品经营主体是保险公司。

第四十一条 新单回访应采用电话方式并全程录音，电话回访不成功的应以上门回访、书面信函或电子邮件等形式补充，并取得投保人书面或电子邮件确认的回访内容。上门回访工作不得由该笔业务销售人员单独完成。

第四十二条 各人身保险公司应妥善保存回访记录，有关资料至少应包括以下内容：

1. 回访工作人员姓名；
2. 回访具体时间；
3. 被回访客户姓名、保单号和回访电话号码；
4. 回访电话录音（未成功回访件应以书面回访记录代替并附未成功回访原因说明，采取电话回访以外形式的回访件应保存相应的证据材料）；
5. 保险公司认为应保存的其他资料。

第四十三条 人身保险公司应根据自身经营情况，通过系统筛选设置或核保控制，对大额投保件、高龄投保件或其他可疑投保件采取承保前回访或其他风险控制措施。

第九章 保单短信提示制度

第四十四条 各人身保险公司应对保险期限超过一年（不含一年）、投保对象为个人，且投保人留有手机号码的人身保险新单业务，在保险公司签发保单后24小时内，以保险公司的名义，向投保人的手机发送提示短信。提示短信应至少包括：保险公司名称、保险产品名称、保险期间、犹豫期起止时间（自签收保险合同之日起十日或十五日内）、期交保费及频次、公司统一客服电话，并请投保人仔细阅读保险合同条款。

第四十五条 各人身保险公司应通过北京分公司及以上层级机构设立的短信平台，以统一号码向投保人发送提示短信。各人身保险公司应以系统控制方式发送短信提示，不得以人工方式发送。

第十章 意外险业务管理

第四十六条 各保险公司意外险单证管理系统应完整记录各发放环节信息，实时记录单证状态、所在机构及领用人。通过专、兼业代理机构销售的，应记录专、兼业代理机构信息。

第四十七条 各保险公司要加强对代理销售意外险业务的专、兼业代理机构用户权限和网络接入的管理，通过锁定电话号码、硬件特征码、专用接入设备等手段杜绝非法接入，确保各专、兼业代理机构均为保险公司合法授权单位，不得允许仅凭用户名和密码登陆系统进行出单。对于停止合作的专、兼业代理机构，保险公司应及时注销其用户权限并收回有关设备及单证。

第四十八条 各保险公司意外险出单系统应与单证管理系统无缝对接，相互勾稽校验单证类型、编码和状态。对销售机构与单证领用机构不一致或单证未在待使用状态的情形，系统应予自动控制，不予出单。

第四十九条 旅行社等机构作为投保人投保旅意险等意外险业务时，保险公司应按照中国保监会的有关要求经营，并须符合以下要求：

1. 保险公司须向每一被保险人签发

保险凭证。保险凭证所载信息应符合中国保监会《人身意外伤害保险业务经营标准》(以下简称《标准》)第二条第一款要求。保险凭证所列示“保险费”金额应与团体保险合同中各被保险人的保费金额一致。

2. 团体保险合同中应约定由投保人负责向被保险人送达保险凭证。能向被保险人提供互联网自主查询、打印保险凭证服务的,保险公司可不签发纸质凭证,但应在保险合同中约定由投保人以书面形式告知被保险人查询、打印保险凭证的途径和方法。保险公司应对后续履行情况加强跟踪管理。

第五十条 各保险公司应在签发意外险保单或客户注册激活意外险保单后10分钟内向客户提供电话查询服务。保险公司提供的电话和网络查询服务,应确保团体意外险被保险人查询到本人的保险信息。

保险公司为客户提供的查询电话应在保单、保险凭证和公司官方网站明示,并向北京保险行业协会备案。北京保险行业协会通过官方网站等渠道公示各公司查询电话。

第五十一条 各保险公司应在意外险保单保险起期前将承保信息及时准确录入核心业务系统,并严格按照权责发生制原则确认保费收入。

第五十二条 《标准》第三条第五款规定“意外险产品不得捆绑在非保险类商品或服务上向不特定公众销售或变相销售”,其中“捆绑”是指意外险产品不单独标价或不作为单独产品向客户销售的行为。意外险产品作为赠品赠送的,保险产品应作为单独产品向客户提供,保险单证印制、保险合同要素等应符合《标准》和本章要求。

第十一章 信息披露和行业自律

第五十三条 北京保险行业协会通过互联网站向社会公众提供保险教育、消费提示、合同纠纷调解和信息查询等服务,公布各人身保险公司个人业务保险条款、费率和宣传资料等产品信息,披露保险销售从业人员违法违规记录和投诉记录信息。

第五十四条 北京保险行业协会应督促各人身保险公司执行北京地区寿险公司销售行为关键指标改善计划,并逐步向社会披露,为消费者选择承保公司及购买渠道提供参考。

第五十五条 北京保险行业协会和北京保险中介行业协会应发挥行业自律作用,建立巡查机制,加强对销售行为合规性的监督检查,持续规范各人身保险公司销售行为。

第十二章 附 则

第五十六条 本办法未尽事宜,按中国保监会有关规定执行。

第五十七条 本办法自2014年8月1日起实施。本办法实施之日起,废止北京保监局《关于加强人身保险产品说明会管理有关问题的通知》(京保监发〔2007〕200号)、《关于规范营销员通过互联网宣传销售人身保险产品有关问题的通知》(京保监发〔2007〕201号)、《关于规范个人人身保险业务新单回访有关要求的通知》(京保监发〔2007〕202号)、《关于转发中国保监会〈关于加强投资连结保险销售管理有关事项的通知〉的通知》(京保监发〔2007〕256号)、《关于严格执行个人人身保险业务新单回访规定的通知》（京保监发〔2008〕294 号）、《关于在北京地区建立投资连接保险产品销售适用制度的通知》（京保监发〔2008〕311 号）、《关于进一步规范意外险业务的通知》（京保监发〔2010〕173 号）、《关于进一步规范人身保险销售行为的通知》（京保监发〔2011〕52 号）、《关于进一步加强北京地区人身保险业务销售资质管理的通知》（京保监发〔2012〕71 号）、《关于贯彻落实〈人身保险电话销售业务管理办法〉有关事项的通知》（京保监发〔2013〕161 号）。

关于规范北京地区机动车辆保险管理有关问题的通知

京保监发〔2014〕240 号

各财产保险公司北京分公司，现代财产保险（中国）有限公司、中意财产保险有限公司、苏黎世财产保险（中国）有限公司，北京保险行业协会：

为促进北京保险行业提高机动车辆保险管理服务水平，保护保险消费者合法权益，现将规范北京地区机动车辆保险管理的有关要求通知如下：

一、保险公司应在机动车辆保险投保单上明列主险和附加险，提示投保人自主选择确认。

二、在订立保险合同时，保险公司应核实投保人身份，就免责条款内容向投保人作出明确说明，提示投保人在投保单上签章后，方能出具保单。保险公司应妥善保存投保单及投保人身份证明材料。

三、投保人或被保险人委托他人代办投保或理赔事宜时，保险公司应提示代办人如实填写委托人及代办人姓名，并留存委托人及代办人的身份信息及授权委托书。

四、保险公司与代理机构签订的代理合作协议中，应明确要求代理机构履行如实告知义务，以及未履行如实告知义务应承担相应的法律责任。

五、保险公司应加强客户信息真实性管理工作，切实保障客户的知情权。鼓励保险公司在承保环节及支付赔款环节，充分运用信息技术手段核实投保人、被保险人身份信息，切实防范销售误导或虚假赔付风险。

六、保险公司应规范机动车辆保险退保管理。投保人要求退保商业机动车辆保险时，保险公司应予以办理并退还保险费；车辆发生转让时如受让人要求退保商业机动车辆保险，保险公司应告知受让人《保险法》相关规定，避免矛盾纠纷产生。

七、保险公司应加强接报案环节管控。规范接报案话术，核实报案人身份和保险事故情形，并向报案人提示理赔流程及注意事项。报案人应为被保险人或出险车辆驾驶员，他人代报案的，保险公司应要求其提供被保险人真实联系方式，并向被保险人核实出险报案信息。

八、保险公司应及时安排查勘定损，

并将报案号、案件处理进程及各环节理赔服务人员姓名和电话等信息告知报案人或被保险人。案件处理期间保险公司应确保理赔服务人员电话畅通。

九、被保险人报案后未及时进行查勘定损的，保险公司应主动与被保险人联系协商查勘定损事宜。无法联系被保险人或被保险人不配合查勘定损的，保险公司应留存相关证据资料。

十、保险公司应告知被保险人定损注意事项，允许被保险人自行选择承保公司的定损中心。对需要现场查勘的案件，保险公司应与被保险人协商到达事故现场的时间，并安排查勘人员按时到达；对无法按约定时间到达的，保险公司应提前告知被保险人，并再次协商查勘事宜。

十一、在核定损失前，保险公司应先核定事故是否属于保险责任。属于保险责任的，应及时核定损失金额，将核定结果通知被保险人，并留存履行通知义务的证据资料；不属于保险责任的，应以书面形式向被保险人出具拒赔通知书。拒赔通知书应包含事故情形简要描述、拒赔原因及拒赔所依据的条款。保险公司应保存完整的拒赔案件资料。

十二、保险公司应在定损环节向被保险人出具理赔材料清单。对于理赔材料提交不完整的，保险公司应一次性要求被保险人补充提供。保险公司应妥善保存通知被保险人或第三方配合查勘定损以及补充提供理赔材料的沟通记录。

十三、对责任明确的事故，无法核定全部损失的，保险公司应根据已有证明和材料先行支付可确定金额的赔款，并在核心业务系统中标示为“先行赔付案件”。确定全部赔偿金额后，及时支付相应差额，并做结案操作。

十四、本通知自发布之日起实施。《关于转发〈北京市公安交通管理局关于认定驾驶人未取得驾驶资格标准问题的复函〉的通知》（京保监发〔2010〕336号）、《关于〈气象证明〉等机动车辆保险理赔材料有关问题的通知》（京保监发〔2011〕323号）、《关于加强北京地区机动车辆保险理赔管理有关问题的通知》（京保监发〔2012〕182号）、《关于规范北京地区机动车辆保险管理有关问题的通知》（京保监发〔2013〕26号）、《关于规范机动车商业保险退保业务有关要求的通知》（京保监发〔2013〕294号）同时废止。

二〇一四年七月十四日

关于印发《北京地区机动车辆商业保险电子保单管理试点办法》的通知

京保监发〔2014〕386号

各财产保险公司北京分公司，现代财产保险（中国）有限公司、中意财产保险有限公司、苏黎世财产保险（中国）有限公司，北京保险行业协会，中国保险信息技术管理有限责任公司北京分公司：

根据中国保监会《关于同意在北京地区开展机动车辆保险电子保单试点的批复》（保监产〔2013〕481号）要求，我局决定在北京地区开展机动车辆商业保险电子保单（以下简称车险电子保单）试点工作。为规范车险电子保单管理，切实保护保险消费者合法权益，我局制定了《北京地区机动车辆商业保险电子保单管理试点办法》（以下简称《试点办法》）。现印发给你们，并将有关事项通知如下，请遵照执行。

一、各单位要高度重视车险电子保单试点工作，加强组织领导，切实做好试点工作的准备、组织以及实施。

二、各保险公司应根据《试点办法》制定车险电子保单管理制度，完善业务流程，改造信息系统。

三、北京保险行业协会（以下简称行业协会）应根据《试点办法》制定试点实施细则，明确业务流程及信息系统要求。中国保险信息技术管理有限责任公司北京分公司应配合行业协会，根据《试点办法》完善车险信息平台功能，做好与各家保险公司的系统对接，开发车险电子保单验证服务功能。

四、保险公司完成试点准备工作后，应向我局报告，经我局组织行业协会验收合格后，方可开展试点工作。

五、我局将及时向社会公布试点公司名单，在确保保险消费者合法权益的情况下，有序推进试点工作。

二〇一四年十一月十三日

北京地区机动车辆商业保险电子保单管理试点办法

第一章　总　则

第一条　为规范机动车辆商业保险电子保单（以下简称车险电子保单）的管理，维护市场秩序，保护保险消费者合法权益，根据《中华人民共和国保险法》及相关法律法规，制定本办法。

第二条　本办法适用于北京市行政区域内保险公司使用车险电子保单开展机动车辆商业保险业务的有关经营活动。

第二章　定　义

第三条　本办法中用语的定义如下：

车险电子保单，是指保险公司向投保人签发的以数据电文形式存在的证明机动车辆商业保险合同关系的电子证明文件，是纸质保险单和保险批单的电子替代品。车险电子保单的生成、发送、接收、储存和载明的内容应符合有关法律法规的要求。

数据电文，是指以电子、光学、磁或者类似手段生成、发送、接收或者储存的信息。

第三章　行为规范

第四条　保险公司开展试点工作应遵循以下要求：

（一）保险公司应依据本办法制定专门的车险电子保单业务流程和制度，为保险消费者提供方便、快捷的保险服务。

（二）保险公司应本着投保人自愿的原则使用车险电子保单。保险公司应向投保人签发车险电子保单，投保人有明确要求的，应同时提供纸质保险单。

（三）车险电子保单的内容及格式应与中国保监会监制的商业车险纸质保单一致。

（四）保险公司承保生成车险电子保单后，应即时使用统一、规范的方式向投保人提供的电话号码发送告知信息，告知信息应包括但不限于：保单号、被保险车辆号牌号码、保险期限、保费金额、车险电子保单的查询、下载及验真方式。同时，保险公司应向投保人提供的电子邮箱发送车险电子保单及其查询、下载、验真方式。车险电子保单发生批改时，应即时以短信、电子邮件等方式告知投保人批改内容。

（五）保险公司信息系统应具备生成、储存、修改、传递、查询、下载及验真车险电子保单等功能，并应及时、完整、准确的向车险信息平台传递车险电子保单信息。保险公司应确保车险电子保单信息安全，修改车险电子保单信息应具备相应权限并保留修改痕迹。

（六）保险公司应提供多渠道的车险电子保单查询、下载及验真服务，包括但不限于官方网站、客户服务电话及营业场所。其中，保险公司官方网站应在显著位置设立车险电子保单专栏，提供有效期内的车险电子保单的查询和下载服务。保险公司营业场所提供签发之日起不少于5年的全部车险电子保单的查询服务。保险公司因突发情况无法提供车险电子保单查询、下载及验真等服务的，应即时在官方网站进行公告，其他情况下应提前3天在官方网站进行公告。

（七）保险公司应完整、准确的向社会公布车险电子保单的格式样本、客户服务电话、客户服务电子邮箱、车险电子保单查询、下载及验真方式等信息。

（八）保险公司应加强对保险中介机构（个人）销售车险电子保单行为的业务指导和管理。

（九）保险公司应严守客户信息保密制度，对提供服务过程中获得的投保人或被保险人的个人信息保密，不得泄露、出售或者非法提供给他人。

第四章 服务与保障

第五条 保险公司应制定鼓励保险消费者选择车险电子保单的服务措施，引导保险消费者参与车险电子保单试点。

第六条 保险公司应设立专人专岗协调、处理车险电子保单试点工作中遇到的各类问题，遇到重大问题应及时上报北京保监局。

第七条 保险公司应制定车险电子保单日常投诉处理机制以及发生重大突发事件的应急预案。

第八条 北京保险行业协会应制定试点工作实施细则，明确业务流程及信息技术标准，确保试点工作顺利开展。

第九条 北京保险行业协会应完善车险信息平台系统功能，真实、完整、准确的储存各保险公司的车险电子保单信息，并通过行业协会网站向保险消费者提供车险电子保单的验证服务。

第十条 中国保险信息技术管理有限责任公司北京分公司应根据车险电子保单试点工作需求，为完善车险信息平台系统功能提供技术支持。

第五章 法律责任

第十一条 北京保监局依照本办法对

使用车险电子保单的机动车辆商业保险业务经营活动实施监督管理。保险公司执行本办法过程中违反《中华人民共和国保险法》等有关法律法规的，北京保监局将依法进行处罚。

第六章　附　则

第十二条　本办法自下发之日起执行。

中关村科技园区管理委员会

中关村国家自主创新示范区小额贷款保证保险试点办法

中科园发〔2014〕17号

第一章　总　则

第一条　为推进中关村国家自主创新示范区小额贷款保证保险（以下简称贷款保证保险）试点工作，发挥保险增信作用，解决中关村国家自主创新示范区企业融资难问题，根据国家发展改革委等9部委与北京市政府联合发布的《关于中关村国家自主创新示范区建设国家科技金融创新中心的意见》（京政发〔2012〕23号）和《中关村国家自主创新示范区小微企业信贷风险补偿资金管理办法（试行）》（中示区组发〔2013〕4号）等相关文件精神，制定本办法。

第二条　贷款保证保险是指企业以自身信用作为保险标的投保，获得保险公司为企业还款能力提供保险，并以此获得银行贷款的业务。当借款人因故不能如期还款时，保险公司依据保险合同约定承担相应的经济赔偿责任。

第三条　贷款保证保险试点采取“政府引导、政策支持、市场运作、风险共担”的运作方式。

第二章　运作机制

第四条　贷款保证保险应当由与中关村科技园区管理委员会（以下简称中关村管委会）合作的保险公司和银行试点实施。合作机构名单，通过中关村管委会网站（www.zgc.gov.cn）向社会公开发布。

第五条　贷款保证保险的服务对象应同时符合下列条件：

（一）中关村高新技术企业；

（二）中关村企业信用促进会会员；

（三）具有1年以上的连续经营记录，且上一年度总收入不超过1亿元（含）；

（四）使用人民银行企业信用报告和中关村标准征信报告，无不良信用记录；

（五）单笔贷款本金不超过500万元，且单个企业年度贷款本金总额不超过1 000万元；

（六）贷款期限不超过1年。

第六条 保险公司与银行应协商签订合作协议，联合开展贷款企业资信调查，并按风险可控的原则，优化审批流程，提高审批效率，共同为企业提供快捷、便利的融资服务。

第七条 保险公司和银行可根据企业实际风险和资信状况实行差别化利率和保险费率，不收取除保险费和利息以外任何形式的其他费用，原则上不增加企业的融资成本。

第八条 保险公司和银行可依据经营实际，针对保险合同约定赔偿的贷款本金和利息，商定各自的风险分担比例。分担比例应在合作协议、保险合同中予以明确，并报北京市中关村企业信用促进会备案。

第九条 保险公司应切实做好理赔服务，严格按照保险合同约定，将扣除银行承担部分的剩余贷款本金和利息，依法及时全部赔付银行。

第十条 保险公司向银行赔付的同时，可按保险合同约定向贷款企业进行追偿，按协议要求银行积极配合提供相关资料。对有恶意逃废金融债务行为的企业，可移交司法机关依法处理，并采取有效措施依法追偿欠款。银行也应将贷款发放及偿还信息纳入人民银行征信系统管理。

第十一条 保险公司与银行应在风险管控、信息共享、追索欠款等方面密切合作，定期交流共享业务受理、客户信息、保险承保理赔、贷款发放、贷款逾期等有关情况。

第三章 支持政策

第十二条 中关村管委会按照先付后贴的原则，对投保贷款保证保险获得贷款并按期还本付息的企业，按照银行贷款基准利率的一定比例提供贷款贴息。单个企业的年度贴息总额不超过30万元。贴息比例与企业的信用“星级”对应关系如下：一星级企业贴息比例为20%（初次申请贷款的企业，按照一星级企业贴息标准执行）；二星级企业贴息比例为25%；三星级企业贴息比例为30%；四星级企业贴息比例为35%；五星级企业的贴息比例为40%；“瞪羚重点培育企业”在原有贴息比例基础上提高5%。企业“星级”评定标准参照《中关村国家自主创新示范区企业信用星级评定管理办法》执行。

第十三条 企业的同一笔贷款只能在中关村管委会申请一种方式的贴息支持。

第十四条 根据《中关村国家自主创新示范区小微企业信贷风险补偿资金管理办法（试行）》（中示区组发〔2013〕4号）的规定，企业投保贷款保证保险后产生不良贷款的本金损失部分，由中关村国家自主创新示范区小微企业信贷风险补偿资金（以下简称风险补偿资金）和保险公司共同分担。具体分担比例如下：

（一）年度总收入2 000万元（含）以下的小微企业，贷款本金损失部分，由风险补偿资金承担50%，保险公司承担50%；

（二）年度总收入超过2 000万元且小于1亿元（含）的小微企业，贷款本金损失部分，由风险补偿资金承担40%，保险公司承担60%。

第四章 补贴款使用

第十五条 北京中关村企业信用促进会集中受理投保企业的贷款贴息申请，并代中关村管委会将补贴资金支付给企业。企业应在按时还本付息后6个月内提出申请，逾期不再受理。

第十六条 投保企业通过北京中关村企业信用促进会向中关村管委会申请贷款贴息时，应向北京中关村企业信用促进会提交下列材料一式两份：

（一）中关村企业信用促进会会员证书复印件；

（二）企业星级证书复印件；

（三）《保证保险融资补贴申请报告》（企业法定代表人签字并加盖保险公司及企业公章）；

（四）企业贷款利息单汇总表（加盖银行公章）；

（五）企业交纳的银行贷款利息单复印件（加盖企业公章）；

（六）北京中关村企业信用促进会要求提交的其他材料。

第十七条 北京中关村企业信用促进会代企业向中关村管委会申请贷款贴息时，应提交下列材料：

（一）中关村企业信用促进会会员证书复印件；

（二）企业星级证书复印件；

（三）企业贷款利息单汇总表（加盖银行公章）；

（四）企业交纳的银行贷款利息单复印件（加盖企业公章）；

（五）《代企业申请保证保险融资补贴报告》；

（六）《企业保证保险融资补贴明细汇总表》；

（七）中关村管委会要求提交的其他材料。

第十八条 中关村管委会收到上述材料并审核完毕后，将补贴款拨付给北京中关村企业信用促进会。北京中关村企业信用促进会在收到有关补贴资金后的 15 个工作日内，将补贴款拨付给申请企业。

北京中关村企业信用促进会应于资金拨付完成后 5 个工作日内，向中关村管委会提交资金拨付情况的说明。

第十九条 保险公司申请风险补偿资金的办理流程和提交材料要求，参照《中关村国家自主创新示范区小微企业信贷风险补偿资金管理办法（试行）》（中示区组发〔2013〕4 号）中“合作担保公司”的相关规定执行。

第二十条 获得风险补偿资金的保险公司依据相关合同和法律规定的追偿手续追回部分或者全部代偿款或者不良贷款的，应当按照风险补偿资金承担的比例，返还到风险补偿资金专户。

第五章 监督管理

第二十一条 试点保险公司及银行应于每月结束后 7 个工作日内向北京中关村企业信用促进会报送《企业贷款保证保险情况月度报表》和《企业贷款保证保险融资情况月度报表》。北京中关村企业信用促进会应及时汇总以上情况，并于每月结束后 10 个工作日内报送北京保监局、北京银监局、人民银行营业管理部、北京市金融工作局和中关村管委会。

各合作机构应按规定报送相关月度报表。合作机构不能按时提交相关资料或者不配合相关工作的，中关村管委会有权取消其合作机构资格。

第二十二条 北京保监局、北京银监局、人民银行营业管理部、北京市金融工作局和中关村管委会等相关单位按照各自职责对各试点保险公司和银行的贷款保证保险相关服务情况进行监督。合作保险公司和银行在为企业提供服务时有违规行为，或弄虚作假的，中关村管委会将取消其合作机构资格。企业申请补贴款时弄虚作假的，中关村管委会将收回补贴款，并且今后不再受理其公共政策申请。

第六章　附　则

第二十三条　本办法由中关村管委会负责解释。

第二十四条　本办法自发布之日起实施。2014 年 1 月 1 日起，符合本办法条件的企业获得小额贷款保证保险的，适用本办法。

附：

2014 年文件与规章目录选编

中国人民银行营业管理部

1. 中国人民银行营业管理部关于印发《中国人民银行营业管理部代理人民币发行库守卫工作实施细则（试行）》的通知

银管发〔2014〕8 号

2. 中国人民银行营业管理部关于做好支付机构客户备付金信息核对校验工作的通知

银管发〔2014〕24 号

3. 中国人民银行营业管理部　中关村科技园区管理委员会关于进一步完善科技金融监测工作的通知

银管发〔2014〕26 号

4. 中国人民银行营业管理部关于开展 2014 年“金融消费者权益日”活动的通知

银管发〔2014〕38 号

5. 中国人民银行营业管理部关于进一步做好人民币流通状况调查工作的通知

银管发〔2014〕39 号

6. 中国人民银行营业管理部关于开展备付金协议和银行账户业务专项检查的通知

银管发〔2014〕43 号

7. 中国人民银行营业管理部关于北京市金融风险监测系统正式上线的通知

银管发〔2014〕50 号

8. 中国人民银行营业管理部关于开展 2014 年北京市银行卡联网通用专项检查工作的通知

银管发〔2014〕76 号

9. 中国人民银行营业管理部关于进一步加强小面额人民币供应长效机制建设的通知

银管发〔2014〕77 号

10. 中国人民银行营业管理部关于做好北京市支付机构监管信息系统建设工作的通知

银管发〔2014〕80 号

11. 中国人民银行营业管理部关于开展“人民币整洁度提升年”活动的通知

银管发〔2014〕106 号

12. 中国人民银行营业管理部关于做好 2014 年北京市金融 IC 卡应用推进工作的通知

银管发〔2014〕113 号

13. 中国人民银行营业管理部关于组织开展安防集中管控系统联网建设的通知

银管发〔2014〕118 号

14. 中国人民银行营业管理部关于印发《北京地区企业征信机构备案办理流程指引》（试行）和《北京地区个人征信机构设立申请材料初步审核流程指引（试行）》的通知

银管发〔2014〕127 号

15. 中国人民银行营业管理部　中国银行业监督管理委员会北京监管局　北京市农村工作委员会关于扎实做好新型农业经营主体金融服务　大力推动北京农业现代化发展的意见

银管发〔2014〕138 号

16. 关于支持中关村国家自主创新示范区推广商业承兑汇票融资模式的指导意见

银管发〔2014〕161 号

17. 北京市经济和信息化委员会　中国人民银行营业管理部关于印发 2014 年北京市社会信用体系建设重点任务的通知

银管发〔2014〕168 号

18. 中国人民银行营业管理部关于开展金融统计数据核查的通知

银管发〔2014〕180 号

19. 中国人民银行营业管理部关于建立法人金融机构流动性监测制度的通知

银管发〔2014〕191 号

20. 中国人民银行营业管理部　中关村科技园区管理委员会关于深入推进"中关村零信贷小微企业金融服务拓展活动"的通知

银管发〔2014〕231 号

21. 中国人民银行营业管理部关于建立北京地区金融机构委托贷款季度统计调查制度的通知

银管发〔2014〕233 号

22. 中国人民银行营业管理部关于做好北京地区金融 IC 卡与移动金融宣传工作的通知

银管发〔2014〕234 号

23. 中国人民银行营业管理部关于印发《北京市金融机构人民币管理工作考核办法》和《2014 年北京市金融机构人民币管理工作考核标准》的通知

银管发〔2014〕236 号

24. 中国人民银行营业管理部关于开展 2014 年北京市反洗钱宣传月活动的通知

银管发〔2014〕241 号

25. 中国人民银行营业管理部关于督办银行业金融机构落实同业业务规范的通知

银管发〔2014〕250 号

26. 中国人民银行营业管理部关于规范申请专用存款账户取现有关事项的通知

银管发〔2014〕261 号

27. 中国人民银行营业管理部关于开展支付系统宣传活动的通知

银管发〔2014〕280 号

28. 中国人民银行营业管理部关于印发《中国人民银行营业管理部岗位（廉政）风险防控管理实施细则（试行）》的通知

银管发〔2014〕282 号

29. 中国人民银行营业管理部关于印发加快推进在京企业集团财务公司利率定价机制建设指导意见文件的通知

银管发〔2014〕287 号

30. 中国人民银行营业管理部关于开展 2014 年北京市反假货币暨现金服务贴心工程宣传月活动的通知

银管发〔2014〕293 号

31. 中国人民银行营业管理部关于实施北京金融城域网设备更新扩容工作有关事项的通知

银管发〔2014〕304 号

32. 中国人民银行营业管理部关于开展 2014 年北京地区黄金市场投资者教育主题宣传活动的通知

银管发〔2014〕306 号

33. 中国人民银行营业管理部关于做

好“和”字书法（草书）普通纪念币发行工作的通知

银管发〔2014〕307 号

34. 中国人民银行营业管理部关于北京市支付机构监管信息系统第一阶段上线试运行的通知

银管发〔2014〕318 号

35. 中国人民银行营业管理部关于开展北京市银行业金融机构冠字号码查询分类贴标工作的通知

银管发〔2014〕323 号

36. 中国人民银行营业管理部关于在代理发行库开展精细化管理及“三严一争”专项活动的通知

银管发〔2014〕324 号

37. 中国人民银行营业管理部关于进一步加强北京市金融机构重大事项报告工作的通知

银管发〔2014〕335 号

38. 中国人民银行营业管理部关于规范开展与支付机构合作及备付金存管工作的意见

银管发〔2014〕347 号

39. 中国人民银行营业管理部关于印发《北京市金融统计工作考核评比办法》的通知

银管发〔2014〕351 号

40. 关于印发《北京市小额担保贷款奖励性补助资金管理管理办法》的通知

银管发〔2014〕352 号

41. 中国人民银行营业管理部关于防范利用伪造境外银行卡进行欺诈交易风险提示的通知

银管发〔2014〕354 号

42. 中国人民银行营业管理部关于进一步完善利率监测统计制度的通知

银管发〔2014〕360 号

43. 中国人民银行营业管理部关于加强金融机构黄金市场业务统计监测及报送工作的通知

银管发〔2014〕373 号

44. 中国人民银行营业管理部　北京市金融工作局关于开展小额贷款公司信用评级和评价试点工作的通知

银管发〔2014〕387 号

中国银行业监督管理委员会北京监管局

1. 北京银监局关于落实简政放权改进市场准入工作有关事项的通知

京银监发〔2014〕150 号

2. 北京银监局关于推进辖内商业银行分支机构分行级同城灾备系统建设的通知

京银监发〔2014〕142 号

3. 北京银监局关于印发北京地区 2014 年“金融知识进万家”银行业金融知识宣传服务月活动方案的通知

京银监发〔2014〕136 号

4. 关于印发《关于推进人民法院与银行业金融机构执行联动机制建设的指导意见》的通知

京银监发〔2014〕134 号

5. 北京银监局关于印发商业银行产品销售录音录像工作指引的通知

京银监发〔2014〕132 号

6. 北京银监局关于印发第三届北京银行业小微企业金融服务宣传月活动工作方案的通知

京银监发〔2014〕96 号

7. 北京银监局办公室关于印发北京银监局及辖内银行业深化改革工作方案的通知

京银监办发〔2014〕34 号

8. 北京银监局关于个人综合消费贷款领域风险提示的通知

京银监发〔2014〕95 号

9. 北京银监局关于中小商业银行设立社区支行、小微支行有关事项的通知

京银监发〔2014〕67 号

10. 北京银监局办公室关于印发北京地区银行业社会监督员工作制度的通知

京银监办发〔2014〕7 号

中国证券监督管理委员会
北京监管局

1. 北京证监局关于 2013 年服务首都实体经济和北京证券期货业运行情况的报告

京证监字〔2014〕33 号

2. 北京证监局关于 2014 年全国证券期货监管工作会议情况的报告

京证监字〔2014〕34 号

3. 北京证监局关于支持本市小微企业发展工作情况的报告

京证监字〔2014〕41 号

4. 北京证监局关于 2014 年促进资本市场服务首都经济主要工作的报告

京证监字〔2014〕53 号

5. 关于下发《证券公司参与股指期货、国债期货交易专项监管报表》及《证券公司指标监管报表编报指引第 7 号》的通知

京证监发〔2014〕12 号

6. 关于发布实施《北京辖区证券营业部监管分类评价办法（试行)》的通知

京证监发〔2014〕24 号

7. 关于北京辖区证券经营机构贯彻落实中小企业投资者合法权益保护工作有关事项的通知

京证监发〔2014〕50 号

8. 关于取消证券公司境内分支机构负责人任职资格核准有关问题的通知

京证监发〔2014〕279 号

9. 关于证券公司试点发行短期公司债券有关事宜的通知

京证监发〔2014〕300 号

中国保险监督管理委员会
北京监管局

1. 关于进一步加强政策性农业保险承保理赔管理工作的通知

京保监发〔2014〕98 号

2. 关于开展保险公司兼业代理业务自查清理工作的通知

京保监发〔2014〕154 号

3. 关于取消部分考评通报制度和进一步明确保险公司定期报送材料的通知

京保监发〔2014〕155 号

4. 关于做好 2014 年汛期保险服务有关问题的通知

京保监发〔2014〕185 号

5. 关于印发《在京保险机构高级管理人员培训管理办法》的通知

京保监发〔2014〕190 号

6. 关于修订《北京保险业突发事件应急预案》的通知

京保监发〔2014〕212 号

7. 关于印发《北京地区人身保险经营行为管理办法》的通知

京保监发〔2014〕213 号

8. 关于规范北京地区机动车辆保险管理有关问题的通知

京保监发〔2014〕240 号

9. 北京保监局关于加强车险理赔服

务质量管理有关问题的通知

京保监发〔2014〕291 号

10. 关于进一步明确北京保险市场统计分析工作要求的通知

京保监发〔2014〕333 号

11. 关于统一北京地区保险销售从业人员资格考试学历要求的通知

京保监发〔2014〕348 号

12. 关于印发《北京地区机动车辆商业保险电子保单管理试点办法》的通知

京保监发〔2014〕386 号

北京市金融工作局

1. 北京市金融工作局关于印发《北京市开展非法集资风险专项排查活动工作方案》的通知

京金融〔2014〕64 号

2. 关于印发北京市非融资性担保公司清理规范工作方案的通知

京金融〔2014〕73 号

3. 北京市金融工作局　北京市重大项目建设指挥部办公室关于联合印发《北京市棚户区改造项目专项贷款资金管理办法》的通知

京金融〔2014〕142 号

4. 北京市金融工作局关于印发北京市小额贷款公司贷款五级分类及贷款损失准备金计提指导意见的通知

京金融〔2014〕174 号

5. 北京市金融工作局关于加强本市融资性担保行业规范发展的指导意见

京金融〔2014〕180 号

6. 关于促进首都金融人才发展的意见

京金融〔2014〕197 号

七、专题与调研

北京农村土地制度改革及金融支持的调研报告

中国人民银行营业管理部　金融研究处

2014年，从中央一号文件到北京农村工作会议都将农村土地制度改革作为重要抓手。作为支持农村土地改革中重要的一环，北京市金融机构探索推进相关金融产品与服务模式的创新。就此，我们相继走访了大兴区政府、北京市农委，召开银行座谈会，调研发现：当前银行已尝试开展农村土地承包经营权以及林权抵押贷款，支持风险可控、自身平衡的集体经营性建设用地流转及附着产业建设项目并取得初步成效，但仍存在部分问题亟待解决。

一、北京地区农村集体土地的基本情况及改革进展

依照《土地法》规定，除城市市区和法律特别规定的土地属于国家所有外，农村和城市郊区的土地都属于农民集体所有，并由村或乡（镇）农村集体经济组织经营、管理。从用途上看，农村集体土地可以进一步分为农用地、集体建设用地和未利用地。其中农用地是指直接用于农业生产的土地，包括耕地、林地、草地、农田水利用地、养殖水面等；农村集体建设用地主要包括农村集体经营性建设用地、宅基地和农村公益事业与公共设施用地。公开数据显示，北京市农业用地为1 649万亩，其中耕地面积324.8万亩，基本农田280万亩；截至2011年底，全市农村集体建设用地为1 539平方公里，其中宅基地为574平方公里。

（一）北京地区农村土地改革的背景

1. 农村劳动力非农迁移率上升为土地流转提供了前提条件

随着农民教育程度提高、就业机会增加，大量青壮年农村劳动力不断向城市迁移，弃耕弃种土地增加，农村土地承包经营权流转意愿随之增强。

2. 农业规模化种植效益的提高对农业用地流转提出了客观要求

据统计，北京市种植面积在30亩以下家庭经营的比例仍在50%以上。小规模的土地分散经营方式和大市场之间出现了矛盾，客观上要求以统一种植、统一管理、机械化改造为特征的规模经营。

3. 经济结构调整和产业升级是集体经营性建设土地统筹利用的现实选择

北京市的集体经营性建设用地主要以工矿仓储业和商贸服务业为主，地上附着产业比较低端，没有形成合理的产业布局和聚集效益，用地效率偏低，由此带来产业升级乏力、人员流动无序、风险隐患突出等一系列问题。

（二）北京地区农村土地改革的基本情况

依据《中共中央关于全面深化改革若干重大问题的决定》中涉及农村集体土地的内容以及中央一号文件，北京市委市政府出台了《中共北京市委　北京市

人民政府关于全面深化农村改革加快推进城乡发展一体化的意见》文件，提出要深入推进“土地流转起来、资产经营起来、农民组织起来”，以“新三起来”为抓手深化农村土地制度改革，主要是解决农村承包土地、集体经营性建设用地和宅基地“三块地”的问题，推动承包土地有序流转，促进集体经营性建设用地节约利用。

1. 推动农用土地以多种方式进行流转

农用土地流转，其核心便是拥有土地承包经营权的农户保留承包权，将土地经营权转让给其他农户或经济组织。通过农村土地承包经营权的流转，提高土地资源的配置效率并增加农民的收入。当前，全市农用土地流转总面积已达到 237.1 万亩，占确权土地总面积的 51.3%，其中耕地面积流转比例已达 61.2%，形成了农村土地互换、出租、入股、转包等流转方式。

土地转包是指村集体经济组织内部承包方将其承包经营权的全部或者部分转给同一村集体经济组织内部的其他农户从事农业生产，这是目前农村土地流转面积最大、比例最高的一种形式。

土地出租是指农户签订租赁合同，将其所承包的全部或部分农村土地租赁给农业生产大户、农业产业化龙头企业或合作社从事农业生产。与土地转包相比，土地出租可以向村集体之外进行流转。

土地入股是将村净资产量化给个人，北京农村地区在第一轮农用地确权中推行了确权确股、确权确利的形式，凡是具有获得土地承包权资格的农民每人平均一份。入股后，大部分土地由村集体统一经营管理，农民集体安置就业或按月发放生活补助、享受股份分红。

土地互换是指村集体经济组织内部的土地承包方为了便于耕种或者规模种植的需要，交换自己的承包地，其土地承包经营权也进行相应的交换。

表 1　农用土地流转方式占比

方式	转包	出租	入股	互换	其他
占比	43.2%	30.6%	14%	10.2%	2%

2. 农村集体经营性建设用地依托集体联营公司进行统筹利用

为有效解决农村集体土地分散经营，资源利用效率低的问题，保障农民获得长期稳定收益，北京农村地区大多成立了农工商等村镇集体联营公司，通过对集体建设用地连片、组团发展和联村统筹经营，采取出租土地获得租金收益、建设标准厂房进行物业管理、实现产业升级等不同形式拓展集体资产经营空间。

（三）北京农村土地改革的特点

1. 经营用途多元化

目前已确权流转的农用地中，种植粮食 184 万亩，蔬菜 67 万亩，平原造林等绿化占地 112.2 万亩，果园及散生果树用地 60.2 万亩，其他用地 38.8 万亩。集体经营性建设用地中的使用投向包括科技园区、影视基地建设、商业仓储、休闲产业等。

2. 土地流转价格市场化、差异化

在农用地流转和集体经营性建设用地的集约使用中，价格协商确定的市场机制正逐步确立。2013 年，全市农村土地流转均价为 1 610 元/亩，各区差价较大，大兴地区土地流转价格最高可达 2 400 元/亩，北部平谷地区土地流转价格最高仅能达到 800 元/亩左右，均价为 685 元/亩。

3. 土地流转后资金需求规模不断增大

伴随农用地流转，种植主体经营土地规模达到数十亩或上百亩，综合考虑土地流转费用和水利改造、大棚建设、农用机械购置等经营费用，资金需求在数十万元到上百万元。在城镇化建设的快速推进中，集体土地和地上产业的新建、改造或日常维护等资金需求也相应增大。以西红门试点为例，集体土地的统筹利用中，仅拆除和安置费用就达到50亿元。

二、金融支持农村土地流转改革的做法

针对农村集体土地的改革特点和金融需求，北京地区金融机构积极探索创新金融支持方式。

（一）探索与农村土地承包经营权流转相关的贷款

1. 开展土地承包经营权流转质押贷款

大兴华夏村镇银行以“通过村集体经济组织委托流转获得土地经营权的承租人”为贷款对象，以其土地经营权流转质押作为担保方式，推出“流转贷”信贷产品。以大兴区青云店镇某村民为例，该借款人向大兴华夏村镇银行提出400万元贷款申请，用于发展工厂化养鱼和休闲垂钓项目，项目基地占地170亩，土地租期30年。

针对该项目，大兴华夏村镇银行作为甲方，将土地承包人即借款人作为乙方，村委会作为丙方，镇经管站作为丁方签订协议书，共同约定：一旦借款人不能偿还借款时，村委会或镇经管站有义务配合银行通过北京市农村产权交易所或其他方式进行土地流转，所得土地流转费用优先偿还银行全部债务。基于此，大兴华夏村镇银行以120亩土地承包经营权为抵押，发放贷款400万元，贷款利率8.5%，还款期限为3年。

2. 以果树经济林的土地承包经营权为突破口开展贷款

近年来，京郊从事经济林种植的融资需求迅速增加。由于北京郊区果树经济林多种植在承包的耕地上而非林地上，承包合同为土地承包合同或果树承包合同，邮储银行北京分行在平谷地区试点开办果林土地经营质押权贷款，附加林权（主要为经济林的价值）作为贷款中客户的增信手段。

该贷款产品中，土地承包经营权质押率一般为50%。贷款期限为1年，农民专业合作社贷款金额最高为300万元，个人贷款金额最高为50万元。以某合作社信贷客户为例，以承包的833亩山地为押品（其中包括经济林797.53亩）获取合作社土地承包经营权质押贷款100万元。

3. 开展平原造林贷款项目

平原造林行动是推动北京市生态文明建设，落实北京土地利用总体规划的一项重要行动。目前，全市平原造林共流转集体土地57.8万亩，占流转土地总面积的24.4%。

平原造林行动采取BOT模式，由市园林局负责推进，市财政局负责拨款，引入相关企业种植、养护、获益。经测算，平原造林贷款每亩资金投入约为3万元/亩，按照贷款主体自有资金40%的比例测算，目前资金缺口约为30亿元。农业银行北京市分行针对平原造林项目，在顺义、通州、平谷地区授信27亿元，以项目运营公司为贷款主体，通过其他企业担保进行增信后，累计发放13.7亿元贷款。贷款期限最长为10年，宽限期为3年，贷款利率以基准为主。

（二）支持集体建设用地开发利用

贷款

1. 支持集体土地统筹使用贷款

在大兴区新型城镇化建设过程中，当地政府以西红门和旧宫为试点，以一、二级统筹联动开发，集体土地权益分离为创新特征，探索尝试了对集体建设土地的开发和建设。具体而言，首先是统筹集体土地使用，在西红门一期建设中，通过11个村宅基地的拆迁上楼和10平方公里工业大院用地的拆除还绿，共置换出2平方公里进行项目建设，包括建设公租房、打造影视基地、开设宜家旗舰店等。其次是统筹农村管理，由27个村集体以土地入股镇集体经营公司，以其作为主体代表各村统一管理物业资产，向村民支付土地租金和分配股东红利。最后是分离集体土地权益。与传统的城中村改造不同，此次改造的农用集体土地并未经过招、拍、挂等手续获得国有土地使用权，因此其开发建设项目无法办理房屋所有权证，而产权的缺失将直接影响物业项目的出租，也会影响整个项目的现金流回报与收益。就此，当地政府尝试进行制度创新，将集体土地的所有权、承包权、使用权分设。所有权仍归于村、镇集体并颁发所有权证；土地承包权仍然归于原承包户，颁发承包权证；使用权则用于招商引资，归由合资参与建设的投资企业使用，向其颁发土地使用权证及地上附着物产权证，虽然该产权证不允许交易，但已为建设项目的合法出租提供了制度保障。基于权利的分设和确认，得以吸引鸿坤集团出资20亿元参与投资建设。合法出租权益带来的可靠的后续现金流收益，使得银行能够以之为还款来源尝试提供贷款。

目前，已有多家金融机构积极参与和创新产品设计，整体做法是以村办联营公司为融资主体，以集体建设用地投资收益作为还款来源，同时由地方融资平台担保进行增信，整体授信额度达到20亿元。其中，建设银行发放贷款3.85亿元；农业银行一期提供3亿元贷款，二期提供5亿元资金支持；国家开发银行发放贷款1亿元。贷款期限均为10年，宽限期为3年，贷款利率为基准利率。

2. 开展集体资产量化贷款

从2003年起，北京市开始推动乡村集体经济组织的产权制度改革，其基本方向是“资产变股权、农民当股东”。乡村集体经济组织的存量资产可以量化给本集体经济组织成员，作为其在本集体经济组织中占有的股份。在对集体资产的界定中，便包括未确权到户的农用地、集体所有的建设土地和未利用土地。在整个资产量化过程中，一方面需要清退历史形成的原始入社股金，另一方面需要设置劳龄股，承认所有参加过劳动人员的劳动贡献，兼顾转出人员和亡故人员的利益，这两部分需要采用现金进行一次性兑付。

为顺利推进包括集体建设用地在内的乡村集体经济体制改革，北京农商银行设计了专项用于向个人兑现资产量化份额的贷款产品。该产品以村级集体经济企业为贷款主体，贷款用途为兑付原始股本金和转出、死亡人员的劳龄股，贷款利率视借款人经济状况在基准利率基础上略有上浮，贷款期限为3~5年，最高可达到8年，还款资金来源为村集体经济企业的经营收益。目前，北京农商银行已累计为海淀区的资产量化项目提供近5亿元贷款，有力地支持了资产量化工作的顺利过渡。

（三）金融支持的相关经验

总结当前银行支持农村土地流转和集体经营性建设用地使用的做法和经验，以下要素不可或缺。

1. 可靠收益是银行提供信贷支持的必要保障

无论抵押、担保，可靠的未来收益对于信贷资金投入至关重要。例如大兴华夏村镇银行的“流转贷”项目中，借款人每年养鱼及厂房出租收入预计可达到370万元，特别是其工厂化养鱼项目作为北京市农科院的试点，在验收合格后可得到市农委300万元的专项补贴；农业银行北京市分行信贷支持的“平原造林”项目中，财政拨款可以确保公司按期还本付息；邮储银行北京分行选择平谷果林项目作为试点，也充分考虑到平谷区作为“中国名特优经济林桃之乡”，桃林种植发展和市场销售前景良好的因素；在大兴区的城乡一体化改造中，西红门、旧宫的优越地理位置也在很大程度上保证了租金的稳定。据测算，旧宫一期项目建成后可出租使用面积为100万平方米，按照同区段5元/平方米·天的出租均价，年收入在2亿元左右，完全可以覆盖贷款本息。在农村集体土地流转尚在探索、各项制度不够健全的情况下，必须要将这部分现金流予以落实。

2. 相应的制度配套体系是金融支持农村土地流转的前提条件

北京地区从2004年起，陆续完成了462.2万亩农用地确权工作，并且从2011年起逐步推进农用地的确权颁证，为土地承包经营权的流转奠定了基础。市土体流转服务中心和部分区县经管站发挥了农地流转信息平台作用，为流转双方提供中间服务和交易审核。北京市产权交易所及产权交易中心行使职能，与部分区县农村合作经济经营管理站签署战略合作协议并挂牌成立办事处，农村土地承包经营权流转等均可通过北京农村产权交易所进行，为开办土地承包经营权质押贷款、处置土地承包权利提供了依据和保障。

3. 政府机构和相关部门的支持是有益补充

通常而言，经济发展潜力较大、项目启动获得土地、规划、农委等部门相关认可、流转补偿决议顺利为村民接受的项目，往往容易获得银行机构的青睐和重点支持。

三、金融支持土地流转过程中面临的主要问题

（一）政策法规层面仍有待完善

1. 法律法规配套滞后于政策出台

虽然中央一号文件在政策框架上已经明确，北京地区也以地方和部门性文件的形式批准开展，但在配套法律法规的制定和修正上仍然滞后，缺少法律保障成为制约银行开展土地承包经营权抵押贷款的最主要因素。例如，《担保法》第三十七条第二款、《物权法》第一百八十四条第二款均规定，“耕地、宅基地、自留地、自留山等集体所有的土地使用权不得抵押；《土地承包法》第三十二条规定：“通过家庭承包取得的土地承包经营权可以依法采取转包、出租、互换、转让或者其他方式流转，并没有明确“通过家庭承包取得的土地承包经营权可以抵押”。《土地管理法》第六十三条规定：“农民集体所有的土地的使用权不得出让、转让或者出租用于非农业建设。”

2. 农村土地管理政出多门，管理分散

农村集体土地管理中，国土、建设、规划、园林、农委等多个部门分别负责土地、房屋、林地、农地等的确权登记。由于管理部门众多，规章制度各不相同，在土地确权流转方面容易出现信息沟通不畅，不利于协调推进农村集体土地的改革。

（二）农村集体土地改革推进仍需加强

1. 农用地的确权颁证和流转存在不确定因素

近年来，随着农户人口迁徙、房地分离等因素的出现，预计在第二轮土地的确权颁证中将遇到不少新的问题与阻碍，容易在行使抵押权时产生纠纷。尽管各级政府搭建了农村土地流转平台，但对农民个性化引导不够，致使农民因土地租金偏低、出租期限不统一、出租承租风险等原因不愿流转出租。

2. 集体经营性建设用地确权困难，流转无序

市委相关调研显示（《北京调研》2014 年第 2 期，作者刘东、张侃），北京地区由于历史因素造成的土地流转秩序混乱和历史遗留问题尚待解决，造成目前集体经营性建设用地确权困难，大量集体经营性建设用地缺乏规范手续。

3. 相关金融供给仍显不足

（1）农村金融体系不够完善，农业金融产品相对较少

虽然金融机构在支持北京城乡一体化建设，支持“三农”资金需求方面做了大量工作，但在商业化趋利性下银行做大做强意愿依然存在，农村金融市场缺乏竞争，专门服务农业经营者的中小金融机构数量过少，产品有限，农村金融有效供给不足。

（2）银行对金融支持农村集体土地流转仍然较为谨慎

首先，银行担心农村土地流转贷款无法偿还时出现土地处置难、清偿难的问题，形成不良贷款。其次，多数项目土地流转后的收益预期不足或较难确定，无法覆盖银行的利率风险溢价，也抑制了银行发放此类贷款的积极性。此外，缺乏独立的农村土地价值评估机构和科学的农村土地价值评估标准，也使得银行难以对贷款项目进行公允计价和风险评估。最后，银行在利用担保机构进行项目增信时，过分依赖土地储备机构，也增加了融资平台风险。

四、政策建议

（一）继续完善相关政策法规体系

1. 加快明确农村集体所有权、承包权、经营权三者之间的关系

加快全市土地承包经营权确权登记颁证工作进度，促推修订现有的《土地管理法》、《物权法》、《担保法》等一批法律法规，消除土地承包经营权抵质押贷款的法律障碍。

2. 积极探索推进农村集体经营性建设用地的确权工作

规范有序完成农村集体经营性建设用地确权工作，做好集体经营性建设用地基础统计，摸清底数，建立台账，为下一步利用奠定明晰的产权基础。

3. 引导农村土地承包经营权、集体经营性建设用地的有序流转与集约利用

一方面，推动土地承包经营权加快流转，向符合北京产业发展方向的都市型现代农业适度集中。另一方面，对农村集体经营性建设用地做到科学规划和统一部署，提高土地利用开发效率，探索其市场化机制、操作程序和具体方式。把握中央“允许农村集体经营性建设用地出让、租赁、入股，实行与国有土地同等入市、同权同价、统一部署”的文件精神，积极争取试点，加快建立农村集体经营性建设

用地产权流转和增值收益分配制度。

（二）建立健全农村集体土体流转使用的市场体系

1. 做好价格指导、评估和合约设计

培育和建立专业的农村土地评估机构，对土地面积、质量、类型公允估价，逐步建立合理的土地价格形成机制；同时，要设计好标准化的土地租金合约，从而使其具备较强的可推广性。

2. 整合建立更为完善的土地流转金融服务中心

农地经营流转金融服务中心可由多部门共同管理，面向农民，服务企业和其他市场主体，承担土地经营权交易规则的制定和组织实施、代理交易业务、审核批准与登记、政策和法律咨询、合同纠纷解决、风险评估保障、数据库管理、金融信贷指导、电子流转档案信用评级的建立、价值评估等职责。

3. 考虑建立农村土地流转扶持资金

对成片规模经营且发展优势特色产业的种养殖大户、合作社、农业企业，可考虑在项目资金扶持上给予财政贴息扶持或税收减兑，扶持他们不断扩大规模，提高经济效益。

（三）加快创新，发挥金融机构能动性

1. 引导金融机构创新信贷资金支持方式

金融机构应积极探索贷款保证方式，在加强风险管理的基础上适当放宽贷款额度、贷款期限，合理设定贷款利率，以满足土地承包经营权流转和集体土地使用的资金需求。

2. 拓宽农村资金支持渠道

拓展商业银行的支农领域，推动村镇银行发展，鼓励建设农村小额贷款公司、农村资金互助社等多种类型的小型农村金融机构，引导更多信贷资金和社会资金投向农村土地流转。

3. 加强金融体系间的协调互动

首先是加强金融机构之间的互动，推动商业银行间开展银团贷款、委托贷款等多种形式对农村集体土地流转使用进行支持，推动商业银行与信托公司等其他金融机构协调运作，以信托买断等形式拓展资金支持渠道。其次是探索金融市场之间的互动，在信贷融资市场之外，可以考虑在资本市场上发行土地债券融资，满足土地金融业务对资金的需求。最后是考虑风险分担机制的互动，尝试建立农业土地风险担保基金，加强担保公司与银行的合作，通过担保公司进行反担保来盘活土地承包经营权的流转。

（盛朝晖　李海辉　吴逾峰）

从信息中介到资金中介

——P2P 网贷平台的中国式创新及存在的风险

中国人民银行营业管理部　调查统计处

P2P 网贷起源于国外，国内网贷平台是在借鉴了国外平台的成功经验之后引入国内的。然而，国内外金融环境的巨大差异，造成了国内外网贷平台业务的巨大差异。根据2013年网贷产品类型统计，企业贷金额占比75%，这代表了整个行业目前都是围绕小微企业进行借贷，偏离了国外P2P“个人对个人”本质。现实条件的差异促使国内网贷平台对国外成熟商业模式进行消化、吸收及再创新。本文分析了国内网贷平台的创新业务模式。

一、国外网贷平台大多立足于信息中介功能

网贷平台本质上是金融中介，金融中介的存在主要有两个原因[①]：一是金融中介的信息处理能力，能降低借贷双方由于信息不对称而引起的成本；二是金融中介有规模经济性和专门技术，能降低资金融通的交易成本。相对于传统银行，互联网借贷的优势在于信息发现能力与资源配置效率，这是其存在的基础。

一个简单的网贷平台模型（见图1），网贷平台撮合资金的供给与需求时可以利用以下三类信息：网络行为信息、征信信息、非标准化信息。网络行为信息主要是对用户在网络上进行的各种行为（如网络购物、使用社交平台等），通过大数据的手段挖掘出有用的信息；征信信息主要是征信机构提供的个人信用报告信息；非标准化信息涉及面广，泛指任何可以用于评价信贷风险的各种信息的综合，例如工资流水、银行对账单以及学历等信息。作为信息中介的网贷平台的优势在于发掘网络行为信息，传统的金融机构对征信信息和非标准化信息的利用能力则更高。

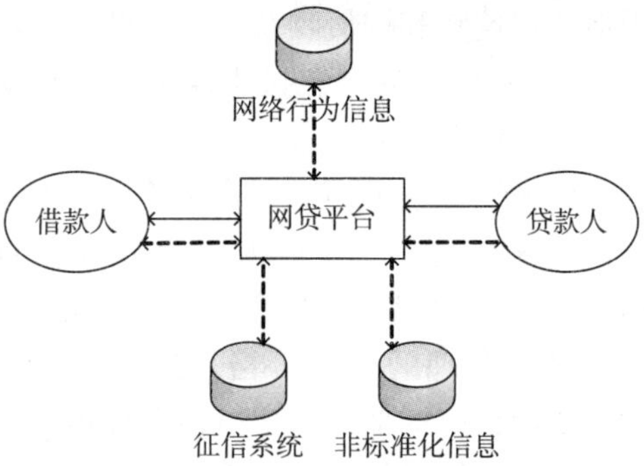

图1　网贷平台的借贷信息模型

国外较大的网贷平台，例如Zopa、Prosper、Lending Club以及Kiva等，业务模式多是围绕信息中介这一网贷的核心竞争优势开展的。例如：Prosper平台将借款人的个人经历、朋友评价和社会机构的从属关系通过网络提供给出借人，供出借人参考。平台独特的信息发现与共享机制使发现信息的能力更强。Lending Club利用的是互联网社交平台上高传播性的信息，以及朋友之间的互相信任关系，使用Facebook应用平台和其他社区网络及在线社区将出借人和借款人聚合在一起。既利用了互联网的信息处理、信息发现能力，又利用规模经济性降低借贷成本。Zopa平台不允许出借人将全部资金借给一个对象，资金必须在许多借款人之间分配。它是利用了分散化技术与互联网规模经济性降低了金融成本与风险，满足金融中介存在的第一条原因，从而获得了竞争力。Kiva平台是Zopa平台的线上部分和中小金融机构贷后管理部分的综合体。平台上的项目通过向大量的出借人筹款，筹措到

① Mishkin. Frederic. 1995. “The Economics or Money. Banking and Financial Markets”. Harper Collins College Publishers.

一定的资金后交由小额借贷投资公司管理项目。

二、国内网贷平台的资金中介类金融创新业务

考虑到国内网贷平台多是在引进国外模式的基础上进行的再次业务创新，这里所指的创新业务主要是指国内网贷平台不同于国外网贷平台的业务模式，尤其是资金中介类的创新业务。本文从国内800家网贷平台中，选择规模较大的网贷平台，研究、总结其所涉及的金融创新业务，主要创新业务有：

（一）机构担保，线上融资

该类业务通常的做法是网贷平台联合小额贷款公司、担保公司等小型金融服务机构为借款人提供担保，发出担保融资标的到网贷平台上融资。这些机构的介入，一方面起到线下信息生产的作用，另一方面担保降低了出借人的风险。与国外网贷平台多是信用贷款不同，国内机构线下担保，线上融资的业务模式，很大一部分在做是传统的抵押贷款业务。担保公司一般需要借款人与担保机构签订反担保协议，反担保相当于是抵押。

大多数网贷平台并没有披露更多的担保细节，对其担保能力难以评估。同时，这种异地担保的方式能否有效控制风险也有待进一步观察。

（二）净值再融资及债权转让

净值再融资是以投资者的在网贷平台上的净资产（包括以往投资形成的债权及现金资产等）作为抵押再次通过平台借款。债权转让则是网贷平台出借人将已有债权通过平台再转让给他人的业务。债权二次流转和净值再融资都是为了解决债权的流动性问题。

这类业务给网贷出借人提供流动性便利的同时，也可能沦为一些人套利的工具。以债权转让为例，借款人可以从平台以较低的利率不断地借入短期资金，并将资金贷出给平台上的长期借款收取更高的利息完成套利。媒体将从事上述套利的人称为“P2P黄牛”[①]。以黄牛持有1 000元资产开始，首先将1 000元借给普通借款人，形成1 000元净债权。假设普通借款利率25%，有净值作抵押的借款利率15%，这样就形成了套利空间。净债权抵押可以借入净值90%的资金，将借入资金再投资普通借款人，完成下一轮的循环。杠杆效应如果再加上期限错配效应，套利空间将进一步扩大。

网贷平台推出上述服务是为了活跃交易，有利于短期内做大交易量。套利者的交易会给网贷平台上的投资者带来流动性，给网贷平台带来直接收益。问题是，这些交易使原本简单的借贷关系复杂化，形成了三方甚至多方债务关系，一旦违约造成的影响难以估计。再加上网贷平台没有受到明确的监管，如果有交易涉及金融欺诈，系统性风险更大。

（三）自动投标理财计划

加入自动投标理财计划的个人投资者需要在认购期将资金转入第三方支付平台进行申购，成功申购的资金将被锁定在第三方支付平台上。理财计划存续期内，网贷平台根据自己开发的投标程序，对“人人贷”平台上转让的债权进行投标、买入。理财计划参与人不能在存续期内撤出资金。理财计划存续期内，系统自动将持有的债权收益分配给理财计划投资人，

---

① 王乐，“P2P中的黄牛”，《第一财经日报》，2014. 2. 25，B02版。

锁定期满后投资人可以选择继续加入该计划或者撤出资金。

公开资料显示某些平台上严重依赖自动投标理财计划为平台上的债权提供融资便利。虽然这些平台不必承受单一标的的坏账风险，但是却有平台流动性坏死的整体系统性风险。

（四）分拆融资标的，以错配换取盈利

正如前文所述国内网贷的主要用途是小企业、个体户做生意周转资金等，整个行业目前都是围绕小微企业而偏离了 P2P“个人对个人”的本质。企业贷款比个人消费贷款期限长、额度大。相反，国内出借人则喜欢期限更短、保本型的投资品种。为了调和资金的供给和需求方的矛盾，一些平台开始推出“拆标”业务。

“拆标”的方式，包括拆期限和拆金额，即把长期借款标的拆成短期，把大额标的拆成小额标的，从而造成了期限和金额的错配。“拆标”实际上就是建造了一个资金池，进行期限错配、短贷长投。“拆标”中隐藏的风险极大，在严格管理的情况下，资金错配业务主要是由存款类金融机构提供，网贷平台不具备开业资格也不受到相关法规监管。

（五）自融业务

自融平台是急需资金的企业创建的平台，已经超出了 P2P 网贷平台的界限，涉嫌非法集资。自融平台的风险由背后自融企业的经营状况决定。一些涉嫌非法经营的小额贷款公司、担保公司、非正规的地下金融都可以利用网贷平台，以虚假标的吸收资金转放高利贷，该类业务风险极大。

以上国内网贷平台的创新业务更多的是在做资金中介，而不是信息发现能力的提升。国内网贷平台很大一部分已经脱离了独立的信息平台特征，逐渐介入了资金中介业务。如果将以上创新业务放在由信息发现和资金中介组成的二维坐标中，“机构担保”多少还有些信息发现的作用，其余再创新业务则是在做资金中介，变相开展金融业务，而完全不受到监管。

三、网贷从事资金中介业务的监管问题及建议

中国人民银行明确的互联网金融监管五大原则是：必须坚持金融服务实体经济的本质要求，合理把握创新的界限和力度；必须服从宏观调控和金融稳定的总体要求；切实保护消费者合法权益；维护公平竞争的市场秩序；处理好政府监管和自律监管的关系，充分发挥行业自律作用。在此指导思想下，对 P2P 和众筹融资要求坚持平台功能，不得变相搞资金池，不得以互联网金融名义进行非法吸收存款、非法集资、非法从事证券业务等非法金融活动。显然，相关原则是鼓励网贷平台作为信息中介，在充分挖掘借贷人信息的基础上，降低风险及借贷成本，反对网贷平台违规充当资金中介。

信息中介类网贷平台，由于不介入任何资金，只是提供信息发现功能。在信息充分得到披露的前提下，投资人自担风险。由于不涉及金融业务，所涉及的金融系统性风险较小。相反，网贷平台从事资金中介业务，涉及较大的金融风险，需要对其进行一定程度的监管。目前监管中存在的难题主要是：

（一）监管体系建设滞后

在现有的法律法规条件下，一方面，国内网贷平台开展的各种上述金融业务在形式上可以做到合法、合规，另一方面实质上是在开展金融业务。例如，自动投标业务，网贷平台接受投资人委托，代理投资人投资不存在法律障碍。但实质上从事的是经营信贷业务，不同的是银行经营信贷业务投资期限错配的风险由银行承担，网贷平台则变为由投资人承担相关风险。虽然微观风险由投资人自担，但是货币派生、流动性转化等宏观金融特性与传统金融机构无异。

（二）宏观审慎监管手段落后

网贷平台从事金融业务延长了金融信用链条，这种延长的信用支撑是脆弱的（网贷平台、线下担保机构资本金充足率本身就不高）。一旦发生风险，网贷系统将是金融系统中脆弱的一环，同时考虑到网络传播的广泛性与时效性，系统性风险值得注意。

宏观审慎监管要求网贷平台开展金融性质的业务必须服从一定的监管。目前，网贷平台没有主管机构，处于无序竞争状态，统一的监管口径尚未形成。只要能形式上或者实质上绕过非法集资、非法吸收公众存款、非法从事证券业务等法律法规就很少存在监管。监管手段的缺失，给宏观审慎监管造成了很大的障碍。

（三）投资者教育、保护机制不完善

从金融消费者权益保护的角度，金融消费者对网贷平台的诉讼机制也不太完善，网贷平台与平台投资人法律地位不对等，造成网贷平台上的金融消费者处于弱势地位。已经发生的几起网贷平台倒闭事件中投资人受损巨大，却很难发起有效的诉讼。因此，对网贷平台的微观监管应该特别注意创新业务中的投资人保护。

基于监管现状与目前行业特征，需要尽快出台相关监管规则，建议监管注意以下几个方面：

（一）明确业务分类，尽快出台监管细则

虽然 P2P 网贷平台开展的再创新业务各不相同，但是大的业务类型基本上是可以确定的。在建立分类监管制度时，建议参考会计制度，引入实质重于形式的原则，明确将净值再融资及债权转让工具、自动投标理财计划、“拆标”及自融业务视为金融业务，并尽快制定出管理办法。一是将此类业务列入“准负面清单”，实际有审批的“牌照”管理，未经监管部门许可不得开展此类业务；二是已经开展的限期清理，并申请牌照，在此期间内不得开展新业务，余额只降不增；三是对于既不申请牌照，也不清理业务的，则视同非法吸收存款、非法集资，予以取缔，并由监管部门或行业协会在全国范围内特别是通过互联网方式进行通告。

（二）构建高效、信息共享的网贷平台金融统计制度

网贷平台具有家数多、业务种类差异大、大多数平台经营规模较小且不稳定等特点，因此建立全面的统计监测制度成本较高。由于网贷平台业务实质是民间融资或借贷，网贷平台本身也是一般企业性质，无法将其视同于金融机构纳入监管范畴，若由金融监管部门实施统计监测，法律基础与可操作性均不强。对于视为金融机构实行牌照管理的网贷机构，中国人民银行将其纳入金融统计监测框架内，由中国人民银行等监管部门共同协商建立相应的金融统计制度并共享统计信息，监测对货币政策与金融稳定产生的影响。充分发挥行业协会的自律作用，可由互联网金融协会进行统计汇总工作。

（三）健全行业自律制度并设立独立的调查机制

借助中国互联网金融行业协会这一平

台实行自律管理，并有权获得高度透明的经营信息。理解互联网金融的种种创新及其后果，需要熟悉复杂的金融技术，这样才能综合评估灾难事件。可参考美国航空调查委员会（NTSB）机制，建立权威性的互联网金融调查委员会，对互联网金融灾难事件进行评估与分析。调查委员会必须树立行业权威，行业协会根据灾难调查结果修订并发布行业指导规则。

（四）加强有针对性的法律、法规建设，保障消费权权益

金融创新有很大一部分是为了绕开监管，网贷平台的创新有些正是打法律的擦边球。目前我国在此方面法律基础仍然薄弱，需要立法机构及时跟进，加快立法进度，尽快制定出相应配套的法律、法规。尝试不同的法律监管模式，对于互联网金融监管，业内普遍提出建立负面清单制度与准入制度，建议相关部门不妨尝试与业内合作建立相关制度。

（五）加大对投资者教育

控制网贷平台金融创新风险，归根结底还必须落实到投资者。成熟的投资者具备分辨金融风险的能力，可以自行判断创新业务的风险。这一点对识别金融性网贷平台的风险尤其重要。金融创新是一个不断变化的过程，监管机构不可能时刻都能照顾到所有的变化。只有投资者能识别相关风险，合理配置投资比例，才能做到风险与收益的匹配，也只有这样的创新性金融产品才有市场，才能匹配资金供给与需求，做到有效支持实体经济发展的作用。

（林晓东　刘前进　王凯）

北京银行业创新产品和服务模式准确对接科技服务业信贷融资需求

中国银行业监督管理委员会北京监管局

科技服务业是运用现代科技知识、现代技术和分析研究方法，以及经验、信息等要素向社会提供智力服务的新兴产业。科技服务业以服务作为科技的媒介和延伸，促进科技与产业和实体经济相融合，是推动科技发展和产业结构优化升级的关键领域。

北京作为我国的科技中心，大力发展科技服务业是在“新常态”下践行首都“双轮驱动”战略，培育新经济增长点的必然选择，并能在全国范围内起到良好的示范引领和辐射带动作用。为推动银行业金融机构积极支持科技服务业发展，我们对北京科技服务业（根据《国民经济行业分类与代码（GB/4754－2011）》中M门类“科学研究和技术服务业”及其他相关行业的分类确定）的融资需求和银行信贷支持情况等内容进行了调研。

一、北京科技服务业信贷融资总体情况

目前，北京多家中资银行已针对科技服务业企业，特别是中小企业制定了专门的信贷倾斜政策，通过预留信贷规模、设立绿色审批通道、优化组织架构和工作流

程等方式，积极支持科技服务业发展。

截至2014年末，北京有34家中资银行向科技服务业企业发放贷款，余额合计396.7亿元，同比增加114.35亿元，增长40.5%，远高于同期各项贷款平均增速。其中，短期流动资金贷款占比较高，一年期以内贷款占比72%；80%的贷款采用非抵质押担保方式（信用35%，保证45%）。银行信贷已涉及31个细分行业。其中，获得贷款金额最多的前三个行业分别为信息技术咨询服务业（59.06亿元、14.89%）、知识产权服务业（21.96亿元、5.54%）、节能技术推广服务业（12.32亿元、3.11%）。社会人文科学研究、生态监测等5个细分行业尚无银行贷款。

二、北京科技服务业融资需求及银行支持模式

科技服务业个别领域如图书馆、博物馆等均由国家公益专项资金予以支持，并无信贷需求。绝大部分科技服务业企业根据所处发展阶段的不同，其融资需求主要有以下几类。

（一）创业资金需求

处于初创期的科技服务业企业具有较强的融资需求，但由于信息严重不对称问题的存在，传统信贷模式的银行很难提供有针对性的融资支持。部分银行尝试借助专业创投孵化机构的投资判断，向创投机构参股或推荐的初创企业发放贷款，帮助初创期的科技服务企业快速成长。如2009年成立的创新工场是一家专注于移动互联网、云计算投资的“天使基金+创业孵化”机构。交通银行北京市分行组建专业团队，针对其参股企业特点制定金融服务方案，仅用4个工作日即为4家科技型初创中小企业提供总计1 100万元信用贷款。作为创新工场首批孵化项目之一，目前国内Android手机用户应用最大来源“豌豆荚”所属公司成立之初即获交通银行北京市分行200万元（后增调至500万元）短期流动资金贷款授信。通过几年的信贷支持，该公司2014年销售收入已达3亿元，净利润约1 200万元。

（二）生产（研发）销售资金需求

处于成长期的科技服务企业，其在产品生产、科技研发乃至推广销售过程中需要投入大量资金，容易形成资金缺口。如北京龙图三诺电子有限公司成立于2008年，注册资本200万元，主营EAS电子防盗设备等产品的研发与销售，销售对象涵盖图书馆、博物馆、商场、部队等。北京农商银行向该公司发放流动资金贷款400万元，满足了其扩大产品销售资金的需求。截至2014年9月，该公司资产规模较2013年同比增加500万元，销售收入增加630万元。北京凯英信业科技服务有限公司是国家高新技术企业和“新三板”挂牌企业，拥有近70项自主知识产权，主要从事私有云开发及应用推广。由于市场竞争日趋激烈，造成企业项目回款周期延长，资金紧张。北京银行以信用方式向其提供流动资金贷款1 000万元，缓解了企业燃眉之急。

（三）股权融资需求

对于经历了快速成长，进入成熟期并选择IPO上市的科技服务业企业，银行虽不能提供直接股权融资，但可利用自身专业优势，为企业提供“一揽子”金融服务。如某公司是北京市“双软”及中关村高新技术企业，具有多项自主知识产权和较强技术研发实力。2014年，该企业对融资及IPO上市产生迫切需求。中国银

行北京市分行结合企业实际情况，提出“贷款、承销、购买”一整套综合解决方案，即为企业提供500万元信用贷款，推荐中银证券为企业IPO主办券商和做市商，推荐总行购买该企业的科技产品和服务。目前，该企业已在全国中小企业股份转让系统（俗称新三板）挂牌上市，年销售收入从2013年的7 000万元增至2014年的1.3亿元。

（四）并购资金需求

随着自身规模的不断壮大和发展水平的提高，在全球范围内谋划业务布局，通过海外并购实现“走出去”，是科技服务业龙头企业的现实选择。如成立于1995年的博彦科技股份有限公司，是国内最早的软件和信息服务外包企业之一，并于2012年在深交所上市。2013年，中国进出口银行北京分行为该企业发放1 133万美元贷款，用于收购美国大展集团（全球外包百强企业）在中国的4家子公司100%股权，在实现“技术引进来，业务走出去”的同时，促进了企业技术和业务布局升级，行业竞争力明显提升。

三、银行支持科技服务业企业的特色举措

科技服务业企业多为轻资产类企业，且信息不对称问题较普遍，以传统信贷方式很难获得银行信贷支持。北京银行业积极开展产品和服务创新，探索解决相关问题，取得了一定成效。

（一）引入多方力量建立统贷统还信贷模式

部分银行积极与政府、担保公司及其他金融机构开展合作，实现优势互补、风险共担。如2012年底，国家开发银行北京市分行与北京市政府、担保公司合作创立科技型中小企业贷款统贷模式。在该模式下，由北京市政府成立的北京高技术创业服务中心（以下简称高创中心）作为共同借款人，与用款企业一起与银行签署共同借款合同，并负责对贷款进行统借统还。高创中心还负责向银行推荐项目，并协助银行进行贷前调查、贷后管理等相关工作。借助高创中心在科技领域的专业优势以及担保公司的增信措施，银行较好地控制了风险。目前，国家开发银行北京市分行已成功地向7家科技服务中小企业发放贷款1.2亿元。

（二）灵活运用风险缓释措施组合解决企业“轻资产”难题

部分银行灵活运用知识产权质押、应收账款质押、房产等实物抵押、股权质押（主要针对“新三板”企业）以及信用、保证等方式，根据客户实际情况搭配风险缓释措施组合，最大限度满足科技服务业企业资金需求。如北京金泰天成科技有限责任公司为高新技术企业，拥有多项专利。该公司对上游客户一般采用货到付全款方式，而对下游客户则采用分阶段收款，待质保期结束后收取剩余尾款，因此形成阶段性资金需求。工商银行北京市分行为该公司专门设计了融资方案，采用交易对手应收账款质押追加部分房产抵押的组合担保方式，并设置监管账户作为对应购销合同项下唯一指定回款账户，发放300万元1年期贷款，缓解了企业资金压力。

（三）探索贷款标准化、高效化审批流程

部分银行针对科技服务业企业融资需求“短、频、急”特点，在贷款审批条件标准化和提高审批效率上做文章。如浦发银行北京分行将贷款标准进行细化和量化，贷款企业初次接触银行即可根据自身条件套用标准直接计算出可能获得的信贷额度，从而对能否贷到所需资金有一个较为直观的判断，有效避免企业和银行由于信息不对称，而将大量时间和精力消耗在证明融资条件和判断融资需求及风险上。由于信贷标准十分明确，银行贷前调查和审核效率明显提升，企业提供真实齐全的材料 1 天内即可完成调查，半天完成正式审批。值得一提的是，该行经过大量市场调研及分析，设置了可承受的违约率，采用此种审批方式发放信用贷款，企业首次申请贷款的额度上限也达到了 500 万元。

（四）为企业提供多方面延伸金融服务

随着自身的发展壮大，部分科技服务业企业在资金管理、财务顾问等方面的金融服务需求逐渐凸显，北京银行机构积极为企业提供针对性的延伸服务，帮助企业提升财务管理效率。如由于产品销售量暴涨，小米科技有限责任公司（以下简称小米公司）年销售收入实现成倍增长，2014 年销售额（含税）高达 743 亿元，给企业带来巨大的资金管理压力。民生银行主动与企业对接，一方面根据企业结算模式，及时提供银票、商票及贴现服务，帮助其提升资金使用效率；另一方面为企业制定综合金融服务方案，帮助企业与多家商业银行搭建银企直连的销售网络，在支付结算路径、跨行连接模式、资金归集、手续费测算等方面提供周到细致的金融服务，得到企业充分认可。

四、银行支持科技服务业存在的困难和政策建议

调研显示，银行支持科技服务业主要面临两个困难。一是信息不对称。科技服务业行业多，科技含量高，竞争激烈，且淘汰率高，银行一般信贷人员很难准确把握单家企业经营特点和发展规律，进而判断企业实际信贷需求及潜在风险。二是无形资产处置难。目前，知识产权等无形资产的评估及处置渠道较为有限，一旦发生风险银行很难及时对其进行有效处置，以覆盖损失。

建议一是为银行与政府、行业协会、股权投资机构等建立合作机制提供必要的政策引导和支持，发挥各方优势，实现信息共享和风险共担，降低科技服务业企业融资难度。二是适当扩大政府财政补贴力度，建立风险补偿专项基金，解决银行后顾之忧，调动银行参与的积极性。

（刘雯）

关于外国银行北京代表处参与跨境人民币结算业务情况的调研报告

中国银行业监督管理委员会北京监管局

2009 年 7 月以来，跨境人民币结算业务发展迅速。境内地域范围从最初上海、广州等五市试点扩大至全国，境外地域范围从最初的中国香港、中国澳门和东盟地区扩大至全球，参与结算企业范围从最初 365 家试点企业扩大至所有具有进出口经营资格的企业，结算业务从贸易等经常项目项下扩展至资本项目项下。在此背景下，外资银行认识到其中的机遇，积极与中资银行合作，开展跨境人民币结算业务，北京辖内外国银行代表处（以下简称代表处）同样起到关键的作用。

一、代表处总行参与跨境人民币结算业务基本情况

目前，北京辖内多数外国银行代表处总行将跨境人民币结算业务视为新的业务增长点，通过代理行模式开展跨境人民币结算业务。北京辖内外国银行代表处总行已开展此业务的有19家；正积极谋划开展跨境人民币结算业务的有12家；其余多数外国银行对跨境人民币结算业务均持积极观察态度。

一是总行地域特征明显。位于中国台湾及东盟等跨境人民币业务优先推广地区的总行，已具有一定的跨境人民币结算业务量；而开办此项业务的银行地域分布则集中在北欧等欧洲地区。这体现了目前跨境人民币结算业务中“中国香港、新加坡等亚太地区占比极为突出，欧洲次之”的整体情况。此外，俄罗斯地区的银行积极追赶，布局跨境人民币结算业务，反映出俄罗斯银行2014年受到美欧制裁后，积极推行“去美元化”的战略。非洲地区的银行则普遍在其中资银行代理行开设有人民币账户，下一步将视贸易客户接受程度开展跨境人民币结算业务。

二是业务量增长较快。辖内19家开展有跨境人民币结算业务的代表处总行，均制定有跨境人民币结算业务发展规划，发展较快的如北欧的北欧银行、瑞典北欧斯安银行和瑞典商业银行，近三年来人民币跨境结算量和笔数不断增加，其中瑞典北欧斯安银行业务笔数已从2012年全年的2笔业务发展到2014年每季度的300～400笔。俄罗斯的7家代表处总行反映其跨境人民币结算业务主要从近两年中俄双边关系加强中得到了较快增长，如俄罗斯储蓄银行跨境人民币结算业务量2011年、2012年、2013年依次为3.3亿元、5.9亿元、9.43亿元，2014年上半年已达9.2亿元。

三是主要为商贸业、制造业和旅游业的外资企业提供贸易结算服务。如瑞典商业银行有140家非中资企业在该行进行跨境人民币结算，主要为制造业和商贸业；西班牙商业银行有100家西班牙企业在该行进行跨境人民币结算业务，都属于制造业和旅游服务业；白俄罗斯储蓄银行和俄罗斯多家银行的跨境人民币结算业务客户主要为当地的轻工业和通讯业进口企业。

二、代表处发挥的主要作用

（一）开展调研，协助总行制定业务发展规划

辖内外国银行代表处依托地理位置优势，及时为总行收集翻译跨境人民币业务的最新政策法规；积极参加跨境人民币结算业务研讨会，并将相关信息有效反馈总行，为其总行确定跨境人民币结算业务发展规划起到关键作用。此外，总行制定跨境人民币结算业务有关制度时，会征询和采纳代表处的意见。如西班牙商业银行北京代表处积极向总行反映中国跨境人民币结算业务各种政策和信息，推动总行最终决定接纳其提出的开展人民币相关业务的建议。

（二）加强沟通，协助总行在国内代理行开立账户

总行在中资代理行的人民币结算账户开设过程中，辖内代表处主要负责收集国内代理行的账户开立条件等信息，协助总

行与国内代理行协商开立账户的条件。如俄罗斯多家银行近两年在中资银行人民币结算账户的开设，均得益于辖内代表处多次与中资银行沟通，就相关问询与中资代理行相关业务部门进行联络，促成了双方的合作。

（三）积极协调，协助解决结算过程中的具体问题

跨境人民币结算业务过程中会遇到因人民币使用额度受限导致客户结算资金不能顺利到账等问题，需要辖内代表处与中资代理行联络，尽快协调解决。如瑞典北欧斯安银行多次为总行协调解决此类问题，为总行的跨境人民币结算业务量的快速增长作出了贡献。

三、目前代表处总行业务发展面临的主要困难

（一）客户对跨境人民币结算优势的认知度较低

多数代表处反映，跨境人民币结算业务发展时间不长，各国及进出口商对跨境人民币结算业务的优势了解较为有限，而目前人民币跨境结算相关政策和公开资料基本都使用中文，翻译需要较多的专业知识和时间、人力。同时，近两年陆续出台的跨境人民币结算业务新政策，在具体的操作细节上尚有不够明确之处，特别是在CNAPS（中国现代化支付系统）付款格式和SWIFT（环球同业银行金融电讯协会）的匹配和对应等一些细节上还有一些局限。

（二）人民币境外流动性不足，影响客户参与人民币跨境结算的积极性

目前人民币并未被大多数国家列为储备货币，境外银行没有人民币存款基础，需从国际市场购买人民币以满足客户需求，从而间接增加进口商贸易成本。而由于某个时段，国内人民币清算行的人民币结售汇额度可能会突然紧张，无法按时提供人民币结售汇，导致很多客户放弃采取人民币支付结算。如北欧银行、意大利西雅那银行北京代表处均反映了其离岸人民币结算银行可能因人民币结售汇额度突然紧张，并不总能够满足其需求的情况。

（三）贸易背景证明过程较为繁琐

对于跨境人民币结算业务中的进出口货物贸易结算，为证明贸易背景，中国人民银行规定采用资金流和货物流进行人工逐笔核销的方法，较为繁琐。此外，在进行人民币结算过程中，许多中国银行边境分行会定期将款项打回，原因是付款指示中没有CNAPS（中国现代化支付系统）码，但CNAPS码相关信息在公开的资料源里根本找不到，此时汇款只能通过其他能独立填写该码的中国银行进行，并因此增加汇款成本。

（四）人民币账户的开立程序繁琐

两家代表处反映，在中资代理行开立人民币结算账户的程序略繁琐，需要双方不断沟通协调，账户开立用时较长。

四、监管建议

（一）提高政策的公开透明度，改善金融对外开放环境，为机构展业提供便利

一是建议相关部门适时发布跨境人民币结算业务相关法规的英文版本，避免机构在对中文版本法规进行翻译时出现理解偏差，在展示中国对外开放良好形象的同时，也有助于跨境人民币业务的推广。二是建议相关部门对外统一公开各银行CNAPS（中国现代化支付系统）码的相关信息，以避免外资银行在进行人民币结算过程中，出现因付款指示中没有CNAPS码，款项被打回的情况。

（二）提升外国银行代表处在政策制

定、宣传、评估等过程中的参与度

从调研情况看，外国银行代表处作为非营业性机构，在总行参与跨境人民币结算业务过程中发挥了重要作用，其提供的总行信息，是对监管政策在境外执行情况的有益补充。建议相关部门在制定、评估跨境人民币结算业务及其他重要业务政策时，扩大政策宣讲及交流对象，充分吸纳外国银行代表处参与，提高对此类机构的关注度和利用度。

（徐杰）

未盈利企业上市问题研究

——以互联网企业为例

一、概述

所谓未盈利企业，指企业的收入难以弥补企业的支出的一类企业。而互联网企业，则是指以现代新兴的互联网技术为基础，从事网络资源搜集和互联网信息技术的研究、开发、利用、生产、贮存、传递和营销信息商品，运用搜索引擎、移动支付、云计算、社交网络和数据挖掘等互联网信息技术为生产生活提供有效服务的综合性生产活动的企业集合体。互联网企业系属资本和技术集中性的企业，尤其是在其早期发展阶段，经常会出现无法盈利的情况。而其企业特性又导致资本需求极大，政策层面如不设法拓宽其融资渠道有可能对产业发展造成不利影响。因此，未盈利企业中以互联网类企业为代表的高新技术企业上市问题，意义重大。

（一）互联网企业发展现状简述

互联网的存在，为每天数百万次的在线交易和沟通提供了有效的平台，因此也对各经济体的发展起到了重要的推动作用。为了衡量各个国家互联网经济的规模，麦肯锡全球研究院推出了 iGDP 指标。2010 年，中国的互联网经济只占 GDP 的 3.3%，落后于大多数发达国家。而到了 2013 年，中国的 iGDP 指数升至 4.4%，已经达到全球领先国家的水平。虽然有关国家互联网产业在其 GDP 贡献中不如我国，但是，在企业层面，无论是云服务渗透率还是中小企业互联网使用率，中国均远低于发达国家。

（二）互联网企业上市现状概述

当下互联网产业与资本高度结合的代表国家仍为美国，在此先以美国企业为例说明国外互联网企业上市所体现的标准化特点：一是上市与企业是否盈利并无必然联系，未盈利企业上市后的持续亏损多与企业处于成长期有关，而较为稳定的发展期企业出现持续亏损的可能性较低；二是企业营业收入快速增长，费用支出主要用于发展核心竞争力，对科研和人才的投入比重大，体现出了此类企业对于创新资本的高度关切；三是企业经营现金流较丰沛、短期流动性好，说明了企业资产结构以轻资产为准，偿债能力较强，资金流转速度较快。

截至 2014 年 9 月 19 日，我国市值前 20 位的互联网境外上市企业总市值达到了 4 600 亿美元，几乎占据我国资本市场市值十分之一，数额十分庞大。诚然，在互联网发展初期，由于 A 股市场发展不充分，企业到境外上市曾经对行业及企业的发展利大于弊。但随着越来越多的互联网龙头企业纷纷到海外上市，逐渐形成了以我国互联网行业为代表的高科技产业全面“嫁接”到海外资本市场的扭曲局面。因此有必要对我国互联网类企业境内上市的问题进行深入研究（见表1）。

表1 市值前20位的互联网境外上市企业

上市公司名称	上市时间	公司市值（亿美元）（2014.9.19）	创始人
阿里巴巴	2014年9月	2 314.39	马云
腾讯	2004年6月	1 313.85	马化腾
百度	2005年8月	585.92	李彦宏
京东商城	2014年5月	346.24	刘强东
奇虎360	2011年3月	117.47	周鸿祎
唯品会	2012年3月	95.01	沈亚
网易	2000年6月	92.77	丁磊
携程	2003年12月	75.14	梁建章、季琦、范敏
聚美优品	2014年4月	39.05	陈欧
微博	2014年5月	38.96	曹国伟
多玩YY	2012年11月	36.3	李学凌
优酷土豆	2011年8月	33.23	古永锵
58同城	2013年10月	32.37	姚劲波
新浪	2000年4月	31.16	王志东
巨人网络	2007年11月	28.18	史玉柱
去哪儿网	2013年11月	27.58	庄辰超
搜狐	2000年7月	22.86	张朝阳
前程无忧	2004年9月	18.77	甄荣辉
盛大游戏	2009年9月	18.1	陈天桥
乐居	2009年4月	16.41	贺寅宇

二、我国互联网企业境外上市现状分析

（一）我国互联网企业境外上市基本情况比较分析

我国互联网企业境外上市共有五波热潮，第1波发生于20世纪末，是以三大门户为代表的中国概念股境外上市；第2波为2004～2005年的盛大、腾讯、百度的美股上市潮；第3波为2007年阿里巴巴、巨人海外上市；第4波为2010～2011年麦考林、当当网、优酷、土豆、迅雷、千橡的上市潮。前四波较具有代表性的企业基本情况见表2：

表2 部分互联网企业境外上市情况

证券简称	上市地	行业	首发上市日	是否满足创业板发行条件	发行市盈率（基本）	市值（亿元）2012年2月底
高德软件	纳斯达克	位置服务	2010-07-01	满足标准	46.29	36.10
搜房网	纽交所	资讯门户	2010-09-17	满足两套标准	15	80.17
蓝汛科技	纳斯达克	其他	2010-10-01	不满足	N/A	12.07
麦考林	纳斯达克	电子商务	2010-10-26	满足两套标准	78.57	4.59
易车网	纽交所	电子商务	2010-11-17	不满足	N/A	12.84
优酷网	纽交所	网络视频	2010-12-08	不满足	N/A	180.46
当当网	纽交所	电子商务	2010-12-08	满足标准2	222	33.42
斯凯	纳斯达克	无线互联网服务	2010-12-10	不满足	N/A	8.48
创博国际	纳斯达克	其他	2011-02-03	满足两套标准	19.23	4.64
奇虎360	纽交所	网络服务	2011-03-30	满足两套标准	193.33	153.59
世纪互联	纳斯达克	互联网数据服务	2011-04-21	不满足	N/A	41.12
人人	纽交所	网络社区	2011-05-04	不满足	N/A	134.43
网秦	纽交所	其他	2011-05-05	不满足	N/A	21.22
世纪佳缘	纳斯达克	网络社区	2011-05-11	满足两套标准	157	13.67
凤凰新媒体	纽交所	资讯门户	2011-05-12	满足两套标准	12.5	35.07
淘米网	纽交所	网络游戏	2011-06-09	满足两套标准	12.3	13.60
土豆网	纳斯达克	网络视频	2011-08-17	不满足	N/A	28.56①

将以上企业与同时期我国创业板上市的互联网企业相对比，可以看出我国互联网公司境外上市体现着如下特点：一是从上市地点上看，我国互联网上市企业多半集中于纳斯达克。二是从创投资本的构成上看，创投投资的资本类型会影响企业上市地点的选择。以2011年为例，我国上市的互联网企业中，多数有VC/PE背景。在纳斯达克和纽交所上市的互联网企业中，31家有VC/PE背景，且都为美元基金。在中国大陆上市的9家企业中，7家有VC/PE背景，其中6家为本土创投以人民币基金投资。三是从股价表现上看，我国多数互联网企业在海外上市首日股价均高于发行价，且后市表现较好，但存在估值较高但后市表现较差的企业。国内上市互联网企业相比国内其他行业，首发市盈率偏高，但低于海外上市平均水平；股价后市相对上证指数涨跌呈现两极分化。四是从估值上看，海外上市的互联网企业区分度较高，无论是市盈率、市值还是净利润，方差均较大。相反，国内上市的互联网企业，在各项指标上的方差均较小，企业之间的估值差别较小。五是从基本面上看，以2011年为例，在44家海外上市的中国互联网企业中，符合创业板上市标准的有21家，占比48%；不符合创业板上市标准的有11家，占比25%；因数据

① 资料来自各企业招股说明书。

缺失而不能确定的有 12 家，占比 27%。上市前一年的盈利情况是亏损的互联网企业有 9 家，占比 20%；亏损上市的企业中，行业覆盖面包括资讯门户、网络游戏、B2C、网络视频和网络社区，其中不乏在上市几年后成长为行业龙头的公司，如新浪、网易和搜狐。对比上市前公司规模发现，海外上市互联网企业在上市前的规模要大于国内上市互联网企业，从后市表现来看，除了盛大游戏走势弱于中青宝，其余细分行业中，海外上市互联网企业均好于国内上市互联网企业。

（二）我国互联网企业境外上市动因分析

境外上市市场与政策面的利好主要包括以下几方面：

1. 发行制度方面的优势

首先，比较美国、中国香港和新加坡市场的发审制度可以发现，虽然各自发行上市审批权的归属不同，但在审核制度上，都遵循了充分信息披露下的形式审核原则，发行上市标准客观、透明，发审程序简单，审核结果确定，因而发审时间较短，一般都在半年左右。这种简化的发审制度适应了企业发展项目对融资效率的要求。这与境内发行上市标准不透明、不客观，审核结果不确定，发审程序复杂，上市周期较长（短的 2 年以上，长的也需要 3 ~4 年）形成了鲜明对比。境内市场程序复杂的发审制度迫使许多企业走上了海外上市之路。

其次，与境内市场相比，境外市场的发行上市标准低很多。以盈利要求为例，境内市场需要 3 年，而境外市场无需企业盈利记录。这对于过往没有盈利记录，但今后有很好盈利前景的民营企业和高新技术企业来说，具有很强的吸引力。

再次，境外市场再融资没有盈利条件、间隔期和融资额上限的要求，再融资程序便利也是境外市场吸引境内企业境外上市的重要因素。如在香港市场，许多新公司上市 6 个月后就能增发新股，新加坡市场 2 ~4 周就可以完成配股和增发。而在境内资本市场，上市公司再融资的条件、周期及审核程序，基本与首次公开发行相同。这种严格的再融资制度增加了企业的融资成本和发展的机会成本。

最后，境外市场实行的全流通制度为企业实现买壳上市并成功套现提供了先决条件，从而适应了企业创业者对其劳动价值承认的需要，适应了企业建立股权激励机制的需要，同时还为企业控制人减持套现以避开股东大会自主运用资金，实现多元化经营提供了手段。这对于具有企业家精神的民营企业来说，具有较强的诱惑力。全流通制度也为企业持续融资提供灵活多样的选择，做到一次审批多次融资，自主掌握配售时机和价格。对于创业投资机构来说，境外市场的全流通制度还有利于创业投资的成功退出，因而在创业投资机构的影响下，许多境外创投机构加盟的境内企业都走上了境外上市之旅。

2. 激励制度方面的优势

首先，期权、库存股等制度安排对互联网企业至关重要，是其激励机制的核心组成部分，在这些方面境外市场仍有明显优势。

其次，互联网企业在成长早期依赖股权投资基金的支持，前些年活跃在国内互联网市场上的大型股权投资基金几乎全部来自海外，这些股权投资基金熟稔海外资本市场，往往要求被投企业最终到海外上市。

最后，2000 年起，大量互联网等创

新型企业开始通过协议控制的结构到境外上市，并在纳斯达克和纽交所形成了越来越明显的集聚效应。目前，中国的互联网等行业的企业在美国上市已经形成气候，受到各类投资机构的热烈追捧，估值水平很高。这种“明星效应”反过来对国内互联网行业中的“后起之秀”又起到正反馈作用，吸引了更多的互联网企业在早期就设立境外架构，吸引海外股权投资基金入股投资，为日后赴美上市创造条件。

3. 其他原因

首先，随着民营经济的发展壮大，民营资本的实力在不断增强，民营企业家对私有产权法律保护的意识也越来越强烈。在境内，虽然近年来对私人产权的保护取得了很大进步，但由于私有产权立法的滞后，现实中仍大量存在私有产权的侵权现象。所以，境内私有产权保护的法制环境离民营企业家对私有产权保护的要求还较远。而在海外市场，完善的私有产权保护的法制环境为企业家提供了有效的私有财产和投资权益的保护。近几年来，民营企业逐渐成为海外上市的主流体现了民营企业家对私有产权保护的内在诉求。

其次，互联网公司的创始者大多具有海归背景，对于外域资本有一定的亲和性。此外，一些企业老板出于转移资产的原因，选择境外上市。另一方面，部分地方政府主动推动企业境外上市，一些中介机构由于短期利益驱动，也从旁推波助澜。

（三）国内上市的市场面与政策面障碍门槛分析

1. 实质违反我国外资行业准入政策，难以在国内上市

在我国现有外资行业准入体系下，互联网行业属于外资禁入行业，理论上外资机构不得入股投资。但由于国家投入有限，且企业主要以民营机构为主，国内互联网行业在早期基本依赖股权投资基金的支持。而前些年活跃在国内互联网市场上的大型股权投资基金几乎全部来自海外，因此就造成外资机构通过协议控制的模式投资甚至控制国内互联网企业。由于这种模式实质上仍然违反了我国行业准入政策，因而无法在A股上市。

2. 无法完全满足A股上市条件

互联网企业希望到国内上市，常常不能满足A股市场的上市条件。首先，该类企业不符合A股上市财务指标和运营年限等硬性门槛要求。特别是创业板推出之前，有相当一部分互联网企业受这方面的条件约束。其次，该类企业不符合A股在独立性、规范运行、持续盈利能力、募集资金投向等方面的要求。在这方面，A股市场的要求明显高于境外市场。同时，A股上市进程有较强的不确定性，如产业政策的突然变化等，也造成部分企业选择到海外上市。

（四）我国互联网企业境外上市前的标准分析

我国近年来最具有代表性的互联网企业境外上市案例当属阿里巴巴、京东商城与聚美优品，仅以此三企业为例说明我国互联网企业赴美上市前的基本标准。首先说明一下以上三企业上市前的基本情况。阿里巴巴属于我国企业赴美上市的特例，它的财务指标极其优秀，净利润很高；现金流丰沛，资产负债率较高；无论广域市场还是一些细分市场的产品占有率都极高；商业模式难以复制。京东商城属于典型的中国赴美互联网类上市公司，财务数据健康稳健，在盈利的基础上策划IPO；现金流稳定，资产负债率较高；市场占有

率稳固；商业模式传统，业务覆盖面广。最后为聚美优品，属于现在较多的中概股类互联网上市企业。其特点是财务指标相对稳定，具有一定爆发力，上市前处于亏损状态；细分市场占有率高；商业模式较为单一，易于复制。

回顾以上述三家企业为代表的我国互联网企业境外上市特点，可以提炼出我国互联网企业境外上市前具有的以下标准：第一，企业营业收入快速增长；第二，均持有一定现金及现金等价物，短期偿债能力出色；第三，资产负债率普遍较大，长期偿债能力难以估计，另外我国互联网公司资产结构较稳定，多为轻资产公司；第四，在相关广域市场或至少是细分市场具有相当的市场占有率；第五，商业模式差异较大，但总体以电商、B2C 为主轴。

三、推动互联网类未盈利企业境内上市政策建议

（一）优化市场环境类的政策建议

1. 迎合互联网类企业特殊的公司治理要求

目前家族企业仍是我国科技型互联网公司的常见模式，创始人对公司控制权要求较高，而我国互联网公司一般由科技人员创立，但现实中大多数科技人员并不擅长管理工作，这直接导致了我国互联网企业尤其是中小企业在内部治理结构等方面的缺失。上海麦杰科技股份有限公司就因没有良好的公司治理结构导致其财务资料真实性和准确性被否而未能成功上市。检视域外经验，以 Facebook 为例，其双重股权的结构设计保证了创始人的权益，也扩大了投资者需要为公司发展所承担的风险。

建议未来政策考量时应保证公司的治理结构能够实现以下目标，一是实现以创新为目标的财务承诺；二是实现科技与管理人才平衡协调的组织扁平化整合；三是完善内部人控制，有效实现战略投资者与公司创始者的互动。而就具体政策而言，可以通过章程指引、投资顾问委员会的设置、双重股权结构的适度引进等制度来刺激创新资本的投入，保证以科技人员为首的互联网企业创始者的权益，因为他们更能代表互联网企业固有的特性和发展导向。

2. 鼓励国内创投机构发展

我国创投机构对于科技行业尤其是互联网企业所做的贡献还是可喜的，以 2012 年为例，2013 年度创投机构投资的第一大行业即为互联网，2012 年度初创期、成长期、扩张期分别占投资个案总数的 29.6%、39.9%、30.5%；在投资金额上，初创期、成长期、扩张期分别占 20.3%、33.2%、46.5%。其中投资初创期项目的个案与金额的比重比以往有显著提高，与之形成明显对比的是，2012 年我国创投基金募资规模、项目投资个案、投资总额，分别比 2011 年高峰期下降了 67%、28.8% 和 43.79%，由此可见国内创投机构对于互联网业的重视。

3. VIE 结构与对赌协议的去障碍化

VIE 结构实际是为了我国红筹股上市问题进行的逃避监管的技术处理。赴海外上市的中概股，一般采用红筹结构，但由于国内资本市场不允许海外公司及红筹股上市，私有化的中概股如果要回归 A 股，就需拆除原有的红筹结构，通过一系列的股权转移和重组，剔除结构中的外商独资企业和离岸公司，其路径为：私有化退市—解除红筹结构—改制重组—A 股/H 股 IPO。为了不让 VIE 的结构成为境外上市的我国互联网企业回归的障碍，我们就需要在政策上解决一些 VIE 架构企业回归 A 股上市中存在的主要障碍，包括允许连续计算 VIE 架构存续期间的经营时间，合并计算 VIE 架构下相关主体的业绩等。

而对赌协议则是中国融资困局下投资市场的常见应对机制，是风投进行风控的主要手段，尤其对于互联网类高新技术产业更是屡见不鲜。但在目前，我国缺乏有关对赌协议明确的成文法规范。司法实践中仅承认企业原股东与投资方签订的对赌协议，企业与投资方签订的对赌协议因涉嫌损害公司及其债权人利益而被判定无效。在 IPO 阶段，因对赌协议可能影响股权的稳定性，证券监管部门一般持否定态度。为了不让对赌协议成为阻挠互联网类企业上市的障碍，监管层在 IPO 过程中须尊重当事人的契约自治的内容，在充分信息披露的基础上适应此事实。

此外，前海地区与上海自贸区作为金融服务的下一步试验田，一些制度激励的绩效研究，比如税务的激励制度，外资准入的激励制度等都可以在这些地区试验加以解决。一些制度障碍性质的东西也可以通过该区域的企业进行对比性的试验研究。

（二）降低制度障碍类的政策建议

1. 设置合理的准入条件，转变审核理念

准入条件是降低互联网类未盈利企业境内上市障碍的核心，其财务基础首先就是对拟上市公司是否盈利不做要求，而考量其他的财务标准。从上述对于美国互联网企业上市的标准以及我国第五波三大企业的上市特征来看，我们可以从行业、收入、现金流、市值、商业模式等方面考虑这个问题。

首先，对于发展早期的互联网企业，收入相比利润更具意义，它能反映客户对企业的认同度和产品的市场潜力，因此将营收作为财务标准之一应无疑问。其次，股东权益和市值是境外创业板重要的上市准入条件，而以后者作为上市标准在如今网络产业估值技术较为成熟的国内，更有着现实可行性。再次，现金流和与之有关的资产负债率可以反映企业的财政健康状况，建议即使不将此认定为判断能否上市的财务标准也应当加强对此部分内容的信息披露要求。最后，市场占有率与商业模式对此类企业而言变化可能性很大，但前者是判断企业是否有将来持续盈利能力的基础之一，后者则是能否将企业判定为高新企业并予以政策支持的关键，因此这两者都有必要考虑纳入上市的准入条件之中。因此，建议结合收入、股东权益、市值、现金流与市场占有率等指标设置几套并行的未盈利板准入标准。

需要说明的是，用户规模是评价互联网企业盈利能力的重要指标，但是这一点要受企业的市场占有率和商业模式的变动而发生影响，不同企业因服务对象、商业模式的差异，达到盈亏平衡点的用户规模差别很大。如以企业大客户为服务对象的，10 万左右的用户就可盈利；以个人为服务对象的，用户数超过 1 000 万仍未必盈利；有些新创企业要达到亿万级别的用户规模才具备盈利的基本条件。因此，用户规模适合作为信息披露内容，但不宜作为未盈利板的准入标准。

同时，应适度调整审核理念。互联网企业财务审核时需要较多的会计估计和专业判断，比如核心资产确认计量，流量是互联网企业实现收入的基础，其载体往往是客户信息数据库及客户使用频率，但流量无法进入资产负债表。又如，互联网企业在其具有显著影响力的时候，可能尚未获取流量变现模式，其收入可以为零，利润则为负数，企业收入和利润可能与其行业地位没有明显相关性。这些就需要在审核过程中更多依赖行业专家和市场的判断。

最后可考虑为未盈利企业设立单独审核通道，大量优秀互联网企业在发展早期缺乏境内创投的支持，唯有选择美元投资，搭建 VIE 架构，最后因制度所限只得选择境外上市。设立单独审核通道能加快互联网企业境内上市的进度，鼓励境内创投投资于早期项目，对于促进行业发展，解决 VIE 架构问题是长久之策。

2. 私募豁免解决融资困局

为了给未盈利互联网企业境内上市提速，可考虑进一步对证券私募发行豁免制度予以制度性突破。目前从发行额度上看，仍有关于债券余额不得超过公司净资产 40% 的限制。从发行主体上看，非上市公司发行公司债并无实质障碍。这些规定予以一定突破后将释放一部分互联网企业的融资压力，当然，如同之前放开的中小企业公司债一样，在中国的融资困局下具体作用能有多大还有待考证。

3. 持股激励制度的重设

如前简述，期权、库存股等制度安排对互联网企业至关重要，是人才战略下的高科技企业尤其是互联网企业激励机制的核心组成部分，在这些方面境外市场仍有明显优势。因此，不仅是期权、库存股制度设计，与之类似的激励制度，如职工持股的筹划、优先股的类别设计与应用以及职工持股的税务减免都应当做出法律的指南或规定。

四、互联网类未盈利企业境内上市后监管建议

（一）特殊的保荐要求

未盈利企业上市仍需保持市场的信誉和诚信，保荐人应明确审核视角的转变，首先监管理念转向以信息披露为中心，弱化实质审核，支持创新。其次提高审核效率，公开审核速度，实现阳光审核，高效审核。最后需明白互联网企业中轻资产公司较多的现状，估值多与成长性相关。对于成长性与创新性的把握应当是该类企业保荐工作的重点。

（二）相对灵活的退市转板要求

政府应制定灵活有序的上市企业转板制度，从短期看这有利于创业板未盈利互联网企业的流动性增强，对基本面变化程度较大的高科技企业来说是一大福音。而从长期看，规范变通的转变制度不仅增强了多层次资本市场的流动性，而且也提高了上市企业的危机意识，有助于资金实现合理有效配置。

具体制度上可考虑首先在“创业板”建立单独层次，支持尚未盈利的互联网和高新技术企业在“新三板”挂牌一段时间后到创业板上市，目前的制度倾向是一年，考虑美国经验，也可定为 6 个月。此举不仅在“新三板”与“创业板”之间架起了“转板”的桥梁，也为亏损的互联网和高新企业在“创业板”上市作出了路径安排。

（三）有针对性的信息披露要求

政府应加强对科技型中小企业的信息披露监管。科技型企业如互联网类企业因其高技术和高风险等特点，信息不对称问题比其他类型的中小企业更为突出。我国监管机构应采用多种手段对上市企业信息进行披露。比如，为企业建立诚信档案，记录其募集资金使用情况、监管处罚及信

息披露真实性等情况；关注上市公司高层管理人员股份变动；披露科技型企业科研项目及研发人员等，尤其是对于科研能力、创新能力的披露应当是其信息披露的重点。

这方面可吸取一定的域外经验，美国互联网企业的信息披露首先特别加强了风险的个性化分析披露。披露会就每一个细节逐一分析可能发生的情况、造成的影响以及公司的应对措施、失败的可能等，具有针对性。

（四）宽松的再融资要求

考虑互联网企业高资本投入的行业特性，对其再融资的门槛也应当适当放宽。这方面美国企业相对灵活自由，经验值得参考，美国互联网企业大部分公司上市前几乎不存在长期负债或负债数额极小，除Google、Facebook等自身能够产生充足现金流的公司并未增加对外融资以外，其他公司均选择了直接从资本市场融资的方式。

囿于我国资本市场的发展程度，我国主板乃至创业板市场对未盈利企业上市一直持否定态度，这诱发了我国互联网企业的境外上市潮，导致了大量优秀企业资源与资本的外流。为科学引导未盈利企业尤其是以互联网类企业为代表的高新技术企业在境内上市，我们亟需研究行之有效的上市标准，建议从下面几个要素考虑该类企业的上市要求：一是结合互联网企业所处行业、企业特性以及商业模式，从企业营业收入、科研费用投入、未来盈利能力等方面综合考察企业的核心竞争力及发展潜力，以上述要素考虑制定公司上市财务标准；二是研究互联网企业经营现金流以及短期流动性，考察其未来实现盈利的可能以及经营风险是否可控。衡量企业的资本结构，评判企业的发展战略与其长期运营能力是否相符。以上述要素确定公司上市信息披露标准。

资产评估行业相关问题研究报告

中国证券监督管理委员会北京监管局

随着市场经济发展迅速，资产评估行业已从最初为国有经济服务，扩展到为各种所有制经济服务，渗透到金融市场、珠宝市场、知识产权战略实施、林权制度改革、公共资产管理、司法鉴证等经济生活的各个方面。但由于起步较晚、基础薄弱等原因，资产评估行业整体水平与经济社会发展要求还有一定差距。基于目前评估行业在市场经济中不可或缺的专业服务定位，本文旨在通过研究资产评估行业存在的突出问题和监管现状，探讨调整和优化评估监管的相关途径，以期促进行业规范有序发展。

一、资产评估行业基本概况介绍

资产评估业务包括不动产评估、动产评估、无形资产评估、企业价值评估和其他经济权益的评估。目前，我国资产评估行业涉及六大类评估业务，分别为现行资产评估、房地产估价、土地估价、矿业权估价、旧机动车鉴定估价和保险公估，分别由财政部、住房和城乡建设部、国土资源部、商务部和保监会五个部门管理。分业务领域管理模式下，评估机构资质主要包括资产评估机构、证券资格资产评估机构、房地产估价机构、土地评估机构、探矿权采矿权评估机构五类。

据统计，当前全国各类评估机构超过万家，执业注册评估师超过10万人，从业人员约30万人。其中资产评估机构数量已超过4 000家、从业人员4万多人。评估机构虽然数量众多，但大型评估机构较少（截至2013年底净资产过千万元的仅21家机构、过亿元的仅1家机构），“多、散、小、乱”的特征较为突出，限制了行业竞争力的提升。

二、行业发展中存在的突出问题

（一）法律法规不健全，执业规则存有差异

我国资产评估法律法规建设相对曲折和缓慢，缺少统一立法，各业务领域评估准则之间存在差异、难以协调，制约了行业的健康发展。体现在以下方面。

一是上层法律体系缺失，无法可依。1991年颁布的《国有资产评估管理办法》是我国第一部也是唯一一部评估行政法规，主要侧重于处置国有资产的相关评估规范。除此之外，评估行业无专门立法。《资产评估法》草案自2006年成立草案起草组，酝酿多年仍未出台。法制建设滞后，使得评估行业缺乏法律的有力保护，不利于行业自我约束和规范，也严重影响了行业作为市场经济重要中介服务行业的法律地位。

二是评估规则政出多门，执行难度较大。目前多个部门具有评估业务规则制定权，针对其管理业务领域分别制定执业规则，增加了执业难度。就执业准则及规范类文件来看，各部门制定情况列示如表1所示。

表1　各部门制定的执业准则及规范类文件

财政部及中评协	中国证监会	国资委	土地估价师协会	国家质监总局	房地产估价协会	矿业权评估师协会	中国保险行业协会
《资产评估职业道德准则》、《资产评估准则》等执业准则及《商标资产评估指导意见》、《资产评估操作专家提示》等规范文件	《会计监管风险提示第5号——上市公司股权交易资产评估》	《关于企业国有资产评估报告审核工作有关事项的通知》	《国有建设用地使用权出让底价评估技术规范》、《关于改革土地估价结果确认和土地资产处置审批办法的通知》等	《城镇土地估价规程》	《房地产估价规范》、《国有土地上房屋征收评估办法》等	《中国矿业权评估准则》以及《矿业权价款评估应用指南》、《矿业权评估参数确定指导意见》	《保险公估从业人员执业行为守则》、《保险公估从业人员职业道德指引》等

从表格统计情况来看，评估行业执业准则类别较多，存在交叉和差异。具体来看，资产评估准则是对所有类别的评估对象进行规范，而土地估价规范、房地产估

价规范、矿业权评估准则是对具体单项资产评估进行了规范，存有准则交叉；此外，前述准则或规范在房地产计算开发利润和税费、矿业权评估中的预计价格和折现率等方面存有差异，易造成评估结论的矛盾。

（二）业务单一，新业务发展缓慢

经查看分析Wind公告信息，2013年度上市公司披露聘用评估机构出具报告共有1 482项，根据评估目的统计列示如表2所示。

表2 2013年度上市公司披露的聘用评估机构评估目的及报告数量

评估目的	评估报告数量	占比/%
并购重组	1 275	86
增资扩股	92	6
以财务报告为目的的评估	43	3
抵押、质押	21	1
其他（司法鉴定、搬迁补偿等）	51	3
共计	1 482	100

由上述分布可见，以并购重组为目的的评估在证券评估业务中占最主要部分、其他类型业务数量较少；近些年在欧美国家发展迅速的以财务报告为目的的评估业务，在我国发展仍然较为缓慢。随着证监会修订后的并购重组规则进一步明确了重大资产重组标的资产定价可不以资产评估结果作为定价依据，资产评估机构未来的并购业务市场无疑将受到一定冲击。

业务单一、新业务发展缓慢，是评估机构发展面临的突出问题。其原因主要在于：一是法定评估业务较少。评估项目没有延续性、固定性，评估机构尤其是中小型机构面临的市场开发难度较大。二是传统知识结构或工作方式难以满足新业务需要。针对不断涌现的新资产类型、行业类别和经济行为，如高科技创投企业、网络游戏企业等领域，评估机构受限于自身知识结构、对于新兴领域存有认识和把握上的困难，差异化竞争和特色服务难以形成。三是境外业务开展有限。随着经济全球化进程的不断加速，国内企业走向国际市场的在逐渐增多，这为评估机构境外业务的发展提供了重要的契机。而现实中，评估机构境外业务开展方面在人员、资料等方面都面临较大困难，如：境外评估业务评估程序以及方法选择等尚无明确指引，资产所在地所执行的会计准则、税收制度与政策等与国内不同等。如何解决上述问题、“走出去”更好地发展海外业务，是评估机构和监管部门应共同思考的问题。

（三）收费较低，行业恶性竞争严重

根据资产评估机构2013年综合评价百强信息，百强机构2013年业务收入总额为32.82亿元，其中年业务收入过亿元的仅6家、最高为4.17亿元（中联资产评估集团有限公司），年业务收入过5 000万元的仅10家。同为专业服务机构的会计师事务所，根据2013年综合评价百强信息，百强事务所2013年业务收入总额为314.49亿元，其中年业务收入过亿元的有43家、最高为32.26亿元（普华永道中天会计师事务所）。从上述资产评估机构和事务所业务收入数据对比可以看出，虽然劳动付出量及复杂程度与审计业务接近，但资产评估业务收入整体较低，主要原因在于低价格比拼、行业恶性竞争严重。

在2013年底北京证监局面向辖区内36家证券资格评估机构进行的调研中，17家评估机构（约占50%）反映当前评估业务承揽时偏重价格比拼，委托方以“价格孰低”原则而不是专业能力选择评估机构导致低价竞争，抑制了资产评估机构通过提高执业质量和专业服务谋求发展的积极性，助长了追逐短期利益、侵蚀行业公信力的“逆淘汰”机制。

为规范行业收费行为，国家发改委、财政部曾于2009年联合发布了《资产评估收费管理办法》，取消以资产评估结果为计费依据、增加了收费方式的灵活性，但该收费标准制定的收费空间比较宽泛，实际执行中仍然存在收费标准形同虚设、恶意压价竞争频出、招投标中执业质量差异难以体现等问题。如何规范和倡导合理的公平竞争、净化行业竞争环境，是市场建设的一个重点。

（四）数据获取渠道有限，信息收集困难

资产评估行业对于市场信息获取要求较高，特别是交易信息、交易价格等数据信息。但是，目前评估机构每年用于采集数据信息的支出较少，产权交易中心等机构也缺乏披露相关数据的内在动力，造成评估行业数据来源渠道有限、信息量不足、关键参数选取缺乏支持等问题。主要体现在：一是行业分析数据较少，如难以获得特许权使用费率、控制权溢价或少数股权折价等数据，难以取得有效数据对行业整体情况做出详细分析判断；二是可采用的交易案例较少，为使用市场法评估造成了很大障碍；三是上市公司公开披露的财务信息与评估所用数据存在一定差距，造成评估过程中所获数据欠缺、支持力度小。

三、国内评估机构监管现状及国外监管模式分析借鉴

（一）国内监管现状及存在的监管不足

“五龙治水”的多头监管模式，导致了评估业务市场分割、多种资格并存、缺乏统一监管原则的混乱局面，增加了社会运营成本，也削弱了评估监管效能。主要存在以下突出问题。

1. 多头管理带来行业（部门）利益冲突和监管壁垒，给评估机构正常执业造成不必要的限制，不利于行业专注于提高执业能力、通过良性竞争推动行业进步。

2. 分割执业造成责权不对等问题，同时增加了社会成本。基于从业资质和监管要求，企业整体价值评估中涉及的部分单项资产（尤其是土地、矿业权等）往往需要先聘请专业估价机构出具评估报告，再由资产评估机构通过引用形成企业价值评估结论。这是基于现行监管体制的一种被动安排，而非委托单位出于专业胜任需要的主动选择。由于这些专业估价业务通常由委托单位另行委托，资产评估机构对专业估价工作未必能产生有效影响，但却要承担由于专业估价成果的公允性缺失面临公众的质疑和监管层责罚的后果，责权不相称。此外，委托单位进行企业整体价值评估时，聘请多家不同资质专业评估机构出具评估报告，无形中增加了社会成本和委托单位运营成本，降低了评估效益和效率。

3. 部分部门实质性监管较少，监管有效性有待提高。多头监管，不可避免地出现部门间职责不清晰、监管缺乏协调统一、监管重叠和空白并存的问题。以北京辖区为例，自2010年至今，辖区36家证券资格评估机构中有33家机构接受了外部检查48次，其中包括：中评协独立检查21次（占比44%）、证监会系统独立检查15次（占比31%）、财政部独立检查2次、财政部和中评协联合检查8次（占比17%）、证监会和财政部、中评协联合审查证券资格申报2次。从检查机构分布来看，中评协实施的自律检查最多，除财政部和证监会外其他监管部门并不实施现场检查；从辖区检查对象覆盖面来看，辖区内绝大部分机构均已接受检查、检查覆盖率为92%；检查内容主要包括内部控制、分支机构管理、业务执业质量等。从上述现场检查情况来看，除了财政部、证监会及中评协外，住建部、国土资源部、商务部和保监会及其相关行业组织除了资格管理、规则制定外，对于相关业务领域的具体执业情况并未进行实质性检查。

4. 各类准入条件设定不一，管理难度较大。各领域主管部门针对机构执业分别设定了准入要求，门槛不一。如：财政部颁发的《资产评估机构审批管理办法》规定："合伙制的资产评估机构，需要5名以上的注册资产评估师、出资10万元以上，公司制的需要8名以上的注册资产评估师、30万元以上注册资本"；住建部颁发的《房地产估价机构管理办法》规定："三级资质的房地产估价机构只需要3名以上专职的注册房地产估价师"；国土资源部印发的《关于对土地价格评估机构进行登记管理有关问题的通知》则规定："具有2名以上土地估价师，10万元以上的注册资金可在所在地市县范围内从事土地估价业务"；中国矿业权评估师协会颁发的《矿业权评估机构资质管理暂行办法》中规定："合伙制矿业权评估机构的执业人员中应不少于三名专职矿业权评估师，公司制矿业权评估机构的执业人员中应不少于四名专职矿业权评估师"。各部门对评估机构的行业准入条件不统一，管理体制不同，加大了行政监管和行业自律的难度。

（二）其他国家监管模式分析借鉴

目前资产评估在世界范围内形成了两大体系：一是以不动产评估为主要内容的不动产评估体系，主要以英国为代表，其监管方式为行业自律监管、政府不介入管理体制；二是以企业各项资产评估为主要内容的综合评估体系，资产评估业务不仅包括房地产等不动产评估，还涉及大量的企业价值评估、无形资产评估等领域，范围较广，主要以美国为代表，其监管方式为政府被动管理、政府管理与行业自律监管相结合。

我们对美国、英国监管模式等进行了研究分析，希望对我国评估机构监管具有一定借鉴意义。具体对比分析如表3所示：

表3　中国、美国、英国评估机构监管模式比较

项目	中国	美国	英国
监管模式	政府监管下的行业自律监管模式	政府被动管理体制，资产评估行业协会和政府监管部门相结合的综合监管模式	政府不介入管理体制，行业自律型监管模式

续表

项目	中国	美国	英国
监管部门	1. 政府监管部门（6 家）：财政部、中国证监会、国土资源部、住房和城乡建设部、商务部、中国保监会； 2. 行业自律组织（5 家）：中国资产评估协会、土地估价师协会、房地产估价师协会、中国矿业权评估师协会、中国保险行业协会。	政府主要针对涉及联邦金融业务的不动产评估进行必要的监管。 1. 政府监管部门包括国会下设的评估分会以及联邦金融监管部门、州和地方政府。其中：评估分会是在联邦金融机构监察委员会下设置的评估监管部门，担负着涉及联邦金融评估活动总体的监管职责；联邦金融监管部门负责涉及联邦金融评估活动的具体监管职责；州和地方政府主要职责是制订各州政府资产评估法规、为合格评估师办理注册手续、收取注册费并上交联邦评估分会、对违规评估师采取惩罚措施； 2. 行业自律组织：评估促进会，不受联邦政府和州政府管理部门的约束和限制。	三个行业协会： 1. 英国皇家特许测量师协会（RICS）； 2. 估价师和拍卖师协会（ISVA）； 3. 税收评估协会（IR-RV）。
处理类型	1. 监管部门：实施行政处罚和行政监管措施； 2. 行业自律组织：实施警告、行业内通报批评、公开谴责等自律监管措施。	1. 联邦金融机构监管部门：采取正式或非正式的惩戒措施包括：谅解备忘录、限制执业、禁止执业、暂停和终止资格，以及对违反评估规定的金融机构进行民事处罚等； 2. 行业自律组织：取消会员资格、警告、再教育等自律监管措施。	1. 自律监管措施：警告、罚款和取消会员资格； 2. 违反法律的由法院进行处罚。
评估法规及准则制定部门	1. 财政部：制定政策法规； 2. 各行业协会：制定准则。	1. 法规制定：州评估局； 2. 准则制定：评估促进会。	英国皇家特许测量师协会（RICS）。
主要评估法规及准则制定情况	1. 尚未立法； 2.《资产评估准则》、《城镇土地估价规程》、《房地产估价规范》、《中国矿业权评估准则》、《国有资产评估管理办法等》。	《金融机构改革、复原和实施法》（RIR-REA）； 《专业评估执业统一准则》（USPAP）。	《上市公司章程》《城市管理法》《保险条例》《租赁统一法令修订案》《评估与估价准则》《英国皇家特许测量师操守》。
行业准入或资质	1. 评估机构资质包括 4 类：证券业务资格、土地资产评估资格、矿产资源评估资格、房地产评估资格； 2. 评估师资质包括 6 类：注册资产评估师、注册房地产估价师、土地估价师、矿业权评估师、保险公估从业人员和旧机动车鉴定估价师。	1. 无机构资格准入机制； 2. 评估师资质：美国资产评估促进协会制定统一的不动产、动产评估人员基本的资格标准和考试标准，而美国各州据此各自制定其行业准入规定。	1. 无机构资格准入机制； 2. 评估师资质：由 RICS 颁发的测量师资格，分为四个类别：即一般类、住宅类、家庭动产类和机电设备与装置类。

从表3中国与美国、英国的评估行业管理对比分析来看，我国对资产评估的监管与这两个国家监管主要存在以下不同。一是监管模式不同，中国政府介入监管相对较多、监管部门较多、规则制定较为分散，美国、英国依赖行业自律监管较多、监管部门集中、规则制定较为统一；二是中国评估上层立法缺失，美国、英国评估监管法律法规体系相对完善；三是中国行业准入设置较多，美国、英国均无机构资格准入机制、只对评估师资质进行管理。

虽然各国资产评估行业发展情况不同，但结合中国国情、适当借鉴国外监管经验，消除分业监管壁垒、推动一致化有效监管，有助于更好地服务于行业健康有序发展。

四、促进行业发展的工作建议

（一）推动行业立法进程，加快法规体系建设

各部门和自律组织应积极参与、推动和配合《资产评估法》的起草出台，结合法律制度建设的总体方向和要求，向立法机关提出相应建议。同时，在统一立法的基础上，尝试建立行业统一协调机制，统一专业标准、保持执业准则的一致性。就涉及公众利益较多的证券业务领域而言，证监会可根据业务监管特点适当制定高于一般执业准则要求的监管规则，强化监管力度。

（二）整合监管力量，减少多头管理

以资产评估立法为契机，推动实现专业互补、资质互认。具体可推动建立监管部门联席会议，加强沟通协调、共享监管信息；适当尝试多部门或自律组织开展联合检查，尽量减少多个行政部门对中介机构的直接检查、重复检查，有效整合监管力量、提高监管效率。

（三）支持评估机构多元化发展，不断扩展业务领域

一是鼓励拓展新业务领域，扩大资本市场评估业务范围。监管部门在鼓励做大做强的同时，更应当倡导专业化竞争和差异化竞争，鼓励多元化发展、做优做强。从证监会角度而言，可鼓励上市公司日常经营管理中进一步引入专业资产评估服务辅助决策，推动拓展以财务报告为目的的评估业务，同时可引导企业在IPO、再融资以及场外交易和非上市公司非货币资产定价中将资产评估作为价值备考文件，以进一步发挥资产评估的价值揭示功能，为市场参与者自主决策提供参考。如：IPO过程中主承销商出具的投资价值分析报告，可考虑由评估机构出具或发表鉴定意见，以提升独立性。二是大力扶持境外评估业务，鼓励评估机构走出去。证监会可联合其他监管部门、自律组织，推动制定境外产权评估的准则或指导意见；收集、整理有关境外投资环境、行业发展等方面相关政策与信息，为境外评估工作提供帮助等。

（四）改善恶性竞争环境，抑制低价竞争行为

业务报价及收费虽是市场自主行为，但引导委托方和评估机构重视执业质量、避免严重恶性竞争行为、促进行业健康发展是监管部门的重要职责之一。可考虑从以下工作入手：一是日常监管和检查中重点关注行业口碑不佳、收费异常、涉嫌不正当竞争机构的评估执业质量，有针对性地调整监管、检查的范围和力度，及时查处并对外披露。二是制定制度引导合理选聘评估机构，由价格选择为主转向质量优先。引导委托方综合资产特点、价值类型、地域范围、人员安排等多项因素，合

理分析报价，注重评估机构执业质量，自愿选择业务强、信誉好的服务机构，遏制恶性竞争，有效防止购买评估意见等违规行为的出现。

（五）推动行业信息化建设，拓展信息获取渠道

数据的真实性是评估假设成立和模型分析结果可依赖的前提，数据的透明性决定了评估行业的未来发展。可着重开展以下工作以推动加快资产评估行业信息化建设的步伐：一是整合现行分散的行业数据资源，逐步建立较为全面的专业数据库，为执业人员提供更方便、更可靠的评估参考依据。特别是要加大力度完善目前实务中个人操作空间过大的信息及数据收集整理发布工作，如企业价值评估、无形资产评估中部分参考数据的统一问题，使评估师能有数可参、有据可依。二是适度总结并公开行业分析和交易案例，供评估师在执业过程中采用，有利于评估师做出更为客观公正的职业判断。

规范保险兼业代理发展问题的思考

中国保险监督管理委员会北京监管局

近年来，保险兼业代理以其贴近消费者的天然优势得以快速发展，在提高保险深度和密度、服务保险消费者等方面发挥了突出的作用，已经成为保险市场不可或缺的重要组成部分。但保险兼业代理机构自身经营不规范、保险公司管理责任不到位、监管滞后等问题也日益突出，行业内关于兼业代理要不要管、谁来管理、怎样管理等问题一直是争论的焦点，充分认清保险兼业代理发展的历史和内在规律，理顺兼业代理发展的体制机制，尤为重要。

一、客观看待中国保险兼业代理发展的历程

分析和把握中国保险兼业代理发展必须要坚持历史的观点，尊重并客观看待其发展历史。中国从19世纪初开始出现保险业和保险代理，先后经历了外商垄断下的保险代理业、民族保险代理业和新中国人民保险代理业三个发展阶段。新中国成立后，随着我国国内保险业的恢复和发展，保险代理也得以不断成长，而保险兼业代理则是最早产生并快速发展。总体来看，新中国成立后国内的保险兼业代理大体可分为三个发展阶段。

（一）初始发展阶段（1949～1991年）

1949年，我国成立了第一家全国性商业综合保险公司即中国人民保险公司。由于历史原因，期间有20年处于停办状态。1979年全面恢复后，当时为了弥补机构的不足，该公司设立了众多保险兼业代理，包括在大部分乡镇设立的保险站、以各地人民银行为依托建立起的保险代理网，以及在一些外贸等企业聘用的兼业代理等。1988年平安保险公司、1991年中国太平洋保险公司相继设立后，也分别建

立了一批兼业代理开展保险业务。在这一发展阶段，对兼业代理机构的管理主要依托保险公司，还没有专门针对保险兼业代理的监管法规。中国人民保险公司主导了整个国内保险市场，保险兼业代理机构弥补了保险公司在市县以下地区铺设机构的不足，起到了保险中介的作用，是新中国成立后保险代理机构的雏形。

（二）规范和快速发展阶段（1992～2000 年）

1992 年市场经济改革之后，随着各类保险公司纷纷涌现，保险兼业代理得到了规范和快速发展。1992 年中国人民银行颁布实施《保险代理机构管理暂行办法》，这是我国第一部管理和规范保险代理的专门法规，该办法将我国的保险代理机构分为专职代理机构和兼职代理机构两种形式。1995 年，国家颁布了《中华人民共和国保险法》，其中规定了保险代理人的资格条件。1996 年，中国人民银行颁布实施了《保险代理人管理暂行规定》，进一步明确了保险代理人的分类、组织形式和设立程序等，将保险代理人分为专业代理人、兼业代理人和个人代理人三种形式。2000 年，保监会颁布实施《保险兼业代理管理暂行办法》，首次针对兼业代理出台专门的部门规章，将保险兼业代理纳入法制化轨道，对促进我国保险兼业代理发展起到了重要作用。在这一发展阶段，全国保险兼业代理在不断规范中得到快速发展，成为保险业务的主要销售渠道之一。据不完全统计，截至 2000 年底，全国共有保险兼业代理机构近 9 万家，行业代理、企业代理、团体代理等各种代理形式并存。代理险种的范围以财产险为主，业务量占到了全国财产险保费收入的 40%；人身保险方面则是以团体险业务为主，总体规模较小。在此阶段，1996 年开始的银行保险代理仍处于起步阶段，几家大的国有保险公司和股份制公司开始与商业银行建立代理保险业务关系。

（三）高速发展阶段（2001 年至今）

2001 年以来，随着我国保险业加入世贸组织后的高速发展，保险兼业代理发展也得以提速。截至 2013 年底，全国共有保险兼业代理机构 21 万余家，兼业代理渠道在全国总保费收入中的占比达 34%，其中，车商和银邮类代理渠道占据了重要位置，在全国机动车险和寿险保费收入的占比分别达 49% 和 37%。兼业代理机构类型更加广泛，基金、证券、信托、投资管理等第三方理财公司，互联网站、电子商务类公司，健康管理、医疗咨询、福利管理公司，财务管理公司等，众多不同行业的机构纷纷加入保险代理行列，保险兼业代理的险种范围几乎涵盖了绝大部分保险领域。在这一发展阶段，针对兼业代理的监管法规一直延续 2000 年的《保险兼业代理管理暂行办法》，其间在 2010 年作了一些修订，主要取消了兼业代理机构仅能代理 1 家保险公司的限制，删除了针对兼业代理机构违法违规的处罚条款等内容。

值得一提的是，在保险兼业代理发展过程中，中国保险中介的组织形式逐渐丰富。1992 年开始由美国友邦引入的个人代理制得到迅猛发展，截至 2013 年底，保险公司个人代理人渠道业务在全国总保费收入中的占比近 40%。2000 年后随着保险专业代理、保险经纪和公估机构监管规定的出台，保险专业中介公司也逐步发展壮大，但该渠道目前在全国总保费收入中的占比较小，不足 10%。

二、各国保险中介市场发展启示

从各国保险中介市场发展情况看，英国、美国、日本具有典型代表性，分析和了解其保险中介发展的模式，可以更好地把握国内包括保险兼业代理在内的中介市场发展的规律。

（一）英国保险中介市场

英国是世界现代保险制度的发源地，1575 年就出现了世界上最早的保险经纪人。英国的保险中介市场是以经纪人为主体、代理人和直销渠道等多种形式并存的体系。英国市场也存在类似汽车销售商、银行、百货商店类的兼业代理商，称为“指定保险中介”。英国的金融行为监管局负责中介机构的授权许可，并为不同类型的公司制定了不同的申请程序，分为小型、大型中介机构，是否专营商等类别。对于兼业代理商的监管，政府主要是通过保险公司进行管理，要求保险公司在开展合作时，必须确保兼业代理机构具有稳定的业务、财务状况，保证其销售行为的合规，并且定期向监管部门报告相关合作情况。

（二）美国保险中介市场

美国采取的是保险代理人和保险经纪人并存、以保险代理人为主体的中介制度体系。美国 100 多万保险代理人构成了保险公司的主要销售体系。按不同属性可以划分为人寿保险代理人、事故及健康险代理人和财产责任险代理人；专业代理人（仅能代理一家保险公司业务）和独立代理人（可代理不同保险公司业务）。美国的保险经纪人主要活跃在财产与责任保险领域，招揽大企业或大项目的保险业务。美国也有部分类似于国内的保险兼业代理机构，主要以银行、股票或者证券经纪人为主，但市场份额占比较低。美国采取政府管理与行业自律相结合的保险管理机制，各州保险管理局对保险中介机构进行直接管理和监督，审核中介机构的执业资格和条件，管理其市场行为。美国的保险代理人协会、人寿保险协会等中介自律组织在中介市场中同样发挥了重要作用。

（三）日本保险中介市场

日本 1996 年保险业法修订之前，保险市场上进行营销的中介人仅仅是保险代理人，其后引进了保险经纪人制度。日本保险中介市场是一种以保险代理人为主体、以保险经纪人为补充的体系。日本保险代理人分为生命保险营销人和损害保险代理店两种。日本寿险公司采取生命保险营销人制度，其营销人制度与国内代理人制度极为相似。日本财产险公司主要采用的是代理店制度，按不同属性可以划分为个人代理店和法人代理店，专业代理店和兼业代理店（银行、车商、便利店等），专属代理店和共属代理店。日本保险业法规定，代理人从事保险销售要按照规定登记注册，主要由保险公司代为申请，审核通过方可经营。日本对中介机构的监管，主要是通过强化保险公司中介业务流程的管控来实现。日本的代理业协会等组织为规范保险行业标准、组织开展培训和考试等方面发挥了积极的作用。

英国、美国和日本保险中介市场给我们的启示：一是要尊重历史，认同差异。不同国家由于其历史、经济、文化等因素的不同，发展各具特色。“国际惯例”、“国际接轨”可以做参考和借鉴，同时也要强调中国国情，承认历史、文化和制度的差异性。二是要尊重市场，顺应规律。一方面，一个国家的市场发展越成熟，其法律、信用、社会监督等体系更加完善，保障市场运行的体制机制更加健全，政府监管和市场自我调控的手段更加有效。另一方面，国外保险中介市场发展的今天不是一蹴而就，充分尊重市场规律，是政府定位自身角色和履行监管职责的关键。

三、规范保险兼业代理发展的对策思考

保险兼业代理的地位和作用决定了其发展的好坏直接关系到整个保险市场健康发展问题，规范保险兼业代理发展应从把握问题本质、树立科学理念、推进科学监管三个方面着力。

（一）把握问题实质

当前，保险兼业代理发展中面临的最突出问题是保险兼业代理与保险公司合作关系扭曲，加剧了保险市场恶性竞争，使行业信誉和成长受损，消费者利益受到侵害。究其原因：一是保险公司长期粗放经营，不履行对兼业代理的管控责任。保险代理起源并依附于保险业。在保险兼业代理发展中保险公司应占据市场主动，是矛盾的主要方面，其管控代理渠道也是法律要义。但一直以来，保险公司以“保费论英雄”的考核导向，导致其不主动履行对兼业代理的管控责任，甚至纵容和参与违法行为，从而传导至中介渠道，扭曲彼此的合作关系。尤其占市场绝对份额的国有保险公司由于治理结构缺失等因素，参与市场恶性竞争的负面效应更为突出。二是保险兼业代理追求短期利益，放纵自身代理行为。追逐利益最大化是市场的本质。保险公司恶性竞争的结果是保险代理的种种不规范行为：一些银邮、汽车经销商等具有行业优势的代理机构借机抬高手续费，推高市场成本，部分旅游网站代理意外险的手续费更是畸高；一些代理机构协助保险公司套取手续费，沦为保险公司洗钱的工具，虚增了行业成本；很多兼业代理机构不求专业合规，内控管理薄弱，人员素质不高，误导销售，参与虚假理赔，背离了保险代理专业化的发展方向。三是监管理念和政策法规等手段滞后，不利于公平竞争环境的维护。从监管角度看，近10多年来，我们对兼业代理监管的思路缺乏系统性和连续性，就兼业论兼业，对整个中介市场的发展定位缺少系统和长期的政策导向；2000年制定的《保险兼业代理管理暂行办法》很多条款已明显不适应市场的变化；对兼业代理的准入门槛忽高忽低，造成市场主体及基层监管无所适从，各地监管随意性大，尺度不一；保险条款费率市场化改革艰难推进，迟滞了从根本上解决包括兼业代理在内的市场突出问题；针对代理机构的信息化手段运用不足，影响了对中介机构信息披露监管的运用。由于监管滞后乏力，客观上降低了中介机构违法违规成本，不利于市场环境的维护。

（二）树立科学理念

破除对兼业代理发展和监管的种种困惑，树立科学的监管理念，既必要又迫切，也是推进保险监管现代化的重要任务。一要充分认清兼业代理是保险市场的重要组成部分。保险兼业代理不是要不要保留和要不要管理的问题，而是如何管、怎样管的问题。保险兼业代理存在的问题绝不是孤立的，既有我们国家在发展社会主义市场经济过程中面临的法律、社会信用体系不健全问题，也有政府的市场监管理念和手段滞后，管理越位、缺位的问题；既有兼业代理自身的因素，也与整个保险市场发展的生态环境紧密相关。要树立专兼业代理监管一盘棋的思想，人为地推动兼业代理转为专业代理以期达到有效监管的目的，不是科学监管。兼业代理的很多问题在专业代理身上同样存在，兼业代理不是中国所独有，市场选择兼业代理，在于其具备其他市场主体所不具备的成本、网络等优势。从国外成熟经验看，对专兼业代理的市场准入和行为监管是统一的，而不是相互割裂的。二要以开放的思维顺应保险兼业代理发展的内在需求。长期以来，我们对保险兼业代理更多重视的是前端准入，而忽视了事中和事后监管。必须要突破利益固化的藩篱，摒弃“官本位”思想，大力简政放权，释放市场活力，做到该放的放开、放到位，该管的管住、管好，切实提供有效的市场监管和公共服务。要冲破固有思想观念的障碍，做到凡是有利于市场有序竞争的改革创新举措，都要积极鼓励和支持，切实提高服务水平。

（三）推进科学监管

公平有序的市场环境靠的是政府有效的市场治理。规范保险兼业代理发展就是要通过科学的监管，逐步理顺兼业代理市场体制机制，推动形成科学合理的市场体系、公开透明的市场规则和规范有序的竞争格局，通过机制创新激发市场的服务创新。一要切实抓好源头治理。从国家战略看，保险兼业代理的发展需要国家法律法规、社会监督体系的完善。从保险行业自身看，对中介渠道的监管，相关职能部门不能单打独斗，更不能相互掣肘。要抓主要矛盾，加强对保险公司治理结构、偿付能力、信息披露等方面的监管，促使其转变粗放的发展方式。要推进保险产品条款和费率市场化改革，促使市场主体转变单纯价格竞争方式，为中介市场发展注入原动力。要尽快修订完善《保险公司中介业务违法行为处罚办法》，强化保险公司对中介渠道筛选、培训、行为管控、信息披露、考核评价等方面的法律责任。二要整合专兼业代理规定。当务之急是要废除现有《保险专业代理机构监管规定》和《保险兼业代理管理暂行办法》，尽快出台统一的、有可操作性的《保险代理机构监管规定》。在同一法规下，既要区分专、兼营性质设定不同标准，又要在市场准入、市场规则、信息化、违规处罚和市场退出等方面保持原则一致性。允许专业代理从事保险以外的其他金融理财产品等业务的经营。最大限度地简化资格准入标准，降低对代理机构注册资本金的要求；依托信息化手段审核法人代理资格，简少纸质材料的审核；取消代理机构高管人员资格审批和法人设立分支机构资格审批，实行备案制；完善代理机构在客户信息管理、保费账户管理、销售行为管控、与保险公司合作关系等方面的法律责任。三要转变监管职能。要从事先监管向事中、事后监管转变，从以现场监管为主向以非现场监管为主转变。如借鉴国外先进经验，探索建立日常监管抽查制度，在规范和简化市场准入的过程中，加大事中、事后抽查的力度，严肃查处代理机构和保险公司申报资格过程中的作弊行为和市场行为违法问题，尤其要加大暂停代理新业务、吊销和撤回行政许可等处理力度，使机构真正敬畏法律。要加快构建代理机构监管的信息化体系，包括代理机构自身的信息化、保险公司管控代理渠道的信息化，以及监管自身的信息化，在信息化基础上，逐步整合代理市场中的相关信息，为构建保险业和社会征信体系、加强信息披露奠定基础。要培育行业自律，逐步弱化政府监管的部分领域，强化行业自律组织在代理机构准入、服务标准化、自律惩戒、行业交流和社会宣传等方面的作用，培育科学健康的保险市场体系。

（崔振海）

关于对互联网保险监管的思考

中国保险监督管理委员会北京监管局

互联网保险是指保险公司或保险中介机构以现代信息技术为基础，以互联网为主要渠道，以电子商务技术为工具来支持保险经营管理活动的经济行为。1997年，新华人寿保险股份有限公司在互联网保险信息公司网售出第一张网上保险单，标志着我国保险业正式迈入互联网之门。

截至2013年底，我国已有60家保险公司开展了互联网保险业务，规模保费达到291亿元，分别较2011年、2012年增长9.1倍和2.3倍。互联网保险的发展给我国保险业带来深远的影响，但在发展过程中出现的问题也要求保险监管部门有所作为。本文从如何促进互联网保险健康发展及保护保险消费者利益的角度，谈谈对互联网保险监管的几点认识。

一、监管部门应支持和鼓励互联网保险的发展

互联网保险具有成本低、信息透明、覆盖广、效率高等特点，这为保险业改革创新提供了更广阔的发展空间，既有利于保险公司发展业务又有利于保障消费者利益。

对于保险公司来说，一是互联网保险拓宽了保险销售渠道。与传统的公司直销、个人代理、银邮渠道、其他中介机构渠道相比，互联网保险实现了从定向客户向非定向客户的转变，不再是点对点的销售，而是点对面的销售，所有互联网用户均可在网上看到进而购买保险产品，受众人群呈几何倍数增长。二是互联网保险能有效降低公司经营成本。保险交易和服务均通过网络进行，可节省代理费用和业务维护费用。

以某公司为例，其网络销售成本主要包括后援支持费用、网络通讯费用、保单寄送费用、单证费用、设备折旧等，总体费用率约为12%（若使用电子化保单，可免去保单寄送费用和单证费用，其费用率可降至10%），而其个人代理渠道的费用率约为28%，是网络销售渠道的2.3倍。

对于消费者来说，一是有利于提升消费体验并可以得到更多实惠。首先，消费者通过互联网了解并购买保险更多地使用自主阅读或者在线咨询的方式，可有效避免被电话或者短信骚扰。其次，选择保险产品更加便捷、透明。消费者可以通过搜索引擎或软件更准确地寻找费率低、保障范围广的保险产品，而保险公司也会在这种透明的竞争环境中将更多精力投入到产品研发中。最后，通过互联网购买保险产品价格更低。比如网上车险与电销车险一样，均有15%的费率下浮；很多交通意外险或旅游意外险在网上购买甚至会比在实体店购买便宜30%以上。二是有利于保护保险消费者利益。一方面，通过互联网购买保险是消费者的主动行为，消费者会认真比较不同保险产品的优劣，仔细阅读保险条款，选择适合自己的保险产品，有效地避免了销售误导行为的发生；另一方面，互联网保险的宣传用语或者在线客服人员的讲解都以图片、文字等形式留存在消费者电脑中，一旦发生销售误导纠纷，相关部门也可以根据留存的图片或文字进行责任判定，从而更好地保护消费者权益。

二、监管部门应该加强对互联网保险的监管

作为一种新型的保险销售渠道，互联网保险有其独特的优点，但其在发展过程中存在的问题和风险也不容忽视，一旦解决不好，不但影响个别保险公司的经营，甚至影响整个保险行业的发展。

一是信息安全风险。一方面，硬件设备不完善导致系统崩溃，网络“黑客”的攻击、计算机病毒的入侵，造成保险业务数据的改变和破坏，甚至造成业务系统的瘫痪，都会给保险消费者带来巨大损失；另一方面，消费者通过互联网购买保险，必须提供如身体状况、家庭情况、职业等信息，一旦遇到网络安全问题，客户信息遭到泄露，消费者隐私将受到严重侵犯。

二是道德风险。在互联网保险中，保险人与被保险人的信息不对称更加严重。保险人无法直接观察和了解被保险人的风险水平，很难精确评估风险，因此，被保险人更有可能不履行如实告知的义务，或者进行逆向选择，以上情形都将给保险人带来经营风险，在理赔环节也会导致二者产生纠纷。

三是产品创新不足。一方面，不同公司同一类型的保险产品同质性高，投保人选择余地小，没有给投保人提供个性化的产品服务；另一方面，同一公司互联网渠道产品没有体现出互联网保险低成本、让利于投保人的优势。对比部分公司线上线下产品，很多公司都是将线下产品直接放在网上销售，条款没有简化，费率没有降低，对消费者缺乏吸引力。

三、加强互联网保险监管的建议

保监会副主席周延礼在2014互联网金融论坛上明确表示，互联网保险监管标准要与线下保持一致，表明了监管部门的态度。那么，监管部门应该如何监管互联网保险呢？笔者认为，对互联网保险的监管应该以保护保险消费者合法权益、防范风险和促进市场繁荣为根本原则。由此出发，笔者建议从三个方面对互联网保险加强监管。

（一）完善法律法规，营造良好的外部环境

健全的法律法规是互联网保险健康发展的保障。

一是完善保险法律法规。从目前情况看，现行的《保险法》及部门规章仍然不能全面满足互联网保险发展的需要。例如电子保单的法律效力和管理问题，电子签名的合法化问题，是否能够在未设立分支机构地区销售保险问题等，都需要通过修订《保险法》或出台、完善部门规章进行明确。特别是针对新设立的纯粹的互联网保险公司（如众安保险），更需要针对其内控管理、经营范围、服务能力等制定相应的标准或准入门槛。

二是加强与相关部门的协调与合作。保险不仅仅涉及保险消费者个人，还涉及相关部门的工作。

（二）加强对重点环节的监管

一是抓信息安全。首先，保险公司应配备完善的计算机软件和硬件，防止由于软硬件的原因导致无法为客户提供必要的保险服务；其次，采取严密的数据保护措施，建立异地数据灾难备份体系，实施严格的网络隔离与监控，实施全面的外网保护策略；最后，建立信息泄露追究制度，提升公司员工对客户信息和业务数据保护的意识。

二是加强产品监管。首先，按照“线上线下保持一致”的标准，对各类产品进行统一的监管。其次，建立互联网保险专属产品审批或备案制度。允许保险公司设计互联网保险专属产品（只能通过互联网销售）时，可在条款、费率等方面差别于线下产品。这样既有利于鼓励保险公司产品创新，又能满足保险消费者的个性化需求并让利于消费者。最后，保持对产品风险的高度警惕。目前，多家保险公司都在互联网渠道销售高现金价值保险产品。因该类业务存在潜在风险，保监会专门制定了《关于规范高现金价值产品有关事项的通知》，从产品精算、偿付能力、资本匹配度等角度对该业务进行规范。

三是抓内控治理。互联网保险最大的优点就是其便捷性，因此，开展互联网保险业务的公司应建立完善的运营体系，在投保、承保、核保、缴费、理赔、支付、客户服务等各个环节都应尽量做到在线完成，给保险消费者提供最大的便利。对于那些以互联网保险为“噱头”，实际能力达不到相应标准的公司，监管部门应对其资质进行严格审批或限制其开展互联网保险业务。

四是抓从业人员管理。与其他金融产品不同，保险在前端销售、后端服务方面需要线上与线下紧密配合，这就需要保险公司建立一支兼具专业性和综合性的人才队伍。首先，应配备一支专业性很强的网络技术人员队伍，负责系统的研发、流程的设计、网络安全的维护；其次，应培养一批熟悉各类保险产品的综合型员工，及时、准确地解答保险消费者在网上购买保险产品时遇到的问题，协助保险消费者顺利购买保险产品；最后，应建立一支素质优良的服务队伍，在保障期间为保险消费者提供细致周到的增值服务，在发生理赔时能够快速处理、及时赔付。

（三）明晰监管职权

目前，互联网保险业务通常由保险公司总公司直接管理，在全国范围内销售，按照现行监管职权划分，应由保监会监管。但各地产生的理赔纠纷，也应由中国保监会受理吗？这显然是不现实的，对于保险消费者维权，过于不便；对于保监会查处，成本过高。因此，针对互联网保险，中国保监会应进一步理顺自身与派出机构的职责。保监会可将互联网保险纠纷处理权力赋予各派出机构，同时授权各派出机构可针对互联网保险投诉对保险公司总公司进行调查或检查，如需给予行政处罚，报保监会批准后实施。

（曹洪俊）

附：

2014年专题与调研目录选编

中国人民银行营业管理部
2014年优秀调研报告

一等奖

1. 北京中关村中小企业“信贷快车”开创信贷支持中小企业新模式（货币信贷管理处）

2. 中国经济杠杆率水平评估及风险治理（调查统计处）

3. 北京农村土地制度改革及金融支持的调研报告（金融研究处）

二等奖

1. 上市房企资产负债率过高　流动性风险显著（调查统计处）

2. 我国金融行业发展对存款准备金管理的影响及政策建议（会计财务处）

3. 存款季节性波动的成因、途径与对策（调查统计处）

4. 交叉性金融工具风险监管——金融机构资产管理业务管理规则研究（金融稳定处）

5. 从信息中介到资金中介——P2P网贷平台的中国式创新及存在的风险（调查统计处）

6. 第三版巴塞尔协议净稳定资金比例的最新修订及启示（金融稳定处）

7. 跨国公司外汇资金集中运营管理国际外汇资金主账户政策研究（外汇综合业务处）

8. 美国消费者征信行业的经验及启示（征信管理处）

9. 跨国公司外汇资金集中运营管理政策升级研究（外汇综合业务处）

10. 当前企业征信机构备案工作中的难点及对策建议（征信管理处）

11. 首例离岸账户特大地下钱庄案及监管启示（反洗钱处）

12. 房地产调控新政对北京市房地产开发企业经营行为影响的调查研究——2014年第三季度房地产开发企业经营状况问卷调查综合分析（货币信贷管理处）

13. 北京地区进出口差额持续大于跨境收付差额原因分析（国际收支处、经常项目管理处）

14. 集中接入模式对参与者支付系统建设和运营管理的影响和建议（清算中心）

15. 个人结售汇不真实申报调查及管理建议（外汇检查处）

16. 开放区域流通中人民币整洁度状况研究——以北京数据为例（货币金银处）

17. 支付机构洗钱风险分类工作存在的问题值得关注（反洗钱处）

18. 非现金支付对首都经济发展的促进作用研究（支付结算处）

19. 基于营业管理部廉政风险评价理论与模式的研究（纪检监察办公室）

20. 美联储退出QE对我国跨境资金流动的影响及对策（国际收支处）

三等奖

1. 关于贷款基础利率应用情况的调研报告（货币信贷管理处）

2. 融资担保法律制度的现代化研究——以中小企业新类型担保融资为中心（法律事务处）

3. 北京地区外汇定期存款发展趋势及影响分析（经常项目管理处）

4. 北京地区近十年服务贸易发展趋势、问题及建议（经常项目管理处）

5. 境内银行个人“内存外贷”业务风险亟需关注（外汇检查处）

6. 对当前银行执行外汇管理规定考核工作的思考和建议（国际收支处）

7. 关于我国农村合作金融机构灾备系统建设情况的报告（科技处）

8. 互联网理财的法律监管——以阿里余额宝和微信理财通为视角（法律事务处）

9. 我国贸易信贷统计制度的发展及完善建议（办公室）

10. 银行外债宏观审慎监管问题研究（资本项目管理处）

11. 金融业混业经营中金融控股公司风险状况分析报告——以中信集团为例（金融稳定处）

12. 营业管理部干部职工压力状况调查报告（宣传群工部）

13. 支付机构业务数据深度应用研究：关于支付机构业务量化考评体系的思考（支付结算处）

14. 2013 年中央银行流动性管理的回顾与反思（营业室）

15. 境内企业境外投资促进政策及监管措施研究（资本项目管理处）

16. 化解产能过剩的金融思考（金融研究处）

17. 地方国库现金管理——现状、风险及政策建议（国库处）

18. 社区银行发展模式及在我国路径探讨（办公室）

19. 北京市第三方支付机构 POS 终端受理金融 IC 卡改造工作的思考（科技处）

20. 风险评估在人民银行内审工作中的应用（内审处）

21. 北京市金融系统青年员工认知认同和践行社会主义核心价值观调研（宣传群工部）

22. 浅议完善我国财政监督制衡机制（国库处）

23. 当前反假货币宣传工作中的薄弱点及其对策——以北京望京地区为例（货币金银处）

24. 关于构建人民币回流机制的思考（跨境办）

25. 关于招标采购中废标情形的探讨（会计财务处）

26. 金融资产减值方法分析及对我国的启示（重点库）

27. 保持经济稳定增长的关键及建议（金融研究处）

28. 浅谈如何做好 ACS 系统上线后的会计核算监督工作（事后监督中心）

29. 互联网金融监管现状及框架研究（办公室）

30. 浅谈风险评估在发行基金押运工作中的应用（保卫处）

31. 如何推进离退休干部文化养老问题研究（离退休干部处）

32. 践行群众路线　不断提高营业管理部党建工作科学化水平（人事处）

33. 人民银行营业管理部选树先进典型的几点做法（工会办公室）

八、统计资料

（一）金融业务综合统计

表 1.1　北京市金融机构（含外资）本外币信贷收支统计

单位：亿元

项目名称	余额	比年初	项目名称	余额	比年初
一、各项存款	100 096	8 435	一、各项贷款	53 651	5 661
1. 单位存款	63 393	5 764	（一）境内贷款	50 576	5 412
其中：活期存款	18 499	562	1. 短期贷款	17 639	1 860
定期存款	25 548	3 045	（1）个人贷款及透支	1 876	317
通知存款	4 158	197	其中：个人消费贷款	665	111
保证金存款	2 649	600	（2）单位普通贷款及透支	13 213	1 669
2. 个人存款	26 497	945	其中：经营贷款	12 242	1 409
储蓄存款	24 856	1 108	固定资产贷款	938	250
保证金存款	60	12	（3）普通并购贷款	6	2
结构性存款	1 581	-175	（4）银团贷款	20	-11
3. 财政性存款	2 190	789	（5）贸易融资	2 524	-117
4. 临时性存款	81	-19	（6）境外筹资转贷款		
5. 委托存款	651	128	2. 中长期贷款	30 882	2 684
6. 其他存款	7 283	827	（1）个人贷款	7 522	1 124
二、金融债券	526	63	其中：个人消费贷款	6 540	911
三、中长期借款	206	3	（2）单位普通贷款	19 623	1 500
四、应付及暂收款	2 579	205	其中：经营贷款	3 272	-90
其中：应付利息	1 689	241	固定资产贷款	16 351	1 590
五、同业往来（来源方）	13 972	6 982	（3）普通并购贷款	576	-83
六、系统内资金往来（来源方）			（4）银团贷款	2 644	144
七、外汇买卖（来源方）	10 051	7 786	（5）贸易融资	440	-7
其中：结售汇	9 704	7 449	（6）境外筹资转贷款	76	8
八、各项准备	1 196	207	3. 融资租赁	141	97
其中：贷款损失准备金	1 130	195	4. 票据融资	1 882	745
九、所有者权益	2 740	597	其中：贴现	1 854	755
其中：实收资本	536	121	5. 各项垫款	32	27
十、其他	-1 989	2 413	（二）境外贷款	3 074	249
			二、有价证券	3 576	402
			三、股权及其他投资	4 928	117
			四、应收及预付款	-1 709	286
			其中：应收利息	561	5
			五、同业往来（运用方）	674	-1 504
			六、系统内资金往来（运用方）	57 389	13 847
			七、金银占款		
			八、外汇买卖（运用方）	10 036	7 790
			其中：结售汇	9 691	7 452
			九、固定资产	493	49
			十、库存现金	336	45
			十一、投资性房地产	2	
资金来源总计	129 376	26 692	资金运用总计	129 376	26 692

表 1.2 北京市中资金融机构本外币信贷收支统计

单位：亿元

项目名称	余额	比年初	项目名称	余额	比年初
一、各项存款	97 646	8 459	一、各项贷款	52 254	5 607
1. 单位存款	61 365	5 771	（一）境内贷款	49 245	5 353
其中：活期存款	18 057	556	1. 短期贷款	16 956	1 824
定期存款	24 799	2 975	（1）个人贷款及透支	1 875	316
通知存款	3 973	208	其中：个人消费贷款	665	112
保证金存款	2 612	630	（2）单位普通贷款及透支	12 708	1 654
2. 个人存款	26 203	964	其中：经营贷款	11 758	1 395
储蓄存款	24 625	1 107	固定资产贷款	933	252
保证金存款	60	12	（3）普通并购贷款	6	2
结构性存款	1 519	-155	（4）银团贷款	19	-8
3. 财政性存款	2 190	789	（5）贸易融资	2 349	-140
4. 临时性存款	79	-19	（6）境外筹资转贷款		
5. 委托存款	651	128	2. 中长期贷款	30 376	2 669
6. 其他存款	7 157	825	（1）个人贷款	7 410	1 104
二、金融债券	526	63	其中：个人消费贷款	6 432	893
三、中长期借款	206	3	（2）单位普通贷款	19 292	1 497
四、应付及暂收款	2 529	198	其中：经营贷款	3 098	-84
其中：应付利息	1 662	236	固定资产贷款	16 194	1 581
五、同业往来（来源方）	13 876	6 979	（3）普通并购贷款	576	-82
六、系统内资金往来（来源方）			（4）银团贷款	2 592	151
七、外汇买卖（来源方）	8 619	6 370	（5）贸易融资	431	-9
其中：结售汇	8 378	6 139	（6）境外筹资转贷款	76	8
八、各项准备	1 170	206	3. 融资租赁	141	97
其中：贷款损失准备金	1 104	194	4. 票据融资	1 739	737
九、所有者权益	2 566	553	其中：贴现	1 712	747
其中：实收资本	536	121	5. 各项垫款	32	27
十、其他	-1 177	2 562	（二）境外贷款	3 009	254
			二、有价证券	3 575	401
			三、股权及其他投资	4 928	117
			四、应收及预付款	-1 754	278
			其中：应收利息	535	
			五、同业往来（运用方）	659	-1 478
			六、系统内资金往来（运用方）	56 857	14 005
			七、金银占款		
			八、外汇买卖（运用方）	8 615	6 369
			其中：结售汇	8 376	6 137
			九、固定资产	490	50
			十、库存现金	333	44
			十一、投资性房地产	2	
资金来源总计	125 960	25 393	资金运用总计	125 960	25 393

表 1.3 北京市外资银行本外币信贷收支统计

单位：亿元

项目名称	余额	比年初	项目名称	余额	比年初
一、各项存款	2 450	-24	一、各项贷款	1 396	55
1. 单位存款	2 028	-6	（一）境内贷款	1 331	59
其中：活期存款	441	6	1. 短期贷款	683	36
定期存款	749	71	（1）个人贷款及透支	2	1
通知存款	185	-11	其中：个人消费贷款		
保证金存款	37	-30	（2）单位普通贷款及透支	505	15
2. 个人存款	294	-20	其中：经营贷款	484	15
储蓄存款	231	1	固定资产贷款	5	-3
保证金存款			（3）普通并购贷款		
结构性存款	63	-20	（4）银团贷款	1	-3
3. 临时性存款	2		（5）贸易融资	175	23
4. 其他存款	127	2	（6）境外筹资转贷款		
二、代理财政性存款			2. 中长期贷款	506	15
三、金融债券			（1）个人贷款	113	19
其中：境外发行			其中：个人消费贷款	109	18
四、中长期借款			（2）单位普通贷款	331	3
其中：境外借款			其中：经营贷款	174	-6
五、应付及暂收款	50	7	固定资产贷款	157	9
其中：应付利息	27	5	（3）普通并购贷款	0	-1
六、卖出回购资产			（4）银团贷款	52	-7
七、向中央银行借款			（5）贸易融资	9	1
八、同业往来（来源方）	158	-12	（6）境外筹资转贷款		
1. 同业存放	70	14	3. 融资租赁		
其中：境外同业存放	10	2	4. 票据融资	143	8
2. 同业拆借	88	-26	其中：贴现	143	8
其中：境外同业拆借	75	-2	5. 各项垫款		
九、境外联行往来（来源方）	100	30	（二）境外贷款	65	-5
十、外汇买卖（来源方）	1 432	1 416	二、有价证券	3	1
其中：结售汇	1 326	1 310	三、股权及其他投资		
十一、委托存款及委托投资基金（净）			四、应收及预付款	44	7
1. 委托存款及委托投资基金			其中：应收利息	26	5
2. 减：委托贷款及委托投资			五、买入返售资产		
十二、代理金融机构委托贷款基金			六、存放中央准备金存款	50	-27
其中：中央银行委托贷款基金			七、存放中央银行特种存款		
十三、各项准备	26	1	八、缴存中央银行财政性存款		
其中：贷款损失准备	26	1	九、同业往来	918	141
十四、所有者权益	174	44	1. 存放同业	94	4
其中：实收资本			其中：存放境外同业	8	2
十五、其他	-541	138	2. 拆放同业	825	137
			其中：拆放境外同业	4	-8
			十、境外联行往来（运用方）	14	2
			十一、代理金融机构贷款		
			其中：代理人行专项贷款		
			十二、库存现金	3	
			十三、外汇买卖（运用方）	1 421	1 421
			其中：结售汇	1 315	1 315
			十四、投资性房地产		
资金来源总计	3 849	1 601	资金运用总计	3 849	1 601

表 1.4　北京市金融机构（含外资）人民币信贷收支统计

单位：亿元

项目名称	余额	比年初	项目名称	余额	比年初
一、各项存款	95 371	7 380	一、各项贷款	45 459	4 845
1. 单位存款	60 155	4 954	（一）境内贷款	45 412	4 841
其中：活期存款	17 585	341	1. 短期贷款	15 053	1 320
定期存款	24 179	2 771	（1）个人贷款及透支	1 873	317
通知存款	4 129	199	其中：个人消费贷款	662	111
保证金存款	1 798	297	（2）单位普通贷款及透支	11 942	1 084
2. 个人存款	25 726	893	其中：经营贷款	10 994	846
储蓄存款	24 158	1 072	固定资产贷款	918	230
保证金存款	58	11	（3）普通并购贷款	6	2
结构性存款	1 510	-190	（4）银团贷款	19	-11
3. 财政性存款	2 190	789	（5）贸易融资	1 213	-72
4. 临时性存款	30	-7	（6）境外筹资转贷款		
5. 委托存款	649	127	2. 中长期贷款	28 305	2 654
6. 其他存款	6 620	623	（1）个人贷款	7 522	1 124
二、金融债券	526	63	其中：个人消费贷款	6 539	912
三、中长期借款	144	-3	（2）单位普通贷款	17 482	1 380
四、应付及暂收款	2 377	284	其中：经营贷款	2 842	3
其中：应付利息	1 640	226	固定资产贷款	14 641	1 378
五、同业往来（来源方）	13 591	7 395	（3）普通并购贷款	441	-16
六、系统内资金往来（来源方）			（4）银团贷款	2 506	160
七、外汇买卖（来源方）	4 714	3 571	（5）贸易融资	352	4
其中：结售汇	4 664	3 522	（6）境外筹资转贷款	3	2
八、各项准备	982	174	3. 融资租赁	141	97
其中：贷款损失准备金	916	162	4. 票据融资	1 882	745
九、所有者权益	2 611	557	其中：贴现	1 854	755
其中：实收资本	536	121	5. 各项垫款	31	26
十、其他	-4 469	1 791	（二）境外贷款	46	4
			二、有价证券	3 575	400
			三、股权及其他投资	4 902	91
			四、应收及预付款	-1 874	261
			其中：应收利息	481	-27
			五、同业往来（运用方）	627	-1 505
			六、系统内资金往来（运用方）	57 651	13 454
			七、金银占款		
			八、外汇买卖（运用方）	4 711	3 571
			其中：结售汇	4 665	3 529
			九、固定资产	492	50
			十、库存现金	301	44
			十一、投资性房地产	2	
资金来源总计	115 846	21 211	资金运用总计	115 846	21 211

表 1.5　北京市中资金融机构人民币信贷收支统计

单位：亿元

项目名称	余额	比年初	项目名称	余额	比年初
一、各项存款	93 326	7 429	一、各项贷款	44 439	4 774
1. 单位存款	58 438	4 987	（一）境内贷款	44 402	4 768
其中：活期存款	17 336	347	1. 短期贷款	14 522	1 282
定期存款	23 538	2 712	（1）个人贷款及透支	1 871	316
通知存款	3 949	213	其中：个人消费贷款	662	111
保证金存款	1 763	328	（2）单位普通贷款及透支	11 547	1 065
2. 个人存款	25 515	914	其中：经营贷款	10 616	825
储蓄存款	24 004	1 075	固定资产贷款	914	233
保证金存款	58	11	（3）普通并购贷款	6	2
结构性存款	1 452	－173	（4）银团贷款	19	－8
3. 财政性存款	2 190	789	（5）贸易融资	1 078	－93
4. 临时性存款	29	－6	（6）境外筹资转贷款		
5. 委托存款	649	127	2. 中长期贷款	27 969	2 627
6. 其他存款	6 504	618	（1）个人贷款	7 409	1 104
二、金融债券	526	63	其中：个人消费贷款	6 432	893
三、中长期借款	144	－3	（2）单位普通贷款	17 300	1 364
四、应付及暂收款	2 339	275	其中：经营贷款	2 787	－12
其中：应付利息	1 615	222	固定资产贷款	14 513	1 376
五、同业往来（来源方）	13 573	7 389	（3）普通并购贷款	441	－16
六、系统内资金往来（来源方）			（4）银团贷款	2 466	168
七、外汇买卖（来源方）	4 294	3 151	（5）贸易融资	351	5
其中：结售汇	4 254	3 113	（6）境外筹资转贷款	3	2
八、各项准备	961	175	3. 融资租赁	141	97
其中：贷款损失准备金	896	162	4. 票据融资	1 739	737
九、所有者权益	2 499	527	其中：贴现	1 712	747
其中：实收资本	536	121	5. 各项垫款	31	25
十、其他	－3 873	1 896	（二）境外贷款	37	6
			二、有价证券	3 575	400
			三、股权及其他投资	4 902	91
			四、应收及预付款	－1 900	256
			其中：应收利息	459	－32
			五、同业往来（运用方）	627	－1 484
			六、系统内资金往来（运用方）	57 092	13 647
			七、金银占款		
			八、外汇买卖（运用方）	4 262	3 123
			其中：结售汇	4 219	3 083
			九、固定资产	490	50
			十、库存现金	300	44
			十一、投资性房地产	2	
资金来源总计	113 789	20 901	资金运用总计	113 789	20 901

表1.6 北京市外资银行人民币信贷收支统计

单位：亿元

项目名称	余额	比年初	项目名称	余额	比年初
一、各项存款	2 045	-49	一、各项贷款	1 020	71
1. 单位存款	1 717	-33	（一）境内贷款	1 010	73
其中：活期存款	249	-6	1. 短期贷款	531	38
定期存款	641	59	（1）个人贷款及透支	2	1
通知存款	179	-13	其中：个人消费贷款		
保证金存款	35	-30	（2）单位普通贷款及透支	395	19
2. 个人存款	212	-20	其中：经营贷款	378	22
储蓄存款	154	-3	固定资产贷款	4	-3
保证金存款			（3）普通并购贷款		
结构性存款	58	-17	（4）银团贷款		-3
3. 临时性存款			（5）贸易融资	135	21
4. 其他存款	116	5	（6）境外筹资转贷款		
二、代理财政性存款			2. 中长期贷款	336	27
三、金融债券			（1）个人贷款	112	20
其中：境外发行			其中：个人消费贷款	108	18
四、中长期借款			（2）单位普通贷款	182	16
其中：境外借款			其中：经营贷款	54	14
五、应付及暂收款	38	9	固定资产贷款	128	2
其中：应付利息	26	4	（3）普通并购贷款		
六、卖出回购资产			（4）银团贷款	40	-8
七、向中央银行借款			（5）贸易融资	1	-1
八、同业往来（来源方）	54	-8	（6）境外筹资转贷款		
1. 同业存放	49	9	3. 融资租赁		
其中：境外同业存放	10	2	4. 票据融资	143	8
2. 同业拆借	5	-17	其中：贴现	143	8
其中：境外同业拆借	5		5. 各项垫款		
九、境外联行往来（来源方）	27	8	（二）境外贷款	10	-3
十、外汇买卖（来源方）	420	420	二、有价证券	2	
其中：结售汇	410	410	三、股权及其他投资		
十一、委托存款及委托投资基金（净）			四、应收及预付款	27	5
1. 委托存款及委托投资基金			其中：应收利息	22	4
2. 减：委托贷款及委托投资			五、买入返售资产		
十二、代理金融机构委托贷款基金			六、存放中央准备金存款	50	-27
其中：中央银行委托贷款基金			七、存放中央银行特种存款		
十三、各项准备	20		八、缴存中央银行财政性存款		
其中：贷款损失准备	20		九、同业往来	652	129
十四、所有者权益	112	30	1. 存放同业	34	-18
其中：实收资本			其中：存放境外同业		
十五、其他	-515	217	2. 拆放同业	618	146
			其中：拆放境外同业		
			十、境外联行往来（运用方）		
			十一、代理金融机构贷款		
			其中：代理人行专项贷款		
			十二、库存现金	1	
			十三、外汇买卖（运用方）	449	449
			其中：结售汇	446	446
			十四、投资性房地产		
资金来源总计	2 200	626	资金运用总计	2 200	626

表 1.7 北京市金融机构（含外资）外汇信贷收支统计

单位：亿美元

项目名称	余额	比年初	项目名称	余额	比年初
一、各项存款	772	170	一、各项贷款	1 339	129
1. 单位存款	529	131	（一）境内贷款	844	91
其中：活期存款	149	36	1. 短期贷款	423	87
定期存款	224	44	（1）个人贷款及透支	1	
通知存款	5		其中：个人消费贷款	1	
保证金存款	139	49	（2）单位普通贷款及透支	208	95
2. 个人存款	126	8	其中：经营贷款	204	92
储蓄存款	114	6	固定资产贷款	3	3
保证金存款			（3）普通并购贷款		
结构性存款	12	2	（4）银团贷款		
3. 财政性存款			（5）贸易融资	214	-8
4. 临时性存款	8	-2	（6）境外筹资转贷款		
5. 委托存款			2. 中长期贷款	421	3
6. 其他存款	108	33	（1）个人贷款		
二、金融债券			其中：个人消费贷款		
三、中长期借款	10	1	（2）单位普通贷款	350	18
四、应付及暂收款	33	-13	其中：经营贷款	70	-15
其中：应付利息	8	2	固定资产贷款	280	34
五、同业往来（来源方）	62	-68	（3）普通并购贷款	22	-11
六、系统内资金往来（来源方）	43	-65	（4）银团贷款	23	-3
七、外汇买卖（来源方）	872	688	（5）贸易融资	14	-2
其中：结售汇	824	641	（6）境外筹资转贷款	12	1
八、各项准备	35	5	3. 融资租赁		
其中：贷款损失准备金	35	5	4. 票据融资		
九、所有者权益	21	7	其中：贴现		
其中：实收资本			5. 各项垫款		
十、其他	405	101	（二）境外贷款	495	38
			二、有价证券		
			三、股权及其他投资	4	4
			四、应收及预付款	27	4
			其中：应收利息	13	5
			五、同业往来（运用方）	8	
			六、系统内资金往来（运用方）		
			七、金银占款		
			八、外汇买卖（运用方）	870	689
			其中：结售汇	821	640
			九、固定资产		
			十、库存现金		
			十一、投资性房地产		
资金来源总计	2 254	826	资金运用总计	2 254	826

表1.8 北京市中资金融机构外汇信贷收支统计

单位：亿美元

项目名称	余额	比年初	项目名称	余额	比年初
一、各项存款	706	166	一、各项贷款	1 277	132
1. 单位存款	478	127	（一）境内贷款	791	93
其中：活期存款	118	34	1. 短期贷款	398	87
定期存款	206	42	（1）个人贷款及透支	1	
通知存款	4	-1	其中：个人消费贷款	1	
保证金存款	139	49	（2）单位普通贷款及透支	190	96
2. 个人存款	113	8	其中：经营贷款	187	93
储蓄存款	101	5	固定资产贷款	3	3
保证金存款			（3）普通并购贷款		
结构性存款	11	3	（4）银团贷款		
3. 财政性存款			（5）贸易融资	208	-9
4. 临时性存款	8	-2	（6）境外筹资转贷款		
5. 委托存款			2. 中长期贷款	393	5
6. 其他存款	107	33	（1）个人贷款		
二、金融债券			其中：个人消费贷款		
三、中长期借款	10	1	（2）单位普通贷款	326	21
四、应付及暂收款	31	-13	其中：经营贷款	51	-12
其中：应付利息	8	2	固定资产贷款	275	33
五、同业往来（来源方）	49	-67	（3）普通并购贷款	22	-11
六、系统内资金往来（来源方）	38	-59	（4）银团贷款	21	-3
七、外汇买卖（来源方）	707	525	（5）贸易融资	13	-2
其中：结售汇	674	494	（6）境外筹资转贷款	12	1
八、各项准备	34	5	3. 融资租赁		
其中：贷款损失准备金	34	5	4. 票据融资		
九、所有者权益	11	4	其中：贴现		
其中：实收资本			5. 各项垫款		
十、其他	441	108	（二）境外贷款	486	39
			二、有价证券		
			三、股权及其他投资	4	4
			四、应收及预付款	24	4
			其中：应收利息	12	5
			五、同业往来（运用方）	5	1
			六、系统内资金往来（运用方）		
			七、金银占款		
			八、外汇买卖（运用方）	711	530
			其中：结售汇	679	498
			九、固定资产		
			十、库存现金	5	
			十一、投资性房地产		
资金来源总计	2 028	671	资金运用总计	2 028	671

表1.9 北京市外资银行外汇信贷收支统计

单位：亿美元

项目名称	余额	比年初	项目名称	余额	比年初
一、各项存款	66	4	一、各项贷款	62	-3
1. 单位存款	51	4	（一）境内贷款	52	-3
其中：活期存款	31	2	1. 短期贷款	25	
定期存款	18	2	（1）个人贷款及透支		
通知存款	1		其中：个人消费贷款		
保证金存款			（2）单位普通贷款及透支	18	-1
2. 个人存款	13		其中：经营贷款	17	-1
储蓄存款	13	1	固定资产贷款		
保证金存款			（3）普通并购贷款		
结构性存款	1	-1	（4）银团贷款		
3. 临时性存款			（5）贸易融资	7	
4. 其他存款	2		（6）境外筹资转贷款		
二、代理财政性存款			2. 中长期贷款	28	-2
三、金融债券			（1）个人贷款		
其中：境外发行			其中：个人消费贷款		
四、中长期借款			（2）单位普通贷款	24	-2
其中：境外借款			其中：经营贷款	20	-3
五、应付及暂收款			固定资产贷款	5	1
其中：应付利息			（3）普通并购贷款		
六、卖出回购资产			（4）银团贷款	2	
七、向中央银行借款			（5）贸易融资	1	
八、同业往来（来源方）	17	-1	（6）境外筹资转贷款		
1. 同业存放	3	1	3. 融资租赁		
其中：境外同业存放			4. 票据融资		
2. 同业拆借	13	-2	其中：贴现		
其中：境外同业拆借	11		5. 各项垫款		
九、境外联行往来（来源方）	12	4	（二）境外贷款	9	
十、外汇买卖（来源方）	165	163	二、有价证券		
其中：结售汇	150	147	三、股权及其他投资		
十一、委托存款及委托投资基金（净）			四、应收及预付款	3	
1. 委托存款及委托投资基金			其中：应收利息	1	
2. 减：委托贷款及委托投资			五、买入返售资产		
十二、代理金融机构委托贷款基金			六、存放中央准备金存款		
其中：中央银行委托贷款基金			七、存放中央银行特种存款		
十三、各项准备	1		八、缴存中央银行财政性存款		
其中：贷款损失准备	1		九、同业往来	44	2
十四、所有者权益	10	2	1. 存放同业	10	4
其中：实收资本			其中：存放境外同业	1	
十五、其他	-4	-13	2. 拆放同业	34	-2
			其中：拆放境外同业	1	-1
			十、境外联行往来（运用方）	2	
			十一、代理金融机构贷款		
			其中：代理人行专项贷款		
			十二、库存现金		
			十三、外汇买卖（运用方）	159	159
			其中：结售汇	142	142
			十四、投资性房地产		
资金来源总计	269	159	资金运用总计	269	159

表 1.10　北京市金融机构本外币存贷款总量情况

单位：亿元、亿美元、%

项目名称	余额	同比增长	比年初增减	
			2014 年	2013 年
一、金融机构存款				
（一）本外币存款	100 095.5	9.2	8 435.0	6 588.8
1. 中资金融机构	97 645.9	9.5	8 458.5	6 539.7
2. 外资金融机构	2 449.6	-1.0	-23.5	46.1
（二）人民币存款	95 370.5	8.4	7 379.9	6 386.9
1. 中资金融机构	93 326.0	8.6	7 428.8	6 245.9
其中：中资全国性大型银行	53 956.9	5.7	2 904.5	2 712.1
中资全国性中小银行	32 379.8	11.9	3 433.3	2 921.8
中资区域性中小银行	4 326.9	12.1	467.0	245.8
2. 外资金融机构	2 044.5	-2.3	-48.8	138.0
（三）外币存款	772.2	28.3	170.3	50.2
1. 中资金融机构	706.0	30.8	166.3	62.9
2. 外资金融机构	66.2	6.3	3.9	-12.8
二、金融机构贷款				
（一）本外币贷款	53 650.6	12.0	5 661.4	4 578.7
1. 中资金融机构	52 254.3	12.3	5 606.6	4 600.2
2. 外资金融机构	1 396.2	4.1	54.8	-21.5
（二）人民币贷款	45 458.7	12.2	4 844.7	3 954.1
1. 中资金融机构	44 438.8	12.3	4 774.0	4 017.6
其中：中资全国性大型银行	23 660.5	10.6	2 165.2	1 881.9
中资全国性中小银行	16 137.5	11.5	1 665.5	1 388.0
中资区域性中小银行	2 709.2	12.2	293.8	352.3
2. 外资金融机构	1 019.9	7.4	70.7	-63.5
（三）外币贷款	1 338.8	10.7	129.1	135.7
1. 中资金融机构	1 277.3	11.5	131.9	127.1
2. 外资金融机构	61.5	-4.4	-2.8	8.6

表 1. 11　北京市金融机构存贷款总量全国占比情况

单位：亿元、亿美元、%

项目名称	北京		全国		占比	
	比年初累计增加	余额同比增长	比年初累计增加	余额同比增长	余额占比	增量占比
本外币存款	8 435.0	9.2	101 555.3	9.6	8.5	8.3
其中：人民币存款	7 379.9	8.4	94 820.2	9.1	8.4	7.8
外币存款	170.3	28.3	1 083.9	30.8	13.5	15.7
本外币贷款	5 661.4	12.0	101 548.5	13.3	6.2	5.6
其中：人民币贷款	4 844.7	12.2	97 815.8	13.6	5.6	5.0
外币贷款	129.1	10.7	582.0	7.5	16.0	22.2

表 1. 12　北京市金融机构贷款行业分布

单位：亿元、亿美元

项目名称	本外币		人民币		外币	
	余额	比年初	余额	比年初	余额	比年初
A. 农、林、牧、渔业	323.7	73.0	316.0	70.6	1.3	0.4
B. 采矿业	3 167.0	-106.4	1 636.6	1.6	250.1	-18.6
C. 制造业	5 639.3	230.2	5 070.1	252.4	93.0	-4.0
D. 电力、热力、燃气及水的生产和供应业	3 071.5	165.8	3 030.7	151.6	6.7	2.3
E. 建筑业	1 907.3	305.3	1 649.2	206.9	42.2	16.0
F. 批发和零售业	5 271.9	698.6	3 383.1	161.2	308.7	87.0
G. 交通运输、仓储和邮政业	6 811.0	795.7	6 382.5	829.7	70.0	-5.8
H. 住宿和餐饮业	296.8	-9.2	296.8	-9.2		
I. 信息传输、软件和信息技术服务业	845.9	43.8	829.5	38.6	2.7	0.8
J. 金融业	389.2	66.3	229.3	-1.9	26.1	11.1
K. 房地产业	5 286.1	368.0	5 276.2	370.2	1.6	-0.4
L. 租赁和商务服务业	2 998.2	463.5	2 772.3	458.7	36.9	0.7
M. 科学研究和技术服务业	211.9	38.4	202.1	33.5	1.6	0.8
N. 水利、环境和公共设施管理业	1 238.8	-89.2	1 236.9	-88.3	0.3	-0.1
O. 居民服务、修理和其他服务业	77.7	-9.6	77.4	-9.4	0.1	
P. 教育	44.1	-3.9	44.1	-3.9		
Q. 卫生和社会工作	58.8	19.9	58.7	20.0		
R. 文化、体育和娱乐业	183.2	4.5	178.6	5.0	0.7	-0.1
S. 公共管理、社会保障和社会组织	1 164.8	90.1	1 157.0	86.5	1.3	0.6
T. 国际组织						
对境外贷款	3 073.9	248.7	46.2	3.3	494.8	38.5
个人贷款及透支	8 111.3	1 080.2	8 107.3	1 079.9	0.6	
贷款总计	50 172.3	4 473.8	41 980.5	3 657.1	1 338.8	129.1

注：贷款总计不包括委托贷款、票据融资。

表 1.13　北京市中外资银行境内大中小微企业贷款情况

单位：亿元、%

项目名称	本外币		人民币	
	余额	比年初	余额	比年初
境内大型企业				
一般贷款	21 956. 9	955. 3	17 871. 4	528. 2
票据贴现	293. 5	79. 2	293. 5	79. 2
表外授信	9 134. 8	1 310. 5	6 760. 2	1 007. 9
其中：票据承兑	1397. 1	46. 8	1 397. 1	46. 8
境内中型企业				
一般贷款	8 107. 6	1 055. 6	7 289. 7	991. 6
票据贴现	112. 5	-48. 2	112. 5	-48. 2
表外授信	2 455. 8	307. 2	1 869. 0	322. 1
其中：票据承兑	733. 7	49. 3	733. 7	49. 3
境内小型企业				
一般贷款	3 592. 4	503. 7	3 458. 9	478. 2
票据贴现	92. 7	27. 0	92. 7	27. 0
表外授信	973. 5	249. 0	744. 8	132. 4
其中：票据承兑	282. 2	43. 1	282. 2	43. 1
境内微型企业				
一般贷款	780. 8	122. 4	772. 4	138. 5
票据贴现	8. 6	2. 1	8. 6	2. 1
表外授信	211. 6	73. 1	198. 1	70. 2
其中：票据承兑	76. 6	20. 8	76. 6	20. 8

表 1.14　北京市中外资银行境内大中小微企业人民币贷款行业分布

单位：亿元

项目名称	大型企业贷款	中型企业贷款	小型企业贷款	微型企业贷款
贷款合计	**17 871.4**	**7 289.7**	**3 458.9**	**772.4**
A.　农、林、牧、渔业	185.8	88.4	18.6	4.9
B.　采矿业	1 363.9	191.4	62.7	10.4
C.　制造业	3 365.7	603.9	455.1	70.4
D.　电力、热力、燃气及水的生产和供应业	2 057.4	525.8	294.2	32.1
E.　建筑业	1 218.2	266.5	86.7	54.5
F.　批发和零售业	1 767.9	981.6	573.2	44.6
G.　交通运输、仓储和邮政业	4 376.2	490.4	400.7	39.6
H.　住宿和餐饮业	125.0	97.8	54.9	1.9
I.　信息传输、软件和信息技术服务业	529.1	135.2	138.4	9.6
J.　金融业	102.6	96.8	21.7	2.0
K.　房地产业	1 026.3	2 383.0	301.7	451.1
L.　租赁和商务服务业	982.8	932.3	755.3	47.0
M.　科学研究和技术服务业	94.6	35.8	59.9	1.0
N.　水利、环境和公共设施管理业	588.8	372.7	107.8	1.1
O.　居民服务、修理和其他服务业	5.3	22.9	47.8	0.1
P.　教育	4.7	6.5	4.5	0.1
Q.　卫生和社会工作	7.4	13.4	10.4	0.0
R.　文化、体育和娱乐业	63.6	41.8	61.1	2.1
S.　公共管理、社会保障和社会组织	5.9	3.3	4.1	0.0
T.　国际组织				

表 1.15 北京市中外资银行（不含村镇银行）本外币房地产信贷情况

单位：亿元

项目名称	余额		比年初	
	2014 年	2013 年	2014 年	2013 年
合计	**9 860.7**	**9 286.7**	**451.5**	**279.6**
一、房地产开发贷款	4 374.0	4 436.8	-105.4	-248.4
1. 地产开发贷款	1 833.8	2 056.7	-265.7	-265.0
其中：政府土地储备机构贷款	1 174.9	1 592.6	-421.8	-405.7
2. 房产开发贷款	2 540.1	2 380.1	160.2	16.5
（1）住房开发贷款	1 515.2	1 439.8	78.5	2.7
其中：保障性住房开发贷款	438.3	451.5	-11.5	14.5
（2）商业用房开发贷款	862.0	761.4	94.6	8.1
（3）其他房产开发贷款	163.0	178.9	-12.9	5.7
二、购房贷款	5 486.7	4 849.9	557.0	528.0
1. 企业购房贷款	433.5	347.4	-0.4	25.8
（1）商业用房贷款	411.0	338.6	-7.7	27.1
（2）住房贷款	22.5	8.8	7.3	-1.3
2. 机关团体购房贷款	1.2	1.5	-0.3	-0.1
（1）商业用房贷款	0.1		0.1	
（2）住房贷款	1.1	1.5	-0.4	-0.1
3. 个人购房贷款	5 052.0	4 501.0	557.6	502.3
（1）个人商业用房贷款	531.2	438.9	92.6	74.1
（2）个人住房贷款	4 520.8	4 062.1	465.0	428.2
a. 新建房贷款	2 813.2	2 555.6	258.0	139.6
其中：抵押贷款	2 658.2	2 394.8	263.8	121.6
b. 再交易房贷款	1 707.6	1 506.5	207.1	288.6
三、证券化的房地产贷款				
1. 证券化个人住房贷款				
2. 其他证券化房地产贷款				
附：个人购买保障性住房贷款	42.8	37.3	5.4	1.8
附：企业收购、租赁保障性住房贷款	19.8	6.9	6.5	-0.4
附：机关团体收购、租赁购买保障性住房贷款	1.1		1.1	

表 1.16 北京市银行业个人住房贷款发放、偿还情况

单位：亿元、笔

项目名称	累计	
	2014 年	2013 年
个人住房贷款发放总额	983.6	1 051.3
其中：发放新建房贷款	591.9	569.6
发放再交易房贷款	391.7	481.8
住房贷款偿付总额	523.4	604.0
其中：正常还款	184.1	190.1
部分提前还款	107.7	102.3
全额提前还款	231.6	311.6
批准笔数	71 031	90 580

注：以上统计表由中国人民银行营业管理部调查统计处提供。

表 1.17 北京辖区直接外债余额

单位：亿美元

年份	总计	为上年（%）	中长期债务	占总计（%）	短期债务	占总计（%）
2010	1 950	135.14	1 027	52.67%	923	47.33%
2011	3 114	159.69	1 154	37.06%	1 960	62.94%
2012	3 299	105.94	1 257	38.10%	2 042	61.90%
2013	4 922	149.21	1 205	24.49%	3 717	75.52%
2014	5 956	121.01	1 309	21.98%	4 647	78.02%

注：本统计表由国家外汇管理局北京外汇管理部资本项目管理处根据外汇局资本项目信息系统数据提供。

表 1.18 2014 年北京地区储蓄国债统计（凭证式）

单位：亿元

期　数	金　额
一期 3 年期	39.93
一期 5 年期	27.27
二期 1 年期	4.42
二期 3 年期	23.82
二期 5 年期	19.99
三期 3 年期	36.27
三期 5 年期	24.64
四期 3 年期	29.16
四期 5 年期	20.73
合计	226.23

表 1.19　2014 年北京地区储蓄国债统计（电子式）

单位：亿元

期　数	金　额
一期	39.40
二期	30.70
三期	41.38
四期	33.30
五期	34.39
六期	29.23
七期	39.59
八期	32.91
九期	27.48
十期	24.46
合计	332.84

注：以上统计表由中国人民银行营业管理部国库处提供。

表 1.20　证券市场交易额情况（1994～2014 年）

单位：亿元

年　份	证券市场交易量	股票交易	基金交易	债券交易	年末证券市场累计开户数（万户）
1994	183.26	135.51		47.75	
1995	1 619.04	520.48		152.31	
1996	5 224.77	2 900.63		2 324.06	
1997	7 934.42	3 900.93		3 844.82	
1998	10 241.50	3 426.37	187.02	6 435.43	
1999	10 694.46	5 268.19	341.74	5 005.52	88.93
2000	14 456.98	9 136.52	346.02	4 825.91	115.18
2001	12 596.50	5 339.61	400.61	6 729.69	148.95
2002	12 565.91	3 788.22	485.77	8 216.53	154.99
2003	23 369.83	5 041.40	110.45	18 048.37	162.39
2004	18 512.92	7 247.72	78.94	10 928.92	166.21
2005	9 322.49	4 343.65	91.30	4 567.28	169.83
2006	19 557.06	14 851.55	298.27	2 075.20	189.37
2007	97 978.66	77 487.83	1 534.96	2 060.09	314.92
2008	62 773.56	46 231.27	1 389.37	4 052.52	373.62
2009	92 148.02	78 339.50	2 253.54	1 791.32	426.10
2010	87 575.38	79 843.07	1 714.94	3 384.28	475.14
2011	79 103.13	61 743.17	1 494.81	15 275.31	521.53
2012	85 412.95	44 993.38	2 355.87	37 388.61	551.50
2013	145 932.74	61 596.27	4 104.79	69 625.37	563.61
2014	232 318.56	85 714.54	7 311.67	110 657.53	587.47

表 1.21　上市公司基本情况（1993～2014 年）

年　份	年末上市公司（家）	上市公司总股本（万股）	股票首发数量（万股）	首发募集资金（亿元）	增发募集资金（亿元）	配股募集资金（亿元）
1993	3	24 592	3 924	58.0		28.8
1994	7	124 038	20 300	11.7		0.5
1995	7	133 309				3.8
1996～2000			**439 955**	**304.4**	**33.0**	**85.8**
1996	13	198 956	29 763	12.8		1.9
1997	26	470 026	80 200	52.2		7.0
1998	33	723 561	52 750	32.9		20.2
1999	43	1 439 894	121 242	63.0	10.8	10.7
2000	54	2 015 049	156 000	143.5	22.2	46.0
2001～2005			**764 200**	**413.8**	**49.2**	**26.3**
2001	63	9 764 783	345 500	191.6		17.0
2002	68	11 929 954	23 800	16.8	14.9	
2003	74	11 493 598	373 600	188.7	2.8	2.2
2004	83	12 553 074	21 300	16.7	28.4	7.1
2005	83	13 159 721			3.1	
2006～2010			**11 456 582**	**6 506.1**	**1 665.5**	**852.8**
2006	92	58 156 652	2 667 911	1 073.4	79.4	0.0
2007	104	86 151 941	2 428 976	2 433.3	304.7	12.1
2008	109	90 486 962	698 853	546.9	502.0	63.8
2009	126	97 911 881	2 179 290	1 154.2	430.7	0.0
2010	165	137 726 461	3 481 552	1 298.3	348.7	777.0
2011	194	143 088 054	420 483	462.0	661.7	175.6
2012	217	146 788 089	211 752	191.4	436.2	69.1
2013	219	151 694 399			183.9	32.5
2014	235	214 359 521	67 787	74.9	13 190.0	4.9

注：1. 此表数据统计口径由辖区统计转变为注册地统计。

2. 1995 年、2005 年和 2013 年没有新股发行。

资料来源：中国证券监督管理委员会北京监管局。以上统计表摘自北京统计信息网。

表1.22　北京辖区上市公司情况统计（2010～2014年）

项目	2010年	2011年	2012年	2013年	2014年
股票市价总值（亿元）	114 891.62	104 298.53	108 299.26	97 040.23	158 109.31
其中：股票流通市值（亿元）	67 463.69	63 141.97	67 077.95	67 570.99	108 491.60
境内上市公司数（家）	164	194	217	217	235
其中：A股（家）	141	169	191	191	207
A+B股（家）	1	1	1	1	1
A+H股（家）	22	24	25	25	27

注：以上统计表由中国证券监督管理委员会北京监管局提供。

表1.23　北京地区基金管理公司业务综合统计

指标	2014年		2013年		2012年	
	绝对值	同比增长(%)	绝对值	同比增长(%)	绝对值	同比增长(%)
主要经营地在辖区基金管理公司数（家）	23	15	20	33	15	15
其中：中外合资基金管理公司数（家）	12	0	12	50	8	14
辖区法人基金管理公司数（家）	18	20	15	36	11	22
其中：中外合资基金管理公司数（家）	9	0	9	50	6	20
辖区法人基金管理公司管理基金数（只）	249	29	193	39	139	28
其中：封闭式基金数（只）	6	-14	7	0	7	17
开放式基金数（只）	243	31	186	41	132	28
辖区法人基金管理公司管理基金季末总规模（亿份）	7 751.18	46	5 312.3	-7	5 700.4	29
其中：封闭式基金总规模（亿份）	83.88	-40	140.75	-27	192	33
开放式基金总规模（亿份）	7 667.30	48	5 171.55	-6	5 508.4	29
辖区法人基金管理公司管理基金资产季末净值（亿元）	8 560.97	61	5 323.72	1	5 247.58	37
其中：封闭式基金资产净值（亿元）	95.71	-33	141.83	-25	189.04	44
开放式基金资产净值（亿元）	8 465.26	63	5 181.89	2	5 058.55	37
辖区法人基金管理公司QDII总规模（亿份）	136.62	-19	168.21	-25	223.43	6
辖区法人基金管理公司QDII总净值（亿元）	116.42	-23	150.26	-20	187.86	22
辖区法人基金管理公司当年新发基金数（只）	66	20	55	293	14	-44

续表

指标	2014年		2013年		2012年	
	绝对值	同比增长(%)	绝对值	同比增长(%)	绝对值	同比增长(%)
辖区法人基金管理公司新发基金首次募集规模（亿份）	175.04	-82	999.83	16	864.42	93
辖区法人基金管理公司新发基金首次募集金额（亿元）	175.04	-82	999.83	16	864.42	93
辖区法人基金管理公司新发基金年末净值（亿元）	991.1	48	671.77	-26	909.77	200

注：以上统计表由中国证券监督管理委员会北京监管局提供。

表1.24 保险业务情况（1997～2014年）

单位：亿元

年 份	原保险保费收入	人身险	财产险	赔付支出	人身险	财产险
1997	102.5					
1998	88.6					
1999	91.8			29.9		
2000	93.4			28.4		
2001	141.3			32.0		
2002	234.1			46.9		
2003	282.5			48.0		
2004	279.3			55.3		
2005	498.2			75.4		
2006	411.5	327.2	84.4	84.0	45.1	38.9
2007	498.1	386.3	111.8	135.4	85.7	49.7
2008	585.9	451.8	134.1	188.9	121.0	67.9
2009	697.6	533.2	164.4	196.0	110.6	85.4
2010	966.5	754.2	212.3	199.7	105.9	93.7
2011	820.9	588.4	232.6	232.8	113.8	119.0
2012	923.1	656.1	267.0	286.2	133.9	152.3
2013	994.4	706.4	288.0	318.2	152.9	165.3
2014	1 207.2	892.5	314.8	407.2	224.6	182.7

资料来源：中国保险监督管理委员会北京监管局。

表1.25　保险业务情况

单位：亿元

项　　目	原保险保费收入		赔付支出	
	2014年	2013年	2014年	2013年
合　　计	**1 207.2**	**994.4**	**407.2**	**318.2**
人身险业务小计	**892.5**	**706.4**	**224.6**	**152.9**
人寿保险	708.7	570.8	164.7	108.1
非分红产品	246.5	53.0	17.1	18.3
分红产品	457.9	513.5	146.6	88.9
投资连接产品	0.5	0.5	0.1	0.1
万能产品	3.8	3.9	1.0	0.9
意外伤害保险	34.6	29.9	9.2	6.6
健康保险	149.2	105.7	50.7	38.2
财产险业务小计	**314.8**	**288.0**	**182.7**	**165.3**
企业财产保险	34.0	30.6	25.1	15.3
家庭财产保险	0.9	0.7	0.3	0.2
机动车辆及第三者责任保险	224.1	205.3	135.0	131.8
货物运输保险	11.0	11.6	4.0	3.8
责任保险	18.8	15.0	6.6	5.9
工程险	7.8	7.2	2.4	1.9

注：以上统计表摘自北京统计信息网。

资料来源：中国保险监督管理委员会北京监管局。

表1.26　2014年北京市保险业务统计表

单位：万元

指标项目	2014年	2013年	增长率
一、原保险保费收入	**12 072 445.21**	**9 944 445.36**	**21.40%**
1. 财产险	3 147 587.01	2 880 314.72	9.28%
其中：机动车辆保险	2 240 587.15	2 053 350.91	9.12%
2. 人身意外伤害险	346 354.29	299 261.28	15.74%
3. 健康险	1 491 606.30	1 056 751.72	41.15%
4. 寿险	7 086 897.61	5 708 117.64	24.15%
二、赔付支出	**4 072 464.87**	**3 181 683.63**	**28.00%**
1. 财产保险	1 826 722.58	1 652 813.42	10.52%
其中：机动车辆保险	1 350 186.71	1 318 160.50	2.43%
2. 人身意外伤害险	91 654.44	65 609.61	39.70%
3. 健康险	507 119.41	382 156.06	32.70%
4. 寿险	1 646 968.44	1 081 104.56	52.34%

注：1. "原保险保费收入"为按《企业会计准则（2006）》设置的统计指标，指保险企业确认的原保险合同保费收入。

2. "原保险赔付支出"为按《企业会计准则（2006）》设置的统计指标，指保险企业支付的原保险合同赔付款项。

3. 原保险保费收入、原保险赔付支出为本年累计数。

4. 上述数据来源于各公司报送的保险数据，未经审计。

表 1.27 北京市各财产保险公司业务统计

单位：万元、%

保费收入	公司名称	本年累计			
		保费收入	同比增长	赔款支出	同比增长
中资	人保股份京分	1 096 456.16	10.79	674 944.10	12.08
	平安财京分	713 206.73	16.43	347 948.89	0.75
	太保财京分	522 745.45	9.61	301 711.52	7.22
	国寿财产京分	170 051.25	18.20	81 797.32	3.43
	华泰京分	127 018.29	1.47	52 946.79	-4.31
	英大财产京分	92 526.16	-7.16	29 495.64	-18.33
	中华联合京分	90 278.44	3.62	56 410.00	-5.96
	太平保险京分	68 224.29	20.43	29 769.63	34.26
	阳光财产京分	43 081.61	11.66	23 546.64	-8.40
	大地财产京分	33 496.63	-4.49	34 569.08	62.82
	中银保险京分	26 034.59	3.59	9 924.84	-4.24
	天安京分	17 413.91	17.56	9 931.27	14.64
	安邦京分	17 146.76	-7.31	8 815.91	-5.88
	永诚京分	15 448.48	-3.78	10 224.27	-10.33
	中石油专属保险京分（虚拟）	12 325.19	0.00	480.58	0.00
	华安京分	12 304.61	0.89	7 209.43	5.42
	信达财险京分	10 673.50	-22.27	9 614.96	-25.96
	富德财险京分	9 157.60	282.48	2 855.07	2 222.40
	永安京分	8 424.72	-8.18	6 983.88	-3.41
	长安责任京分	8 296.93	66.76	4 458.76	25.09
	华农京分	7 836.94	2.35	4 630.68	-1.00
	安华农业京分	7 280.37	-27.88	8 254.85	7.89
	浙商财产京分	4 298.79	-37.12	4 917.67	30.11
	众安财产京分（虚拟）	3 940.48	6 167.83	2 076.78	10 363.63
	紫金财产京分	3 735.78	-76.46	6 046.42	-19.50
	渤海京分	2 171.01	-25.77	1 651.18	-21.46
	都邦京分	1 904.48	-66.46	4 238.96	20.46
	安诚京分	784.06	69.05	1 558.16	-10.23
	民安京分	709.56	-82.07	2 184.70	-14.64
小计		3 126 972.77	9.39	1 739 197.98	5.69
外资	苏黎世京分（虚拟）	44 675.75	13.12	7 663.00	-12.30
	安盛天平京分	20 136.28	-8.08	11 487.36	-9.74
	中意财产京分（虚拟）	17 179.57	16.30	6 019.06	4.80
	利宝互助京分	16 919.11	-20.25	12 503.94	9.89
	三星京分	16 001.63	159.85	1 741.32	53.00
	现代财产京分（虚拟）	11 208.78	24.08	101 165.81	904.11
	美亚京分	10 052.37	1.75	2 269.49	-70.06
	东京海上京分	8 734.88	5.14	3 298.80	33.69
	三井京分	7 214.79	3.79	11 508.07	189.79
	国泰财产京分	6 372.57	25.89	3 589.57	129.58
	太阳联合京分	2 474.03	15.31	464.18	-55.97
	日本财产京分	1 217.88	7.94	111.82	-38.38
	史带财产京分	1 103.77	31.65	152.92	128.38
小计		163 291.41	31.53	161 975.34	200.56
合计		3 290 264.18	10.31	1 901 173.32	11.87

注：虚拟是指已在北京开展业务但未设立北京分公司的保险公司。

表 1.28　北京市财产保险公司各险种保费收入与赔付支出统计

单位：万元、%

险　种	保费收入	同比增长	赔款支出	同比增长
1. 企业财产保险	339 763. 56	11. 08	250 503. 34	63. 93
2. 家庭财产保险	9 208. 28	26. 66	3 173. 11	40. 29
其中：投资型家财险	493. 82	57. 37	11. 55	-23. 03
3. 机动车辆保险	2 240 587. 15	9. 12	1 350 186. 71	2. 43
其中：交强险	418 544. 14	7. 21	207 107. 39	6. 45
4. 工程保险	78 138. 16	7. 97	23 737. 09	27. 25
5. 责任保险	188 102. 73	25. 63	66 292. 76	12. 74
6. 信用保险	16 441. 10	63. 01	4 679. 66	71. 22
7. 保证保险	38 001. 61	29. 29	5 749. 24	41. 34
其中：机动车辆消费贷款保证保险	88. 01	-79. 52	-48. 46	-319. 87
其中：个人贷款抵押房屋保证保险	-269. 14	49. 34	37. 74	-63. 70
8. 船舶保险	11 193. 23	-3. 44	18 363. 95	443. 68
9. 货物运输保险	109 636. 88	-5. 43	40 477. 11	6. 87
10. 特殊风险保险	65 369. 53	-1. 98	16 746. 40	247. 92
11. 农业保险	45 160. 11	-18. 92	42 901. 02	-6. 36
12. 健康险	59 664. 20	60. 93	45 111. 20	81. 85
其中：投资型健康险				
13. 意外伤害保险	83 012. 97	27. 25	29 339. 55	34. 84
其中：投资型意外险	10. 15	32 021. 52	516. 87	-20. 16
14. 其他险	5 984. 65	158. 85	3 912. 19	13. 61
合计	3 290 264. 18	10. 31	1 901 173. 32	11. 87

表 1.29 北京市各人身保险公司业务统计

单位：万元、%

公司	原保费收入	同比	退保金	同比	赔款支出	同比	死伤医疗给付	同比	满期给付	同比	年金给付	同比
国寿股份京分	762 670.46	4.86	250 526.03	69.60	67 175.61	55.43	16 074.48	10.37	300 657.24	6.85	9 393.93	4.26
太保寿京分	389 731.71	-1.70	131 304.97	9.61	4 520.98	44.15	7 836.54	30.63	3 093.67	-39.88	24 663.61	68.04
平安寿京分	1 319 866.82	6.28	92 597.22	53.61	4 716.05	3.24	47 078.03	12.10	127 033.40	6.73	65 076.58	3.62
新华京分	923 852.37	7.97	317 771.12	23.46	21 452.09	9.83	19 480.85	27.28	84 048.51	28.61	79 127.04	29.72
泰康京分	406 755.15	3.25	157 378.02	103.78	18 380.47	1.45	7 712.07	15.26	120 771.86	784.86	29 890.61	3.30
太平人寿京分	392 492.24	15.91	55 163.90	61.34	553.37	0.28	2 771.14	36.77	48 602.03	20.84	20 243.34	32.99
中宏人寿京分	8 748.98	16.68	535.97	89.54	132.70	17.65	261.03	142.26	1.00	-90.00	138.61	8.79
建信人寿京分	136 538.79	1.94	32 115.53	301.69	847.28	-5.01	383.60	349.31			19.52	6 749.12
中德安联京分	38 450.65	18.33	944.69	-62.02	1 075.36	156.40	158.51	-18.06	6 433.43	187.06	1 361.98	37.99
工银安盛京分	271 520.63	42.22	14 890.73	128.32	9 035.46	20.85	1 139.20	321.52	2 870.88	-72.11	2 496.67	12.90
信诚京分	138 617.92	31.81	4 320.15	29.94	5 804.29	12.42	2 499.52	6.95	2 902.09	71.62	88.93	152.30
交银康联京分	45 864.03	76.94	4 526.68	1 660.58	2.42		71.05		13.57	77.50	20.53	
天安人寿京分（虚拟）	18 376.72	-7.46	4 214.64	48.77	1 233.07	605.92	9.55	365.50			192.34	
中意京分	139 132.49	-42.46	31 021.86	11.22	21 053.44	17.59	1 206.79	56.15	20 405.42	295.69	162 282.53	1.06
光大永明京分	41 785.83	-16.19	12 819.78	-17.89	10 841.80	-8.91	1 279.74	7.20	40 146.72	1 813.55	873.84	-19.82
友邦京分	186 741.43	18.51	18 656.93	-2.46	5 077.87	13.52	5 517.85	65.11	18 398.83	155.79	3 525.37	60.14
中荷人寿京分	73 407.56	13.15	7 427.72	69.71	942.09	452.95	706.58	54.37	224.72	-97.08	89.44	-40.71
中英人寿京分	63 419.40	4.97	10 146.96	10.40	4 333.42	-1.58	924.74	-0.39	41 924.59	1 022.90	1 595.05	-0.99
海康人寿京分	25 886.39	2.56	3 948.44	165.86	11 081.60	18.91	99.94	-25.94	5 840.57	534.55	795.18	2.70
民生人寿京分	26 120.25	-11.29	9 335.42	5.68	674.57	124.09	609.22	38.70	3 652.45	-66.65	1 182.94	-8.08
招商信诺京分	104 605.96	8.17	3 685.05	29.51	14 161.97	54.06	955.07	60.66			28.97	-61.43
长生人寿京分	6 425.24	-29.80	1 131.85	79.37	1 019.90	2.12	4.75	-77.99	5.19	-39.55		
恒安标准京分	15 575.49	17.29	2 225.28	49.33	2 212.17	-13.09	135.26	29.84	1 392.56	-43.89	464.04	-2.85
瑞泰人寿京分（虚拟）	6 856.93	68.25	111.57	81.97	39.66	76.48	902.99	34.34				
生命人寿京分	89 498.97	-14.62	34 935.66	46.24	2 251.51	-9.33	801.05	-0.82	24 010.98	199.12	0.81	10.99
国寿存续京分	26 449.97	-3.21	1 200.13	30.65	68.89	-6.18	3 607.79	-3.84	5 757.96	26.76	24 553.03	-24.53
中法人寿京分（虚拟）	234.80	-77.77	5 030.04	-23.95			50.53	-34.97	19 519.66	79.20		
平安养老京分	82 049.85	15.20	2 527.18	651.57	48 101.47	16.85	14.90	3 832.09			291.79	20.72
中融人寿京分	2 756.82	-27.58	458.25	5 363.51	10.11	112.52						

续表

公司	原保费收入	同比	退保金	同比	赔款支出	同比	死伤医疗给付	同比	满期给付	同比	年金给付	同比
合众人寿京分	53 827.52	38.47	10 426.31	-1.60	1 665.53	8.42	531.66	35.52	16 132.17	799.91	679.31	18.47
华泰人寿北分	9 395.44	-61.39	12 153.60	-18.74	2 343.11	37.75	374.65	16.92	14 406.29	1 563.52	323.09	24.33
陆家嘴国泰人寿京分	1 500.82	7.57	40.31	14.99	637.73	16.66	35.38	406.36	0.30	-40.00	58.82	30.92
太平养老京分	48 799.43	159.46	19.70		4 822.33	-5.82	435.78	-20.22				
中美联泰京分	240 876.14	17.55	13 344.02	28.81	1 727.01	43.41	5 119.54	22.15	837.55	679.73	630.79	125.83
平安健康京分	18 503.66	62.12	55.31	69.06	10 120.81	75.75	1 141.35	403.93				
人保健康北分	67 286.71	61.48	6 163.76	900.39	36 931.26	137.02	237.40	125.14	794.00	-71.42		
华夏人寿京分	31 466.23	48.94	2 446.22	75.41	563.72	-8.69	957.49	14.78	674.46	998.47	1 613.16	117.85
中航三星京分	22 786.85	9.49	1 970.95	84.74	1 175.02	34.19	112.66	-7.52		-100.00	321.29	-25.44
正德人寿京分	1 856.52	20.44	1 342.23	109.52	33.02	29.47	2.46	251.63	255.66	1 665.98		
信泰京分	2 763.28	-38.20	1 021.68	26.08	171.35	4.98	43.58	45.54	320.65	465.68	26.06	
农银人寿京分	92 475.31	18.33	6 476.39	54.40	245.68	-25.06	399.26	1.09	18 644.17	6.93	103.68	-13.68
长城京分	18 363.31	-43.32	11 853.46	20.17	404.35	-4.72	323.40	0.94			689.50	27.14
昆仑健康京分	8 943.69	44.69	69.56	54.25	6 387.96	15.90	140.48	149.18	0.21			
和谐健康京分	6 385.49	226.80	9.99		1 148.14		120.48	-87.05				
人保寿险京分	702 623.55	44.00	283 829.09	137.28	27 750.43	28.05	77 706.45	56.53	146 192.99	4 520.23	3 430.68	121.73
国华人寿京分	30 142.20	20.73	3 789.06	2.55	1.57	-91.84	256.62	53.16	994.13	569.48	792.56	1 495.21
英大人寿京分	28 815.31	10.18	4 704.21	118.96	6 492.63	140.63	258.09	11.22	15 799.39	91 038.94	593.45	51.58
泰康养老京分	4 337.27	136.97	8.77		17.70		25.48				637.19	
幸福人寿京分	115 516.35	46.45	10 724.81	23.89	2 588.64	6.95	207.49	-52.87	42 806.75	1 017.91	185.70	189.99
阳光人寿京分	104 462.51	-25.93	55 063.98	14.54	1 116.79	123.24	1 447.28	0.84	14 517.33	209.41		
新光海航京分（虚拟）	12 996.07	-42.40	646.54	-83.84	1 103.56	10.54	275.84	70.79	530.53		196.44	59.65
汇丰人寿京分	26 710.05	16.43	508.16	17.87	5.00	25.18					356.22	143.88
百年人寿京分	35 072.88	-25.34	13 037.20	37.36	3 923.92	13.34	75.26	612.30			147.54	45.17
中邮人寿京分	28 215.10	-50.47	37 630.47	1 373.05	5.15		186.59	74.42			51.16	45.22
安邦人寿京分	1 089 416.87	6 187.73	5 181.88	258.23	0.30	-94.59	329.59				1.07	-35.89
利安人寿京分	0.52											
弘康人寿京分（虚拟）	234 208.09	144.43	51 037.23	17 747.22	4.00		219.84					
安邦养老京分（虚拟）												
合计	8 782 181.03	26.15	1 744 506.67	58.79	368 186.34	31.73	213 256.91	30.38	1 150 613.92	80.41	439 234.37	9.40

注：虚拟是指已在北京开展业务但未设立北京分公司的保险公司。

表 1.30　北京市人身保险公司各险种保费收入与赔付支出统计

单位：万元

险种	原保险保费收入	赔款支出	死伤医疗给付	满期给付	年金给付	退保金
一、寿险小计	7 086 897.61		59 548.16	1 148 185.90	439 234.37	1 620 904.18
1. 普通寿险	2 465 056.15		24 398.48	29 503.75	116 772.51	108 352.41
（1）定期寿险	34 324.36		8 611.21	102.71		742.79
（2）两全寿险	1 874 391.18		5 744.50	28 256.00	11 205.73	83 274.02
（3）终身寿险	98 334.61		7 659.45	249.72		5 659.07
（4）年金保险	458 006.01		2 383.32	895.31	105 566.78	18 676.52
2. 分红寿险	4 579 100.95		30 823.17	1 113 400.46	321 704.94	1 512 299.97
（1）定期寿险	4 657.00					27.41
（2）两全寿险	3 090 809.34		25 528.75	1 109 170.05	53 096.58	1 424 339.25
（3）终身寿险	278 444.11		2 607.53	29.13		8 613.61
（4）年金保险	1 205 190.51		2 686.89	4 201.28	268 608.36	79 319.71
3. 投资连结保险	4 740.83		389.73	349.41		51.04
4. 万能保险	37 999.68		3 936.78	4 932.28	756.92	200.76
二、意外伤害险小计	263 341.32	62 314.90				
1. 一年期以内业务	27 990.62	1 042.87				
2. 一年期业务	203 472.35	61 272.03				
3. 一年期以上业务	31 878.35					
三、健康险小计	1 431 942.09	305 871.44	153 708.75	2 428.02		123 602.50
1. 短期业务	472 827.65	305 871.44				
2. 长期业务	959 114.45		153 708.75	2 428.02		123 602.50
合计	8 782 181.03	368 186.34	213 256.91	1 150 613.92	439 234.37	1 744 506.67

注：以上统计表由中国保险监督管理委员会北京监管局提供。

表 1.31　中国人民银行对金融机构存款利率

单位：年利率%

	2002－02－21	2003－12－21	2005－03－17	2008－11－27
一、金融机构存款				
准备金存款	1.89	1.89	1.89	1.62
超额准备金	1.89	1.62	0.99	0.72
欠交准备金[①]	按日利率万分之六计收利息	同前		
二、保险公司存款	1.89	1.89	1.89	
三、邮政储蓄转存款[②]	4.347	4.131		

注：①2004 年 12 月 30 日银发〔2004〕302 号文，规定金融机构未按照中国人民银行规定交存存款准备金的，按照相关法规规定处罚；依法减轻处罚的，对其欠交存款准备金不足部分按每日万分之六的比例处以罚款。

②2002 年 12 月 31 日银发〔2002〕393 号文，规定从 2003 年 1 月 1 日起邮政储蓄转存款利率暂调整为 4.131%。2003 年 9 月 1 日银发〔2003〕177 号文，规定自 2003 年 8 月 1 日起，邮政储蓄新增存款转存人民银行的部分，按照金融机构准备金存款利率（年利率为 1.89%）计息；此前的邮政储蓄在人民银行的转存款暂按现行转存款利率计息（年利率为 4.131%）。

表1.32　中国人民银行对金融机构贷款利率

单位：年利率%

项目	2002-02-21	2004-03-25	2005-01-01	2006-04-28	2006-08-19	2008-01-01	2008-11-27	2008-12-23	2010-12-26
一、对金融机构贷款									
1. 再贷款（不含农村信用社）	①								
二十天以内	2.7	3.33				4.14	3.06	2.79	3.25
三个月以内	2.97	3.6				4.41	3.33	3.06	3.55
六个月以内	3.15	3.78				4.59	3.51	3.24	3.75
一年	3.24	3.87				4.68	3.6	3.33	3.85
2. 再贴现	2.97	3.24				4.32	2.97	1.8	2.25
3. 逾期贷款	按日利率万分之五计收利息	同前	同前	同前	同前	同前	同前	同前	同前
二、对农村信用社再贷款	②								
二十天以内	1.71	1.71	2.7	3.015	3.015	3.42	2.88	2.34	2.8
三个月以内	1.98	1.98	2.97	3.285	3.285	3.69	3.15	2.61	3.05
六个月以内	2.16	2.16	3.15	3.465	3.465	3.87	3.33	2.79	3.25
一年	2.25	2.25	3.24	3.555	3.555	3.96	3.42	2.88	3.35

注：①2004年3月24日银发〔2004〕59号文，决定从2004年3月25日起，用于金融机构头寸调节和短期流动性支持的各档次再贷款利率，在现行再贷款基准利率基础上加0.63个百分点。其中，20天以内再贷款利率为3.33%，3个月以内为3.6%，6个月以内为3.78%，1年以内为3.87%。

②2004年3月24日银发〔2004〕59号文，农村信用社再贷款（不含紧急贷款）浮息采取逐步到位的政策。2004年，保持现行农村信用社再贷款利率政策不变，即在再贷款基准利率基础上下浮0.99个百分点；2005年1月1日起，农村信用社再贷款利率执行再贷款基准利率；2006年1月1日起，农村信用社再贷款利率在再贷款基准利率基础上加点，加点幅度按同期人民银行确定的流动性再贷款利率加点幅度减半执行。农村信用社再贷款按合同利率执行到期，合同期内不分段计息。

表 1.33　金融机构存款利率

单位：年利率%

项目	2002-02-21	2004-10-29	2006-04-28	2006-08-19	2007-03-18	2007-05-19	2007-07-21	2007-08-22	2007-09-15	2007-12-21	2008-10-09	2008-10-30	2008-11-27	2008-12-23	2009-12-31	2010-10-20	2010-12-26	2011-02-09	2011-04-06	2011-07-07	2012-06-08	2012-07-06①	2014-11-22②
一、活期存款	0.72	0.72	0.72	0.72	0.72	0.72	0.81	0.81	0.81	0.72	0.72	0.72	0.36	0.36	0.36	0.36	0.36	0.40	0.50	0.50	0.40	0.35	0.35
二、定期存款																							
1. 整存整取																							
三个月	1.71	1.71	1.71	1.8	1.98	2.07	2.34	2.61	2.88	3.33	3.15	2.88	1.98	1.71	1.71	1.91	2.25	2.60	2.85	3.10	2.85	2.60	2.35
半年	1.89	2.07	2.07	2.25	2.43	2.61	2.88	3.15	3.42	3.78	3.51	3.24	2.25	1.98	1.98	2.2	2.5	2.80	3.05	3.30	3.05	2.80	2.55
一年	1.98	2.25	2.25	2.52	2.79	3.06	3.33	3.6	3.87	4.14	3.87	3.6	2.52	2.25	2.25	2.5	2.75	3.00	3.25	3.50	3.25	3.00	2.75
二年	2.25	2.7	2.7	3.06	3.33	3.69	3.96	4.23	4.5	4.68	4.41	4.14	3.06	2.79	2.79	3.25	3.55	3.90	4.15	4.40	4.10	3.75	3.35
三年	2.52	3.24	3.24	3.69	3.96	4.41	4.68	4.95	5.22	5.4	5.13	4.77	3.6	3.33	3.33	3.85	4.15	4.50	4.75	5.00	4.65	4.25	4.00
五年	2.79	3.6	3.6	4.14	4.41	4.95	5.22	5.49	5.76	5.85	5.58	5.13	3.87	3.6	3.6	4.2	4.55	5.00	5.25	5.50	5.10	4.75	
2. 零存整取、整存零取、存本取息																							
一年	1.71	1.71	1.71	1.8	1.98	2.07	2.34	2.61	2.88	3.33	3.15	2.88	1.98	1.71	1.71	1.91	2.25	2.60	2.85	3.10	2.85	2.60	2.35
三年	1.89	2.07	2.07	2.25	2.43	2.61	2.88	3.15	3.42	3.78	3.51	3.24	2.25	1.98	1.98	2.2	2.5	2.80	3.05	3.30	3.05	2.80	2.55
五年	1.98	2.25	2.25	2.52	2.79	3.06	3.33	3.6	3.87	4.14	3.87	3.6	2.52	2.25	2.25	2.5	2.75	3.00	3.25	3.50	3.25	3.00	2.75
3. 定活两便	按一年以内定期整存整取同档次利率60%执行	按一年以内定期整存整取同档次利率60%执行	同前	同前	同前	同前	同前	同前	同前	同前	同前	同前	同前	同前	同前	同前	同前	同前	同前	同前	同前	同前	同前
三、协定存款	1.44	1.44	1.44	1.44	1.44	1.44	1.53	1.53	1.53	1.53	1.53	1.53	1.17	1.17	1.17	1.17	1.17	1.21	1.31	1.31	1.21	1.15	1.15
四、通知存款																							
一天	1.08	1.08	1.08	1.08	1.08	1.08	1.17	1.17	1.17	1.17	1.17	1.17	0.81	0.81	0.81	0.81	0.81	0.85	0.95	0.95	0.85	0.80	0.80
七天	1.62	1.62	1.62	1.62	1.62	1.62	1.71	1.71	1.71	1.71	1.71	1.71	1.35	1.35	1.35	1.35	1.35	1.39	1.49	1.49	1.39	1.35	1.35

注：①自 2012 年 6 月 8 日起，金融机构存款利率浮动区间由基准利率的（0，1］倍调整为（0，1.1］倍。

②自 2014 年 11 月 22 日起，存款利率浮动区间上限由基准利率的 1.1 倍调整为 1.2 倍。并且中国人民银行不再公布人民币五年期定期存款基准利率。

表 1.34　金融机构贷

项目	2002－02－21	2004－10－29	2005－03－17	2006－04－28	2006－08－19	2007－03－18	2007－05－19	2007－07－21	2007－08－22	2007－09－15	2007－12－21	2008－09－16
一、短期贷款												
六个月以内（含六个月）	5.04	5.22	5.22	5.4	5.58	5.67	5.85	6.03	6.21	6.48	6.57	6.21
六个月至一年（含一年）	5.31	5.58	5.58	5.85	6.12	6.39	6.57	6.84	7.02	7.29	7.47	7.2
二、中长期贷款												
一至三年（含三年）	5.49	5.76	5.76	6.03	6.3	6.57	6.75	7.02	7.2	7.47	7.56	7.29
三至五年（含五年）	5.58	5.85	5.85	6.12	6.48	6.75	6.93	7.2	7.38	7.65	7.74	7.56
五年以上	5.76	6.12	6.12	6.39	6.84	7.11	7.2	7.38	7.56	7.83	7.83	7.74
三、贴现	在再贴现利率基础上，按不超过同期贷款利率（含浮动）加点	在再贴现利率基础上，按不超过同期贷款利率（含浮动）加点	同前	同前	同前	同前	同前	同前	同前	同前	同前	同前
四、个人住房贷款												
1. 个人住房公积金贷款												
五年以下（含五年）	3.6	3.78	3.96	4.14	4.14	4.32	4.41	4.5	4.59	4.77	4.77	4.59
五年以上	4.05	4.23	4.41	4.59	4.59	4.77	4.86	4.95	5.04	5.22	5.22	5.13
2. 自营性个人住房贷款[①]												
五年以下（含五年）	4.77	4.95	取消优惠利率，改按商业性贷款利率执行	同前	同前	同前	同前	同前	同前	同前	同前	同前
五年以上	5.04	5.31										

注：①自 2006 年 8 月 19 日起，商业银行个人住房贷款利率的下限扩大为贷款基准利率的 0.85 倍，自 2008 年 10 月 27 日起，商业银行个人住房贷款利率的下限扩大为贷款基准利率的 0.7 倍，其他商业性贷款利率下限仍保持 0.9 倍不变。②自 2012 年 6 月 8 日起，金融机构贷款利率的下限由基准利率的 0.9 倍调整为 0.8 倍。③自 2012 年 7 月 6 日起，金融机构贷款利率的下限由基准利率的 0.8 倍调整为 0.7 倍。④自 2013 年 7 月 20 日起，取消金融机构贷款利率 0.7 倍的下限，个人住房贷款利率仍保持原区间不变；取消票据贴现利率管制，改变贴现利率在再贴现利率基础上加点确定的方式，由金融机构自主确定；取消农村信用社贷款利率 2.3 倍的上限。⑤自 2014 年 11 月 22 日起，贷款基准利率期限档次简并为一年以内（含一年）、一至五年（含五年）和五年以上三个档次。

以上统计表由中国人民银行营业管理部货币信贷管理处提供。

款利率

单位：年利率%

2008-10-09	2008-10-30	2008-11-27	2008-12-23	2009-12-31	2010-10-20	2010-12-26	2011-02-09	2011-04-06	2011-07-07	2012-06-08	2012-07-06	2013-07-20	2014-11-22
										②	③	④	⑤
6.12	6.03	5.04	4.86	4.86	5.1	5.35	5.60	5.85	6.10	5.85	5.60	同前	5.60
6.93	6.66	5.58	5.31	5.31	5.56	5.81	6.06	6.31	6.56	6.31	6.00		5.60
										②	③	④	⑤
	6.75	5.67	5.4	5.4	5.6	5.85	6.10	6.40	6.65	6.40	6.15		6.00
7.29	7.02	5.94	5.76	5.76	5.96	6.22	6.45	6.65	6.90	6.90	6.40	同前	6.00
7.47	7.2	6.12	5.94	5.94	6.14	6.4	6.60	6.80	7.05	6.80	6.55		6.15
同前	同前	同前	同前	同前	同前	同前	同前	同前	同前	同前	同前	改变贴现利率在再贴现利率基础上加点确定的方式，由金融机构自主确定④	同前
4.32	4.05	3.51	3.33	3.33	3.5	3.75	4.00	4.20	4.45	4.20	4.00	同前	3.75
4.86	4.59	4.05	3.87	3.87	4.05	4.3	4.50	4.70	4.90	4.70	4.50		4.25
同前	同前	同前	同前	同前	同前	同前	同前	同前	同前	同前	同前	同前	同前

表 1.35　2014 年中国人民银行发行普通纪念币一览表

名称	发行日期	材质	规格	面值（元）	图案		铸造数量（万枚）
					正面	背面	
“和”字书法——草书普通纪念币	2014－09－25	黄铜合金	直径 30 毫米(mm)	5	主景为国徽，内缘上方刊“中华人民共和国”国名，下方刊“伍圆”面额和“2014”年号	主景图案为“和”字的草书书法，衬景图案为书法的飞白，内缘左上方为“和”字的五种书法字体	7 000

（二）金融机构业务统计

表 2.1　国家开发银行北京市分行人民币信贷收支统计

单位：万元

项目名称	余额	比年初	项目名称	余额	比年初
一、各项存款	4 382 751	1 728 821	一、各项贷款	50 045 939	2 703 267
1. 单位存款	4 216 751	1 571 660	（一）境内贷款	50 043 962	2 703 267
其中：活期存款	1 884 119	904 647	1. 短期贷款	10 895 096	1 341 768
定期存款	1 059 002	-6 170	（1）个人贷款及透支		
通知存款	652 510	339 830	其中：个人消费贷款		
保证金存款	1 400	-1 322	（2）单位普通贷款及透支	10 828 696	1 357 981
2. 个人存款			其中：经营贷款	2 388 900	-678 566
储蓄存款			固定资产贷款	8 439 796	2 036 547
保证金存款			（3）普通并购贷款		
结构性存款			（4）银团贷款	56 400	3 400
3. 临时性存款		-651	（5）贸易融资	10 000	-19 613
4. 其他存款	166 000	157 812	（6）境外筹资转贷款		
二、代理财政性存款			2. 中长期贷款	39 148 867	1 361 499
三、金融债券			（1）个人贷款		
其中：境外发行			其中：个人消费贷款		
四、中长期借款			（2）单位普通贷款	30 040 377	-385 610
其中：境外借款			其中：经营贷款	1 029 110	-1 081 910
五、应付及暂收款	80 782	6 234	固定资产贷款	29 011 267	696 300
其中：应付利息	17 930	1 681	（3）普通并购贷款	813 220	-293 240
六、卖出回购资产			（4）银团贷款	8 141 408	1 886 488
七、向中央银行借款			（5）贸易融资	153 861	153 861
八、同业往来（来源方）	282 370	209 100	（6）境外筹资转贷款		
1. 同业存放	282 370	209 100	3. 融资租赁		
其中：境外同业存放			4. 票据融资		
2. 同业拆借			其中：贴现		
其中：境外同业拆借			5. 各项垫款		
九、境外联行往来（来源方）			（二）境外贷款	1 977	
十、外汇买卖（来源方）	98 747	193	二、有价证券	70 000	70 000
其中：结售汇	98 747	193	三、股权及其他投资	7 500	
十一、委托存款及委托投资基金（净）			四、应收及预付款	102 483	-19 250
1. 委托存款及委托投资基金	250 000		其中：应收利息	101 938	-19 114
2. 减：委托贷款及委托投资	250 000		五、买入返售资产		
十二、代理金融机构委托贷款基金			六、存放中央准备金存款	33 794	-196 079
其中：中央银行委托贷款基金			七、存放中央银行特种存款		
十三、各项准备	1 517 740	254 346	八、缴存中央银行财政性存款		
其中：贷款损失准备	1 517 740	254 346	九、同业往来		-1 500 000
十四、所有者权益	652 063	-76 911	1. 存放同业		-200 000
其中：实收资本			其中：存放境外同业		
十五、其他	43 356 188	-1 060 237	2. 拆放同业		-1 300 000
			其中：拆放境外同业		
			十、境外联行往来（运用方）		
			十一、代理金融机构贷款		
			其中：代理人行专项贷款		
			十二、库存现金		
			十三、外汇买卖（运用方）	110 924	3 608
			其中：结售汇	198 747	193
			十四、投资性房地产		
资金来源总计	50 370 641	1 061 546	资金运用总计	50 370 641	1 061 546

表2.2 中国进出口银行北京分行人民币信贷收支统计

单位：万元

项目名称	余额	比年初	项目名称	余额	比年初
一、各项存款	61 964	2 316	一、各项贷款	6 088 889	1 100 077
1. 单位存款	61 964	2 316	（一）境内贷款	6 018 889	1 030 077
其中：活期存款	22 775	9 684	1. 短期贷款	1 010 478	471 279
定期存款	5 000		（1）个人贷款及透支		
通知存款		-2 600	其中：个人消费贷款		
保证金存款	34 189	-4 768	（2）单位普通贷款及透支	204 000	182 000
2. 个人存款			其中：经营贷款	204 000	182 000
储蓄存款			固定资产贷款		
保证金存款			（3）普通并购贷款		
结构性存款			（4）银团贷款		
3. 临时性存款			（5）贸易融资	806 478	289 279
4. 其他存款			（6）境外筹资转贷款		
二、代理财政性存款			2. 中长期贷款	5 008 411	558 798
三、金融债券			（1）个人贷款		
其中：境外发行			其中：个人消费贷款		
四、中长期借款			（2）单位普通贷款	3 070 772	722 835
其中：境外借款			其中：经营贷款	1 621 550	-726 387
五、应付及暂收款	14750	3254	固定资产贷款	1 449 222	1 449 222
其中：应付利息	7834	1887	（3）普通并购贷款	259 500	259 500
六、卖出回购资产			（4）银团贷款	549 950	250 020
七、向中央银行借款			（5）贸易融资	1 109 660	-686 660
八、同业往来（来源方）			（6）境外筹资转贷款	18 530	13 104
1. 同业存放			3. 融资租赁		
其中：境外同业存放			4. 票据融资		
2. 同业拆借			其中：贴现		
其中：境外同业拆借			5. 各项垫款		
九、境外联行往来（来源方）			（二）境外贷款	70 000	70 000
十、外汇买卖（来源方）			二、有价证券		
其中：结售汇			三、股权及其他投资		
十一、委托存款及委托投资基金（净）			四、应收及预付款	16 714	3 579
1. 委托存款及委托投资基金			其中：应收利息	16 242	3 849
2. 减：委托贷款及委托投资			五、买入返售资产		
十二、代理金融机构委托贷款基金			六、存放中央准备金存款	29 308	22 791
其中：中央银行委托贷款基金			七、存放中央银行特种存款		
十三、各项准备	115 960	6 194	八、缴存中央银行财政性存款		
其中：贷款损失准备	115 589	6 549	九、同业往来		
十四、所有者权益	72 014	72 014	1. 存放同业		
其中：实收资本			其中：存放境外同业		
十五、其他	5 870 228	1 042 670	2. 拆放同业		
			其中：拆放境外同业		
			十、境外联行往来（运用方）		
			十一、代理金融机构贷款		
			其中：代理人行专项贷款		
			十二、库存现金	5	
			十三、外汇买卖（运用方）		
			其中：结售汇		
			十四、投资性房地产		
资金来源总计	6 134 916	1 126 448	资金运用总计	6 134 916	1 126 448

表 2.3 中国农业发展银行北京市分行人民币信贷收支统计

单位：万元

项目名称	余额	比年初	项目名称	余额	比年初
一、各项存款	750 565	-36 625	一、各项贷款	5 523 982	1 276 080
1. 单位存款	750 565	-36 625	（一）境内贷款	5 523 982	1 276 080
其中：活期存款	519 818	-36 060	1. 短期贷款	1 247 103	71 925
定期存款	204 522	-18 097	（1）个人贷款及透支		
通知存款	19 292	15 235	其中：个人消费贷款		
保证金存款	6 932	2 297	（2）单位普通贷款及透支	1 247 103	71 925
2. 个人存款			其中：经营贷款	1 247 103	71 925
储蓄存款			固定资产贷款		
保证金存款			（3）普通并购贷款		
结构性存款			（4）银团贷款		
3. 临时性存款			（5）贸易融资		
4. 其他存款			（6）境外筹资转贷款		
二、代理财政性存款	55 474	-21 216	2. 中长期贷款	2 091 850	-673 764
三、金融债券			（1）个人贷款		
其中：境外发行			其中：个人消费贷款		
四、中长期借款			（2）单位普通贷款	1 967 029	-643 234
其中：境外借款			其中：经营贷款		
五、应付及暂收款	13 091	6 762	固定资产贷款	1 967 029	-643 234
其中：应付利息	6 933	6 933	（3）普通并购贷款		
六、卖出回购资产			（4）银团贷款	124 820	-30 530
七、向中央银行借款			（5）贸易融资		
八、同业往来（来源方）	305 470	303 151	（6）境外筹资转贷款		
1. 同业存放	305 470	303 151	3. 融资租赁		
其中：境外同业存放			4. 票据融资	2 185 029	1 877 918
2. 同业拆借			其中：贴现	2 185 029	1 877 918
其中：境外同业拆借			5. 各项垫款		
九、境外联行往来（来源方）			（二）境外贷款		
十、外汇买卖（来源方）			二、有价证券		
其中：结售汇			三、股权及其他投资		
十一、委托存款及委托投资基金（净）			四、应收及预付款	4 156	2 038
1. 委托存款及委托投资基金			其中：应收利息	4 123	2 052
2. 减：委托贷款及委托投资			五、买入返售资产	179 867	179 867
十二、代理金融机构委托贷款基金			六、存放中央准备金存款	3 670	-3 684
其中：中央银行委托贷款基金			七、存放中央银行特种存款		
十三、各项准备			八、缴存中央银行财政性存款		
其中：贷款损失准备			九、同业往来	1 304 236	1 300 297
十四、所有者权益	641 66	-26 575	1. 存放同业	1 304 236	1 300 297
其中：实收资本			其中：存放境外同业		
十五、其他	5 827 403	2 529 097	2. 拆放同业		
			其中：拆放境外同业		
			十、境外联行往来（运用方）		
			十一、代理金融机构贷款		
			其中：代理人行专项贷款		
			十二、库存现金	257	-5
			十三、外汇买卖（运用方）		
			其中：结售汇		
			十四、投资性房地产		
资金来源总计	7 016 169	2 754 594	资金运用总计	7 016 169	2 754 594

表 2.4 中国工商银行北京市分行人民币信贷收支统计

单位：万元

项目名称	余额	比年初	项目名称	余额	比年初
一、各项存款	257 970 484	28 479 990	一、各项贷款	51 574 634	4 707 632
1. 单位存款	179 504 446	28 819 090	（一）境内贷款	51 539 724	4 709 096
其中：活期存款	38 277 365	3 212 505	1. 短期贷款	12 460 026	1 297 813
定期存款	110 712 578	19776251	（1）个人贷款及透支	23 591	-30 097
通知存款	11 333 049	2350489	其中：个人消费贷款	21 068	-6 324
保证金存款	228 311	35 326	（2）单位普通贷款及透支	8 982 498	1 905 007
2. 个人存款	76 548 812	364 333	其中：经营贷款	8 906 442	1 842 663
储蓄存款	72 251 515	1 162 076	固定资产贷款	74 408	61 137
保证金存款	17 538	5 866	（3）普通并购贷款		
结构性存款	4 279 759	-803 608	（4）银团贷款		
3. 临时性存款	46 392	16 248	（5）贸易融资	3 453 937	-577 096
4. 其他存款	1 870 833	-719 681	（6）境外筹资转贷款		
二、代理财政性存款	11 909 604	4 614 170	2. 中长期贷款	38 149 819	2 861 167
三、金融债券			（1）个人贷款	9 466 048	963 834
其中：境外发行			其中：个人消费贷款	8 222 260	708 109
四、中长期借款			（2）单位普通贷款	27 277 013	2 173 128
其中：境外借款			其中：经营贷款	2 077 561	-936 268
五、应付及暂收款	5 998 191	185 047	固定资产贷款	25 199 451	3 109 397
其中：应付利息	4 352 230	601 982	（3）普通并购贷款	801 912	-148 481
六、卖出回购资产			（4）银团贷款	604 845	-127 313
七、向中央银行借款	33 143	33 143	（5）贸易融资		
八、同业往来（来源方）	25 985 850	3 910 500	（6）境外筹资转贷款		
1. 同业存放	25 985 850	3 927 106	3. 融资租赁		
其中：境外同业存放	42 622	-414 313	4. 票据融资	929 880	550 115
2. 同业拆借		-16 605	其中：贴现	929 880	550 115
其中：境外同业拆借		-16 605	5. 各项垫款		
九、境外联行往来（来源方）			（二）境外贷款	34910	-1 464
十、外汇买卖（来源方）	22 519 435	22 459 626	二、有价证券	32 770 211	589 776
其中：结售汇	22 518 117	22 458 307	三、股权及其他投资	20 821 251	-3 284 484
十一、委托存款及委托投资基金（净）	32	-8	四、应收及预付款	-25 672 482	3 839 605
1. 委托存款及委托投资基金	10 413 186	1 427 038	其中：应收利息	937 462	51 837
2. 减：委托贷款及委托投资	10 413 155	1 427 046	五、买入返售资产		-764 571
十二、代理金融机构委托贷款基金	270 200	215 200	六、存放中央准备金存款	683 968	181 456
其中：中央银行委托贷款基金			七、存放中央银行特种存款		
十三、各项准备	1 073 442	213 555	八、缴存中央银行财政性存款	14 647 072	3 257 114
其中：贷款损失准备	1 064 583	218 735	九、同业往来	4 336 000	-18 680 576
十四、所有者权益	3 042 166	1 260 663	1. 存放同业		
其中：实收资本			其中：存放境外同业		
十五、其他	-206 247 298	-48 689 480	2. 拆放同业	4 336 000	-18 680 576
			其中：拆放境外同业		
			十、境外联行往来（运用方）		
			十一、代理金融机构贷款	270 200	215 200
			其中：代理人行专项贷款		
			十二、库存现金	631 356	142 313
			十三、外汇买卖（运用方）	22 493 039	22 478 942
			其中：结售汇	22 493 027	22 492 808
			十四、投资性房地产		
资金来源总计	122 555 249	12 682 407	资金运用总计	122 555 249	12 682 407

表 2.5　中国农业银行北京市分行人民币信贷收支统计

单位：万元

项目名称	余额	比年初	项目名称	余额	比年初
一、各项存款	61 510 508	-1 763 841	一、各项贷款	30 409 934	4 139 571
1. 单位存款	30 283 129	-2 166 457	（一）境内贷款	30 405 013	4 139 525
其中：活期存款	12 744 457	-439 686	1. 短期贷款	9 948 897	2 174 324
定期存款	8 386 750	539 387	（1）个人贷款及透支	518 906	-7 173
通知存款	634 050	-941 454	其中：个人消费贷款	345 997	-32 387
保证金存款	220 754	-2 843	（2）单位普通贷款及透支	9 354 312	2 411 570
2. 个人存款	22 560 493	-655 475	其中：经营贷款	9 327 703	2 408 282
储蓄存款	22 068 454	1 073 815	固定资产贷款	26 600	3 281
保证金存款	16	11	（3）普通并购贷款		
结构性存款	492 022	-1 729 300	（4）银团贷款	20 301	9 546
3. 临时性存款	4 253	-3 907	（5）贸易融资	55 378	-239 619
4. 其他存款	8 662 634	1 061 997	（6）境外筹资转贷款		
二、代理财政性存款	8 361	5 004	2. 中长期贷款	20 062 174	1 952 536
三、金融债券			（1）个人贷款	4 693 537	890 478
其中：境外发行			其中：个人消费贷款	4 400 529	801 228
四、中长期借款			（2）单位普通贷款	12 505 415	900 847
其中：境外借款			其中：经营贷款	2 242 736	34 255
五、应付及暂收款	1 315 054	196 446	固定资产贷款	10 262 679	866 592
其中：应付利息	984 659	112 913	（3）普通并购贷款	337 145	-130 990
六、卖出回购资产			（4）银团贷款	2 526 076	292 200
七、向中央银行借款			（5）贸易融资		
八、同业往来（来源方）	5 544 625	-677 418	（6）境外筹资转贷款		
1. 同业存放	5 524 625	-682 418	3. 融资租赁		
其中：境外同业存放			4. 票据融资	310 491	-70 151
2. 同业拆借	20 000	5 000	其中：贴现	310 491	-70 151
其中：境外同业拆借	20 000	5 000	5. 各项垫款	83 452	82 817
九、境外联行往来（来源方）			（二）境外贷款	4 921	47
十、外汇买卖（来源方）	12 339 116	4 685 029	二、有价证券	9 594	-1 960 387
其中：结售汇	12 339 116	4 685 029	三、股权及其他投资		
十一、委托存款及委托投资基金（净）			四、应收及预付款	259 127	125 365
1. 委托存款及委托投资基金	7 783 394	-1 609 982	其中：应收利息	225 690	127 713
2. 减：委托贷款及委托投资	7 783 394	-1 609 982	五、买入返售资产	1 080 073	120 595
十二、代理金融机构委托贷款基金	721 276	-1 174 748	六、存放中央准备金存款	152 535	-27 173
其中：中央银行委托贷款基金			七、存放中央银行特种存款		
十三、各项准备	1 122 785	565 801	八、缴存中央银行财政性存款	9 620	1 304
其中：贷款损失准备	1 101 849	560 086	九、同业往来	6 361 730	2 929 730
十四、所有者权益	605 314	-504 830	1. 存放同业	3 400 230	1 775 230
其中：实收资本			其中：存放境外同业		
十五、其他	-31 582 469	7 552 982	2. 拆放同业	2 961 500	1 154 500
			其中：拆放境外同业		
			十、境外联行往来（运用方）		
			十一、代理金融机构贷款	721 276	-1 174 748
			其中：代理人行专项贷款		
			十二、库存现金	274 453	53 713
			十三、外汇买卖（运用方）	12 306 228	4 676 454
			其中：结售汇	12 306 228	4 676 454
			十四、投资性房地产		
资金来源总计	51 584 570	8 884 425	资金运用总计	51 584 570	8 884 425

表2.6 中国银行北京市分行人民币信贷收支统计

单位：万元

项目名称	余额	比年初	项目名称	余额	比年初
一、各项存款	59 506 012	2 184 337	一、各项贷款	25 440 414	3 491 216
1. 单位存款	35 474 938	1 600 860	（一）境内贷款	25 385 868	3 499 110
其中：活期存款	8 471 598	-559 613	1. 短期贷款	7 619 099	1 153 740
定期存款	13 963 486	-1 311 947	（1）个人贷款及透支	838 517	-34 103
通知存款	4 243 931	1 916 782	其中：个人消费贷款	824 810	-40 349
保证金存款	537 041	-48 878	（2）单位普通贷款及透支	6 561 683	1 578 509
2. 个人存款	16 400 345	-428 364	其中：经营贷款	6 561 683	1 578 509
储蓄存款	16 394 841	-427 143	固定资产贷款		
保证金存款	5 504	-1 222	（3）普通并购贷款		
结构性存款			（4）银团贷款	73 800	-14 950
3. 临时性存款	11 346	-9 295	（5）贸易融资	145 099	-375 717
4. 其他存款	7 619 383	1 021 136	（6）境外筹资转贷款		
二、代理财政性存款	17 212	7 250	2. 中长期贷款	17 064 038	2 039 603
三、金融债券			（1）个人贷款	4 312 625	280 885
其中：境外发行			其中：个人消费贷款	4 022 727	176 704
四、中长期借款			（2）单位普通贷款	10 325 802	1 496 276
其中：境外借款			其中：经营贷款	1 683 559	147 143
五、应付及暂收款	1 615 551	-844 889	固定资产贷款	8 642 243	1 349 133
其中：应付利息	1 249 844	-958 805	（3）普通并购贷款	392 496	187 696
六、卖出回购资产			（4）银团贷款	1 669 718	57 760
七、向中央银行借款			（5）贸易融资	363 397	16 986
八、同业往来（来源方）	11 030 072	2 017 752	（6）境外筹资转贷款		
1. 同业存放	11 030 072	2 017 752	3. 融资租赁		
其中：境外同业存放	82 562	81 286	4. 票据融资	702 731	305 768
2. 同业拆借			其中：贴现	702 731	305 768
其中：境外同业拆借			5. 各项垫款		
九、境外联行往来（来源方）			（二）境外贷款	54 546	-7 894
十、外汇买卖（来源方）			二、有价证券	21 800	-14 592
其中：结售汇			三、股权及其他投资		
十一、委托存款及委托投资基金（净）			四、应收及预付款	1 002 228	-1 036 486
1. 委托存款及委托投资基金	6 715 456	-3 803 981	其中：应收利息	945 391	-1 036 084
2. 减：委托贷款及委托投资	6 715 456	-3 803 981	五、买入返售资产		
十二、代理金融机构委托贷款基金			六、存放中央准备金存款	12 248 165	554 584
其中：中央银行委托贷款基金			七、存放中央银行特种存款		
十三、各项准备	701 244	138 947	八、缴存中央银行财政性存款	38 340	12 493
其中：贷款损失准备	651 466	136 606	九、同业往来	10 963 995	2 377 170
十四、所有者权益	245 221	245 221	1. 存放同业	4 707 919	-258 820
其中：实收资本			其中：存放境外同业		
十五、其他	-23 013 614	1 729 651	2. 拆放同业	6 256 076	2 635 990
			其中：拆放境外同业		
			十、境外联行往来（运用方）		
			十一、代理金融机构贷款		
			其中：代理人行专项贷款		
			十二、库存现金	386 757	93 884
			十三、外汇买卖（运用方）		
			其中：结售汇		
			十四、投资性房地产		
资金来源总计	50 101 699	5 478 269	资金运用总计	50 101 699	5 478 269

表 2.7　中国建设银行北京市分行人民币信贷收支统计

单位：万元

项目名称	余额	比年初	项目名称	余额	比年初
一、各项存款	93 587 553	1 782 004	一、各项贷款	44 940 863	4 079 185
1. 单位存款	58 357 357	1 757 189	（一）境内贷款	44 913 550	4 083 264
其中：活期存款	18 881 272	－130 762	1. 短期贷款	14 211 578	858 816
定期存款	15 656 495	1 900 426	（1）个人贷款及透支	1 225 107	－87 154
通知存款	5 551 517	－173 119	其中：个人消费贷款	1 220 176	－4 223
保证金存款	810 273	93 382	（2）单位普通贷款及透支	11 975 245	1 010 956
2. 个人存款	32 331 348	384 416	其中：经营贷款	11 966 676	1 014 612
储蓄存款	31 268 440	1 110 618	固定资产贷款	7 200	1 700
保证金存款	1 980	1 658	（3）普通并购贷款		
结构性存款	1 060 928	－727 860	（4）银团贷款		
3. 临时性存款	6 103	－3 996	（5）贸易融资	1 011 227	－64 985
4. 其他存款	2 892 745	－355 605	（6）境外筹资转贷款		
二、代理财政性存款	1 281 983	1 258 360	2. 中长期贷款	29 945 102	3 009 359
三、金融债券			（1）个人贷款	9 040 156	1 420 948
其中：境外发行			其中：个人消费贷款	8 306 555	1 405 126
四、中长期借款			（2）单位普通贷款	20 303 992	1 565 613
其中：境外借款			其中：经营贷款	2 431 011	168 921
五、应付及暂收款	1 814 416	341 915	固定资产贷款	17 872 981	1 396 692
其中：应付利息	1 521 267	330 357	（3）普通并购贷款	587 800	14 400
六、卖出回购资产			（4）银团贷款		
七、向中央银行借款			（5）贸易融资	13 153	8 398
八、同业往来（来源方）	38 062 010	19 747 740	（6）境外筹资转贷款		
1. 同业存放	37 922 010	19 607 740	3. 融资租赁		
其中：境外同业存放	283 962	279 272	4. 票据融资	748 722	206 939
2. 同业拆借	140 000	140 000	其中：贴现	470 736	302 953
其中：境外同业拆借	140 000	140 000	5. 各项垫款	8 149	8 149
九、境外联行往来（来源方）			（二）境外贷款	27 312	－4 079
十、外汇买卖（来源方）			二、有价证券	32 541	－7 025
其中：结售汇			三、股权及其他投资		
十一、委托存款及委托投资基金（净）		1 500	四、应收及预付款	551 343	197 372
1. 委托存款及委托投资基金	15 401 134	3 310 459	其中：应收利息	402 223	115 945
2. 减：委托贷款及委托投资	15 401 134	3 308 959	五、买入返售资产	840 886	840 886
十二、代理金融机构委托贷款基金			六、存放中央准备金存款	68 209	－128 085
其中：中央银行委托贷款基金			七、存放中央银行特种存款		
十三、各项准备	2 871	－2 492	八、缴存中央银行财政性存款	1 367 779	1 342 478
其中：贷款损失准备			九、同业往来	11 657 394	－2 707 954
十四、所有者权益	422 163	119 492	1. 存放同业	6 969 394	－2 488 554
其中：实收资本			其中：存放境外同业		
十五、其他	－75 425 330	－19 595 505	2. 拆放同业	4 688 000	－219 400
			其中：拆放境外同业		
			十、境外联行往来（运用方）		
			十一、代理金融机构贷款		
			其中：代理人行专项贷款		
			十二、库存现金	286 652	36 156
			十三、外汇买卖（运用方）		
			其中：结售汇		
			十四、投资性房地产		
资金来源总计	59 745 666	3 653 014	资金运用总计	59 745 666	3 653 014

表2.8 交通银行北京市分行人民币信贷收支统计

单位：万元

项目名称	余额	比年初	项目名称	余额	比年初
一、各项存款	47 273 445	-4 587 775	一、各项贷款	27 918 807	-867 089
1. 单位存款	23 403 225	-6 485 582	（一）境内贷款	27 888 261	-876 712
其中：活期存款	5 723 679	-3 033 582	1. 短期贷款	6 662 515	-876 417
定期存款	5 834 919	-644 606	（1）个人贷款及透支	34 561	-223
通知存款	1 450 284	-1 650 654	其中：个人消费贷款	32 064	1 531
保证金存款	1 059 330	-962 419	（2）单位普通贷款及透支	5 870 111	-727 988
2. 个人存款	10 758 637	-56 072	其中：经营贷款	5 870 111	-727 988
储蓄存款	9 219 732	-942 084	固定资产贷款		
保证金存款	2 594	-1 962	（3）普通并购贷款		
结构性存款	1 536 311	887 974	（4）银团贷款		
3. 临时性存款	8 200	1 852	（5）贸易融资	757 842	-148 206
4. 其他存款	13 103 384	1 952 027	（6）境外筹资转贷款		
二、代理财政性存款	99	5	2. 中长期贷款	20 491 421	-179 571
三、金融债券			（1）个人贷款	6 296 584	453 863
其中：境外发行			其中：个人消费贷款	5554718	422806
四、中长期借款			（2）单位普通贷款	12 006 494	-359 347
其中：境外借款			其中：经营贷款	2 957 127	-176 501
五、应付及暂收款	1 746 615	66 240	固定资产贷款	9 049 367	-182 846
其中：应付利息	906 122	145 232	（3）普通并购贷款	10 600	-13 900
六、卖出回购资产			（4）银团贷款	2 177 743	-260 187
七、向中央银行借款			（5）贸易融资		
八、同业往来（来源方）	19 671 456	425 404	（6）境外筹资转贷款		
1. 同业存放	19 671 456	425 404	3. 融资租赁		
其中：境外同业存放	1 127 374	914 496	4. 票据融资	719 924	164 876
2. 同业拆借			其中：贴现	719 924	164 876
其中：境外同业拆借			5. 各项垫款	14 400	14 400
九、境外联行往来（来源方）	1 716 029	1 157 851	（二）境外贷款	30 546	9 624
十、外汇买卖（来源方）	129	68	二、有价证券	3 527	2 401
其中：结售汇	129	68	三、股权及其他投资	250	
十一、委托存款及委托投资基金（净）	2 111	-15 839	四、应收及预付款	1 271 855	-971 227
1. 委托存款及委托投资基金	6 248 968	65 603	其中：应收利息	75 056	27 714
2. 减：委托贷款及委托投资	6 246 858	81 442	五、买入返售资产	584 984	-299 381
十二、代理金融机构委托贷款基金			六、存放中央准备金存款	152 324	-528 176
其中：中央银行委托贷款基金			七、存放中央银行特种存款		
十三、各项准备	35 5147	-75 483	八、缴存中央银行财政性存款	141	-409
其中：贷款损失准备	355 147	-75 483	九、同业往来	606 404	507 825
十四、所有者权益	-225 167	-90 815	1. 存放同业	606 404	507 825
其中：实收资本			其中：存放境外同业		
十五、其他	-39 882 808	973 840	2. 拆放同业		
			其中：拆放境外同业		
			十、境外联行往来（运用方）		
			十一、代理金融机构贷款		
			其中：代理人行专项贷款		
			十二、库存现金	118 763	9 552
			十三、外汇买卖（运用方）	1	
			其中：结售汇		
			十四、投资性房地产		
资金来源总计	30 657 056	-2 146 505	资金运用总计	30 657 056	-2 146 505

表 2.9　招商银行北京分行人民币信贷收支统计

单位：万元

项目名称	余额	比年初	项目名称	余额	比年初
一、各项存款	34 141 773	6 203 121	一、各项贷款	14 689 492	1 260 212
1. 单位存款	16 108 377	3 772 712	（一）境内贷款	14 666 636	1 264 095
其中：活期存款	6 274 752	1 113 697	1. 短期贷款	6 106 454	635 118
定期存款	3 445 585	693 784	（1）个人贷款及透支	1 247 613	6 631
通知存款	1 114 451	69 454	其中：个人消费贷款	156 754	59 217
保证金存款	419 793	47 497	（2）单位普通贷款及透支	4 403 599	490 206
2. 个人存款	16 544 184	2 537 367	其中：经营贷款	4 367 310	455 042
储蓄存款	16 218 655	2 211 838	固定资产贷款	36 289	35 164
保证金存款			（3）普通并购贷款	21 400	400
结构性存款	325 529	325 529	（4）银团贷款		
3. 临时性存款	9 846	−2 393	（5）贸易融资	433 842	137 881
4. 其他存款	1 479 366	−104 565	（6）境外筹资转贷款		
二、代理财政性存款	10 845	7 052	2. 中长期贷款	8 315 192	537 097
三、金融债券			（1）个人贷款	4 430 010	540 346
其中：境外发行			其中：个人消费贷款	2 869 129	61 569
四、中长期借款			（2）单位普通贷款	2 985 659	−108 007
其中：境外借款			其中：经营贷款	560 423	−428 242
五、应付及暂收款	760 762	250 197	固定资产贷款	2 425 236	320 235
其中：应付利息	561 961	201 647	（3）普通并购贷款	70 921	14 674
六、卖出回购资产			（4）银团贷款	826 082	94 564
七、向中央银行借款	38 475	−20 231	（5）贸易融资	2 520	−4 480
八、同业往来（来源方）	16 036 484	8 715 771	（6）境外筹资转贷款		
1. 同业存放	16 036 484	8 715 771	3. 融资租赁		
其中：境外同业存放	15 006	15 006	4. 票据融资	243 493	90 383
2. 同业拆借			其中：贴现	243 493	90 383
其中：境外同业拆借			5. 各项垫款	1 497	1 497
九、境外联行往来（来源方）			（二）境外贷款	22 856	−3 883
十、外汇买卖（来源方）	29 156	29 156	二、有价证券		
其中：结售汇	29 156	29 156	三、股权及其他投资	1 444 931	126 631
十一、委托存款及委托投资基金（净）			四、应收及预付款	51 357	−2 917
1. 委托存款及委托投资基金	4 878 858	1 151 181	其中：应收利息	44 829	−2 141
2. 减：委托贷款及委托投资	4 878 858	1 151 181	五、买入返售资产	1 535 059	1 089 069
十二、代理金融机构委托贷款基金	123 200	123 200	六、存放中央准备金存款	94 901	−132 968
其中：中央银行委托贷款基金			七、存放中央银行特种存款		
十三、各项准备	300 102	45 862	八、缴存中央银行财政性存款	10 377	2 936
其中：贷款损失准备	298 671	45 952	九、同业往来	1 065 612	178 908
十四、所有者权益	649 462	90 180	1. 存放同业	712	−826
其中：实收资本			其中：存放境外同业		
十五、其他	−32 898 840	−12 780 231	2. 拆放同业	1 064 900	179 734
			其中：拆放境外同业		
			十、境外联行往来（运用方）		
			十一、代理金融机构贷款	123 200	123 200
			其中：代理人行专项贷款		
			十二、库存现金	152 629	−4 854
			十三、外汇买卖（运用方）	23 861	23 860
			其中：结售汇	23 860	23 860
			十四、投资性房地产		
资金来源总计	19 191 419	2 664 077	资金运用总计	19 191 419	2 664 077

表 2.10 上海浦东发展银行北京分行人民币信贷收支统计

单位：万元

项目名称	余额	比年初	项目名称	余额	比年初
一、各项存款	16 995 771	1 806 278	一、各项贷款	9 685 453	1 815 203
1. 单位存款	13 705 782	1 352 457	（一）境内贷款	9 679 765	1 816 990
其中：活期存款	4 017 616	561 768	1. 短期贷款	3 986 289	627 966
定期存款	4 755 961	-424 969	（1）个人贷款及透支	738 086	-12 210
通知存款	1 929 405	160 938	其中：个人消费贷款	571 944	-1 068
保证金存款	646 792	418 533	（2）单位普通贷款及透支	1 894 364	-281 702
2. 个人存款	2 394 032	286 603	其中：经营贷款	1 894 364	-281 352
储蓄存款	2 077 554	226 783	固定资产贷款		-350
保证金存款	1 233	-205	（3）普通并购贷款	34 985	34 985
结构性存款	315 245	60 025	（4）银团贷款		
3. 临时性存款	3 523	-623	（5）贸易融资	1 318 854	886 893
4. 其他存款	892 434	167 841	（6）境外筹资转贷款		
二、代理财政性存款	5 490	4 403	2. 中长期贷款	5 519 824	1 082 197
三、金融债券			（1）个人贷款	1 200 280	167 912
其中：境外发行			其中：个人消费贷款	1 016 444	156 807
四、中长期借款			（2）单位普通贷款	3 367 554	946 036
其中：境外借款			其中：经营贷款	2 013 613	649 894
五、应付及暂收款	951 458	248 326	固定资产贷款	1 353 941	296 142
其中：应付利息	319 427	86 703	（3）普通并购贷款	260 240	35 298
六、卖出回购资产			（4）银团贷款	691 750	-67 049
七、向中央银行借款	12 203	12 203	（5）贸易融资		
八、同业往来（来源方）	12 939 146	4 603 380	（6）境外筹资转贷款		
1. 同业存放	12 939 146	4 603 380	3. 融资租赁		
其中：境外同业存放	847 079	733 719	4. 票据融资	173 652	106 827
2. 同业拆借			其中：贴现	173 652	106 827
其中：境外同业拆借			5. 各项垫款		
九、境外联行往来（来源方）			（二）境外贷款	5 688	-1 787
十、外汇买卖（来源方）	797	-93	二、有价证券	2 942 563	1 977 416
其中：结售汇	13	-92	三、股权及其他投资		
十一、委托存款及委托投资基金（净）	342 110	342 110	四、应收及预付款	646 669	167 664
1. 委托存款及委托投资基金	9 872 611	3 305 135	其中：应收利息	16 383	225
2. 减：委托贷款及委托投资	9 530 501	2 963 025	五、买入返售资产	323 358	-1 688 862
十二、代理金融机构委托贷款基金			六、存放中央准备金存款	65 188	-208 541
其中：中央银行委托贷款基金			七、存放中央银行特种存款		
十三、各项准备	128 910	25 016	八、缴存中央银行财政性存款	5 328	3 385
其中：贷款损失准备	112 818	22 785	九、同业往来	1 720 664	-369 527
十四、所有者权益	389 182	67 659	1. 存放同业	1 720 664	-354 527
其中：实收资本			其中：存放境外同业		
十五、其他	-16 324 888	-5 416 921	2. 拆放同业		-15 000
			其中：拆放境外同业		
			十、境外联行往来（运用方）		
			十一、代理金融机构贷款		
			其中：代理人行专项贷款		
			十二、库存现金	50 886	-4 146
			十三、外汇买卖（运用方）	70	-231
			其中：结售汇	31	-230
			十四、投资性房地产		
资金来源总计	15 440 179	1 692 361	资金运用总计	15 440 179	1 692 361

表 2.11　广发银行北京分行人民币信贷收支统计

单位：万元

项目名称	余额	比年初	项目名称	余额	比年初
一、各项存款	15 149 562	-500 815	一、各项贷款	4 108 787	-816 659
1. 单位存款	10 288 881	-540 883	（一）境内贷款	4 108 224	-816 623
其中：活期存款	2 034 347	-152 902	1. 短期贷款	2 187 149	-567 783
定期存款	1 706 507	-759 941	（1）个人贷款及透支	610 430	417 593
通知存款	955 759	-432 114	其中：个人消费贷款	108	108
保证金存款	356 462	-19 509	（2）单位普通贷款及透支	1 565 409	-973 827
2. 个人存款	1 457 182	-35 266	其中：经营贷款	1 565 409	-973 827
储蓄存款	862 002	-30 890	固定资产贷款		
保证金存款	6 900	-2 169	（3）普通并购贷款		
结构性存款	588 280	-2 207	（4）银团贷款		
3. 临时性存款	4 185	-51 185	（5）贸易融资	11 310	-11 549
4. 其他存款	3 399 314	126 519	（6）境外筹资转贷款		
二、代理财政性存款			2. 中长期贷款	1 822 716	-263 622
三、金融债券			（1）个人贷款	663 271	133 933
其中：境外发行			其中：个人消费贷款	371 341	-45 644
四、中长期借款			（2）单位普通贷款	965 020	-248 716
其中：境外借款			其中：经营贷款	93 351	-50 321
五、应付及暂收款	374 961	109 188	固定资产贷款	871 669	-198 395
其中：应付利息	269 166	29 792	（3）普通并购贷款		
六、卖出回购资产			（4）银团贷款	177 013	-139 965
七、向中央银行借款			（5）贸易融资	17 412	-8 874
八、同业往来（来源方）	7 458 800	1 633 650	（6）境外筹资转贷款		
1. 同业存放	7 458 800	1 633 650	3. 融资租赁		
其中：境外同业存放	523 008	523 008	4. 票据融资	97 359	19 092
2. 同业拆借			其中：贴现	97 359	19 092
其中：境外同业拆借			5. 各项垫款	1 000	-4 310
九、境外联行往来（来源方）	110 478	50 593	（二）境外贷款	563	-36
十、外汇买卖（来源方）	336	207	二、有价证券	4 009	-781 263
其中：结售汇	336	207	三、股权及其他投资	895 397	895 397
十一、委托存款及委托投资基金（净）		-221	四、应收及预付款	34 449	-2 956
1. 委托存款及委托投资基金	537 680	-848 514	其中：应收利息	23 561	7 991
2. 减：委托贷款及委托投资	537 680	-848 293	五、买入返售资产	1 385 960	-2 283 706
十二、代理金融机构委托贷款基金	909 320	909 320	六、存放中央准备金存款	83 388	-196 294
其中：中央银行委托贷款基金			七、存放中央银行特种存款		
十三、各项准备	12 754	8 530	八、缴存中央银行财政性存款	705	-5
其中：贷款损失准备	12 754	8 530	九、同业往来	597 465	16 610
十四、所有者权益	244 655	29 090	1. 存放同业	100 050	-105 805
其中：实收资本			其中：存放境外同业		
十五、其他	-16 209 478	-4 510 351	2. 拆放同业	497 415	122 415
			其中：拆放境外同业		
			十、境外联行往来（运用方）		
			十一、代理金融机构贷款	909 320	909 320
			其中：代理人行专项贷款		
			十二、库存现金	31 269	-11 737
			十三、外汇买卖（运用方）	639	484
			其中：结售汇	639	484
			十四、投资性房地产		
资金来源总计	8 051 388	-2 270 809	资金运用总计	8 051 388	-2 270 809

表2.12 兴业银行北京分行人民币信贷收支统计

单位：万元

项目名称	余额	比年初	项目名称	余额	比年初
一、各项存款	17 064 148	713 295	一、各项贷款	6 887 154	298 138
1. 单位存款	13 404 282	-72 855	（一）境内贷款	6 884 469	299 140
其中：活期存款	4 357 563	-714 620	1. 短期贷款	3 629 508	117 025
定期存款	4 775 245	91 636	（1）个人贷款及透支	546 883	48 727
通知存款	1 256 813	216 226	其中：个人消费贷款	157 752	31 472
保证金存款	264 444	5 512	（2）单位普通贷款及透支	3 008 339	126 426
2. 个人存款	2 076 718	170 304	其中：经营贷款	3 008 339	126 426
储蓄存款	1 910 885	9 014	固定资产贷款		
保证金存款	4 262	-281	（3）普通并购贷款		
结构性存款	161 571	161 571	（4）银团贷款		
3. 临时性存款	3 765	3	（5）贸易融资	74 287	-58 128
4. 其他存款	1 579 383	615 843	（6）境外筹资转贷款		
二、代理财政性存款	65	35	2. 中长期贷款	3 222 718	150 426
三、金融债券			（1）个人贷款	766 425	-14 403
其中：境外发行			其中：个人消费贷款	614 000	-42 598
四、中长期借款			（2）单位普通贷款	1 894 235	285 295
其中：境外借款			其中：经营贷款	221 953	92 252
五、应付及暂收款	596 902	281 033	固定资产贷款	1 672 282	193 043
其中：应付利息	488 301	281 981	（3）普通并购贷款		
六、卖出回购资产			（4）银团贷款	562 058	-120 466
七、向中央银行借款			（5）贸易融资		
八、同业往来（来源方）	16 585 480	11 125 690	（6）境外筹资转贷款		
1. 同业存放	16 585 480	11 125 690	3. 融资租赁		
其中：境外同业存放			4. 票据融资	9 801	9 247
2. 同业拆借			其中：贴现	9 801	9 247
其中：境外同业拆借			5. 各项垫款	22 442	22 442
九、境外联行往来（来源方）	51 602	51 602	（二）境外贷款	2 685	-1 002
十、外汇买卖（来源方）			二、有价证券	1 569 601	584 783
其中：结售汇			三、股权及其他投资	3 989 929	1 419 259
十一、委托存款及委托投资基金（净）	87 716	83 996	四、应收及预付款	90 392	13 356
1. 委托存款及委托投资基金	4 001 844	-410 762	其中：应收利息	87 461	13 362
2. 减：委托贷款及委托投资	3 914 128	-494 758	五、买入返售资产	3 277 214	-1 463 346
十二、代理金融机构委托贷款基金			六、存放中央准备金存款	4 087	-103 657
其中：中央银行委托贷款基金			七、存放中央银行特种存款		
十三、各项准备	137 562	49 607	八、缴存中央银行财政性存款	506	-266
其中：贷款损失准备	98 267	11 715	九、同业往来	1 606 202	500 852
十四、所有者权益	555 057	33 089	1. 存放同业	80 202	34 852
其中：实收资本			其中：存放境外同业		
十五、其他	-17 615 716	-11 081 474	2. 拆放同业	1 526 000	466 000
			其中：拆放境外同业		
			十、境外联行往来（运用方）		
			十一、代理金融机构贷款		
			其中：代理人行专项贷款		
			十二、库存现金	37 729	7 754
			十三、外汇买卖（运用方）		
			其中：结售汇		
			十四、投资性房地产		
资金来源总计	17 462 816	1 256 873	资金运用总计	17 462 816	1 256 873

表2.13 平安银行北京分行人民币信贷收支统计

单位：万元

项目名称	余额	比年初	项目名称	余额	比年初
一、各项存款	12 103 544	3 955 192	一、各项贷款	5 750 884	838 440
1. 单位存款	7 768 275	2 700 532	（一）境内贷款	5 744 985	840 165
其中：活期存款	2 039 198	732 728	1. 短期贷款	2 414 962	486 779
定期存款	2 232 737	510 574	（1）个人贷款及透支	1 098 197	621 968
通知存款	229 791	-89 840	其中：个人消费贷款	24 049	15 852
保证金存款	951 876	101 262	（2）单位普通贷款及透支	1 257 476	-147 083
2. 个人存款	1 509 072	413 136	其中：经营贷款	1 232 476	-170 980
储蓄存款	1 136 727	118 042	固定资产贷款	25 000	23 897
保证金存款	372 345	295 093	（3）普通并购贷款		
结构性存款			（4）银团贷款		
3. 临时性存款	3 555	-2 779	（5）贸易融资	59 289	11 893
4. 其他存款	2 822 642	844 303	（6）境外筹资转贷款		
二、代理财政性存款	42	33	2. 中长期贷款	3 239 426	293 251
三、金融债券			（1）个人贷款	1 141 583	117 263
其中：境外发行			其中：个人消费贷款	957 728	123 186
四、中长期借款			（2）单位普通贷款	1 804 446	268 559
其中：境外借款			其中：经营贷款	567 109	219 267
五、应付及暂收款	415 533	77 982	固定资产贷款	1 237 337	49 293
其中：应付利息	255 746	108 735	（3）普通并购贷款		
六、卖出回购资产			（4）银团贷款	180 589	-28 904
七、向中央银行借款	4 785	4 785	（5）贸易融资	112 808	-63 669
八、同业往来（来源方）	5 375 815	-1 355 962	（6）境外筹资转贷款		
1. 同业存放	5 375 815	-1 345 166	3. 融资租赁		
其中：境外同业存放			4. 票据融资	89 990	59 528
2. 同业拆借		-10 796	其中：贴现	89 990	59 528
其中：境外同业拆借			5. 各项垫款	608	608
九、境外联行往来（来源方）			（二）境外贷款	5 898	-1 725
十、外汇买卖（来源方）			二、有价证券		
其中：结售汇			三、股权及其他投资	1 651 944	197 732
十一、委托存款及委托投资基金（净）			四、应收及预付款	206 476	-7 880
1. 委托存款及委托投资基金	944 917	187 673	其中：应收利息	59 647	36 052
2. 减：委托贷款及委托投资	944 917	187 673	五、买入返售资产		-2 736 318
十二、代理金融机构委托贷款基金	2 332 000	2 332 000	六、存放中央准备金存款	76 698	24 936
其中：中央银行委托贷款基金			七、存放中央银行特种存款		
十三、各项准备	52 204	18 476	八、缴存中央银行财政性存款	638	250
其中：贷款损失准备	52 042	18 457	九、同业往来	702 119	-297 905
十四、所有者权益	347 081	79 926	1. 存放同业	702 119	-297 905
其中：实收资本			其中：存放境外同业		
十五、其他	-9 874 129	-4 755 963	2. 拆放同业		
			其中：拆放境外同业		
			十、境外联行往来（运用方）		
			十一、代理金融机构贷款	2 332 000	2 332 000
			其中：代理人行专项贷款		
			十二、库存现金	36 118	5 212
			十三、外汇买卖（运用方）		
			其中：结售汇		
			十四、投资性房地产		
资金来源总计	10 756 875	356 468	资金运用总计	10 756 875	356 468

表 2.14　中信银行总行营业部人民币信贷收支统计

单位：万元

项目名称	余额	比年初	项目名称	余额	比年初
一、各项存款	33 551 563	1 556 872	一、各项贷款	19 511 450	1 619 883
1. 单位存款	27 574 407	1 030 284	（一）境内贷款	19 457 228	1 622 113
其中：活期存款	6 848 528	1 174 043	1. 短期贷款	5 530 881	-122 614
定期存款	13 248 794	-120 310	（1）个人贷款及透支	1 486 226	850 173
通知存款	1 689 471	236 360	其中：个人消费贷款	552 476	360 168
保证金存款	967 640	124 647	（2）单位普通贷款及透支	3603127	-329 657
2. 个人存款	5 152 872	123 455	其中：经营贷款	3 497 376	-299 336
储蓄存款	4 492 061	719 236	固定资产贷款	291	-60 950
保证金存款	300	-1 572	（3）普通并购贷款		-20 000
结构性存款	660 510	-594 208	（4）银团贷款	6 767	3 182
3. 临时性存款	47 929	7 260	（5）贸易融资	434 761	-626 311
4. 其他存款	776 355	395 873	（6）境外筹资转贷款		
二、代理财政性存款	2 210	-1 126	2. 中长期贷款	13 513 877	2 401 790
三、金融债券			（1）个人贷款	6 115 930	1 194 622
其中：境外发行			其中：个人消费贷款	5 200 952	770 701
四、中长期借款			（2）单位普通贷款	6 274 600	1 155 632
其中：境外借款			其中：经营贷款	532 411	43
五、应付及暂收款	680 439	130 640	固定资产贷款	5 742 189	1 155 589
其中：应付利息	465 329	138 932	（3）普通并购贷款	435 541	-57 800
六、卖出回购资产			（4）银团贷款	580 099	71 991
七、向中央银行借款	7 026	7 026	（5）贸易融资	107 707	37 345
八、同业往来（来源方）	17 241 899	5 369 541	（6）境外筹资转贷款		
1. 同业存放	17 241 899	5 369 541	3. 融资租赁		
其中：境外同业存放	400 413	369 225	4. 票据融资	408 371	-657 063
2. 同业拆借			其中：贴现	408 371	-657 063
其中：境外同业拆借			5. 各项垫款	4 099	
九、境外联行往来（来源方）			（二）境外贷款	54 221	-2 230
十、外汇买卖（来源方）	690 186	556 177	二、有价证券	59 926	36 981
其中：结售汇	291 317	171 271	三、股权及其他投资		-5 328 751
十一、委托存款及委托投资基金（净）	5 825 679	1 795 851	四、应收及预付款	107 183	-4 847
1. 委托存款及委托投资基金	20 279 117	5 479 225	其中：应收利息	61 162	-20 762
2. 减：委托贷款及委托投资	14 453 439	3 683 374	五、买入返售资产	591 414	-1 655 742
十二、代理金融机构委托贷款基金	1 830 050	1 830 050	六、存放中央准备金存款	342 585	-13 979
其中：中央银行委托贷款基金			七、存放中央银行特种存款		
十三、各项准备	217 598	30 595	八、缴存中央银行财政性存款	4 950	3 467
其中：贷款损失准备	214 355	28 945	九、同业往来	1 450 718	-1 315 439
十四、所有者权益	506 816	37 127	1. 存放同业	545 718	-944 849
其中：实收资本			其中：存放境外同业		
十五、其他	-35 847 094	-15 527 706	2. 拆放同业	905 000	-370 590
			其中：拆放境外同业		
			十、境外联行往来（运用方）		
			十一、代理金融机构贷款	1 830 050	1 830 050
			其中：代理人行专项贷款		
			十二、库存现金	99 591	11 444
			十三、外汇买卖（运用方）	708 506	601 980
			其中：结售汇	305 781	211 590
			十四、投资性房地产		
资金来源总计	24 706 372	-4 214 953	资金运用总计	24 706 372	-4 214 953

表 2.15 中国光大银行北京分行人民币信贷收支统计

单位：万元

项目名称	余额	比年初	项目名称	余额	比年初
一、各项存款	23 194 812	47 734	一、各项贷款	10 075 508	684 983
1. 单位存款	16 783 153	264 975	（一）境内贷款	10 063 422	684 065
其中：活期存款	3 783 241	-32 862	1. 短期贷款	4 455 631	-196 958
定期存款	8 295 847	750 676	（1）个人贷款及透支	96 258	-27 975
通知存款	1 229 632	6 484	其中：个人消费贷款	6 581	-1 097
保证金存款	650 716	75 133	（2）单位普通贷款及透支	3 235 306	200 489
2. 个人存款	4 088 497	-505 338	其中：经营贷款	3 189 265	155 623
储蓄存款	2 617 789	-131 852	固定资产贷款	21 727	21 052
保证金存款	10 964	3 329	（3）普通并购贷款		
结构性存款	1 459 744	-376 815	（4）银团贷款		
3. 临时性存款	22 262	995	（5）贸易融资	1 124 067	-369 472
4. 其他存款	2 300 900	287 102	（6）境外筹资转贷款		
二、代理财政性存款	1 863	-129	2. 中长期贷款	5 429 591	843 756
三、金融债券			（1）个人贷款	2 429 390	405 124
其中：境外发行			其中：个人消费贷款	1 255 074	136 755
四、中长期借款			（2）单位普通贷款	2 545 800	438 100
其中：境外借款			其中：经营贷款	460 776	-170 688
五、应付及暂收款	655 546	108 622	固定资产贷款	2 085 024	608 788
其中：应付利息	562 601	116 555	（3）普通并购贷款		
六、卖出回购资产			（4）银团贷款	264 982	-77 523
七、向中央银行借款			（5）贸易融资	189 419	78 055
八、同业往来（来源方）	6 177 300	684 550	（6）境外筹资转贷款		
1. 同业存放	6 177 300	684 550	3. 融资租赁	15	
其中：境外同业存放			4. 票据融资	104 771	-6 131
2. 同业拆借			其中：贴现	104 771	-6 131
其中：境外同业拆借			5. 各项垫款	73 414	43 398
九、境外联行往来（来源方）			（二）境外贷款	12 086	918
十、外汇买卖（来源方）			二、有价证券	6 472	-4 457
其中：结售汇			三、股权及其他投资	1 645 846	-388 820
十一、委托存款及委托投资基金（净）	3 552 885	-2 781 849	四、应收及预付款	75 311	20 662
1. 委托存款及委托投资基金	5 180 896	-2 202 698	其中：应收利息	72 344	20 165
2. 减：委托贷款及委托投资	1 628 011	579 151	五、买入返售资产	1 113 349	-477 033
十二、代理金融机构委托贷款基金			六、存放中央准备金存款	62 452	-279 487
其中：中央银行委托贷款基金			七、存放中央银行特种存款		
十三、各项准备	191 765	18 609	八、缴存中央银行财政性存款	4 328	-552
其中：贷款损失准备	191 471	18 633	九、同业往来	1 309 552	132 067
十四、所有者权益	266 254	-84 635	1. 存放同业	741 340	480 557
其中：实收资本			其中：存放境外同业		
十五、其他	-19 693 709	1 685 863	2. 拆放同业	568 212	-348 490
			其中：拆放境外同业		
			十、境外联行往来（运用方）		
			十一、代理金融机构贷款		
			其中：代理人行专项贷款		
			十二、库存现金	53 898	-8 598
			十三、外汇买卖（运用方）		
			其中：结售汇		
			十四、投资性房地产		
资金来源总计	14 346 716	-321 235	资金运用总计	14 346 716	-321 235

表2.16　华夏银行北京分行人民币信贷收支统计

单位：万元

项目名称	余额	比年初	项目名称	余额	比年初
一、各项存款	21 591 428	3 284 006	一、各项贷款	9 918 326	801 572
1. 单位存款	13 151 780	1 754 359	（一）境内贷款	9 910 615	799 950
其中：活期存款	3 493 899	-772 365	1. 短期贷款	3 832 202	1 176 835
定期存款	5 605 095	1 947 707	（1）个人贷款及透支	59 291	-8 556
通知存款	909 581	-113 308	其中：个人消费贷款	532	-15 542
保证金存款	472 807	153 846	（2）单位普通贷款及透支	3 728 004	1 217 098
2. 个人存款	4 974 628	1 023 670	其中：经营贷款	3 668 004	1 168 998
储蓄存款	4 855 727	1 135 750	固定资产贷款	60 000	48 100
保证金存款		-75 836	（3）普通并购贷款		
结构性存款	118 900	-36 244	（4）银团贷款		
3. 临时性存款	49 079	39 219	（5）贸易融资	44 907	-31 708
4. 其他存款	3 415 941	466 759	（6）境外筹资转贷款		
二、代理财政性存款	118	32	2. 中长期贷款	5 960 887	-474 180
三、金融债券			（1）个人贷款	1 996 083	-169 103
其中：境外发行			其中：个人消费贷款	1 570 479	-142 864
四、中长期借款			（2）单位普通贷款	3 331 598	-228 336
其中：境外借款			其中：经营贷款	1 005 465	-282 095
五、应付及暂收款	558 223	108 420	固定资产贷款	2 326 133	53 759
其中：应付利息	223 680	39 060	（3）普通并购贷款	17 900	
六、卖出回购资产			（4）银团贷款	590 031	-90 036
七、向中央银行借款			（5）贸易融资	16 190	4 210
八、同业往来（来源方）	6 340 875	3 401 712	（6）境外筹资转贷款	9 085	9 085
1. 同业存放	6 340 875	3 401 712	3. 融资租赁		
其中：境外同业存放	1 288 688	568 688	4. 票据融资	113 822	93 592
2. 同业拆借			其中：贴现	113 822	93 592
其中：境外同业拆借			5. 各项垫款	3 704	3 704
九、境外联行往来（来源方）			（二）境外贷款	7 711	1 622
十、外汇买卖（来源方）	5 387 765	3 088 343	二、有价证券		
其中：结售汇	5 387 765	3 088 343	三、股权及其他投资		
十一、委托存款及委托投资基金（净）			四、应收及预付款	231 910	-4 148
1. 委托存款及委托投资基金	10 408 798	-1 136 974	其中：应收利息	144	62
2. 减：委托贷款及委托投资	10 408 798	-1 136 974	五、买入返售资产	4 131 045	461 263
十二、代理金融机构委托贷款基金	1 245 535	1 245 535	六、存放中央准备金存款	66 675	-247 988
其中：中央银行委托贷款基金			七、存放中央银行特种存款		
十三、各项准备	186 913	21 549	八、缴存中央银行财政性存款	1 331	-870
其中：贷款损失准备	175 634	11 125	九、同业往来	1 001 158	977 289
十四、所有者权益	253 869	16 176	1. 存放同业	1 001 158	997 779
其中：实收资本			其中：存放境外同业		
十五、其他	-13 498 439	-4 825 078	2. 拆放同业		-20 490
			其中：拆放境外同业		
			十、境外联行往来（运用方）		
			十一、代理金融机构贷款	1 245 535	1 245 535
			其中：代理人行专项贷款		
			十二、库存现金	82 195	19 742
			十三、外汇买卖（运用方）	5 388 112	3 088 300
			其中：结售汇	5 387 765	3 088 343
			十四、投资性房地产		
资金来源总计	22 066 286	6 340 694	资金运用总计	22 066 286	6 340 694

表 2.17 中国民生银行总行营业部人民币信贷收支统计

单位：万元

项目名称	余额	比年初	项目名称	余额	比年初
一、各项存款	40 520 580	3 418 915	一、各项贷款	15 929 552	1 045 083
1. 单位存款	26 277 039	2 595 475	（一）境内贷款	15 906 988	1 041 327
其中：活期存款	6 788 015	-333 134	1. 短期贷款	9 228 532	483 207
定期存款	9 850 814	1 536 081	（1）个人贷款及透支	4 522 106	-242 212
通知存款	1 738 013	452 900	其中：个人消费贷款	133 876	29 164
保证金存款	2 346 801	605 734	（2）单位普通贷款及透支	4 697 426	716 419
2. 个人存款	6 111 888	500 542	其中：经营贷款	4 633 589	655 781
储蓄存款	5 727 485	487 617	固定资产贷款	63 837	60 837
保证金存款	150 834	-101 126	（3）普通并购贷款		
结构性存款	233 569	114 051	（4）银团贷款		
3. 临时性存款	11 833	-2 192	（5）贸易融资	9 000	9 000
4. 其他存款	8 119 820	325 091	（6）境外筹资转贷款		
二、代理财政性存款	634	-560	2. 中长期贷款	6 014 679	-15 566
三、金融债券			（1）个人贷款	1 172 365	-217 517
其中：境外发行			其中：个人消费贷款	1 040 497	-140 735
四、中长期借款			（2）单位普通贷款	4 272 160	405 736
其中：境外借款			其中：经营贷款	1 244 680	483 861
五、应付及暂收款	889 675	233 910	固定资产贷款	3 027 480	-78 125
其中：应付利息	776 419	202 327	（3）普通并购贷款	134 967	-105 233
六、卖出回购资产			（4）银团贷款	433 854	-83 310
七、向中央银行借款	25 479	25 479	（5）贸易融资	1 334	-15 242
八、同业往来（来源方）	27 007 744	11 805 614	（6）境外筹资转贷款		
1. 同业存放	27 007 744	11 805 614	3. 融资租赁		
其中：境外同业存放			4. 票据融资	584 616	499 346
2. 同业拆借			其中：贴现	584 616	499 346
其中：境外同业拆借			5. 各项垫款	79 162	74 340
九、境外联行往来（来源方）			（二）境外贷款	22 564	3 756
十、外汇买卖（来源方）	272 528	-106 076	二、有价证券		
其中：结售汇	272 528	-106 076	三、股权及其他投资		
十一、委托存款及委托投资基金（净）	1		四、应收及预付款	163 747	24 953
1. 委托存款及委托投资基金	4 680 286	2 690 045	其中：应收利息	133 817	18 656
2. 减：委托贷款及委托投资	4 680 285	2 690 044	五、买入返售资产	5 144 024	2 590 018
十二、代理金融机构委托贷款基金			六、存放中央准备金存款	71 818	-323 152
其中：中央银行委托贷款基金			七、存放中央银行特种存款		
十三、各项准备	329 954	21 521	八、缴存中央银行财政性存款	1 369	-10 361
其中：贷款损失准备	329 063	21 204	九、同业往来	2 632 590	-636 466
十四、所有者权益	-350 707	-180 290	1. 存放同业	2 632 590	-636 466
其中：实收资本			其中：存放境外同业		
十五、其他	-44 410 489	-12 624 248	2. 拆放同业		
			其中：拆放境外同业		
			十、境外联行往来（运用方）		
			十一、代理金融机构贷款		
			其中：代理人行专项贷款		
			十二、库存现金	69 772	10 267
			十三、外汇买卖（运用方）	272 528	-106 076
			其中：结售汇	272 528	-106 076
			十四、投资性房地产		
资金来源总计	24 285 399	2 594 265	资金运用总计	24 285 399	2 594 265

表 2.18　渤海银行北京分行人民币信贷收支统计

单位：万元

项目名称	余额	比年初	项目名称	余额	比年初
一、各项存款	4 261 375	763 237	一、各项贷款	1 630 862	154 209
1. 单位存款	2 519 883	236 300	（一）境内贷款	1 628 802	154 346
其中：活期存款	911 062	43 528	1. 短期贷款	601 706	110 593
定期存款	365 558	-43 323	（1）个人贷款及透支	11 812	-7 949
通知存款	77 615	-168 475	其中：个人消费贷款	3 985	-1 426
保证金存款	203 096	-188 965	（2）单位普通贷款及透支	589 894	118 541
2. 个人存款	363 969	33 065	其中：经营贷款	508 994	37 641
储蓄存款	258 890	8 975	固定资产贷款	80 900	80 900
保证金存款			（3）普通并购贷款		
结构性存款	105 080	24 090	（4）银团贷款		
3. 临时性存款	22	-194	（5）贸易融资		
4. 其他存款	1 377 501	494 066	（6）境外筹资转贷款		
二、代理财政性存款			2. 中长期贷款	1 010 513	39 234
三、金融债券			（1）个人贷款	594 577	213 007
其中：境外发行			其中：个人消费贷款	382 649	107 259
四、中长期借款			（2）单位普通贷款	395 936	-193 773
其中：境外借款			其中：经营贷款	141 236	-2 827
五、应付及暂收款	200 286	87 254	固定资产贷款	254 700	-190 946
其中：应付利息	185 185	81 834	（3）普通并购贷款		
六、卖出回购资产		-161 973	（4）银团贷款	20 000	20 000
七、向中央银行借款			（5）贸易融资		
八、同业往来（来源方）	3 819 030	1 369 718	（6）境外筹资转贷款		
1. 同业存放	3 819 030	1 370 710	3. 融资租赁		
其中：境外同业存放			4. 票据融资	16 583	4 520
2. 同业拆借		-992	其中：贴现	16 583	4 520
其中：境外同业拆借			5. 各项垫款		
九、境外联行往来（来源方）			（二）境外贷款	2 060	-137
十、外汇买卖（来源方）			二、有价证券		
其中：结售汇			三、股权及其他投资	4 294 637	2 251 575
十一、委托存款及委托投资基金（净）			四、应收及预付款	40 198	16 276
1. 委托存款及委托投资基金	772 754	402 113	其中：应收利息	33 096	12 601
2. 减：委托贷款及委托投资	772 754	402 113	五、买入返售资产	345 599	-664 559
十二、代理金融机构委托贷款基金	1 964 200	1 461 200	六、存放中央准备金存款	20 447	7 027
其中：中央银行委托贷款基金			七、存放中央银行特种存款		
十三、各项准备			八、缴存中央银行财政性存款	3	-16
其中：贷款损失准备			九、同业往来	345 953	305 307
十四、所有者权益	86 938	47 267	1. 存放同业	275 953	235 307
其中：实收资本			其中：存放境外同业		
十五、其他	-1 684 469	-33 474	2. 拆放同业	70 000	70 000
			其中：拆放境外同业		
			十、境外联行往来（运用方）		
			十一、代理金融机构贷款	1 964 200	1 461 200
			其中：代理人行专项贷款		
			十二、库存现金	5 462	2 211
			十三、外汇买卖（运用方）		
			其中：结售汇		
			十四、投资性房地产		
资金来源总计	8 647 361	3 533 230	资金运用总计	8 647 361	3 533 230

表 2.19　浙商银行北京分行人民币信贷收支统计

单位：万元

项目名称	余额	比年初	项目名称	余额	比年初
一、各项存款	3 874 915	681 227	一、各项贷款	1 578 212	228 747
1. 单位存款	3 375 521	456 149	（一）境内贷款	1 578 212	228 747
其中：活期存款	849 461	4 463	1. 短期贷款	941 238	282 046
定期存款	827 866	214 488	（1）个人贷款及透支	256 365	98 799
通知存款	258 846	100 762	其中：个人消费贷款	2 753	-357
保证金存款	956 945	344 453	（2）单位普通贷款及透支	635 549	153 923
2. 个人存款	35 992	-7 660	其中：经营贷款	591 549	109 923
储蓄存款	35 992	-7 660	固定资产贷款	44 000	44 000
保证金存款			（3）普通并购贷款		
结构性存款			（4）银团贷款		
3. 临时性存款	39 475	37 753	（5）贸易融资	49 324	29 324
4. 其他存款	423 926	194 985	（6）境外筹资转贷款		
二、代理财政性存款			2. 中长期贷款	623 416	-39 085
三、金融债券			（1）个人贷款	12 845	-14 485
其中：境外发行			其中：个人消费贷款		
四、中长期借款			（2）单位普通贷款	610 571	-4 600
其中：境外借款			其中：经营贷款	102 861	-2 125
五、应付及暂收款	12 039	6 839	固定资产贷款	507 710	-2 475
其中：应付利息	3 711	3 711	（3）普通并购贷款		
六、卖出回购资产		-69 385	（4）银团贷款		-20 000
七、向中央银行借款			（5）贸易融资		
八、同业往来（来源方）	2 353 356	324 681	（6）境外筹资转贷款		
1. 同业存放	2 353 356	324 681	3. 融资租赁		
其中：境外同业存放		-40 400	4. 票据融资	13 559	-14 214
2. 同业拆借			其中：贴现	13 559	-14 214
其中：境外同业拆借			5. 各项垫款		
九、境外联行往来（来源方）			（二）境外贷款		
十、外汇买卖（来源方）			二、有价证券		
其中：结售汇			三、股权及其他投资	1 682 300	1 682 300
十一、委托存款及委托投资基金（净）			四、应收及预付款	25 165	-4 535
1. 委托存款及委托投资基金	862 236	170 700	其中：应收利息	24 081	-3 459
2. 减：委托贷款及委托投资	862 236	170 700	五、买入返售资产	462 984	-1 318 310
十二、代理金融机构委托贷款基金			六、存放中央准备金存款	21 948	-72 691
其中：中央银行委托贷款基金			七、存放中央银行特种存款		
十三、各项准备			八、缴存中央银行财政性存款		
其中：贷款损失准备			九、同业往来	1 625 898	232 731
十四、所有者权益	100 541	-16	1. 存放同业	715 453	597 687
其中：实收资本			其中：存放境外同业		
十五、其他	-943 632	-195 168	2. 拆放同业	910 444	-364 956
			其中：拆放境外同业		
			十、境外联行往来（运用方）		
			十一、代理金融机构贷款		
			其中：代理人行专项贷款		
			十二、库存现金	712	-64
			十三、外汇买卖（运用方）		
			其中：结售汇		
			十四、投资性房地产		
资金来源总计	5 397 219	748 178	资金运用总计	5 397 219	748 178

表 2.20 北京银行人民币信贷收支统计（全国）

单位：万元

项目名称	余额	比年初	项目名称	余额	比年初
一、各项存款	88 694 080	7 954 766	一、各项贷款	63 801 429	7 739 546
1. 单位存款	66 159 983	6 408 451	（一）境内贷款	63 757 318	7 732 907
其中：活期存款	26 633 642	601 293	1. 短期贷款	27 644 819	1 868 293
定期存款	12 955 797	340 508	（1）个人贷款及透支	2 819 621	875966
通知存款	2 368 194	-63 854	其中：个人消费贷款	645 950	210 949
保证金存款	5 531 011	1 445 776	（2）单位普通贷款及透支	24 408 230	1 200 957
2. 个人存款	18 257 268	1 802 450	其中：经营贷款	24 307 183	1 180 551
储蓄存款	14 637 427	757 192	固定资产贷款	101 047	21 213
保证金存款	142	-40	（3）普通并购贷款		
结构性存款	3 619 699	1 045 298	（4）银团贷款	42 234	-82 906
3. 临时性存款	39 679	-3 146	（5）贸易融资	374 734	-125 724
4. 其他存款	4 237 150	-252 989	（6）境外筹资转贷款		
二、代理财政性存款	15 088	-1 168	2. 中长期贷款	35 015 261	5 396 417
三、金融债券	3 991 932	2 132	（1）个人贷款	12 377 770	2 384 586
其中：境外发行			其中：个人消费贷款	10 525 867	1 776 097
四、中长期借款			（2）单位普通贷款	16 965 268	1 628 394
其中：境外借款			其中：经营贷款	2 710 008	908 560
五、应付及暂收款	1 960 099	594 194	固定资产贷款	14 255 260	719 834
其中：应付利息	1 344 833	257 615	（3）普通并购贷款	341 576	33 566
六、卖出回购资产	5 885 694	2 900 424	（4）银团贷款	3 960 141	847 524
七、向中央银行借款	2 000 000	2 000 000	（5）贸易融资	1 370 506	502 346
八、同业往来（来源方）	31 733 919	-180 174	（6）境外筹资转贷款		
1. 同业存放	30 647 509	-795 154	3. 融资租赁		
其中：境外同业存放			4. 票据融资	1 091 338	462 297
2. 同业拆借	1 086 410	614 980	其中：贴现	1 091 338	462 297
其中：境外同业拆借	4 690	-6 119	5. 各项垫款	5 900	5 900
九、境外联行往来（来源方）			（二）境外贷款	44 111	6 639
十、外汇买卖（来源方）	199 704	178 077	二、有价证券	28 069 887	4 486 420
其中：结售汇	199 704	178 077	三、股权及其他投资	6 874 981	2 522 320
十一、委托存款及委托投资基金（净）	123915	-88 158	四、应收及预付款	1 051 099	-25 897
1. 委托存款及委托投资基金	18 756 438	4 716 895	其中：应收利息	866 696	119 289
2. 减：委托贷款及委托投资	18 632 524	4 805 054	五、买入返售资产	13 323 299	942 295
十二、代理金融机构委托贷款基金	1 043 688	275 535	六、存放中央准备金存款	18 210 669	1 631 199
其中：中央银行委托贷款基金			七、存放中央银行特种存款		
十三、各项准备	2 187 701	444 787	八、缴存中央银行财政性存款	11 220	6 480
其中：贷款损失准备	1 784 254	346123	九、同业往来	14 845 458	-518 812
十四、所有者权益	9 612 726	1 803 941	1. 存放同业	8 424 600	-1 768 757
其中：实收资本	1 056 019	176 003	其中：存放境外同业		
十五、其他	172 706	1 147 460	2. 拆放同业	6 420 858	1 249 946
			其中：拆放境外同业		
			十、境外联行往来（运用方）		
			十一、代理金融机构贷款	1 043 688	275 535
			其中：代理人行专项贷款		
			十二、库存现金	347 882	30 936
			十三、外汇买卖（运用方）	7 576	-56 700
			其中：结售汇	6 951	-56 765
			十四、投资性房地产	34 065	-1 506
资金来源总计	147 621 252	17 031 815	资金运用总计	147 621 252	17 031 815

表 2.21 北京银行人民币信贷收支统计（北京）

单位：万元

项目名称	余额	比年初	项目名称	余额	比年初
一、各项存款	65 212 581	4 282 202	一、各项贷款	35 187 923	3 041 523
1. 单位存款	46 225 837	2 977 198	（一）境内贷款	35 182 392	3 042 055
其中：活期存款	22 125 656	189 031	1. 短期贷款	14 190 309	1 082 201
定期存款	7 549 307	-419 218	（1）个人贷款及透支	1 932 068	635 715
通知存款	1 828 865	195 004	其中：个人消费贷款	602 853	209 356
保证金存款	926 370	270 732	（2）单位普通贷款及透支	12 119 028	609 952
2. 个人存款	15 194 004	1 454 199	其中：经营贷款	12 027 004	581 835
储蓄存款	12 278 486	694 248	固定资产贷款	92 024	28 424
保证金存款			（3）普通并购贷款		
结构性存款	2 915 518	759 951	（4）银团贷款	35 534	-79 636
3. 临时性存款	8 109	-8 227	（5）贸易融资	103 679	-83 830
4. 其他存款	3 784 631	-140 968	（6）境外筹资转贷款		
二、代理财政性存款	15 087	-1 168	2. 中长期贷款	20 950 892	1 993 254
三、金融债券	3 991 932	2 132	（1）个人贷款	5 809 339	931 984
其中：境外发行			其中：个人消费贷款	5 027 203	689 558
四、中长期借款			（2）单位普通贷款	10 622 200	256 479
其中：境外借款			其中：经营贷款	1 116 357	47 352
五、应付及暂收款	1 427 317	442 447	固定资产贷款	9 505 843	209 127
其中：应付利息	965 989	207 300	（3）普通并购贷款	247 976	41 283
六、卖出回购资产	5 885 694	2 900 424	（4）银团贷款	2 984 869	308 541
七、向中央银行借款	2 000 000	2 000 000	（5）贸易融资	1 286 509	454 967
八、同业往来（来源方）	15 368 657	4 242 128	（6）境外筹资转贷款		
1. 同业存放	14 303 967	3 579 246	3. 融资租赁		
其中：境外同业存放			4. 票据融资	41 191	-33 399
2. 同业拆借	1 064 690	662 881	其中：贴现	41 191	-33 399
其中：境外同业拆借	4 690	-6 119	5. 各项垫款		
九、境外联行往来（来源方）			（二）境外贷款	5 531	-532
十、外汇买卖（来源方）	199 704	178 077	二、有价证券	28 069 887	4 536 420
其中：结售汇	199 704	178 077	三、股权及其他投资	3 284 681	1 726 680
十一、委托存款及委托投资基金（净）	123 915	-88 158	四、应收及预付款	851 781	-58 513
1. 委托存款及委托投资基金	16 792 319	4 974 171	其中：应收利息	671 302	88 665
2. 减：委托贷款及委托投资	16 668 405	5 062 330	五、买入返售资产	8 396 711	5 515 478
十二、代理金融机构委托贷款基金	448 688	190 243	六、存放中央准备金存款	17 717 665	1 940 824
其中：中央银行委托贷款基金			七、存放中央银行特种存款		
十三、各项准备	1 488 679	225 670	八、缴存中央银行财政性存款	11 218	6 488
其中：贷款损失准备	1 200 939	153 178	九、同业往来	7 603 597	238 336
十四、所有者权益	9 079 899	1 640 799	1. 存放同业	2 891 739	-688 509
其中：实收资本	1 056 019	176 003	其中：存放境外同业		
十五、其他	-3 347 011	1 088 081	2. 拆放同业	4 711 858	926 846
			其中：拆放境外同业		
			十、境外联行往来（运用方）		
			十一、代理金融机构贷款	448 688	190 243
			其中：代理人行专项贷款		
			十二、库存现金	297 944	22 942
			十三、外汇买卖（运用方）	7 576	-56 700
			其中：结售汇	6 951	-56 765
			十四、投资性房地产	17 471	-846
资金来源总计	101 895 143	17 102 877	资金运用总计	101 895 143	17 102 877

表 2.22　天津银行北京分行人民币信贷收支统计

单位：万元

项目名称	余额	比年初	项目名称	余额	比年初
一、各项存款	2 150 111	-74 836	一、各项贷款	1 629 442	238 122
1. 单位存款	1 471 497	-121 369	（一）境内贷款	1 629 442	238 122
其中：活期存款	894 927	-82 369	1. 短期贷款	890 823	264 696
定期存款	354 477	19 966	（1）个人贷款及透支	179 014	129 332
通知存款	22 270	2 423	其中：个人消费贷款	94 825	67 671
保证金存款	199 823	-61 389	（2）单位普通贷款及透支	711 809	137 364
2. 个人存款	221 599	34 275	其中：经营贷款	711 809	137 364
储蓄存款	221 599	34 275	固定资产贷款		
保证金存款			（3）普通并购贷款		
结构性存款			（4）银团贷款		
3. 临时性存款	2 128	601	（5）贸易融资		-2 000
4. 其他存款	454 887	11 657	（6）境外筹资转贷款		
二、代理财政性存款		-23 500	2. 中长期贷款	679 926	147 220
三、金融债券			（1）个人贷款	285 037	21 528
其中：境外发行			其中：个人消费贷款	220 645	-15 271
四、中长期借款			（2）单位普通贷款	394 889	125 692
其中：境外借款			其中：经营贷款	31 050	-5 490
五、应付及暂收款	53 999	-2 790	固定资产贷款	363 839	131 182
其中：应付利息	48 333	-3 326	（3）普通并购贷款		
六、卖出回购资产			（4）银团贷款		
七、向中央银行借款			（5）贸易融资		
八、同业往来（来源方）	2 761 771	-83 183	（6）境外筹资转贷款		
1. 同业存放	2 761 771	-81 183	3. 融资租赁		
其中：境外同业存放			4. 票据融资	56 726	-175 761
2. 同业拆借		-2 000	其中：贴现	56 726	-175 761
其中：境外同业拆借			5. 各项垫款	1 967	1 967
九、境外联行往来（来源方）			（二）境外贷款		
十、外汇买卖（来源方）			二、有价证券	633 700	171 825
其中：结售汇			三、股权及其他投资		
十一、委托存款及委托投资基金（净）		23 500	四、应收及预付款	2 747	-15 585
1. 委托存款及委托投资基金	72 563	72 416	其中：应收利息	2 518	-1 383
2. 减：委托贷款及委托投资	72 563	48 916	五、买入返售资产	967 077	-771 764
十二、代理金融机构委托贷款基金			六、存放中央准备金存款	41 572	-187 320
其中：中央银行委托贷款基金			七、存放中央银行特种存款		
十三、各项准备			八、缴存中央银行财政性存款		
其中：贷款损失准备			九、同业往来	201 440	-494 462
十四、所有者权益	45 213	6 748	1. 存放同业	1 440	-479 462
其中：实收资本			其中：存放境外同业		
十五、其他	-1 533 287	-904 766	2. 拆放同业	200 000	-15 000
			其中：拆放境外同业		
			十、境外联行往来（运用方）		
			十一、代理金融机构贷款		
			其中：代理人行专项贷款		
			十二、库存现金	1 829	357
			十三、外汇买卖（运用方）		
			其中：结售汇		
			十四、投资性房地产		
资金来源总计	3 477 807	-1 058 827	资金运用总计	3 477 807	-1 058 827

表 2.23　大连银行北京分行人民币信贷收支统计

单位：万元

项目名称	余额	比年初	项目名称	余额	比年初
一、各项存款	1 410 373	37 040	一、各项贷款	751 741	48 596
1. 单位存款	907 031	-203 736	（一）境内贷款	751 741	48 596
其中：活期存款	188 277	7 213	1. 短期贷款	513 133	-144 243
定期存款	230 684	825	（1）个人贷款及透支	27 545	-16 813
通知存款	62 700	-8 413	其中：个人消费贷款	8 265	-9 963
保证金存款	345 759	-130 764	（2）单位普通贷款及透支	485 588	-127 430
2. 个人存款	73 609	-8 563	其中：经营贷款	483 088	-123 835
储蓄存款	73 609	-8 563	固定资产贷款	2 500	-3 595
保证金存款			（3）普通并购贷款		
结构性存款			（4）银团贷款		
3. 临时性存款	1 732	-662	（5）贸易融资		
4. 其他存款	428 000	250 000	（6）境外筹资转贷款		
二、代理财政性存款			2. 中长期贷款	110 607	96 168
三、金融债券			（1）个人贷款	10 607	-3 832
其中：境外发行			其中：个人消费贷款	9 592	-2 633
四、中长期借款			（2）单位普通贷款	100 000	100 000
其中：境外借款			其中：经营贷款		
五、应付及暂收款	23 514	677	固定资产贷款	100 000	100 000
其中：应付利息	21 464	1 590	（3）普通并购贷款		
六、卖出回购资产			（4）银团贷款		
七、向中央银行借款			（5）贸易融资		
八、同业往来（来源方）	260 351	29 966	（6）境外筹资转贷款		
1. 同业存放	260 351	29 966	3. 融资租赁		
其中：境外同业存放			4. 票据融资	128 001	96 670
2. 同业拆借			其中：贴现	128 001	96 670
其中：境外同业拆借			5. 各项垫款		
九、境外联行往来（来源方）			（二）境外贷款		
十、外汇买卖（来源方）	273 198	21 816	二、有价证券	94	-337
其中：结售汇	273 193	21 814	三、股权及其他投资	267 050	-139 850
十一、委托存款及委托投资基金（净）			四、应收及预付款	3 843	-651
1. 委托存款及委托投资基金	246 797	61 980	其中：应收利息	2 847	-688
2. 减：委托贷款及委托投资	246 797	61 980	五、买入返售资产		-145 728
十二、代理金融机构委托贷款基金			六、存放中央准备金存款	10 765	4 067
其中：中央银行委托贷款基金			七、存放中央银行特种存款		
十三、各项准备	12 888	-1 080	八、缴存中央银行财政性存款	1	
其中：贷款损失准备	12 888	-1 080	九、同业往来	230 497	149 957
十四、所有者权益	20 432	994	1. 存放同业	230 497	149 957
其中：实收资本			其中：存放境外同业		
十五、其他	-462 214	-151 078	2. 拆放同业		
			其中：拆放境外同业		
			十、境外联行往来（运用方）		
			十一、代理金融机构贷款		
			其中：代理人行专项贷款		
			十二、库存现金	1 353	464
			十三、外汇买卖（运用方）	273 198	21 816
			其中：结售汇	273 193	21 814
			十四、投资性房地产		
资金来源总计	1 538 542	-61 666	资金运用总计	1 538 542	-61 666

表2.24　杭州银行北京分行人民币信贷收支统计

单位：万元

项目名称	余额	比年初	项目名称	余额	比年初
一、各项存款	3 128 656	466 822	一、各项贷款	1 410 352	47 693
1. 单位存款	2 668 729	374 762	（一）境内贷款	1 410 352	47 693
其中：活期存款	1 579 743	425 742	1. 短期贷款	870 635	-80 464
定期存款	540 166	-31 658	（1）个人贷款及透支	277 890	-49 964
通知存款	67 013	-54 198	其中：个人消费贷款	6 130	4 815
保证金存款	330 008	-2 624	（2）单位普通贷款及透支	576 245	-34 000
2. 个人存款	297 799	90 876	其中：经营贷款	556 245	-40 600
储蓄存款	221 553	48 456	固定资产贷款	20 000	6 600
保证金存款	290	-295	（3）普通并购贷款	2 500	2 500
结构性存款	75 956	42 715	（4）银团贷款		
3. 临时性存款	2 128	1 184	（5）贸易融资	14 000	1 000
4. 其他存款	160 000		（6）境外筹资转贷款		
二、代理财政性存款			2. 中长期贷款	478 003	84 976
三、金融债券			（1）个人贷款	44 405	36 222
其中：境外发行			其中：个人消费贷款	18 465	12 237
四、中长期借款			（2）单位普通贷款	398 598	13 754
其中：境外借款			其中：经营贷款	70 292	-48 896
五、应付及暂收款	81 231	41 646	固定资产贷款	328 306	62 651
其中：应付利息	65 744	35 392	（3）普通并购贷款	35 000	35 000
六、卖出回购资产			（4）银团贷款		
七、向中央银行借款			（5）贸易融资		
八、同业往来（来源方）	2 613 940	1 585 708	（6）境外筹资转贷款		
1. 同业存放	2 613 940	1 585 708	3. 融资租赁		
其中：境外同业存放			4. 票据融资	55 633	37 328
2. 同业拆借			其中：贴现	55 633	37 328
其中：境外同业拆借			5. 各项垫款	6 082	5 853
九、境外联行往来（来源方）			（二）境外贷款		
十、外汇买卖（来源方）			二、有价证券		
其中：结售汇			三、股权及其他投资	397 512	397 512
十一、委托存款及委托投资基金（净）			四、应收及预付款	29 365	15 138
1. 委托存款及委托投资基金	352 635	12 200	其中：应收利息	26 594	15 079
2. 减：委托贷款及委托投资	352 635	12 200	五、买入返售资产		-100 018
十二、代理金融机构委托贷款基金	216 500	216 500	六、存放中央准备金存款	75 670	2 317
其中：中央银行委托贷款基金			七、存放中央银行特种存款		
十三、各项准备	21 570	5 223	八、缴存中央银行财政性存款	12	6
其中：贷款损失准备	21 570	5 223	九、同业往来	946 581	194 232
十四、所有者权益	57 885	3 073	1. 存放同业	946 581	194 232
其中：实收资本			其中：存放境外同业		
十五、其他	-3 038 037	-1 544 709	2. 拆放同业		
			其中：拆放境外同业		
			十、境外联行往来（运用方）		
			十一、代理金融机构贷款	216 500	216 500
			其中：代理人行专项贷款		
			十二、库存现金	5 754	883
			十三、外汇买卖（运用方）		
			其中：结售汇		
			十四、投资性房地产		
资金来源总计	3 081 746	774 263	资金运用总计	3 081 746	774 263

表 2.25　南京银行北京分行人民币信贷收支统计

单位：万元

项目名称	余额	比年初	项目名称	余额	比年初
一、各项存款	2 624 867	507 772	一、各项贷款	1 262 683	124 771
1. 单位存款	1 934 595	253 628	（一）境内贷款	1 262 683	124 771
其中：活期存款	535 753	26 905	1. 短期贷款	682 442	-143 308
定期存款	479 755	-3 848	（1）个人贷款及透支	52 196	32 851
通知存款	182 998	29 693	其中：个人消费贷款	48 126	38 292
保证金存款	385 027	135 833	（2）单位普通贷款及透支	630 246	-175 899
2. 个人存款	284 277	79 201	其中：经营贷款	620 246	-184 899
储蓄存款	284 277	79 201	固定资产贷款	10 000	9 000
保证金存款			（3）普通并购贷款		
结构性存款			（4）银团贷款		
3. 临时性存款	1 180	274	（5）贸易融资		-260
4. 其他存款	404 815	174 669	（6）境外筹资转贷款		
二、代理财政性存款			2. 中长期贷款	541 266	252 784
三、金融债券			（1）个人贷款	156 773	93 980
其中：境外发行			其中：个人消费贷款	136 636	87 226
四、中长期借款			（2）单位普通贷款	236 307	141 530
其中：境外借款			其中：经营贷款	179 373	154 943
五、应付及暂收款	44 593	-1 277	固定资产贷款	56 934	-13 413
其中：应付利息	32 920	-3 208	（3）普通并购贷款		
六、卖出回购资产		-29 973	（4）银团贷款	57 379	-8 800
七、向中央银行借款	9 956	-8 764	（5）贸易融资	90 807	26 074
八、同业往来（来源方）	51 074	-1 619 110	（6）境外筹资转贷款		
1. 同业存放	51 074	-1 619 110	3. 融资租赁		
其中：境外同业存放			4. 票据融资	38 975	15 295
2. 同业拆借			其中：贴现	38 975	15 295
其中：境外同业拆借			5. 各项垫款		
九、境外联行往来（来源方）			（二）境外贷款		
十、外汇买卖（来源方）		-636	二、有价证券		
其中：结售汇		-3	三、股权及其他投资		-956 654
十一、委托存款及委托投资基金（净）			四、应收及预付款	9 358	-8 960
1. 委托存款及委托投资基金	952 093	682 852	其中：应收利息	4 218	-9 872
2. 减：委托贷款及委托投资	952 093	682 852	五、买入返售资产		-429 585
十二、代理金融机构委托贷款基金			六、存放中央准备金存款	40 468	-64 373
其中：中央银行委托贷款基金			七、存放中央银行特种存款		
十三、各项准备	3 408	2 054	八、缴存中央银行财政性存款		
其中：贷款损失准备	3 408	2 054	九、同业往来	11 842	-401 130
十四、所有者权益	19 362	19 362	1. 存放同业	11 842	-371 130
其中：实收资本			其中：存放境外同业		
十五、其他	-1 426 380	-607 494	2. 拆放同业		-30 000
			其中：拆放境外同业		
			十、境外联行往来（运用方）		
			十一、代理金融机构贷款		
			其中：代理人行专项贷款		
			十二、库存现金	2529	-1499
			十三、外汇买卖（运用方）		-636
			其中：结售汇		-279
			十四、投资性房地产		
资金来源总计	1 326 880	-1 738 066	资金运用总计	1 326 880	-1 738 066

表2.26　盛京银行北京分行人民币信贷收支统计

单位：万元

项目名称	余额	比年初	项目名称	余额	比年初
一、各项存款	5 782 479	375 255	一、各项贷款	1 878 768	622 890
1. 单位存款	5 660 370	341 697	（一）境内贷款	1 878 768	622 890
其中：活期存款	1 225 535	-384 206	1. 短期贷款	740 382	186 672
定期存款	3 412 948	605 854	（1）个人贷款及透支	11 815	6 865
通知存款	4 120	-86 000	其中：个人消费贷款	15	-335
保证金存款	752 245	277 467	（2）单位普通贷款及透支	728 567	179 807
2. 个人存款	121 584	33 386	其中：经营贷款	728 567	179 807
储蓄存款	121 584	33 386	固定资产贷款		
保证金存款			（3）普通并购贷款		
结构性存款			（4）银团贷款		
3. 临时性存款	525	172	（5）贸易融资		
4. 其他存款			（6）境外筹资转贷款		
二、代理财政性存款			2. 中长期贷款	1 138 386	436 218
三、金融债券			（1）个人贷款	1 136	408
其中：境外发行			其中：个人消费贷款	766	38
四、中长期借款			（2）单位普通贷款	1 137 250	435 810
其中：境外借款			其中：经营贷款	936 950	450 550
五、应付及暂收款	90 896	54 467	固定资产贷款	200 300	-14 740
其中：应付利息	82 684	50 841	（3）普通并购贷款		
六、卖出回购资产			（4）银团贷款		
七、向中央银行借款			（5）贸易融资		
八、同业往来（来源方）	1 323 989	814 022	（6）境外筹资转贷款		
1. 同业存放	1 323 989	814 022	3. 融资租赁		
其中：境外同业存放			4. 票据融资		
2. 同业拆借			其中：贴现		
其中：境外同业拆借			5. 各项垫款		
九、境外联行往来（来源方）			（二）境外贷款		
十、外汇买卖（来源方）	176 911	176 911	二、有价证券	659 358	659 358
其中：结售汇	176 592	176 592	三、股权及其他投资		
十一、委托存款及委托投资基金（净）			四、应收及预付款	120 449	98 921
1. 委托存款及委托投资基金			其中：应收利息	119 574	98 378
2. 减：委托贷款及委托投资			五、买入返售资产		-177 133
十二、代理金融机构委托贷款基金			六、存放中央准备金存款	7 974	-2 027
其中：中央银行委托贷款基金			七、存放中央银行特种存款		
十三、各项准备			八、缴存中央银行财政性存款		
其中：贷款损失准备			九、同业往来	3 018 294	69 491
十四、所有者权益	83 181	83 181	1. 存放同业	3 018 294	69 491
其中：实收资本			其中：存放境外同业		
十五、其他	-1 593 732	-54 954	2. 拆放同业		
			其中：拆放境外同业		
			十、境外联行往来（运用方）		
			十一、代理金融机构贷款		
			其中：代理人行专项贷款		
			十二、库存现金	1 970	471
			十三、外汇买卖（运用方）	176 911	176 911
			其中：结售汇	176 592	176 592
			十四、投资性房地产		
资金来源总计	5 863 724	1 448 882	资金运用总计	5 863 724	1 448 882

表 2. 27　上海银行北京分行人民币信贷收支统计

单位：万元

项目名称	余额	比年初	项目名称	余额	比年初
一、各项存款	2 116 217	145 736	一、各项贷款	1 822 308	480 739
1. 单位存款	1 133 442	-800 092	（一）境内贷款	1 822 308	480 739
其中：活期存款	386 014	97 921	1. 短期贷款	318 113	-251 098
定期存款	73 365	-1 045 597	（1）个人贷款及透支	1 239	-103
通知存款	275 430	180 089	其中：个人消费贷款	1 239	1 161
保证金存款	204 372	26 508	（2）单位普通贷款及透支	315 216	-252 653
2. 个人存款	52 003	15 533	其中：经营贷款	275 216	-273 655
储蓄存款	52 003	15 533	固定资产贷款		
保证金存款			（3）普通并购贷款		
结构性存款			（4）银团贷款		
3. 临时性存款		-470	（5）贸易融资	1 658	1 658
4. 其他存款	930 772	930 765	（6）境外筹资转贷款		
二、代理财政性存款	5	-8	2. 中长期贷款	341 211	-208 740
三、金融债券			（1）个人贷款	6 523	499
其中：境外发行			其中：个人消费贷款	6 475	505
四、中长期借款			（2）单位普通贷款	328 165	-211 739
其中：境外借款			其中：经营贷款	50 150	12 650
五、应付及暂收款	74 537	-9 228	固定资产贷款	278 015	-224 389
其中：应付利息	64 659	-13 083	（3）普通并购贷款		
六、卖出回购资产			（4）银团贷款	6 523	2 500
七、向中央银行借款			（5）贸易融资		
八、同业往来（来源方）	2 948 634	-3 331 730	（6）境外筹资转贷款		
1. 同业存放	2 948 634	-3 331 730	3. 融资租赁		
其中：境外同业存放			4. 票据融资	1 162 984	940 577
2. 同业拆借			其中：贴现	1 162 984	940 577
其中：境外同业拆借			5. 各项垫款		
九、境外联行往来（来源方）			（二）境外贷款		
十、外汇买卖（来源方）	637 261	107 017	二、有价证券		
其中：结售汇	637 261	107 017	三、股权及其他投资		-1 458 814
十一、委托存款及委托投资基金（净）			四、应收及预付款	21 772	-2 246
1. 委托存款及委托投资基金	2 078 015	1 063 886	其中：应收利息		-3 626
2. 减：委托贷款及委托投资	2 078 015	1 063 886	五、买入返售资产		
十二、代理金融机构委托贷款基金			六、存放中央准备金存款	94 294	48 858
其中：中央银行委托贷款基金			七、存放中央银行特种存款		
十三、各项准备	45	-522	八、缴存中央银行财政性存款	7	-6
其中：贷款损失准备	45	-522	九、同业往来	460 872	-615 090
十四、所有者权益	54 332	-13 710	1. 存放同业	200 872	-675 090
其中：实收资本			其中：存放境外同业		
十五、其他	-2 789 978	1 664 071	2. 拆放同业	260 000	60 000
			其中：拆放境外同业		
			十、境外联行往来（运用方）		
			十一、代理金融机构贷款		
			其中：代理人行专项贷款		
			十二、库存现金	4 542	1 168
			十三、外汇买卖（运用方）	637 258	107 017
			其中：结售汇	637 258	107 017
			十四、投资性房地产		
资金来源总计	3 041 053	-1 438 374	资金运用总计	3 041 053	-1 438 374

表 2.28　江苏银行北京分行人民币信贷收支统计

单位：万元

项目名称	余额	比年初	项目名称	余额	比年初
一、各项存款	4 057 795	-69 835	一、各项贷款	2 375 618	662 316
1. 单位存款	3 547 991	-201 452	（一）境内贷款	2 375 618	662 316
其中：活期存款	746 834	-55 836	1. 短期贷款	1 583 484	402 060
定期存款	978 107	-253 116	（1）个人贷款及透支	67 992	42 105
通知存款	439 600	-466 966	其中：个人消费贷款	22 256	19 233
保证金存款	742 438	312 179	（2）单位普通贷款及透支	1 515 492	361 855
2. 个人存款	197 493	55 704	其中：经营贷款	1 515 492	377 355
储蓄存款	189 103	47 314	固定资产贷款		-15 500
保证金存款			（3）普通并购贷款		
结构性存款	8 390	8 390	（4）银团贷款		
3. 临时性存款	2 168	1 183	（5）贸易融资		-1 900
4. 其他存款	310 143	74 730	（6）境外筹资转贷款		
二、代理财政性存款			2. 中长期贷款	562 182	30 364
三、金融债券			（1）个人贷款	167 584	27 531
其中：境外发行			其中：个人消费贷款	121 863	28 130
四、中长期借款			（2）单位普通贷款	391 676	24 874
其中：境外借款			其中：经营贷款	73 500	-16 500
五、应付及暂收款	86 966	28 730	固定资产贷款	318 176	41 374
其中：应付利息	73 688	28 596	（3）普通并购贷款		
六、卖出回购资产			（4）银团贷款	2 922	-22 041
七、向中央银行借款			（5）贸易融资		
八、同业往来（来源方）	6 727 591	4 568 513	（6）境外筹资转贷款		
1. 同业存放	6 727 591	4 568 513	3. 融资租赁		
其中：境外同业存放			4. 票据融资	229 952	229 892
2. 同业拆借			其中：贴现	229 952	229 892
其中：境外同业拆借			5. 各项垫款		
九、境外联行往来（来源方）			（二）境外贷款		
十、外汇买卖（来源方）	38 019	38 019	二、有价证券		-97 000
其中：结售汇	38 019	38 019	三、股权及其他投资		-49 500
十一、委托存款及委托投资基金（净）			四、应收及预付款	11 587	-7 393
1. 委托存款及委托投资基金	5 706 635	2 823 713	其中：应收利息	5 141	-3 133
2. 减：委托贷款及委托投资	5 706 635	2 823 713	五、买入返售资产	1 691 014	-1 053 321
十二、代理金融机构委托贷款基金			六、存放中央准备金存款	14 269	-45 888
其中：中央银行委托贷款基金			七、存放中央银行特种存款		
十三、各项准备	29 522	9 840	八、缴存中央银行财政性存款	4	
其中：贷款损失准备	29 521	9 839	九、同业往来	4 199	-467 916
十四、所有者权益	51721	51 721	1. 存放同业	4 199	-258 036
其中：实收资本			其中：存放境外同业		
十五、其他	-6 853 552	-5 646 513	2. 拆放同业		-209 880
			其中：拆放境外同业		
			十、境外联行往来（运用方）		
			十一、代理金融机构贷款		
			其中：代理人行专项贷款		
			十二、库存现金	3 352	1 158
			十三、外汇买卖（运用方）	38 019	38 019
			其中：结售汇	27 828	27 828
			十四、投资性房地产		
资金来源总计	4 138 062	-1 019 525	资金运用总计	4 138 062	-1 019 525

表 2.29　宁波银行北京分行人民币信贷收支统计

单位：万元

项目名称	余额	比年初	项目名称	余额	比年初
一、各项存款	1 197 252	232 094	一、各项贷款	628 995	6 307
1. 单位存款	1 064 873	180 289	（一）境内贷款	628 995	6 307
其中：活期存款	556 645	202 451	1. 短期贷款	370 282	-58 410
定期存款	126 663	-62 954	（1）个人贷款及透支	174 587	63 236
通知存款	53 610	-66 678	其中：个人消费贷款	171 422	67 031
保证金存款	81 254	45 412	（2）单位普通贷款及透支	194348	-122 993
2. 个人存款	111 349	32 342	其中：经营贷款	194 348	-122 993
储蓄存款	100 549	21 542	固定资产贷款		
保证金存款			（3）普通并购贷款		
结构性存款	10 800	10 800	（4）银团贷款		
3. 临时性存款	1 030	-537	（5）贸易融资	1 347	1 347
4. 其他存款	20 000	20 000	（6）境外筹资转贷款		
二、代理财政性存款			2. 中长期贷款	153 760	9 165
三、金融债券			（1）个人贷款	8 581	936
其中：境外发行			其中：个人消费贷款	5 762	-689
四、中长期借款			（2）单位普通贷款	145 179	8 229
其中：境外借款			其中：经营贷款	52 979	-7 071
五、应付及暂收款	23 771	4 553	固定资产贷款	92 200	15 300
其中：应付利息	10 102	-898	（3）普通并购贷款		
六、卖出回购资产			（4）银团贷款		
七、向中央银行借款	7 062	3 317	（5）贸易融资		
八、同业往来（来源方）	502 000	-584 688	（6）境外筹资转贷款		
1. 同业存放	502 000	-584 688	3. 融资租赁		
其中：境外同业存放			4. 票据融资	104 953	55 552
2. 同业拆借			其中：贴现	104 953	55 552
其中：境外同业拆借			5. 各项垫款		
九、境外联行往来（来源方）			（二）境外贷款		
十、外汇买卖（来源方）			二、有价证券		
其中：结售汇			三、股权及其他投资		
十一、委托存款及委托投资基金（净）			四、应收及预付款	276	129
1. 委托存款及委托投资基金	1 167 665	-16 142	其中：应收利息	8	6
2. 减：委托贷款及委托投资	1 167 665	-16 142	五、买入返售资产		-777 691
十二、代理金融机构委托贷款基金			六、存放中央准备金存款	14 507	-28 726
其中：中央银行委托贷款基金			七、存放中央银行特种存款		
十三、各项准备	16 691	4 063	八、缴存中央银行财政性存款		
其中：贷款损失准备	16 691	4 063	九、同业往来	3 606	3 596
十四、所有者权益	16 903	5 915	1. 存放同业	3 606	3 596
其中：实收资本			其中：存放境外同业		
十五、其他	-1 113 756	-460 545	2. 拆放同业		
			其中：拆放境外同业		
			十、境外联行往来（运用方）		
			十一、代理金融机构贷款		
			其中：代理人行专项贷款		
			十二、库存现金	2 539	1 094
			十三、外汇买卖（运用方）		
			其中：结售汇		
			十四、投资性房地产		
资金来源总计	649 923	-795 291	资金运用总计	649 923	-795 291

表2.30 包商银行北京分行人民币信贷收支统计

单位：万元

项目名称	余额	比年初	项目名称	余额	比年初
一、各项存款	3 024 270	1 420 770	一、各项贷款	377 308	58 275
1. 单位存款	1 152 059	394 896	（一）境内贷款	377 308	58 275
其中：活期存款	254 625	-62 691	1. 短期贷款	257 363	8 333
定期存款	489 198	220 366	（1）个人贷款及透支	137 478	30 388
通知存款	80 983	70 683	其中：个人消费贷款	1 974	-711
保证金存款	293 779	144 151	（2）单位普通贷款及透支	119 885	-22 055
2. 个人存款	137 811	3 184	其中：经营贷款	119 885	-18 055
储蓄存款	136 462	10 948	固定资产贷款		-4 000
保证金存款	1 349	-7 764	（3）普通并购贷款		
结构性存款			（4）银团贷款		
3. 临时性存款	137	-407	（5）贸易融资		
4. 其他存款	1 734 263	1 023 097	（6）境外筹资转贷款		
二、代理财政性存款			2. 中长期贷款	119 945	50 339
三、金融债券			（1）个人贷款	23 015	-1 736
其中：境外发行			其中：个人消费贷款	9 861	791
四、中长期借款			（2）单位普通贷款	96 930	52 075
其中：境外借款			其中：经营贷款	71 930	27 075
五、应付及暂收款	138 667	83 269	固定资产贷款	25 000	25 000
其中：应付利息	133 000	81 909	（3）普通并购贷款		
六、卖出回购资产			（4）银团贷款		
七、向中央银行借款			（5）贸易融资		
八、同业往来（来源方）	2 457 388	468 762	（6）境外筹资转贷款		
1. 同业存放	2 457 388	468 762	3. 融资租赁		
其中：境外同业存放			4. 票据融资		-397
2. 同业拆借			其中：贴现		-397
其中：境外同业拆借			5. 各项垫款		
九、境外联行往来（来源方）			（二）境外贷款		
十、外汇买卖（来源方）			二、有价证券		
其中：结售汇			三、股权及其他投资		
十一、委托存款及委托投资基金（净）			四、应收及预付款	4 433	-12 348
1. 委托存款及委托投资基金	1 376 760	1 297 100	其中：应收利息	2 447	-12 386
2. 减：委托贷款及委托投资	1 376 760	1 297 100	五、买入返售资产		
十二、代理金融机构委托贷款基金			六、存放中央准备金存款	5 396	-327
其中：中央银行委托贷款基金			七、存放中央银行特种存款		
十三、各项准备	909	641	八、缴存中央银行财政性存款		
其中：贷款损失准备	909	641	九、同业往来	1 000	-193 607
十四、所有者权益	31 368	12 473	1. 存放同业	1 000	-159 671
其中：实收资本			其中：存放境外同业		
十五、其他	-5 262 609	-2 133 580	2. 拆放同业		-33 936
			其中：拆放境外同业		
			十、境外联行往来（运用方）		
			十一、代理金融机构贷款		
			其中：代理人行专项贷款		
			十二、库存现金	1 856	342
			十三、外汇买卖（运用方）		
			其中：结售汇		
			十四、投资性房地产		
资金来源总计	389 993	-147 665	资金运用总计	389 993	-147 665

表 2.31 锦州银行北京分行人民币信贷收支统计

单位：万元

项目名称	余额	比年初	项目名称	余额	比年初
一、各项存款	2 904 080	1 568 392	一、各项贷款	442 202	138 155
1. 单位存款	2 768 822	1 502 123	（一）境内贷款	442 202	138 155
其中：活期存款	285 211	114 520	1. 短期贷款	192 336	83 711
定期存款	1 149 851	729 974	（1）个人贷款及透支	69 747	23 917
通知存款	1 500	-2 009	其中：个人消费贷款	60	60
保证金存款	463 869	338 865	（2）单位普通贷款及透支	122 589	60 194
2. 个人存款	135 058	66 069	其中：经营贷款	122 589	60 194
储蓄存款	135 058	66 069	固定资产贷款		
保证金存款			（3）普通并购贷款		
结构性存款			（4）银团贷款		
3. 临时性存款	200	200	（5）贸易融资		-400
4. 其他存款			（6）境外筹资转贷款		
二、代理财政性存款			2. 中长期贷款	249 866	54 604
三、金融债券			（1）个人贷款	19 269	4 009
其中：境外发行			其中：个人消费贷款	1 269	367
四、中长期借款			（2）单位普通贷款	230 597	50 595
其中：境外借款			其中：经营贷款	138 050	56 210
五、应付及暂收款	73 888	49 584	固定资产贷款	92 547	-5 615
其中：应付利息	70 946	48 550	（3）普通并购贷款		
六、卖出回购资产			（4）银团贷款		
七、向中央银行借款			（5）贸易融资		
八、同业往来（来源方）	862 528	342 697	（6）境外筹资转贷款		
1. 同业存放	862 528	342 697	3. 融资租赁		
其中：境外同业存放			4. 票据融资		-160
2. 同业拆借			其中：贴现		-160
其中：境外同业拆借			5. 各项垫款		
九、境外联行往来（来源方）			（二）境外贷款		
十、外汇买卖（来源方）	123 134	123 134	二、有价证券		
其中：结售汇	123 096	123 096	三、股权及其他投资	1 394 720	10 578
十一、委托存款及委托投资基金（净）			四、应收及预付款	16 882	9 503
1. 委托存款及委托投资基金	51 320	-69 718	其中：应收利息	16 489	9 361
2. 减：委托贷款及委托投资	51 320	-69 718	五、买入返售资产		
十二、代理金融机构委托贷款基金	361 948	361 948	六、存放中央准备金存款	8 928	589
其中：中央银行委托贷款基金			七、存放中央银行特种存款		
十三、各项准备			八、缴存中央银行财政性存款	2	2
其中：贷款损失准备			九、同业往来	221 461	220 862
十四、所有者权益	84 253	84 253	1. 存放同业	221 461	220 862
其中：实收资本			其中：存放境外同业		
十五、其他	-1 839 961	-1 665 128	2. 拆放同业		
			其中：拆放境外同业		
			十、境外联行往来（运用方）		
			十一、代理金融机构贷款	361 948	361 948
			其中：代理人行专项贷款		
			十二、库存现金	593	109
			十三、外汇买卖（运用方）	123 134	123 134
			其中：结售汇	123 096	123 096
			十四、投资性房地产		
资金来源总计	2 569 870	864 880	资金运用总计	2 569 870	864 880

表2.32 厦门国际银行北京分行人民币信贷收支统计

单位：万元

项目名称	余额	比年初	项目名称	余额	比年初
一、各项存款	6 052 027	2 671 152	一、各项贷款	1 759 347	409 014
1. 单位存款	6 015 516	2 666 617	（一）境内贷款	1 759 347	409 014
其中：活期存款	717 731	251 913	1. 短期贷款	844 627	408 179
定期存款	2 676 178	1 210 752	（1）个人贷款及透支		
通知存款	38 016	12 466	其中：个人消费贷款		
保证金存款	1 229 513	1 034 026	（2）单位普通贷款及透支	844 543	408 094
2. 个人存款	36 511	4 534	其中：经营贷款	838 850	442 725
储蓄存款	3 000	-776	固定资产贷款	5 693	-34 631
保证金存款			（3）普通并购贷款		
结构性存款	33 512	5 310	（4）银团贷款		
3. 临时性存款			（5）贸易融资	85	85
4. 其他存款			（6）境外筹资转贷款		
二、代理财政性存款			2. 中长期贷款	875 242	32 237
三、金融债券			（1）个人贷款	60	60
其中：境外发行			其中：个人消费贷款	60	60
四、中长期借款			（2）单位普通贷款	875 182	32 177
其中：境外借款			其中：经营贷款	666 397	142 484
五、应付及暂收款	150 284	37 999	固定资产贷款	208 785	-110 307
其中：应付利息	118 141	52 267	（3）普通并购贷款		
六、卖出回购资产			（4）银团贷款		
七、向中央银行借款			（5）贸易融资		
八、同业往来（来源方）	3 602 020	404 385	（6）境外筹资转贷款		
1. 同业存放	3 602 020	404 385	3. 融资租赁		
其中：境外同业存放	23 510	21 547	4. 票据融资	38 581	-32 300
2. 同业拆借			其中：贴现	38 581	-32 300
其中：境外同业拆借			5. 各项垫款	898	898
九、境外联行往来（来源方）			（二）境外贷款		
十、外汇买卖（来源方）	153 604	153 604	二、有价证券		
其中：结售汇	152 129	152 129	三、股权及其他投资	3 886 464	780 181
十一、委托存款及委托投资基金（净）			四、应收及预付款	32 476	-1 350
1. 委托存款及委托投资基金	18 027	15 027	其中：应收利息	22 622	-7 903
2. 减：委托贷款及委托投资	18 027	15 027	五、买入返售资产		
十二、代理金融机构委托贷款基金			六、存放中央准备金存款	10 060	2 630
其中：中央银行委托贷款基金			七、存放中央银行特种存款		
十三、各项准备			八、缴存中央银行财政性存款		
其中：贷款损失准备			九、同业往来	2 203 161	1 124 257
十四、所有者权益	70 902	25 495	1. 存放同业	2 203 161	1 124 257
其中：实收资本		-10 000	其中：存放境外同业		
十五、其他	-2 090 445	-931 303	2. 拆放同业		
			其中：拆放境外同业		
			十、境外联行往来（运用方）		
			十一、代理金融机构贷款		
			其中：代理人行专项贷款		
			十二、库存现金	426	141
			十三、外汇买卖（运用方）	46 458	46 458
			其中：结售汇	44 983	44 983
			十四、投资性房地产		
资金来源总计	7938392	2361331	资金运用总计	7 938 392	2 361 331

表 2.33 北京农商银行人民币信贷收支统计

单位：万元

项目名称	余额	比年初	项目名称	余额	比年初
一、各项存款	42 091 059	4 467 575	一、各项贷款	26 472 795	2 858 318
1. 单位存款	18 867 140	1 280 949	（一）境内贷款	26 472 795	2 858 318
其中：活期存款	11 905 181	-6 869	1. 短期贷款	8 445 413	-1 144 784
定期存款	4 521 643	727 064	（1）个人贷款及透支	144 176	67 164
通知存款	329 275	35 301	其中：个人消费贷款	72 566	41 948
保证金存款	75 458	-14 323	（2）单位普通贷款及透支	7 890 920	-1 181 865
2. 个人存款	22 038 493	2 587 244	其中：经营贷款	7 886 499	-1 179 032
储蓄存款	21 895 609	2 444 370	固定资产贷款	4 422	-2 832
保证金存款	5	-5	（3）普通并购贷款		
结构性存款	142 879	142 879	（4）银团贷款		
3. 临时性存款	3 182	-82 622	（5）贸易融资	410 317	-30 083
4. 其他存款	1 182 244	682 004	（6）境外筹资转贷款		
二、代理财政性存款	8 000	-8 157	2. 中长期贷款	10 611 097	1 436 429
三、金融债券	1 100 455	590 455	（1）个人贷款	485 712	57 521
其中：境外发行			其中：个人消费贷款	432 798	65 161
四、中长期借款			（2）单位普通贷款	8 620 293	1 578 407
其中：境外借款			其中：经营贷款	2 498 340	495 502
五、应付及暂收款	1 293 881	176 078	固定资产贷款	6 121 953	1 082 905
其中：应付利息	863 257	136 427	（3）普通并购贷款		
六、卖出回购资产	1 051 486	-388 264	（4）银团贷款	1 460 342	-244 249
七、向中央银行借款	51 207	25 447	（5）贸易融资	44 750	44 750
八、同业往来（来源方）	3 312 789	254 454	（6）境外筹资转贷款		
1. 同业存放	2 562 789	-495 546	3. 融资租赁		
其中：境外同业存放			4. 票据融资	7 409 011	2 568 473
2. 同业拆借	750 000	750 000	其中：贴现	7 409 011	2 568 473
其中：境外同业拆借			5. 各项垫款	7 275	-1 800
九、境外联行往来（来源方）			（二）境外贷款		
十、外汇买卖（来源方）			二、有价证券	9 528 748	1 452 512
其中：结售汇			三、股权及其他投资	28 896	16 606
十一、委托存款及委托投资基金（净）	1 661	92	四、应收及预付款	229 942	27 318
1. 委托存款及委托投资基金	2 579 606	-982 818	其中：应收利息	153 910	29 984
2. 减：委托贷款及委托投资	2 577 945	-982 911	五、买入返售资产	3 594 876	1 813 812
十二、代理金融机构委托贷款基金			六、存放中央准备金存款	8 177 194	636 694
其中：中央银行委托贷款基金			七、存放中央银行特种存款		
十三、各项准备	1 178 805	-10 448	八、缴存中央银行财政性存款	20 586	7 445
其中：贷款损失准备	970 516	-5 829	九、同业往来	4 049 062	-736 303
十四、所有者权益	3 175 221	1 048 478	1. 存放同业	3 299 362	-428 359
其中：实收资本	1 214 847	259 623	其中：存放境外同业		
十五、其他	-915 304	-32 490	2. 拆放同业	749 700	-307 944
			其中：拆放境外同业		
			十、境外联行往来（运用方）		
			十一、代理金融机构贷款		
			其中：代理人行专项贷款		
			十二、库存现金	236 019	44 451
			十三、外汇买卖（运用方）	10 982	2 387
			其中：结售汇	10 982	2 387
			十四、投资性房地产	162	-17
资金来源总计	52 349 261	6 123 222	资金运用总计	52 349 261	6 123 222

表 2.34　北京密云汇丰村镇银行人民币信贷收支统计

单位：万元

项目名称	余额	比年初	项目名称	余额	比年初
一、各项存款	17 912	4 882	一、各项贷款	14 414	3 375
1. 单位存款	12 635	3 298	（一）境内贷款	14 414	3 375
其中：活期存款	5 487	-2 799	1. 短期贷款	14 169	3 236
定期存款	6 115	5 064	（1）个人贷款及透支	3 137	1 352
通知存款	1 033	1 033	其中：个人消费贷款		
保证金存款			（2）单位普通贷款及透支	11 032	1 884
2. 个人存款	5 278	1 584	其中：经营贷款	11 032	1 884
储蓄存款	5 278	1 584	固定资产贷款		
保证金存款			（3）普通并购贷款		
结构性存款			（4）银团贷款		
3. 临时性存款			（5）贸易融资		
4. 其他存款			（6）境外筹资转贷款		
二、代理财政性存款			2. 中长期贷款	244	139
三、金融债券			（1）个人贷款	244	139
其中：境外发行			其中：个人消费贷款	191	85
四、中长期借款			（2）单位普通贷款		
其中：境外借款			其中：经营贷款		
五、应付及暂收款	289	124	固定资产贷款		
其中：应付利息	192	107	（3）普通并购贷款		
六、卖出回购资产			（4）银团贷款		
七、向中央银行借款			（5）贸易融资		
八、同业往来（来源方）	1 923	1 923	（6）境外筹资转贷款		
1. 同业存放	1 923	1 923	3. 融资租赁		
其中：境外同业存放			4. 票据融资		
2. 同业拆借			其中：贴现		
其中：境外同业拆借			5. 各项垫款		
九、境外联行往来（来源方）			（二）境外贷款		
十、外汇买卖（来源方）			二、有价证券		
其中：结售汇			三、股权及其他投资		
十一、委托存款及委托投资基金（净）			四、应收及预付款	105	24
1. 委托存款及委托投资基金			其中：应收利息	86	22
2. 减：委托贷款及委托投资			五、买入返售资产		
十二、代理金融机构委托贷款基金			六、存放中央准备金存款	2 703	77
其中：中央银行委托贷款基金			七、存放中央银行特种存款		
十三、各项准备	360	157	八、缴存中央银行财政性存款		
其中：贷款损失准备	360	157	九、同业往来	7 251	3 613
十四、所有者权益	4 228	53	1. 存放同业	7 251	3 613
其中：实收资本	5 000		其中：存放境外同业		
十五、其他	-60	9	2. 拆放同业		
			其中：拆放境外同业		
			十、境外联行往来（运用方）		
			十一、代理金融机构贷款		
			其中：代理人行专项贷款		
			十二、库存现金	180	60
			十三、外汇买卖（运用方）		
			其中：结售汇		
			十四、投资性房地产		
资金来源总计	24 653	7 148	资金运用总计	24 653	7 148

表 2.35 北京延庆村镇银行人民币信贷收支统计

单位：万元

项目名称	余额	比年初	项目名称	余额	比年初
一、各项存款	45 225	-7 213	一、各项贷款	37 245	5 264
1. 单位存款	21 639	-13 460	（一）境内贷款	37 245	5 264
其中：活期存款	13 001	-11 475	1. 短期贷款	17 542	3 282
定期存款	7 090	-2 041	（1）个人贷款及透支	17 272	3 242
通知存款			其中：个人消费贷款	155	4
保证金存款	1 548	56	（2）单位普通贷款及透支	270	40
2. 个人存款	23 586	6 247	其中：经营贷款	270	40
储蓄存款	23 586	6 247	固定资产贷款		
保证金存款			（3）普通并购贷款		
结构性存款			（4）银团贷款		
3. 临时性存款			（5）贸易融资		
4. 其他存款			（6）境外筹资转贷款		
二、代理财政性存款			2. 中长期贷款	19 703	1 982
三、金融债券			（1）个人贷款	19 513	2 072
其中：境外发行			其中：个人消费贷款	785	141
四、中长期借款			（2）单位普通贷款	190	-90
其中：境外借款			其中：经营贷款	190	-90
五、应付及暂收款	907	206	固定资产贷款		
其中：应付利息	609	145	（3）普通并购贷款		
六、卖出回购资产			（4）银团贷款		
七、向中央银行借款			（5）贸易融资		
八、同业往来（来源方）	5 068	-2 762	（6）境外筹资转贷款		
1. 同业存放	5 068	-2 762	3. 融资租赁		
其中：境外同业存放			4. 票据融资		
2. 同业拆借			其中：贴现		
其中：境外同业拆借			5. 各项垫款		
九、境外联行往来（来源方）			（二）境外贷款		
十、外汇买卖（来源方）			二、有价证券		
其中：结售汇			三、股权及其他投资		
十一、委托存款及委托投资基金（净）			四、应收及预付款	134	-28
1. 委托存款及委托投资基金			其中：应收利息	134	-28
2. 减：委托贷款及委托投资			五、买入返售资产		
十二、代理金融机构委托贷款基金			六、存放中央准备金存款	8 439	-220
其中：中央银行委托贷款基金			七、存放中央银行特种存款		
十三、各项准备	931	196	八、缴存中央银行财政性存款		
其中：贷款损失准备	931	196	九、同业往来	11 745	-13 875
十四、所有者权益	6 118	794	1. 存放同业	11 745	-13 875
其中：实收资本	3 000		其中：存放境外同业		
十五、其他	-475	15	2. 拆放同业		
			其中：拆放境外同业		
			十、境外联行往来（运用方）		
			十一、代理金融机构贷款		
			其中：代理人行专项贷款		
			十二、库存现金	212	94
			十三、外汇买卖（运用方）		
			其中：结售汇		
			十四、投资性房地产		
资金来源总计	57 775	-8 764	资金运用总计	57 775	-8 764

表 2.36 北京怀柔村镇银行人民币信贷收支统计

单位：万元

项目名称	余额	比年初	项目名称	余额	比年初
一、各项存款	149 379	-11 156	一、各项贷款	87 776	-14 303
1. 单位存款	125 214	-15 519	（一）境内贷款	87 776	-14 303
其中：活期存款	98 792	-24 345	1. 短期贷款	61 386	15 299
定期存款	25 147	13 925	（1）个人贷款及透支	25 248	2 296
通知存款		-5 000	其中：个人消费贷款		
保证金存款	1 274	-99	（2）单位普通贷款及透支	36 138	13 003
2. 个人存款	24 165	4 363	其中：经营贷款	36 138	13 003
储蓄存款	24 165	4 363	固定资产贷款		
保证金存款			（3）普通并购贷款		
结构性存款			（4）银团贷款		
3. 临时性存款			（5）贸易融资		
4. 其他存款			（6）境外筹资转贷款		
二、代理财政性存款			2. 中长期贷款	23 035	-8 287
三、金融债券			（1）个人贷款	20 137	-7 657
其中：境外发行			其中：个人消费贷款	6 377	-4 108
四、中长期借款			（2）单位普通贷款	2 898	-630
其中：境外借款			其中：经营贷款	2 898	-630
五、应付及暂收款	1 179	-237	固定资产贷款		
其中：应付利息	540	-286	（3）普通并购贷款		
六、卖出回购资产			（4）银团贷款		
七、向中央银行借款			（5）贸易融资		
八、同业往来（来源方）		-53 000	（6）境外筹资转贷款		
1. 同业存放		-53 000	3. 融资租赁		
其中：境外同业存放			4. 票据融资	3 355	-21 315
2. 同业拆借			其中：贴现	3 355	-21 315
其中：境外同业拆借			5. 各项垫款		
九、境外联行往来（来源方）			（二）境外贷款		
十、外汇买卖（来源方）			二、有价证券		
其中：结售汇			三、股权及其他投资		
十一、委托存款及委托投资基金（净）			四、应收及预付款	722	-320
1. 委托存款及委托投资基金	9 000	-5 200	其中：应收利息	232	-87
2. 减：委托贷款及委托投资	9 000	-5 200	五、买入返售资产		
十二、代理金融机构委托贷款基金			六、存放中央准备金存款	24 263	-9 112
其中：中央银行委托贷款基金			七、存放中央银行特种存款		
十三、各项准备	2 387	345	八、缴存中央银行财政性存款		
其中：贷款损失准备	2 387	345	九、同业往来	25 820	-39 861
十四、所有者权益	15 514	1 884	1. 存放同业	25 820	-39 861
其中：实收资本	10 000		其中：存放境外同业		
十五、其他	-29 316	-1 036	2. 拆放同业		
			其中：拆放境外同业		
			十、境外联行往来（运用方）		
			十一、代理金融机构贷款		
			其中：代理人行专项贷款		
			十二、库存现金	562	396
			十三、外汇买卖（运用方）		
			其中：结售汇		
			十四、投资性房地产		
资金来源总计	139 144	-63 199	资金运用总计	139 144	-63 199

表 2.37 北京大兴华夏村镇银行人民币信贷收支统计

单位：万元

项目名称	余额	比年初	项目名称	余额	比年初
一、各项存款	51 445	-6 473	一、各项贷款	34 770	-7 852
1. 单位存款	43 276	-4 127	（一）境内贷款	34 770	-7 852
其中：活期存款	12 453	-16 124	1. 短期贷款	30 611	-6 300
定期存款	5	-5 023	（1）个人贷款及透支	6 329	-1 448
通知存款	200		其中：个人消费贷款		
保证金存款	10 402	-2 180	（2）单位普通贷款及透支	24 282	-4 852
2. 个人存款	7 727	-2 385	其中：经营贷款	24 282	-4 852
储蓄存款	7 727	-2 384	固定资产贷款		
保证金存款		-1	（3）普通并购贷款		
结构性存款			（4）银团贷款		
3. 临时性存款	442	38	（5）贸易融资		
4. 其他存款			（6）境外筹资转贷款		
二、代理财政性存款			2. 中长期贷款	4 159	-1 453
三、金融债券			（1）个人贷款	34	-71
其中：境外发行			其中：个人消费贷款	14	-6
四、中长期借款			（2）单位普通贷款	4 125	-1 382
其中：境外借款			其中：经营贷款	4 125	-1 382
五、应付及暂收款	1 245	-2 268	固定资产贷款		
其中：应付利息	302	38	（3）普通并购贷款		
六、卖出回购资产			（4）银团贷款		
七、向中央银行借款			（5）贸易融资		
八、同业往来（来源方）			（6）境外筹资转贷款		
1. 同业存放			3. 融资租赁		
其中：境外同业存放			4. 票据融资		-100
2. 同业拆借			其中：贴现		-100
其中：境外同业拆借			5. 各项垫款		
九、境外联行往来（来源方）			（二）境外贷款		
十、外汇买卖（来源方）			二、有价证券		
其中：结售汇			三、股权及其他投资		
十一、委托存款及委托投资基金（净）			四、应收及预付款	94	-14
1. 委托存款及委托投资基金	43 000	8 000	其中：应收利息	86	-21
2. 减：委托贷款及委托投资	43 000	8 000	五、买入返售资产		
十二、代理金融机构委托贷款基金			六、存放中央准备金存款	9 358	798
其中：中央银行委托贷款基金			七、存放中央银行特种存款		
十三、各项准备	869	-18	八、缴存中央银行财政性存款		
其中：贷款损失准备	869	-18	九、同业往来	21 224	913
十四、所有者权益	13 482	3 289	1. 存放同业	21 224	913
其中：实收资本	12 500	2 500	其中：存放境外同业		
十五、其他	-1 330	-622	2. 拆放同业		
			其中：拆放境外同业		
			十、境外联行往来（运用方）		
			十一、代理金融机构贷款		
			其中：代理人行专项贷款		
			十二、库存现金	265	62
			十三、外汇买卖（运用方）		
			其中：结售汇		
			十四、投资性房地产		
资金来源总计	65 711	-6 092	资金运用总计	65 711	-6 092

表 2.38　北京昌平兆丰村镇银行人民币信贷收支统计

单位：万元

项目名称	余额	比年初	项目名称	余额	比年初
一、各项存款	32 716	-12 117	一、各项贷款	23 870	6 161
1. 单位存款	22 385	-15 957	（一）境内贷款	23 870	6 161
其中：活期存款	10 652	-20 954	1. 短期贷款	20 304	5 865
定期存款	10 304	4 586	（1）个人贷款及透支	6 382	5 247
通知存款	1 000	1 000	其中：个人消费贷款	46	46
保证金存款	430	-589	（2）单位普通贷款及透支	13 921	617
2. 个人存款	10 331	3 840	其中：经营贷款	13 921	617
储蓄存款	10 331	3 840	固定资产贷款		
保证金存款			（3）普通并购贷款		
结构性存款			（4）银团贷款		
3. 临时性存款			（5）贸易融资		
4. 其他存款			（6）境外筹资转贷款		
二、代理财政性存款			2. 中长期贷款	3 566	296
三、金融债券			（1）个人贷款	2 894	1 051
其中：境外发行			其中：个人消费贷款	736	283
四、中长期借款			（2）单位普通贷款	672	-755
其中：境外借款			其中：经营贷款	672	-755
五、应付及暂收款	556	256	固定资产贷款		
其中：应付利息	332	174	（3）普通并购贷款		
六、卖出回购资产			（4）银团贷款		
七、向中央银行借款			（5）贸易融资		
八、同业往来（来源方）	3 000	3 000	（6）境外筹资转贷款		
1. 同业存放	3 000	3 000	3. 融资租赁		
其中：境外同业存放			4. 票据融资		
2. 同业拆借			其中：贴现		
其中：境外同业拆借			5. 各项垫款		
九、境外联行往来（来源方）			（二）境外贷款		
十、外汇买卖（来源方）			二、有价证券		
其中：结售汇			三、股权及其他投资		
十一、委托存款及委托投资基金（净）			四、应收及预付款	260	92
1. 委托存款及委托投资基金			其中：应收利息	173	92
2. 减：委托贷款及委托投资			五、买入返售资产		
十二、代理金融机构委托贷款基金			六、存放中央准备金存款	6 172	-1 317
其中：中央银行委托贷款基金			七、存放中央银行特种存款		
十三、各项准备	1 311	472	八、缴存中央银行财政性存款		
其中：贷款损失准备	1 311	472	九、同业往来	11 121	-14 799
十四、所有者权益	5 358	-1 018	1. 存放同业	11 121	-14 799
其中：实收资本	7 000		其中：存放境外同业		
十五、其他	-1 258	-310	2. 拆放同业		
			其中：拆放境外同业		
			十、境外联行往来（运用方）		
			十一、代理金融机构贷款		
			其中：代理人行专项贷款		
			十二、库存现金	261	145
			十三、外汇买卖（运用方）		
			其中：结售汇		
			十四、投资性房地产		
资金来源总计	41 684	-9 719	资金运用总计	41 684	-9 719

表 2.39　北京大兴九银村镇银行人民币信贷收支统计

单位：万元

项目名称	余额	比年初	项目名称	余额	比年初
一、各项存款	137 202	−42 644	一、各项贷款	92 586	2 196
1. 单位存款	100 432	−58 777	（一）境内贷款	92 586	2 196
其中：活期存款	63 889	−26 162	1. 短期贷款	66 199	22 819
定期存款	31 769	−3 480	（1）个人贷款及透支	31 500	10 840
通知存款	2 030	−9 246	其中：个人消费贷款	718	299
保证金存款	2 744	−19 889	（2）单位普通贷款及透支	34 699	11 979
2. 个人存款	36 711	16 176	其中：经营贷款	34 699	11 979
储蓄存款	36 711	16 176	固定资产贷款		
保证金存款			（3）普通并购贷款		
结构性存款			（4）银团贷款		
3. 临时性存款	59	−43	（5）贸易融资		
4. 其他存款			（6）境外筹资转贷款		
二、代理财政性存款			2. 中长期贷款	3 149	−1 689
三、金融债券			（1）个人贷款	2 199	−279
其中：境外发行			其中：个人消费贷款	246	37
四、中长期借款			（2）单位普通贷款	950	−1 410
其中：境外借款			其中：经营贷款	950	−1 410
五、应付及暂收款	1 245	−419	固定资产贷款		
其中：应付利息	932	216	（3）普通并购贷款		
六、卖出回购资产			（4）银团贷款		
七、向中央银行借款			（5）贸易融资		
八、同业往来（来源方）	6 494	6 494	（6）境外筹资转贷款		
1. 同业存放	6 494	6 494	3. 融资租赁		
其中：境外同业存放			4. 票据融资	23 238	−18 934
2. 同业拆借			其中：贴现	23 238	−18 934
其中：境外同业拆借			5. 各项垫款		
九、境外联行往来（来源方）			（二）境外贷款		
十、外汇买卖（来源方）			二、有价证券		
其中：结售汇			三、股权及其他投资		
十一、委托存款及委托投资基金（净）			四、应收及预付款	143	−49
1. 委托存款及委托投资基金	142 431	74 561	其中：应收利息	96	44
2. 减：委托贷款及委托投资	142 431	74 561	五、买入返售资产		
十二、代理金融机构委托贷款基金			六、存放中央准备金存款	26 756	1 290
其中：中央银行委托贷款基金			七、存放中央银行特种存款		
十三、各项准备	2 386	573	八、缴存中央银行财政性存款		
其中：贷款损失准备	2 386	573	九、同业往来	39 979	−41 120
十四、所有者权益	15 870	−37	1. 存放同业	39 979	−41 120
其中：实收资本	12 000		其中：存放境外同业		
十五、其他	−1 838	−659	2. 拆放同业		
			其中：拆放境外同业		
			十、境外联行往来（运用方）		
			十一、代理金融机构贷款		
			其中：代理人行专项贷款		
			十二、库存现金	1 896	990
			十三、外汇买卖（运用方）		
			其中：结售汇		
			十四、投资性房地产		
资金来源总计	161 360	−36 693	资金运用总计	161 360	−36 693

表 2.40 北京顺义银座村镇银行人民币信贷收支统计

单位：万元

项目名称	余额	比年初	项目名称	余额	比年初
一、各项存款	473 242	157 786	一、各项贷款	215 087	50 220
1. 单位存款	281 002	120 872	（一）境内贷款	215 087	50 220
其中：活期存款	161 275	83 045	1. 短期贷款	207 437	53 535
定期存款	117 207	35 712	（1）个人贷款及透支	194 664	54 887
通知存款	2 500	2 500	其中：个人消费贷款	3 637	1 004
保证金存款	21	-384	（2）单位普通贷款及透支	12 772	-1 353
2. 个人存款	192 239	36 914	其中：经营贷款	12 772	-1 353
储蓄存款	192 239	36 914	固定资产贷款		
保证金存款			（3）普通并购贷款		
结构性存款			（4）银团贷款		
3. 临时性存款			（5）贸易融资		
4. 其他存款			（6）境外筹资转贷款		
二、代理财政性存款			2. 中长期贷款	771	292
三、金融债券			（1）个人贷款	771	292
其中：境外发行			其中：个人消费贷款	616	139
四、中长期借款			（2）单位普通贷款		
其中：境外借款			其中：经营贷款		
五、应付及暂收款	8 704	3 271	固定资产贷款		
其中：应付利息	6 229	2 912	（3）普通并购贷款		
六、卖出回购资产			（4）银团贷款		
七、向中央银行借款			（5）贸易融资		
八、同业往来（来源方）			（6）境外筹资转贷款		
1. 同业存放			3. 融资租赁		
其中：境外同业存放			4. 票据融资	6 879	-3 606
2. 同业拆借			其中：贴现	6 879	-3 606
其中：境外同业拆借			5. 各项垫款		
九、境外联行往来（来源方）			（二）境外贷款		
十、外汇买卖（来源方）			二、有价证券		
其中：结售汇			三、股权及其他投资		
十一、委托存款及委托投资基金（净）			四、应收及预付款	2 029	926
1. 委托存款及委托投资基金			其中：应收利息	1 709	948
2. 减：委托贷款及委托投资			五、买入返售资产		
十二、代理金融机构委托贷款基金			六、存放中央准备金存款	72 978	-3 684
其中：中央银行委托贷款基金			七、存放中央银行特种存款		
十三、各项准备	5 379	1 257	八、缴存中央银行财政性存款		
其中：贷款损失准备	5 377	1 256	九、同业往来	221 035	122 376
十四、所有者权益	28 059	7 638	1. 存放同业	221 035	122 376
其中：实收资本	15 000		其中：存放境外同业		
十五、其他	-1 688	-254	2. 拆放同业		
			其中：拆放境外同业		
			十、境外联行往来（运用方）		
			十一、代理金融机构贷款		
			其中：代理人行专项贷款		
			十二、库存现金	2 568	-141
			十三、外汇买卖（运用方）		
			其中：结售汇		
			十四、投资性房地产		
资金来源总计	513 696	169 698	资金运用总计	513 696	169 698

表 2.41　北京通州国开村镇银行人民币信贷收支统计

单位：万元

项目名称	余额	比年初	项目名称	余额	比年初
一、各项存款	45 282	32 991	一、各项贷款	11 873	3 547
1. 单位存款	44 668	32 539	（一）境内贷款	11 873	3 547
其中：活期存款	38 463	32 074	1. 短期贷款	11 343	3 510
定期存款	5 596	96	（1）个人贷款及透支	2 760	2 220
通知存款			其中：个人消费贷款		
保证金存款	609	609	（2）单位普通贷款及透支	8 584	1 291
2. 个人存款	614	452	其中：经营贷款	8 584	1 291
储蓄存款	614	452	固定资产贷款		
保证金存款			（3）普通并购贷款		
结构性存款			（4）银团贷款		
3. 临时性存款			（5）贸易融资		
4. 其他存款			（6）境外筹资转贷款		
二、代理财政性存款			2. 中长期贷款	530	37
三、金融债券			（1）个人贷款	30	30
其中：境外发行			其中：个人消费贷款		
四、中长期借款			（2）单位普通贷款	500	7
其中：境外借款			其中：经营贷款	500	7
五、应付及暂收款	192	-484	固定资产贷款		
其中：应付利息	146	13	（3）普通并购贷款		
六、卖出回购资产			（4）银团贷款		
七、向中央银行借款			（5）贸易融资		
八、同业往来（来源方）			（6）境外筹资转贷款		
1. 同业存放			3. 融资租赁		
其中：境外同业存放			4. 票据融资		
2. 同业拆借			其中：贴现		
其中：境外同业拆借			5. 各项垫款		
九、境外联行往来（来源方）			（二）境外贷款		
十、外汇买卖（来源方）			二、有价证券		
其中：结售汇			三、股权及其他投资	12 008	12 008
十一、委托存款及委托投资基金（净）			四、应收及预付款	136	64
1. 委托存款及委托投资基金			其中：应收利息	134	71
2. 减：委托贷款及委托投资			五、买入返售资产		
十二、代理金融机构委托贷款基金			六、存放中央准备金存款	9 283	5 754
其中：中央银行委托贷款基金			七、存放中央银行特种存款		
十三、各项准备	297	89	八、缴存中央银行财政性存款		
其中：贷款损失准备	297	89	九、同业往来	23 537	11 536
十四、所有者权益	11 801	159	1. 存放同业	23 537	11 536
其中：实收资本	10 000		其中：存放境外同业		
十五、其他	-723	145	2. 拆放同业		
			其中：拆放境外同业		
			十、境外联行往来（运用方）		
			十一、代理金融机构贷款		
			其中：代理人行专项贷款		
			十二、库存现金	11	-10
			十三、外汇买卖（运用方）		
			其中：结售汇		
			十四、投资性房地产		
资金来源总计	56 849	32 900	资金运用总计	56 849	32 900

表 2.42 北京门头沟珠江村镇银行人民币信贷收支统计

单位：万元

项目名称	余额	比年初	项目名称	余额	比年初
一、各项存款	109 607	61 315	一、各项贷款	29 073	4 786
1. 单位存款	99 493	60 871	（一）境内贷款	29 073	4 786
其中：活期存款	32 986	21 661	1. 短期贷款	25 996	2 699
定期存款	41 147	25 920	（1）个人贷款及透支	7 816	3 094
通知存款		-10 700	其中：个人消费贷款	118	-92
保证金存款	2 128	758	（2）单位普通贷款及透支	18 180	-395
2. 个人存款	10 114	444	其中：经营贷款	18 180	-395
储蓄存款	9 674	4	固定资产贷款		
保证金存款	440	440	（3）普通并购贷款		
结构性存款			（4）银团贷款		
3. 临时性存款			（5）贸易融资		
4. 其他存款			（6）境外筹资转贷款		
二、代理财政性存款			2. 中长期贷款	3 077	2 087
三、金融债券			（1）个人贷款	2 769	1 779
其中：境外发行			其中：个人消费贷款	1 624	1 202
四、中长期借款			（2）单位普通贷款	308	308
其中：境外借款			其中：经营贷款	308	308
五、应付及暂收款	1 045	346	固定资产贷款		
其中：应付利息	786	323	（3）普通并购贷款		
六、卖出回购资产			（4）银团贷款		
七、向中央银行借款			（5）贸易融资		
八、同业往来（来源方）			（6）境外筹资转贷款		
1. 同业存放			3. 融资租赁		
其中：境外同业存放			4. 票据融资		
2. 同业拆借			其中：贴现		
其中：境外同业拆借			5. 各项垫款		
九、境外联行往来（来源方）			（二）境外贷款		
十、外汇买卖（来源方）			二、有价证券		
其中：结售汇			三、股权及其他投资		
十一、委托存款及委托投资基金（净）			四、应收及预付款	352	-198
1. 委托存款及委托投资基金			其中：应收利息	350	163
2. 减：委托贷款及委托投资			五、买入返售资产		
十二、代理金融机构委托贷款基金			六、存放中央准备金存款	20 310	12 742
其中：中央银行委托贷款基金			七、存放中央银行特种存款		
十三、各项准备	872	265	八、缴存中央银行财政性存款		
其中：贷款损失准备	872	265	九、同业往来	71 558	44 515
十四、所有者权益	11 111	670	1. 存放同业	71 558	44 515
其中：实收资本	10 000		其中：存放境外同业		
十五、其他	-874	-445	2. 拆放同业		
			其中：拆放境外同业		
			十、境外联行往来（运用方）		
			十一、代理金融机构贷款		
			其中：代理人行专项贷款		
			十二、库存现金	469	307
			十三、外汇买卖（运用方）		
			其中：结售汇		
			十四、投资性房地产		
资金来源总计	121 762	62 152	资金运用总计	121 762	62 152

表 2.43　北京房山沪农商村镇银行人民币信贷收支统计

单位：万元

项目名称	余额	比年初	项目名称	余额	比年初
一、各项存款	115 540	25 497	一、各项贷款	72 290	25 959
1. 单位存款	103 845	23 139	（一）境内贷款	72 290	25 959
其中：活期存款	34 452	－21 726	1. 短期贷款	59 345	23 270
定期存款	31 861	7 333	（1）个人贷款及透支	6 275	2 985
通知存款	10 000	10 000	其中：个人消费贷款	20	－40
保证金存款			（2）单位普通贷款及透支	53 070	20 285
2. 个人存款	11 696	2 358	其中：经营贷款	53 070	20 285
储蓄存款	11 696	2 358	固定资产贷款		
保证金存款			（3）普通并购贷款		
结构性存款			（4）银团贷款		
3. 临时性存款			（5）贸易融资		
4. 其他存款			（6）境外筹资转贷款		
二、代理财政性存款			2. 中长期贷款	12 945	2 688
三、金融债券			（1）个人贷款	2 645	1 188
其中：境外发行			其中：个人消费贷款	852	355
四、中长期借款			（2）单位普通贷款	6 770	220
其中：境外借款			其中：经营贷款	6 770	220
五、应付及暂收款	1 418	480	固定资产贷款		
其中：应付利息	990	121	（3）普通并购贷款		
六、卖出回购资产			（4）银团贷款	3 530	1 280
七、向中央银行借款			（5）贸易融资		
八、同业往来（来源方）	60 000		（6）境外筹资转贷款		
1. 同业存放	60 000		3. 融资租赁		
其中：境外同业存放			4. 票据融资		
2. 同业拆借			其中：贴现		
其中：境外同业拆借			5. 各项垫款		
九、境外联行往来（来源方）			（二）境外贷款		
十、外汇买卖（来源方）			二、有价证券		
其中：结售汇			三、股权及其他投资		
十一、委托存款及委托投资基金（净）			四、应收及预付款	490	56
1. 委托存款及委托投资基金	11 000	11 000	其中：应收利息	304	57
2. 减：委托贷款及委托投资	11 000	11 000	五、买入返售资产		
十二、代理金融机构委托贷款基金			六、存放中央准备金存款	19 180	－18 453
其中：中央银行委托贷款基金			七、存放中央银行特种存款		
十三、各项准备	2 250	1 092	八、缴存中央银行财政性存款		
其中：贷款损失准备	2 250	1 092	九、同业往来	97 823	21 604
十四、所有者权益	11 820	2 127	1. 存放同业	97 823	21 604
其中：实收资本	10 000		其中：存放境外同业		
十五、其他	－1 065	－155	2. 拆放同业		
			其中：拆放境外同业		
			十、境外联行往来（运用方）		
			十一、代理金融机构贷款		
			其中：代理人行专项贷款		
			十二、库存现金	179	－125
			十三、外汇买卖（运用方）		
			其中：结售汇		
			十四、投资性房地产		
资金来源总计	189 963	29 041	资金运用总计	189 963	29 041

表2.44　中国邮政储蓄银行北京分行人民币信贷收支统计

单位：万元

项目名称	余额	比年初	项目名称	余额	比年初
一、各项存款	15 338 626	1 221 741	一、各项贷款	6 274 232	3 398 602
1. 单位存款	2 327 180	562 371	（一）境内贷款	6 274 232	3 398 602
其中：活期存款	1 588 665	235 974	1. 短期贷款	1 910 216	458 970
定期存款	383 511	132 648	（1）个人贷款及透支	493 546	245 549
通知存款	346 281	191 384	其中：个人消费贷款	100	-42
保证金存款	8 724	2 366	（2）单位普通贷款及透支	1 002 602	-88 443
2. 个人存款	12 609 644	465 582	其中：经营贷款	998 684	-89 181
储蓄存款	12 609 644	465 582	固定资产贷款	3 917	738
保证金存款			（3）普通并购贷款		
结构性存款			（4）银团贷款		
3. 临时性存款			（5）贸易融资	414 068	301 864
4. 其他存款	401 802	193 788	（6）境外筹资转贷款		
二、代理财政性存款			2. 中长期贷款	4 038 157	2 740 901
三、金融债券			（1）个人贷款	1 328 339	154 254
其中：境外发行			其中：个人消费贷款	1 199 605	250 886
四、中长期借款			（2）单位普通贷款	2 709 818	2 586 647
其中：境外借款			其中：经营贷款	412 969	411 909
五、应付及暂收款	352 483	51 355	固定资产贷款	2 296 849	2 174 737
其中：应付利息	277 884	18 109	（3）普通并购贷款		
六、卖出回购资产			（4）银团贷款		
七、向中央银行借款			（5）贸易融资		
八、同业往来（来源方）	1 063 858	797 916	（6）境外筹资转贷款		
1. 同业存放	1 063 858	797 916	3. 融资租赁		
其中：境外同业存放			4. 票据融资	325 859	198 730
2. 同业拆借			其中：贴现	325 859	198 730
其中：境外同业拆借			5. 各项垫款		
九、境外联行往来（来源方）			（二）境外贷款		
十、外汇买卖（来源方）	3 362	2 484	二、有价证券		
其中：结售汇	3 362	2 484	三、股权及其他投资	2 904 750	2 904 750
十一、委托存款及委托投资基金（净）			四、应收及预付款	89 809	155
1. 委托存款及委托投资基金	985 987	166 546	其中：应收利息	83 265	3 225
2. 减：委托贷款及委托投资	985 987	166 546	五、买入返售资产	993 186	-574 513
十二、代理金融机构委托贷款基金			六、存放中央准备金存款	381	212
其中：中央银行委托贷款基金			七、存放中央银行特种存款		
十三、各项准备	113 961	73 424	八、缴存中央银行财政性存款	13	4
其中：贷款损失准备	113 961	73 424	九、同业往来	1 608	137
十四、所有者权益	99 198	49 367	1. 存放同业	1 608	137
其中：实收资本			其中：存放境外同业		
十五、其他	-6 588 954	3 536 167	2. 拆放同业		
			其中：拆放境外同业		
			十、境外联行往来（运用方）		
			十一、代理金融机构贷款		
			其中：代理人行专项贷款		
			十二、库存现金	114 980	3 106
			十三、外汇买卖（运用方）	3 575	
			其中：结售汇	3 575	
			十四、投资性房地产		
资金来源总计	10 382 534	5 732 453	资金运用总计	10 382 534	5 732 453

表 2.45 国家开发银行北京市分行外汇信贷收支统计

单位：万美元

项目名称	余额	比年初	项目名称	余额	比年初
一、各项存款	153 856	40 580	一、各项贷款	8 338 995	735 063
1. 单位存款	153 856	43 128	（一）境内贷款	3 622 225	395 300
其中：活期存款	78 231	37 495	1. 短期贷款	1 011 470	479 590
定期存款	75 625	6 574	（1）个人贷款及透支		
通知存款			其中：个人消费贷款		
保证金存款		-941	（2）单位普通贷款及透支	996 279	479 309
2. 个人存款			其中：经营贷款	996 279	479 309
储蓄存款			固定资产贷款		
保证金存款			（3）普通并购贷款		
结构性存款			（4）银团贷款		
3. 临时性存款			（5）贸易融资	15 191	281
4. 其他存款		-2 548	（6）境外筹资转贷款		
二、代理财政性存款			2. 中长期贷款	2 610 754	-84 290
三、金融债券			（1）个人贷款		
其中：境外发行			其中：个人消费贷款		
四、中长期借款			（2）单位普通贷款	2 254 978	61 559
其中：境外借款			其中：经营贷款	55 600	-24 400
五、应付及暂收款	1 629	242	固定资产贷款	2 199 378	85 959
其中：应付利息	1 614	270	（3）普通并购贷款	204 384	-121 428
六、卖出回购资产			（4）银团贷款	126 960	-15 740
七、向中央银行借款			（5）贸易融资		
八、同业往来（来源方）	15 191	281	（6）境外筹资转贷款	24 432	-8 680
1. 同业存放			3. 融资租赁		
其中：境外同业存放			4. 票据融资		
2. 同业拆借	15191	281	其中：贴现		
其中：境外同业拆借	15191	281	5. 各项垫款		
九、境外联行往来（来源方）			（二）境外贷款	4 716 771	339 763
十、外汇买卖（来源方）	1 990	553	二、有价证券		
其中：结售汇			三、股权及其他投资		
十一、委托存款及委托投资基金（净）			四、应收及预付款	11 455	3 496
1. 委托存款及委托投资基金	1 797 585	1 297 548	其中：应收利息	16 089	2 807
2. 减：委托贷款及委托投资	1 797 585	1 297 548	五、买入返售资产		
十二、代理金融机构委托贷款基金	2 129 989	2 129 989	六、存放中央准备金存款		
其中：中央银行委托贷款基金	2 091 989	2 091 989	七、存放中央银行特种存款		
十三、各项准备	297 754	4 4931	八、缴存中央银行财政性存款		
其中：贷款损失准备	297 754	44 931	九、同业往来		
十四、所有者权益	58 024	-8 350	1. 存放同业		
其中：实收资本			其中：存放境外同业		
十五、其他	7 822 007	660 322	2. 拆放同业		
			其中：拆放境外同业		
			十、境外联行往来（运用方）		
			十一、代理金融机构贷款	2 129 989	2 129 989
			其中：代理人行专项贷款	2 091 989	2 091 989
			十二、库存现金		
			十三、外汇买卖（运用方）		
			其中：结售汇		
			十四、投资性房地产		
资金来源总计	10 480 439	2 868 548	资金运用总计	10 480 439	2 868 548

表 2.46　中国进出口银行北京分行外汇信贷收支统计

单位：万美元

项目名称	余额	比年初	项目名称	余额	比年初
一、各项存款	23 191	13 594	一、各项贷款	330 384	65 771
1. 单位存款	23 191	13 594	（一）境内贷款	328 948	64 335
其中：活期存款	18 716	15 403	1. 短期贷款	48 723	30 979
定期存款			（1）个人贷款及透支		
通知存款			其中：个人消费贷款		
保证金存款	4 474	-1 809	（2）单位普通贷款及透支	21 441	11 241
2. 个人存款			其中：经营贷款	21 441	11 241
储蓄存款			固定资产贷款		
保证金存款			（3）普通并购贷款		
结构性存款			（4）银团贷款		
3. 临时性存款			（5）贸易融资	27 282	19 738
4. 其他存款			（6）境外筹资转贷款		
二、代理财政性存款			2. 中长期贷款	280 225	33 356
三、金融债券			（1）个人贷款		
其中：境外发行			其中：个人消费贷款		
四、中长期借款			（2）单位普通贷款	183 946	38 490
其中：境外借款			其中：经营贷款	139 280	-6 175
五、应付及暂收款	205	32	固定资产贷款	44 666	44 666
其中：应付利息	195	31	（3）普通并购贷款	13 186	13 186
六、卖出回购资产			（4）银团贷款	52 400	-10 266
七、向中央银行借款			（5）贸易融资	29 494	-9 254
八、同业往来（来源方）	2 376	512	（6）境外筹资转贷款	1 200	1 200
1. 同业存放			3. 融资租赁		
其中：境外同业存放			4. 票据融资		
2. 同业拆借	2 376	512	其中：贴现		
其中：境外同业拆借	2 376	512	5. 各项垫款		
九、境外联行往来（来源方）			（二）境外贷款	1 436	1 436
十、外汇买卖（来源方）			二、有价证券		
其中：结售汇			三、股权及其他投资		
十一、委托存款及委托投资基金（净）			四、应收及预付款	483	84
1. 委托存款及委托投资基金			其中：应收利息	483	84
2. 减：委托贷款及委托投资			五、买入返售资产		
十二、代理金融机构委托贷款基金			六、存放中央准备金存款		
其中：中央银行委托贷款基金			七、存放中央银行特种存款		
十三、各项准备	2 868	1 006	八、缴存中央银行财政性存款		
其中：贷款损失准备	2 868	1 006	九、同业往来	444	405
十四、所有者权益	4 568	4 568	1. 存放同业	444	405
其中：实收资本			其中：存放境外同业		
十五、其他	298 103	46 548	2. 拆放同业		
			其中：拆放境外同业		
			十、境外联行往来（运用方）		
			十一、代理金融机构贷款		
			其中：代理人行专项贷款		
			十二、库存现金		
			十三、外汇买卖（运用方）		
			其中：结售汇		
			十四、投资性房地产		
资金来源总计	331 311	66 260	资金运用总计	331 311	66 260

表 2.47　中国农业发展银行北京市分行外汇信贷收支统计

单位：万美元

项目名称	余额	比年初	项目名称	余额	比年初
一、各项存款	2 204	1 923	一、各项贷款		
1. 单位存款	2 204	1 933	（一）境内贷款		
其中：活期存款	2 204	1 933	1. 短期贷款		
定期存款			(1) 个人贷款及透支		
通知存款			其中：个人消费贷款		
保证金存款			(2) 单位普通贷款及透支		
2. 个人存款			其中：经营贷款		
储蓄存款			固定资产贷款		
保证金存款			(3) 普通并购贷款		
结构性存款			(4) 银团贷款		
3. 临时性存款		−10	(5) 贸易融资		
4. 其他存款			(6) 境外筹资转贷款		
二、代理财政性存款			2. 中长期贷款		
三、金融债券			(1) 个人贷款		
其中：境外发行			其中：个人消费贷款		
四、中长期借款			(2) 单位普通贷款		
其中：境外借款			其中：经营贷款		
五、应付及暂收款			固定资产贷款		
其中：应付利息			(3) 普通并购贷款		
六、卖出回购资产			(4) 银团贷款		
七、向中央银行借款			(5) 贸易融资		
八、同业往来（来源方）			(6) 境外筹资转贷款		
1. 同业存放			3. 融资租赁		
其中：境外同业存放			4. 票据融资		
2. 同业拆借			其中：贴现		
其中：境外同业拆借			5. 各项垫款		
九、境外联行往来（来源方）			（二）境外贷款		
十、外汇买卖（来源方）			二、有价证券		
其中：结售汇			三、股权及其他投资		
十一、委托存款及委托投资基金（净）			四、应收及预付款		
1. 委托存款及委托投资基金			其中：应收利息		
2. 减：委托贷款及委托投资			五、买入返售资产		
十二、代理金融机构委托贷款基金			六、存放中央准备金存款		
其中：中央银行委托贷款基金			七、存放中央银行特种存款		
十三、各项准备			八、缴存中央银行财政性存款		
其中：贷款损失准备			九、同业往来		
十四、所有者权益	1		1. 存放同业		
其中：实收资本			其中：存放境外同业		
十五、其他	−2 205	−1 923	2. 拆放同业		
			其中：拆放境外同业		
			十、境外联行往来（运用方）		
			十一、代理金融机构贷款		
			其中：代理人行专项贷款		
			十二、库存现金		
			十三、外汇买卖（运用方）		
			其中：结售汇		
			十四、投资性房地产		
资金来源总计			资金运用总计		

表2.48 中国工商银行北京市分行外汇信贷收支统计

单位：万美元

项目名称	余额	比年初	项目名称	余额	比年初
一、各项存款	673 263	160 989	一、各项贷款	638 145	45 971
1. 单位存款	337 785	105 708	（一）境内贷款	575 041	51 310
其中：活期存款	78 482	-6 548	1. 短期贷款	477 716	75 984
定期存款	163 750	20 411	（1）个人贷款及透支		
通知存款		-1 920	其中：个人消费贷款		
保证金存款	95 554	93 765	（2）单位普通贷款及透支	110 132	101 913
2. 个人存款	275 683	2 508	其中：经营贷款	78 690	70 471
储蓄存款	274 616	2 134	固定资产贷款	31 442	31 442
保证金存款	968	374	（3）普通并购贷款		
结构性存款	98		（4）银团贷款		
3. 临时性存款	25 34	926	（5）贸易融资	367 584	-25 928
4. 其他存款	57 260	51 847	（6）境外筹资转贷款		
二、代理财政性存款			2. 中长期贷款	97 320	-24 611
三、金融债券			（1）个人贷款		
其中：境外发行			其中：个人消费贷款		
四、中长期借款	28 309	-4 844	（2）单位普通贷款	68 737	-19 174
其中：境外借款	28 309	-4 844	其中：经营贷款	7 600	3 600
五、应付及暂收款	10 246	-476	固定资产贷款	61 137	-22 774
其中：应付利息	1 831	786	（3）普通并购贷款		
六、卖出回购资产			（4）银团贷款	300	-600
七、向中央银行借款			（5）贸易融资		
八、同业往来（来源方）	809 584	421 804	（6）境外筹资转贷款	28 283	-4 837
1. 同业存放	805 333	558 027	3. 融资租赁		
其中：境外同业存放		-1	4. 票据融资	4	-63
2. 同业拆借	4 251	-136 223	其中：贴现		
其中：境外同业拆借	4 251	-136 223	5. 各项垫款		
九、境外联行往来（来源方）			（二）境外贷款	63 104	-5 340
十、外汇买卖（来源方）	3 828 795	3 822 072	二、有价证券		
其中：结售汇	3 571 273	3 571 236	三、股权及其他投资		
十一、委托存款及委托投资基金（净）			四、应收及预付款	2 646	782
1. 委托存款及委托投资基金	332 962	166 517	其中：应收利息	1 745	341
2. 减：委托贷款及委托投资	332 962	166 517	五、买入返售资产		
十二、代理金融机构委托贷款基金			六、存放中央准备金存款		
其中：中央银行委托贷款基金			七、存放中央银行特种存款		
十三、各项准备	11 173	1 924	八、缴存中央银行财政性存款		
其中：贷款损失准备	11 172	1 924	九、同业往来	46 046	-62 787
十四、所有者权益	2 471	-1 943	1. 存放同业	1 932	-2 093
其中：实收资本			其中：存放境外同业	1 088	216
十五、其他	-831 138	-597 279	2. 拆放同业	44 114	-60 693
			其中：拆放境外同业		
			十、境外联行往来（运用方）	438	29
			十一、代理金融机构贷款		
			其中：代理人行专项贷款		
			十二、库存现金	12 378	-534
			十三、外汇买卖（运用方）	3 833 050	3 818 786
			其中：结售汇	3 575 317	3 565 450
			十四、投资性房地产		
资金来源总计	4 532 702	3 802 247	资金运用总计	4 532 702	3 802 247

表 2.49　中国农业银行北京市分行外汇信贷收支统计

单位：万美元

项目名称	余额	比年初	项目名称	余额	比年初
一、各项存款	317 937	141 283	一、各项贷款	423 517	-68 887
1. 单位存款	274 306	119 615	（一）境内贷款	423 517	-68 887
其中：活期存款	105 293	3 348	1. 短期贷款	191 402	-37 086
定期存款	109 279	95 946	（1）个人贷款及透支	614	193
通知存款		-2 200	其中：个人消费贷款	614	193
保证金存款	59 734	22 521	（2）单位普通贷款及透支	57 345	22 295
2. 个人存款	14 453	2 889	其中：经营贷款	57 345	22 295
储蓄存款	14 453	2 889	固定资产贷款		
保证金存款			（3）普通并购贷款		
结构性存款			（4）银团贷款		
3. 临时性存款	159	33	（5）贸易融资	133 443	-59 574
4. 其他存款	29 020	18 746	（6）境外筹资转贷款		
二、代理财政性存款			2. 中长期贷款	230 187	-33 729
三、金融债券			（1）个人贷款		
其中：境外发行			其中：个人消费贷款		
四、中长期借款			（2）单位普通贷款	203 860	-40 056
其中：境外借款			其中：经营贷款	198 485	-36 000
五、应付及暂收款	5 160	3 077	固定资产贷款	5 375	-4 056
其中：应付利息	2 396	2 112	（3）普通并购贷款		
六、卖出回购资产			（4）银团贷款	20 000	
七、向中央银行借款			（5）贸易融资		
八、同业往来（来源方）	20 032	-16 606	（6）境外筹资转贷款	6 327	6 327
1. 同业存放	16 131	-20 506	3. 融资租赁		
其中：境外同业存放			4. 票据融资		
2. 同业拆借	3 901	3 901	其中：贴现		
其中：境外同业拆借	3 901	3 901	5. 各项垫款	1 929	1 929
九、境外联行往来（来源方）			（二）境外贷款		
十、外汇买卖（来源方）	1 968 245	740 090	二、有价证券		
其中：结售汇	1 968 245	740 090	三、股权及其他投资		
十一、委托存款及委托投资基金（净）			四、应收及预付款	2 964	1 429
1. 委托存款及委托投资基金			其中：应收利息	2 905	1 446
2. 减：委托贷款及委托投资			五、买入返售资产		
十二、代理金融机构委托贷款基金			六、存放中央准备金存款		
其中：中央银行委托贷款基金			七、存放中央银行特种存款		
十三、各项准备			八、缴存中央银行财政性存款		
其中：贷款损失准备			九、同业往来	18 000	18 000
十四、所有者权益	5 840	550	1. 存放同业	18 000	18 000
其中：实收资本			其中：存放境外同业		
十五、其他	97 742	-177 437	2. 拆放同业		
			其中：拆放境外同业		
			十、境外联行往来（运用方）		
			十一、代理金融机构贷款		
			其中：代理人行专项贷款		
			十二、库存现金	2 234	324
			十三、外汇买卖（运用方）	1 968 241	740 090
			其中：结售汇	1 968 241	740 090
			十四、投资性房地产		
资金来源总计	2 414 956	690 956	资金运用总计	2 414 956	690 956

表2.50　中国银行北京市分行外汇信贷收支统计

单位：万美元

项目名称	余额	比年初	项目名称	余额	比年初
一、各项存款	756 475	-175 911	一、各项贷款	466 610	112 383
1. 单位存款	276 293	-193 914	（一）境内贷款	459 563	105 336
其中：活期存款	140 459	8 974	1. 短期贷款	362 256	190 216
定期存款	128 262	-146 852	（1）个人贷款及透支	2 734	363
通知存款		-31 000	其中：个人消费贷款	2 734	363
保证金存款	7 573	-25 036	（2）单位普通贷款及透支	117 910	88 862
2. 个人存款	397 433	4 334	其中：经营贷款	117 910	88 862
储蓄存款	396 120	4 301	固定资产贷款		
保证金存款	1 313	33	（3）普通并购贷款		
结构性存款			（4）银团贷款		
3. 临时性存款	25 222	-917	（5）贸易融资	241 612	100 991
4. 其他存款	57 527	14 586	（6）境外筹资转贷款		
二、代理财政性存款			2. 中长期贷款	97 307	-84 880
三、金融债券			（1）个人贷款	137	-5
其中：境外发行			其中：个人消费贷款	137	-5
四、中长期借款			（2）单位普通贷款	60 022	-94 564
其中：境外借款			其中：经营贷款	3 594	-99 159
五、应付及暂收款	17 912	-7 113	固定资产贷款	56 428	4 595
其中：应付利息	17 524	-7 311	（3）普通并购贷款	3 511	-425
六、卖出回购资产			（4）银团贷款	3 101	-316
七、向中央银行借款			（5）贸易融资	28 026	11 079
八、同业往来（来源方）	3 493 311	1 044 427	（6）境外筹资转贷款	2 508	-649
1. 同业存放	3 480 208	1 079 014	3. 融资租赁		
其中：境外同业存放	4 411	4 386	4. 票据融资		
2. 同业拆借	13 103	-34 587	其中：贴现		
其中：境外同业拆借	13 103	-15 955	5. 各项垫款		
九、境外联行往来（来源方）		-3 173	（二）境外贷款	7 047	7 047
十、外汇买卖（来源方）			二、有价证券		
其中：结售汇			三、股权及其他投资		
十一、委托存款及委托投资基金（净）			四、应收及预付款	87 580	47 046
1. 委托存款及委托投资基金	8 896	-42 230	其中：应收利息	87 194	46 852
2. 减：委托贷款及委托投资	8 896	-42 230	五、买入返售资产		
十二、代理金融机构委托贷款基金			六、存放中央准备金存款	36 563	-7 809
其中：中央银行委托贷款基金			七、存放中央银行特种存款		
十三、各项准备	11 489	3 561	八、缴存中央银行财政性存款		
其中：贷款损失准备	11 432	3 560	九、同业往来	248 484	139 388
十四、所有者权益	74 429	74 429	1. 存放同业	228 484	123 888
其中：实收资本			其中：存放境外同业		
十五、其他	-3 492 428	-646 662	2. 拆放同业	20 000	15 500
			其中：拆放境外同业		
			十、境外联行往来（运用方）		
			十一、代理金融机构贷款		
			其中：代理人行专项贷款		
			十二、库存现金	21 951	-1 451
			十三、外汇买卖（运用方）		
			其中：结售汇		
			十四、投资性房地产		
资金来源总计	861 188	289 558	资金运用总计	861 188	289 558

表 2.51　中国建设银行北京市分行外汇信贷收支统计

单位：万美元

项目名称	余额	比年初	项目名称	余额	比年初
一、各项存款	391 028	44 492	一、各项贷款	856 644	248 234
1. 单位存款	228 767	16 547	（一）境内贷款	856 644	248 234
其中：活期存款	67 624	-3 262	1. 短期贷款	379 499	-27 948
定期存款	78 657	12 330	（1）个人贷款及透支	1 596	52
通知存款	4 310	-190	其中：个人消费贷款	1 596	52
保证金存款	7 827	7 676	（2）单位普通贷款及透支	72 179	21 404
2. 个人存款	62 344	9 890	其中：经营贷款	72 167	21 405
储蓄存款	61 611	9 733	固定资产贷款		
保证金存款	82	39	（3）普通并购贷款		
结构性存款	651	118	（4）银团贷款		
3. 临时性存款	16 273	-3 024	（5）贸易融资	305 724	-49 404
4. 其他存款	83 643	21 080	（6）境外筹资转贷款		
二、代理财政性存款			2. 中长期贷款	477 134	276 170
三、金融债券			（1）个人贷款	2	
其中：境外发行			其中：个人消费贷款	2	
四、中长期借款	54 786	15 923	（2）单位普通贷款	383 742	281 093
其中：境外借款	54 786	15 923	其中：经营贷款	33 004	22 414
五、应付及暂收款	25 644	14 114	固定资产贷款	350 738	258 679
其中：应付利息	3 636	374	（3）普通并购贷款		
六、卖出回购资产			（4）银团贷款		
七、向中央银行借款			（5）贸易融资	38 631	-20 865
八、同业往来（来源方）	904 398	-560 327	（6）境外筹资转贷款	54 759	15 942
1. 同业存放	844 219	-536 417	3. 融资租赁		
其中：境外同业存放	319	86	4. 票据融资		
2. 同业拆借	60 179	-23 909	其中：贴现		
其中：境外同业拆借	60 179	60 179	5. 各项垫款	11	11
九、境外联行往来（来源方）	19 780	19 780	（二）境外贷款		
十、外汇买卖（来源方）			二、有价证券		
其中：结售汇			三、股权及其他投资		
十一、委托存款及委托投资基金（净）			四、应收及预付款	1 143	-2 414
1. 委托存款及委托投资基金	5 200		其中：应收利息	757	-2 732
2. 减：委托贷款及委托投资	5 200		五、买入返售资产		
十二、代理金融机构委托贷款基金			六、存放中央准备金存款		
其中：中央银行委托贷款基金			七、存放中央银行特种存款		
十三、各项准备			八、缴存中央银行财政性存款		
其中：贷款损失准备			九、同业往来	73 634	-32 000
十四、所有者权益	-4 721	-8 702	1. 存放同业	71 634	-10 000
其中：实收资本			其中：存放境外同业		
十五、其他	-455 857	689 497	2. 拆放同业	2 000	-22 000
			其中：拆放境外同业		
			十、境外联行往来（运用方）		
			十一、代理金融机构贷款		
			其中：代理人行专项贷款		
			十二、库存现金	3 636	957
			十三、外汇买卖（运用方）		
			其中：结售汇		
			十四、投资性房地产		
资金来源总计	935 058	214 777	资金运用总计	935 058	214 777

表2.52　交通银行北京市分行外汇信贷收支统计

单位：万美元

项目名称	余额	比年初	项目名称	余额	比年初
一、各项存款	331 133	72 577	一、各项贷款	100 224	1 473
1. 单位存款	142 382	-29 364	（一）境内贷款	100 224	1 473
其中：活期存款	70 756	29 913	1. 短期贷款	91 935	3 820
定期存款	39 507	1 531	（1）个人贷款及透支		
通知存款			其中：个人消费贷款		
保证金存款	32 119	-60 808	（2）单位普通贷款及透支	47 786	15 885
2. 个人存款	74 001	10 998	其中：经营贷款	47 786	15 885
储蓄存款	33 721	-1 432	固定资产贷款		
保证金存款	1 021	-29	（3）普通并购贷款		
结构性存款	39 259	12 459	（4）银团贷款		
3. 临时性存款	5 231	1 453	（5）贸易融资	44 150	-12 065
4. 其他存款	109 519	89 490	（6）境外筹资转贷款		
二、代理财政性存款			2. 中长期贷款	8 288	-2 343
三、金融债券			（1）个人贷款		
其中：境外发行			其中：个人消费贷款		
四、中长期借款			（2）单位普通贷款	5 624	-1 219
其中：境外借款			其中：经营贷款		
五、应付及暂收款	196 425	-157 416	固定资产贷款	5 624	-1 219
其中：应付利息	3 779	3 069	（3）普通并购贷款		
六、卖出回购资产			（4）银团贷款		
七、向中央银行借款			（5）贸易融资	1 700	-850
八、同业往来（来源方）	19 602	-570	（6）境外筹资转贷款	964	-274
1. 同业存放	14 728	-444	3. 融资租赁		
其中：境外同业存放			4. 票据融资	1	-4
2. 同业拆借	4 874	-126	其中：贴现		
其中：境外同业拆借	4 874	-126	5. 各项垫款		
九、境外联行往来（来源方）	930	-6 312	（二）境外贷款		
十、外汇买卖（来源方）			二、有价证券		
其中：结售汇			三、股权及其他投资		
十一、委托存款及委托投资基金（净）	1		四、应收及预付款	117 258	-16 949
1. 委托存款及委托投资基金	104 427	7 442	其中：应收利息	807	323
2. 减：委托贷款及委托投资	104 427	7 442	五、买入返售资产		
十二、代理金融机构委托贷款基金			六、存放中央准备金存款		
其中：中央银行委托贷款基金			七、存放中央银行特种存款		
十三、各项准备	1 255	-698	八、缴存中央银行财政性存款		
其中：贷款损失准备	1 255	-698	九、同业往来	4 318	-12 632
十四、所有者权益	-5 380	-3 466	1. 存放同业	4 318	-12 632
其中：实收资本			其中：存放境外同业	1 404	1 388
十五、其他	-319 949	67 054	2. 拆放同业		
			其中：拆放境外同业		
			十、境外联行往来（运用方）		-1 107
			十一、代理金融机构贷款		
			其中：代理人行专项贷款		
			十二、库存现金	2 196	373
			十三、外汇买卖（运用方）	21	11
			其中：结售汇	21	11
			十四、投资性房地产		
资金来源总计	224 017	-28 830	资金运用总计	224 017	-28 830

表 2.53 招商银行北京分行外汇信贷收支统计

单位：万美元

项目名称	余额	比年初	项目名称	余额	比年初
一、各项存款	686 036	316 742	一、各项贷款	142 199	-36 171
1. 单位存款	549 172	321 718	（一）境内贷款	142 199	-36 171
其中：活期存款	99 499	45 427	1. 短期贷款	133 335	-5 035
定期存款	178 199	143 803	（1）个人贷款及透支		
通知存款			其中：个人消费贷款		
保证金存款	271 474	132 488	（2）单位普通贷款及透支		-5 000
2. 个人存款	118 717	16 467	其中：经营贷款		-5 000
储蓄存款	118 717	16 467	固定资产贷款		
保证金存款			（3）普通并购贷款		
结构性存款			（4）银团贷款		
3. 临时性存款	5 228	459	（5）贸易融资	133 335	-35
4. 其他存款	12 919	-21 902	（6）境外筹资转贷款		
二、代理财政性存款			2. 中长期贷款	8 864	-31 136
三、金融债券			（1）个人贷款		
其中：境外发行			其中：个人消费贷款		
四、中长期借款	486	-65	（2）单位普通贷款		-40 000
其中：境外借款	486	-65	其中：经营贷款		
五、应付及暂收款	14 693	12 586	固定资产贷款		-40 000
其中：应付利息	14 679	12 575	（3）普通并购贷款		
六、卖出回购资产			（4）银团贷款		
七、向中央银行借款			（5）贸易融资	8 864	8 864
八、同业往来（来源方）	118 564	101622	（6）境外筹资转贷款		
1. 同业存放	113 781	104 033	3. 融资租赁		
其中：境外同业存放			4. 票据融资		
2. 同业拆借	4 783	-2 411	其中：贴现		
其中：境外同业拆借	4 783	-1 502	5. 各项垫款		
九、境外联行往来（来源方）			（二）境外贷款		
十、外汇买卖（来源方）	3 878	3 815	二、有价证券		
其中：结售汇	3 851	3 851	三、股权及其他投资		
十一、委托存款及委托投资基金（净）			四、应收及预付款	3 073	1 903
1. 委托存款及委托投资基金			其中：应收利息	3 071	1 902
2. 减：委托贷款及委托投资			五、买入返售资产		
十二、代理金融机构委托贷款基金			六、存放中央准备金存款		
其中：中央银行委托贷款基金			七、存放中央银行特种存款		
十三、各项准备	2 844	-723	八、缴存中央银行财政性存款		
其中：贷款损失准备	2 844	-723	九、同业往来	4 446	-2 868
十四、所有者权益	7 445	2 664	1. 存放同业	4 446	-2 868
其中：实收资本			其中：存放境外同业		
十五、其他	-676 871	-468 921	2. 拆放同业		
			其中：拆放境外同业		
			十、境外联行往来（运用方）		
			十一、代理金融机构贷款		
			其中：代理人行专项贷款		
			十二、库存现金	2 635	196
			十三、外汇买卖（运用方）	4 722	4 660
			其中：结售汇	4 695	4 695
			十四、投资性房地产		
资金来源总计	157 075	-32 280	资金运用总计	157 075	-32 280

表2.54 上海浦东发展银行北京分行外汇信贷收支统计

单位：万美元

项目名称	余额	比年初	项目名称	余额	比年初
一、各项存款	150 344	-10 917	一、各项贷款	7 909	-5 820
1. 单位存款	113 297	-14 568	（一）境内贷款	7 909	-5 820
其中：活期存款	9 536	5 826	1. 短期贷款	7 129	-5 700
定期存款	13 387	-3 536	（1）个人贷款及透支		
通知存款			其中：个人消费贷款		
保证金存款	84 847	-22 385	（2）单位普通贷款及透支	1 290	-5 110
2. 个人存款	13 569	3 643	其中：经营贷款	1 290	-5 110
储蓄存款	12 749	2 834	固定资产贷款		
保证金存款			（3）普通并购贷款		
结构性存款	820	809	（4）银团贷款		
3. 临时性存款	458	92	（5）贸易融资	5 839	-590
4. 其他存款	23 020	-84	（6）境外筹资转贷款		
二、代理财政性存款			2. 中长期贷款	780	-120
三、金融债券			（1）个人贷款		
其中：境外发行			其中：个人消费贷款		
四、中长期借款			（2）单位普通贷款	780	-120
其中：境外借款			其中：经营贷款		
五、应付及暂收款	2 464	-1 534	固定资产贷款	780	-120
其中：应付利息	1 376	-282	（3）普通并购贷款		
六、卖出回购资产			（4）银团贷款		
七、向中央银行借款			（5）贸易融资		
八、同业往来（来源方）	627	-5 967	（6）境外筹资转贷款		
1. 同业存放	627	-5 967	3. 融资租赁		
其中：境外同业存放			4. 票据融资		
2. 同业拆借			其中：贴现		
其中：境外同业拆借			5. 各项垫款		
九、境外联行往来（来源方）			（二）境外贷款		
十、外汇买卖（来源方）	182	-1 196	二、有价证券		
其中：结售汇	12	-31	三、股权及其他投资		
十一、委托存款及委托投资基金（净）			四、应收及预付款	989	722
1. 委托存款及委托投资基金			其中：应收利息	793	722
2. 减：委托贷款及委托投资			五、买入返售资产		
十二、代理金融机构委托贷款基金			六、存放中央准备金存款		
其中：中央银行委托贷款基金			七、存放中央银行特种存款		
十三、各项准备			八、缴存中央银行财政性存款		
其中：贷款损失准备			九、同业往来	101 996	93 690
十四、所有者权益	871	299	1. 存放同业	65 996	57 690
其中：实收资本			其中：存放境外同业		
十五、其他	-42 713	106 607	2. 拆放同业	36 000	36 000
			其中：拆放境外同业		
			十、境外联行往来（运用方）		
			十一、代理金融机构贷款		
			其中：代理人行专项贷款		
			十二、库存现金	582	-124
			十三、外汇买卖（运用方）	299	-1 176
			其中：结售汇	9	-8
			十四、投资性房地产		
资金来源总计	111 775	87 292	资金运用总计	111 775	87 292

表 2.55 广发银行北京分行外汇信贷收支统计

单位：万美元

项目名称	余额	比年初	项目名称	余额	比年初
一、各项存款	178 763	31 498	一、各项贷款	41 161	-638
1. 单位存款	153 492	56 577	（一）境内贷款	41 161	-638
其中：活期存款	18 300	4 852	1. 短期贷款	39 379	-1 724
定期存款	90 293	24 735	（1）个人贷款及透支		
通知存款			其中：个人消费贷款		
保证金存款	34 398	19 490	（2）单位普通贷款及透支	34 768	19 343
2. 个人存款	6 174	2 029	其中：经营贷款	34 768	19 343
储蓄存款	6 087	2 031	固定资产贷款		
保证金存款	87	-2	（3）普通并购贷款		
结构性存款			（4）银团贷款		
3. 临时性存款	92	73	（5）贸易融资	4 611	-21 067
4. 其他存款	19 005	-27 181	（6）境外筹资转贷款		
二、代理财政性存款			2. 中长期贷款	1 782	1 086
三、金融债券			（1）个人贷款		
其中：境外发行			其中：个人消费贷款		
四、中长期借款			（2）单位普通贷款	1 782	1 782
其中：境外借款			其中：经营贷款		
五、应付及暂收款	2 684	678	固定资产贷款	1 782	1 782
其中：应付利息	2 667	678	（3）普通并购贷款		
六、卖出回购资产			（4）银团贷款		
七、向中央银行借款			（5）贸易融资		-696
八、同业往来（来源方）	32 087	-62 238	（6）境外筹资转贷款		
1. 同业存放	15 320	-72 038	3. 融资租赁		
其中：境外同业存放			4. 票据融资		
2. 同业拆借	16 767	9 800	其中：贴现		
其中：境外同业拆借	1 476	-2 957	5. 各项垫款		
九、境外联行往来（来源方）			（二）境外贷款		
十、外汇买卖（来源方）	105	81	二、有价证券		
其中：结售汇	105	81	三、股权及其他投资	30 926	30 926
十一、委托存款及委托投资基金（净）			四、应收及预付款	542	286
1. 委托存款及委托投资基金			其中：应收利息	541	286
2. 减：委托贷款及委托投资			五、买入返售资产		
十二、代理金融机构委托贷款基金			六、存放中央准备金存款		
其中：中央银行委托贷款基金			七、存放中央银行特种存款		
十三、各项准备		142	八、缴存中央银行财政性存款		
其中：贷款损失准备		142	九、同业往来	4 236	3 880
十四、所有者权益	590	-261	1. 存放同业	4 236	3 880
其中：实收资本			其中：存放境外同业		
十五、其他	-136 820	64 583	2. 拆放同业		
			其中：拆放境外同业		
			十、境外联行往来（运用方）		
			十一、代理金融机构贷款		
			其中：代理人行专项贷款		
			十二、库存现金	491	-2
			十三、外汇买卖（运用方）	53	31
			其中：结售汇	53	31
			十四、投资性房地产		
资金来源总计	77 409	34 483	资金运用总计	77 409	34 483

表 2. 56　兴业银行北京分行外汇信贷收支统计

单位：万美元

项目名称	余额	比年初	项目名称	余额	比年初
一、各项存款	508 843	93 755	一、各项贷款	469 373	102 534
1. 单位存款	503 669	107 614	（一）境内贷款	469 373	102 534
其中：活期存款	5 359	-2 533	1. 短期贷款	469 373	102 534
定期存款	14 722	-9 734	（1）个人贷款及透支		
通知存款	6 850	6 850	其中：个人消费贷款		
保证金存款	476 738	113 032	（2）单位普通贷款及透支	10 928	10 928
2. 个人存款	5 039	1 421	其中：经营贷款	10 928	10 928
储蓄存款	5 039	1 421	固定资产贷款		
保证金存款			（3）普通并购贷款		
结构性存款			（4）银团贷款		
3. 临时性存款	135	23	（5）贸易融资	458 445	91 607
4. 其他存款		-15 303	（6）境外筹资转贷款		
二、代理财政性存款			2. 中长期贷款		
三、金融债券			（1）个人贷款		
其中：境外发行			其中：个人消费贷款		
四、中长期借款			（2）单位普通贷款		
其中：境外借款			其中：经营贷款		
五、应付及暂收款	3 049	-1 172	固定资产贷款		
其中：应付利息	2 992	-1 179	（3）普通并购贷款		
六、卖出回购资产			（4）银团贷款		
七、向中央银行借款			（5）贸易融资		
八、同业往来（来源方）	47 002	-3 721	（6）境外筹资转贷款		
1. 同业存放	346	11	3. 融资租赁		
其中：境外同业存放			4. 票据融资		
2. 同业拆借	46 657	-3 732	其中：贴现		
其中：境外同业拆借	4 500	3 900	5. 各项垫款		
九、境外联行往来（来源方）			（二）境外贷款		
十、外汇买卖（来源方）			二、有价证券		
其中：结售汇			三、股权及其他投资		
十一、委托存款及委托投资基金（净）			四、应收及预付款	1 479	-2 140
1. 委托存款及委托投资基金	950	950	其中：应收利息	1 479	-2 140
2. 减：委托贷款及委托投资	950	950	五、买入返售资产		
十二、代理金融机构委托贷款基金			六、存放中央准备金存款		
其中：中央银行委托贷款基金			七、存放中央银行特种存款		
十三、各项准备	4 808	1 106	八、缴存中央银行财政性存款		
其中：贷款损失准备	4 808	1 106	九、同业往来	14 563	-617
十四、所有者权益	-4 351	-589	1. 存放同业	563	383
其中：实收资本			其中：存放境外同业		
十五、其他	-73 627	10 368	2. 拆放同业	14 000	-1 000
			其中：拆放境外同业		
			十、境外联行往来（运用方）		
			十一、代理金融机构贷款		
			其中：代理人行专项贷款		
			十二、库存现金	311	-30
			十三、外汇买卖（运用方）		
			其中：结售汇		
			十四、投资性房地产		
资金来源总计	485 725	99 747	资金运用总计	485 725	99 747

表 2.57　平安银行北京分行外汇信贷收支统计

单位：万美元

项目名称	余额	比年初	项目名称	余额	比年初
一、各项存款	335 895	111 363	一、各项贷款	130 475	59 373
1. 单位存款	198 812	37 434	（一）境内贷款	130 475	59 373
其中：活期存款	34 036	13 686	1. 短期贷款	124 980	80 375
定期存款	65 300	-47 676	（1）个人贷款及透支		
通知存款	4 879	4 879	其中：个人消费贷款		
保证金存款	94 597	66 545	（2）单位普通贷款及透支	110 190	90 447
2. 个人存款	1 501	565	其中：经营贷款	110 190	90 447
储蓄存款	1 501	565	固定资产贷款		
保证金存款			（3）普通并购贷款		
结构性存款			（4）银团贷款		
3. 临时性存款	64		（5）贸易融资	14 790	-10 072
4. 其他存款	135 518	73 364	（6）境外筹资转贷款		
二、代理财政性存款			2. 中长期贷款	5 495	-21 001
三、金融债券			（1）个人贷款		
其中：境外发行			其中：个人消费贷款		
四、中长期借款			（2）单位普通贷款	5 495	-21 001
其中：境外借款			其中：经营贷款	5 495	-21 001
五、应付及暂收款	6 395	2 070	固定资产贷款		
其中：应付利息	5 022	1 614	（3）普通并购贷款		
六、卖出回购资产			（4）银团贷款		
七、向中央银行借款			（5）贸易融资		
八、同业往来（来源方）	39 005	-185 653	（6）境外筹资转贷款		
1. 同业存放	30 427	-174 908	3. 融资租赁		
其中：境外同业存放			4. 票据融资		
2. 同业拆借	8 578	-10 744	其中：贴现		
其中：境外同业拆借	8 578	-4 655	5. 各项垫款		
九、境外联行往来（来源方）			（二）境外贷款		
十、外汇买卖（来源方）			二、有价证券		
其中：结售汇			三、股权及其他投资		
十一、委托存款及委托投资基金（净）			四、应收及预付款	1 465	260
1. 委托存款及委托投资基金			其中：应收利息	1 414	252
2. 减：委托贷款及委托投资			五、买入返售资产		
十二、代理金融机构委托贷款基金			六、存放中央准备金存款		
其中：中央银行委托贷款基金			七、存放中央银行特种存款		
十三、各项准备	1 299	803	八、缴存中央银行财政性存款		
其中：贷款损失准备	1 272	803	九、同业往来	114	-111
十四、所有者权益	-10 256	-6 387	1. 存放同业	114	-111
其中：实收资本			其中：存放境外同业		
十五、其他	-240 083	137 376	2. 拆放同业		
			其中：拆放境外同业		
			十、境外联行往来（运用方）		
			十一、代理金融机构贷款		
			其中：代理人行专项贷款		
			十二、库存现金	202	51
			十三、外汇买卖（运用方）		
			其中：结售汇		
			十四、投资性房地产		
资金来源总计	132 255	59 573	资金运用总计	132 255	59 573

表2.58　中信银行总行营业部外汇信贷收支统计

单位：万美元

项目名称	余额	比年初	项目名称	余额	比年初
一、各项存款	927 850	209 356	一、各项贷款	161 086	-85 276
1. 单位存款	637 457	203 938	（一）境内贷款	147 746	-89 104
其中：活期存款	206 087	79 759	1. 短期贷款	116 161	-67 711
定期存款	380 253	81 811	（1）个人贷款及透支		
通知存款			其中：个人消费贷款		
保证金存款	51 001	43 273	（2）单位普通贷款及透支	72 271	2 769
2. 个人存款	48 307	16 781	其中：经营贷款	72 271	2 769
储蓄存款	26 412	7 215	固定资产贷款		
保证金存款			（3）普通并购贷款		
结构性存款	21 895	9 566	（4）银团贷款		
3. 临时性存款	17 373	11 136	（5）贸易融资	43 890	-70 479
4. 其他存款	224 713	-22 498	（6）境外筹资转贷款		
二、代理财政性存款	1	1	2. 中长期贷款	31 585	-21 393
三、金融债券			（1）个人贷款		
其中：境外发行			其中：个人消费贷款		
四、中长期借款			（2）单位普通贷款	25 714	710
其中：境外借款			其中：经营贷款	9 962	1 000
五、应付及暂收款	10 955	6 451	固定资产贷款	15 752	-290
其中：应付利息	10 326	6 548	（3）普通并购贷款		
六、卖出回购资产			（4）银团贷款	3 876	-817
七、向中央银行借款			（5）贸易融资	1 995	-21 286
八、同业往来（来源方）	32 886	-159 452	（6）境外筹资转贷款		
1. 同业存放	27 241	-115 215	3. 融资租赁		
其中：境外同业存放	335	-2 742	4. 票据融资		
2. 同业拆借	5 645	-44 237	其中：贴现		
其中：境外同业拆借	5 645	-44 237	5. 各项垫款		
九、境外联行往来（来源方）			（二）境外贷款	13 340	3 828
十、外汇买卖（来源方）	101 171	95 085	二、有价证券		
其中：结售汇	37 976	33 449	三、股权及其他投资		
十一、委托存款及委托投资基金（净）	193	-30	四、应收及预付款	613	-1 062
1. 委托存款及委托投资基金	193	-30	其中：应收利息	591	-813
2. 减：委托贷款及委托投资			五、买入返售资产		
十二、代理金融机构委托贷款基金			六、存放中央准备金存款		
其中：中央银行委托贷款基金			七、存放中央银行特种存款		
十三、各项准备	2 280	-711	八、缴存中央银行财政性存款		
其中：贷款损失准备	2 280	-711	九、同业往来	98 838	4 316
十四、所有者权益	-17 258	-11 313	1. 存放同业	98 838	10 316
其中：实收资本			其中：存放境外同业	23 094	11 222
十五、其他	-697 584	-133 517	2. 拆放同业		-6 000
			其中：拆放境外同业		
			十、境外联行往来（运用方）		
			十一、代理金融机构贷款		
			其中：代理人行专项贷款		
			十二、库存现金	1 784	308
			十三、外汇买卖（运用方）	98 174	87 585
			其中：结售汇	35 612	26 845
			十四、投资性房地产		
资金来源总计	360 495	5 870	资金运用总计	360 495	5 870

表 2.59 中国光大银行北京分行外汇信贷收支统计

单位：万美元

项目名称	余额	比年初	项目名称	余额	比年初
一、各项存款	309 246	102 949	一、各项贷款	121 468	-20 965
1. 单位存款	132 140	93 356	（一）境内贷款	121 468	-20 965
其中：活期存款	16 411	7 170	1. 短期贷款	99 557	-32 028
定期存款	112 945	91 823	（1）个人贷款及透支		
通知存款			其中：个人消费贷款		
保证金存款	2 784	-5 637	（2）单位普通贷款及透支	62 915	58 851
2. 个人存款	51 494	8 043	其中：经营贷款	62 915	58 851
储蓄存款	14 343	182	固定资产贷款		
保证金存款	153	-113	（3）普通并购贷款		
结构性存款	36 998	7 974	（4）银团贷款		
3. 临时性存款	862	861	（5）贸易融资	36 642	-90 879
4. 其他存款	124 750	689	（6）境外筹资转贷款		
二、代理财政性存款			2. 中长期贷款	21 911	11 063
三、金融债券			（1）个人贷款		
其中：境外发行			其中：个人消费贷款		
四、中长期借款			（2）单位普通贷款		
其中：境外借款			其中：经营贷款		
五、应付及暂收款	3 158	1 583	固定资产贷款		
其中：应付利息	3 115	1 562	（3）普通并购贷款		
六、卖出回购资产			（4）银团贷款		
七、向中央银行借款			（5）贸易融资	21 911	11 063
八、同业往来（来源方）	7 422	-6 257	（6）境外筹资转贷款		
1. 同业存放	1 704	1 612	3. 融资租赁		
其中：境外同业存放			4. 票据融资		
2. 同业拆借	5 718	-7 869	其中：贴现		
其中：境外同业拆借	5 718	-7 869	5. 各项垫款		
九、境外联行往来（来源方）	46	46	（二）境外贷款		
十、外汇买卖（来源方）			二、有价证券		
其中：结售汇			三、股权及其他投资		
十一、委托存款及委托投资基金（净）	3 329	1 767	四、应收及预付款	2 269	758
1. 委托存款及委托投资基金	3 363	-594	其中：应收利息	2 269	758
2. 减：委托贷款及委托投资	34	-2 361	五、买入返售资产		
十二、代理金融机构委托贷款基金			六、存放中央准备金存款		
其中：中央银行委托贷款基金			七、存放中央银行特种存款		
十三、各项准备	2 274	-752	八、缴存中央银行财政性存款		
其中：贷款损失准备	2 274	-752	九、同业往来	2 424	-919
十四、所有者权益	-708	2 620	1. 存放同业	2 424	-919
其中：实收资本			其中：存放境外同业		
十五、其他	-197 564	-122 961	2. 拆放同业		
			其中：拆放境外同业		
			十、境外联行往来（运用方）		
			十一、代理金融机构贷款		
			其中：代理人行专项贷款		
			十二、库存现金	1 042	121
			十三、外汇买卖（运用方）		
			其中：结售汇		
			十四、投资性房地产		
资金来源总计	127 203	-21 005	资金运用总计	127 203	-21 005

表2.60　华夏银行北京分行外汇信贷收支统计

单位：万美元

项目名称	余额	比年初	项目名称	余额	比年初
一、各项存款	64 495	-1 861	一、各项贷款	10 329	-18 697
1. 单位存款	60 971	-1 440	（一）境内贷款	10 329	-18 697
其中：活期存款	52 733	13 865	1. 短期贷款	7 257	-18 123
定期存款	624	-21 734	（1）个人贷款及透支		
通知存款			其中：个人消费贷款		
保证金存款	7 614	6 429	（2）单位普通贷款及透支	3 935	-8 191
2. 个人存款	3 094	107	其中：经营贷款	3 935	-8 191
储蓄存款	3 094	107	固定资产贷款		
保证金存款			（3）普通并购贷款		
结构性存款			（4）银团贷款		
3. 临时性存款	430	-528	（5）贸易融资	3 321	-9 933
4. 其他存款			（6）境外筹资转贷款		
二、代理财政性存款			2. 中长期贷款	3 073	-573
三、金融债券			（1）个人贷款		
其中：境外发行			其中：个人消费贷款		
四、中长期借款	18 531	-302	（2）单位普通贷款	1 688	-40
其中：境外借款	18 531	-302	其中：经营贷款		
五、应付及暂收款	1 481	1 104	固定资产贷款	1 688	-40
其中：应付利息	25	-134	（3）普通并购贷款		
六、卖出回购资产			（4）银团贷款		
七、向中央银行借款			（5）贸易融资		
八、同业往来（来源方）	3 053	-6 327	（6）境外筹资转贷款	1 385	-533
1. 同业存放	504		3. 融资租赁		
其中：境外同业存放			4. 票据融资		
2. 同业拆借	2 549	-6 327	其中：贴现		
其中：境外同业拆借	2 549	2 549	5. 各项垫款		
九、境外联行往来（来源方）			（二）境外贷款		
十、外汇买卖（来源方）	868 985	496 771	二、有价证券		
其中：结售汇	868 985	496 771	三、股权及其他投资		
十一、委托存款及委托投资基金（净）			四、应收及预付款	451	-221
1. 委托存款及委托投资基金	200		其中：应收利息		
2. 减：委托贷款及委托投资	200		五、买入返售资产		
十二、代理金融机构委托贷款基金			六、存放中央准备金存款		
其中：中央银行委托贷款基金			七、存放中央银行特种存款		
十三、各项准备	169	-216	八、缴存中央银行财政性存款		
其中：贷款损失准备	169	-216	九、同业往来	286	-14 154
十四、所有者权益	-1 192	-748	1. 存放同业	286	-14 154
其中：实收资本			其中：存放境外同业		
十五、其他	-75 084	-24 634	2. 拆放同业		
			其中：拆放境外同业		
			十、境外联行往来（运用方）		
			十一、代理金融机构贷款		
			其中：代理人行专项贷款		
			十二、库存现金	443	78
			十三、外汇买卖（运用方）	868 929	496 779
			其中：结售汇	868 929	496 779
			十四、投资性房地产		
资金来源总计	880 438	463 785	资金运用总计	880 438	463 785

表 2.61　中国民生银行总行营业部外汇信贷收支统计

单位：万美元

项目名称	余额	比年初	项目名称	余额	比年初
一、各项存款	431 288	61 046	一、各项贷款		
1. 单位存款	404 782	55 774	（一）境内贷款		
其中：活期存款	48 690	20 858	1. 短期贷款		
定期存款	277 049	-22 983	（1）个人贷款及透支		
通知存款	7 847	5 351	其中：个人消费贷款		
保证金存款	63 197	52 549	（2）单位普通贷款及透支		
2. 个人存款	19 504	-360	其中：经营贷款		
储蓄存款	19 443	-420	固定资产贷款		
保证金存款			（3）普通并购贷款		
结构性存款	61	61	（4）银团贷款		
3. 临时性存款	7 001	5 632	（5）贸易融资		
4. 其他存款			（6）境外筹资转贷款		
二、代理财政性存款			2. 中长期贷款		
三、金融债券			（1）个人贷款		
其中：境外发行			其中：个人消费贷款		
四、中长期借款			（2）单位普通贷款		
其中：境外借款			其中：经营贷款		
五、应付及暂收款	3 344	877	固定资产贷款		
其中：应付利息	3 304	1 201	（3）普通并购贷款		
六、卖出回购资产			（4）银团贷款		
七、向中央银行借款			（5）贸易融资		
八、同业往来（来源方）	43 367	31 937	（6）境外筹资转贷款		
1. 同业存放	40 789	29 359	3. 融资租赁		
其中：境外同业存放			4. 票据融资		
2. 同业拆借	2 578	2 578	其中：贴现		
其中：境外同业拆借	2 578	2 578	5. 各项垫款		
九、境外联行往来（来源方）			（二）境外贷款		
十、外汇买卖（来源方）	44 538	-17 560	二、有价证券		
其中：结售汇	44 538	-17 560	三、股权及其他投资		
十一、委托存款及委托投资基金（净）			四、应收及预付款	196	28
1. 委托存款及委托投资基金			其中：应收利息	196	30
2. 减：委托贷款及委托投资			五、买入返售资产		
十二、代理金融机构委托贷款基金			六、存放中央准备金存款		
其中：中央银行委托贷款基金			七、存放中央银行特种存款		
十三、各项准备			八、缴存中央银行财政性存款		
其中：贷款损失准备			九、同业往来	927	95
十四、所有者权益	-5 351	-2 458	1. 存放同业	927	95
其中：实收资本			其中：存放境外同业		
十五、其他	-469 861	-91 140	2. 拆放同业		
			其中：拆放境外同业		
			十、境外联行往来（运用方）		
			十一、代理金融机构贷款		
			其中：代理人行专项贷款		
			十二、库存现金	1 663	139
			十三、外汇买卖（运用方）	44 538	-17 560
			其中：结售汇	44 538	-17 560
			十四、投资性房地产		
资金来源总计	47 324	-17 298	资金运用总计	47 324	-17 298

表 2.62 渤海银行北京分行外汇信贷收支统计

单位：万美元

项目名称	余额	比年初	项目名称	余额	比年初
一、各项存款	27 498	15 145	一、各项贷款	37 690	21 568
1. 单位存款	27 459	15 138	（一）境内贷款	37 690	21 568
其中：活期存款	2 119	-2 102	1. 短期贷款	20 665	4 543
定期存款	18 315	10 249	（1）个人贷款及透支		
通知存款			其中：个人消费贷款		
保证金存款	7 025	6 991	（2）单位普通贷款及透支	8 141	5 532
2. 个人存款	39	7	其中：经营贷款	8 141	5 532
储蓄存款	39	7	固定资产贷款		
保证金存款			（3）普通并购贷款		
结构性存款			（4）银团贷款		
3. 临时性存款			（5）贸易融资	12 524	-989
4. 其他存款			（6）境外筹资转贷款		
二、代理财政性存款			2. 中长期贷款	17 025	17 025
三、金融债券			（1）个人贷款		
其中：境外发行			其中：个人消费贷款		
四、中长期借款			（2）单位普通贷款	17 025	17 025
其中：境外借款			其中：经营贷款	17 025	17 025
五、应付及暂收款	191	130	固定资产贷款		
其中：应付利息	189	130	（3）普通并购贷款		
六、卖出回购资产			（4）银团贷款		
七、向中央银行借款			（5）贸易融资		
八、同业往来（来源方）	522	-2 145	（6）境外筹资转贷款		
1. 同业存放	41	-2 362	3. 融资租赁		
其中：境外同业存放			4. 票据融资		
2. 同业拆借	481	217	其中：贴现		
其中：境外同业拆借	481	217	5. 各项垫款		
九、境外联行往来（来源方）			（二）境外贷款		
十、外汇买卖（来源方）			二、有价证券		
其中：结售汇			三、股权及其他投资		
十一、委托存款及委托投资基金（净）			四、应收及预付款	92	-86
1. 委托存款及委托投资基金			其中：应收利息	92	-86
2. 减：委托贷款及委托投资			五、买入返售资产		
十二、代理金融机构委托贷款基金			六、存放中央准备金存款		
其中：中央银行委托贷款基金			七、存放中央银行特种存款		
十三、各项准备			八、缴存中央银行财政性存款		
其中：贷款损失准备			九、同业往来	6 523	4 688
十四、所有者权益	241	256	1. 存放同业	6 523	4 688
其中：实收资本			其中：存放境外同业		
十五、其他	15 865	12 778	2. 拆放同业		
			其中：拆放境外同业		
			十、境外联行往来（运用方）		
			十一、代理金融机构贷款		
			其中：代理人行专项贷款		
			十二、库存现金	13	-5
			十三、外汇买卖（运用方）		
			其中：结售汇		
			十四、投资性房地产		
资金来源总计	44 317	26 165	资金运用总计	44 317	26 165

表 2.63　浙商银行北京分行外汇信贷收支统计

单位：万美元

项目名称	余额	比年初	项目名称	余额	比年初
一、各项存款	51 593	－15 815	一、各项贷款	46 870	3 058
1. 单位存款	47 888	－19 513	（一）境内贷款	46 870	3 058
其中：活期存款	537	－2 365	1. 短期贷款	46 870	3 058
定期存款	47 351	－17 148	（1）个人贷款及透支		
通知存款			其中：个人消费贷款		
保证金存款			（2）单位普通贷款及透支	40 629	40 575
2. 个人存款	5		其中：经营贷款	40 629	40 575
储蓄存款	5		固定资产贷款		
保证金存款			（3）普通并购贷款		
结构性存款			（4）银团贷款		
3. 临时性存款		－2	（5）贸易融资	6 241	－37 518
4. 其他存款	3 700	3 700	（6）境外筹资转贷款		
二、代理财政性存款			2. 中长期贷款		
三、金融债券			（1）个人贷款		
其中：境外发行			其中：个人消费贷款		
四、中长期借款			（2）单位普通贷款		
其中：境外借款			其中：经营贷款		
五、应付及暂收款			固定资产贷款		
其中：应付利息			（3）普通并购贷款		
六、卖出回购资产			（4）银团贷款		
七、向中央银行借款			（5）贸易融资		
八、同业往来（来源方）	77 938	69 690	（6）境外筹资转贷款		
1. 同业存放	77 938	69 690	3. 融资租赁		
其中：境外同业存放			4. 票据融资		
2. 同业拆借			其中：贴现		
其中：境外同业拆借			5. 各项垫款		
九、境外联行往来（来源方）			（二）境外贷款		
十、外汇买卖（来源方）			二、有价证券		
其中：结售汇			三、股权及其他投资	11 000	11 000
十一、委托存款及委托投资基金（净）			四、应收及预付款	495	－81
1. 委托存款及委托投资基金			其中：应收利息	495	－81
2. 减：委托贷款及委托投资			五、买入返售资产		
十二、代理金融机构委托贷款基金			六、存放中央准备金存款		
其中：中央银行委托贷款基金			七、存放中央银行特种存款		
十三、各项准备			八、缴存中央银行财政性存款		
其中：贷款损失准备			九、同业往来	6	－39 049
十四、所有者权益	35	388	1. 存放同业	6	－39 049
其中：实收资本			其中：存放境外同业		
十五、其他	－71 188	－79 337	2. 拆放同业		
			其中：拆放境外同业		
			十、境外联行往来（运用方）		
			十一、代理金融机构贷款		
			其中：代理人行专项贷款		
			十二、库存现金	6	－1
			十三、外汇买卖（运用方）		
			其中：结售汇		
			十四、投资性房地产		
资金来源总计	58 377	－25 074	资金运用总计	58 377	－25 074

表2.64 北京银行外汇信贷收支统计（全国）

单位：万美元

项目名称	余额	比年初	项目名称	余额	比年初
一、各项存款	657 169	235 299	一、各项贷款	415 020	44 384
1. 单位存款	530 330	172 134	（一）境内贷款	413 280	44 571
其中：活期存款	52 628	5 092	1. 短期贷款	402 024	42 319
定期存款	253 136	139 966	（1）个人贷款及透支	164	56
通知存款		-2 035	其中：个人消费贷款	164	56
保证金存款	224 566	29 111	（2）单位普通贷款及透支	146 230	55 565
2. 个人存款	26 324	-119	其中：经营贷款	146 230	55 565
储蓄存款	17 262	2 196	固定资产贷款		
保证金存款			（3）普通并购贷款		
结构性存款	9 062	-2 315	（4）银团贷款		
3. 临时性存款		-37 232	（5）贸易融资	255 629	-13 302
4. 其他存款	100 516	100 516	（6）境外筹资转贷款		
二、代理财政性存款			2. 中长期贷款	10 747	1 743
三、金融债券			（1）个人贷款		
其中：境外发行			其中：个人消费贷款		
四、中长期借款			（2）单位普通贷款	10 747	2 567
其中：境外借款			其中：经营贷款	4 980	-10
五、应付及暂收款	7 313	-1 620	固定资产贷款	5 767	2 577
其中：应付利息	4 248	1 996	（3）普通并购贷款		
六、卖出回购资产			（4）银团贷款		-434
七、向中央银行借款			（5）贸易融资		-390
八、同业往来（来源方）	218 479	-78 773	（6）境外筹资转贷款		
1. 同业存放	5 561	-9 200	3. 融资租赁		
其中：境外同业存放			4. 票据融资	6	5
2. 同业拆借	212 918	-69 573	其中：贴现		
其中：境外同业拆借	120 871	-1 206	5. 各项垫款	505	505
九、境外联行往来（来源方）			（二）境外贷款	1 739	-187
十、外汇买卖（来源方）	3 339	-8 831	二、有价证券	1 293	1 289
其中：结售汇	1 120	-9 405	三、股权及其他投资	15	
十一、委托存款及委托投资基金（净）			四、应收及预付款	4 367	2 022
1. 委托存款及委托投资基金	295		其中：应收利息	4 279	1 935
2. 减：委托贷款及委托投资	295		五、买入返售资产		
十二、代理金融机构委托贷款基金			六、存放中央准备金存款	31 685	8 953
其中：中央银行委托贷款基金			七、存放中央银行特种存款		
十三、各项准备	5 434	481	八、缴存中央银行财政性存款		
其中：贷款损失准备	4 717	684	九、同业往来	418 206	61 410
十四、所有者权益	3 051	1 031	1. 存放同业	218 516	-48 646
其中：实收资本			其中：存放境外同业	25 217	-2 688
十五、其他	12 022	-261	2. 拆放同业	199 690	110 056
			其中：拆放境外同业		
			十、境外联行往来（运用方）		
			十一、代理金融机构贷款		
			其中：代理人行专项贷款		
			十二、库存现金	1 938	109
			十三、外汇买卖（运用方）	34 285	29 159
			其中：结售汇	34 285	29 159
			十四、投资性房地产		
资金来源总计	906 808	147 327	资金运用总计	906 808	147 327

表 2.65 北京银行外汇信贷收支统计（北京）

单位：万美元

项目名称	余额	比年初	项目名称	余额	比年初
一、各项存款	274 641	153 756	一、各项贷款	63 458	13 472
1. 单位存款	150 973	91 043	（一）境内贷款	61 719	13 659
其中：活期存款	44 160	7 602	1. 短期贷款	57 231	14 487
定期存款	105 968	83 541	（1）个人贷款及透支	164	56
通知存款			其中：个人消费贷款	164	56
保证金存款	846	-100	（2）单位普通贷款及透支	30 240	15 887
2. 个人存款	23 667	-55	其中：经营贷款	30 240	15 887
储蓄存款	15 388	1 705	固定资产贷款		
保证金存款			（3）普通并购贷款		
结构性存款	8 279	-1 760	（4）银团贷款		
3. 临时性存款		-37 232	（5）贸易融资	26 827	-1 457
4. 其他存款	100 000	100 000	（6）境外筹资转贷款		
二、代理财政性存款			2. 中长期贷款	4 482	-833
三、金融债券			（1）个人贷款		
其中：境外发行			其中：个人消费贷款		
四、中长期借款			（2）单位普通贷款	4 482	-9
其中：境外借款			其中：经营贷款	4 482	-9
五、应付及暂收款	3 742	-3 527	固定资产贷款		
其中：应付利息	683	88	（3）普通并购贷款		
六、卖出回购资产			（4）银团贷款		-434
七、向中央银行借款			（5）贸易融资		-390
八、同业往来（来源方）	32 737	-50 076	（6）境外筹资转贷款		
1. 同业存放	3 798	3 672	3. 融资租赁		
其中：境外同业存放			4. 票据融资	6	5
2. 同业拆借	28 938	-53 747	其中：贴现		
其中：境外同业拆借	8 690	-3 431	5. 各项垫款		
九、境外联行往来（来源方）			（二）境外贷款	1 739	-187
十、外汇买卖（来源方）	3 339	-8 831	二、有价证券	1 293	1 289
其中：结售汇	1 120	-9 405	三、股权及其他投资	15	
十一、委托存款及委托投资基金（净）			四、应收及预付款	993	436
1. 委托存款及委托投资基金	295		其中：应收利息	968	411
2. 减：委托贷款及委托投资	295		五、买入返售资产		
十二、代理金融机构委托贷款基金			六、存放中央准备金存款	28 272	8 366
其中：中央银行委托贷款基金			七、存放中央银行特种存款		
十三、各项准备	1 553	130	八、缴存中央银行财政性存款		
其中：贷款损失准备	1 130	195	九、同业往来	252 079	106 162
十四、所有者权益	3 360	1 294	1. 存放同业	52 389	-9 894
其中：实收资本			其中：存放境外同业	25 217	-2 688
十五、其他	62 437	66 155	2. 拆放同业	199 690	116 056
			其中：拆放境外同业		
			十、境外联行往来（运用方）		
			十一、代理金融机构贷款		
			其中：代理人行专项贷款		
			十二、库存现金	1 416	18
			十三、外汇买卖（运用方）	34 285	29 159
			其中：结售汇	34 285	29 159
			十四、投资性房地产		
资金来源总计	381 810	158 902	资金运用总计	381 810	158 902

表2.66　天津银行北京分行外汇信贷收支统计

单位：万美元

项目名称	余额	比年初	项目名称	余额	比年初
一、各项存款	60 018	49 033	一、各项贷款	25 047	5 856
1. 单位存款	59 979	49 034	（一）境内贷款	25 047	5 856
其中：活期存款	14 375	14 251	1. 短期贷款	25 047	5 856
定期存款	40 411	32 883	（1）个人贷款及透支		
通知存款	5 193	1 900	其中：个人消费贷款		
保证金存款			（2）单位普通贷款及透支	19 564	2 054
2. 个人存款	39	-1	其中：经营贷款	19 564	2 054
储蓄存款	39	-1	固定资产贷款		
保证金存款			（3）普通并购贷款		
结构性存款			（4）银团贷款		
3. 临时性存款			（5）贸易融资	5 483	3 802
4. 其他存款			（6）境外筹资转贷款		
二、代理财政性存款			2. 中长期贷款		
三、金融债券			（1）个人贷款		
其中：境外发行			其中：个人消费贷款		
四、中长期借款			（2）单位普通贷款		
其中：境外借款			其中：经营贷款		
五、应付及暂收款	305	53	固定资产贷款		
其中：应付利息	305	53	（3）普通并购贷款		
六、卖出回购资产			（4）银团贷款		
七、向中央银行借款			（5）贸易融资		
八、同业往来（来源方）		-11 500	（6）境外筹资转贷款		
1. 同业存放		-11 500	3. 融资租赁		
其中：境外同业存放			4. 票据融资		
2. 同业拆借			其中：贴现		
其中：境外同业拆借			5. 各项垫款		
九、境外联行往来（来源方）			（二）境外贷款		
十、外汇买卖（来源方）			二、有价证券		
其中：结售汇			三、股权及其他投资		
十一、委托存款及委托投资基金（净）			四、应收及预付款	210	106
1. 委托存款及委托投资基金			其中：应收利息	210	106
2. 减：委托贷款及委托投资			五、买入返售资产		
十二、代理金融机构委托贷款基金			六、存放中央准备金存款		
其中：中央银行委托贷款基金			七、存放中央银行特种存款		
十三、各项准备			八、缴存中央银行财政性存款		
其中：贷款损失准备			九、同业往来	17	-10
十四、所有者权益	-35	69	1. 存放同业	17	-10
其中：实收资本			其中：存放境外同业		
十五、其他	-35 005	-31 700	2. 拆放同业		
			其中：拆放境外同业		
			十、境外联行往来（运用方）		
			十一、代理金融机构贷款		
			其中：代理人行专项贷款		
			十二、库存现金	9	3
			十三、外汇买卖（运用方）		
			其中：结售汇		
			十四、投资性房地产		
资金来源总计	25 283	5 955	资金运用总计	25 283	5 955

表 2.67　大连银行北京分行外汇信贷收支统计

单位：万美元

项目名称	余额	比年初	项目名称	余额	比年初
一、各项存款	4 095	50	一、各项贷款	2 246	1 340
1. 单位存款	4 068	37	（一）境内贷款	2 246	1 340
其中：活期存款	4 068	37	1. 短期贷款	2 246	1 340
定期存款			（1）个人贷款及透支		
通知存款			其中：个人消费贷款		
保证金存款			（2）单位普通贷款及透支		-270
2. 个人存款	27	12	其中：经营贷款		-270
储蓄存款	27	12	固定资产贷款		
保证金存款			（3）普通并购贷款		
结构性存款			（4）银团贷款		
3. 临时性存款			（5）贸易融资	2 246	1 610
4. 其他存款			（6）境外筹资转贷款		
二、代理财政性存款			2. 中长期贷款		
三、金融债券			（1）个人贷款		
其中：境外发行			其中：个人消费贷款		
四、中长期借款			（2）单位普通贷款		
其中：境外借款			其中：经营贷款		
五、应付及暂收款	5	2	固定资产贷款		
其中：应付利息	5	2	（3）普通并购贷款		
六、卖出回购资产			（4）银团贷款		
七、向中央银行借款			（5）贸易融资		
八、同业往来（来源方）			（6）境外筹资转贷款		
1. 同业存放			3. 融资租赁		
其中：境外同业存放			4. 票据融资		
2. 同业拆借			其中：贴现		
其中：境外同业拆借			5. 各项垫款		
九、境外联行往来（来源方）			（二）境外贷款		
十、外汇买卖（来源方）	41 630	3 482	二、有价证券		
其中：结售汇	41 629	3 482	三、股权及其他投资		
十一、委托存款及委托投资基金（净）			四、应收及预付款	10	8
1. 委托存款及委托投资基金			其中：应收利息	10	8
2. 减：委托贷款及委托投资			五、买入返售资产		
十二、代理金融机构委托贷款基金			六、存放中央准备金存款		
其中：中央银行委托贷款基金			七、存放中央银行特种存款		
十三、各项准备	38	22	八、缴存中央银行财政性存款		
其中：贷款损失准备	38	22	九、同业往来	30	
十四、所有者权益	33	8	1. 存放同业	30	
其中：实收资本			其中：存放境外同业		
十五、其他	-1 874	1 264	2. 拆放同业		
			其中：拆放境外同业		
			十、境外联行往来（运用方）		
			十一、代理金融机构贷款		
			其中：代理人行专项贷款		
			十二、库存现金	10	-2
			十三、外汇买卖（运用方）	41 630	3 482
			其中：结售汇	41 629	3 482
			十四、投资性房地产		
资金来源总计	43 926	4 828	资金运用总计	43 926	4 828

表2.68　杭州银行北京分行外汇信贷收支统计

单位：万美元

项目名称	余额	比年初	项目名称	余额	比年初
一、各项存款	2 308	360	一、各项贷款	3 263	-4 815
1. 单位存款	1 577	-210	（一）境内贷款	3 263	-4 815
其中：活期存款	1 577	-210	1. 短期贷款	3 263	-4 815
定期存款			（1）个人贷款及透支		
通知存款			其中：个人消费贷款		
保证金存款			（2）单位普通贷款及透支	1 575	-1 575
2. 个人存款	731	574	其中：经营贷款	1 575	-1 575
储蓄存款	731	574	固定资产贷款		
保证金存款			（3）普通并购贷款		
结构性存款			（4）银团贷款		
3. 临时性存款		-4	（5）贸易融资	1 688	-3 240
4. 其他存款			（6）境外筹资转贷款		
二、代理财政性存款			2. 中长期贷款		
三、金融债券			（1）个人贷款		
其中：境外发行			其中：个人消费贷款		
四、中长期借款			（2）单位普通贷款		
其中：境外借款			其中：经营贷款		
五、应付及暂收款	14	9	固定资产贷款		
其中：应付利息	14	9	（3）普通并购贷款		
六、卖出回购资产			（4）银团贷款		
七、向中央银行借款			（5）贸易融资		
八、同业往来（来源方）	759	-837	（6）境外筹资转贷款		
1. 同业存放			3. 融资租赁		
其中：境外同业存放			4. 票据融资		
2. 同业拆借	759	-837	其中：贴现		
其中：境外同业拆借	759	-837	5. 各项垫款		
九、境外联行往来（来源方）			（二）境外贷款		
十、外汇买卖（来源方）			二、有价证券		
其中：结售汇			三、股权及其他投资		
十一、委托存款及委托投资基金（净）			四、应收及预付款	45	-102
1. 委托存款及委托投资基金			其中：应收利息	45	-102
2. 减：委托贷款及委托投资			五、买入返售资产		
十二、代理金融机构委托贷款基金			六、存放中央准备金存款		
其中：中央银行委托贷款基金			七、存放中央银行特种存款		
十三、各项准备			八、缴存中央银行财政性存款		
其中：贷款损失准备			九、同业往来	329	-238
十四、所有者权益	200	-109	1. 存放同业	329	-238
其中：实收资本			其中：存放境外同业		
十五、其他	397	-4 549	2. 拆放同业		
			其中：拆放境外同业		
			十、境外联行往来（运用方）		
			十一、代理金融机构贷款		
			其中：代理人行专项贷款		
			十二、库存现金	41	29
			十三、外汇买卖（运用方）		
			其中：结售汇		
			十四、投资性房地产		
资金来源总计	3 678	-5 126	资金运用总计	3 678	-5 126

表 2.69　南京银行北京分行外汇信贷收支统计

单位：万美元

项目名称	余额	比年初	项目名称	余额	比年初
一、各项存款	2 331	-732	一、各项贷款	3 415	1 762
1. 单位存款	2 232	231	（一）境内贷款	3 415	1 762
其中：活期存款	274	-1 012	1. 短期贷款	3 415	1 762
定期存款			（1）个人贷款及透支		
通知存款			其中：个人消费贷款		
保证金存款	1 958	1 943	（2）单位普通贷款及透支	1 950	1 950
2. 个人存款	99	-963	其中：经营贷款	1 950	1 950
储蓄存款	99	-963	固定资产贷款		
保证金存款			（3）普通并购贷款		
结构性存款			（4）银团贷款		
3. 临时性存款			（5）贸易融资	1 465	-188
4. 其他存款			（6）境外筹资转贷款		
二、代理财政性存款			2. 中长期贷款		
三、金融债券			（1）个人贷款		
其中：境外发行			其中：个人消费贷款		
四、中长期借款			（2）单位普通贷款		
其中：境外借款			其中：经营贷款		
五、应付及暂收款	43	-85	固定资产贷款		
其中：应付利息	10	-41	（3）普通并购贷款		
六、卖出回购资产			（4）银团贷款		
七、向中央银行借款			（5）贸易融资		
八、同业往来（来源方）	964	-6 036	（6）境外筹资转贷款		
1. 同业存放		-7 000	3. 融资租赁		
其中：境外同业存放			4. 票据融资		
2. 同业拆借	964	964	其中：贴现		
其中：境外同业拆借	208	208	5. 各项垫款		
九、境外联行往来（来源方）			（二）境外贷款		
十、外汇买卖（来源方）		-106	二、有价证券		
其中：结售汇		-46	三、股权及其他投资		
十一、委托存款及委托投资基金（净）			四、应收及预付款	28	16
1. 委托存款及委托投资基金			其中：应收利息	28	16
2. 减：委托贷款及委托投资			五、买入返售资产		
十二、代理金融机构委托贷款基金			六、存放中央准备金存款		
其中：中央银行委托贷款基金			七、存放中央银行特种存款		
十三、各项准备			八、缴存中央银行财政性存款		
其中：贷款损失准备			九、同业往来	33	5
十四、所有者权益	88	88	1. 存放同业	33	5
其中：实收资本			其中：存放境外同业		
十五、其他	76	8 538	2. 拆放同业		
			其中：拆放境外同业		
			十、境外联行往来（运用方）		
			十一、代理金融机构贷款		
			其中：代理人行专项贷款		
			十二、库存现金	26	-10
			十三、外汇买卖（运用方）		-106
			其中：结售汇		-1
			十四、投资性房地产		
资金来源总计	3 502	1 667	资金运用总计	3 502	1 667

表2.70　盛京银行北京分行外汇信贷收支统计

单位：万美元

项目名称	余额	比年初	项目名称	余额	比年初
一、各项存款	12 185	5 675	一、各项贷款	19 019	17 941
1. 单位存款	12 050	5 779	（一）境内贷款	19 019	17 941
其中：活期存款	3 698	537	1. 短期贷款	19 019	17 941
定期存款	7 871	6 111	（1）个人贷款及透支		
通知存款			其中：个人消费贷款		
保证金存款	481	-869	（2）单位普通贷款及透支	9 407	8 937
2. 个人存款	135	-104	其中：经营贷款	9 407	8 937
储蓄存款	135	-104	固定资产贷款		
保证金存款			（3）普通并购贷款		
结构性存款			（4）银团贷款		
3. 临时性存款			（5）贸易融资	9 612	9 004
4. 其他存款			（6）境外筹资转贷款		
二、代理财政性存款			2. 中长期贷款		
三、金融债券			（1）个人贷款		
其中：境外发行			其中：个人消费贷款		
四、中长期借款			（2）单位普通贷款		
其中：境外借款			其中：经营贷款		
五、应付及暂收款	32	10	固定资产贷款		
其中：应付利息	31	9	（3）普通并购贷款		
六、卖出回购资产			（4）银团贷款		
七、向中央银行借款			（5）贸易融资		
八、同业往来（来源方）			（6）境外筹资转贷款		
1. 同业存放			3. 融资租赁		
其中：境外同业存放			4. 票据融资		
2. 同业拆借			其中：贴现		
其中：境外同业拆借			5. 各项垫款		
九、境外联行往来（来源方）			（二）境外贷款		
十、外汇买卖（来源方）	58 746	58 746	二、有价证券		
其中：结售汇	58 636	58 636	三、股权及其他投资		
十一、委托存款及委托投资基金（净）			四、应收及预付款	55	51
1. 委托存款及委托投资基金			其中：应收利息	55	51
2. 减：委托贷款及委托投资			五、买入返售资产		
十二、代理金融机构委托贷款基金			六、存放中央准备金存款		
其中：中央银行委托贷款基金			七、存放中央银行特种存款		
十三、各项准备			八、缴存中央银行财政性存款		
其中：贷款损失准备			九、同业往来	44	-1 365
十四、所有者权益	230	230	1. 存放同业	44	-1 365
其中：实收资本			其中：存放境外同业		
十五、其他	6 699	10 711	2. 拆放同业		
			其中：拆放境外同业		
			十、境外联行往来（运用方）		
			十一、代理金融机构贷款		
			其中：代理人行专项贷款		
			十二、库存现金	28	1
			十三、外汇买卖（运用方）	58 746	58 744
			其中：结售汇	58 636	58 634
			十四、投资性房地产		
资金来源总计	77 892	75 372	资金运用总计	77 892	75 372

表 2.71　上海银行北京分行外汇信贷收支统计

单位：万美元

项目名称	余额	比年初	项目名称	余额	比年初
一、各项存款	127 664	57 771	一、各项贷款	102 174	29 366
1. 单位存款	126 567	66 696	（一）境内贷款	102 174	29 366
其中：活期存款	2 688	2 302	1. 短期贷款	102 174	30 666
定期存款	35 000	17 430	（1）个人贷款及透支		
通知存款	5 366	4 667	其中：个人消费贷款		
保证金存款	83 513	42 297	（2）单位普通贷款及透支	10 480	2 277
2. 个人存款	47	25	其中：经营贷款	10 480	2 277
储蓄存款	47	25	固定资产贷款		
保证金存款			（3）普通并购贷款		
结构性存款			（4）银团贷款		
3. 临时性存款	44	44	（5）贸易融资	91 694	28 389
4. 其他存款	1 006	－8 994	（6）境外筹资转贷款		
二、代理财政性存款			2. 中长期贷款		－1 300
三、金融债券			（1）个人贷款		
其中：境外发行			其中：个人消费贷款		
四、中长期借款			（2）单位普通贷款		
其中：境外借款			其中：经营贷款		
五、应付及暂收款	934	557	固定资产贷款		
其中：应付利息	932	555	（3）普通并购贷款		
六、卖出回购资产			（4）银团贷款		－1 300
七、向中央银行借款			（5）贸易融资		
八、同业往来（来源方）	89 888	27 771	（6）境外筹资转贷款		
1. 同业存放			3. 融资租赁		
其中：境外同业存放			4. 票据融资		
2. 同业拆借	89 888	27 771	其中：贴现		
其中：境外同业拆借	89 888	27 771	5. 各项垫款		
九、境外联行往来（来源方）			（二）境外贷款		
十、外汇买卖（来源方）	100 058	16 110	二、有价证券		
其中：结售汇	100 058	16 110	三、股权及其他投资		
十一、委托存款及委托投资基金（净）			四、应收及预付款	305	250
1. 委托存款及委托投资基金			其中：应收利息		
2. 减：委托贷款及委托投资			五、买入返售资产		
十二、代理金融机构委托贷款基金			六、存放中央准备金存款		
其中：中央银行委托贷款基金			七、存放中央银行特种存款		
十三、各项准备			八、缴存中央银行财政性存款		
其中：贷款损失准备			九、同业往来	67	47
十四、所有者权益	－2 539	－2 274	1. 存放同业	67	47
其中：实收资本			其中：存放境外同业		
十五、其他	－113 387	－54 165	2. 拆放同业		
			其中：拆放境外同业		
			十、境外联行往来（运用方）		
			十一、代理金融机构贷款		
			其中：代理人行专项贷款		
			十二、库存现金	16	－4
			十三、外汇买卖（运用方）	100 056	16 111
			其中：结售汇	100 056	16 111
			十四、投资性房地产		
资金来源总计	202 618	45 770	资金运用总计	202 618	45 770

表2.72 江苏银行北京分行外汇信贷收支统计

单位：万美元

项目名称	余额	比年初	项目名称	余额	比年初
一、各项存款	42 818	20 811	一、各项贷款	33 908	12 156
1. 单位存款	24 062	13 177	（一）境内贷款	33 908	12 156
其中：活期存款	1 651	-3 889	1. 短期贷款	33 908	12 156
定期存款	18 369	13 098	(1) 个人贷款及透支		
通知存款	4 000	4 000	其中：个人消费贷款		
保证金存款	42	-32	(2) 单位普通贷款及透支	9 397	3 894
2. 个人存款	54	24	其中：经营贷款	9 397	3 894
储蓄存款	54	24	固定资产贷款		
保证金存款			(3) 普通并购贷款		
结构性存款			(4) 银团贷款		
3. 临时性存款			(5) 贸易融资	24 511	8 262
4. 其他存款	18 702	7 610	(6) 境外筹资转贷款		
二、代理财政性存款			2. 中长期贷款		
三、金融债券			(1) 个人贷款		
其中：境外发行			其中：个人消费贷款		
四、中长期借款			(2) 单位普通贷款		
其中：境外借款			其中：经营贷款		
五、应付及暂收款	793	574	固定资产贷款		
其中：应付利息	793	574	(3) 普通并购贷款		
六、卖出回购资产			(4) 银团贷款		
七、向中央银行借款			(5) 贸易融资		
八、同业往来（来源方）	21 000	16 862	(6) 境外筹资转贷款		
1. 同业存放	21 000	21 000	3. 融资租赁		
其中：境外同业存放			4. 票据融资		
2. 同业拆借		-4 138	其中：贴现		
其中：境外同业拆借		-4 138	5. 各项垫款		
九、境外联行往来（来源方）			（二）境外贷款		
十、外汇买卖（来源方）	15 702	15 702	二、有价证券		
其中：结售汇	14 070	14 070	三、股权及其他投资		
十一、委托存款及委托投资基金（净）			四、应收及预付款	286	197
1. 委托存款及委托投资基金			其中：应收利息	286	197
2. 减：委托贷款及委托投资			五、买入返售资产		
十二、代理金融机构委托贷款基金			六、存放中央准备金存款		
其中：中央银行委托贷款基金			七、存放中央银行特种存款		
十三、各项准备			八、缴存中央银行财政性存款		
其中：贷款损失准备			九、同业往来	20	-219
十四、所有者权益	-6	-6	1. 存放同业	20	-219
其中：实收资本			其中：存放境外同业		
十五、其他	-30 386	-26 106	2. 拆放同业		
			其中：拆放境外同业		
			十、境外联行往来（运用方）		
			十一、代理金融机构贷款		
			其中：代理人行专项贷款		
			十二、库存现金	5	1
			十三、外汇买卖（运用方）	15 702	15 702
			其中：结售汇	15 702	15 702
			十四、投资性房地产		
资金来源总计	49 921	27 837	资金运用总计	49 921	27 837

表 2.73　宁波银行北京分行外汇信贷收支统计

单位：万美元

项目名称	余额	比年初	项目名称	余额	比年初
一、各项存款	26 697	8 498	一、各项贷款	18 879	17 966
1. 单位存款	10 756	-315	（一）境内贷款	18 879	17 966
其中：活期存款	2 292	2 128	1. 短期贷款	18 879	17 966
定期存款			（1）个人贷款及透支		
通知存款			其中：个人消费贷款		
保证金存款		-10	（2）单位普通贷款及透支	15 700	15 700
2. 个人存款	241	-360	其中：经营贷款	15 700	15 700
储蓄存款	241	-360	固定资产贷款		
保证金存款			（3）普通并购贷款		
结构性存款			（4）银团贷款		
3. 临时性存款			（5）贸易融资	3 179	2 266
4. 其他存款	15 700	9 173	（6）境外筹资转贷款		
二、代理财政性存款			2. 中长期贷款		
三、金融债券			（1）个人贷款		
其中：境外发行			其中：个人消费贷款		
四、中长期借款			（2）单位普通贷款		
其中：境外借款			其中：经营贷款		
五、应付及暂收款	37	-15	固定资产贷款		
其中：应付利息	37	-15	（3）普通并购贷款		
六、卖出回购资产			（4）银团贷款		
七、向中央银行借款			（5）贸易融资		
八、同业往来（来源方）	445	445	（6）境外筹资转贷款		
1. 同业存放	2	2	3. 融资租赁		
其中：境外同业存放			4. 票据融资		
2. 同业拆借	443	443	其中：贴现		
其中：境外同业拆借	120	120	5. 各项垫款		
九、境外联行往来（来源方）			（二）境外贷款		
十、外汇买卖（来源方）			二、有价证券		
其中：结售汇			三、股权及其他投资		
十一、委托存款及委托投资基金（净）			四、应收及预付款		
1. 委托存款及委托投资基金	3 000	-4 700	其中：应收利息		
2. 减：委托贷款及委托投资	3 000	-4 700	五、买入返售资产		
十二、代理金融机构委托贷款基金			六、存放中央准备金存款		
其中：中央银行委托贷款基金			七、存放中央银行特种存款		
十三、各项准备			八、缴存中央银行财政性存款		
其中：贷款损失准备			九、同业往来	4	1
十四、所有者权益	244	182	1. 存放同业	4	1
其中：实收资本			其中：存放境外同业		
十五、其他	-8 496	8 872	2. 拆放同业		
			其中：拆放境外同业		
			十、境外联行往来（运用方）		
			十一、代理金融机构贷款		
			其中：代理人行专项贷款		
			十二、库存现金	44	15
			十三、外汇买卖（运用方）		
			其中：结售汇		
			十四、投资性房地产		
资金来源总计	18 927	17 982	资金运用总计	18 927	17 982

表2.74 包商银行北京分行外汇信贷收支统计

单位：万美元

项目名称	余额	比年初	项目名称	余额	比年初
一、各项存款	104	50	一、各项贷款		-2 972
1. 单位存款	35	5	（一）境内贷款		-2 972
其中：活期存款	35	5	1. 短期贷款		-2 972
定期存款			（1）个人贷款及透支		
通知存款			其中：个人消费贷款		
保证金存款			（2）单位普通贷款及透支		
2. 个人存款	69	45	其中：经营贷款		
储蓄存款	69	45	固定资产贷款		
保证金存款			（3）普通并购贷款		
结构性存款			（4）银团贷款		
3. 临时性存款			（5）贸易融资		-2 972
4. 其他存款			（6）境外筹资转贷款		
二、代理财政性存款			2. 中长期贷款		
三、金融债券			（1）个人贷款		
其中：境外发行			其中：个人消费贷款		
四、中长期借款			（2）单位普通贷款		
其中：境外借款			其中：经营贷款		
五、应付及暂收款			固定资产贷款		
其中：应付利息			（3）普通并购贷款		
六、卖出回购资产			（4）银团贷款		
七、向中央银行借款			（5）贸易融资		
八、同业往来（来源方）			（6）境外筹资转贷款		
1. 同业存放			3. 融资租赁		
其中：境外同业存放			4. 票据融资		
2. 同业拆借			其中：贴现		
其中：境外同业拆借			5. 各项垫款		
九、境外联行往来（来源方）			（二）境外贷款		
十、外汇买卖（来源方）			二、有价证券		
其中：结售汇			三、股权及其他投资		
十一、委托存款及委托投资基金（净）			四、应收及预付款		-26
1. 委托存款及委托投资基金			其中：应收利息		-26
2. 减：委托贷款及委托投资			五、买入返售资产		
十二、代理金融机构委托贷款基金			六、存放中央准备金存款		
其中：中央银行委托贷款基金			七、存放中央银行特种存款		
十三、各项准备			八、缴存中央银行财政性存款		
其中：贷款损失准备			九、同业往来	3	1
十四、所有者权益	-14	27	1. 存放同业	3	1
其中：实收资本			其中：存放境外同业		
十五、其他	-54	-3 058	2. 拆放同业		
			其中：拆放境外同业		
			十、境外联行往来（运用方）		
			十一、代理金融机构贷款		
			其中：代理人行专项贷款		
			十二、库存现金	33	16
			十三、外汇买卖（运用方）		
			其中：结售汇		
			十四、投资性房地产		
资金来源总计	36	-2 981	资金运用总计	36	-2 981

表 2.75 锦州银行北京分行外汇信贷收支统计

单位：万美元

项目名称	余额	比年初	项目名称	余额	比年初
一、各项存款	14 450	7 556	一、各项贷款	57 717	31 897
1. 单位存款	14 442	7 554	（一）境内贷款	57 717	31 897
其中：活期存款	42	30	1. 短期贷款	57 717	35 902
定期存款		-6 876	（1）个人贷款及透支		
通知存款			其中：个人消费贷款		
保证金存款			（2）单位普通贷款及透支	5 505	-11 233
2. 个人存款	8	2	其中：经营贷款	5 505	-11 233
储蓄存款	8	2	固定资产贷款		
保证金存款			（3）普通并购贷款		
结构性存款			（4）银团贷款		
3. 临时性存款			（5）贸易融资	52 212	47 135
4. 其他存款			（6）境外筹资转贷款		
二、代理财政性存款			2. 中长期贷款		-4 005
三、金融债券			（1）个人贷款		
其中：境外发行			其中：个人消费贷款		
四、中长期借款			（2）单位普通贷款		-4 005
其中：境外借款			其中：经营贷款		-4 005
五、应付及暂收款	353	284	固定资产贷款		
其中：应付利息	353	284	（3）普通并购贷款		
六、卖出回购资产			（4）银团贷款		
七、向中央银行借款			（5）贸易融资		
八、同业往来（来源方）		-1 177	（6）境外筹资转贷款		
1. 同业存放			3. 融资租赁		
其中：境外同业存放			4. 票据融资		
2. 同业拆借		-1 177	其中：贴现		
其中：境外同业拆借		-1 177	5. 各项垫款		
九、境外联行往来（来源方）			（二）境外贷款		
十、外汇买卖（来源方）	20 833	20 833	二、有价证券		
其中：结售汇	20 140	20 140	三、股权及其他投资		
十一、委托存款及委托投资基金（净）			四、应收及预付款	991	929
1. 委托存款及委托投资基金			其中：应收利息	991	929
2. 减：委托贷款及委托投资			五、买入返售资产		
十二、代理金融机构委托贷款基金			六、存放中央准备金存款		
其中：中央银行委托贷款基金			七、存放中央银行特种存款		
十三、各项准备			八、缴存中央银行财政性存款		
其中：贷款损失准备			九、同业往来	5	
十四、所有者权益	-127	-127	1. 存放同业	5	
其中：实收资本			其中：存放境外同业		
十五、其他	44 038	26 287	2. 拆放同业		
			其中：拆放境外同业		
			十、境外联行往来（运用方）		
			十一、代理金融机构贷款		
			其中：代理人行专项贷款		
			十二、库存现金	1	-3
			十三、外汇买卖（运用方）	20 833	20 833
			其中：结售汇	20 140	20 140
			十四、投资性房地产		
资金来源总计	79 547	53 656	资金运用总计	79 547	53 656

表2.76 厦门国际银行北京分行外汇信贷收支统计

单位：万美元

项目名称	余额	比年初	项目名称	余额	比年初
一、各项存款	15 266	6 658	一、各项贷款	37 688	-21 568
1. 单位存款	10 418	6 716	（一）境内贷款	27 234	-19 047
其中：活期存款	8 966	8 025	1. 短期贷款	23 027	-15 659
定期存款	1 450	-1 135	（1）个人贷款及透支		
通知存款			其中：个人消费贷款		
保证金存款	2	-174	（2）单位普通贷款及透支	22 739	-12 008
2. 个人存款	4 848	-51	其中：经营贷款	22 739	-12 008
储蓄存款	4 848	-51	固定资产贷款		
保证金存款			（3）普通并购贷款		
结构性存款			（4）银团贷款		
3. 临时性存款		-7	（5）贸易融资	288	-3 651
4. 其他存款			（6）境外筹资转贷款		
二、代理财政性存款			2. 中长期贷款	4 207	-3 388
三、金融债券			（1）个人贷款	7	-38
其中：境外发行			其中：个人消费贷款	7	-38
四、中长期借款			（2）单位普通贷款	4 200	-3 350
其中：境外借款			其中：经营贷款	4 200	-3 350
五、应付及暂收款	-882	-390	固定资产贷款		
其中：应付利息	104	-34	（3）普通并购贷款		
六、卖出回购资产			（4）银团贷款		
七、向中央银行借款			（5）贸易融资		
八、同业往来（来源方）	6 688	2 749	（6）境外筹资转贷款		
1. 同业存放	6 400	6 400	3. 融资租赁		
其中：境外同业存放			4. 票据融资		
2. 同业拆借	288	-3 651	其中：贴现		
其中：境外同业拆借	288	-3 651	5. 各项垫款		
九、境外联行往来（来源方）			（二）境外贷款	10 454	-2 522
十、外汇买卖（来源方）	7 646	7 646	二、有价证券		
其中：结售汇	7 401	7 401	三、股权及其他投资		
十一、委托存款及委托投资基金（净）			四、应收及预付款	514	-115
1. 委托存款及委托投资基金			其中：应收利息	514	-115
2. 减：委托贷款及委托投资			五、买入返售资产		
十二、代理金融机构委托贷款基金			六、存放中央准备金存款		
其中：中央银行委托贷款基金			七、存放中央银行特种存款		
十三、各项准备			八、缴存中央银行财政性存款		
其中：贷款损失准备			九、同业往来	129	-16 197
十四、所有者权益	1 130	499	1. 存放同业	129	4
其中：实收资本			其中：存放境外同业		
十五、其他	33 642	-29 890	2. 拆放同业		-16 200
			其中：拆放境外同业		
			十、境外联行往来（运用方）		
			十一、代理金融机构贷款		
			其中：代理人行专项贷款		
			十二、库存现金	4	-4
			十三、外汇买卖（运用方）	25 156	25 156
			其中：结售汇	24 912	24 912
			十四、投资性房地产		
资金来源总计	63 491	-12 728	资金运用总计	63 491	-12 728

表 2.77 北京农商银行外汇信贷收支统计

单位：万美元

项目名称	余额	比年初	项目名称	余额	比年初
一、各项存款	7 312	3 725	一、各项贷款	7 616	1 634
1. 单位存款	6 065	3 316	（一）境内贷款	7 616	1 634
其中：活期存款	2 137	-251	1. 短期贷款	3 923	2 068
定期存款	3 925	3 563	（1）个人贷款及透支		
通知存款			其中：个人消费贷款		
保证金存款	3	3	（2）单位普通贷款及透支	2 600	1 600
2. 个人存款	1 247	409	其中：经营贷款	2 600	1 600
储蓄存款	1 247	409	固定资产贷款		
保证金存款			（3）普通并购贷款		
结构性存款			（4）银团贷款		
3. 临时性存款			（5）贸易融资	1 323	468
4. 其他存款			（6）境外筹资转贷款		
二、代理财政性存款			2. 中长期贷款	3 693	-435
三、金融债券			（1）个人贷款		
其中：境外发行			其中：个人消费贷款		
四、中长期借款			（2）单位普通贷款	3 693	-435
其中：境外借款			其中：经营贷款		
五、应付及暂收款	154	73	固定资产贷款	3 693	-435
其中：应付利息	26	23	（3）普通并购贷款		
六、卖出回购资产			（4）银团贷款		
七、向中央银行借款			（5）贸易融资		
八、同业往来（来源方）	4 693	-5 837	（6）境外筹资转贷款		
1. 同业存放			3. 融资租赁		
其中：境外同业存放			4. 票据融资		
2. 同业拆借	4 693	-5 837	其中：贴现		
其中：境外同业拆借		-30	5. 各项垫款		
九、境外联行往来（来源方）			（二）境外贷款		
十、外汇买卖（来源方）	1 795	384	二、有价证券		
其中：结售汇	1 795	384	三、股权及其他投资		
十一、委托存款及委托投资基金（净）			四、应收及预付款	639	-319
1. 委托存款及委托投资基金			其中：应收利息	8	5
2. 减：委托贷款及委托投资			五、买入返售资产		
十二、代理金融机构委托贷款基金			六、存放中央准备金存款	288	225
其中：中央银行委托贷款基金			七、存放中央银行特种存款		
十三、各项准备			八、缴存中央银行财政性存款		
其中：贷款损失准备			九、同业往来	12 534	-3 202
十四、所有者权益	254	44	1. 存放同业	1 640	205
其中：实收资本			其中：存放境外同业	876	41
十五、其他	7 000	-1	2. 拆放同业	10 893	-3 407
			其中：拆放境外同业		
			十、境外联行往来（运用方）		
			十一、代理金融机构贷款		
			其中：代理人行专项贷款		
			十二、库存现金	132	50
			十三、外汇买卖（运用方）		-1
			其中：结售汇		-1
			十四、投资性房地产		
资金来源总计	21 209	-1 613	资金运用总计	21 209	-1 613

表2.78 中国邮政储蓄银行北京分行外汇信贷收支统计

单位：万美元

项目名称	余额	比年初	项目名称	余额	比年初
一、各项存款	53 006	43 126	一、各项贷款	30 000	11 285
1. 单位存款	63	-359	（一）境内贷款	30 000	11 285
其中：活期存款	63	-359	1. 短期贷款		-18 715
定期存款			（1）个人贷款及透支		
通知存款			其中：个人消费贷款		
保证金存款			（2）单位普通贷款及透支		-18 715
2. 个人存款	2 842	384	其中：经营贷款		-18 715
储蓄存款	2 842	392	固定资产贷款		
保证金存款			（3）普通并购贷款		
结构性存款		-8	（4）银团贷款		
3. 临时性存款			（5）贸易融资		
4. 其他存款	50 101	43 101	（6）境外筹资转贷款		
二、代理财政性存款			2. 中长期贷款	30 000	30 000
三、金融债券			（1）个人贷款		
其中：境外发行			其中：个人消费贷款		
四、中长期借款			（2）单位普通贷款	30 000	30 000
其中：境外借款			其中：经营贷款	30 000	30 000
五、应付及暂收款	34	-85	固定资产贷款		
其中：应付利息	33	-85	（3）普通并购贷款		
六、卖出回购资产			（4）银团贷款		
七、向中央银行借款			（5）贸易融资		
八、同业往来（来源方）		-10 000	（6）境外筹资转贷款		
1. 同业存放		-10 000	3. 融资租赁		
其中：境外同业存放			4. 票据融资		
2. 同业拆借			其中：贴现		
其中：境外同业拆借			5. 各项垫款		
九、境外联行往来（来源方）			（二）境外贷款		
十、外汇买卖（来源方）			二、有价证券		
其中：结售汇			三、股权及其他投资		
十一、委托存款及委托投资基金（净）			四、应收及预付款	185	-167
1. 委托存款及委托投资基金			其中：应收利息	39	-166
2. 减：委托贷款及委托投资			五、买入返售资产		
十二、代理金融机构委托贷款基金			六、存放中央准备金存款		
其中：中央银行委托贷款基金			七、存放中央银行特种存款		
十三、各项准备	601	505	八、缴存中央银行财政性存款		
其中：贷款损失准备	601	505	九、同业往来	2	
十四、所有者权益	455	209	1. 存放同业	2	
其中：实收资本			其中：存放境外同业		
十五、其他	-23 490	-22 614	2. 拆放同业		
			其中：拆放境外同业		
			十、境外联行往来（运用方）		
			十一、代理金融机构贷款		
			其中：代理人行专项贷款		
			十二、库存现金	418	23
			十三、外汇买卖（运用方）		
			其中：结售汇		
			十四、投资性房地产		
资金来源总计	30 605	11 141	资金运用总计	30 605	11 141

（三）机构、人员统计

表 3.1　北京辖区内金融管理机构数量与从业人员数量统计

2014 年 12 月 31 日

单位：家、人

机构名称	机构数量	职工人数
中国人民银行营业管理部	1	513
中国银行业监督管理委员会北京监管局	1	277
中国证券监督管理委员会北京监管局	1	113
中国保险监督管理委员会北京监管局	1	88
北京市金融工作局	1	66
合计	5	1 057

注：表中数据由表中各部门提供。

表 3.2　北京辖区内银行及其他金融机构数量与从业人员数量统计

2014 年 12 月 31 日

单位：家、人

机构名称	机构数			从业人员数	营业员工数
	法人机构	分行级（含总行营业部、办事处、代表处）	支行及支行以下营业网点		
国家开发银行		2		354	
政策性银行合计		3	12	573	247
中国进出口银行		1		73	7
中国农业发展银行		2	12	500	240
国有商业银行合计		6	1 776	53 007	36 208
工商银行		1	562	18 769	11 344
农业银行		1	359	7 808	5 180
中国银行		1	291	9 955	6 382
建设银行		2	447	11 704	9 691
交通银行		1	117	4 771	3 611
股份制商业银行合计		12	775	22 411	16 078
中信银行		1	65	2 706	1 748
光大银行		1	113	2 634	2 016
华夏银行		1	62	1 954	1 322
广发银行		1	49	1 865	1 498

续表

机构名称	机构数			从业人员数	营业员工数
	法人机构	分行级（含总行营业部、办事处、代表处）	支行及支行以下营业网点		
平安银行		1	55	1 686	1 176
招商银行		1	89	4 013	3 215
上海浦东发展银行		1	61	1 489	994
兴业银行		1	60	2 016	1 684
民生银行		1	187	2 968	1 927
浙商银行		1	5	307	61
渤海银行		1	29	649	416
恒丰银行		1		124	21
城市商业银行合计	1	16	289	11 717	6 846
北京银行	1	4	197	7921	4 687
天津银行		1	11	415	269
大连银行		1	5	229	93
杭州银行		1	14	510	294
南京银行		1	11	363	258
盛京银行		1	4	190	113
上海银行		1	5	246	104
江苏银行		1	18	535	364
宁波银行		1	4	300	140
包商银行		1	7	437	193
锦州银行		1	4	172	98
厦门国际银行		1	9	366	233
昆仑银行		1		33	
农村金融机构合计	11		716	9 208	9 208
北京农商银行	1		694	8 454	8 454
村镇银行	10		22	754	754
邮政储蓄银行北京分行		1	564	3 461	1 365
卡中心		5	1	7 581	
外资银行	9	42	63	5 717	5 717
外资银行代表处		67		214	
外资非银行代表处		18		53	
资产管理公司		4		211	
非银行金融机构合计	60			5 114	5 114
企业集团财务公司	46			1 845	1 845
信托公司	3			556	556
金融租赁公司	2			150	150
汽车金融公司	7			2 268	2 268
消费金融公司	1			177	177
货币经纪公司	1			118	118
合计	81	176	4 196	119 621	80 783

注：1. 营业员工数指营业网点的所有员工数。

2. 中国工商银行票据营业部北京分部的数据计入“工商银行北京市分行”。

3. 本统计表由中国银行业监督管理委员会北京监管局提供。

表 3.3　北京辖区内证券机构数量与从业人员数量统计

2014 年 12 月 31 日

单位：家、人、万户

机构类别	机构数量	从业人员数量	投资者开户数
证券公司	19	28 559	1172
证券分公司	49		
证券营业部	330	8 545	619
基金管理公司	23		
基金分公司	52		
期货经纪公司	20	5 114	44.96
期货营业部	92	967	9.57
证券投资咨询公司	18		
上市公司	235		
外资代表处	46		
合计	884	43 185	1 845.53

注：本统计表由中国证券监督管理委员会北京监管局提供。

表 3.4　北京辖区内保险机构数量与从业人员数量统计

2014 年 12 月 31 日

单位：人/机构（个）

机构类别	总公司	分公司	支公司	营业部	营销服务部	专属机构（电销中心）	公司职工	保险公司销售从业人员
中资产险		29	134	41	54			
中资寿险	3	33	86	12	182	11		
中资再保险		1						
外资产险	3	9		1				
外资寿险	3	19	2	1	35	9		
外资再保险		3						
政策性保险	1							
合　计	10	94	222	55	271	20		
中介法人机构								
其中：代理公司	168	333					22 832	
经纪公司	171	52					8 721	
公估公司	48	11					1 123	
总　计	387	396					32 676	81 664

注：1. 2013 年 7 月 1 日起《保险销售从业人员监管办法》开始实施，已将本表中原“保险营销员”变更为“保险公司销售从业人员”。

2. 2013 年 4 月 25 日起《中国保监会关于印发〈人身保险电话销售业务管理办法〉的通知》（保监发〔2013〕40 号）开始实施，人身险公司可以设立电话销售中心作为直接经营电话销售业务的专属机构。

3. 本统计表由中国保险监督管理委员会北京监管局提供。

九、大 事 记

1月

1月1日 北京保险行业协会正式开通北京机动车辆保险电话营销禁拨号码登记平台。北京地区消费者如果不愿意接受车险电话销售，可以通过北京保险行业协会网站登录北京车险禁拨平台，申请提供禁止拨打服务。成功申请的7个工作日后，消费者在所选择的禁止拨打期限内，将不会接到已选择保险公司的营销电话。

1月6日 新华人寿保险北京分公司与中国银联合作在12306铁道部购票官方网站推出免费春运意外险。春运期间凡在12306网站上通过银联在线支付网购火车票的用户，均可免费在12306的平台领取由新华保险提供的一份畅行无忧铁路意外险。此款保险产品保期7天，意外身故或残疾赔偿金额30万元；客户只需填写相应的个人信息资料即可一键领取，并会收到告知短信。

1月8日 北京银行推出环球金融服务品牌——“国际金融通”。“国际金融通”涵盖了贸易融资、对外投资、工程承包、结算、财富管理在内的本外币一体化的综合金融服务。

1月13日 北京银监局召开“2014年北京银行业监督管理工作会议”，学习领会中央经济工作会议和银监会工作会议精神，总结2013年工作，分析当前形势，部署2015年重点工作。人行营业管理部、北京证监局、北京保监局、市金融局、市发改委、市财政局、北京财监办、《金融时报》北京记者站等相关部门及辖内各银行业金融机构负责人参会。

1月16日 人行营业管理部组织召开北京辖区金融机构情况通报会，传达贯彻2014年人民银行工作会议暨全国外汇管理工作会议精神，分析当前的经济金融形势，部署2014年工作。全市100余家金融机构的主要负责人参加了会议。

1月20日 中国人民银行在北京等地区开展分支行常备借款便利操作试点，由人民银行当地分支机构向符合条件的中小金融机构提供短期流动性支持。人民银行分支行常备借贷便利操作的对象包括城市商业银行、农村商业银行、农村合作银行和农村信用社四类中小金融机构。期限分为隔夜、7天和14天三个档次。常备借贷便利全部以抵押方式操作。此次试点接受的合格抵押品包括国债、中央银行票据、国家开发银行及政策性金融债、高等级公司信用债等债券资产，人民银行通过设置不同的抵押率来控制信用风险。

1月21日 2013年度优质服务示范单位表彰暨《2013年度北京市银行业服务发展改进报告》发布会在交通银行大厦召开。交通银行北京松榆里支行等100家网点被评为“2013年度北京市银行业文明规范服务百佳示范单位”、工商银行北京九棵树支行等48家网点被评为“2013年度北京市银行业特色服务示范单位”。北京市银行业协会李阳专职副会长发布了《2013年度北京市银行业服务发展改进报告》。

北银金融租赁公司正式开业，并向北京市医疗卫生事业捐赠200万元。这是国内首家由城商行发起设立的金融租赁公司，注册资本为20亿元，由北京银行100%出资。

1月24日 人行营业管理部组织召开“2013年北京市经济金融形势分析会暨窗口指导会议”，市发改委、市金融局、市经信委、市商务委等部门，以及辖内中资银行部门负责人参加了会议。会上，人行营业管理部通报了 2013 年北京市经济金融形势、信贷政策及房地产市场运行情况、利率汇率政策执行情况，并根据人民银行工作会议精神、当前全国及北京市经济金融形势发展变化，对辖内金融机构下一阶段货币信贷工作提出了窗口指导要求。

全国中小企业股份转让系统首批全国企业集体挂牌仪式在京举行，来自 28 个省、市、自治区的 285 家企业集体挂牌。至此，全国股份转让系统挂牌企业家数达 621 家。

1 月 28 日 北京股权交易中心首只中小企业私募债成功发行。本次债券发行人为北京艾莱发喜食品有限公司，发行规模 1 亿元，期限 2 年，票面年利率 7.5%，由北京银行承销。本期债券完成认购并在北京股权交易中心所属的北京股权登记管理中心集中登记后，可以在北京股权交易中心进行转让交易。

1 月 泰康人寿保险北京分公司推出微信保险服务，客户只要关注“泰康人寿”官方微信，就可办理投保、理赔、保全、贷款、查询、回访在内的多项保险服务。同时，推出微信保险“微小宝”。4 月，推出长期寿险产品——“泰康全能保保障计划”。

国内首台个人信用报告自助查询机正式落户北京农商银行朝阳支行望京分理处并开通使用，城乡居民仅凭身份证件即可在银行网点查询个人信用记录。

2 月

2 月 11 日 北京银监局制定《北京地区银行业社会监督员工作制度》，聘请社会监督员，对北京地区银行业金融服务进行社会监督。

2 月 19 日 北京银行与小米科技有限责任公司在北京银行大厦签署移动互联网金融全面合作协议，双方将在移动支付、便捷信贷、产品定制、渠道拓展等多方面进行合作。

2 月 27 日 北京保监局召开北京保险监管会议，通报了 2014 年北京保险监管重点，明确把保护保险消费者合法权益作为监管根本目标和核心任务，着力维护市场秩序，防范化解风险，推动行业服务首都经济社会发展。在京 96 家财产保险公司、人身保险公司及北京保险行业协会的主要负责人参加了会议。

北京居民健康卡首发仪式在通州区永乐店镇政府举行。通州区居民健康卡由通州区卫生局和邮储银行北京分行联合发行，兼具自助医疗、实时报销、电子病历、金融支付等功能于一体的多用途智能金融 IC 卡。

2 月 人行营业管理部正式上线“央行服务一点通（北京 1.0 版）”电子书，并通过辖内各金融机构的短信平台、微信平台等多种方式将电子书链接推送至市民手机。该电子书囊括了金融机构的开业、支付、征信、账户管理、清算等十大类业务的办事流程、注意事项、办公时间、地点、行车路线、联系人、电话等详细信息，共有 html 和 epub 两种格式，支持所有 PC、PAD 以及安装电子书阅读器的手机查看、收藏或保存。

3 月

3 月 8 日 马航 MH370 客机失联后，北京保监局启动北京保险业突发事件应急预案，成立应急处置工作领导小组，统一领导、指挥、协调北京保险业保险理赔处理事宜；并向101家在京营业的保险公司及主要中介公司下发紧急通知，要求各公司迅速启动应急机制、即时排查报告、做好保险客户的咨询安抚工作，密切关注搜救进展情况，积极配合政府相关部门的应急处置工作，开辟理赔绿色通道。

太平人寿保险北京分公司启动重大事件应急处理预案，第一时间赶往马航MH370乘客家属临时安置点——北京丽都饭店。并与太平人寿运营服务相关部门、中国太平共享服务中心联动，紧急启动客户排查工作。3月9日，太平洋人寿保险北京分公司相关负责人作为保险业代表接受电视媒体采访，介绍马航失联客户的投保及理赔准备情况，并对消费者投保意外险的相关问题给予专业建议。3月26日，太平洋人寿保险北京分公司根据空难事故中一遇难客户家属的意愿，提供理赔咨询服务并当场完成马航空难事故遇难乘客的首笔赔款支付，赔付金额52.5万元。

3月12日 中国人民财产保险北京市分公司与市园林绿化局签订北京山区生态林统保协议，签发北京市第一单林业保险产品。该公司将为全市1 148万亩生态公益林提供总保额为137.76亿元的风险保障。

3月25日 北京银行举办“北京银行与中关村互联网金融行业协会战略合作签约仪式暨小微贷产品发布会”。活动现场，北京银行发布“推动互联网金融业务发展六项举措”，并与中关村互联网金融行业协会签署战略合作协议，与广联达、卡联、天使汇、91金融等机构签署业务合作协议，同时发布了一款为小微企业量身定制的、基于账单流水实现融资的信用贷款产品——“小微贷”。

3月29日 北京市农民专业合作社联合会成立。农业银行北京分行、北京银行、北京农商银行和北京市农业投资有限公司与联合会签订合作协议，三家银行将为联合会及其会员提供总计60亿元的意向信贷额度，北京市农业投资有限公司将为联合会提供融资担保、融资租赁、小额贷款等支持。

4月

4月10日 北京国资融资租赁股份有限公司成立。该公司由北京市国有资产经营有限责任公司、北京国资（香港）有限公司联合北京金融街资本运营中心、北京京国发股权投资基金（有限合伙）和北京中小企业信用再担保有限公司共同发起设立，注册资本金9亿元。

4月15日 农业银行北京市分行参加2014中国（北京）国际技术转移大会，与北京市科学技术委员会签署全面战略合作协议。双方将在新能源与新材料、现代农业发展、北京市国际科技合作基地、对公及个人金融等领域开展深入合作。

4月23日 北京银监局根据《中国银监会办公厅关于北京银监局设立银行业消费者权益保护处的批复》（银监办发〔2014〕120号），设立银行业消费者权益保护处，负责辖内银行业消费者权益保护相关工作。

4月25日 太平洋财产保险北京分公司中标北京市政法系统团体人身意外伤害保险政府采购项目，独家承保市公安局、消防局、城管、司法局、国家安全局的人身意外险，参保人员72 000人。

4 月 28 日 北京银监局印发《北京银监局关于加强社区金融服务工作的指导意见》，明确社区金融服务的含义、定位、原则，要求辖内银行丰富社区金融服务的内容与方式，推进社区金融机构建设，强化社区金融机构管理，建立健全社区金融服务的事前规划、事后评估机制。

5 月

5 月 1 日 北京保险行业协会组织在京经营车险的财产保险公司研讨制定的《北京保险行业车险理赔服务承诺》正式实施。

5 月 8 日 人行营业管理部与北京市国有文化资产监督管理办公室签署《文化金融战略合作协议》，双方就拓宽文化企业融资渠道、开展文化金融合作试验区建设、推进文化企业信用体系建设、搭建政银企合作平台四方面 16 项具体工作开展全面深入合作达成重要共识。

5 月 9 日 中信银行总行营业部与航空总医院签署战略合作协议，双方以“自助医院”项目为核心展开银医合作。该项目是北京地区首家“开放式”数字化自助医院平台，通过银医自助服务系统，打破银行界限，为手持各行借记卡的患者提供预约、挂号、缴费、报告打印、就医查询等“一站式”自助服务。

5 月 15 日至 6 月 15 日 北京银监局组织开展“第三届北京银行业小微企业金融服务宣传月活动”。本届宣传月以“助小微 促升级 防风险 惠民生”为主题。

5 月 19 日 全国股份转让系统证券交易及登记结算系统正式投入运行。2013 年 12 月 30 日发布的《全国中小企业股份转让系统股票转让细则（试行）》、《全国中小企业股份转让系统证券代码、证券简称编制管理暂行办法》也于即日起正式实施。

5 月 24 日 北京银行与市农委联合召开郊区特色金融服务交流座谈会暨“富民直通车”郊区特色金融服务品牌发布会。“富民直通车”包含“富民卡、富民贷、富民通”三大系列产品，满足了京郊居民“投资理财、贷款创业、支付结算”三方面的核心金融需求。

5 月 27 日 北京保监局、中关村管委会、人行营业管理部、北京银监局、北京金融局联合主办的“信贷创新中关村”系列活动——中关村小额贷款保证保险政策发布暨银行保险合作签约仪式在中关村软件园举行。活动现场，中关村管委会联合相关部门发布了《中关村国家资助创新示范区小额贷款保证保险试点办法》，主要针对小微企业和相关金融机构给予重点支持。

5 月 28 日至 6 月 1 日 第三届中国（北京）国际服务贸易交易会上，北京金融局联合首都金融服务商会、中国银行业协会、中国保险行业协会、中国银行间市场交易商协会、中国股权投资基金协会、中国支付清算协会等承办了金融服务板块。该板块以“金融服务 走向世界”为主题，举办了展览展示、专题推介、项目签约、合作洽谈等系列活动，近 40 家金融机构和企业参加了展览，近 5 000 人参与了金融体验，专场推介签约交易项目 23 个，交易额 730 亿元。

5 月 北京保监局组织辖内 89 家保险公司及 300 余家保险中介机构开展了防范和打击非法集资宣传教育活动。

6月

6月10日 大兴区突降冰雹，8个乡镇、82个村1 050户次农民承保的西瓜、果树、玉米、大棚受灾，损失共计4 879.62亩。中华联合财产保险北京分公司在灾区设立处置应急指挥部，快速、妥善处理赔案，共计赔款537.91万元。

6月12日 中国人民银行北京市青年联合会成立。该联合会共有委员100人，由银行、证券、保险、信托公司等23家金融机构的优秀青年代表组成；中国人民银行营业管理部党委委员、副主任付喜国任主席，王远志、史炳栋、刘敏、张展、赵宏、袁新峰、曾林峰任副主席。

6月20日 北京保监局发布《北京地区人身保险经营行为管理办法》。这是北京地区第一个针对人身保险经营行为的系统性文件，共有12章57条，对销售从业人员的资质要求、重点业务领域的制度规范、重点环节的经营要求等方面进行了规定。

6月25日 中国人民财产保险北京市分公司与北京市志愿者服务联合会签约，推出实名注册志愿者团体人身意外伤害保险。本次推出的志愿者保险是国内首个由财政出资保障的志愿者保险项目，志愿者一旦发生意外伤害身故，保险公司最高可赔付120万元。

6月26日 中信银行总行营业部与北京北方出租汽车有限公司、北京银联商务有限公司举办出租车受理银联卡签约暨发车仪式，联手推出打车刷卡服务。在仪式上，三家合作单位发布了出租车受理银行卡的综合支付解决方案，即通过为司机配备迷你POS机，从介质上支持磁条卡、芯片卡和NFC近场支付，从卡种上支持借记卡、信用卡甚至预付卡的受理，乘客只需持有银联卡或NFC电子钱包，就可以在北方出租车实现刷卡付车费。

6月28日 工商银行北京市分行上线同城跨行电子服务系统。该系统通过接入北京市电子清分服务平台实现与本市各商业银行间同城跨行清算业务的电子化处理，并具有实时查询跨行账户到账情况、7×24小时同城跨行大额汇款、跨行支票圈存和主动缴费资金归集等功能。

6月30日 太平洋财产保险北京分公司与中国医院协会妇产医院管理分会签署保险协议，首席承保全国关爱母婴安全项目。该项目是针对孕产妇在孕产过程中可能出现的身故、流产、子宫切除及新生儿身故及脑瘫责任提供风险保障，每份保费500元，可获得产妇30万元、婴儿3万元的保险保障。

7月

7月1日 中国银行北京住房公积金贷款中心丰台网点正式开业。该网点是中国银行北京市分行与北京住房公积金管理中心联合设立的个人信贷中心，通过整合公积金中心、住房担保中心、评估机构等多家单位资源，为公积金缴存客户提供个人公积金委托贷款、个人住房组合贷款等全流程“一站式”业务服务。

7月4日 中国人寿保险北京市分公司召开“爱无疆，责任在行”宣传活动新闻发布会，宣布于7月8日正式开通“微信支付”购买保险功能，上线“老来宝”、“出行宝”和“吉祥宝”产品，为客户提供老年人意外保障、交通工具意外保障及普通意外医疗和住院保障。

7月16日 太平财产保险北京分公司与中国土木工程集团有限公司所属中土海外（北京）人力资源管理有限公司签订合作协议，为中土集团海外劳务人员提供雇主责任险、团体人身意外险等保险保障。

7月17日 北京银行与北京同仁张晓楼眼科公益基金会全面业务合作暨捐赠仪式在京举行，双方签署3年总额300万元的捐赠协议，北京银行现场捐赠首笔善款100万元。此笔善款将主要用于贫困地区中小学生的眼病筛查、建档及治疗，并支持眼病的基层预防、健康教育、人才培养等工作。

7月23日 北京农商银行在怀柔区正式发行“居民健康卡”。该卡专为首都市民设计，用于挂号、就医、费用结算，具有身份识别、健康与诊疗信息存储和跨地区、跨医疗机构就医的“一卡通”功能。

7～9月 新华人寿保险北京分公司举办“中国梦·新华行”第十四届客服节。客服节期间，举办了“美丽中国”第五届“新华保险杯”少儿书画大赛、“名家面对面，关爱万里行”名家健康巡讲、“与我同行，一路温情”轻松复效活动、“圆梦100——新华保险爱心助学计划”、“E服务逸生活——掌上新华”微信公众号推广、“爱心正能量”十佳爱心形象大使评选、“精彩惠聚，品味生活”惠福宝客户专属活动和“健康生活，养老无忧”养老体验等主题活动。其中，书画大赛共收到近3 200幅作品，健康巡讲在全市15个区县共举办24场，复效活动累计复效成功件数6 258件，累计复效保费超过3 400万元。

8月

8月12日 中华联合财产保险北京分公司承保北京市开展政策性农业保险业务以来第一单果树树体保险业务。

8月21日 长城资产管理公司北京办事处以16 810万元中标中国农业银行改制以后北京市分行首次对外公开转让的自营不良资产包。

8月28～31日 2014中国国际金融展在北京展览馆举行。本届金融展以“汇科技 慧金融 惠生活”为主题。展会期间同时举办了第十五届中国金融发展论坛，与会嘉宾就普惠金融、移动支付、金融风险防控等热点话题展开了讨论。

8月29日 北京市金融局发布“2014北京金融安全行动计划”。该计划以“金融安全巡展”为核心，分为“安全启程、安全同行、安全到站”三个阶段。

9月

9月4日 北京银行推出“京彩E家”智能“轻”网点和“京彩e屏”。“京彩E家”由信息展示区、营销互动区、自助操作服务区、开卡签约区及产品购买区五个标准化功能分区组成，通过各类电子化设备、无纸化创新营销工具，让客户了解相关信息，并按自身需求进行自主选购。“京彩e屏”是新型媒体显示屏，以电子画面的形式向市民百姓滚动展示最新的金融知识、财富资讯以及银行产品与服务信息。

9月11日 北京农商银行与河北省农村信用社联合社、天津农商银行共同签署《京津冀金融服务一体化战略合作协议》，通过开展业务模式、产品创新、支付结算、人力资源、信息科技等多方面的合作，为北京外迁企业、市场商圈、产业链、示范园区及跨区域项目提供资金支持和综合金融服务。

9月12日 北京市第五届职业技能大赛保险行业人身险业务员比赛总决赛及颁奖仪式在北京市职工服务中心报告厅举行。中美联泰大都会人寿保险北京分公司韩重斌获总决赛冠军，长城人寿保险北京分公司郝爱英获亚军，中美联泰大都会人寿保险北京分公司孙瑜获第三名，三位选手被授予“北京市职工高级职业技术能手”的荣誉称号。

9月13日 人行营业管理部举办“2014年北京市银行业反假货币主题宣传暨社区反假货币服务站授牌仪式”，国务院反假货币联席会议办公室、北京市金融局、朝阳区金融办等有关部门的领导，以及21家中资商业银行现金服务工作部门负责人和一线员工代表、社区代表等100余人参加了授牌仪式。

9月18日 农业银行自主研发的“超级柜台”新型运营服务模式在北京上线推广，先期在12个网点布放15台超级柜台。

9月21日 交通银行北京市分行联合《北京青年报》开展“温暖一冬，交行在行动”大型公益服务日主题活动。该行453名员工走进54个社区开启为西部贫困地区儿童捐赠过冬衣物的活动，近8 000名市民走进社区捐赠点，共捐赠衣物2 403包、69 315件。

9月24日 太平洋财产保险北京分公司正式成为北京市安全生产责任保险试点项目的服务机构之一，为西城区和顺义区提供安责险承保服务。试点行业涵盖了危险化学品、烟花爆竹、煤矿、非煤矿山等多个行业单位，涉及全市范围内的万余家企业。

9月28日 华夏银行在北京、天津、石家庄三地同步举办京津冀协同卡首发仪式，正式推出华夏京津冀协同卡。该卡是国内第一张为支持京津冀协同发展而专门发行的银行卡。

10月

10月8日 建设银行北京市分行成立“刘艳快线”服务品牌，推出服务品牌标志和微信公众号。

10月9日 北京证监局组织召开《私募投资基金监督管理暂行办法》专题培训会，就北京辖区私募基金登记备案的情况、监管部门对私募基金“适度监管、底线监管、行业自律、促进发展”的监管原则进行介绍和讲解，并对辖区私募基金行业的发展提出了具体监管要求，北京市金融局、地方股权基金协会以及辖区私募机构等约500余人参会。

10月13日 华夏银行北京分行上线个人业务产品销售录音录像系统，在北京地区率先实现客户购买投资类产品录音录像功能。

10月22日 北京农商银行首家“幸福彩虹”自助银行正式开业运营。“幸福彩虹”自助银行是北京市养老助残“券变卡”项目的延伸，服务内容涵盖便民菜店、老年厨房、福利彩票、金融服务等。

10月28日 东亚银行（中国）有限公司推出“指尖银行”系列移动金融产品——微信银行和手机银行。东亚中国微信银行除基本个人账户功能外，还针对有跨境金融需求的客户推出了“人民币境外汇入款汇回”服务，并上线了理财产品购买、查询、产品优惠推送等功能。东亚中国手机银行除服务个人客户之外，还为企业客户打造“掌上财务官”功能，即让企业管理层利用手机即可查询企业账户余额、明细，甚至可以通过手机银行完成网银交易的授权操作。

10 月 30 日至 11 月 2 日 2014 年第十届北京国际金融博览会在北京展览馆举行。本届展会以“中国金融业改革和发展”为主题，展览面积达 2.3 万平方米，共有金融机构、企业集团、产业园区等百余家展商参展。本届展会重点展示了金融改革与创新、金融服务实体经济和小微企业、产业金融发展、科技金融创新和互联网金融、金融服务首都经济等内容，并推出中国金融业创新峰会、中国保险行业年度峰会和中国资本市场峰会等中国金融年度高端论坛，以及涵盖金融安全、理财知识、风险防范、投资者权益等方面的近 20 项、百余场“金融惠民生”系列活动。

11 月

11 月 5～11 日 中国银行北京市分行在国家会议中心和雁栖湖新闻中心，通过 POS 机具、现金收款等方式，为前来报道 2014 年亚太经济合作组织会议的 4 000余名记者提供场地、设备、直播线路等资源的预定和收款服务，同时还提供 ATM 零钞兑换、业务咨询等金融服务。中国人民财产保险北京市分公司作为官方指定保险服务商，为会议提供了完善的风险保障服务。

11 月 13 日 北京保监局印发《北京地区机动车辆商业保险电子保单管理试点办法》，以保障保险消费者合法权益、促进车险市场规范有序发展作为立足点和出发点，从制度安排、人员设置、行为规范、服务保障等四方面对试点工作提出了具体要求。

11 月 14～15 日 人行营业管理部召开北京市金融机构同业业务情况通报会，辖内 54 家银行业金融机构的同业业务相关负责人参加了此次会议。会议通报了 2014 年上半年对信托公司进行现场评估的整体情况及银行业金融机构同业业务现场督察开展情况，着重就现场督察过程中发现的问题进行了通报，并对同业业务的整改工作提出了要求。会议专题安排了国际金融监管改革的最新进展讲座，介绍了《巴塞尔协议Ⅲ》的最新进展以及银行监管指标变化情况。会议还邀请北京银行等 4 家金融机构就同业业务管理情况作了经验交流。

11 月 18 日 由北京保监局指导，《中国保险报》、北京保险行业协会主办，平安财产保险公司北京分公司协办的“第 20 期中国保险热点对话”在京举行。与会嘉宾以“‘新国十条’背景下的北京车险创新与发展”为主题，就北京地区车险费率改革、承保规范化管理创新、车险服务创新、车险参与社会管理等多个热点问题展开研讨。来自北京保监局、市交通管理局等相关部门的领导，以及对外经济贸易大学、北京工商大学、部分驻京保险公司的专家和负责人参加了本期对话。

11 月 28 日 北京国际信托有限公司举办“转型财富管理——大资管时代的信托之道”财富论坛，与会嘉宾围绕信托转型、财富管理及实体经济发展等热点话题进行了深入探讨。银监会、中国信托业协会、中国社会科学院金融研究所、北京市国资委、北京银监局、北京市金融局等领导和相关单位代表500余人出席会议。

12月

12月2日 2014年人民银行青年论坛在北京举行。人行营业管理部李宏瑾、苏乃芳就《金融创新、金融脱媒与信用货币创造》等内容，通过电视电话会议的形式向全系统进行了交流和展示，并荣获金奖。

12月9日 中国人寿保险北京市分公司与昌平区人民政府签署《全面战略合作协议》。协议包括双方融资支持、产业支持、民生支持等七个方面。

12月26日 北京银行启动首家智能银行。该智能银行使用了体感技术、人脸识别、3D成像、远程视频技术等多种先进的技术，客户可自助完成开卡、办理网银、购买理财、申请贷款等业务。当申请贷款时，既可现场查询和打印个人征信报告，也可以线上办理“金贷宝”业务，实现即时申请、即时审批、即时签约，10万元以内贷款可即时到账。

12月29日 北京地区人身保险销售从业人员销售资质分类管理试点工作正式启动。今后，北京的保险销售从业人员在销售分红险、万能险、投连险和变额年金保险时，须持有保监会颁发的《保险销售从业人员资格证书》，且参加由北京保险行业协会统一组织的销售资质考试并获取相应的资质。

平安财产保险公司北京分公司商业车险电子保单系统正式获北京保监局验收。同日，国内首张商业车险电子保单在京签发。今后，客户通过电话、网络等渠道购买电子化的商业车险，投保成功后可通过电子邮箱收到保单；投保客户还可登录保险公司网站或北京保险行业协会网站，输入车牌号或车架号与投保时留存的手机号进行查询与验真。

工商银行北京市分行首家智能网点——西单支行开业。该网点位于西单商圈，共有智能自助设备47台，营业厅面积2 000平方米，是目前国内最大的智能银行网点。

12月30日 人行营业管理部在北京地区开通12363金融消费权益保护咨询投诉电话。

十、附　　录

（一）北京市金融机构名录

（截至 2014 年 12 月 31 日）

1. 金融管理机构

机构名称	地　址	邮　编	电　话
中国人民银行营业管理部	西城区月坛南街 79 号	100045	68559550
（国家外汇管理局北京外汇管理部）	（海淀区莲花池东路 39 号西金大厦）	100036	（68559918）
中国银行业监督管理委员会北京监管局	西城区金融大街 20 号交通银行大厦 B 座	100033	58391797
中国证券监督管理委员会北京监管局	西城区金融街 26 号金阳大厦 6 层	100033	88088060
中国保险监督管理委员会北京监管局	西城区金融大街 15 号鑫茂大厦北楼 9 层	100033	66060530
北京市金融工作局	西城区槐柏树街 2 号市府大楼 2 号楼	100053	63020601

2. 银行业机构

（1）中资银行

机构名称	地　址	邮　编	电　话
国家开发银行股份有限公司北京市分行	西城区复兴门内大街 158 号远洋大厦 8 层	100031	63223100
国家开发银行股份有限公司企业局	西城区复兴门内大街 158 号远洋大厦 9 层	100031	66492200
中国进出口银行北京分行	东城区北河沿大街 77 号	100009	64099688
中国农业发展银行股份有限公司北京市分行	西城区月坛北街甲 2 号月坛大厦南楼	100045	68081842
中国农业发展银行股份有限公司总行营业部	西城区月坛北街甲 2 号月坛大厦南楼	100045	68081456

中国工商银行股份有限公司北京市分行	西城区复兴门南大街 2 号天银大厦 B 座	100031	66410579
中国农业银行股份有限公司北京市分行	东城区朝阳门北大街 13 号	100027	61128111
中国银行股份有限公司北京市分行	东城区朝阳门内大街 2 号凯恒中心 C 座、E 座	100010	85121710
中国建设银行股份有限公司北京市分行	西城区宣武门西大街 28 号楼 4 门	100053	63603682
交通银行股份有限公司北京市分行	西城区金融大街 22 号	100033	88668000
中国建设银行股份有限公司北京中关村分行	海淀区知春路 96 号	100086	82118322
招商银行股份有限公司北京分行	西城区复兴门内大街 156 号	100031	66426889
上海浦东发展银行股份有限公司北京分行	西城区太平桥大街 18 号丰融国际大厦	100032	84085589
广发银行股份有限公司北京分行	东城区东长安街甲 2 号	100005	65169007
兴业银行股份有限公司北京分行	朝阳区朝阳门北大街 20 号兴业银行大厦	100020	59886666
平安银行股份有限公司北京分行	西城区复兴门内大街 158 号远洋大厦	100031	66292424
中信银行股份有限公司总行营业部	西城区金融大街甲 27 号投资广场 A 座	100033	66211809
中国光大银行股份有限公司北京分行	西城区宣武门内大街 1 号	100031	66567647
中国民生银行股份有限公司总行营业部	西城区复兴门内大街 2 号	100032	58560626
华夏银行股份有限公司北京分行	西城区金融大街 11 号	100032	58598600
渤海银行股份有限公司北京分行	西城区复兴门内大街 28 号凯晨世贸中心东座 F1	100031	66270036
浙商银行股份有限公司北京分行	西城区金融大街甲 1 号 –1	100033	88006040
恒丰银行股份有限公司北京分行	西城区金融大街八号 C 座	100033	50961888
中国邮政储蓄银行股份有限公司北京分行	朝阳区建国门北大街光华路 50 号	100600	65217190
北京银行股份有限公司	西城区金融大街丙 17 号北京银行大厦	100033	66426500
北京银行股份有限公司中关村分行	海淀区中关村大街甲 28 号	100086	82533039
北京银行股份有限公司资金运营中心	西城区金融大街丙 17 号北京银行大厦 21 层	100033	66223690
天津银行股份有限公司北京分行	西城区东河沿胡同 73 号宣武门大厦	100052	83175805
大连银行股份有限公司北京分行	朝阳区建国路 93 号院 B 座 1 层、2 层	100022	65812510
杭州银行股份有限公司北京分行	东城区建国门内大街 26 号 1 层南侧、9～11 层	100005	64088400

盛京银行股份有限公司北京分行	朝阳区光华路4号东方梅地亚中心D座	100026	85570016
南京银行股份有限公司北京分行	西城区金融大街10号	100033	83399001
上海银行股份有限公司北京分行	朝阳区建国门外大街丙12号	100022	57610006
江苏银行股份有限公司北京分行	朝阳区光熙家园1号楼	100028	56986086
宁波银行股份有限公司北京分行	海淀区西三环北路100号1~2层、11~15层	100037	53266258
包商银行股份有限公司北京分行	朝阳区北四环东路115号8号楼	100101	64816060
锦州银行股份有限公司北京分行	东城区建国门北大街5号	100005	85072111
厦门国际银行股份有限公司北京分行	西城区三里河东路5号中商大厦	100045	68533333－603
昆仑银行股份有限公司国际业务结算中心	西城区金融大街1号金亚光大厦B座1层	100033	89026269
北京农村商业银行股份有限公司	朝阳区朝阳门北大街16号	100020	85605068
北京延庆村镇银行	延庆县高塔街73号	102199	69178738
北京密云汇丰村镇银行	密云县新东路环岛南侧新华书店1楼商铺	101500	58120710
北京怀柔融兴村镇银行	怀柔区南华园二区甲41号楼	101499	61620106
北京大兴九银村镇银行	大兴区西红门镇欣荣北大街18号院3号	100162	80255566
北京昌平兆丰村镇银行	昌平区南环东路32－6号	102299	60783888
北京大兴华夏村镇银行	大兴区黄村镇兴业大街32号－2	102611	69221122
北京顺义银座村镇银行	顺义区西辛南区乙62号	101399	61408713
北京通州国开村镇银行	通州区杨庄南里甲66号	101121	52998500
北京门头沟珠江村镇银行	门头沟区永定镇石龙南路8号	102308	60865137
北京房山沪农商村镇银行	房山区良乡拱辰北大街1号2号楼	102401	61378796

（2）中资银行分支机构

中国农业发展银行股份有限公司北京市分行

机构名称	地　址	邮　编	电　话
分行营业部	西城区月坛北街甲2号	100045	68081050
天坛支行	东城区东花市南里东区15号楼1层东侧	100062	87103181
西三环支行	海淀区西三环北路25号	100089	88568455
门头沟支行	门头沟区滨河路87号	102300	69828640
房山区支行	房山区良乡西路乙28号	102488	69373003
通州区支行	通州区新华北路55号	101100	69521324
昌平区支行	昌平区北环路4号	102200	89784518
顺义区支行	顺义区新顺南大街27号	101300	69449488
大兴区支行	大兴区黄村西大街51号	102622	69209352
平谷区支行	平谷区平谷镇太和园甲7号楼	101200	89980049
怀柔区支行	怀柔区后横街15号	101400	69684840
密云县支行	密云县新南路73号	101500	69040079
延庆县支行	延庆县东外大街109号	102100	69188337

中国工商银行股份有限公司北京市分行

机构名称	地　址	邮　编	电　话
分行营业部	西城区复兴门南大街2号天银大厦B座	100031	66411138
东城支行	东城区东四十条24号	100007	84020331
王府井支行	东城区王府井大街237号	100006	65270660

和平里支行	东城区和平里北街 14 号	100013	64216766
长安支行	西城区宣内大街乙 6 号	100031	66031114
新街口支行	西城区西直门内大街 143 号	100035	62218008
南礼士路支行	西城区阜外大街 8 号	100037	68025558
金融街支行	西城区太平桥大街丰汇园 11 号	100032	58362270
地安门支行	西城区德外大街 77 号 D 座	100088	82251116
崇文支行	东城区区永定门外大街 86 号	100075	87205518
宣武支行	西城区广外南滨河路 3 号楼	100055	63480657
广安门支行	西城区广外南滨河路 3 号楼	100055	63480658
珠市口支行	东城区珠市口东大街 15 号	100062	67050807
朝阳支行	朝阳区朝外大街 1 号	100020	65991018
九龙山支行	朝阳区广渠路甲 40 号	100022	67710822
亚运村支行	朝阳区慧忠北里 407 号	100012	64863545
望京支行	朝阳区酒仙桥路 10 号	100102	64379963
商务中心区支行	朝阳区建国路 108 号	100022	65669958
海淀支行	海淀区中关村东路 100 号	100080	62551286
海淀西区支行	海淀区北四环西路 65 号	101200	82886358
中关村支行	海淀区上地信息路 2 号	100085	82896655
翠微路支行	海淀区阜成路 79 号	100036	88127226
西客站支行	海淀区莲花池东路 39 号	100055	63955387
丰台支行	丰台区文体路 19 号	100071	63815971
方庄支行	丰台区芳城园三区 18 号楼	100078	67690160
北京经济技术开发区支行	北京经济技术开发区荣昌东街甲 5 号隆盛大厦 A 座 2 层	100176	67863557
石景山支行	石景山区石景山路 63 号	100043	68874128

门头沟支行	门头沟区新桥大街 12 号	102300	69844598
房山支行	房山良乡西潞北大街 32 号	102488	89350799
通州支行	通州区新华大街 155 号	101100	69546362
大兴支行	大兴区兴政街 24 号	102600	69243119
顺义支行	顺义区石园西路	101300	69443932
昌平支行	昌平区科技园区综合办公楼	102200	69746269
怀柔支行	怀柔区商业街 23 号	101400	69642388
密云支行	密云县鼓楼南大街	101500	69042424
平谷支行	平谷区府前西街 14 号	101200	69961425
延庆支行	延庆县延庆镇东大街 37 号	102100	69143392

中国农业银行股份有限公司北京市分行

机构名称	地　址	邮　编	电　话
分行营业部	东城区朝阳门北大街 13 号	100010	61127068
东城支行	东城区金宝街 58 号华丽大厦	100005	65281871
西城支行	西城区新华里 16 号院 1 号楼京桥大厦	100044	88319655
崇文支行	东城区珠市口东大街 1 号新阳商务楼 A 座	100062	67092480
宣武支行	西城区宣武门外大街甲 1 号	100052	56316971
朝阳支行	朝阳区朝外工体路东 2 号	100020	65522915
海淀支行	海淀区海淀大街 37 号	100080	62533660
丰台支行	丰台区东大街 9 号	100071	63811911
石景山支行	石景山区八角南路 18 号	100043	68885947
万寿路支行	海淀区西四环中路 16 号院 6 号楼	100039	68276732
亚运村支行	朝阳区安定路 33 号化信大厦	100029	64411376

开发区支行	经济技术开发区中和街 3 号	100176	67882470
海淀东区支行	海淀区学院路丁 11 号	100083	82377410
通州支行	通州区八里桥南街 1 号	101100	69542656
顺义支行	顺义区府前西街 2 号	101300	69444435
昌平支行	昌平区西环南路蓝郡嘉苑 13 号综合楼	102200	69741458
大兴支行	大兴区兴丰南大街 128 号	102600	69243488
房山支行	房山区良乡拱辰北大街 19 号	102488	81389559
怀柔支行	怀柔区青春路 39 号	101400	69644982
平谷支行	平谷区府前街 23 号	101200	69961393
密云支行	密云县滨河路 24 号	101500	69041923
延庆支行	延庆县东外大街 73 号	102100	69144474
朝东支行	朝阳区光华路 4 号东方梅地亚中心 A 座	100026	85718176
知春路支行	海淀区知春路 6 号锦秋国际大厦 A 座	100191	82270080

中国银行股份有限公司北京市分行

机构名称	地　址	邮　编	电　话
王府井支行	东城区东方广场 W2 座 103 号	100738	85190600
奥运村支行	朝阳区北辰东路 8 号院 1 号楼 1 层	100101	64818119
东城支行	东城区交道口东大街 81 号	100007	64065202
西城支行	西城区阜外大街 5 号	100037	68001383
崇文支行	东城区广渠门内大街 47 号 1 ~4 层	100062	67027078
宣武支行	西城区南新华街 1 号	100052	63916159
朝阳支行	朝阳区东三环北路霞光里 18 号	100027	59207000
海淀支行	海淀区北四环西路 58 号	100080	82607378

丰台支行	丰台区西三环南路14号院1号楼	100073	53256988
首都机场支行	顺义区首都机场四纬路9号C区1层42室	100621	64558010－161
通州支行	通州区车站路44号	101100	80506044
北京经济技术开发区支行	北京经济技术开发区荣京东街3号	100176	67825900
顺义支行	顺义区府前西街4号	101300	69420847
昌平支行	昌平区南环路57号	102200	69742986
密云支行	密云县鼓楼南大街24号	101500	69043818
怀柔支行	怀柔区开放路33号	101400	69644897
延庆支行	延庆县延庆镇庆园街12号	102100	69144079
商务区支行	朝阳区北三环东路8号	100028	64689535
金融中心支行	西城区金融大街15号北楼	100033	66555033
使馆区支行	朝阳区三里屯路5号	100027	84429019
石景山支行	石景山区八角西街57号	100043	68864969
上地支行	海淀区上地十街1号院6号楼	100085	62410888
雅宝路支行	朝阳区雅宝路8号3号楼	100020	85662950
方庄中心支行	丰台区南三环东路23号1号楼	100078	59763751
世纪财富中心支行	朝阳区光华路5号院2号楼	100020	85875200
大兴支行	大兴区黄村镇兴丰大街199号	102600	81291666
中关村中心支行	海淀区海淀大街8号中钢国际广场A座	100080	62687060
国际贸易中心支行	朝阳区建国门外大街1号	100004	65052608
平谷支行	平谷区林荫北街11号	101200	69965648
中银大厦支行	西城区复兴门内大街1号	100818	66591141
投资广场支行	西城区金融大街27号投资广场2层	100032	83957888

中国建设银行股份有限公司北京市分行

机构名称	地　址	邮　编	电　话
东四支行	东城区美术馆后街 8 号	100010	51997801
西四支行	西城区阜外大街甲 26 号	100037	51999624
前门支行	东城区西打磨厂街 1 号	100062	51992115
城建支行	丰台区方庄蒲芳路 28 号	100078	51999009
宣武支行	西城区广内大街 314 号	100053	63209509
铁道专业支行	丰台区莲花池东路 114－1	100055	51996540
朝阳支行	朝阳门外大街乙 10 号楼	100020	51995616
丰台支行	丰台区西四环南路 54 号	100161	63826958
石景山支行	石景山区石景山路 22 号	100043	51993506
长安支行	海淀区复兴路 33 号翠微大厦西配楼	100036	51997000
开发区支行	经济技术开发区景园北街 2 号 55 栋	100176	67881039
安华支行	朝阳区安定路 35 号	100029	51993320
西单支行	西城区西单北大街 34 号	100032	66011802
安慧支行	朝阳区北辰东路 8 号汇欣大厦	100101	84970085
光华支行	朝阳区光华路 7 号汉威大厦	100004	65614009
月坛支行	西城区金融大街 19 号富凯大厦 B 座	100032	66573046
金安支行	海淀区复兴路戊 12 号恩菲科技大厦	100038	63955793
鼎昆支行	西城区黄寺大街 23 号	100011	51996248
保利支行	东城区朝阳门北大街 1 号新保利大厦 G103	100010	65263453
苏州桥支行	海淀区北三环西路 99 号西海国际中心 118 号	100086	68431720
阜成路支行	海淀区阜成路 19 号	100048	68726964

东大街支行	丰台区东大街 25 号	100071	63818305
北环支行	海淀区北太平庄路 18 号城建大厦	100088	62075591
望京支行	朝阳区花家地北里 1 号	100102	64728181
华贸支行	朝阳区建国路 89 号院 18 号楼北座	100025	51996592
地坛支行	东城区安定门外大街 138 号皇城国际 1 层	100011	64268436
右安门支行	西城区广安门南街 24 号	100053	63545824
房山支行	房山区良乡拱辰北大街 1 号	102488	81389590
门头沟支行	门头沟区双峪路 22 号	102300	69835874
通州支行	通州区玉带河西街 25 号	101100	69543798
顺义支行	顺义区府前中街 7 号	101300	69443295
昌平支行	昌平区东环路 95 号	102200	69743173
延庆支行	延庆县东外大 97 号	102100	69189302
怀柔支行	怀柔区南大街 22 号	101400	69644594
密云支行	密云县新南路 71 号	101500	69044986
平谷支行	平谷区文化南街 19 号	101200	69963766
大兴支行	大兴区兴政街 25 号	102600	69244497

交通银行股份有限公司北京市分行

机构名称	地　址	邮　编	电　话
分行营业部	西城区金融街 33 号	100033	66102323
金融街支行	西城区金融街 22 号和 20 号	100033	88668018
东单支行营业室	东城区大雅宝胡同 8 号	100005	65125867
东单北大街支行	东城区东单北大街乙 112 号	100005	65136079
王府井支行	东城区王府井大街 200 号	100006	65289470

工体北路支行	东城区新中街 68 号	100027	65521157
东大桥支行	朝阳区工体东路 20 号	100027	65863830
建国门支行	朝阳区雅宝路 8 号南华声国际大厦首层	100020	51201605
亚运村支行营业室	朝阳区安慧里二区四号楼	100101	64912548
惠新支行（临时停业）	朝阳区惠新东街 5 号	100029	
慧忠北里支行	朝阳区慧忠北里 111 号	100108	64800897
育惠东路支行	朝阳区小营路 12 号亚运花园 B 座 1 层	100101	84624402
亚北支行	朝阳区安立路 60 号院润丰花园六号楼 X 座西段	100101	64820724
北苑支行	朝阳区北苑 6 号院一区 102 号楼公建 04 号房天怡家园底商首层	100012	84945332
媒体村支行	朝阳区北辰绿色家园天朗园 C 座 1 层西侧	100107	84932021
和平里支行营业室	朝阳区外馆东街 51 号柳清居裙房	100011	64408057
惠新西街支行（临时停业）	朝阳区惠新西街 33 号	100029	
胜古园支行	朝阳区胜古西庄胜古家园 3 号楼	100029	64426223
兴化路支行	东城区和平里兴化路 11 号	100013	64283098
中轴路支行	朝阳区安贞西里三区 26 楼	100029	84134598
西坝河支行	朝阳区西坝河西里 28 号英特公寓首层及 3 层南侧	100028	64476075
太阳宫支行	朝阳区太阳宫火星园 10 号楼	100028	65120446
阜外支行营业室	西城区车公庄大街 9 号院 1 号楼	100044	88395765
西直门支行	海淀区高粱桥斜街 59 号院 2 号楼 09 号	100044	62239949
百万庄支行	西城区百万庄大街 11 号	100037	68342237
社会路支行（临时停业）	西城区二七剧场路南里商业楼首层北侧	100045	
阜成门支行	西城区阜外大街 7 号国投大厦首层	100037	68095528
官园支行	西城区车公庄路新华里 16－3 号京侨国际公馆	100044	88359241
海淀支行营业室	海淀区苏州街 16 号神州数码大厦	100080	82608176

双榆树支行	海淀区双榆树都市网景E座1层	100086	62142620
中关村支行	海淀区成府路蓝旗营高校住宅楼	100084	62768691
万柳中路支行	海淀区巴沟路2号华联万柳购物中心首层L101房屋	100089	82319630
万柳支行	海淀区长春桥路11号万柳亿城大厦B座北侧1~2层	100089	58816701
农科院支行	海淀区学院南路55号6号楼	100081	62119832
西区支行营业室	海淀区复兴路40号中国铁道建筑总公司综合办公大厦1~5层东侧房屋	100039	52689839
永定路支行	海淀区永定路66号	100070	68230979
翠微路支行	海淀区翠微路5号新华联商业大厦102商业用房	100036	68250872
定慧寺支行	海淀区恩济庄二区北3号楼新洲商务大厦1层	100036	88117661
丰台东路支行	丰台区万芳园一区1号楼1层02号	100036	83683722
三元支行营业室	朝阳区曙光西里28号中冶大厦	100028	84493137
团结湖支行	朝阳区农展馆南路13号瑞晨国际中心首层1号铺	100026	85986507
红庙支行（临时停业）	朝阳区红庙柴家湾1号	100025	
麦子店支行	朝阳区枣营路甲4号永安宾馆	100026	65935314
水碓子支行	朝阳区水碓子北里19号楼	100026	85960974
东润支行	朝阳区南十里居28号东润枫景底商	100016	64360718
霄云路支行	朝阳区东三环北路甲2号	100027	64667167
天坛支行营业室	东城区天坛东里北区12号	100061	67016662
华威路支行	朝阳区华威北里20号	100021	67784962
崇文门支行	东城区东兴隆街56号	100062	67029080
木樨园支行	丰台区东木樨园9号	100075	87206594
松榆里支行	朝阳区弘燕路周庄山水文园201号楼103号房屋	100122	67357136
东方庄支行	丰台区芳城东里9号楼1层	100078	87621981
西单支行营业室	西城区西长安街甲17号	100031	66078429

北蜂窝路支行	海淀区北蜂窝路乙15号	100038	63985369
北京经济技术开发区支行营业室	北京经济技术开发区隆庆街3号	100176	67862746
东高地支行	丰台区南苑路警备东路6号方仕国际酒店1~2层北端房屋	100076	67063672
望京支行营业室	朝阳区望京街9号	100102	59203677
望京中环路支行	朝阳区望京西园304号楼	100102	64751171
望京南湖中园支行	朝阳区望京南湖中园K3-301号楼	100102	84713883
望京西园支行	朝阳区望京西园4区416号楼	100102	84719673
顺义支行营业室	顺义区仓上街AMB大厦B区1层	101300	89442193
顺义天竺支行	顺义区天竺花园天韵广场109-4商铺	101312	64577282
顺义石门支行	顺义区石门街6号顺义供销社大厦	101300	60416539
东区支行营业室	朝阳区广渠路21号	100022	58202953
广渠路支行	朝阳区双井1号优仕阁大厦B座和C座首层	100022	58614205
永安里支行	朝阳区建外永安东里甲3号通用时代国际中心首层	100022	65699303
工大桥支行	朝阳区东四环南路9号1层1105号商铺	100023	67302009
东三环中路支行	朝阳区东三环中路61号	100022	59037427
林萃路支行营业室	朝阳区林萃路倚林家园24号楼108-1	100085	82722968
安翔里支行	朝阳区安翔路1号	100101	64853142
清河支行	海淀区龙岗路清景园4号楼1层	100192	52718580
西三旗支行	昌平区建材城西路87号院8号楼新龙大厦	100096	82969121
丰台支行营业室	丰台区南四环西路188号5区24号楼	100070	63705559
玉泉营支行	丰台区草桥欣园一区6号楼1层102号	100068	87584458
长辛店支行	丰台区张郭庄16号	100072	83880276
丰台北路支行	丰台区丰台北路36号	100166	83897709
西三环支行营业室	海淀区西三环北路89号	100089	88825870

紫竹桥支行	海淀区紫竹院路1号人济山庄D座裙房103号、203号	100048	88555386
阜成路支行	海淀区阜成路14号1号楼1层	100037	68768148
车公庄西路支行	海淀区车公庄西路20号	100044	68415660
通州支行营业室	通州区九棵树街187号	101100	81511870
通州梨园支行	通州区九棵树东路156号	101121	60553287
世纪城支行营业室	海淀区蓝靛厂世纪城小区金夕园甲1号楼4段	100089	88463257
闵庄路支行	海淀区闵庄南路9号玉泉馨苑服务楼首层	100089	88403538
青年路支行营业室	朝阳区青年路27郝焱1号楼	100023	56089500
常营支行	朝阳区常营丽景园6号楼	100024	89033380
朝阳北路支行	朝阳区朝阳北路99号楼	100123	85526505
宣武支行营业室	西城区广安门内大街319号1~2层	100053	83131682
马连道支行	西城区广外大街248号机械大厦	100055	63327912
右安门支行	西城区白纸坊东街10号	100054	63513259
西便门支行	西城区宣武门西大街甲129号	100031	66412659
东直门支行营业室	东城区东直门外大街48号东方银座大厦	100027	84476267
春秀路支行	朝阳区春秀路甲1号	100027	64152925
和平里东街支行	东城区和平里东街民旺园31号楼1层南侧	100013	84252419
国土房管局支行	东城区和平里北街6号	100013	64409448
上地支行营业室	海淀区上地科技路甲2号	100085	62964300
北清路支行	昌平区北清路1号永旺国际商城购物中心1层104号房	102206	80700791
北三环中路支行营业室	西城区北三环中路29号院2号楼1层	100029	82251033
马甸支行	西城区德胜门外大街5号	100088	62381989
北太平庄支行	海淀区花园东路32号仰源大厦1层	100191	62352649

德胜门支行	西城区德外关厢地区中交大厦 1~2 层	100022	82012821
大望路支行营业室	朝阳区西大望路 3 号蓝堡北区写字楼 101~103 号	100026	85997420
光华路支行	朝阳区光华路甲 8 号	100026	65274814
建国路支行	朝阳区建国路 90 号	100022	85891257
大兴支行营业室	大兴区龙河街 127 号	102600	69206687
兴华大街支行	大兴区兴华大街二段 13 号院 3 号楼 -2 号	102627	80220731
中关村园区支行	海淀区中关村新科祥园甲 6 号楼 1 层、2 层东南侧	100080	82523708
五棵松支行	海淀区复兴路 69 号 A1-02 号房	100036	88213227
酒仙桥支行	朝阳区酒仙桥路 10 号星城国际大厦 C 座	100016	64354445
朝外支行	朝阳区朝阳门外大街 16 号	100020	85251075
天通苑支行	昌平区天通苑小区 203B—4 单元	102218	84826489
石景山支行	石景山区石景山路 29 号京燕饭店西配楼	100043	68872697
回龙观支行	昌平区回龙观镇天龙苑 25 号 1 层 01 房屋	102208	81748371
公主坟支行	海淀区复兴路甲 14 号	100036	63969655
慧忠里支行	朝阳区慧忠北里 413 号楼	100108	64924239
芳群园支行	丰台区方庄芳群园 4 区 23 号	100078	67672634
东三环支行	朝阳区东三环北路 19 号嘉盛中心 B2 座中青大厦 1~2 层	100020	65869832

招商银行股份有限公司北京分行

机构名称	地　址	邮　编	电　话
分行营业部	西城区复兴门内大街 156 号 A 座 1 层	100031	66426622
金融街支行	西城区金融大街 35 号国际企业大厦 C 座 1 层	100032	88091255
金融街中心支行	西城区金融大街 16 号中国人寿广场 1 层	100033	66290646
德胜门支行	西城区德胜门外大街 81 号德胜国际中心 C 座 1 层	100088	82065118

阜外大街支行	西城区阜外大街22号外经贸大厦	100037	68784030
甘家口支行	西城区百万庄大街甲39号	100037	68365433
宣武门支行	西城区宣武门外大街30号富卓大厦1层	100052	63164377
陶然亭支行	西城区南纬路39号	100050	59362226
阳光丽景支行	西城区黄寺大街23号1号楼1层	100011	82235938
北太平庄支行	海淀区北太平庄路18号城建大厦A座1层	100088	82274213
首体支行	海淀区西直门外大街168号腾达大厦1层	100044	88577793
西直门支行	海淀区西直门北大街32号枫蓝国际A座北侧1层	100082	62252109
双榆树支行	海淀区中关村南大街9号理工科技大厦1层	100081	68467183
中关村支行	海淀区中关村南大街2号数码大厦A座2层	100086	52786214
海淀支行	海淀区北四环西路56号辉煌时代大厦1层	100080	62695365
大运村支行	海淀区知春路27号量子芯座大厦1层	100086	82357508
清华园支行	海淀区双清路清华紫光大厦1层	100084	62793655
清华科技园支行	海淀区清华科技园清华科技大厦B座G层	100086	62602929
上地支行	海淀区农大南路1号硅谷亮城2号楼B座	100085	62667353
西二旗支行	海淀区上地十街1号院辉煌国际大厦6号楼1层	100085	62410126
西三环支行	海淀区阜成路67号银都大厦1层	100036	68718141
世纪城支行	海淀区蓝靛厂垂虹园甲1号	100089	88876711
万泉河支行	海淀区万柳东路阳春光华家园甲5号	100089	82573951
万寿路支行	海淀区复兴路乙20号汇通商务楼1层	100036	68286557
玉泉路支行	海淀区复兴路83号景藏健康大厦1层	100039	68171838
西翠路支行	海淀区西翠路17号院24号楼东南角1层	100036	68270271
海淀黄庄支行	海淀区丹棱街6号丹棱SOHO1层	100080	57569760
清河支行	海淀区清河中街68号华润五彩城L175C	100085	82810951
大屯路支行	朝阳区大屯路南沙滩66号华源冠军城1－4－1	100089	82884290

立水桥支行	朝阳区北苑路13号院领地OFFICE1号楼1层	100012	52086506
慧忠北里支行	朝阳区慧忠北里305号楼	100012	64887800
北辰大厦支行	朝阳区北辰东路8号院1号楼北辰时代大厦30层	100101	84977509
北苑路支行	朝阳区北苑路168号中安盛业大厦	100101	58246878
亚运村支行	朝阳区北辰东路8号北京国际会议中心地下1层	100101	84987476
小关支行	朝阳区芍药居北里101号世奥国际中心1层	100101	64822450
望京支行	朝阳区南湖南路15号院甲1号	100102	64799886
望京西园支行	朝阳区望京西园一区134号楼炫彩嘉轩1层	100102	64789637
静安里支行	朝阳区北三环东路8号静安中心1层	100028	64666786
东三环支行	朝阳区东三环北路1号	100027	64623026
朝外大街支行	朝阳区朝外大街26号朝外们写字中心B座1层	100020	85656433
工体支行	朝阳区新东路10号逸盛阁A座1层	100006	65272070
万通中心支行	朝阳区朝外大街甲6号万通中心1层	100020	59070215
光华路支行	朝阳区光华路1号嘉里中心2层	100020	85296379
京广桥支行	朝阳区东三环北路38号院泰康金融大厦1层	100026	85879737
建国路支行	朝阳区建国路116号招商局大厦东侧1层	100022	65660150
建外大街支行	朝阳区东三环中路39号建外SOHO小区6号楼0668号	100022	59000518－0
富力城支行	朝阳区东三环中路55号	100022	58767070
建国门支行	朝阳区建外大街24号京华公寓	100022	65150612
万达广场支行	朝阳区建国路93号万达广场7号楼	100022	58206783
大望路支行	朝阳区西大望路15号3号楼1层	100022	87723210
十里河支行	朝阳区东三环南路19号院联合国际大厦	100122	87667468
华贸中心支行	朝阳区建国路81号北京华贸中心3号楼1～2层	100025	65981758
朝阳公园支行	朝阳区朝阳公园路19号佳隆国际大厦1层	100125	65398883

东四环支行	朝阳区东四环中路56号远洋国际中心A座1层	100025	59080177
青年路支行	朝阳区青年路西里5号院15号楼1~2层	100123	85563091
太阳宫支行	朝阳区太阳宫南街21号楼	100028	84158784
望京西路支行	朝阳区南湖中园316号思源大厦1层	100102	84710641
姚家园支行	朝阳区星火西路17号楼1~2层	100070	85855030
长安街支行	东城区建国门内大街11号	100736	65292024
崇文门支行	东城区东兴隆街58号北京商界2期1层	100006	67089468
东方广场支行	东城区东长安街1号东方广场安永大楼平台层	100005	85150201
北三环支行	东城区北三环东路36号环球贸易中心D座1层	100086	59575123
东直门支行	东城区东直门外大街46号天恒大厦1层	100027	84608093
朝阳门支行	东城区朝阳门北大街6号首创大厦1层	100027	85282348
广渠门支行	东城区广渠门内大街27号鼎新大厦1层	100062	87103599
方庄支行	丰台区方庄芳古园一区29号楼通润商务会馆B区1层	100078	87676114
丰台科技园支行	丰台区科学城中核路1号3号楼1~2层	100070	83816983
大成路支行	丰台区大成路8号	100141	68291451
天通苑支行	昌平区东小口镇天通中苑F区华联商厦东北角1层	102218	57859588
回龙观支行	昌平区回龙观西大街16号龙冠商务中心东侧1层	102206	59548108
亦庄支行	大兴区荣华中路8号院力宝广场8号楼1层	100176	57862359
通州支行	通州区九棵树中路7号瑞都国际底商	101121	56865631

上海浦东发展银行股份有限公司北京分行

机构名称	地　址	邮　编	电　话
分行营业部	西城区太平桥大街18号丰融国际大厦	100032	57395588

金融街支行	西城区金融大街35号国际企业大厦A座	100033	88091847
宣武支行	西城区广安门内大街316号	100053	63585776
黄寺支行	东城区安德里北街21号	100120	84138702
中关村支行	海淀区海淀南路15号	100080	62550747
朝阳支行	朝阳区朝阳门外大街19号	100020	65802602
建国路支行	朝阳区建国路99号中服大厦	100020	65819177
万寿路支行	海淀区万寿路西街2号	100036	68233372
安外支行	东城区安外大街甲88号	100011	64264903
阜成支行	西城区车公庄大街3号	100044	88383590
雅宝路支行	东城区建国门北大街8号	100005	85192337
海淀园支行	海淀区北四环西路62号中国化工集团公司大厦1层	100080	82660900
首体支行	海淀区中关村南大街乙56号	100044	88026239
东三环支行	朝阳区曙光西里甲6号时间国际中心	100028	84584729
亚运村支行	朝阳区慧忠路5号远大中心	100101	84891031
知春路支行	海淀区知春路9号蓟门坤讯大厦	100083	82319520
安华桥支行	朝阳区安贞西里3区15号凯康海油大厦	100029	64417341
灯市口支行	东城区灯市口大街50号好润大厦	100006	85115757
电子城支行	朝阳区酒仙桥路10号	100016	64350556
北京经济技术开发区支行	北京经济技术开发区天华园二里二区19号楼	100176	67890993
永定路支行	海淀区永定路甲51号	100039	68152005
复兴路支行	海淀区北蜂窝路5号1号楼	100038	51932666
花园路支行	海淀区花园东路10号高德大厦C座1层南侧	100191	82030630
丰盛支行	西城区广宁伯街2号1、2层	100033	52601900
紫竹院支行	海淀区紫竹院路116号嘉豪国际中心C座	100097	51709797
马连道支行	西城区红莲南路55－2号	100055	59321959

和平里支行	朝阳区和平西苑20号楼B座	100013	52081598
马家堡支行	丰台区马家堡西路15号时代风帆大厦	100068	67562966
世纪城支行	海淀区蓝靛厂晨月园甲1号楼	100097	88895800
清华园支行	海淀区中关村东路1号院5号楼文津国际酒店1层	100084	62618572
富丰路支行	丰台区西四环南路1号	100070	83208200
三里屯支行	朝阳区工体北路甲6号中宇大厦	100027	59752555
望京支行	朝阳区广顺北大街19－7号	100102	84780661
北沙滩支行	朝阳区北沙滩一号院31号楼B座	100083	64866883
德外支行	西城区德胜门外大街甲36号德胜凯旋大厦C座	100120	82063228
东四支行	东城区东四十条68号平安发展大厦	100007	84086436
富力城支行	朝阳区东三环中路61号万丽酒店	100022	59037768
通州支行	通州区梨园镇云景东路432号隆孚大厦	101101	57902222
东花市支行	东城区东花市南里东区1号楼	100062	87102681
大望路支行	朝阳区西大望路3号院2号楼1层S117号	100022	85997995
慧忠支行	朝阳区慧忠北里小区214号楼北京中奥华美达酒店	100012	64872366
金台路支行	朝阳区水碓子北里1号楼	100026	59079680
丰台支行	丰台区万柳西园8号楼1～2层	100070	63259702
方庄支行	丰台区紫芳园四区5号楼	100078	87557088
顺义支行	顺义区怡馨家园1号楼	101300	61429550
大兴支行	大兴区兴华大街2号1幢1层	102600	80220031

广发银行股份有限公司北京分行

机构名称	地　址	邮　编	电　话
分行营业部	东城区东长安街甲2号	100005	65169303

月坛支行	西城区月坛北街2号	100045	68083556
中关村支行	海淀区中关村大街45号	100086	62510783
亚运村支行	朝阳区北辰东路8号	100101	64993863
建国路支行	朝阳区建国路112号	100022	65669647
西三环支行	海淀区西三环北路72号A座1层	100037	88415097
国展支行	朝阳区西坝河东里18号	100028	84603165
朝阳门支行	东城区朝阳门内大街288号院1号楼	100010	65255322
新外支行	海淀区新街口外大街19号	100875	62202585
西客站支行	西城区广莲路1号	100055	63954853
甘家口支行	西城区阜外大街34号	100832	68510355
东直门支行	东城区东中街9号东环广场A座首层	100027	64182989
车公庄支行	海淀区车公庄西路乙19号	100044	88018701
翠微路支行	海淀区复兴路乙20号	100036	66803719
方庄支行	丰台区方庄路5号	100078	87681097
安贞支行	朝阳区安定路39号	100029	64445660
太阳宫支行	朝阳区夏家园11号楼1层03号、04号	100028	64253052
金融街支行	西城区金融大街16号	100033	63190613
京广支行	朝阳区朝外大街甲6号万通中心1层	100020	59070890
知春路支行	海淀区知春路希格玛大厦49号	100190	88099482
王府井支行	东城区王府井大街301－1号	100006	65271103
奥运村支行	朝阳区北沙滩甲1号中科电大厦首层	100083	64836760
黄寺支行	西城区德外大街12号	100011	62039133
天通苑支行	昌平区天通苑北1区甲6号楼	102218	81758219
莲花支行	海淀区莲花池东路39号2层	100036	63970761
大望路支行	朝阳区西大望路15号4号楼外企大厦B座	100022	87723795

望京支行	朝阳区望京悠乐汇中心E座	100102	84787933
潘家园支行	朝阳区华威里10号	100021	87785266
上地支行	海淀区农大南路1号院4号楼	100084	82349373
国贸支行	朝阳区光华东里8号院1号楼	100020	59772151
中轴路支行	东城区鼓楼外大街甲56号	100011	84130503
广渠门支行	东城区广渠门内大街27号	100062	87103902
五棵松支行	海淀区西四环中路16号院1号楼	100039	68285001
万达广场支行	朝阳区建国路93号B座	100022	58205791
宣武门支行	西城区宣武门外大街甲1号	100052	83151388
学院路支行	海淀区学院路30号	100083	62660291
海淀支行	海淀区海淀大街27号8号楼	100080	62623602
日坛支行	朝阳区建国门外大街17号38~39栋	100020	85306905
西单支行	西城区复兴门内大街45号1号楼西南侧配楼	100801	88088268
动物园地铁支行	西城区西直门外大街元沃天地商场A503号	100081	88332458
大红门支行	丰台区大红门西马场甲14号	100076	52264037
万柳支行	海淀区万柳中路蜂鸟家园2号楼1~3层5号	100089	62423063
安立路支行	朝阳区慧忠北里105号楼B段	100012	84504056
东二环支行	东城区南竹杆胡同2号	100010	65206522
石景山支行	石景山区实兴大街30号院15号楼1层102室	100144	68809228
西直门支行	西城区西直门外大街18号楼金贸大厦1层	100044	88333595
工体支行	朝阳区新东路12号院3号楼1层	100027	84004115
世纪城支行	海淀区远大路1号居然之家1层	100123	85516207
朝阳北路支行	朝阳区朝阳北路99号1层107	101300	61429587
顺义支行	顺义区仁和镇新顺南大街8号院1幢	100022	67711879

兴业银行股份有限公司北京分行

机构名称	地址	邮编	电话
分行营业部	朝阳区朝阳门北大街20号	100020	64415117
中轴路支行	东城区鼓楼外大街26号荣宝大厦1~2层	100120	84131535
朝外支行	朝阳区朝外大街77号	100020	65588836
广安门支行	西城区广安门内大街315号	100053	63691593
亚运村支行	朝阳区亚运村安慧里四区16楼	100101	84885263
西单支行	西城区宣武门内大街甲6号	100031	66033087
中关村支行	海淀区中关村南大街32号中关村科技发展大厦B座1层	100081	62140582
上地支行	海淀区农大南路1号院2号楼B座	100084	62960285
东外支行	朝阳区东直门大街23号	100600	64688172
西客站支行	海淀区复兴路12号恩菲科技大厦	100038	63959952
东单支行	东城区东单三条8-2号	100005	63959952
长安支行	海淀区复兴路65号北京电信实业大厦首层	100036	68220101-307
北京经济技术开发区支行	北京经济技术开发区荣京东街3号荣京丽都大厦首层102号	100176	67871927
安华支行	朝阳区北三环安华桥福建大厦	100029	64450942
月坛支行	西城区车公庄大街五栋大楼A-A03号	100044	88395803
三元桥支行	朝阳区霄云路21号大通大厦	100027	84540867
西直门支行	海淀区西直门北大街42号华星大厦1层	100082	62218689
知春路支行	海淀区知春路59号中关村海关大厦	100190	62615405
花园路支行	海淀区花园东路19号中兴大厦配楼1层、3层	100191	82247800-1009

甘家口支行	海淀区三里河路19号甘家口大厦1层	100037	59886975
顺义支行	顺义区裕龙西区9号楼1~2层	101300	64582783
世纪坛支行	海淀区复兴路甲1号水利指挥中心	100038	68526303
海淀支行	海淀区丹棱街3号中国电子大厦	100080	82607656
金源支行	海淀区蓝靛厂东路金源时代商务中心2号楼A座大厦	100080	88891401
永定门支行	东城区永定门外大街101号	100077	87804898
积水潭支行	西城区新街口外大街冰窖口胡同8号院8号楼	100088	82808762
崇文门支行	东城区珠市口东大街五号首层	100062	67016186
首体支行	海淀区首体南路9号主语商务中心2号楼	100048	68790767
魏公村支行	海淀区中关村南大街17号韦伯时代中心C座首层	100081	88571570
方庄支行	丰台区方庄紫芳园三区五号楼	100078	87660224
光华路支行	朝阳区东三环中路25号住总大厦1~2层	100020	65083386
通州支行	通州区车站路39号1栋、2栋	101100	60569988
东四支行	东城区朝阳门北大街5号第五广场B座	100010	64088828－113
石景山支行	石景山区玉泉西里二区1号楼	100040	68638655
昌平支行	昌平区龙水路26号	102200	57700001
东长安街支行	东城区建国门内大街28号民生金融中心A座1~2层	100005	65980025
丽泽支行	西城区西客站南路76号楼10号	100055	59560751
顺义天竺支行	顺义区小天竺路1号埃力生商厦1层	100621	64588538
金融街支行	西城区金城坊街1号C106	100033	63211313
大兴支行	大兴区黄村镇兴华中路9号	102600	81297431
望京支行	朝阳区阜荣街15号院3号楼首层	100102	84763940
石景山科技园区支行	石景山区八角东街25号院1号楼1层	100043	56350093
通州运河支行	通州区玉带河东街2号院1号楼明珠大厦1层	101100	80542152

鲁谷支行	石景山区石景山区政达路6号院2号楼	100040	57796815
大兴旧宫支行	大兴区旧宫镇旧宫路12号院旧宫新苑2号楼17门	100076	87153142
大兴瀛海支行	大兴区瀛海镇南海家园六里5号楼	100076	50927002
怡海花园支行	丰台区南四环西路129号怡海路商业街四区6号商铺	100070	63717929
大成郡支行	丰台区大成南里四区2号楼	100141	68291031
五道口支行	海淀区中关村甲3号1楼1层	100190	82362867
陶然亭支行	西城区陶然亭路2号9号楼1层	100050	83953697
菜市口支行	西城区菜市口大街6号院4-4号	100052	83985636
媒体村支行	朝阳区媒体村天溪园20号楼商业17号	100107	84920906
阳光上东支行	朝阳区东四环北路6号二区7号楼-8号楼裙房-2-82	100016	51303942
新奥洋房社区支行	东城区安乐林路景泰西里东区1-8号	100075	87863968
国瑞城社区支行	东城区花市西大街39号	100062	87863968
安立花园社区支行	朝阳区安立路66号安立花园首层	100101	64907570
苹果园社区支行	石景山区实兴大街1号海特饭店写字楼1层	100041	88795915
彩虹城社区支行	丰台区光彩路68号院西区1号楼	100079	87862126
华纺易城社区支行	朝阳区青年路29号院20号楼1层	100123	58777895
富力城社区支行	朝阳区广渠门外大街5号院13号楼11号	100022	58623219
沿海赛洛城社区支行	朝阳区百子湾东里314-07号	100124	87213689

平安银行股份有限公司北京分行

机构名称	地　址	邮　编	电　话
分行营业部	西城区复兴门内大街158号首层	100031	66292288
神华支行	东城区安德路16号洲际大厦首层	100011	64485661

花园路支行	海淀区花园东路 11 号泰兴大厦首层	100029	57625566
西三环支行	海淀区复兴路甲 14 号华鹰大厦首层	100036	63956620
中关村支行	海淀区苏州街 1 号首层	100080	82569902
三元桥支行	朝阳区新源南路 9 号首层	100027	84538668
朝阳门支行	朝阳区关东店北街国安宾馆首层	100020	65061188
官园支行	西城区车公庄大街乙 1 号首层	100044	88370088
建国门支行	东城区建国门内大街 18 号首层	100005	65188100
知春路支行	海淀区知春路 113 号首层	100086	62637497
海淀支行	海淀区中关村南大街甲 32 号首层	100081	62187508
东直门支行	东城区东直门外大街 48 号首层	100027	84477237
东城支行	东城区金宝街 58 号首层	100005	65127997
和平支行	东城区和平里 9 区甲 4 号首层	100013	64464691
宣武支行	西城区南新华街甲 1 号瑞驰大酒店首层	100051	63152605
亚运村支行	朝阳区安立路 66 号 1 号楼首层	100101	64907572
万柳支行	海淀区万柳中路 35 号万柳蜂鸟家园 2 号楼首层	100089	82871700
德胜门支行	西城区安德路 81 号首层	100011	82063887
光华路支行	朝阳区光华路 4 号东方梅地亚中心 A 座首层	100026	65832833
望京支行	朝阳区望京新城南湖西园 125 号首层	100101	84721880
花园桥支行	海淀区西三环北路 87 号首层	100089	88820405
东四环支行	朝阳区八里庄西里 100 号 1 号楼首层	100102	85866189
开阳桥支行	丰台区开阳路 1 号瀚海花园大厦首层	100069	83973602
亚奥支行	朝阳区北辰东路 8 号 5 号楼 2 层	100101	84970866
清华园支行	海淀区成府路 113 号首层	100084	62760580
丰台支行	丰台区华源四里甲 4 首层	100073	63252112
财满街支行	朝阳区朝阳路 67 号 5 号楼首层	100084	52323150

朝外支行	朝阳区朝外大街 18 号首层	100020	65881991
广渠门支行	东城区广渠家园 5 号楼首层	100022	87512336
方庄支行	丰台区紫芳园 5－03 首层	100078	87669591
丰盛支行	西城区丰盛胡同 20 号 B 座首层	100032	57041380
世纪金源支行	海淀区蓝靛厂东路 2 号院 2 号楼首层	100097	88877366
国贸支行	朝阳区光华路 5 号院 2 号楼首层	100020	50949230
天通苑支行	昌平区东小口镇立汤路 186 号甲 5 幢首层	102218	84673911
亦庄支行	北京经济技术开发区文化园西路 6 号院 18 号楼首层	100176	87927816
北京总部基地支行	丰台区南四环西路 188 号 16 区 18 号楼首层	100028	50949321
大红门支行	丰台区石榴庄西街 232 号 1 幢首层	100075	87866366
北苑支行	朝阳区天畅园 5 号楼首层	100107	84828566
金融街支行	西城区金融大街 23 号首层	100033	50949266
十里河支行	朝阳区东三环南路 19 号院 1 号楼首层	100122	87667616
首体南路支行	海淀区首体南路甲 20 号首层	100044	88356696
木樨园支行	丰台区果园 8 号楼首层	100068	50868333
学院南路支行	海淀区学院南路 15 号院 10 号楼首层	100082	82418196
石景山支行	石景山区石景山路 2 号北京台湾街首层	100040	66171701
崇文门支行	东城区崇文门外大街 7 号、9 号 1 幢首层	100062	67091966
白云路支行	西城区莲花池东路甲 5 号院 1 号楼首层	100038	63377088

中信银行股份有限公司总行营业部

机构名称	地　址	邮　编	电　话
营业结算部	西城区金融大街甲 27 号投资广场 A 座	100033	66293012
国际大厦支行	朝阳区建国门外大街 19 号	100004	65122233－225

京城大厦支行	朝阳区新源里南路6号	100004	84865386
富华大厦支行	东城区朝阳门北大街8号富华大厦E座1层	100027	65558365
朝阳支行	朝阳区农展馆南里12号	100026	65389575
中关村支行	海淀区中关村南大街6号	100086	62187401
富力支行	朝阳区双花园南里2区13号楼1~2层	100022	65687793
广安门支行	西城区广安门外南滨河路1号	100055	63288394
海淀支行	海淀区海淀北一街2号首创拓展大厦1~3层	100190	62613870
东大桥支行	朝阳区工体东路18号	100020	65944950
知春路支行	海淀区知春路14号	100088	62369830
新兴支行	海淀区西三环中路17号新兴宾馆写字楼首层	100036	68212510
奥运村支行	朝阳区大屯路慧忠北里309号楼D首层	100012	64802827
阜成门支行	西城区太平桥大街17号	100034	66579713
酒仙桥支行	朝阳区酒仙桥路14号兆维大厦1层	100016	64319780
崇文支行	东城区东花市南里富贵园三区底商裙房	100062	67151791
西单支行	西城区复兴门内大街45号	100801	66035493
万达广场支行	朝阳区建国路93号北京万达广场东区商业B座	100022	58208406
首体南路支行	海淀区首体南路22号国兴大厦首层	100044	88354581
中粮广场支行	东城区建国门内大街8号	100005	65228710
金运大厦支行	海淀区西直门北大街甲43号1号楼	100044	62294402
上地支行	海淀区上地东里1区4号楼科贸大厦1层	100085	62969970
北京经济技术开发区支行	北京经济技术开发区天华园一里三区14号楼1层	100176	67874552
安贞支行	朝阳区安贞西里三区26号浙江大厦1层、5层	100029	64417162
广渠路支行	朝阳区东三环外广渠路九龙商厦1层	100022	87768422
望京支行	朝阳区望京利泽中园2区208号院内B座1层	100102	64391220

清华科技园支行	海淀区中关村东路1号清华科技园9号楼威新国际大厦1层	100084	58722191
三元桥支行	朝阳区曙光西里甲1号首层	100028	58221129
世纪城支行	海淀区蓝靛厂居住区垂虹园甲2号	100097	88862208
尚都国际中心支行	朝阳区东大桥路8号尚都国际中心	100020	58700920
紫竹桥支行	海淀区北洼路9号世纪新景园7号楼	100089	88583990
凯晨广场支行	西城区复兴门内大街28号凯晨世贸中心中座第F3层	100031	66271586
万柳支行	海淀区万柳星标家园	100089	82567560
来福士支行	东城区东直门南大街1号来福士中心1层	100007	64008190
财富中心支行	朝阳区东三环中路7号北京财富中心	100020	65309351
长安支行	朝阳区东三环中路39号建外SOHO小区17号楼	100022	59002847
北辰支行	朝阳区慧忠里320号住总大厦	100101	84837995
出国中心支行	朝阳区东三环北路四号东方歌舞团1号楼东侧	100016	84551178
福码大厦支行	朝阳区广顺路北大街33号院1号楼福码大厦办公楼B座	100102	84729727
观湖国际支行	朝阳区姚家园路105号3号楼万企控股大厦1层	100025	59283846
太阳宫支行	朝阳区夏家园12号楼半岛国际公寓12号楼102号	100028	84419951
媒体村支行	朝阳区红军营南路北辰绿色家园天朗园C座1层	100012	84910928
国奥村支行	朝阳区林萃东路2号楼甲3号楼1层	100101	84370723
通州支行	通州区翠景北里7号楼底商	101101	81593083
金泰国际支行	朝阳区广渠路11号院1号楼	100022	87213209
瑞城中心支行	朝阳区亮马桥路48号院4号楼1层	100125	60837085
丰台支行	丰台区太平路桥华源四里甲7号楼1层底商	100073	63252031
顺义支行	顺义区站前街2号办公楼	101399	60416922
回龙观支行	昌平区回龙观西大街北店时代广场宜尚百货1层	102208	60728206

北苑支行	朝阳区清河营南街7号院华贸奥苑1F－S01号商铺	100012	84360115
中信城支行	西城区菜市口大街甲2号院6号楼	100052	83194420
房山支行	房山区西潞街道良乡西路26号西路时代大厦	102488	69389317
珠市口支行	东城区珠市口东大街5号楼光明日报社办公楼西侧1楼底商	100062	67029851
密云支行	密云县鼓楼东大街19号院	101500	61094656
怀柔支行	怀柔区青春路21号慧友大厦	101400	61628741
方庄支行	丰台区方庄紫芳园四区3号楼	100164	87153978
石景山支行	石景山区政达路6号4号楼、5号楼	100041	68705670
和平里支行	东城区和平里六区8号1段	100013	84504966
德外支行	西城区德胜门外大街甲10号中轻大厦	100011	62426501
八里庄支行	朝阳区八里庄东里1号A区1号楼	100025	65501797
三里屯支行	朝阳区新东路8号院3号楼	100027	84185830
大兴支行	大兴区金星西路6号兴创大厦	102627	60260012
高碑店支行	朝阳区高碑店兴隆街2号兴隆小区综合楼潮青汇百货1层东侧	100005	85787801
天桥支行	西城区天桥南大街1号天桥艺术大厦B座	100050	83132981
十里河支行	朝阳区周庄山水文园201号楼101房	100122	67480452
翠微路支行	海淀区复兴路20号	100840	68267230

中国光大银行股份有限公司北京分行

机构名称	地　址	邮　编	电　话
分行营业部	西城区宣武门内大街1号	100031	66567688
朝内支行	东城区朝阳门北大街17号人保大厦1层	100010	65279078

宣武支行	西城区广安门外大街1号深圳大厦1层	100055	63271188－8697
德胜门支行	西城区黄寺大街23号北广大厦1层	100011	82236900
海淀支行	海淀区中关村大街18号科贸电子城1层	100190	82598021－800
朝阳支行	朝阳区朝外大街16号中国人寿大厦1层	100020	85252009
建国门支行	朝阳区建国门外大街甲6号中环世贸中心D座1层	100022	65630255
复兴路支行	海淀区复兴路47号天行建商务大厦	100036	51921033
学院路支行	海淀区西直门北大街56号生命人寿大厦1层	100082	63018827
天宁寺支行	西城区莲花池东路1号	100045	63489739
西城支行	西城区车公庄大街甲4号－1物华大厦	100044	68008608
中关村支行	海淀区知春路63号	100190	62563410
东城支行	东城区东四北大街337号	100010	64079747
新源支行	朝阳区新源西里中街12号	100027	64648252
安定门支行	东城区安定门外大街208号三利大厦	100011	64280003
礼士路支行	西城区南礼士路66号建威大厦	100045	68025382
亚运村支行	朝阳区惠忠路5号远大中心C座1层	100101	84891160
交大支行	海淀区西直门外上园村3号交大知行大厦	100044	62249612
阜城路支行	海淀区西三环北路100号金玉大厦1层	100037	68727490
花园路支行	海淀区花园东路10号高德大厦B段1层	100191	82038352
三里河支行	西城区月坛南街71号1层配楼1～3层	100045	68519372
工体路支行	东城区东中街46号鸿基大厦	100027	64171771
定慧桥支行	海淀区阜城路99号	100142	88504835
西直门支行	西城区德宝新园22号德宝饭店1层	100044	68332338
方庄支行	丰台区方庄芳古园1区29号楼－5	100078	87673414
长安支行	西城区复兴门外大街6号光大大厦	100045	68561246
长虹桥支行	朝阳区东三环北路17号新时代大厦1层	100027	65958221

世纪城支行	海淀区板井路59号	100097	88508844
万柳支行	海淀区万柳中路11号	100089	82362712
北太平庄支行	海淀区北太平庄路18号城建大厦B座1层	100088	62091421
惠新西街支行	朝阳区安外小关东里14号	100029	64417446
望京支行	朝阳区望京中环南路花家地街花家地商业1号楼	100102	84723281
金源支行	海淀区蓝靛厂垂虹园甲5号	100097	88878901
光华路支行	朝阳区光华路2号阳光100G座	100026	65063528
亦庄支行	北京经济技术开发区天宝园5里2区1－C2号	100176	67820492
金融街支行	西城区金融大街28号院2号楼1层	100032	66578055
石景山支行	石景山区阜石路166号泽洋大厦北座1层	100043	52638610
京广桥支行	朝阳区东三环中路7号北京财富中心写字楼A座1层E108	100020	65309889
崇文支行	东城区广渠门内大街27号	100062	87103728
苏州街支行	海淀区苏州街18号长远天地D座1层	100080	82609760
丰台支行	丰台区科学城恒富街2号院5号楼阳光四季1层	100070	63712533
劲松桥支行	朝阳区东三环南路甲52号－1	100022	67727118
清华园支行	海淀区双青路88号华园世纪商务楼1层	100083	82527673
上地支行	海淀区上地三街9号嘉华大厦B座1层	100085	62978318
顺义支行	顺义区站前西街3号顺鑫国际商务中心1层	101300	61409500
东高地支行	丰台区东高地万源西里36栋—甲44栋航天万源广场1层	100076	68753688
东长安街支行	朝阳区建国门外大街乙12号LG双子座大厦	100022	58287555
西坝河支行	朝阳区西坝河北里23号恒川广场1层	100028	64473806
富力城支行	朝阳区双井富力城A2楼	110105	58764958
金融街丰盛支行	西城区太平桥大街25号	100032	63639100

奥运支行	朝阳区南沙滩 66 号院 1 号楼	100101	84097001
五棵松支行	海淀区西四环中路 16 号院 1 号楼	100143	59739704
望京西支行	朝阳区望京新城南湖西园 125 号楼	100102	64751830
和平里支行	东城区和平里东街 10 号院 1 号楼	100013	64212258
姚家园路支行	朝阳区星火西路 19 号楼	100025	85855778
马连道西支行	丰台区华源四里甲 4 号楼	100073	63259978
北京经济技术开发区支行	北京经济技术开发区景园北街 2 号 59 幢	100176	87163918
安慧支行	朝阳区安慧北里逸园 29 号楼	100101	84860620
建国门内大街支行	东城区建国门内大街 18 号恒基中心 1 层	100005	65188876
大兴金星路支行	大兴区金星路 12 院 3 号楼	102628	69221131
大兴支行	大兴区兴华南路 1 号	102628	81281531
通州支行	通州区新华东街 296 号 1 层	101100	80882801

华夏银行股份有限公司北京分行

机构名称	地　址	邮　编	电　话
石景山支行	石景山区石景山路 66 号	100041	88294148
和平门支行	西城区前门西大街 14 号	100052	63163290
紫竹桥支行	海淀区广源闸 5 号	100081	68703275
东四支行	东城区东四十条 21 号北京一商集团大厦 1 层	100007	64019779
长安支行	西城区三里河东路 5 号	100045	68535115
中关村支行	海淀区北四环 56 号	100080	62695278
知春支行	海淀区知春路 111 号理想大厦 1 层	100086	82665348
灯市口支行	东城区灯市口大街 33 号	100006	65261075
平安支行	西城区平安里西大街 16 号	100035	66187120

安定门支行	东城区安定门外大街甲68号	100011	84287858
建国门支行	东城区建国门内大街5号	100005	65132004
朝阳门支行	朝阳区工体西路18号光彩国际公寓S107号	100020	65536200
京广支行	朝阳区东三环中路7号北京财富中心	100020	65330559
首体支行	海淀区西直门外大街168号腾达大厦1层	100044	88576283
公主坟支行	海淀区复兴路甲11号	100036	63986290
亮马河支行	朝阳区东三环北路3号幸福大厦B座	100027	64688003
东直门支行	朝阳区东土城路14号	100013	85271101
中轴路支行	东城区鼓楼外大街45号	100011	62361848
奥运村支行	朝阳区慧忠北里410号楼1层	100101	64858139
万柳支行	海淀区万柳中路29号	100089	82577095
两广支行	东城区东珠市口1号	100062	67086078
国贸支行	朝阳区双花园南里三区合生国际花园24号楼1~2层	100022	65667131
光华支行	朝阳区光华路8号	100026	65832410
魏公村支行	海淀区中关村南大街甲12号	100081	62109308
阜外支行	西城区阜外大街甲34号	100034	68528798
东单支行	东城区建内大街22号	100005	85237918
北沙滩支行	朝阳区德胜门外北沙滩1号	100083	64848676
德外支行	西城区德外大街3号	100088	82011388
西直门支行	海淀区西直门北大街60号	100088	82295260
分行营业部	西城区金融大街11号	100034	58598428
望京支行	朝阳区望京广顺大街222号	100102	84725997
世纪城支行	海淀区蓝淀厂2号金源时代商务中心2号楼A座	100089	88861768
车公庄支行	西城区车公庄大街12号核建大厦首层	100037	88306398
秀水支行	朝阳区秀水东街8号秀水市场5层	100020	65930679

东外支行	东城区东外大街35号	100027	84511042
上地支行	海淀区信息路甲28号—科实大厦	100085	82771598
丰台科支行	丰台区航丰路1号时代财富天地大厦	100070	58090566
广外支行	西城区广安门外大街甲397号	100055	63328322
青年路支行	朝阳区青年路雅成一里19号世丰国际大厦1层	100025	85521533
通州支行	通州区梨园北杨洼25号商务楼	101100	81537960
北三环支行	西城区北三环中路6号	100011	58572871
亦庄支行	北京经济技术开发区荣昌东街甲5号隆盛大厦A座1层	100176	67806862
顺义支行	顺义区石园南区33号楼首层	101300	89443092
房山支行	房山区良乡苏庄东街9号	102488	69369931
怀柔支行	怀柔区青春路26号工会综合楼	101400	61604075
大望路支行	朝阳区百子湾南2路70号1层102室	100124	87724593
天通苑支行	昌平区天通苑北一区甲4号	102218	80782905
玉泉路支行	石景山区鲁谷路74号中国瑞达大厦1层	100040	68608568
方庄支行	丰台区方庄芳古园一区28号楼-2号	100078	84827482
莱户营支行	丰台区莱户营58号	100054	63356771
姚家园支行	朝阳区姚家园路105号观湖国际大厦	100025	59282276
学院路支行	海淀区学院路30号科技园大厦	100083	62660706
媒体村支行	朝阳区红军营南路媒体村天畅园8号楼1层	100107	84827683
新发地支行	丰台区新发地锦程园19号楼	100045	83790335
四道口支行	海淀区四道口2号	100081	82481231
陶然支行	西城区太平街8号院朱雀门30号	100050	83197751
永安支行	朝阳区建国门外大街3号京论饭店1层	100020	56765757
朝内支行	东城区朝内大街南竹杆胡同2号银河SOHO1层	100010	56765293

西客站支行	丰台区广安路9号国投财富广场1号楼1层、2层	100055	83665598

中国民生银行股份有限公司总行营业部

机构名称	地　址	邮　编	电　话
木樨地支行	海淀区复兴路甲3号	100038	68579345
阜成门支行	西城区阜外大街2号万通新世界广场B座	100037	68588449
建国门支行	朝阳区建国门外大街21号国际俱乐部	100020	65325937
中关村支行	海淀区知春路113号银网中心	100086	62619096
西坝河支行	朝阳区西坝河北里甲24号首层	100028	64474590
工体北路支行	朝阳区工体北路9号	100027	64155280
安定门支行	朝阳区安外大街1号信义大厦	100011	58295809
万寿路支行	海淀区复兴路甲65号－A	100036	68169091
西客站支行	丰台区西客站南广场中盐大厦	100055	63485530
正义路支行	东城区正义路3号共青团中央综合楼	100006	65262023
上地支行	海淀区上地东里一区4号楼科贸大厦	100085	62971290
国贸支行	朝阳区建国路128号一航大厦	100022	65676300
首体支行	西城区西直门外大街甲143号凯旋大厦	100044	68310386
金融街支行	西城区金融街33号通泰大厦B座	100140	88087334
什刹海支行	东城区地安门东大街56号	100009	84050115
北太平庄支行	西城区新街口外大街2号金辉科技楼	100088	62382766
广安门支行	西城区广内大街338号港中旅大厦	100053	83512515
方庄支行	丰台区芳古园一区28－3号通润会馆	100078	67670385
朝阳门支行	朝阳区朝外大街22号泛利大厦	100020	65884529
紫竹支行	海淀区紫竹院路31号华澳中心嘉慧苑	100089	88510821

魏公村支行	海淀区中关村南大街16号	100081	68937489
东单支行	东城区金鱼胡同18号丽苑公寓	100006	85110682
亚运村支行	朝阳区北四环东路131号中国藏学研究中心院内中国西藏博物馆	100101	64916864
苏州街支行	海淀区海淀南路32号中信国安数码港	100080	62526249
西直门支行	海淀区西直门大街45号时代之光名苑	100044	62266015
和平里支行	东城区青龙胡同一号歌华大厦B座	100007	84186208
崇文门支行	东城区崇外大街9号正仁大厦	100062	67089851
奥运村支行	朝阳区北辰西路8号院2号楼北辰世纪中心A座2层	100101	84377376
三元支行	朝阳区东三环北路甲2号京信大厦西南配楼	100027	84489520
西单支行	西城区西单北大街107号北京电信综合楼	100032	58503909
劲松支行	朝阳区劲松三区甲302号华腾大厦	100021	87730408
成府路支行	海淀区成府路298号中关村方正大厦	100080	82529408
德胜门支行	西城区德外大街新风街2号天成科技大厦	100088	82271439
电子城支行	朝阳区酒仙桥路14号兆维大厦	100015	58671027
首都机场支行	朝阳区航安路首都机场职工之家综合楼	100621	64595916
西二环支行	西城区平安里西大街26号新时代大厦	100034	88009826
空港支行	顺义区天竺空港工业区经纬四街9号院办公楼	101318	64595916
西长安街支行	西城区复兴门内大街2号民生银行大厦	100031	58560383
南二环支行	东城区永定门外大街101号百荣世贸商城A区	100077	87804382
建国门外支行	朝阳区建国门外大街甲12号新华保险大厦	100022	65693081
京广支行	朝阳区西大望路3号院2号楼	100026	65974216
航天桥支行	海淀区西三环北路100号	100048	88516466－600
中关村西区支行	海淀区海淀北二街10号泰鹏大厦	100080	62684314

望京支行	朝阳区南湖东园122号博泰国际B座	100102	64755278
环保园支行	海淀区地锦路5号中关村环保园原动力空间1号楼	100095	59738716
首体南路支行	海淀区首体南路9号中国电工大厦	100048	68790947
大兴支行	大兴区黄村镇永华路1号兴政家园	102600	69228357
东二环支行	东城区东直门南大街甲3号居然大厦	100007	64012217
顺义支行	顺义区大东路3号院27号商住楼	101300	81487783
总部基地支行	丰台区丰台镇富丰路2号星火科技大厦2－6幢	100070	83739712
世纪金源支行	海淀区蓝靛厂垂虹园甲4号楼	100097	88877430
国奥支行	朝阳区安立路66号4号溇	100101	64906808
朝阳北路支行	朝阳区朝阳北路107号院58号楼	100025	58626018
亦庄支行	北京经济技术开发区隆庆街7号1幢	100076	67879915
通州支行	通州区九棵树西路京洲园195号楼1～2层	101121	81595959
长椿街支行	西城区宣武门西大街97号2号楼	100031	88086601
光华支行	朝阳区金桐西路10号	100020	85906828
华威支行	朝阳区松榆南路38号院1号楼	100122	87328256
顺义新城支行	顺义区顺安南路68号首层	101300	56360188
万柳支行	海淀区万柳中路6号院2号楼	100089	82362533
广渠门支行	东城区广渠家园10号楼1层101室	100022	85003233
昌平支行	昌平区白浮泉路26号院2号楼	102200	80112288－8018
房山支行	房山区拱辰街道政通路12号1号楼首层大厅	102488	60305550
陶然桥支行	东城区永定门西滨河路8号院7楼	100077	57837821
石景山支行	石景山区银河南街2号院1号楼1层	100040	68633588
西大望路支行	朝阳区西大望路19号院1号楼	100022	87756735
回龙观支行	昌平区回龙观西大街16号院1号楼首层	102208	60779375
媒体村支行	朝阳区天朗园C座1层01商业	100107	84923352－600

亮马桥支行	朝阳区亮马桥路48号院4号楼1层	100125	84401191
万丰路支行	丰台区万丰路303号梦都酒家首层	100161	63858550
林萃路支行	朝阳区林萃西里16号楼1层F1－27	100085	50866206
常营支行	朝阳区常惠路4号楼1～2层	100024	65774955

渤海银行股份有限公司北京分行

机构名称	地　址	邮　编	电　话
分行营业部	西城区复兴门内大街28号凯晨世贸中心东C座F1层	100031	66270781
魏公村支行	海淀区中关村南大街31号神舟科技大厦	100081	68729077
商务中心区支行	朝阳区光华路15号泰达时代中心1号楼	100600	85885416
亚运村支行	朝阳区慧忠里318号	100101	64953799
朝阳门支行	朝阳区吉庆里9号、10号楼蓝筹名座E座	100020	65538038
万柳支行	海淀区长春桥路11号亿城中心4号楼	100089	62416917
望京支行	朝阳区广顺南大街21号	100102	64775011
德胜门支行	西城区德外大街36号楼德胜凯旋大厦A座	100120	82069650
京广支行	朝阳区呼家楼京广中心商务楼首层	100020	65973500
东二环支行	东城区南竹杆胡同2号银河SOHO	100010	65206625
航天桥支行	西城区莲花池东路106号汇融大厦底商	100055	63943100
西客站支行	海淀区西三环北路100号光耀东方中心底商	100048	68729121
中关村支行	海淀区海淀大街3号1幢1层101北侧、2层201北侧	100080	82696321
总部基地支行	丰台区南四环西路188号一区31号楼	100070	83203087
首体南路支行	海淀区首体南路20号4号楼、5号楼1层	100044	88357178

炫彩嘉轩社区支行	朝阳区望京西园一区 134 号楼	100102	64789011
万城华府社区支行	海淀区万柳华府龙园 1 号楼 3 单元 S－12－6 号房屋	100089	82568973
崇文门社区支行	东城区崇外大街五号地危改区新景家园住宅小区一区 2 号住宅 1 层	100061	67115681
宣武门外东大街社区支行	西城区菜市口大街 6 号院 4 号楼 1 层 109－9 号房屋	100052	83985935
珠江骏景社区支行	丰台区骏景园北区 25 号楼 1 层 103 号	100075	87805923
三环新城社区支行	丰台区丰桥路六号院甲 8 号 1 层 03 号	100071	83625529
清林路社区支行	朝阳区清林路 1 号院 7 号楼 1 层 107 号	100107	84913763
远洋风景社区支行	海淀区德胜门西大街 15 号 1 号楼 D3 区	100082	82290301
双井社区支行	朝阳区天力街 16 号楼 8 号房屋	100022	58621559
橡树湾社区支行	海淀区学府树家园二区	100085	82815613
东坝社区支行	朝阳区京奥家园 300 号楼 1 层 104 号房屋	100018	56850439
紫金长安社区支行	海淀区西翠路 17 号院 18 号楼 1 层 2 单元商铺 5 房屋	100036	68212123
广顺北大街社区支行	朝阳区利泽西园 306 号楼 1 层 109 号房屋	100102	64190260
国贸社区支行	朝阳区东柏街 9 号院 2 号楼 1 层 103 号房屋	100022	87751631
远洋山水社区支行	石景山区玉泉西里二区 3 号楼 1 层 D 号房屋	100073	68636908
林肯公园社区支行	北京经济技术开发区文化园西路 8 号院 30 号楼 1 层	100176	87925275

浙商银行股份有限公司北京分行

机构名称	地　址	邮　编	电　话
分行营业部	西城区金融大街甲 1 号－1	100033	88006154
中关村支行	海淀区中关村南大街甲 12 号寰太大厦	100081	62109815
丰台支行	丰台区南四环西路 188 号 17 区 1 号楼	100070	83739405

五方支行	朝阳区王四营甲2号观68号	100023	87661411
大洋支行	朝阳区十八里店乡大羊坊路闽龙广场	100122	67322675
朝阳支行	朝阳区朝新嘉园东里五区18号楼D101	100018	65432522

北京银行股份有限公司

机构名称	地　址	邮　编	电　话
总行营业部	西城区金融大街甲17号首层	100033	66225025
中关村分行	海淀区彩和坊路6号首层	100080	60190041
延庆支行	延庆县延庆镇高塔街67号2幢	102100	61123410
长安街支行	西城区真武庙一号中国职工之家C座首层	100045	68563182
滨河路支行	西城区枣林前街119号	100053	63517010
三里河支行	西城区月坛南街85号	100045	68587528
复兴支行	西城区月坛南街14号	100045	68525276
右安门支行	西城区右安门内大街65号	100054	63516967
陶然支行	西城区永定门内西街5号	100050	83162553
展览路支行	西城区西直门外南路8号	100044	68355049
西内大街支行	西城区西直门内大街275号	100035	82141644
华安支行	西城区西皇城根北街甲2号	100034	66112950
西四支行	西城区西单北大街30号	100032	66072541
永定门支行	西城区天桥南大街1号1座1层01单元	100050	67217268
陶然亭路支行	西城区陶然亭路45号网信鸿玺宾馆1层	100052	83559985
月坛支行	西城区太平桥大街8号院10号楼1~2层25号、26号	100034	59352616
前门支行	西城区前门西大街正阳市场1号楼	100051	63037838

官园支行	西城区平安里西大街22号国家京剧院1~2层	100034	66110684
琉璃厂支行	西城区南新华街48号	100052	63044326
南纬路支行	西城区南纬路35号1层	100050	63012791
马连道支行	西城区马连道南街1号院2号楼	100055	63282060
金融街支行	西城区金融大街丁26号	100033	88087435
慧园支行	西城区教场口街9号院7号楼及9号楼1层	100120	82061216
天宁支行	西城区核桃园西街36号	100053	63041920
白云支行	西城区广安门外小马厂西里2号	100055	63408261
广源支行	西城区广安门外大街305号院7号楼1层	100055	63459126
广安支行	西城区广安门外白莱湾5号楼1层	100055	63486028
报国寺支行	西城区广安门内大街甲306－3号	100053	63547801
宣武门支行	西城区广安门内大街6号	100053	83528001
西直门支行	西城区冠英园西区31号楼	100035	66183464
燕京支行	西城区复兴门外大街甲19号	100045	68561704
西单支行	西城区复兴门内大街156号招商国际金融中心B座	100031	66426699
阜成支行	西城区阜外大街2号	100037	68032848
德外支行	西城区德胜门外大街8号	100120	82029815
车公庄支行	西城区车公庄大街乙8号	100044	66110684
北三环支行	西城区北三环中路6号1幢1层、2层	100120	82087500
百万庄社区支行	西城区百万庄大街21号院1号楼配套底商1号、2号商铺	100037	68104621
天桥支行	东城区珠市口东大街20号	100050	67075138
忠实里支行	东城区忠实里西区7号楼107	100022	87768867
广渠门支行	东城区夕照寺街2号电信工程局办公大楼1层	100061	67184883
天坛支行	东城区天坛东路76号	100061	67169115

长城支行	东城区金鱼胡同18号万富大厦首层	100006	65258088
安定门支行	东城区交道口南大街16号	100007	64075243
东单支行	东城区建内大街19号中纺大厦1层	100005	65262730
建国支行	东城区建国门内大街乙18号	100005	65265285
和平里支行	东城区和平里东街1号	100013	84232251
广渠门外大街支行	东城区广渠门家园5号首东国际大厦1层101号	100022	87521596
光明支行	东城区光明路11号	100061	67129144
东直门支行	东城区东直门南大街9号船检大厦首层	100007	84098610
海运支行	东城区东直门南大街5号中青旅大厦首层	100007	58156081
雍和支行	东城区东直门北小街青龙胡同1号歌华大厦首层	100007	84186329
景山支行	东城区东四十条24号青蓝大厦1层西侧	100010	64016958
东四支行	东城区东四北大街303－8号	100007	64062934
花市支行	东城区东花市北里中区甲27号楼	100062	67189320
灯市口支行	东城区灯市口大街50号	100006	65248163
沙滩支行	东城区北河沿大街97号	100006	65220219
中轴路支行	东城区安德路16号神华大厦首层	100011	84882626
中关村科技园区支行	海淀文化艺术大厦B座1层	100086	82533000
白石桥支行	海淀区中关村南大街48号	100081	62196712
友谊支行	海淀区中关村南大街3号海淀科技大厦1层	100081	68945858
魏公村支行	海淀区中关村南大街25号中扬大厦	100081	68937791
大钟寺支行	海淀区中关村南大街12号培训中心01～02层	100081	62169408
中关村支行	海淀区中关村科学院南路12号住宅	100086	62572919
海淀路支行	海淀区中关村大街22号中科大厦B座中段	100190	62617710
西客站支行	海淀区羊坊店路21号1层东北角	100038	63953594
北航支行	海淀区学院路35号世宁大厦首层	100191	82315523

学院路支行	海淀区学院路30号	100083	62312492
橡树湾支行	海淀区学府树家园2区1号楼	100085	82815415
万泉路支行	海淀区新建宫门路1号	100091	62872154
四道口支行	海淀区西直门外大柳树路2号铁科院北区11号楼	100081	62243859
金运支行	海淀区西直门北大街甲43号金运大厦A座	100044	52129213
东升科技园支行	海淀区西小口路66号中关村东升科技园B区2号楼1层B105室	100096	82830702
燕园支行	海淀区西草场1号	100080	82851817
永丰支行	海淀区西北旺德政路南茉莉园甲19号楼	100094	82403379
温泉支行	海淀区温泉路临58号1层	100095	62403420
万寿路支行	海淀区万寿路17号院综合楼B座	100036	68162752
新华支行	海淀区万柳中路15号1层底商	100089	82565336
田村支行	海淀区田村路畅茜园圣华里小区9号楼1层	100049	68162750
双榆树支行	海淀区双榆树东里甲22号	100086	82116611
清华园支行	海淀区双清路西王庄同方大厦	100084	62770454
国兴家园支行	海淀区首体南路20号	100044	88355436
上地支行	海淀区上地信息路1号院3号楼首层东部	100085	82895594
甘家口支行	海淀区三里河路39号	100037	68331858
清华大学支行	海淀区清华大学照澜院商业楼1层	100084	62788731
清河支行	海淀区清河清景园5号商业楼地上1层A区	100192	62990536
四季青支行	海淀区兰靛厂世纪城三期时雨园甲1-1	100097	88892385
航天支行	海淀区海淀南路30号	100080	82671123
中关村海淀园支行	海淀区海淀北一街2号鸿城拓展大厦1~2层	100080	62699732
五棵松支行	海淀区复兴路75号1幢101号东北角	100850	56765770
永定路支行	海淀区复兴路40号中国铁建科研大厦首层西侧	100039	52689316

翠微路支行	海淀区复兴路 33 号	100036	68172288
阜裕支行	海淀区阜成路 28 号	100142	68456363
新街口北大街支行	海淀区德胜门西大街 15 号远洋风景 8 号楼 1 单元 102 号	100082	82293543
互联网金融中心支行	海淀区丹棱街 1 号院 1 号楼 101 号	100080	82362040
北京大学支行	海淀区成府路 298 号方正大厦 1 层北侧	100871	82529710
紫竹支行	海淀区车道沟 10 号院中国兵器大厦首层	100089	58830116
北洼路支行	海淀区北洼路 28 号	100089	68414040
学知支行	海淀区北土城西路 197 号	100191	62382509
北太平庄支行	海淀区北三环中路戊 40 号	100088	62043336
双秀支行	海淀区北三环中路 31 号	100088	82005320
北清路支行	海淀区北清路 107 号	100094	82789927
世纪城支行	海淀区板井路 69 号世纪金源国际公寓东区首层	100097	88462516
通州支行	通州区新华西街 59 号 4 号楼 1 层	101100	89501106
运河支行	通州区通胡大街 11 号 -1	101100	80853166
马驹桥支行	通州区马驹桥镇 245 号院 12 号商业楼 105 号	101102	60570929
瑞都支行	通州区九棵树街 165 号、167 号、171 号、175 号	101100	89501820
光机电园区支行	通州区次二村南 6 号 1 幢 1 层	101111	81509319
雅宝路支行	朝阳区雅宝路 2 号天雅大厦	100020	51362781
姚家园支行	朝阳区星火西路 19 号	100025	85855636
工体北路支行	朝阳区新中西里 13 号巨石大厦东区 1 层	100027	51909895
东大桥支行	朝阳区新东路甲 5 - 1	100027	64168005
太阳宫支行	朝阳区夏家园 11 号	100028	84298352
望京科技园支行	朝阳区望京西园 1 区 134 号楼 101 号	100102	64789797
望京支行	朝阳区望京西园 429 号楼底商	100102	64775720

安华路支行	朝阳区外馆东街 51 号	100011	64408638
金台路支行	朝阳区团结湖路 52 号	100026	85985900
奥北支行	朝阳区天乐园 1 号楼 1 层	100107	84927536
双桥支行	朝阳区双柳北街 39 号商业 2 层	100024	65734009
芍药居支行	朝阳区芍药居 16 号	100029	84627120
日坛支行	朝阳区日坛北路 19 号	100020	85625126
九龙山支行	朝阳区农光里 117 号楼 1 层	100021	67342062
燕莎支行	朝阳区亮马桥路 42 号光明饭店 1 层	100125	84418578
孙河支行	朝阳区康营家园小区 KY15 区 D8R 号楼	100015	84354895
酒仙桥支行	朝阳区酒仙桥路 3 号	100015	64376762
东长安街支行	朝阳区建外大街乙 12 号双子座大厦西塔 1 层	100022	65683696
国贸支行	朝阳区建国门外大街 1 号院 1 号楼 58 层 01 –25 单元	100020	57068955
现代城支行	朝阳区建国路 88 号 SOHO 现代城 D 座	100022	85803048
亚运村支行	朝阳区慧忠北里天创世缘 309 楼 A 座首层	100012	64808850
奥东支行	朝阳区惠新西街 19 号国投贸易大厦 1 层	100029	51300017
惠新支行	朝阳区惠新东街 4 号富盛大厦 1 层	100029	84663956
富力又一城	朝阳区黄厂南里 2 号院 31 号楼 1 层	100121	59643615
大望路支行	朝阳区广渠路 28 号甲 201 号楼	100022	57528618
商务中心区支行	朝阳区光华路丙 12 号数码 01 大厦首层	100020	65083280
电子城支行	朝阳区高家园 2 区 14 号	100015	64384806
远洋国际中心支行	朝阳区东四环中路 56 号远洋国际中心 A 座	100025	85865177
芳草地支行	朝阳区东大桥路 10 号	100020	85952968
关东店支行	朝阳区东大桥东里临甲 7 号	100020	65062512
朝阳北路支行	朝阳区朝阳北路 102 号楼	100123	85790016

八里庄支行	朝阳区朝外红庙延静西里2号	100025	65949698
红星支行	朝阳区朝外大街20号	100020	65885739
朝外支行	朝阳区朝外大街12号	100020	65993342
北苑路支行	朝阳区北苑路172号欧陆经典大厦1层	100101	84854731
新源支行	朝阳区北三环东路6号	100028	64643177
樱花支行	朝阳区北三环东路15号	100029	64418052
奥运村支行	朝阳区北辰西路8号院2号楼A座1层	100101	84378372
北辰路支行	朝阳区北辰东路8号汇珍楼1层	100101	84977466
健翔支行	朝阳区安翔北里甲11号北京创业大厦B座1层	100101	64889928
顺义支行	顺义区站前街粮食局商办楼	101300	81483210
新国展支行	顺义区天竺空港工业区B区空港融慧园4号楼	101318	80470116
天竺支行	顺义区天竺地区天竺花园天韵阁1层	101312	64563799
绿港国际中心支行	顺义区首都机场四纬路2号绿港国际商务中心	100621	84169602
首都国际机场支行	顺义区首都机场三号航站楼A2E3－1	100621	64532594
裕龙支行	顺义区仁和镇裕龙花园3区7号楼1层	101300	89430720
石园支行	顺义区仁和镇石园南区33号楼102号	101300	89452683
石门支行	顺义区仁和镇前进花园石门苑甲13号	101300	89418302
航港支行	顺义区南法信镇顺平路566号ACLP国际大厦	101300	69479250
顺义新城支行	顺义区马坡镇佳和宜园1号楼	101300	56441347
远洋山水支行	石景山区玉泉西里二区18号楼1层	100040	68547511
石景山支行	石景山区石景山路42号	100043	88706585
京源路支行	石景山区石景山路23号中础大厦1层	100049	88706621
平谷支行	平谷区迎宾环岛东南角金谷园21号楼1层商铺	101200	89999875
府前街支行	平谷区平谷镇新平东路13号	101200	61995618
季庄支行	密云县果园新里北区综合楼1层	101500	69026772

密云支行	密云县鼓楼东大街19－5号	101500	69087741
门头沟支行	门头沟区双峪路5号	102300	69863186
怀柔支行	怀柔区府前街3号楼	101400	69697032
西罗园支行	丰台区洋桥12号综合楼1层101室	100068	67256534
马家堡支行	丰台区星河苑2号院9号楼01～03商业	100068	67500706
两桥支行	丰台区西四环南路31号	100071	63825045
青塔支行	丰台区青塔西路9号	100078	68211713
总部基地支行	丰台区南四环西路188号3区5号	100070	63701838
金融港支行	丰台区南四环西路188号17区15号1层	100070	63298514
玉泉营支行	丰台区南三环西路16号3号楼1层	100068	87576150
成寿寺支行	丰台区南三环四方景园2区配套商业	100164	87646319
太平桥支行	丰台区华源四里甲2号	100073	63380829
丰体南路社区支行	丰台区丰体南路3号	100166	63876516
丰台支行	丰台区丰台镇东安街1号	100071	63822841
三环新城支行	丰台区丰桥路7号院8号楼28号	100070	83631804
方庄支行	丰台区方庄芳星园2区甲3号院6号	100078	67667923
东高地支行	丰台区东高地万源西里41栋	100076	88524005
燕山支行	房山区燕山岗南路东一巷6号C座1层	102500	69344783
良乡支行	房山区西潞街道长虹西路71号	102488	60330575
房山支行	房山区良乡月华大街3号龙建大厦首层	102488	81388783
加州水郡支行	房山区长阳镇昊天北大街48号加州水郡东区商业中心A座106室	102445	80393773
西红门支行	大兴区西红门镇北一街1号院24号楼1层103号	100162	80258233
大兴支行	大兴区黄村镇兴政街29号	102600	69232938
黄村支行	大兴区黄村镇兴华路212号	102600	69237798

大兴经济开发区支行	大兴区黄村镇金星路12号院2号楼1层西侧	102600	69261626
昌平支行	昌平区政府街2号	102200	80103925
龙水路支行	昌平区龙水路22号院28－12号底商	102200	69711931
西三旗支行	昌平区建材城西路87号2号楼1层	100096	82969620
回龙观支行	昌平区回龙观镇北店时代广场商业综合楼E段地上1层	102208	80750306
天通苑支行	昌平区东小口镇立汤路188号北方明珠大厦商业首层06B	102218	58608621
北七家支行	昌平区北七家镇立汤路58号王子大厦瑰宝商业中心	102209	89756452
亦庄支行	北京经济技术开发区文化园西路8号院25号楼	100176	87925534
北京经济技术开发区支行	北京经济技术开发区宏达北路12号	100176	67873396

天津银行股份有限公司北京分行

机构名称	地　址	邮　编	电　话
朝外支行	朝阳区朝外大街乙6号朝外SOHO D座	100020	59004326
三元桥支行	朝阳区东三环北路乙2号大新华航空大厦A座101号	100027	84471038
新兴桥支行	海淀区复兴路27号海育大厦首层	100036	68573491
中关村支行	海淀区海淀中街15号远中悦来大厦	100080	58730423
金融街支行	西城区二龙路甲33号新龙大厦B座	100032	66227910
丰台支行	丰台区南四环西路188号3区15号楼	100070	63706631
西直门支行	西直门北大街52号太平金融大厦1层	100082	82206878
东城支行	东城区朝内大街8号	100010	57929206

广渠门支行	东城区广渠家园3楼	100022	87521500
东直门支行	东城区东直门外大街46号1号楼	100027	84608981
航天桥支行	海淀区西三环北路100号	100037	68456337

大连银行股份有限公司北京分行

机构名称	地　址	邮　编	电　话
分行营业部	朝阳区建国路93号万达广场B座	100022	65813121
西城支行	西城区金融大街甲9号	100033	66016356
海淀支行	海淀区知春路13号	100083	62308121
经济技术开发区支行	亦庄经济技术开发区宏达北路16号	100176	87220795
丰台支行	丰台区科学城中核路1号院	100070	63713132
朝阳支行	朝阳区阜通东大街10号楼	100102	87328618

杭州银行股份有限公司北京分行

机构名称	地　址	邮　编	电　话
分行营业部	东城区建国门内大街26号1号1层南侧	100005	64088117
安贞支行	朝阳区安定路10号中国有色大厦首层	100029	64423711
顺义支行	顺义区府前东街10号自来水公司首层	101300	60417021
朝阳支行	朝阳区甜水园东街10号	100026	65000847
中关村支行	海淀区彩和坊西小街1号中湾国际首层	100080	59260522
通州支行	通州区九棵树街177号	101121	89542750
丰台支行	丰台区周庄子望园东里28号楼	100161	63822337
大兴支行	大兴区兴华大街13号院2号楼2号、3号	102600	80255721

平谷支行	平谷区新平北路南侧，新平西路东侧紫贵庄园9号楼西侧	101200	61997288
房山支行	房山区良乡西潞南大街8号楼1－1号	102488	69389718
昌平支行	昌平区府学路1－3号	102200	89787791
上地支行	海淀区小营西路33号金山软件大厦底层	100085	57041781
石景山文创支行	石景山区石景山路45号	100043	88951260
次渠支行	通州区次渠南里120号	101111	80823357

南京银行股份有限公司北京分行

机构名称	地　址	邮　编	电　话
分行营业部	西城区金融大街10号	100033	83399112
车公庄支行	海淀区首体南路20号4号楼、5号楼	100044	88334001
万寿路支行	海淀区万寿路28号	100036	88619369
万柳支行	海淀区万泉庄路28号万柳新贵大厦A座1~2层	100089	58720008
中关村支行	海淀区中关村南三街6号中科资源大厦裙楼	100080	82649800
西坝河支行	朝阳区西坝河北里23号恒川广场	100028	64473898
朝阳门支行	东城区朝阳门南小街2号	100005	65267509
呼家楼支行	朝阳区呼家楼北街7号1~2层	100026	65860699
顺义支行	顺义区华英园9号	101300	89425691
北辰支行	朝阳区北辰东路8号12号楼	100101	84975583
通州支行	通州区滨河中路249号1层、251号1层、253号1~2层	101101	80570207
方庄支行	丰台区四方景园二区配套商业1~3号	100078	87656026

盛京银行股份有限公司北京分行

机构名称	地址	邮编	电话
分行营业部	朝阳区光华路4号东方梅地亚中心D座	100026	85597777
中关村支行	海淀区海淀北二街8号金和国际大厦	100080	82012999
官园支行	西城区车公庄大街9号院1号楼五栋大楼	100044	85251177
五棵松支行	海淀区复兴路69号3号楼	100038	88199777
顺义支行	顺义区新顺南大街8号	101399	85886222

上海银行股份有限公司北京分行

机构名称	地址	邮编	电话
营业部	朝阳区建国门外大街丙12号宝钢大厦1层	100022	57610106
中关村支行	海淀区北四环西路66号	100080	62418659
安贞支行	东城区安定路20号	100029	84109289
学院南路支行	海淀区学院南路15号	100088	82418630
复兴门支行	西城区鲍家街43号	100031	66411223
金融街支行	西城区金融大街甲9号	100033	66528799

江苏银行股份有限公司北京分行

机构名称	地址	邮编	电话
分行营业部	朝阳区光熙家园1号楼	100028	56986950
德胜支行	西城区德胜门外大街36号 德胜凯旋大厦A座	100120	82063188

东直门支行	东城区东直门南大街甲 3 号居然大厦	100007	64025328
宣武门支行	西城区宣武门外大街甲 1 号环球财讯中心大厦	100052	63039950
西三环支行	海淀区西三环北路 87 号国际财经中心	100089	88824955
朝阳门支行	东城区朝阳门内大街 8 号朝阳首府大厦	100010	57929210
东四环支行	朝阳区百子湾东里 101 号楼首层	100124	67048235
马连道支行	西城区红莲南路 28 号楼红莲大厦 A 座	100055	63325956
安定门支行	东城区安定门外大街丁 88 号	100000	64407800
石景山支行	石景山区石景山路 31 号盛景国际广场	100043	57537005
中关村支行	海淀区中关村南三街 6 号中科资源大厦 1 层	100190	62631232
中关村西区支行	海淀区善缘街 1 号立方庭大厦 1 层	100080	82483853
亚运村支行	朝阳区安慧北里秀园 16 号楼 118 室	100101	84468312
总部基地支行	丰台区南四环西路 128 号院 3 号楼诺德中心 1 层	100070	83816960
东三环支行	朝阳区东三环北路甲 26 号楼博瑞大厦	100011	65167590
望京支行	朝阳区望京园 601 号	100102	84766058
亦庄支行	经济技术开发区荣华南路 10 号院 4 号楼	100176	50949890
通州支行	通州区九棵树东路 152 号	100010	56175691
上地支行	海淀区马连洼北路亿城国际中心 1 层	100085	50955736

包商银行股份有限公司北京分行

机构名称	地　址	邮　编	电　话
分行营业部	朝阳区北四环东路 115 号	100101	64816060
中关村支行	海淀区彩和坊路 8 号	100080	60190698
大红门支行	丰台区马家堡东路 101 号阳光花园	100070	57704006
通州支行	通州区九棵树东路 150 号	101100	60552315

望京支行	朝阳区望京西路 47 号	100102	64790081
国贸支行	朝阳区呼家楼新苑 4 号楼锐创大厦	100020	56175308
方庄支行	丰台区方庄紫芳园四区 5 号楼 102 室	100078	56175717

宁波银行股份有限公司北京分行

机构名称	地　址	邮　编	电　话
中关村支行	海淀区海淀大街 1 号 1 层、6 层	100080	53239636
丰台支行	丰台区万丰路 300 号	100161	53239556
东城支行	东城区东兴隆街 58 号	100062	53239518
望京支行	朝阳区酒仙桥中路 26 号院 1 号楼	100015	53231700

北京农村商业银行股份有限公司

机构名称	地　址	邮　编	电　话
金融街支行	西城区金融大街 9 号楼 1 层、3 层	100033	56175630
西单支行	西城区华远街 11－1 号	100032	52603058
朝阳支行	朝阳区北苑路 90 号	100101	64945311
将台支行	朝阳区酒仙桥路 14 号 51 号楼兆维华灯大厦 1 层 A108	100015	84799322
金盏支行	朝阳区金盏乡长店组团 13 号综合楼 1 层底商	100018	84334505
来广营支行	朝阳区望京北路 18 号	100102	64390751
高碑店支行	朝阳区建国路 29 号兴隆家园 9 号楼	100123	85775890
和平支行	朝阳区来广营东路 5 号东郊农场综合服务楼	100103	84701595
光华路支行	朝阳区光华路甲 14 号诺安大厦 1 层	100020	51309953

双井支行	朝阳区天力街 1 号楼 B1－1 号	100022	59060190
新源支行	朝阳区新源里 16 号琨莎中心 1 座	100027	84683590
太阳宫支行	朝阳区西坝河北里 15 号楼	100028	64215209
商务中心区支行	朝阳区朝阳门北大街 16 号 1 层、3 层、4 层	100020	85605330
小红门支行	朝阳区小红门乡宋家楼 4 号	100176	67697520
南磨房支行	朝阳区大望路平乐园路口南 300 米	100022	67311917
王四营支行	朝阳区王四营乡官庄大队陶庄个体公园南侧	100023	67382042
双桥支行	朝阳区朝阳路管庄路口西 20 米	100021	65761658
京粮支行	朝阳区东三环中路 16 号	100022	51672307
大望路支行	朝阳区西大望路 15 号 3 号楼 1 层	100022	87723809
亚运村支行	朝阳区安外安立路甲 56 号	100012	84802802
丰台支行	丰台区西局南街 101 号	100161	63842592
成寿寺支行	丰台区四方景园 2 区配套商业 2－11 号	100078	87644286
花乡支行	丰台区看丹路甲 15 号	100070	63736453
六里桥支行	丰台区华源一街 2 号楼	100073	63334756
两广路支行	西城区广安门内大街 311 号院 2 号楼 1 层	100053	83130710
世界公园支行	丰台区丰葆路富锦嘉园综合服务楼 1 层北段	100070	83623032
新发地支行	丰台区新发地京新酒店西侧	100070	83727020
南苑支行	丰台区方庄路 3 号	100078	63812153
卢沟桥支行	丰台区丰台体育中心北路 1 号	100166	63814573
小屯支行	丰台区卢沟桥张仪村路 125 号院 18 号	100071	63811247
王佐支行	丰台区云岗南宫路 3 号	100074	83318546
长辛店支行	丰台区长辛店杜家坎南路甲 6 号	100072	83840581
马连道支行	西城区马连道南街 1 号依莲轩小区 D 座	100055	63326122
丽泽支行	西城区北京西站南路 80 号院 6 号楼 1 层	100073	83062902

宛平支行	丰台区卢沟桥晓月中路 5 号楼 B1、B2	100165	83896722
右安门支行	丰台区右安门外大街 56 号 2 号楼底商	100069	83974591
石景山支行	石景山区杨庄东路 78 号	100043	68877815
八角支行	石景山区八角南路 7 号	100043	68872063
西山支行	石景山区西黄新村西里 4 号楼 1 层 3 单元 103 室	100144	88701303
京原支行	石景山区玉泉路玉泉大厦 1 层	100040	88255285
海淀支行	海淀区苏州街 77 号	100089	82518896
世纪城支行	海淀区蓝靛厂晴波园甲 5 号楼	100097	62881232
东升支行	海淀区清华东路甲 1 号	100083	62312130
志新路支行	海淀区志新路二里庄 35 号	100083	59862769
清河支行	海淀区西三旗花园三里 76 号 1 层	100192	62913272
长河湾支行	海淀区高粱斜街 59 号 2 号楼 1 层	100044	82191491
八里庄支行	海淀区阜成路 81 号	100142	88130053
莲花路支行	丰台区莲花池西里 6 号院综合楼	100161	63957532
科技园支行	海淀区中关村北大街 127－1 号北大科技园创新中心大厦	100080	62760612
大钟寺支行	海淀区北三环西路甲 18 号中鼎大厦 B 座	100098	62123603
海淀新区支行	海淀区丰秀中路 3 号院 14 号楼	100094	62475162
上地支行	海淀区上地信息路 7 号	100085	62983467
西北旺支行	海淀区西北旺镇百旺新城 A4 地块 6 号综合办公楼	100094	82404104
上庄支行	海淀区上庄镇上庄路 72 号	100095	62478333
温泉支行	海淀区温泉镇温泉路 59 号	100095	62456901
苏家坨支行	海淀区苏家坨镇温阳路 18 号	100095	62454903
北安河支行	海淀区苏家坨镇北安河路 5 号	100095	62454950
四季青支行	海淀区板井路 81 号	100097	88432571

北京中关村支行	海淀区中关村南大街2号北京科技会展中心数码大厦A座1层	100086	62159288
北京燕莎中心支行	朝阳区亮马桥路50号凯宾斯基饭店1层、3层	100016	84519500
北京英蓝国际金融中心支行	西城区金融大街7号英蓝国际金融中心首层	100140	66555288
北京丽都广场支行	朝阳区将台路6号丽都A2商业楼首层商场208室	100016	64338800
北京中关村西区支行	海淀区丹棱街3号中国电子大厦B座1层	100080	59997288
北京北辰支行	朝阳区北辰东路8号北辰时代大厦首层0101单元	100101	59997711
北京远大路支行	海淀区远大路1号金源燕莎商厦首层1002单元	100097	59997888
北京华贸支行	朝阳区建国路89号院13号楼L09单元商铺地下1层及地上1层	100025	59997268
北京翠微路支行	海淀区翠微路17号B楼底商	100036	59997968
北京光华路支行	朝阳区光华路丙12号数码01大厦1层102号商铺	100020	59997999
北京中粮广场支行	东城区建国门内大街8号中粮广场A座	100005	59998859

花旗银行（中国）有限公司

机构名称	地　址	邮　编	电　话
北京中关村支行	海淀区北四环西路58号理想国际大厦首层	100080	82607250
北京金宝街支行	东城区东单北大街1号1号楼商业中心商场1层	100020	65618800
北京阳光上东支行	朝阳区东四环北路6号阳光上东中环商业广场A09～A15单元	100016	51307100
北京嘉里中心支行	朝阳区光华路1号嘉里中心办公楼	100000	65009988
北京盈科中心支行	朝阳区工体北路甲2号盈科中心商场1层	100027	59272300
北京长安支行	东城区建国门内大街7号光华长安大厦101室	100005	65102458
北京亚运村支行	朝阳区慧忠里103号楼洛克时代中心C座、B座	100101	59377050

北京望京支行	朝阳区广顺北大街望京西园429号楼1层商铺105号	100102	59377301

恒生银行（中国）有限公司

机构名称	地址	邮编	电话
北京中关村支行	海淀区丹棱街3号中国电子大厦A座103室	100080	62500000
北京酒仙桥支行	北京市朝阳区酒仙桥路18号1层159单元	100005	85293507
北京工体北路支行	东城区工体北路66号1号楼	100007	85293726
北京嘉里中心支行	朝阳区光华路1号嘉里中心写字楼首层03单元	100020	85293556

韩亚银行（中国）有限公司

机构名称	地址	邮编	电话
北京望京新城支行	朝阳区望京街9号望京国际商业中心A座212～213室	100102	59203780
北京五道口支行	海淀区成府路28号优盛大厦1层C101室	100083	62666710
北京长安街支行	东城区建国门内大街18号恒基中心办公楼2座5层	100005	65183105
北京望京支行	朝阳区望京广顺北大街33号福码大厦1层101A	100102	64721111

南洋商业银行（中国）有限公司

机构名称	地址	邮编	电话
北京建国门支行	朝阳区建国门外大街乙八号丽晶苑1层	100022	65684728
北京中关村支行	海淀区海淀北二街8号中关村SOHO大厦1层105～106号	100080	59718565

北京五路居支行	海淀区西四环北路160号二区106	100000	65684728

瑞士银行（中国）有限公司

机构名称	地　址	邮编	电话
北京华贸支行	朝阳区建国路79号	100022	59696048

三菱东京日联银行（中国）有限公司

机构名称	地　址	邮编	电话
北京经济技术开发区支行	北京经济技术开发区荣华中路10号亦城国际中心1号楼16层	100176	59578000

新韩银行（中国）有限公司

机构名称	地　址	邮编	电话
北京顺义支行	顺义区站前街三号顺鑫国际商务中心1层01号、2层01号	100005	60406008
北京望京支行	朝阳区望京西园429号楼1层103号	100102	64729866

星展银行（中国）有限公司

机构名称	地　址	邮编	电话
北京金地中心支行	朝阳区建国路91号金地中心A座1层101单元	100022	85713303

北京三里屯支行	朝阳区工人体育场北路8号院三里屯SOHO中心1号办公商业楼	100027	57529201
北京中关村支行	海淀区海淀东三街2号欧美汇大厦1层102单元	100080	57529290
北京将台支行	朝阳区酒仙桥路18号130单元、183单元	100016	57529336
北京金融大街支行	西城区金融大街7号英蓝国际金融中心	100032	57529130

友利银行（中国）有限公司

机构名称	地　址	邮　编	电　话
北京望京支行	朝阳区阜荣街10号1层	100102	84718866
北京顺义支行	顺义区仓上街2号AMB大厦A区1层	101300	89452220

渣打银行（中国）有限公司

机构名称	地　址	邮　编	电　话
北京燕莎中心支行	朝阳区亮马桥路50号北京燕莎中心写字楼S102B室	100016	64668803
北京中关村支行	海淀区海淀中街6号中关村金融中心B座首层	100080	62569990
北京华贸支行	朝阳区建国路77－81号华贸中心L1～L2层	100025	59627888
北京东方广场支行	东城区东长安街1号东方广场东方经贸城中一办公楼	100006	58172888
北京亚运村支行	朝阳区慧忠里103楼洛克时代中心1层	100101	59113728
北京紫竹支行	海淀区首体南路9号主语商务中心4号楼101室	100044	58737017
北京东直门支行	东城区东直门南大街1号北京来福士中心办公楼	100007	59185986
北京金融街支行	西城区金融大街7号英蓝国际金融中心F107、F930单元	100033	59188966

北京永定门支行	东城区永定门西滨河路8号院7楼中海地产广场西塔2层01单元	100077	59182530
北京亦庄支行	经济技术开发区荣华中路10号亦城国际中心1幢裙房底商	100000	59188339

（5）资产管理公司

机构名称	地　址	邮　编	电　话
中国华融资产管理股份有限公司北京市分公司	西城区阜成门内大街293号	100034	66511186
中国长城资产管理公司北京办事处	朝阳区工体南路东2号	100020	65530318
中国东方资产管理公司北京办事处	东城区崇文门外大街44号大康大厦4层	100062	87559933
中国信达资产管理股份有限公司北京市分公司	朝阳区安华西里二区18号楼	100011	64261340

（6）信托公司

机构名称	地　址	邮　编	电　话
北京国际信托有限公司	朝阳区安立路30号院1号楼、2号楼	100012	59680888
国投信托有限公司	西城区西直门南小街147号	100037	88006630
国民信托有限公司	东城区西滨河路18号	100011	84268088

（7）金融租赁公司

机构名称	地　址	邮　编	电　话
建信金融租赁股份有限公司	西城区闹市口大街1号长安兴融中心4号楼6层	100032	67594579
北银金融租赁有限公司	西城区复兴门内大街156号C座8层、9层	100031	66429099

（8）汽车金融公司

机构名称	地　址	邮　编	电　话
丰田汽车金融（中国）有限公司	朝阳区东三环中路1号环球金融中心西楼7层	100020	57639999
梅赛德斯－奔驰汽车金融有限公司	朝阳区酒仙桥路20号19层	100016	84433001
沃尔沃汽车金融（中国）有限公司	朝阳区景华南街5号远洋光华中心C座11层	100020	65982199
大众汽车金融（中国）有限公司	朝阳区建国门外大街8号国际财源中心16～17层	100022	65897800
东风标致雪铁龙汽车金融有限公司	朝阳区光华路7号汉威大厦东区9A6	100004	65628288
宝马汽车金融（中国）有限公司	朝阳区东三环北路霞光里18号佳程广场B座22层	100027	84558607
北京现代汽车金融有限公司	朝阳区太阳宫中路12号冠城大厦16层	100028	56713188

（9）财务公司

机构名称	地　址	邮　编	电　话
保利财务有限责任公司	东城区朝阳门北大街1号新保利大厦28层	100010	84192373
北大方正集团财务有限公司	海淀区成阜路298号方正大厦9层	100871	82529801
北京汽车集团财务有限公司	丰台区汽车博物馆东路6号院4号楼G座17～19层	100160	57318958
兵器财务有限责任公司	东城区安定门外青年湖南街19号	100011	84122859
兵器装备财务有限责任公司	海淀区车道沟10号院3号科研办公楼5层	100089	68966776
诚通财务有限责任公司	丰台区南四环西路188号总部基地6区17号楼7层	100070	83673718
大唐电信集团财务有限公司	海淀区学院路40号一区26号楼5层北区	100191	62303239
国电财务有限公司	西城区西直门外大街18号金贸大厦D座4层	100044	58682580
国核财务有限公司	西城区金融大街17号中国人寿中心9层	100032	58198878

国机财务有限责任公司	海淀区丹棱街3号A座8层	100080	82606822
国药集团财务有限公司	海淀区知春路20号中国医药大厦7层	100088	82092605
海航集团财务有限公司	朝阳区霄云路甲26号海航大厦写字楼22层	100125	57583779
航天科技财务有限责任公司	西城区平安里西大街31号	100035	66498836
华联财务有限责任公司	西城区金融大街33号通泰大厦B座4层	100018	88086596－666
京能集团财务有限公司	朝阳区永安东里16号国际大厦23层	100022	85218508
南车财务有限公司	海淀区西四环中路16号5号楼5层	100039	51872522
神华财务有限公司	东城区安定门西滨河路26号北京汉华国际饭店写字楼8层、10层	100011	58131410
首都机场集团财务有限公司	顺义区首都国际机场首都机场集团公司综合楼5层	100621	64557035
通用技术集团财务有限责任公司	丰台区西三环中路90号通用技术大厦6层	100055	63348329
西门子财务服务有限责任公司	朝阳区望京中环南路7号	100102	64762305
亿利集团财务有限公司	西城区复兴门内大街28号凯晨世贸中心东座6层	100031	57387336
中电投财务有限公司	西直门外大街18号金茂大厦C1座15～18层	100044	56625900
中国北车集团财务有限公司	丰台区芳城园一区15号楼中国北车大厦14层	100078	52608023
中国大唐集团财务有限责任公司	西城区菜市口大街1号13～14层	100053	83956889
中国电子财务有限责任公司	海淀区中关村东路62号科贸大厦23层、25层	100190	62672051
中国电子科技财务有限公司	海淀区复兴路17号国海广场A座16层	100036	59706039
中国航空集团财务有限责任公司	朝阳区霄云路36号国航大厦2401B	100027	84475749
中国航油集团财务有限公司	顺义区后沙峪镇安福街6号3层	101318	80476278
中国华电集团财务公司	西城区宣武门内大街2号中国华电大厦B座10层	100031	83568095
中国化工财务有限公司	海淀区北四环西路62号	100080	82677968
中国铁建财务有限责任公司	海淀区复兴路40号	100855	52689022
中核财务有限责任公司	西城区三里河南四巷1号	100045	68555835
中化建工程集团财务有限公司	东城区东直门内大街2号化学工程大厦13层	100007	59765345

中建财务有限责任公司	海淀区三里河路15号	100037	88084589
中铝财务有限责任公司	西直门北大街62号7层	100082	82298439
中外运长航财务有限公司	海淀区西直门北大街甲43号金运大厦B座18层	100044	66296319
中冶集团财务有限公司	朝阳区曙光西里28号中冶大厦	100028	59869863
中远财务有限责任公司	西城区月坛北街2号月坛大厦A座19层	100045	68083165
北京控股集团财务有限公司	朝阳区东三环北路38号院4楼10层	100026	65879800
首旅集团财务有限公司	朝阳区广渠路38号北京一轻大厦9层	100022	60157508
中材集团财务有限公司	朝阳区望京北路16号中材国际大厦2层	100102	64398069
中交财务有限公司	西城区德胜门外大街83号德胜国际中心B座16层	100088	82016357
北京金隅财务有限公司	东城区北三环东路36号B座2102	100013	59575721
供销集团财务有限公司	西城区宣武门外大街甲1号C座2层	100052	59338777
中煤财务有限责任公司	朝阳区黄寺大街1号中煤大厦6层	100120	82277109
中铁财务有限责任公司	海淀区复兴路69号中国中铁大厦C座5层	100039	51952352

（10）货币经纪公司

机构名称	地　址	邮　编	电　话
中诚宝捷思货币经纪有限公司	西城区太平桥大街18号丰融国际大厦1008～1010室	100032	63195001

（11）消费金融公司

机构名称	地　址	邮　编	电　话
北银消费金融有限公司	海淀区中关村大街22号中科大厦B座	100080	62521181

（12）外国银行北京代表处

机构名称	地址	邮编	电话
德国巴登—符腾堡州银行北京代表处	朝阳区东三环北路 8 号亮马大厦 2 座 1130 室	100004	65900166
德国中央合作银行股份有限公司北京代表处	朝阳区建国门外大街 19 号国际大厦 22－1B 室	100004	85261162
德国迈世勒银行股份公司北京代表处	朝阳区亮马桥路 50 号燕莎中心 C502 室	100125	64600458
意大利联合圣保罗银行股份有限公司北京代表处	朝阳区新源南路 6 号京城大厦 2108 室	100004	84862108
意大利西雅那银行股份有限公司北京代表处	朝阳区建国门外大街 1 号国贸写字楼 1 座 1602～1605 室	100004	65053136
意大利裕信银行股份有限公司北京代表处	朝阳区建国门外大街 19 号国际大厦 2604 室	100004	65127183
法国外贸银行股份有限公司北京代表处	东城区东长安街 1 号东方广场东方经贸城东一办公楼 12 层	100738	85185115－620
法国工商银行有限公司北京代表处	朝阳区建国门内大街 7 号光华长安大厦 1 座 310 室	100005	65102167
法国标致雪铁龙融资银行有限公司北京代表处	朝阳区光华路 7 号汉威大厦 11 层 11A10 号	100020	59275981
俄罗斯工业通讯银行开放式股份有限公司北京代表处	朝阳区建国门外大街 22 号赛特大厦 1308 室	100004	85120068
俄罗斯外贸银行公开股份公司北京代表处	朝阳区建国门外大街 19 号国际大厦 18BC 室	100020	85262800
俄罗斯信贷商业银行北京代表处	朝阳区建国门外大街 24 号京泰大厦 1703 室	100022	65159517
俄罗斯开发与对外经济银行国有公司北京代表处	朝阳区建国门外大街 19 号国际大厦 20A 室	100004	65928905
俄罗斯天然气工业银行股份公司北京代表处	朝阳区建国门外大街甲六号中环世贸中心 C 座 1205 室	100022	65630516
俄罗斯兴盛银行开放式股份公司北京代表处	朝阳区朝阳门外大街甲 6 号 1 座	100022	51235136

俄罗斯欧洲金融莫斯科人民银行公开股份有限公司	东城区东直门外大街35号5号楼A104	100027	64674091
俄罗斯联邦商业储蓄银行公开股份公司北京代表处	朝阳区亮马桥50号北京燕莎中心办公楼C305～306A室	100016	64627039
白俄罗斯银行储蓄银行公开股份公司北京代表处	朝阳区建国路93号万达广场4号楼3103室	100022	59604292
乌克兰普理瓦特商业银行股份有限公司北京代表处	朝阳区雅宝路8号北京亚太大厦1403A	100020	65270792
瑞士苏黎世州银行北京代表处	朝阳区东三环北路38号3号楼6层705室	100125	64672539
瑞士信贷银行有限公司北京代表处	朝阳区东三环北路2号南银大厦31层	100027	64106866－405
北欧银行瑞典有限公司北京代表处	朝阳区东三环北路5号发展大厦818室	100004	65909070
瑞典商业银行公共有限公司北京代表处	朝阳区建国门外大街19号国际大厦21B/C室	100004	65004310
瑞典北欧斯安银行有限公司北京代表处	朝阳区东三环北路8号亮马大厦1座603室	100004	65900120
荷兰安智银行股份有限公司北京代表处	朝阳区东三环北路8号亮马大厦1座1510室	100004	65906606
西班牙对外银行有限公司北京代表处	东城区建国门内大街7号光华长安大厦2座618室	100005	65170937
西班牙萨瓦德尔银行股份有限公司北京代表处	东城区东直门外大街46号天恒大厦8层805室	100027	84608366
西班牙巴塞罗那储蓄银行北京代表处	东城区建国门内大街7号光华长安大厦1座610～611室	100005	59111199
英国巴克莱银行有限公司北京代表处	东城区建国门北大街8号华润大厦2108室	100005	58165023
英国高盛国际银行无限责任公司北京代表处	西城区金融大街7号英蓝国际中心17层1731室	100140	66273138
英国野村国际银行有限公司北京代表处	朝阳区东三环北路5号北京发展大厦1218室	100004	59025902
澳大利亚国民银行有限公司北京代表处	朝阳区建国门外大街1号国贸写字楼1座2326室	100004	65052255
巴基斯坦国民银行股份有限公司北京代表处	朝阳区新源南路2号昆仑饭店435室	100004	65903388－435
巴基斯坦哈比银行有限责任公司北京代表处	东城区东长安街1号东方广场中1楼10层1003室	100738	85151500－103
巴基斯坦联合银行股份有限公司北京代表处	朝阳区建国路乙118号京汇大厦2110室	100022	65675560

菲律宾首都银行及信托有限公司北京代表处	东城区建国门内大街18号恒基中心办公一楼1座1410室	100005	65183359
哈萨克斯坦人民储蓄银行股份公司北京代表处	朝阳区东四环中路41号嘉泰国际大厦A座2006室	100025	84532708
韩国输出入银行北京代表处	朝阳区亮马桥路50号燕莎中心办公楼C716室	100016	64653371
日本三菱日联信托银行股份有限公司北京代表处	朝阳区建国门外大街甲26号长富宫办公楼304室	100022	65139016
日本住友信托银行股份有限公司北京代表处	朝阳区建国门外大街甲26号长富宫办公楼7009室	100022	65139020
日本农林中央金库有限公司北京代表处	朝阳区建国门外大街甲26号长富宫办公楼601室	100022	65130858
泰国泰华农民银行（大众）有限公司北京代表处	朝阳区建国门外大街19号国际大厦22层C室	100004	65008333
朝鲜华丽银行有限公司北京代表处	东城区朝内北小街2号凯龙宾馆807室	100060	67081380
合作金库商业银行股份有限公司北京代表处	东城区建国门内大街18号恒基中心办公室1座1805室	100005	65188175
中国信托商业银行股份有限公司北京代表处	朝阳区光华路甲8号和乔大厦B座111室	100026	65813700
印度银行北京代表处	朝阳区西大望路3号院蓝堡国际中心1209室	100022	85997447
印度联合银行北京代表处	朝阳区建国门外大街乙12号双子座大厦东塔10层A2单元	100022	51235186
伊朗德佳拉特银行北京代表处	朝阳区亮马桥路50号燕莎中心写字楼C208室	100125	84551116
蒙古国郭勒穆特银行有限公司北京代表处	朝阳区建国门外大街19号中信国际大厦A座10E室	100004	65033876
塞浦路斯玛芬大众银行公共有限公司北京代表处	朝阳区建国门外大街1号国贸写字楼1座10层06～08室	100004	65057763
阿联酋国民银行股份有限公司北京代表处	朝阳区亮马桥路50号燕莎中心C519室	100125	64650056
古巴国民银行北京代表处	朝阳区建国门外大街24号京泰大厦710室	100022	65156586
加拿大帝国商业银行有限公司北京代表处	朝阳区建国门外大街乙12号双子座大厦西塔11层1107室	100022	65667071

加拿大丰业银行有限公司北京代表处	东城区建国门北大街8号华润大厦503室	100005	85192050
美国富国银行有限公司北京代表处(原美联)	东城区建国门北大街8号华润大厦2302室	100005	65179022
美国远东国民银行有限公司北京代表处	朝阳区建国门外大街22号赛特大厦9层911房间	100004	65159115
美国华美银行股份有限公司北京代表处	东城区建国门内大街7号光华长安大厦6楼609室	100005	65101551
智利银行股份有限公司北京代表处	朝阳区建国门外大街乙12号双子座大厦西塔606室	100022	58794301
摩洛哥外贸银行股份有限公司北京代表处	东城区建国门内大街18号恒基中心1座	100005	65182363
喀麦隆非洲第一银行有限公司北京代表处	朝阳区建国路93号院1号楼1903室	100028	64640029
尼日利亚第一银行股份有限公司北京代表处	东城区建国门内大街8号中粮广场B座1431室	100005	65286820
尼日利亚詹尼斯银行股份有限公司北京代表处	西城区金融街7号英蓝国际金融中心208－6室	100033	58332228
加纳西非商业银行有限公司北京代表处	西城区武定侯街2号6层	100033	66290521
巴基斯坦艾尔哈比银行有限公司北京代表处	西城区金融大街9号楼等2幢南楼10层19室	100033	57379677
泰国汇商银行大众有限公司北京代表处	朝阳区建国门外大街1号国贸大厦三期15层	100004	57372681
韩国农协银行股份公司北京代表处	朝阳区阜东大街6号院3号楼26层2608室	100000	84783510
阿根廷国民银行北京代表处	朝阳区建国门外大街1号国贸大厦二期7层19室	100004	65051661

（13）外国非银行金融机构北京代表处

机构名称	地　　址	邮　编	电　话
万事达卡国际组织北京代表处	东城区建国门北大街8号华润大厦7层701～702室	100005	85199300
威士国际组织（亚太）有限公司北京代表处	朝阳区光华路5号北京世纪财富中心2号楼1804室	100004	85873000
日本国际信用卡公司北京代表处	东城区东长安街1号东方广场中一办公楼11层8B－9A室	100022	85185659

大来信用证国际（香港）有限公司北京代表处	西城区武定侯大街6号卓著中心1602室	100140	59376888
中银信用卡（国际）有限公司北京代表处	朝阳区永安东里8号华彬国际大厦901B	100022	85288101
宝捷思资本市场（香港）有限公司北京代表处	东城区东长安街1号东方广场西2办公楼6层601单元3室	100738	85200175
瑞士利顺金融公司北京代表处	建国门内大街18号恒基中心1座1907室	100005	65187959
毅联汇业有限公司北京代表处	朝阳区朝阳门外大街甲6号万通中心C座1502室	100020	65381903
昆仑国际（新西兰）有限公司北京代表处	朝阳区东三环北路霞光里18号佳程广场A座16C	100027	59222088
英国路透集团交易服务有限公司北京代表处	西城区复兴门内大街28号凯晨世贸中心中座2层	100031	66271288
韩国现代金融株式会社北京代表处	朝阳区霄云路38号现代汽车大厦407室	100027	84538866
日本爱可梦株式会社北京代表处	朝阳区东三环中路9号富尔大厦17层1703室	100020	85911740
西联金融服务公司北京代表处	朝阳区建国门外大街乙12号双子座大厦东塔办公楼22层	100022	85165900
英国银星速汇有限公司北京代表处	朝阳区永安东里16号CBD国际大厦5层C536办公室	100022	65637683
CMC Markets 英国公共有限公司北京代表处	东城区东长安街1号东方广场C1座1206室	100738	58163627
比利时欧洲清算银行有限公司北京代表处	西城区武定侯街6号卓著中心505室	100140	58543206
韩国货币经纪株式会社代表处	朝阳区建国门大街甲6号中环世贸中心C座29层2923室	100022	65639965
美国嘉盛集团代表处	朝阳区建国门大街甲6号中环世贸中心C座29层2909室	100022	65639955

3. 证券业机构

（1）证券公司

机构名称	地 址	邮 编	电 话
北京高华证券有限责任公司	西城区金融大街7号英蓝国际中心18层	100034	66273000
第一创业摩根大通证券有限责任公司	西城区武定侯街6号卓著中心10层	100033	63212287
东兴证券股份有限公司	西城区金融大街5号新盛大厦B座12~15层	100033	66555383
高盛高华证券有限责任公司	西城区金融大街7号英蓝国际中心18层	100034	65353000
国都证券有限责任公司	东城区东直门南大街3号国华投资大厦9~10层	100007	84183333
国开证券有限责任公司	东城区东直门南大街1号来福士中心办公楼	100011	58199800
华林证券有限责任公司	西城区金融大街35号国际企业大厦A座17楼	100035	4001883888
华融证券股份有限公司	西城区金融大街8号A座3层、5层	100033	58568199
民生证券有限责任公司	东城区建国门内大街28号民生金融中心A座16~18层	100005	85127999
瑞信方正证券有限责任公司	西城区金融大街甲九号金融街中心南楼15层	100033	66538666
瑞银证券有限责任公司	西城区金融大街7号英蓝国际中心15层	100034	58328888
首创证券有限责任公司	西城区德胜门外大街115号德胜尚城E座	100088	59360000
信达证券股份有限公司	西城区闹市口大街9号院1号楼信达金融中心	100031	63081000
新时代证券有限责任公司	海淀区北三环西路99号西海国际中心1号楼15层	100086	83561000
中德证券有限责任公司	朝阳区建国路81号华贸中心写字楼1座22层	100025	59026793
中国国际金融有限公司	东城区建国门外大街甲6号凯德大厦38层	100022	65051166
中国民族证券有限责任公司	朝阳区北四环中路27号盘古大观A座40~43层	100101	59355588
中国银河证券股份有限责任公司	西城区金融大街35号国际企业大厦C座	100140	66568888
中信建投证券股份有限公司	东城区朝内大街188号	100010	85130588

（2）证券分公司

机构名称	地　址	邮　编	电　话
安信证券股份有限公司北京分公司	西城区金融大街5号1901室	100033	66581818
财达证券有限责任公司北京分公司	海淀区花园路2号三号楼2层	100191	62355006
德邦证券有限责任公司北京分公司	西城区武定侯街2号、4号	100020	85715277
东北证券股份有限公司北京分公司	西城区锦什坊街28号	100045	63210855
东吴证券股份有限公司北京分公司	西城区金融大街19号富凯大厦1003室	100033	66573700
方正证券股份有限公司北京分公司	西城区丰盛胡同28号号太平洋保险大厦10层	100032	95571
方正证券股份有限公司北京资产管理分公司	西城区阜外大街甲34号方正证券大厦7层	100037	68585030
方正证券股份有限公司北京自营分公司	西城区丰盛胡同28号号太平洋保险大厦B座11层	100032	57398012
光大证券股份有限公司北京分公司	西城区月坛北街2号月坛大厦东配楼5层	100045	68081186
广发证券股份有限公司北京分公司	西城区月坛北街2号月坛大厦18层	100045	59136733
国海证券有限责任公司北京分公司	海淀区西直门外大街168号腾达大厦1509室	100044	88576898－837
国盛证券有限责任公司北京分公司	西城区德胜门外大街83号德胜国际中心B座3层	100088	62657337
国泰君安证券股份有限公司北京分公司	海淀区知春路17号	100191	59312818
国信证券股份有限公司北京分公司	西城区平安里西大街28号中海国际中信1号楼5层	100034	88000888
国元证券股份有限公司北京分公司	东城区东直门外大街46号天恒大厦1008A	100027	84608712
海通证券股份有限公司北京分公司	海淀区中关村南大街甲56号方圆大厦	100044	88027068
恒泰证券股份有限公司北京分公司	西城区华远街7号鄂尔多斯大厦6层	100032	66297220
宏源证券股份有限公司承销保荐分公司	西城区太平桥大街19号恒奥中心	100140	88085959
宏源证券股份有限公司资产管理分公司	西城区太平桥大街19号恒奥中心	100140	88085558
华创证券有限责任公司北京分公司	海淀区复兴路21号1幢8层805～808室	100036	68053239

华福证券有限责任公司北京分公司	朝阳区北三环中路安贞西里三区11号福建大厦	100120	89926932
华林证券有限责任公司北京分公司	西城区金融大街35号1栋室	100035	88091460
华龙证券有限责任公司北京分公司	西城区金融街通泰大厦B座603室	100033	88086668
华融证券股份有限公司北京分公司	西城区金融大街8号3层	100032	58315332
华泰证券股份有限公司北京分公司	太平桥大街丰盛胡同28号太平洋保险大厦18层	100032	63211377
联讯证券股份有限公司北京分公司	朝阳区红军营南路媒体村天畅园6号2层	100107	64408047
南京证券股份有限公司北京分公司	东城区南竹竿胡同6号楼4层01	100010	87820582
齐鲁证券有限公司北京证券资产管理分公司	西城区丰盛胡同28号中国太平洋保险大厦	100032	59013968
齐鲁证券限公司北京分公司	石景山区石景山路31号院盛景国际广场3号楼6层617室	100040	66553307
日信证券有限责任公司北京分公司	西城区闹市口大街1号长安兴融中心西楼11层	100031	66414890
山西证券股份有限公司北京分公司	海淀区大柳树富海中心2号楼7层701室	100081	62235588
申银万国证券股份有限公司北京分公司	朝阳区劲松9区909楼	100021	67737485
天风证券股份有限公司北京分公司	西城区佟麟阁路36号1幢1201~1230室	100045	65534527
西部证券股份有限公司北京第一分公司	海淀区中关村南大街1号友谊宾馆苏园写字楼	100081	68945225
西部证券股份有限公司北京第二分公司	西城区月坛南街59号3层317室	100045	62139057
西南证券股份有限公司北京分公司	西城区金融大街35号国际企业大厦A座4层	100140	88091992
湘财证券有限责任公司北京承销与保荐分公司	西城区太平桥大街丰盛胡同28号太平洋保险大厦A座	100032	56510920
湘财证券有限责任公司北京资产管理分公司	西城区太平桥丰盛胡同28号太平洋保险大厦A座9层	100032	56510777
兴业证券股份有限公司北京分公司	西城区武定侯街2号	100033	66290199
长城证券有限责任公司北京分公司	西城区西直门外大街112号阳光大厦10层	100044	88366060
长江证券股份有限公司北京分公司	西城区金融大街17号中国人寿中心606室	100033	66220706
招商证券股份有限公司北京分公司	西城区金融大街1号金融街中心6层	100140	65682299

中国银河证券股份有限公司北京分公司	西城太平桥大街111号4层414～416室	100033	58872713
中国中投证券有限责任公司北京分公司	西城区太平桥大街18号丰融国际大厦12层、15层	100030	84976181
中航证券有限公司北京分公司	朝阳区安立路60号润枫德尚6号楼3层	100012	84803620
中信证券股份有限公司北京分公司	朝阳区新源南路6号京城大厦3801～3802室	100027	84683886
中银国际证券有限责任公司北京分公司	西城区金融大街28号盈泰中心2号楼15层	100033	66229287
中邮证券有限责任公司北京资产管理分公司	西城区西直门内大街56号生命人寿大厦9层	100082	68858133
中原证券股份有限公司北京分公司	西城区广安门外大街168号1幢8～9层	100055	83067928

（3）证券营业部

机构名称	地　址	邮　编	电　话
爱建证券有限责任公司北京朝阳门内大街证券营业部	东城区朝阳门内大街298号盈地大厦601室	100032	85112998
安信证券股份有限公司北京北三环东路证券营业部	东城区北三环东路36号环球贸易中心A座26层	100013	59113466
安信证券股份有限公司北京朝阳路证券营业部	朝阳区朝阳路71号锐城国际大厦2层229室	100025	85743005
安信证券股份有限公司北京阜荣街证券营业部	朝阳区望京园601号楼9层1009室	100102	84766301
安信证券股份有限公司北京复兴门外大街证券营业部	西城区复兴门外大街A2号中化大厦11层	100045	68616000
安信证券股份有限公司北京建国门外大街证券营业部	朝阳区建国门外大街乙24号1层	100021	88893661
安信证券股份有限公司北京青塔西路证券营业部	丰台区青塔西路52号院10号楼	100071	68616020
安信证券股份有限公司北京小武基北路证券营业部	朝阳区南磨房乡小武基北路维吉奥广场商业街N1－F2－06	100028	68616020

安信证券股份有限公司北京远大路证券营业部	海淀区远大路1号金源购物中心2期B区写字楼1203室	100097	88893680
安信证券股份有限公司北京政通路证券营业部	房山区拱辰街道政通路12号501～502室	102401	88874666
安信证券股份有限公司北京中关村南大街证券营业部	海淀区中关村南大街甲32号中关村科技发展大厦B座2层	100081	62140234
北京高华证券有限责任公司北京金融大街证券营业部	西城区金融街7号英兰国际金融中心18层	100140	66273000
渤海证券股份有限公司北京大兴三中西巷证券营业部	大兴区黄村镇三中西巷9号	102600	69224995
渤海证券股份有限公司北京慧忠里证券营业部	朝阳区北辰东路8号汇欣大厦1号楼	100101	64892168
渤海证券股份有限公司北京望京广顺北大街证券营业部	朝阳区广顺北大街33号福码大厦A座705～706室	100102	64776858
渤海证券股份有限公司北京西外大街证券营业部	西城区西直门外大街甲143号凯旋大厦C座2层	100044	88016458
财达证券有限责任公司北京花园路证券营业部	海淀区花园路2号牡丹集团院内	100083	62356660
财达证券有限责任公司北京首体南路证券营业部	海淀区首体南路20号国兴家园D座	100044	88354677
财富证券有限责任公司北京阜外大街证券营业部	西城区阜外大街7号2层东201室	100037	68003001
财富证券有限责任公司北京中关村东路证券营业部	海淀区中关村东路18号财智国际大厦A座2楼	100080	62617176
财通证券股份有限公司北京成府路证券营业部	海淀区成府路28号优盛大厦D座15层	100083	62660158
大通证券股份有限公司北京建国路证券营业部	朝阳区建国路93号万达广场9号楼2层	100022	58207416
大同证券经纪有限责任公司北京西四环中路证券营业部	海淀区西四环中路39－7号万地名苑大厦1层	100039	68155388

德邦证券有限责任公司北京朝阳北路证券营业部	朝阳区朝阳北路 237 号复星国际中心 2508 层	100020	65085758
第一创业证券股份有限公司北京阜石路证券营业部	石景山区阜石路 165 号院 3 号楼	100043	88956766
第一创业证券股份有限公司北京新街口北大街证券营业部	西城区新街口北大街 3 号 6 层 605 ~ 606 室	100035	51651688
东北证券股份有限公司北京朝外大街证券营业部	朝阳区朝外大街乙 6 号 20 层	100020	59000715
东北证券股份有限公司北京三里河东路证券营业部	西城区三里河东路 5 号中商大厦 4 层	100045	68573836
东方证券股份有限公司北京安苑路证券营业部	朝阳区小关北里 45 号世纪嘉园 5 号楼 5 层	100029	84896400 - 410
东方证券股份有限公司北京学院路证券营业部	海淀区学院路 30 号科大天工大厦 B 座 12 层	100083	62660253
东莞证券股份有限公司北京黄村东大街证券营业部	大兴区黄村镇龙河路 107 号	102600	62699600
东莞证券股份有限公司北京万柳中路证券营业部	海淀区万柳中路 11 号拍顿大厦 7 层 708 室	100080	58472833
东海证券股份有限公司北京安苑北里证券营业部	朝阳区安苑北里 25 号长白山国际酒店 3 层	100101	64993238
东海证券股份有限公司北京西三环北路证券营业部	海淀区西三环北路 89 号 9 层	100089	84892358
东吴证券股份有限公司北京安德里北街证券营业部	东城区鼓楼外大街 27 号万网大厦 2 层	100120	84117711
东吴证券股份有限公司北京大兴兴华大街证券营业部	朝阳区东三环中路 39 号院 6 号楼 901 室	102600	69228589
东兴证券股份有限公司北京北四环中路证券营业部	海淀区北四环中路 229 号海泰大厦 2 层	100083	82884280

东兴证券股份有限公司北京大望路证券营业部	朝阳区西大望路15号院4号楼外企大厦B座4层	100022	67771888
东兴证券股份有限公司北京复兴路证券营业部	海淀区复兴路20号翠微商业楼2段	100036	88218659
方正证券股份有限公司北京阜外大街证券营业部	西城区阜外大街甲34号	100037	68583728
方正证券股份有限公司北京和平里东街证券营业部	东城区和平里东街6区8号	100013	84215535
方正证券股份有限公司北京回龙观西大街证券营业部	昌平区回龙观西大街18号	102208	57766997
方正证券股份有限公司北京通朝大街证券营业部	通州区通朝大街172号、178号	101100	57965907
光大证券股份有限公司北京东中街证券营业部	东城区东中街29号东环广场B座写字楼2层	100027	64182858
光大证券股份有限公司北京广顺北大街证券营业部	朝阳区广顺北大街17号2层A13号	100102	64182898
光大证券股份有限公司北京丽泽路证券营业部	丰台区广安门外菜户营东街60号北京哈特商务酒店1~2层	100054	83067056
光大证券股份有限公司北京天通苑证券营业部	昌平区东小口镇立汤路188号院北方明珠大厦1号楼	102218	58607586
光大证券股份有限公司北京小营路证券营业部	朝阳区小营路25号房地置业大厦1层、7层	100029	59046206
光大证券股份有限公司北京月坛北街证券营业部	西城区月坛北街2号月坛大厦东配楼5层	100045	68081286
光大证券股份有限公司北京中关村大街证券营业部	海淀区海淀北二街10号2层	100080	59851080
广发证券股份有限公司北京安立路证券营业部	朝阳区安立路68号飘亮阳光广场3层	100027	63281999
广发证券股份有限公司北京朝阳门北大街证券营业部	东城区朝阳门北大街6号首创大厦3层	100027	85282382

广发证券股份有限公司北京阜成门南大街证券营业部	西城区阜成门南大街甲 3 号	100037	68022088
广发证券股份有限公司北京广安门内大街证券营业部	西城区广安门内大街 316 号京粮大厦 6 层	100053	63547165
广发证券股份有限公司北京建外大街证券营业部	朝阳区建外大街 19 号国际大厦 A 座 3 层	100004	65155163
广发证券股份有限公司北京鲁谷路证券营业部	石景山区鲁谷路 74 号中国瑞达大厦	100040	68609562
广发证券股份有限公司北京中关村东路证券营业部	海淀区中关村东路 8 号东升大厦 A 座 6 层	100083	82527515
广州证券有限责任公司北京复兴路证券营业部	海淀区复兴路 17 号国海广场 A 座 8 层	100036	68521889
国都证券有限责任公司北京北三环中路证券营业部	西城区北三环中路 23 号燕莎盛世大厦 8 层	100029	64890703
国都证券有限责任公司北京朝阳大望路证券营业部	朝阳区建国路 93 号院 10 号楼 3 层 306 室	100022	56409125
国都证券有限责任公司北京朝阳路证券营业部	朝阳区八里庄西里 97 号 97 号楼 1506 号	100025	65505078
国都证券有限责任公司北京阜外大街证券营业部	西城区阜外大街 22 号外经贸大厦 1 幢 3 层 301 室	100037	68329055
国都证券有限责任公司北京工体北路证券营业部	东城区工体北路北京工人体育馆南区 2 层	100027	65533232
国都证券有限责任公司北京九棵树街证券营业部	通州区九棵树街	101100	59392161
国都证券有限责任公司北京鲁谷路证券营业部	石景山区鲁谷路 74 号中国瑞达大厦 10 层	100040	68176013
国都证券有限责任公司北京三元西桥证券营业部	朝阳区曙光西里甲 6 号院 9 号楼 2 层	100025	59762885
国都证券有限责任公司北京双峪路证券营业部	门头沟区双峪路 5 号楼 5 层 2 号	102300	69829803

国都证券有限责任公司北京西直门外大街证券营业部	西城区西直门外大街110号中糖大厦101室	100044	59812666
国都证券有限责任公司北京中关村南大街证券营业部	海淀区中关村南大街9号理工科技大厦303室	100081	68949680
国海证券股份有限公司北京和平街证券营业部	朝阳区和平街11区38号楼	100013	64283164
国金证券股份有限公司北京长椿街证券营业部	西城区长椿街3号	100033	66215599
国开证券有限责任公司北京南滨河路证券营业部	丰台区莱户营58号财富西环3层	100054	63385671
国开证券有限责任公司北京中关村南大街证券营业部	海淀区中关村南大街6号中电信息大厦5层	100086	82168390
国开证券有限责任公司北京珠市口东大街证券营业部	东城区珠市口东大街14号	100062	67072600
国联证券股份有限公司北京建材城西路证券营业部	昌平区建材西路87号上奥世纪2号楼21层	100096	57391101
国联证券股份有限公司北京石景山路证券营业部	石景山区万达广场B座12层	100040	88685951
国联证券股份有限公司北京首体南路证券营业部	海淀区首体南路9号主语国际4号楼1202室	100048	63170199
国盛证券有限责任公司北京德胜门外大街证券营业部	西城区德胜门大街83号德胜门国际中心B座3层	100088	62631969
国泰君安证券股份有限公司北京朝内大街证券营业部	东城区南竹杠胡同2号银河搜候中心2层10203室	100010	50953121
国泰君安证券股份有限公司北京德外大街证券营业部	西城区德外大街新风街2号天成科技大厦A座1层	100088	62034788
国泰君安证券股份有限公司北京方庄路证券营业部	丰台区方庄路1号	100078	67638335

国泰君安证券股份有限公司北京怀柔府前街证券营业部	怀柔区府前街 3 号	101400	69680303
国泰君安证券股份有限公司北京建国路证券营业部	朝阳区建国路 93 号院 5 号楼	100022	50953118
国泰君安证券股份有限公司北京金融街证券营业部	西城区金融街 28 号盈泰中心 2 号楼 10 层	100140	59312793
国泰君安证券股份有限公司北京金桐西路证券营业部	朝阳区金桐西路 12 号 1 层	100020	50953130
国泰君安证券股份有限公司北京鲁谷路证券营业部	石景山区鲁谷路 35 号电科大厦裙楼 1 层	100040	68659759
国泰君安证券股份有限公司北京通州新华西街证券营业部	通州区新华西街甲 59 号	101100	69542299
国泰君安证券股份有限公司北京亦庄宏达北路证券营业部	北京经济技术开发区宏达北路 16 号 101 室	100176	51062201
国泰君安证券股份有限公司北京知春路证券营业部	海淀区知春路 17 号	100083	82311880
国泰君安证券股份有限公司北京中关村大街证券营业部	海淀区海淀北一街 8 号 1 层 107 室	100080	50953100
国信证券股份有限公司北京北苑路证券营业部	朝阳区北苑路 32 号院 2 号楼 1 层	100101	95536
国信证券股份有限公司北京昌平西环路证券营业部	昌平区北街道西环路 29 号楼 4 层	102299	95536
国信证券股份有限公司北京朝阳北路证券营业部	朝阳区呼家楼北街 7 号楼	100026	95536
国信证券股份有限公司北京成府路证券营业部	海淀区成府路 28 号 11 层	100083	95536
国信证券股份有限公司北京马家堡西路证券营业部	丰台区马家堡西路 15 号	100068	95536

国信证券股份有限公司北京三里河东路证券营业部	海淀区三里河路13号中国建筑文化中心北塔楼1层	100034	95536
国信证券股份有限公司北京石景山阜石路证券营业部	石景山阜石路300号1层125号	100041	95536
国信证券股份有限公司北京顺义双河大街证券营业部	顺义区林河北大街21号院4幢1层101室	101320	95536
国信证券股份有限公司北京通州九棵树证券营业部	通州区翠景北里21号楼金成中心708室	101101	95536
国元证券股份有限公司北京东直门外大街证券营业部	东城区东直门外大街46号天恒大厦9层	100027	84608839
国元证券股份有限公司北京西坝河南路证券营业部	朝阳区西坝河南路1号佥泰大厦409室	100028	64402348
海通证券股份有限公司北京工体北路证券营业部	东城区工体北路66号瑞士公寓A3层	100028	64620913
海通证券股份有限公司北京光华路证券营业部	朝阳区光华路甲8－1号合乔大厦C座3层	100026	65831381
海通证券股份有限公司北京密云鼓楼东大街证券营业部	密云县鼓楼东大街19号密云广场	101500	89081200
海通证券股份有限公司北京平谷金乡路证券营业部	平谷区金乡路1号1层、3层	101200	89999236
海通证券股份有限公司北京知春路证券营业部	海淀区知春路甲63号卫星大厦5层	100080	82625096
海通证券股份有限公司北京中关村南大街证券营业部	海淀区中关村南大街甲56号方圆大厦5层	100044	88027676
恒泰证券股份有限公司北京安德路证券营业部	东城区安德路大街16号洲际大厦B座	100011	84128825
恒泰证券股份有限公司北京东三环中路证券营业部	朝阳区百子湾南2路76号院乐成国际5号楼	100022	87751481

恒泰证券股份有限公司北京金融大街证券营业部	西城区金融大街33号C座5层	100041	56673868
恒泰证券股份有限公司北京南滨河路证券营业部	西城区广安门外南滨河路1号高新大厦2层、5层	100055	63429711
恒泰证券股份有限公司北京西四环北路证券营业部	海淀区西四环北路160号1层一区109	100031	57851503
红塔证券股份有限公司北京板井路证券营业部	海淀区板井路69号世纪金源酒店1层西侧	100097	88464659
宏信证券有限责任公司北京广渠路证券营业部	朝阳区广渠路38号楼1层102号	100037	64406698
宏信证券有限责任公司北京雅宝路证券营业部	朝阳区朝外雅宝路12号3层207室	100020	4008366366
宏源证券股份有限公司北京北京金融大街证券营业部	西城区太平桥大街19号	100140	88085853
宏源证券股份有限公司北京东四环中路证券营业部	朝阳区东四环中路25号远洋国际中心A座25层	100025	82031568
宏源证券股份有限公司北京丰北路证券营业部	丰台区丰北路望园东里28号楼2层	100073	63898151
宏源证券股份有限公司北京紫竹院路证券营业部	海淀区紫竹院路116号嘉豪国际A座西侧2~3层	100089	88511326
华安证券股份有限公司北京东三环中路营业部	朝阳区广渠路39号院2号楼3层1&2单元	100022	67765100
华安证券股份有限公司北京慧忠北里证券营业部	朝阳区慧忠北里305号	100012	64849373
华安证券股份有限公司北京万柳中路证券营业部	海淀区万柳中路11号万柳派顿大厦8A层8907室	100089	82449958
华安证券股份有限公司北京西三环北路证券营业部	海淀区西三环北路72号世纪经贸大厦B座1800室	100037	88820169
华宝证券有限责任公司北京建国门外大街证券营业部	朝阳区建国门外大街宝钢大厦	100062	57610228

华创证券有限责任公司北京东三环中路证券营业部	朝阳区东三环中路24号乐成中心B座1501室	100061	59370923
华创证券有限责任公司北京新兴桥证券营业部	海淀区复兴路21号1幢6层，8层801、802室	100036	59370992
华金证券有限责任公司北京万柳中路证券营业部	海淀区万柳中路35号蜂鸟社区商业楼CD区2楼	100089	82871515
华林证券有限责任公司北京北三环东路证券营业部	朝阳区北三环东路28号易亨大厦2层	100013	64405985
华龙证券有限责任公司北京安外大街证券营业部	东城区安外大街191号天鸿宝景大厦西配楼3层	100101	64401206
华融证券股份有限公司北京朝外大街证券营业部	朝阳区天福园8号楼底商	100020	85611610
华融证券股份有限公司北京金融大街证券营业部	西城区金融大街8号1～2层	100033	58568052
华融证券股份有限公司北京石景山路证券营业部	石景山区石景山路22号A座长城大厦A－1	100043	68687503
华融证券股份有限公司北京太平桥路证券营业部	丰台区太平桥路华源四旦2号楼2层22022#～22023#	100073	63380688
华融证券股份有限公司北京文慧园证券营业部	海淀区文慧园北路9号今典花园9号楼1层北侧	10082	68687503
华泰证券股份有限公司北京广渠门内大街证券营业部	东城区广渠门内大街43号雍贵中心C座1～2层	100045	63433789
华泰证券股份有限公司北京苏州街证券营业部	海淀区苏州街29号18号楼维亚大厦	100080	62526229
华泰证券股份有限公司北京西三环北路证券营业部	海淀区西三环北路72号中经大厦3层	100037	68733706
华泰证券股份有限公司北京雍和宫证券营业部	东城区和平里小黄庄二区1号楼	100013	84273969
华泰证券股份有限公司北京月坛南街证券营业部	西城区月坛南街甲12号万丰怡和商务会馆3层	100045	68010996

华泰证券股份有限公司北京中关村南大街证券营业部	海淀区中关村南大街11号光大国信大厦3层	100081	68733973
华西证券股份有限公司北京通州北苑南路营业部	通州区北苑南路42号院6号楼1层	101101	4008888818
华西证券股份有限公司北京彰化路证券营业部	海淀区彰化路5号楼1层5	100089	88467078
华西证券股份有限公司北京紫竹院路证券营业部	海淀区紫竹院路31号华澳中心2层	100089	68716366
华鑫证券有限责任公司北京菜市口大街证券营业部	西城区菜市口西大街2号院中信城底商1－201号	100052	88306959
华鑫证券有限责任公司北京车公庄大街证券营业部	西城区车公庄大街12号核工业建设集团大厦2层	100037	88306678
华鑫证券有限责任公司北京清河证券营业部	海淀区清河嘉园东区1号楼1层107室	100085	82830860
江海证券有限公司北京东三环南路证券营业部	朝阳区东三环南路58号富顿中心A座2层	100022	58674977
江海证券有限公司北京慧忠里证券营业部	朝阳区慧忠里103号洛克中心B座707室	100012	84871005
金元证券股份有限公司北京方庄方古园证券营业部	丰台区方庄方古园一区	100078	67646920
金元证券股份有限公司北京新外大街证券营业部	海淀区新外大街19号京师大厦6层	100875	62200539
开源证券有限责任公司北京开阳路证券营业部	丰台区开阳路1号瀚海花园大厦2层202室	100069	83570869
联讯证券股份有限公司北京北辰东路证券营业部	朝阳区北辰东路8号3号楼8层东区	100101	62279238
联讯证券股份有限公司北京北苑证券营业部	朝阳区媒体村天畅园6号楼1层	100011	64408900
联讯证券股份有限公司北京房山证券营业部	房山区良乡地区西潞东里甲1号楼2层	102488	61378408
民生证券股份有限公司北京北蜂窝路证券营业部	海淀区北蜂窝路5号院1号写字楼2层	100038	63980641

民生证券股份有限公司北京菜市口大街证券营业部	西城区菜市口大街1号3层301室	100053	83555905
民生证券股份有限公司北京工体北路证券营业部	朝阳区工体北路甲六号中宇大厦501室	100027	85236010
民生证券股份有限公司北京航丰路证券营业部	丰台区航丰路1号院2号楼103室	100070	58090966
民生证券股份有限公司北京顺义府前东街证券营业部	顺义区府前东街2号1号楼顺建大厦8楼	101300	69465097
南京证券股份有限公司北京东三环南路证券营业部	朝阳区东三环南路19号院1号楼4层	100021	64913500
南京证券股份有限公司北京南大街营业部	怀柔区南大街25号楼1－25－1室	101499	4008285888
平安证券有限责任公司北京东花市证券营业部	东城区区东花市北里西区23号楼B座	100062	67172171
平安证券有限责任公司北京金融大街营业部	西城区金融大街23号平安大厦10层	100140	597349681
平安证券有限责任公司北京知春路营业部	海淀区知春路108号1号楼1808室	100043	59731820
齐鲁证券有限公司北京百万庄大街证券营业部	西城区百万庄大街16号	100040	66553309
齐鲁证券有限公司北京朝外大街证券营业部	朝阳区朝外大街20号联合大厦2层	100020	65882608
齐鲁证券有限公司北京苏州桥证券营业部	海淀区北三环西路99号1号楼2层	100086	82887698
齐鲁证券有限责任公司北京安慧里证券营业部	朝阳区安慧里四区15号楼5层519室及1层大厅	100101	58603999
齐鲁证券有限责任公司北京方庄南路证券营业部	丰台区方庄南路9号院7号楼谱田大厦410室	100078	53352219
齐鲁证券有限责任公司北京高粱斜街证券营业部	海淀区高粱桥斜街59号院2号楼3层2－310室	100044	53370636
齐鲁证券有限责任公司北京建国门外大街证券营业部	朝阳区建国门外大街22号赛特大厦6层610室	100022	65158517
日信证券有限责任公司北京北辰东路证券营业部	朝阳区北辰东路8号12号楼3层2号	100101	84981104

日信证券有限责任公司北京东四环中路证券营业部	朝阳区东四环中路82号2－2座1层101室	100022	52088310－803
日信证券有限责任公司北京中关村大街证券营业部	海淀区中关村大街甲59号文化大厦2层203室	100035	82200303
瑞银证券有限责任公司北京金融大街证券营业部	西城区金融街7号英兰国际金融中心15层	100140	58328117
厦门证券有限公司北京远大路证券营业部	海淀区远大路22号B区11号楼101号	100097	88596635
山西证券股份有限公司北京太平庄证券营业部	海淀区太平庄13号	100081	62235588
上海证券有限责任公司北京和平里北街证券营业部	东城区和平里北街16号楼院北京和平里大酒店	100007	84085505
上海证券有限责任公司北京万寿路证券营业部	海淀区万寿路翠微中里14号楼	100036	68254012
申银万国证券股份有限公司北京安定路证券营业部	朝阳区安定路39长新大厦3层	100029	64448210
申银万国证券股份有限公司北京劲松九区证券营业部	朝阳区劲松九区909楼	100021	962505
世纪证券有限责任公司北京平安大街营业部	东城区东十四条68号平安发展大厦3层	100020	65868567
首创证券有限责任公司北京北辰东路证券营业部	朝阳区北辰东路8号汇园公寓Q座1层、2层	100101	84976731
首创证券有限责任公司北京五道口证券营业部	海淀区成府路蓝旗营小区1号楼东2层	100084	62793481
首创证券有限责任公司北京雍和宫证券营业部	朝阳区和平街13区35号煤炭大厦6层	100013	84292611
首创证券有限责任公司北京长阳昊天北大街证券营业部	房山区长阳镇昊天北大街48号加州水郡东区商业中心	102400	4006200620
太平洋证券股份有限公司北京海淀大街证券营业部	海淀区彩和坊路11号华一控股大厦18层1805室	100080	82602867
天风证券股份有限公司北京佟麟阁路证券营业部	西城区佟麟阁路36号	100031	66012258

万联证券有限责任公司北京上地创业路证券营业部	海淀区上地创业路17号楼1层北区	100031	66062626
五矿证券有限公司北京广安门外大街证券营业部	西城区广安门内大街248号机械大厦508室	100055	63367231
西部证券股份有限公司北京德胜门外大街证券营业部	西城区德胜门外大街乙10号太福大厦4层	100088	62013151
西部证券股份有限公司北京学院南路证券营业部	海淀区大柳树路富海中心2号楼301室	100081	62120091
西藏同信股份有限公司北京陶然亭路证券营业部	西城区陶然亭路16号	100054	83537678
西南证券股份有限公司北京北三环中路证券营业部	西城区北三环中路27号商房大厦4层	100011	62015677
西南证券股份有限公司北京昌平政府街证券营业部	昌平区政府街22号	102200	69725243
西南证券股份有限公司北京房山营业部	房山区拱辰街道楸树家园北里5号楼1单元2层	102488	56216462
西南证券股份有限公司北京海淀证券营业部	东城区朝阳北大街8号富华大厦A座11层	100010	69720922
西南证券股份有限公司北京平谷证券营业部	平谷区紫贵庄园8号楼1至2层02号	101200	69717491
西南证券股份有限公司北京西城证券营业部	西城区太平街6号6层D721	100050	63180369
湘财证券股份有限公司北京北四环东路证券营业部	朝阳区芍药居北里101号世奥国际中心7层703室	100025	84646666
湘财证券股份有限公司北京朝外大街证券营业部	朝阳区朝外大街10号8层	100020	85638510
湘财证券股份有限公司北京建国门证券营业部	东城区建国门内大街7号16层17室	100025	65586162
湘财证券股份有限公司北京首体南路证券营业部	海淀区首体南路9号主语国际5号楼3层	100089	82518108

湘财证券股份有限公司北京顺义府前西街证券营业部	顺义区府前西街 10 号 3 层	101300	81496902
新时代证券有限责任公司北京东三环北路证券营业部	朝阳区东三环北路 17 号新时代证券大厦 11 层	100027	83561141
新时代证券有限责任公司北京管庄路证券营业部	朝阳区鑫兆佳园 15 号楼 3 层 0301 内西侧	100024	62672766
新时代证券有限责任公司北京马家堡西路证券营业部	丰台区星河苑 2 号院 22 号楼 3 层	100067	67528236
新时代证券有限责任公司北京南礼士路证券营业部	西城区南礼士路 3 号海通大厦 3 ~ 4 层	100037	68025299
新时代证券有限责任公司北京天通苑证券营业部	昌平区东小口镇天通苑 405 号楼 2 层	102218	84819718
新时代证券有限责任公司北京田村中街证券营业部	海淀区田村路雪芳里 1 号楼底商 06 号		68608501
新时代证券有限责任公司北京中关村东路证券营业部	海淀区中关村东路 66 号世纪科贸大厦 B 座 25 层	100190	62672766
信达证券股份有限公司北京北辰东路证券营业部	朝阳区北辰东路 8 号北辰时代大厦 12 层	100100	85983698
信达证券股份有限公司北京朝阳路证券营业部	朝阳区朝阳路 67 号 8 号楼 2 层	100025	85786680
信达证券股份有限公司北京朝阳门证券营业部	东城区南竹杆胡同 2 号银河搜候中心 50210 室	100010	59576718
信达证券股份有限公司北京古城路证券营业部	石景山区八角西街 68 号	100043	68843741
信达证券股份有限公司北京前门证券营业部	东城区东交民巷 28 号红都商务会馆 B 座 1 ~ 2 层	100006	65285638
信达证券股份有限公司北京万寿路证券营业部	海淀区万寿路十七号 A 座 3 层 301 ~ 320 室	100036	68252099
信达证券股份有限公司北京西单北大街证券营业部	西城区华远北街 2 号通港大厦 1 层、4 层	100032	66127193

信达证券股份有限公司北京裕民路证券营业部	朝阳区裕民路 12 号中国国际科技会展中心 C 座 4 层	100029	82253889
兴业证券股份有限公司北京朝阳公园路证券营业部	朝阳区朝阳公园 19 号佳隆国际大厦	100125	65397039
兴业证券股份有限公司北京西直门北大街证券营业部	海淀区马甸南路冠海大厦 12 层	100088	82000172
银泰证券有限责任公司北京马甸路证券营业部	海淀区马甸路 2 号冠城园 8 号楼冠海大厦 1 层	100006	65287668
银泰证券有限责任公司北京南横东街营业部	西城区菜市口大街 6 号院 2 号楼 1 层 102 室	100054	4008505505
英大证券有限责任公司北京东直门证券营业部	东城区东直门海运仓胡同 1 号海运仓国际大厦 7 层 718 室	100007	84002095
长城证券有限责任公司北京海鹰路证券营业部	丰台区海鹰路 1 号院 7 号楼	100070	83670701
长城证券有限责任公司北京通胡大街证券营业部	通州区通胡大街 25 号 10 号楼 2 号	101100	89529069
长城证券有限责任公司北京望京西路证券营业部	朝阳区望京西路甲 50 号 1 号楼卷石天地大厦 A 座 7 层	100102	64561190
长城证券有限责任公司北京西直门外大街证券营业部	西城区西直门外大街 18 号金贸大厦	100037	68338376
长城证券有限责任公司北京中关村大街证券营业部	海淀区中关村大街甲 28 号海淀文化艺术大厦 B 座 11 层	100086	82533168
长江证券股份有限公司北京百万庄证券营业部	西城区百万庄大街 22 号院	100037	68364388
长江证券股份有限公司北京广渠门内大街证券营业部	东城区广渠门内大街 80 号 11 层	100062	516966616
长江证券股份有限公司北京万柳东路证券营业部	海淀区长春桥路 11 号亿城中心 A 座 9 层	100089	58818698
长江证券股份有限公司北京新源西里东街证券营业部	朝阳区新源里 16 号琨莎中心 B 座 3A4 层	100027	64679391

招商证券股份有限公司北京安外大街证券营业部	东城区安定门外大街2号安贞大厦1层东侧隔阂4层4023室	100013	64287707
招商证券股份有限公司北京北三环东路证券营业部	朝阳区北三环东路西坝河东里18号三元大厦2层	100028	84603492
招商证券股份有限公司北京北太平庄路证券营业部	朝阳区安立路甲56号2层	100088	62073496
招商证券股份有限公司北京北苑证券营业部	朝阳区北苑路甲13号院2号楼	100107	65979860
招商证券股份有限公司北京朝外大街证券营业部	朝阳区朝外大街6号新城国际5号楼1~5层	100088	51603108
招商证券股份有限公司北京车公庄西路证券营业部	海淀区车公庄西路甲19号华通大厦A座3层	100044	68488335
招商证券股份有限公司北京东三环证券营业部	朝阳区东三环北路19号楼2层201室	100020	65860272
招商证券股份有限公司北京东四十条证券营业部	东城区东四十条甲22号南新仓国际大厦A301	100007	65951602
招商证券股份有限公司北京方庄路证券营业部	丰台区紫芳园区2号楼1至2层202室	100078	87608097
招商证券股份有限公司北京光明路证券营业部	东城区光明路天玉大厦5层	100006	67119776
招商证券股份有限公司北京建国路证券营业部	朝阳区建国路118号招商局大厦8层	100022	65684890
招商证券股份有限公司北京金融街证券营业部	西城区金融大街33号通泰大厦C座605室	100140	88086655
招商证券股份有限公司北京上地农大南路证券营业部	海淀区农大南路1号院2号楼5层B-522室	100084	62667620
招商证券股份有限公司北京顺义仓上街证券营业部	顺义区仓上街2号AMB智能大厦B座8层	101300	89452551
招商证券股份有限公司北京西直门北大街证券营业部	海淀区西直门北大街60号首钢国际大厦6层	100088	82291140
招商证券股份有限公司北京颐和园路证券营业部	海淀区颐和园路1号北大资源燕园宾馆1~2层	100080	62641188

招商证券股份有限公司北京知春东里证券营业部	海淀区知春东里15号楼	100086	82137708
浙商证券股份有限公司北京朝阳门北大街证券营业部	东城区朝阳门北大街8号富华大厦E座4层	100027	65546300
浙商证券股份有限公司北京骡马市大街证券营业部	西城区骡马市大街14号	100052	83555728
中国国际金融有限公司北京建国门外大街证券营业部	朝阳区建国门外大街甲6号	100022	85679888
中国国际金融有限公司北京科学院南路证券营业部	海淀区科学院南路2号A座6层608室	100039	85679888
中国民族证券有限责任公司北京北沙滩证券营业部	朝阳区北沙滩甲1号中科电大厦3层	100039	68188538
中国民族证券有限责任公司北京彩和坊路证券营业部	海淀区彩和坊路8号1层101~102室	100080	51727044
中国民族证券有限责任公司北京丰台东大街证券营业部	丰台区东大街东里7号楼南	100071	51129702
中国民族证券有限责任公司北京佟麟阁路证券营业部	西城区佟麟阁路95号尚信大厦6层、7层	100031	66413223
中国民族证券有限责任公司北京西坝河证券营业部	朝阳区西坝河南路22号	100028	64222168
中国银河证券股份有限公司北京朝阳门北大街证券营业部	东城区朝阳门北大街5号第五广场B座6层	100037	68362033
中国银河证券股份有限公司北京方庄南路证券营业部	丰台区方庄南路2号1层、4层	100078	57539008
中国银河证券股份有限公司北京阜成路证券营业部	海淀区阜成路67号银都大厦3层	100036	88411327

中国银河证券股份有限公司北京广渠门内大街证券营业部	东城区广渠门内大街27号7层	100062	87103775
中国银河证券股份有限公司北京呼家楼证券营业部	朝阳区向军北里甲6号楼2层	100020	65912966
中国银河证券股份有限公司北京黄寺大街证券营业部	西城区黄寺大街21号中银利华大厦1~2层	100120	51297760
中国银河证券股份有限公司北京建国路证券营业部	朝阳区建国路126号瑞赛大厦1层、3层	100078	65662092
中国银河证券股份有限公司北京金融街证券营业部	西城区太平桥大街111号湘西大厦3~4层	100032	58872889
中国银河证券股份有限公司北京马家堡东路证券营业部	丰台区马家堡东路71号丽华饭店B座附楼2层南区	100068	67220677
中国银河证券股份有限公司北京太阳宫证券营业部	朝阳区夏家园11号楼1层2号商业、2层9号商业	100013	64464775
中国银河证券股份有限公司北京望京证券营业部	朝阳区望京阜通东大街12号宝能中心2层	100102	64748888
中国银河证券股份有限公司北京学清路证券营业部	海淀区学清路甲38号金码大酒店7层	100083	82838908
中国银河证券股份有限公司北京学院南路证券营业部	海淀区学院南路34号1~3层	100082	62276491
中国银河证券股份有限公司北京亦庄荣京东街证券营业部	大兴区北京经济技术开发区荣京东街3号1栋B座4层	100176	58357979
中国银河证券股份有限公司北京中关村大街证券营业部	海淀区中关村南大街甲18号院1-4号楼D座03-3D	100081	62512318
中航证券有限公司北京慧忠路证券营业部	朝阳区慧忠路5号A座9层	100012	84802034

中山证券有限责任公司北京车公庄大街证券营业部	西城区车公庄大街乙1号富通大厦2层	100044	68348878
中投证券有限责任公司北京北三环证券营业部	东城区北三环东路36号环球贸易中心A座1~2层	100101	58257705
中投证券有限责任公司北京朝阳路营业部	朝阳区朝阳路延静里中街3号长信大厦3层	100025	65082922
中投证券有限责任公司北京复兴路证券营业部	海淀区复兴路乙20号	100036	67642201
中投证券有限责任公司北京丽泽路证券营业部	丰台区丽泽路5号金泰地产大厦底商1~3层	100073	63363666
中投证券有限责任公司北京鲁谷证券营业部	石景山区鲁谷路35号701~705室	100040	88684839
中投证券有限责任公司北京宋庄路证券营业部	丰台区宋庄路71号院1号楼11~12层	100078	67642201
中信建投证券股份有限公司北京安立路证券营业部	朝阳区安立路66号安立花园C座	100101	64906210
中信建投证券股份有限公司北京北辰西路证券营业部	朝阳区北土城西路7号1层6单元101室	100029	82994802
中信建投证券股份有限公司北京昌平昌崔路证券营业部	昌平区城北街道昌崔路203号楼1层	102200	89787158
中信建投证券股份有限公司北京丹棱街证券营业部	海淀区丹棱街18号	100030	82666938
中信建投证券股份有限公司北京东三环中路证券营业部	朝阳区东三环中路9号	100020	85911109
中信建投证券股份有限公司北京东直门南大街证券营业部	东城区东直门南大街6号	100027	64172758
中信建投证券股份有限公司北京方庄路证券营业部	丰台区紫芳园四区1号楼202室	100078	87161717
中信建投证券股份有限公司北京富丰路证券营业部	丰台区丰台镇富丰路2号星火科技大厦1层	100070	83739065
中信建投证券股份有限公司北京怀柔府前街证券营业部	怀柔区府前街3号	101499	60685098

中信建投证券股份有限公司北京回龙观西大街证券营业部	昌平区回龙观镇西大街85号	102208	57536727
中信建投证券股份有限公司北京金融大街证券营业部	西城区金融大街5号、甲5号501A室	100033	66555976
中信建投证券股份有限公司北京酒仙桥路证券营业部	朝阳区酒仙桥路甲10号3号楼1108室	100015	53805898
中信建投证券股份有限公司北京良乡拱辰南大街证券营业部	房山区拱辰南大街1号1层105室	102401	69389199
中信建投证券股份有限公司北京马家堡西路证券营业部	丰台区马家堡西路15号时代风帆大厦1层	100068	67578532
中信建投证券股份有限公司北京南大红门路证券营业部	丰台区南大红门路15号梅源市场南段	100076	68759942
中信建投证券股份有限公司北京农大南路证券营业部	海淀区农大南路1号硅谷亮城2A座2层	100084	82349798
中信建投证券股份有限公司北京青年路证券营业部	朝阳区青年路29号院11号楼1层	100123	58777809
中信建投证券股份有限公司北京三里河路证券营业部	海淀区三里河39号	100037	58739666
中信建投证券股份有限公司北京时代花园南路证券营业部	石景山区时代花园南路17号1层102室	100043	88980277
中信建投证券股份有限公司北京顺义站前街证券营业部	顺义区站前街顺鑫国际商务中心7层	101300	61490987
中信建投证券股份有限公司北京太平桥路证券营业部	丰台区太平桥路华源四里13号楼F09	100073	63259608
中信建投证券股份有限公司北京太阳宫中路证券营业部	朝阳区太阳宫火星园8号楼205门	100028	84150996

中信建投证券股份有限公司北京通州通朝大街证券营业部	通州区翠屏西路10号1~2层	101121	50952289
中信建投证券股份有限公司北京望京中环南路证券营业部	朝阳区望京中环南路9号望京大厦	100102	64723010
中信建投证券股份有限公司北京西翠路证券营业部	海淀区西翠路17号院20号楼1层商铺9	100036	68186626
中信建投证券股份有限公司北京宣武门外大街证券营业部	西城区宣武门外大街26号、28号、30号	100052	63175505
中信建投证券股份有限公司北京燕山燕房路证券营业部	房山区燕房路临99号燕山金融楼	102500	81337706
中信建投证券股份有限公司北京亦庄荣华中路证券营业部	北京经济技术开发区荣华中路10号A座	100176	57780069
中信建投证券股份有限公司北京远大路证券营业部	海淀区蓝靛厂金源时代购物中心B区2#B座5G室	100097	88871811
中信建投证券股份有限公司北京知春路证券营业部	海淀区知春路6号锦秋国际大厦1层B02单元	100015	82666371
中信证券股份有限公司北京安外大街证券营业部	朝阳区安定门外大街1号信义大厦1层	100011	4008895548
中信证券股份有限公司北京北三环中路证券营业部	海淀区北三环中路43－3号	100088	82013236
中信证券股份有限公司北京东三环中路证券营业部	朝阳区广渠路39号院2号楼7层01单元	100078	87645762
中信证券股份有限公司北京丰管路证券营业部	丰台区丰管路16号11号楼2层	100071	52217106
中信证券股份有限公司北京复外大街证券营业部	西城区白云路1号3层、8层	100045	63261166

中信证券股份有限公司北京国贸证券营业部	朝阳区建国路甲 92 号世茂大厦 B 座 5 层	100000	84122033
中信证券股份有限公司北京呼家楼证券营业部	朝阳区向军北里 28 号院 1 号楼瀚海文化大厦 3 层	100020	57602571
中信证券股份有限公司北京建国门证券营业部	东城区建国门北大街 5 号金成建国 5 号 4 层	100191	4008895548
中信证券股份有限公司北京京城大厦证券营业部	朝阳区新源南路 1 号 1 号楼 2404 室	100027	84864212
中信证券股份有限公司北京天通苑证券营业部	昌平区天通北苑一区甲 4 号楼 102 室	102218	80127369
中信证券股份有限公司北京望京证券营业部	朝阳区阜通东大街 6 号院 1 号楼 13 层	100102	84785403
中信证券股份有限公司北京紫竹院路证券营业部	海淀区紫竹院路 69 号中国兵器大厦 9 层	100089	68966606
中信证券股份有限公司北京总部证券营业部	朝阳区亮马桥路 48 号院 4 号楼 18 层 1801 室	100026	4008895548
中银国际证券有限责任公司北京北四环西路证券营业部	海淀区北四环西路 9 号银谷大厦 607 室、609 室	100190	82525151
中银国际证券有限责任公司北京宣外大街证券营业部	西城区宣武门外大街甲 1 号环球财讯中心 E 座 3 层	100052	63109966
中邮证券有限责任公司北京西直门北大街证券营业部	海淀区西直门北大街 56 号生命人寿大厦	100082	82291798
中原证券股份有限公司北京广安门外大街证券营业部	西城区广安门外大街 168 号朗琴国际大厦 8 层	100055	83067928
中原证券股份有限公司北京酒仙桥路证券营业部	朝阳区酒仙桥路 14 号兆维大厦 3 层	100016	58671108

（4）基金管理公司

机构名称	地　址	邮　编	电　话
北信瑞丰基金管理有限公司	海淀区首体南路 9 号主语国际大厦 4 座 3 层	101299	68619400

长盛基金管理有限公司	海淀区北太平庄路18号北京城建大厦A座20～22层	100088	4008882666
东方基金管理有限责任公司	西城区锦什坊街28号1～4层	100033	4006285888
道富基金管理有限公司	东城区建国门外大街28号民生金融中心A座7层	100005	85003210
方正富邦基金管理公司	西城区太平桥大街18号丰融国际大厦北区11层	100032	4008180990
国开泰富基金管理有限公司	东城区朝阳门北大街7号五矿广场C座10层	100010	59363299
国寿安保基金管理有限公司	西城区金融大街17号中国人寿中心17层	100033	66221817
国金通用基金管理有限公司	海淀区西三环北路87号国际财经中心D座14层	100089	4000200018
工银瑞信基金管理有限公司	西城区金融大街丙17号北京银行大厦8层	100033	4008119999
华夏基金管理有限公司	西城区金融大街33号通泰大厦B座8层	100032	4008186666
华商基金管理有限公司	西城区平安里西大街28号中海国际中心19层	100035	4007008880
九泰基金管理有限公司	西城区广宁伯街2号金泽大厦6楼	100033	52601666
建信基金管理有限责任公司	西城区金融大街7号英蓝国际金融中心16层	100034	4008195533
嘉实基金管理有限公司	建国门北大街8号华润大厦8层	100005	4006008800
江信基金管理有限公司	海淀区北三环西路99号西海国际中心A座20层	100086	57380888
泰达宏利基金管理有限公司	西城区金融大街8号英蓝国际中心2～3层	100034	4006988888
益民基金管理有限公司	西城区宣外大街6号庄胜广场中央办公楼南翼13A	100052	4006508808
银华基金管理有限公司	东城区东方广场东方经贸城C2办公楼10层2～8室	100738	4006783333
英大基金管理有限公司	朝阳区环球金融中心西塔22楼2201室	100020	4008905288
中加基金管理有限公司	丰台区南四环西路188号17区15号北京银行大楼	100070	4000095526
中金基金管理有限公司	朝阳区建国门外大街1号国贸写字楼2座26层05室	100020	63211122
中信建投基金管理有限公司	东城区朝内大街2号凯恒中心E座2层	100010	4009108108

中邮创业基金管理有限公司	海淀区西直门北大街60号首钢国际大厦10层	100088	4008801618

(5) 基金子公司

机构名称	地　址	邮　编	电　话
华夏资本管理有限公司	西城区金融大街33号通泰大厦B座8层	100032	88066688
嘉实资本管理有限公司	建国门北大街8号华润大厦16层	100005	65215588
工银瑞信投资管理有限公司	西城区金融大街丙17号北京银行大厦8层	100033	4008119999
首誉资产管理有限公司	西城区平安里西大街28号中海国际中心6层601室	100034	83496800
银华财富资本管理（北京）有限公司	东方广场东方经贸城C2办公楼10层2~8室	100738	4006783333
国泓资产管理有限公司	西城区宣外大街6号庄胜广场中央办公楼南翼13A	100052	4006508808
北京千石创富资本管理有限公司	海淀区西三环北路87号国际财经中心D座14层	100089	4000200018
北京方正富邦创融资产管理有限公司	西城区太平桥大街18号丰融国际大厦北区11层	100032	4008180990
建信资本管理有限责任公司	西城区金融大街7号英蓝国际中心16层	100034	4008195533
东方汇智资产管理有限公司	西城区锦什坊街28号1~4层	100033	4006285888
道富资产管理有限公司	东城区建国门外大街28号民生金融中心A座7层	100005	85003210
长盛创富资产管理有限公司	海淀区北太平庄路18号北京城建大厦A座20~22层	100088	4008882666
北银丰业资产管理有限公司	丰台区南四环西路188号17区15号北京银行大楼	100070	4000095526
北京国开泰富资产管理有限公司	东城区朝阳门北大街7号五矿广场C座10层	100010	59363299
国寿财富管理有限公司	西城区金融大街17号中国人寿中心17层	100033	66221817

（6）基金分公司

机构名称	地　址	邮　编	电　话
国泰基金管理有限公司北京分公司	西城区金融大街7号第5层525～530单元	100034	66553055
南方基金管理有限公司北京分公司	西城区武定侯街6号卓著中心1603室	100140	66573399
华夏基金管理有限公司北京分公司	西城区复兴门金融街33号通泰大厦B座12层	100033	4008186666
华安基金管理有限公司北京分公司	西城区金融街7号英蓝国际金融中心522室	100033	57635999
博时基金管理有限公司北京分公司	建国门内大街18号恒基中心1座23层	100005	95105568
鹏华基金管理有限公司北京分公司	西城区金融大街甲9号金融街中心南楼502房	100033	88082426
嘉实基金管理有限公司北京分公司	建国门北大街8号华润大厦8层	100005	4006008800
长盛基金管理有限公司北京分公司	海淀区北太平庄路18号北京城建大厦A座20～22层	100088	4008882666
大成基金管理有限公司北京分公司	西城区平安里西大街28号中海国际中心1601室	100034	88009300
富国基金管理有限公司北京分公司	西城区武定侯街6号卓著中心508室	100033	82292390
银华基金管理有限公司北京分公司	东城区东长安街1号东方广场东方经贸城中二办公楼10层	100738	58163000
易方达基金管理有限公司北京分公司	西城区金融大街19号富凯大厦B1703室	100033	4008818088
融通基金管理有限公司北京分公司	西城区金融街35号国际企业大厦C座1241室	100033	66190999
国投瑞银基金管理有限公司北京分公司	西城区金融大街7号英蓝国际金融中心815室	100033	66555550－1801
银河基金管理有限公司北京分公司	西城区月坛西街6号院A－F座3层	100045	56086900
泰达宏利基金管理有限公司北京分公司	西城区金融大街7号英蓝国际金融中心南楼3层	100033	66577730
金鹰基金管理有限公司北京分公司	西城区西单民丰胡同31号中水大厦303室	100085	66159951
华宝兴业基金管理有限公司北京分公司	朝阳区建国门外大街乙12号双子座大厦西塔2503室	100022	58260666

摩根士丹利华鑫基金管理有限公司北京分公司	西城区太平桥大街18号丰融国际大厦1005室	100032	66155568
海富通基金管理有限公司北京分公司	西城区金融大街7号英蓝国际金融中心南楼621室	100140	59379001
长信基金管理有限公司北京分公司	西城区金融大街17号中国人寿中心6层604室	100140	68042292
天治基金管理有限公司北京分公司	西城区金融大街19号富凯大厦B703A	100033	66578008
景顺长城基金管理有限公司北京分公司	西城区金融大街7号英蓝国际金融中心608～610室	100033	66555001
广发基金管理有限公司北京分公司	西城区宣武门外大街甲1号环球财讯中心D座11层	100052	68083113
申万菱信基金管理有限公司北京分公司	西城区金融大街19号富凯大厦B座1006室	100033	66574388
中海基金管理有限公司北京分公司	西城区复兴门内大街158号1号楼F211B	100031	66493582
光大保德信基金管理有限公司北京分公司	西城区武定侯街6号卓著中心3层300单元	100020	66215307
上投摩根基金管理有限公司北京分公司	西城区金融大街7号英蓝国际金融中心19层1925室	100033	4008894888
国海富兰克林基金管理有限公司北京分公司	西城区武定侯街2号泰康国际大厦1507室	100140	59315299
天弘基金管理有限公司北京分公司	西城区月坛北街2号月坛大厦A座20层	100140	83571789
华泰柏瑞基金管理有限公司北京分公司	西城区太平桥大街丰盛胡同28号中国太平洋保险大厦	100032	66582808
新华基金管理有限公司北京分公司	海淀区西三环北路11号海通时代商务中心C1座	100089	68726666
汇添富基金管理有限管理股份有限公司北京分公司	西城区金融大街19号富凯大厦B座1703室	100033	021－28932768
交银施罗德基金管理有限公司北京分公司	西城区金融大街7号英蓝国际金融中心1105室	100140	66584999
益民基金管理有限公司北京分公司	西城区宣武门外大街10号庄胜广场中央办公楼南翼13A	100052	63101218
信达澳银基金管理有限公司北京分公司	西城区月坛北街26号恒华国际写字楼606室	100045	58569988－8018
泰信基金管理有限公司北京分公司	西城区广成街4号金宸国际公寓1号楼305～306室	100033	66215978

中银基金管理有限公司北京分公司	西城区西单北大街110号西单汇大厦8层	100033	88000688
招商基金管理有限公司北京分公司	西城区丰盛胡同28号太平洋保险大厦2层西侧	100140	83196666
建信基金管理有限公司北京分公司	西城区金融大街7号英蓝国际金融中心16层	100033	66228888
长城基金管理有限公司北京分公司	西城区金融大街7号英蓝国际金融中心916～917室	100033	88091157
中欧基金管理有限公司北京分公司	西城区复兴门南大街2号天银大厦A座9层A306室	100031	63082766
兴业全球基金管理有限公司北京分公司	西城区锦什坊街26号恒奥中心C座508室	100033	66290189
工银瑞信基金管理有限公司北京分公司	西城区金融大街丙17号北京银行大厦8层805室	100033	66583239
安信基金管理有限公司北京分公司	西城区金融大街15号鑫茂大厦北楼406室	100033	4008088088
东方基金管理有限公司北京分公司	西城区锦什坊街28号楼2层201室	100033	66295888
东海基金管理有限北京分公司	海淀区西三环北路87号15层4－1502室	100048	95531－3
国联安基金管理有限公司北京代表处	西城区金融大街28号盈泰中心2号楼10层	100033	59312803
前海开源基金管理有限管理有限公司北京分公司	东城区东直门南大街11号中汇广场C座1102室	10007	4001666998
财通基金管理有限管理有限公司北京分公司	西城区广成街4号院3号楼5单元404室	100033	4008209888
国开泰富基金管理有限公司北京分公司	西城区金融大街17号中国人寿中心17层	100033	59363299
万家基金管理有限公司北京分公司	西城区丰盛胡同28号太平洋保险大厦4层01～09单元	100032	4008880800

（7）基金管理公司理财中心

机构名称	地　址	邮　编	电　话
大成基金管理有限公司投资理财中心	东城区东直门南大街5号中青旅大厦105～106室	100007	88009300
诺安基金管理有限公司投资理财中心	朝阳区光华路甲14号901室	100026	59027888

华夏基金管理有限公司北京海淀投资理财中心	海淀区中关村南大街 11 号光大国信大厦 1 层	100081	68458598
华夏基金管理有限公司北京朝阳投资理财中心	朝阳区东三环中路 39 号建外 SOHO B 座 0104 室	100022	67718453
华夏基金管理有限公司北京东中街投资理财中心	东城区东中街 29 号东环广场 B 座 1 层	100027	64185187
华夏基金管理有限公司北京科学院南路投资理财中心	海淀区中关村科学院南路新科祥园甲 3 号	100080	82523195
华夏基金管理有限公司北京崇文投资理财中心	东城区安化寺幸福家园 1 层	100062	67133687
华夏基金管理有限公司北京西三环投资理财中心	海淀区西三环北路甲 35 号	100089	52723129
华夏基金管理有限公司北京世纪城投资理财中心	海淀区蓝靛厂时雨园甲 2~4 号	100089	88892837
华夏基金管理有限公司北京望京投资理财中心	朝阳区望京南湖东园 122 楼博泰国际商业广场 1 层 F－36 号	100102	64742505
华夏基金管理有限公司北京亚运村投资理财中心	朝阳区惠中里 103 号洛克时代中心 1 层	100101	84871039
华夏基金管理有限公司北京东四环投资理财中心	朝阳区八里庄西里 100 号 1 幢 103 号	100025	85869663
华夏基金管理有限公司北京朝外大街投资理财中心	朝阳区朝外大街 6 号新城国际 6 号楼 101 号	100020	65336597

（8）证券投资咨询公司

机构名称	地　址	邮　编	电　话
北京博星投资顾问有限公司	西城区西直门内南小街国英 1 号大厦 1012 室	100035	58561100
北京鼎信汇金投资管理有限公司	海淀区中关村东路 1 号院 8 号楼 C 座 1701 室	100084	65541328
北京东方高圣投资顾问有限公司	朝阳公园南路 19 号郡王府饭店四宜书屋	100026	65842004
北京海问咨询有限公司	朝阳区东大桥路 8 号尚都国际中心 A 座 1101 室	100020	58700055

北京和众汇富咨询有限公司	丰台区南三环西路16号	100066	87562519
北京盛世华商投资咨询有限公司	海淀区北四环西路58号理想国际大厦1610室	100080	64920429
北京首证投资顾问有限公司	海淀区中关村南大街甲56号8至9层A0903室	100007	82871150
北京京放投资管理顾问有限责任公司	西城区西直门外大街135号60号楼301室	100044	62078002
北京金美林投资顾问有限公司	西城区金融大街27号投资广场B1707室	100033	84497361
天一星辰（北京）科技有限公司	东城区后永康胡同17号A211室	100007	51690109
北京中方信富投资管理咨询有限公司	朝阳区东三环北路甲19号嘉盛中心706室	100022	68575862
北京中富金石投资顾问有限责任公司	朝阳区工体东路20号6层1单元603室	100022	59670992
北京中和应泰财务顾问有限公司	海淀区大柳树北路17号富海国际港1201室	100081	62129358
大连华迅投资咨询有限公司北京分公司	海淀区苏州街18号长远天地C座2-402号	100086	62129358
北京中资北方投资顾问有限公司	朝阳区北四环中路华严北里8号院1号楼1204房间	100029	52968888
天相投资顾问有限公司	西城区金融街新盛大厦4~5层	100010	66045666
和讯信息科技有限公司	朝阳区朝阳门大街22号泛利大厦10层	100022	59001777
北京指南针科技发展股份有限公司	海淀区学院南路15号16号楼206室	100020	85650803
广证恒生投资咨询有限公司北京分公司	东城区安定门外大街208号三利大厦九楼	100140	66045429
北京股商证券投资顾问有限公司	海淀区巨山路燕西台嘉苑甲15号楼3层3015~3016室	100044	57327758
陕西巨丰投资资讯有限责任公司北京分公司	丰台区南四环西路128号院2号楼1103室	100000	83890556

（9）期货公司

机构名称	地　址	邮　编	电　话
安信期货有限责任公司	东城区北三环东路36号环球贸易中心A座26层	100013	4008001001
北京首创期货有限责任公司	西城区闹市口大街1号长安兴融中心4号楼11层	100031	4007009595

第一创业期货有限责任公司	西城区新街口北大街3号6层603～604室	100035	4008881888
方正中期期货有限公司	朝阳区东三环北路38号院1号楼泰康金融大厦22层2201室	100026	95571
格林大华期货有限公司	西城区金融大街35号1号楼803～812室	100033	4006537777
冠通期货有限公司	朝阳区朝阳门外大街甲6号万通中心4座18层	100020	4007007588
国都期货有限公司	东城区东直门南大街3号国华投资大厦8层、10层	100007	4007007588
国元期货有限公司	东城区东直门外大街46号1号楼19层1901室	100027	4008888218
宏源期货有限公司	西城区太平桥大街19号4层4B	100034	4006008899
华海期货有限公司	海淀区西直门北大街甲43号1号楼1－26－1418号	100044	82211853
金鹏期货经纪有限公司	西城区复兴门内金融街投资广场B座9层	100033	66211412
首创京都期货有限公司	西城区德胜门外大街115号德胜尚城E座1层	100088	59366004
民生期货有限公司	东城区建国门内大街28号民生金融中心A座16层	100005	85127599
银河期货有限公司	西城区复兴门外大街A2号中化大厦8层306室	100045	4008867799
银建期货经纪有限责任公司	丰台区方庄芳古园一区29号楼	100078	4006963852
英大期货有限公司	朝阳区呼家楼京广中心3层301室	100020	4000188688
中钢期货有限公司	海淀区海淀大街8号A座19层	100080	4007006700
中国国际期货有限公司	朝阳区建国门外光华路14号	100020	95162
中粮期货有限公司	东城区东直门南大街5号中青旅大厦15层	100007	4007060158
中衍期货有限公司	朝阳区光华路15号院1号楼1804～1807室	100026	4006881117

（10）期货营业部

机构名称	地　址	邮　编	电　话
安粮期货有限公司北京营业部	朝阳区建国路甲92号－4至24层	100025	85800661

宝城期货有限责任公司北京营业部	朝阳区望京西路甲50号1号楼7层1－09内701－02单元	100102	64795221
北京首创期货有限责任公司北京北辰东路营业部	朝阳区北辰东路8号亚运村1号门	100101	51269918
北京首创期货有限责任公司北京长虹桥营业部	朝阳区东三环北路19号嘉盛中心B2座601～602室	100020	65088620
渤海期货有限公司北京营业部	朝阳区朝外大街乙6号朝外SOHO23层2306室	100020	59002617
财达期货有限公司北京首体南路营业部	海淀区首体南路20号国兴大厦D座2层	100044	88315000
财富期货有限公司北京建外大街营业部	朝阳区建国门外大街甲6号爱思开大厦204室	100022	85679699
长江期货有限公司北京复兴路营业部	海淀区复兴路乙12号626～627室	100036	59817097
长江期货有限公司北京建国门北大街营业部	东城区建国门北大街8号华润大厦1层103单元	100005	84682186
成都倍特期货经纪有限公司北京营业部	东城区北三环东路36号环贸中心D座705～706室	100013	58257901
大地期货有限公司北京西三环北路营业部	海淀区西三环北路89号11层B－04	100089	68731889
大连良运期货经纪有限公司北京永安东里营业部	朝阳区建国路93号院9号楼2层206～208室	100022	58207273
大通期货经纪有限公司北京营业部	朝阳区延静西里2号1号楼311～315室	100025	65914450
大有期货有限公司北京北辰西路营业部	朝阳区北辰西路69号2层2单元201室	100029	58772051
道通期货经纪有限公司北京蓝靛厂东路营业部	海淀区蓝靛厂东路2号院2号楼2单元B座2F	100097	88596865
东方汇金期货有限公司北京营业部	东城区永定门西滨河路8号院7楼东塔5层05单元	100077	59947998
东海期货有限责任公司北京西三环北路营业部	海淀区西三环北路87号9层4－901室	100089	88825107
东吴期货有限公司北京东三环中路营业部	朝阳区东三环中路24号楼5层505室	100022	67714936
东兴期货有限责任公司北京营业部	东城区安定门东大街28号2号楼8层802室	100007	66553323
方正中期期货有限公司北京彩和坊路营业部	海淀区彩和坊路8号2层213室	100080	82868030
方正中期期货有限公司北京阜外大街营业部	西城区阜成门外大街甲34号2楼	100037	68578687

方正中期期货有限公司北京西直门营业部	西城区西环广场	100044	66058401
格林大华期货有限公司北京大柳树路营业部	海淀区大柳树富海中心2号楼703室	100081	62366792
格林大华期货有限公司北京建国门外大街营业部	朝阳区建国门外大街乙12号双子座大厦西塔12层1201A	100022	66215289
冠通期货有限公司北京知春路营业部	海淀区知春路118号知春大厦A座1001A室	100086	62578153
光大期货有限公司北京营业部	西城区月坛北街2号月坛大厦东配楼5层	100045	68084131
广发期货有限公司北京营业部	朝阳区安慧里四区15号院2号楼12层	100101	64923490
广州期货有限公司北京营业部	西城区月坛北街26号写字楼410室	100045	58565351
国金期货有限责任公司北京长椿街营业部	西城区长椿街3号3号楼1层	100053	66218298
国泰君安期货有限公司北京建国门外大街营业部	朝阳区建国门外大街乙12号双子座大厦东塔29层	100022	58795788
国投中谷期货有限公司北京营业部	西城区广安门外南滨河路1号8~9层	100034	58747657
国信期货有限责任公司北京营业部	朝阳区北辰东路8号汇欣大厦1号楼B0801室	100101	84988801
海航东银期货有限公司北京工体北路营业部	朝阳区工体北路甲6号5层509室	100020	65974969
海通期货有限公司北京南礼士路营业部	西城区南礼士路66号1号楼建威大厦812~815室	100045	68086819
弘业期货股份有限公司北京营业部	东城区安定门外大街丁88号9层	100011	68014686
宏源期货有限公司北京西直门北大街营业部	海淀区西直门北大街甲43号1幢6层	100044	62296655
华泰长城期货有限公司北京营业部	朝阳区北三环东路28号易亨大厦1209室	100013	64405199
华闻期货经纪有限公司北京营业部	东城区北京站东街8号4层401~403室	100005	84464135
华西期货有限责任公司北京营业部	东城区建国门内大街18号1103~1104室	100005	65174391
徽商期货有限责任公司北京南竹杆胡同营业部	东城区南竹杆胡同6号楼4层07室	100010	58641775
集成期货有限公司北京朝阳工人体育场北路营业部	朝阳区工人体育场北路8号院1号楼13层	100027	85270316
建信期货有限责任公司北京营业部	朝阳区北辰东路8号K座1216~1217室	100101	84970661
江海汇鑫期货有限公司北京营业部	朝阳区东大桥路8号院3号楼12层1202室	100020	58697671

金鹏期货经纪有限公司丰台营业部	丰台区汽车博物馆东路1号院4号楼北座902室	100070	83681815
金鹏期货经纪有限公司西城营业部	西城区太平街6号富力摩根中心D座1012室、1015室	100050	83132218
金瑞期货有限公司北京营业部	东城区安定门东大街28号1号楼D单元1206号	100007	66555673
锦泰期货有限公司北京朝外大街营业部	朝阳区朝外大街26号13层B1601	100020	85653839
首创京都期货有限公司北京德胜门外大街营业部	西城区德胜门外大街115号1层B区1009~1012室	100088	59366136
经易期货经纪有限公司北京安立路营业部	朝阳区安立路80号1005室	100101	59636898
鲁证期货股份有限公司北京营业部	海淀区北三环西路99号院1号楼02层	100086	82194421
迈科期货经纪有限公司北京朝阳门北大街营业部	东城区朝阳门北大街1号新保利大厦11层C	100010	64082006
美尔雅期货经纪有限公司北京霞光里营业部	朝阳区霞光里15号楼3层309室	100125	84463679
民生期货有限公司北京新街口北大街营业部	西城区新街口北大街3号星街坊大厦5层509室	100029	82270085
南华期货股份有限公司北京营业部	西城区宣武门外大街28号2幢	100052	57286026
瑞达期货股份有限公司北京大柳树路营业部	海淀区大柳树路17号富海中心3号楼602室	100081	62156260
上海大陆期货有限公司北京首体南路营业部	海淀区首体南路9号5楼3层	100044	65180889
上海东亚期货有限公司北京营业部	东城区东四十条甲22号1号楼B1018室、B1020室	100007	51690960
上海东证期货有限公司北京安苑路营业部	朝阳区小关北里45号世纪嘉园5号楼6层	100029	84897986
上海中财期货有限公司北京西直门外大街营业部	西城区西直门外大街1号院T2楼15层C5室、C6室	100044	82205581
上海中期期货有限公司北京知春路营业部	丰台区广安路9号4号楼1711~1713号	100086	59714689
申银万国期货有限公司北京劲松九区营业部	朝阳区劲松九区909楼4层	100021	67780608
神华期货有限公司北京营业部	海淀区苏州街18号院长远天地大厦4号楼3A01	100080	82613279
深圳瑞龙期货有限公司北京营业部	朝阳区朝阳门外大街甲6号9层3座905室	100020	59070622

晟鑫期货经纪有限公司北京东直门外大街营业部	东城区东直门外大街46号天恒大厦1203室	100000	84608408
天风期货有限公司北京营业部	朝阳区安贞西里26楼5层503~505室	100026	64414066
天富期货有限公司北京营业部	东城区东中街40号1号楼3层01号	100027	64178233
万达期货股份有限公司北京营业部	西城区德胜门外大街123号101室	100088	59321087
五矿期货有限公司北京东中街营业部	东城区东中街9号北写字楼6层F号	100027	64185063
新湖期货有限公司北京海运仓营业部	东城区海运仓胡同1号9层901号	100007	64001136
新纪元期货有限公司北京东四十条营业部	东城区东四十条68号平安发展大厦4层403室、407室	100027	84263892
信达期货有限公司北京裕民路营业部	朝阳区裕民路12号中国国际科技会展中心A座506室	100029	82252929
兴证期货有限公司北京西直门北大街营业部	海淀区西直门北大街32号院1号楼6层706室	100044	62237670
一德期货有限公司北京北三环东路营业部	东城区北三环东路36号E栋7层	100013	88312828
银河期货有限公司北京朝外大街营业部	朝阳区朝外大街16号中国人寿大厦1302~1307号	100020	68569588
银河期货有限公司北京航丰路营业部	丰台区航丰路1号院2号楼817室	100070	57799801
银河期货有限公司北京营业部	朝阳区曙光西里甲5号院16号楼第23层2303~2305单元	100026	85879509
英大期货有限公司北京东三环中路营业部	朝阳区呼家楼京广中心3层301室	100020	65978338
永安期货股份有限公司北京营业部	东城区金宝街58号6层	100005	65120600
招金期货有限公司北京朝阳北路营业部	朝阳区朝阳北路237号楼26层3001~3003室	100125	85951297
招商期货有限公司北京西直门北大街营业部	海淀区西直门北大街60号首钢国际大厦5层0507~0508室	100082	82292293
浙江新世纪期货有限公司北京营业部	西城区黄寺大街23号北广大厦1111室	100011	82232818
浙江中大期货有限公司北京营业部	东城区安定门外大街138号5层	100011	65086889
浙商期货有限公司北京光华路营业部	朝阳区光华路甲14号1幢12层1202~1203室	100020	65083926

中钢期货有限公司北京安外大街营业部	东城区安定门外大街甲 88 号中联大厦 701 室	100011	64251379
中国国际期货有限公司北京朝阳营业部	朝阳区麦子店西路 3 号 1319～1325 号	100125	59539999
中国国际期货有限公司北京中关村大街营业部	海淀区中关村大街 27 号 6 层 609～610 号	100080	51905951
中粮期货有限公司北京营业部	朝阳区北辰东路 8 号汇欣大厦 A608 室	100101	84981579
中融汇信期货有限公司北京营业部	朝阳区东三环中路 20 号楼 10 层 03～05 单元	100022	67766695
中投天琪期货有限公司北京营业部	朝阳区朝外大街 18 号 B1116～1117 室	100020	65880648
中信建投期货有限公司北京营业部	东城区朝阳门北大街 6 号首创大厦 207 室	100027	85282866
中信期货有限公司北京营业部	东城区广渠门内大街 47 号 7 层	100007	57762888
中衍期货有限公司北京营业部	丰台区南四环西路 186 号汉威国际广场四期 6 号楼 6 层	100082	62269435

（11）外国证券机构北京代表处

机构名称	地址	邮编	电话
布朗兄弟哈里曼（香港）有限公司北京代表处	朝阳区建国门外大街 1 号国贸大厦 2 座 20 层 02～04 单元	100004	57832300
城市信贷投资银行有限公司北京代表处	朝阳区东三环北路 38 号院 3 号楼 2713 室	100020	66555590
德意志银行股份有限公司（证券业务）北京代表处	朝阳区建国路 81 号华贸中心 1 座写字楼 28 层 2808 室	100025	59698088
法国巴黎资本（亚洲）有限公司北京代表处	朝阳区建外大街 1 号院 1 号楼 2016 室	100004	65611118
国浩资本有限公司北京代表处	东城区东直门南大街甲 3 号	100007	88092244
高盛（中国）有限责任公司北京代表处	西城区金融街大 7 号北京英蓝国际金融中心 17～18 层	100033	66273088
汇富金融服务有限公司北京代表处	朝阳区东三环中路 7 号财富中心写字楼 A 座 801 室	100020	65308792
韩国大宇证券股份有限公司北京代表处	朝阳区建国门外大街乙 12 号双子座大厦东塔 26 层 2602 室	100022	65679299

韩国韩亚大投证券股份有限公司北京代表处	朝阳区景华南街5号17层1703B	100020	85906388
韩国三星证券公司北京代表处	朝阳区建国路乙118号京汇大厦910单元	100022	56931690
韩国未来资产证券株式会社北京代表处	朝阳区东三环北路2号2层	100027	58369114
韩国现汽投资证券股份有限公司北京代表处	朝阳区霄云路38号现代汽车大厦802室	100027	84538720
华南永昌综合证券股份有限公司北京代表处	朝阳区建国门外大街1号国贸写字楼1座3628室	100004	65052591
花旗环球金融中国有限公司北京代表处	西城区武定侯大街6号卓著中心18层1801~1803室	100032	59376655
京华山－国际（香港）有限公司北京代表处	东城区建国门内大街18号恒基中心1座1101A室	100005	65182871
加拿大帝国商业银行世界市场公司（证券业务）北京代表处	朝阳区建国门外大街甲12号新华保险大厦15层1532室	100022	65660008
交银国际控股有限公司北京代表处	西城区平安里西大街28号10层	100034	88009798
里昂证券有限公司北京代表处	朝阳区建外大街1号国贸大厦2座25层10C－12单元	100004	59652188
洛希尔中国控股有限公司北京代表处	西城区金融大街7号英蓝国际金融中心9层912A	100033	63212900
蒙特利尔银行利时证券公司北京代表处	朝阳区建国路77号华贸中心3座27层02A~03A室	100025	85881788
摩根士丹利亚洲有限公司北京代表处	西城区太平桥大街18号丰融国际中心1座12层3B单元	100032	83563858
美林国际有限公司北京代表处	朝阳区建国门外大街1号国贸大厦2座3616室	100004	65352726
美国富瑞金融集团北京代表处	朝阳区建国门外大街1号国贸写字楼1座11层1107室	100004	57379013
日本大和证券资本市场株式会社北京代表处	朝阳区华光路1号嘉里中心北楼301~302单元	100020	65006688
日本摩乃科斯证券股份有限公司北京代表处	朝阳区建国门外大街26号2号楼8007室	100022	65286213
日本瑞穗证券股份有限公司北京代表处	朝阳区建国门外大街甲26号长富宫办公楼8011室	100022	65234779

日本三井住友信托银行株式会社（证券业务）北京代表处	朝阳区建国门外大街26号长富宫办公楼5层5011室	100022	65598556
日本野村证券株式会社北京代表处	朝阳区东三环北路5号北京发展大厦1212室	100004	58661888
瑞士信贷（香港）有限公司北京代表处	西城区金融大街甲9号楼1101室	100033	88090588
瑞银证券亚洲有限公司北京代表处	西城区金融大街7号英蓝国际金融中心1121～1123室	100033	58327738
三菱日联证券控股股份有限公司北京代表处	朝阳区东三环北路5号发展大厦	100004	65908770
台湾富邦综合证券股份有限公司北京代表处	朝阳区建国路91号金地中心A座1211室	100022	58658658
新百利有限公司北京代表处	东城区建内大街7号光华长安大厦2座1725室	100005	65179186
香港第一上海融资有限公司北京代表处	东城区建国门内大街7号光华长安大厦1座507B单元	100005	65102588
香港加皇投资理财有限公司北京代表处	西城区金融大街7号英蓝国际金融中心9层925室	100034	65101723
香港摩根大通证券（亚太）有限公司北京代表处	西城区金融大街7号北京英蓝国际金融中心	100033	59318599
香港上海汇丰银行有限公司（证券业务）北京代表处	朝阳区建国门外大街1号国贸大厦1座23层2318室	100004	58661888
香港星展亚洲融资有限公司北京代表处	西城区金融大街7号英蓝国际金融中心5层531室	100033	57529105
香港致富证券公司驻北京代表处	西城区金融大街5号501室B座D单元	100033	66555807
元大宝来证券股份有限公司北京代表处	东城区建内大街7号光华长安大厦2座1722室	100005	65101266
中银国际控股有限公司北京代表处	西城区金融大街28号盈泰中心2号楼15层	100033	66229031
兆丰资本（亚洲）有限公司北京代表处	西城区阜成门外大街2号万通B座2007室	100037	66421618
渣打证券（香港）有限公司北京代表处	朝阳区东三环中路1号环球金融中心东楼1204室	100025	59186317

（12）外国资产管理类机构北京代表处

机构名称	地　址	邮　编	电　话
施罗德集团北京代表处	西城区金融大街7号英蓝国际金融中心926室	100034	66555388
宏富投资管理有限公司北京代表处	朝阳区光华路7号汉威大厦A座11A16室	100004	85261820-15
美国先锋投资管理公司北京代表处	朝阳区建国门外大街22号赛特大厦810室	100022	65157288
邓普顿国际股份有限公司北京代表处	西城区武定侯街6号卓著中心1100室	100033	88091365
信安环球投资有限公司北京代表处	朝阳区建国门外大街1号16幢4层414B室、415室	100004	64637989
标准人寿投资公司北京代表处	东城区建国门北大街8号华润大厦1201-01室	100005	58111700
法国巴黎资产管理有限公司北京代表处	朝阳区建国门外大街1号国贸大厦20层	100004	65350825
法国东方汇理基金管理公司北京代表处	朝阳区建外大街乙12号双子座大厦西塔办公楼1101B	100022	65632498
香港景顺投资管理有限公司北京代表处	西城区金融大街7号英蓝国际金融中心6层F627单元	100034	66555866
香港摩根资产管理有限公司北京代表处	西城区金融大街7号英蓝国际金融中心19层1926单元	100034	59318486
香港威灵顿环球投资管理有限公司北京代表处	西城区武定侯街6号卓著中心19层1906室	100033	66227600
富达基金（香港）有限公司北京代表处	西城区金融大街7号英蓝国际金融中心9层F905A	100034	66553282
香港贝莱德资产管理北亚有限公司北京代表处	西城区武定侯街6号卓著中心1907室	100032	66190586
法国法盛全球资产管理公司北京代表处	朝阳区工体北路甲6号中宇大厦2001室	100027	59752825
澳大利亚罗素投资集团有限公司北京代表处	朝阳区建国门外大街1号国贸写字楼1座21层2105室	100004	65058006

新加坡摩根士丹利投资管理公司北京代表处	西城区太平桥大街18号12层	100035	83563893
美国桥水投资公司北京代表处	朝阳区建国门外大街1号国贸大厦47层4701室	100004	57061666
法国安盛投资管理巴黎公司北京代表处	西城区武定侯街6号卓著中心1207室	100033	66525880
英国百能投资管理有限公司北京代表处	东城区建国门内大街8号中粮广场B座1201室	100005	65278423
中国（香港）英仕曼投资有限公司北京代表处	朝阳区建国门外大街1号国贸写字楼1座30层26～30室	100004	65059179
领航投资香港有限公司北京代表处	朝阳区建国路77号24层2425～2426室	100020	85880130

4. 保险业机构

（1）中资保险公司

机构名称	地址	邮编	电话
中国人民财产保险股份有限公司北京市分公司	东城区朝阳门北大街17号	100010	58195001
中国太平洋财产保险股份有限公司北京分公司	西城区复兴门内大街158号远洋大厦F6层	100031	95500
中国平安财产保险股份有限公司北京分公司	西城区金融大街23号平安大厦15层	100140	95512
华泰财产保险有限公司北京分公司	西城区德胜门外大街125号	100088	95509
太平财产保险有限公司北京分公司	西城区太平桥大街丰汇园11号楼丰汇时代大厦东翼9层	100032	95529
中华联合财产保险股份有限公司北京分公司	东城区安外西滨河路18号首府大厦3号楼	100011	95585
永安财产保险股份有限公司北京分公司	朝阳区朝阳北路145号红领巾公园南门西侧办公楼	100022	95502
天安财产保险股份有限公司北京分公司	海淀区复兴路23号城乡华懋15层	100036	68423636
中国大地财产保险股份有限公司北京分公司	海淀区高粱桥斜街59号院6号楼	100082	95590
华安财产保险股份有限公司北京分公司	海淀区紫竹院路81号院3号楼北方地产大厦12A	100089	95556

安邦财产保险股份有限公司北京分公司	朝阳区东三环中路55号富力城双子座B座8层	100020	95569
永诚财产保险股份有限公司北京分公司	东城区广渠门内大街47号雍贵中心A座5层	100062	95552
阳光财产保险股份有限公司北京分公司	通州区九棵树西路92号1层	101121	95510
都邦财产保险股份有限公司北京分公司	朝阳区东三环北路甲2号京信大厦344房间	100027	95586
安盛天平财产保险股份有限公司北京分公司	东城区东直门外大街46号天恒大厦7层01～03室	100027	95550
渤海财产保险股份有限公司北京分公司	丰台区南三环西路3号万芳亭公园管理处西配楼	100077	4006116666
安华农业保险股份有限公司北京分公司	朝阳区望京西路50号卷石天地大厦1号楼11层	100102	15810189797
民安财产保险有限公司北京分公司	海淀区莲花池东路53号5层547～551室	100038	95506
中国人寿财产保险股份有限公司北京市分公司	朝阳区朝外大街16号	100020	95519
中银保险有限公司北京分公司	东城区朝阳门内大街2号凯恒中心E座7层701～705单元	100010	4006995566
安诚财产保险股份有限公司北京分公司	东城区白桥大街22号北京工商联大厦2层	100062	62379806
华农财产保险股份有限公司北京市分公司	海淀区万泉庄路28号万柳新贵B座6层东侧	100089	58720450
长安责任保险股份有限公司北京市分公司	西城区西站南路80号院6号楼1层101室	100073	51336771
英大泰和财产保险股份有限公司北京分公司	朝阳区东三环中路24号乐成中心B座20层	100022	51967588
紫金财产保险股份有限公司北京分公司	海淀区复兴路65号电信实业大厦2层	100039	68189089
信达财产保险股份有限公司北京分公司	海淀区西直门北大街60号首钢国际大厦11层	100082	58072866
浙商财产保险股份有限公司北京分公司	东城区东花市南里东区8号楼4层402室	100062	87101409
富德财产保险股份有限公司北京分公司	海淀区西直门北大街56号6层	100082	58978228
长江财产保险股份有限公司北京分公司	西城区西直门外大街18号金贸大厦C2座12层	100044	58687360
中国出口信用保险公司总公司营业部	西城区丰汇园11号楼丰汇时代大厦	100032	66582195
太平再保险有限公司北京分公司	西城区西直门外大街1号院西环广场3号楼	100044	82290701
中国人寿保险股份有限公司北京市分公司	朝阳区朝外大街16号1号楼23～32层	100020	95519
中国太平洋人寿保险股份有限公司北京分公司	西城区复兴门内大街158号	100031	95500
中国平安人寿保险股份有限公司北京分公司	西城区金融街23号平安大厦	100140	95511

新华人寿保险股份有限公司北京分公司	东城区东四十条68号平安发展大厦	100007	95567
泰康人寿保险股份有限公司北京分公司	朝阳区东三环北路38号院1号楼	100026	85919766
太平人寿保险有限公司北京分公司	海淀区西直门北大街52号太平金融大厦1层北栋0101室	100082	95589
民生人寿保险股份有限公司北京分公司	朝阳区东三环北路38号院2号楼民生大厦6层	100026	95596
生命人寿保险股份有限公司北京分公司	海淀区西直门北大街56号生命人寿大厦4层	100082	82290099
光大永明人寿保险有限公司北京分公司	朝阳区建国门内大街28号民生金融中心	100005	59128000
合众人寿保险股份有限公司北京分公司	朝阳区朝外大街乙12号昆泰国际大厦20层	100022	58797755
中国人民健康保险股份有限公司北京分公司	西城区阜外大街7号国投大厦10层	100037	95591
长城人寿保险股份有限公司北京分公司	西城区高粱桥路6号1层1A1号及2层A区02A1号	100044	59238900
农银人寿保险股份有限公司北京分公司	海淀区苏州街3号大恒科技大厦北座16层1601室	100081	82827788
中国人民人寿保险股份有限公司北京市分公司	海淀区首体南路38号创景大厦6层北区和北配楼1层	100037	4008895518
昆仑健康保险股份有限公司北京分公司	朝阳区建华南路6号院1号楼103室、2号楼101室	100022	4008118899
平安养老保险股份有限公司北京分公司	西城区金融街23号平安大厦	100140	95511
华夏人寿保险股份有限公司北京分公司	朝阳区北辰东路8号北京国际会议中心东配楼1层	100101	4007000777
英大泰和人寿保险股份有限公司北京分公司	西城区宣武门外大街28号富卓大厦A座9层	100052	4008895598
信泰人寿保险股份有限公司北京分公司	西城区宣武门西大街甲127号大成大厦5层	100031	52612077
正德人寿保险股份有限公司北京分公司	顺义区华英园9号	101300	68293311
阳光人寿保险股份有限公司北京分公司	通州区云景北里53号C座16层	101101	59753565
幸福人寿保险股份有限公司北京分公司	东城区珠市口东大街13号1层101室	100050	95560
国华人寿保险股份有限公司北京分公司	朝阳区朝阳北路237号复星国际中心5层	100020	59272266

太平养老保险股份有限公司北京分公司	东城区东直门南大街1号北京来福士中心办公楼5层	100700	59579000
百年人寿保险股份有限公司北京分公司	东城区东直门南大街11号华普中心大厦1段A座16层	100007	56759488
泰康养老保险股份有限公司北京分公司	西城区闹市口大街1号院4号楼5C、5D、5E	100031	59311600
中邮人寿保险股份有限公司北京分公司	西城区阜成门北大街19号	100037	5123009
和谐健康保险股份有限公司北京分公司	朝阳区东三环中路55号楼7层802~803室	100022	59229348
安邦人寿保险股份有限公司北京分公司	朝阳区东三环中路55号楼6层701~702室	100022	59229719
中融人寿保险股份有限公司北京分公司	西城区丰盛胡同24号楼14层1401室	100033	66290185
中国人寿养老保险股份有限公司北京市分公司	朝阳区朝外大街16号中国人寿大厦19层南区	100020	85659594
建信人寿保险有限公司北京分公司	西城区月坛北街2号	100000	13301396131
天安人寿保险股份有限公司	石景山路31号盛景国际广场3号楼A座15~17层	100043	56089000
弘康人寿保险股份有限公司	朝阳区建外大街8号国际财源中心B座7层705~707室	100022	57242286
安邦养老保险股份有限公司	海淀区彩和坊路11号3层	100022	13910608543
利安人寿保险股份有限公司北京分公司	西城区复兴门外大街A2号1层108室	100000	13390909870

（2）中资保险公司分支机构

中国人民财产保险股份有限公司北京市分公司

机构名称	地　　址	邮　编	电　话
东城支公司	东城区王家园胡同16号	100027	65548700
西城支公司	西城区德外大街73号	100088	62370120
崇文支公司	东城区左安门内大街5号	100061	67199893
宣武支公司	西城区菜市口南大街平原里20号楼	100054	83526226

朝阳支公司	朝阳区霄云里4号	100125	84485277
朝阳营业部	朝阳区晨光家园306号楼5层	100125	85813081
海淀支公司	海淀区阜成路81号	100036	88140542
海淀营业部	海淀区黄庄中关村大厦1层106~109室	100036	82856783
丰台支公司	丰台东大街11号	100071	63812308
石景山支公司	石景山区时代花园南路17号	100043	88980531
门头沟支公司	门头沟区新桥大街18号	102300	69843284
房山支公司	房山区良乡政通路6号	102488	89369534
通州支公司	通州区玉带河大街4号	101100	60560602
顺义支公司	顺义区新顺南大街	101300	69441191
空港营业部	顺义区天竺镇府前一街32号	101300	64588029
昌平支公司	昌平区城区镇北环路21号	102200	69723366
天通苑营业部	昌平区北七家镇天通苑东苑三区2号楼29门	102200	80141601
大兴支公司	大兴区黄村兴政街26号	102600	69244765
大兴营业部	大兴区旧宫镇旧宫东路49号	100076	59295520
平谷支公司	平谷区府前西街16号	101200	69962161
怀柔支公司	怀柔区青春路21号	101400	69644466
密云支公司	密云县密云镇鼓楼南大街41号	101500	69044128
延庆支公司	延庆县妫水南街路东漂流总站北侧	102100	69144641
分公司营业部	东城区朝阳门北大街17号	100010	58195685
直属支公司	西城区西直门南大街2号成铭大厦3A层	100035	6119343
国际业务营业部	朝阳区建国门外大街1号中国国际贸易中心1座316室	100125	51622588
燕山支公司	房山区燕山迎风街三里金融综合楼	102500	69345633

北京经济技术开发区支公司	北京经济技术开发区同济中路 2 号狮岛索龙大厦 103 室、303 室	100176	67884992
责任险营业部	西城区德外教场口街 9 号院	100120	82067568
金融街营业部	西城区宣武门西大街甲 129 号金隅大厦 901 室	100031	66410024
商务中心区营业部	朝阳区东三环北路 19 号中青大厦 707～708 室	100020	65013939
中关村营业部	海淀区学院南路乙 68 号 5～6 层	100081	62130635
特殊风险营业部	朝阳区驼房营西里甲三号 2 层	100016	84981988
重点客户营业部	东城区朝阳门北大街 17 号	100010	58195922
大型商业风险营业部	东城区朝阳门北大街 17 号	100010	58195259
东城营业部	东城区东直门外大街 42 号 10 层 1001 室	100010	64168943
学院路营业部	海淀区学院南路乙 68 号	100000	62166331
广渠路营业部	朝阳区大黄庄南里甲 8 号楼 205 号	100024	65420883
劲松营业部	朝阳区华威里 10 号楼	100021	58615120
科学城营业部	丰台区科学城中核路 1 号 03 号楼	100070	83526226
重要客户营业部	东城区朝阳门北大街 17 号	100010	58195493
电子商务营业部	密云县经济开发区云西一街 16 号 12 层	100059	87511169
95518 营销服务部/电子商务营销服务部	海淀区学院南路乙 68 号 5 层	100081	62132773
大兴国际机场营业部	大兴区榆垡镇福顺街 21 号	102603	89291128
社区门店业务部	东城区朝阳门北大街 17 号	100010	58195379

中国太平洋财产保险股份有限公司北京分公司

机构名称	地　址	邮　编	电　话
东城支公司	朝阳区东土城路 13 号	100013	83507156
西城支公司	西城区展览馆路 3 号	100037	88380075

海淀支公司	西城区新外大街2号	100088	83507908
丰台支公司	西城区广安门外大街87号	100055	83507206
朝阳支公司	朝阳区霄云路霄云里6号楼城宝饭店	100016	84482495
昌平支公司	昌平区科技园区创新路6号	102200	89705469
通州支公司	通州区通惠北路25号	101100	83507818
顺义支公司	顺义区顺通路27号	101300	89495863
经济技术开发区支公司	北京经济技术开发区宏达北路16号1号楼2层201室	100176	67888921
商务中心区营业部	朝阳区百子湾路18号1号楼1层	100022	67716792
房山区营销服务部	房山区良乡长虹西路29号楼1层西侧大厅	102412	89310248
石景山区支公司	石景山区首特创业基地A座1层139号	100040	88697358
分公司营业部	西城区宣武门外大街甲1号3层	100052	83506158
平谷支公司	平谷区迎宾环岛东南角1号楼1层商铺－8	101200	69966096
航港营销服务部	顺义区南法信镇机场北街8号院2幢航港国际大厦122号	101300	69450355－610

中国平安财产保险股份有限公司北京分公司

机构名称	地　址	邮　编	电　话
第一营业部	西城区金融大街23号12层西侧	100033	59700010
第二营业部	朝阳区光华路5号院2号楼15～16层	100020	59710006
崇文支公司	东城区白桥大街22号4层408～413室	100062	67166067
丰台支公司	丰台区海鹰路5号101室	100070	59710222
房山支公司	房山区良乡政通路8号	102488	89363578
怀柔支公司	怀柔区府前街3号楼3－2号	101499	69686080

通州营销服务部	通州区富河园4号楼4－107号	101125	69559820
大兴营销服务部	大兴区黄村镇兴业大街76号－1	102600	59731919
顺义支公司	顺义区双兴北区甲3号楼	101399	89429155
昌平营销服务部	昌平区龙水路28号楼－1至2层	102299	57859106
平谷支公司	平谷区平谷镇文化南街甲13号楼	101200	57859137
密云支公司	密云县银河花园37号6单元、7单元	101599	89787310
延庆支公司	延庆县恒安小区28号楼1～2层4单元28－7	102199	59700308

华泰财产保险有限公司北京分公司

机构名称	地　址	邮　编	电　话
西城支公司	西城区德胜门外大街125号301B1	100088	59375588
东城支公司	东城区龙潭路3号翔龙大厦	100061	67113332
朝阳支公司	朝阳区曙光西里甲6号8号楼	100028	58679334
海淀支公司	海淀区四季青镇常润路11号院北1号	100195	88436588
通州支公司	通州区梨园路23号	101101	81573903
顺义支公司	顺义区港馨家园50号楼1层2单元	101320	89441566
房山支公司	房山区良乡地区体育场路6号1号楼底商1层4号	102401	89362879
大兴支公司	大兴区黄村镇永华南里12号楼底商	102611	69244880

太平财产保险有限公司北京分公司

机构名称	地　址	邮　编	电　话
宣武支公司	西城区宣武门外大街20号海格国际大厦B座10层1001室	100053	83157370

丰台支公司	丰台区南四环西路188号十五区12号楼2层	100071	83606273
西城支公司	西城区南滨河路27号7号楼18层1810~1811室	100055	63319920
海淀支公司	海淀区蓝靛厂东路2号院2号楼金源时代商务众信2号楼	100097	82335121
通州支公司	通州区滨河中路108号	100101	81556790

中华联合财产保险股份有限公司北京分公司

机构名称	地　　址	邮　编	电　话
崇文支公司	东城区夕照寺中街4号星海宏昌大厦A座1层	100061	67100878
西城支公司	西城区莲花池东路106号汇融大厦B座901室	100055	63952008
宣武支公司	西城区广安门外马连道11号1001号	100055	63342601
市朝阳支公司	朝阳区朝阳北路雅成一旦19号楼603室	100123	85512057
丰台支公司	丰台区草桥欣园四区9号楼底商1层A段	100067	63899123
石景山支公司	石景山区古城北路5号	100043	68888002
海淀支公司	海淀区西四环北路15号依斯特大厦101室	100195	88432170
房山支公司	房山区良乡月华北大街34号	102488	89354988
昌平支公司	昌平区东环路142号	102201	69749500
顺义支公司	顺义区怡馨家园29号楼1层101室	101300	69462127
通州支公司	通州区梨园镇梨园村委会南梨园创意产业楼	101100	60549180
怀柔支公司	怀柔区富乐小区北里25号	101400	69632691
密云支公司	密云县新中街189号	101500	89036987
平谷支公司	平谷区文化南街9号	101200	89987899
大兴黄村营销服务部	大兴区黄村镇富强路175号	102600	61219197
北京经济技术开发区营销服务部	北京经济技术开发区地盛西路6号	100176	50980618

永安财产保险股份有限公司北京分公司

机构名称	地　址	邮　编	电　话
崇文营销服务部	东城区幸福大街甲39号北京德惠俱乐部A楼206房间	100061	67131449
朝阳支公司	朝阳区朝阳北路145号红领巾公园南门西侧办公楼3层东侧	100025	65733688
丰台支公司	丰台区椰子井甲18号5号房	100081	63330864
大兴营销服务部	大兴区滨河北里18号楼	102600	61216628
密云支公司	密云县久润花园东区18号楼底商7号	101500	61098469

天安财产保险股份有限公司北京分公司

机构名称	地　址	邮　编	电　话
平谷营销服务部	平谷区平谷镇兴谷园小区19号楼1层	101200	88574510
海淀营销服务部	海淀区莲花苑5号楼4层413室	100036	88574949
朝阳营销服务部	朝阳区朝阳北路104号2层212室	100016	88574617
丰台营销服务部	丰台区马家堡西路36号院2号楼5层619室	100068	88574749
顺义营销服务部	顺义区仁和镇顺通路27号2号楼1层、3层301室	101300	88574898
昌平支公司	昌平区昌平科技园区创新路27号3号楼6层	102200	88574583

中国大地财产保险股份有限公司北京分公司

机构名称	地址	邮编	电话
第一营销服务部	东城区天坛内东里5号1层南	100061	67168378
朝阳支公司	朝阳区育慧西里10号楼3层	100101	64913626
丰台支公司	丰台区星火路1号昌宁大厦20D房间	100070	52262559
顺义支公司	顺义区南法信大街118号院2号楼9层3901室	101399	69450846

华安财产保险股份有限公司北京分公司

机构名称	地址	邮编	电话
海淀支公司	海淀区紫竹院路81号院北方地产大厦6层604室	100089	88829485
朝阳支公司	朝阳区世纪东方嘉园104号楼1层3单元	100023	52097102
昌平支公司	昌平区回龙观镇科协家园住宅小区29号楼B座1层2单元	102208	82945885
丰台支公司	丰台区青塔西路60号1层	100039	63878976
通州支公司	通州玉桥西里87号1层1底商46号	101101	88829888
朝阳第一营销服务部	朝阳区世纪东方嘉园104楼1层3单元	100023	52097103
丰台第一营销服务部	丰台区马家堡东路108号院10号楼1层	100068	58031291
顺义区营销服务部	顺义区仁和镇望泉家园12号楼1层2单元	101300	89402474
丰台马家堡东路营销服务部	丰台区马家堡东路108号院10号楼1层	100068	58031290

安邦财产保险股份有限公司北京分公司

机构名称	地　址	邮　编	电　话
东城支公司	东城区安外大街185号京宝大厦	100011	64400919
西城支公司	西城区太平街6号8层E－906室	100053	63135727
崇文支公司	东城区幸福大街57号	100000	13910608634
宣武支公司	朝阳区东三环中路55号富力城双子座B座8层	100020	59229229
朝阳支公司	朝阳区东三环中路55号富力城双子座B座8层	100020	59229119
丰台支公司	丰台区航丰路1号院2号楼时代财富大厦1303室	100070	87397686
石景山支公司	石景山区阜石路166号1号楼7层708号、709号	100043	59229191
海淀支公司	海淀区西直门北大街32号院枫蓝国际大厦1号楼7层811室	100088	59229348
房山支公司	房山区良乡拱辰南大街42号楼A座8层801～802室	102401	59229119
通州支公司	通州区云景南大街144号1～2层	101100	13911777910
顺义支公司	顺义区前进花园石门苑18号楼3单元101室	101300	69443888
昌平支公司	昌平区白浮泉路甲12号1层	102200	80118515
天通苑营销服务部	昌平区东小口镇天通苑一区9号楼4单元2层	102200	80118590
大兴支公司	大兴区兴华大街2段3号院波普中心3号楼121室	102600	59229736
北京经济技术开发区支公司	北京经济技术开发区宏达北麓10号万源商务中心2层	100017	59229226
怀柔支公司	怀柔区青春路61号院1号楼－1层13号	101400	69659836
平谷支公司	平谷区平谷镇东方国际公寓5号楼1至2层	101200	89983722
密云支公司	密云县长城大厦A段1～2层北侧西	101500	69048098

永诚财产保险股份有限公司北京分公司

机构名称	地址	邮编	电话
西城支公司	西城区闹市口大街1号院长安兴融中心4号楼5层G区	100031	58329555
丰台支公司	丰台区方庄芳群园四区22号楼901室、908室	100078	67656098
海淀营销服务部	海淀区阜成路28号	100142	88511899
昌平营销服务部	昌平区西环路16号豪恒大厦4层	102200	89783620

阳光财产保险股份有限公司北京分公司

机构名称	地址	邮编	电话
北京经济技术开发区营销服务部	北京经济技术开发区宏达北路10号万源商务中心101室、401室	100176	67881920
东城营销服务部	东城区安德路甲61号	100011	84129896
昌平营销服务部	昌平区鼓楼北街5－1至5－20号楼1～2层	102200	69746061
朝阳支公司	朝阳区东三环中路20号楼5层	100022	65308855
中关村营销服务部	海淀区四季青路8号1层	100195	65308855－171
房山营销服务部	房山区良乡嘉瑞通小区3号楼3－4号、3－5号	102401	69351831
通州营销服务部	通州区云景东路437、甲437号	101100	81571169
顺义营销服务部	顺义区仓上小区37号楼1至2层2单元	101300	69440345
大兴营销服务部	大兴区观音寺南里海北路1号楼	102699	69243065
平谷营销服务部	平谷区迎宾花园小区31号楼10号商铺	101200	69976001
延庆营销服务部	延庆县延庆镇石河营建材城综合楼南大2号	102100	69187890

丰台营销服务部	丰台区西四环南路72号11层1101～1112房间	100071	51039406

都邦财产保险股份有限公司北京分公司

机构名称	地　址	邮　编	电　话
朝阳支公司	朝阳区东三环北路甲2号8号楼0524室	100027	84387559

安盛天平财产保险股份有限公司北京分公司

机构名称	地　址	邮　编	电　话
东城营销服务部	东城区东花市南里东区3号楼B07、BF07底商	100062	84608888
石景山支公司	石景山区时代花园南路28号院2号楼1层102号	100000	67159109
怀柔支公司	怀柔区于家园南街6号院2号楼2号、3号	100000	67159109

渤海财产保险股份有限公司北京分公司

机构名称	地　址	邮　编	电　话
朝阳营销服务部	朝阳区松榆南路54号3层旌凯写字楼B区18号，C区22号、26号	100000	87325700
顺义支公司	顺义区府前东街2号1号楼顺建大厦10层1002室	110300	81492122

安华农业保险股份有限公司北京分公司

机构名称	地　址	邮　编	电　话
分公司营业部	朝阳区望京西路甲50号1号楼卷石天地大厦A座11层1103单元	100102	64393060
大兴支公司	大兴区富强路2号1层102室	102600	64393093
怀柔支公司	怀柔区于家园南街6号院6号楼1层S4	100102	64393196
房山营销服务部	房山区良乡拱辰南大街42号楼1~2层08号	100102	64393098
通州营销服务部	通州区潞通大街188号-1层04	101100	64393098
顺义支公司	顺义区双兴北区甲3号楼3层	101300	69440128
昌平营销服务部	昌平区昌崔路201号楼4层	102200	64393098
平谷营销服务部	平谷区新平北路南侧K冻小区配套商业楼1层04号、05号	101204	64393098
密云支公司	密云县新南路21号楼1层	101500	69446920
延庆营销服务部	延庆县康安小区30#-03商业楼	102100	69148706

民安财产保险有限公司北京分公司

机构名称	地　址	邮　编	电　话
海淀支公司	海淀区西直门北大街52号太平金融大厦11层	100082	1082299999
平谷支公司	平谷区平谷镇西环南路1号楼3单元2号	101200	1089988225

中国人寿财产保险股份有限公司北京市分公司

机构名称	地　址	邮　编	电　话
东城支公司	东城区鼓楼外大街27号万网大厦4层	100120	84130362
西城支公司	西城区半步桥街48号1层1101房间	100054	63365157
崇文支公司	东城区鼓楼外大街27号万网大厦4层	100120	84130362
宣武支公司	西城区半步桥街48号1层1101房间	100054	63362328
朝阳支公司	朝阳区静安里26号通成达大厦6层	100028	64823368
丰台支公司	丰台区方庄芳群园四区21号楼1层118～120号	100078	67680198
海淀支公司	海淀区北四环中路229号海泰大厦3层	100083	82885253
房山支公司	房山区良乡西潞北大街26号	102400	89369695
通州支公司	通州区云景东路417号	101100	81573960
顺义支公司	顺义区双兴北区33号楼1层	101300	69427867
大兴支公司	大兴区兴业街26号5层	100000	85253888
分公司营业部	朝阳区广渠路3号中水电国际大厦7层701～705室	100000	13901054249

华农财产保险股份有限公司北京市分公司

机构名称	地　址	邮　编	电　话
顺义营销服务部	顺义区宏城花园12号楼1层5单元102号	101100	89418290
房山支公司	房山区良乡地区苏庄三里	102488	60342185
昌平营销服务部	昌平区昌平镇振兴路28号	102200	80113236

平谷营销服务部	平谷区平三公路东鹿角桥北西侧拐角处（平三路临1号）	101200	13901004167
密云营销服务部	密云县鼓楼东大街3号山水大厦3层西侧	110228	69089777

长安责任保险股份有限公司北京市分公司

机构名称	地　址	邮　编	电　话
朝阳营销服务部	朝阳区望京西园222号楼D－2003	100102	18610488053
丰台支公司	丰台区纪家庙8号22号楼322房间	100070	51336771
海淀支公司	海淀区巴沟南路碧水云天颐园7号楼1层	100082	51336771

英大泰和财产保险股份有限公司北京分公司

机构名称	地　址	邮　编	电　话
英大泰和财产保险股份有限公司营业部	东城区建国门内大街乙18号院1号楼英大国际大厦7层	100005	51968825
大兴支公司	大兴区富强路2号1层104室	102600	51967588
通州支公司	通州区车站路8号2－2室	101199	52047599
顺义支公司	顺义区府前东街2号1号楼顺建大厦6层	101321	51967588
昌平支公司	昌平区北环路2号	102299	51967588
亦庄营销服务部	北京经济技术开发区永昌北路13号1幢5层北侧	100176	51967588
怀柔支公司	怀柔区富乐小区北里25号	101400	51967588
海淀支公司	海淀区厂洼街3号B2028室	100089	51967588

紫金财产保险股份有限公司北京分公司

机构名称	地　址	邮　编	电　话
房山支公司	房山区良乡政通路23号良乡西北关综合楼2层210室	102400	1088612831
平谷支公司	平谷区迎宾花园住宅小区31号楼8号	101200	1088612868
海淀支公司	海淀区复兴路65号电信实业大厦2层	100036	88612831

信达财产保险股份有限公司北京分公司

机构名称	地　址	邮　编	电　话
丰台支公司	丰台区马家堡东路71号立业大厦1208室	100068	58072878
顺义支公司	顺义区顺榆路华英园9号商业楼408室	100082	89425675
昌平支公司	昌平科技园区凉水河路8号楼8－1室	102200	58072866
大兴支公司	大兴区工业开发区金苑路3号金融大厦4层D38室	102600	13911376350

浙商财产保险股份有限公司北京分公司

机构名称	地　址	邮　编	电　话
平谷营销服务部	平谷区贾各庄村东南街甲6号1层106号	100000	13911930680

富德财产保险股份有限公司北京分公司

机构名称	地　址	邮　编	电　话
朝阳支公司	朝阳区望京街10号望京SOHO中心2号塔楼4层2单元－220506号	100102	84164186

中国人寿保险股份有限公司北京市分公司

机构名称	地　址	邮　编	电　话
西城后广平营销服务部	西城区后广平胡同36号	100035	66168576
西城南大安营销服务部	西城区南大安胡同6号中宏大厦	100035	66117760
西城阜成门营销服务部	西城区阜外大街3号东润时代大厦	100037	68001517
丰台支公司海鹰路营业部	房山区长阳镇加州水郡120号住宅楼1层3号	100070	68001517
昌平东小口营销服务部	丰台区银地家园8号楼1层07	102208	68001517
海淀万柳中路营销服务部	朝阳区南沙滩66号院1号楼1层1－112号	100070	68001517
海淀区世纪城营销服务部	海淀区冷泉林语山庄二区11号楼108号	100097	68001517
西城支公司	西城区后广平胡同36号	100035	66168779
金融大街营销服务部	西城区金融大街12号1层	100032	66575339
中关村大街支公司	海淀区中关村大街40号北京当代商城9层	100086	62573189
海淀支公司温泉营业部	海淀区温泉镇白家疃西口温泉农机厂院内平房	100095	51799313
第七营销服务部	海淀区西三环北路72号院B座29层	100048	88820495
朝阳三元桥营销服务部	朝阳区东三环北路辛2号迪阳大厦	100027	84536263
知春路营销服务部	海淀区知春路6号锦秋国际大厦B座502室	100098	82800967
海淀黄庄营销服务部	海淀区中关村大街32号16层	100086	88820495

海淀支公司	海淀区知春路 20 号	100088	62056697
第六营销服务部	海淀区西三环北路 72 号世纪经贸大厦 B 座 29 层 1 ~ 10 号	100078	88820495
东城支公司	东城区东直门外东中街 32 号楼	100027	65005998
朝阳支公司	朝阳区朝外市场街 20 号 11 ~ 13 层	100020	65880125
朝阳金台北街营销服务部	朝阳区金台北街 7 号	100026	65005998
朝阳朝外营销服务部	朝阳区金台北街 7 号 1 幢 2 层	100020	85992497
电话销售中心	朝阳区朝外市场街 20 号中保大厦	100020	59646677
金台路营销服务部	朝阳区金台北街 7 号 1 号楼 5 ~ 6 层	100026	65005998
分公司营业部	朝阳区朝外市场街 20 号 16 层	100020	85613417
金台路营业部	朝阳区金台北街 7 号 1 号楼 1 层	100020	65022591
北京经济技术开发区支公司	北京经济技术开发区经海五路 58 号院 5 号楼 3 层 307 室	100023	65005998
石景山营销服务部	石景山区玉泉西里二区 2 号楼 1 层商业 07 单元	100049	88255987
石景山支公司	石景山区玉泉路玉泉大厦	100049	69855044
丰台西四环南路营销服务部	石景山区鲁谷路 74 号中国瑞达大厦	100040	68867453
北纬路营业部	西城区北纬路 1 号	100050	83160092
北纬路营销服务部	西城区北纬路 1 号	100050	83160952
丰台支公司	丰台区王佐镇福官路 8 号第 2 ~ 4 层	100074	83319230
阜成门支公司	西城区阜成门外大街 3 号国宾花园 6 号楼 3 ~ 4 层	100044	68001517
丰台云岗营销服务部	丰台区王佐镇福官路 8 号	100074	83315147
房山支公司	房山区良乡西潞北大街 26 号	102488	89350159
房山兴房营销服务部	房山区城关街道兴房大街 2 号院	102488	89350161
房山良乡营销服务部	房山区良乡西潞北大街 26 号	102488	89350161
门头沟支公司	门头沟区滨河路 64 号	102300	69855044

门头沟滨河营销服务部	门头沟区滨河路64号	102300	69861404
门头沟清水营销服务部	门头沟区清水镇下清水村东街105号	102300	69861404
密云支公司	密云县滨河路22号	101500	69025757
密云滨河路营销服务部	密云县滨河路22号	101500	69053372
密云东邵渠营销服务部	密云县东邵渠镇政府大街道南50米处	101500	69053372
密云新城子营销服务部	密云县新城子镇新城子村	101506	69024089
密云十里堡营销服务部	密云县明珠花园6号楼1层4单元101室	101500	69041890
密云巨各庄营销服务部	房山区良乡西潞北大街26号1幢4层	102488	69024089
密云太师屯营销服务部	密云县太师屯镇永安街149号楼9号	101500	69053372
密云河南寨营销服务部	房山区良乡西潞北大街26号1幢3层	102488	69024089
密云卸甲山营销服务部	密云县西田各庄镇卸甲山村	101511	69024089
平谷支公司	平谷区金谷园21号楼16号	101200	69984204
平谷府前大街营销服务部	平谷区金谷园21号楼16号	101200	89980552
顺义支公司	顺义区府前东街2号	101300	69466735
顺义站前街营销服务部	顺义区府前东街2号	101300	81481249
通州支公司	通州区玉带河大街22号	101100	69545575
通州马驹桥营销服务部	通州区马驹桥镇潼关一区311号	101102	69516373
通州次渠营销服务部	通州区次二村南6号一幢501号	101111	69516373
通州张家湾营销服务部	通州区张家湾镇太玉园B区028店铺	101100	69516371
通州漷县营销服务部	门头沟区滨河路64号1幢3层	102399	69516371
通州西集营销服务部	朝阳区金台北街7号楼1幢3层	102000	69516371
通州永乐店营销服务部	门头沟区滨河路64号1幢2层	102399	69516371
昌平支公司	昌平区创新路5号	102200	69723494
昌平鼓楼营销服务部	昌平区昌平镇创新路5号	102200	69723494
昌平政府街营销服务部	昌平区政府街18号	102200	69746602

南口营销服务部	昌平区昌平镇创新路5号2层202室	102200	69723494
昌平小汤山营销服务部	昌平区昌平镇创新路5号4层405号	102200	69723494
昌平十三陵营销服务部	昌平区科技园区创新路5号4楼第四职场	102200	69723494
昌平天通苑营销服务部	昌平区东小口镇天通苑二区1号楼7门	102200	69746402
昌平回龙观营销服务部	昌平区回龙观东大街336号院2号楼1层102室	102208	69723494
海淀西三旗营销服务部	昌平区科技园区创新路5号2楼第一职场	102200	69723494
安贞营销服务部	东城区安定路20号5号楼329室	100029	64450657
怀柔支公司	怀柔区商业街2号	101400	69648447
怀柔商业街营销服务部	怀柔区商业街2号	101400	69641944
延庆支公司	延庆县东外大街62号	102100	69180493
延庆东外大街营销服务部	延庆县东外大街62号4层	102100	69176734
大兴红星营销服务部	大兴区旧宫镇旧宫东路	102600	69295431
大兴黄村营销服务部	大兴区黄村镇兴业大街三段26号楼2~3层	102600	69295431
大兴支公司	大兴区黄村镇兴业大街三段26号楼1层	102600	69295431

中国太平洋人寿保险股份有限公司北京分公司

机构名称	地　址	邮　编	电　话
东城支公司	东城区民旺园小区31楼强佑大厦7~8层	100007	83955386
海淀支公司	海淀区复兴路甲23号城乡华懋13层	100036	68298258
朝阳支公司	朝阳区安贞里二区1号楼	100029	64450228
通州支公司	通州区新华南路64号3层	101100	83954608
顺义支公司	顺义区仁和镇仓上街2号智能大厦B区10层1010室	101300	83954017
昌平支公司	昌平区昌平镇西环路29号5层	102200	83954188

中关村支公司	海淀区中关村南大街10号银海大厦5层	100081	68910665
大兴支公司	大兴区金星西路6号院1号楼12层	102600	83954201
密云支公司	密云县新中街42号	101500	83954252
西城支公司	西直门外新兴东巷15号金泰鑫侨大厦	100044	83954466
东四营销服务部	东城区东四前炒面胡同33号瀚海科技大厦A座	100010	83955817
复兴门营销服务部	西城区复兴门内大街158号远洋大厦G层	100031	83955601

中国平安人寿保险股份有限公司北京分公司

机构名称	地　址	邮　编	电　话
东城恒基中心营销服务部	东城区建国门内大街18号恒基中心3层L3－015	100005	56316558
东城东方广场营销服务部	东城区东单三条8号东方广场东配楼6～9层	100005	65131066
东城雍和宫营销服务部	东城区藏经馆路11号	100007	64078251
东城东便门营销服务部	东城区建国门南大街5号金龙大厦4号楼	100005	65599979
通州恒通营销服务部	通州区九棵树东路107号	101100	13810459711
通州西海子营销服务部	通州区九棵树东路117号	101100	60553345
国峰营销服务部	朝阳区青年路西里3号院7号楼2层	100025	56316222
平谷金乡路营销服务部	平谷区平谷镇金乡路1号雅美奇商厦	101200	61993881
顺义龙府营销服务部	顺义区站前北街78号	101300	69439079
海淀北太平庄营销服务部	海淀区北太平庄路2号7号楼德恒商务会馆A座2～5层	100088	82022755
海淀甘家口营销服务部	海淀区三里河路17号甘家口大厦13层	100037	88392193
瀚海营销服务部	朝阳区向军北里28号院1号楼2层、6层	100089	56316393
大兴区兴政营销服务部	大兴区黄村镇兴政大街南区政府对面	102600	69200452

朝阳健德门桥营销服务部	朝阳区裕民路 12 号 1 号楼	100029	59792449
丰台科丰桥营销服务部	丰台区科学城中核路 1 号 03 号楼	100070	83659811
延庆板泉路营销服务部	延庆县延庆镇板泉路 26 号鑫妫川购物中心 4 层	102100	69173765
昌平永安营销服务部	昌平区西环路 16 号 3 层及 1 层 06 号房间	102200	89747087
昌平天通苑营销服务部	昌平区东小口镇天通北苑北一区甲 5 号楼	102218	61750818
房山城关营销服务部	房山区城关街道农林路 1 号 3 层	102400	89332799
房山良乡营销服务部	房山区良乡拱辰北大街 3 号 1 号楼	102488	89360117
密云鑫盛营销服务部	密云县新南路新中街规划路西侧金地来酒店	101500	56316733
怀柔梅苑营销服务部	怀柔区青春路梅苑小区 8 号楼 2 门、3 门	101400	69686296
西城宣武门营销服务部	西城区宣武门东大街 24 号宣武门商务酒店南楼 4～6 层	100051	63156604
刘家窑龙兴营销服务部	丰台区方庄芳群园三区 11 号 501 南侧区域	100075	63156604
海淀区寰太营销服务部	海淀区中关村南大街甲 12 号 1 幢 11 层	100080	56316509
海淀苏州桥营销服务部	海淀区小南庄路怡秀园甲 1 号楼 3～4 层	100086	56316509
西城西单营销服务部	西城区背阴胡同甲 35 号 3 幢 2～5 层	100032	56316102
东城鼓楼营销服务部	东城区东水井胡同 5 号楼 6 层 701 室	100010	58646780
朝阳亮马桥营销服务部	朝阳区新源南路 1－3 号 B 座 5～6 层	100027	59761266
中东城东四营销服务部	东城区前炒面胡同 33 号 16 号楼 6～7 层	100010	52190729
西城新街口北大街营销服务部	西城区新街口北大街 3 号星街坊大厦 F5 层	100035	82200382
丰台开阳桥营销服务部	丰台区开阳路 1 号院瀚海花园大厦 8～9 层	100069	56310001
房山良乡西潞营销服务部	房山区拱辰街道西潞南大街 5 号 3 层 302 号	102488	69368683
石景山玉泉路营销服务部	石景山区石景山路 3 号玉泉大厦 2 层、3 层西侧	100039	88257616

新华人寿保险股份有限公司北京分公司

机构名称	地　址	邮　编	电　话
海淀支公司	海淀区花园路2号牡丹科技大厦2层	100088	82282766
东城支公司	东城区崇外大街新怡家园甲3号楼7层	100062	67087388
朝阳支公司	朝阳区团结湖南里15号恒祥大厦写字楼6层	100026	51399522
西城支公司	西城区西直门南大街2号成铭大厦A座	100035	66513028
石景山支公司	石景山区石景山路23号院16号楼中础大厦B座4层	100043	68684601
丰台支公司	丰台区莲花池西里11号4号楼3层	100073	84189000
和平里支公司	朝阳区东土城路14号建达大厦	100013	84189000
房山支公司	房山区拱辰街道西潞南大街5号3层301房间	102401	89369406
通州支公司	通州区云景东路1号3~4层	101100	59782700
大兴支公司	大兴区金苑路3号金融大厦2层B01室	102628	69299932
顺义支公司	顺义区仓上街2号智能大厦B区9层	101300	69424945
平谷支公司	平谷区平谷镇府前西街2号渔阳大厦	101200	69970193
昌平支公司	昌平区西环路78号	102200	80107796
西城区新外大街营销服务部	海淀区马甸东路17号金澳国际大厦	100088	62079903
彰化路营销服务部	海淀区莲花苑5号楼2层东侧房间	100097	84885375
潘家园营销服务部	朝阳区松榆北路7号院11号楼2层	100021	67498965
会城门营销服务部	西城区莲花池东路106号汇融大厦	100055	84189229
密云鼓楼营销服务部	密云县果园新里北区综合楼东侧1层	101500	69068746
延庆营销服务部	延庆县延庆镇高塔街58号5层	102100	69148752
怀柔营销服务部	怀柔区迎宾北路1号2层中部	101400	69544778
丰台南苑营销服务部	丰台区和义东里三区九号楼1层、3层	100076	67942808

回龙观营销服务部	昌平区回龙观西大街 118 号龙冠置业大厦 A 座 1 层 A103－3 号	102208	59812410
德外营业部	西城区新街口外大街 8 号 5 幢 C 座写字楼	100875	62079905
学院南路营业部	海淀区马甸东路 17 号 16 层	100081	62215601
保福寺营业部	海淀区中关村东路 18 号财智国际大厦 1 号楼 3 层	100083	52725052

泰康人寿保险股份有限公司北京分公司

机构名称	地　址	邮　编	电　话
杨镇营销服务部	顺义区杨镇地区一街村委会南 500 米	100000	81484491
电话销售中心恒基中心	东城区建国门内大街 18 号恒基商场 2 层	100005	65181107
四季青营销服务部	海淀区水定路乙一号乐府家园 1 号楼 603 室	100039	13717715000
上地营销服务部	海淀区羊坊店路 21 号瑞海大厦 656 房间	100038	85730093
东城支公司	朝阳区东三环北路 17 号 13 层 1306 号	100027	65000898
西北旺营销服务部	海淀区马连洼梅园甲 3 号楼 3 单元 102 室	100085	63287695
长安支公司	建国门内大街 18 号北京恒基中心 2 层 00Z 号	100005	65184611
西城支公司	西城区高粱桥路 6 号 5 号楼 11 层	100000	13051998359
宣武支公司	西城区广义街 7 号楼 10 层	100053	66428866
朝阳广渠路支公司	朝阳区东三环南路 98 号高和蓝峰大厦	100022	58611786
朝阳安定路营销服务部	朝阳区安定路 39 号 711 室、713 室	100000	66428866
朝阳支公司	朝阳区东三环中路 39 号建外 SOHO23 号楼 26 层	100031	66428866
丰台支公司	丰台宋家庄 71 号院 1 号楼 13 层 1601～1602 室	100079	59627207
石景山支公司	石景山区石景山路 22 号万商大厦 2015～2016 室	100040	68655969
海淀支公司	海淀区中关村南大街 2 号北京科技会展中心数码 B 座 1105 室	100086	51626811

门头沟支公司	门头沟区滨河霁月园8号	102399	69852175
窦店支公司	房山区窦店镇窦店村	102402	69390236
房山城关营销服务部	房山城关农林路一号	102499	13716208585
燕化星城营销服务部	房山区燕山星城健德四里甲25号	102425	85730093
房山支公司	房山区良乡地区拱辰大街西侧5层	102488	89362945
房山燕山营业部	房山区燕山迎风南路甲6号	102500	69390236
西城第三营销服务部	西城区西直门南大街2号成铭大厦	100031	66428806
西集营销服务部	通州区西集镇西集村南门市场	101106	15382006033
管庄营销服务部	朝阳区管庄西里建东苑小区18号楼203室	100024	85730093
通州支公司	通州区通惠南路6号	101199	89501672
大孙各庄营销服务部	顺义区大孙各庄镇府前街7号	101308	81484491
顺义支公司	顺义区站前东街商业楼3号楼	101300	81484491
天通苑营销服务部	昌平区天通苑一区9号楼16单元	100031	66428866
回龙观营销服务部	昌平区建材路西城87号2号楼19层2单元	123003	66428866
昌平支公司	昌平区龙水路22号院1－13号楼	102299	69724975
西城第一营销服务部	西城区西直门南大街2号成铭大厦C19层	100035	85730093
大兴支公司	大兴区金苑路3号金融大厦2层	102628	61106110
怀柔支公司	怀柔区迎宾中路1号5层	101400	69460252
平谷支公司	平谷区建设西街17号	101299	69985771
溪翁庄营销服务部	密云县溪翁庄碧水花园1楼	101512	13241631663
河南寨营销服务部	密云县河南寨镇政府北侧	101500	13681433084
密云支公司	密云县鼓楼东大街山水大厦1～2层	101599	69087811
西城第二营销服务部	西城区西直门南大街2号成铭大厦C2205室	100035	85730093
延庆支公司	延庆县延庆镇高塔街66号3层	102100	69181004

太平人寿保险有限公司北京分公司

机构名称	地　址	邮　编	电　话
海淀营销服务部	海淀区西直门北大街52号北栋	100082	82299500
东城营销服务部	东城区朝阳门北大街6号首创大厦5层	100022	85283017
大兴营销服务部	大兴区工业开发区金苑路3号多元商务大厦3层西侧	102600	60212006
平谷营销服务部	平谷区平谷镇新开街30号楼	101200	69985817
密云营销服务部	密云区鼓楼东区1号楼	101500	69040149
昌平营销服务部	昌平区水库路G5号配套公建4层	102200	69721292
顺义营销服务部	顺义区仓上小区37号楼3层3单元301室	101300	81490702
良乡营销服务部	房山区良乡地区拱辰大街90号楼2~3层	102488	69367035
通州营销服务部	通州区通惠南路6号8号楼3层1~2室	101100	52338222

民生人寿保险股份有限公司北京分公司

机构名称	地　址	邮　编	电　话
朝阳营销服务部	朝阳区霞光里9号3层	100027	59206631
顺义营销服务部	顺义区站前东街商业楼2号417室、420室	101399	69427824
西城营销服务部	西城区德胜门外大街新风街2号A座403室	100088	59206411
海淀支公司	海淀区中关村南大街17号3号楼610室	100080	59206570
通州营销服务部	通州区通胡大街甲3号8层256单元08B	101117	80886731
平谷营销服务部	平谷区平谷镇新平北路51号	101299	69986013
密云营销服务部	密云县新东路277号2层	101599	69080173

怀柔支公司	怀柔区金台园甲56号5楼	101499	69698467
房山营销服务部	房山区良乡拱辰大街98号财富广场10层1023室	102488	69363879
昌平营销服务部	昌平区东小口镇天通东苑三组团3号楼101号4层	102218	80788185

富德生命人寿保险股份有限公司北京分公司

机构名称	地　址	邮　编	电　话
东城营销服务部	东城区王家园胡同10号2层	110101	65516830
石景山营销服务部	石景山区鲁谷路35号冠辉大厦3层	100082	68668323
海淀支公司	海淀区中关村南大街乙12号院路1号楼19层	100081	58978171
门头沟营销服务部	门头沟区永定镇冯村商业楼B区南侧5层2号	102308	69856351
通州营销服务部	通州区云景北里52号楼1709~1712号	101100	80855207
朝阳营销服务部	朝阳区八里庄西里98号15层1807室	100025	58978171
昌平营销服务部	昌平镇昌盛园一区15号楼11号底商	102200	58978171
大兴营销服务部	大兴工业开发区金苑路3号4层	102600	61273570
延庆营销服务部	延庆镇妫水北街46号底商	102119	58978166

光大永明人寿保险有限公司北京分公司

机构名称	地　址	邮　编	电　话
东城营销服务部	东城区东中街29号东环广场B座	100027	64152828
丰台营销服务部	丰台区宋庄路71号院1号楼扑满山大厦第8~9层	100079	59128352
东单营销服务部	东城区东单三条8－16号东方广场东配楼10层	100005	59128352
顺义第二营销服务部	顺义区石园南区33号楼4单元301室	101300	89440377
顺义营销服务部	顺义区石园南区33号楼4单元13层1304室	101300	89448534

昌平营销服务部	昌平区西环路25号蓝郡嘉苑沿街商业4层3A07号	102200	80119273
良乡营销服务部	房山区拱辰街道西潞南大街5号同方大厦5层	102488	69351736
西城营销服务部	西城区广安门外大街168号1幢7层	100055	57837415
丰台第二营销服务部	丰台区宋庄路71号院1号楼扑满山写字楼第19层	100079	57837415

合众人寿保险股份有限公司北京分公司

机构名称	地　址	邮　编	电　话
合众人寿保险股份有限公司北京电话销售中心	海淀区杏石口路9号合众大厦1层	100195	59949733
神路街营销服务部	东城区东水井胡同11号楼4层5A11室	100010	58797755
朝阳门营销服务部	朝阳区朝外大街乙12号昆泰国际大厦21层	100020	58797755
海淀营销服务部	海淀区杏石口路9号1幢1层101室	100195	58797755
房山营销服务部	房山区良乡地区月华大街8－B号楼107室	102488	89369947
通州营销服务部	通州区翠景北里1号楼1011号	101100	52102550
顺义营销服务部	顺义区南法信大街118号院天博中心C座3902号	101300	69440460
昌平营销服务部	昌平区天通苑东一区6号楼	102218	13601331948
大兴营销服务部	大兴区黄村镇兴丰大街三段89号5层5020号	102600	69261418
平谷营销服务部	平谷区平谷镇新平东路7号	101200	89981078

中国人民健康保险股份有限公司北京分公司

机构名称	地　址	邮　编	电　话
第一营销服务部	西城区阜成门外大街7号国投大厦7层712～713室	100037	59867903

西城营业部	西城区阜成门外大街7号国投大厦7层712室	100037	59867903
房山营销服务部	房山区良乡拱辰南大街42号楼A座商住楼9层6单元901室	102401	59867888
第三营销服务部	通州区新城东里7号楼2层	101100	59867888
第五营销服务部	顺义区仓上街2号智能大厦A区2层209室	101300	59867903
怀柔营销服务部	怀柔区迎宾中路36号楼4层楼梯北侧	101400	69687796
第二营销服务部	平谷区建设西街17号1幢	101200	89999305
密云营业部	密云县密云镇鼓楼南大街41号	101500	59867888

长城人寿保险股份有限公司北京分公司

机构名称	地　址	邮　编	电　话
良乡营销服务部	房山良乡拱振大街47号拱振大厦6层	102401	69375838

农银人寿保险股份有限公司北京分公司

机构名称	地　址	邮　编	电　话
西城区马甸营销服务部	西城区黄寺大街甲23号院1号楼1501室	100011	82235606
第四营销服务部	海淀区苏州街3号大恒科技大厦北座5层	100080	82828899
第二营销服务部	海淀区苏州街3号5层501室	100080	82827788
第三营销服务部	海淀区苏州街3号5层501室	100080	82827788

中国人民人寿保险股份有限公司北京市分公司

机构名称	地　址	邮　编	电　话
北京经济技术开发区支公司	北京经济技术开发区宏达北路 12 号创业园区 A 座一区 3 层	100176	58892518
东城支公司	东城区东四北大街 343 号瑞城亿兴大厦第 9 层	100010	13601131937
朝阳支公司	朝阳区惠新里 3 号楼 C 座 3 层	100013	58892518
丰台支公司	丰台区丰北路甲 45 号楼 111 室、115 室	100073	57128971
西城支公司	西城区北三环中路 6 号伦洋大厦 10 层 1002 房间	100120	13401024501
海淀支公司	海淀区上地信息产业基地上地三街 1 号楼 4 层 A 段 409 号房间	100085	58892518
房山区营销服务部	房山良乡地区良乡西路 21 号 3 层	102488	13810236566
通州支公司	通州区通惠南路 6 号 10 号楼 3 层 5－1 号室	101100	52338008
顺义区营销服务部	顺义区石垣南区 33 号楼 10 层 4 单元 1004 房间	101300	13051380170
昌平支公司	昌平区科技园区凉水河路 8 号楼 4 层 401～419 室	102200	13661318151
大兴区营销服务部	大兴区康庄路 28 号 12 层 07～08 号	102600	58503737－6013
怀柔支公司	怀柔区迎宾中路 36 号 3 层	101400	69688589
平谷区营销服务部	平谷区保安街 61 号	101200	69963051
密云县营销服务部	密云县鼓楼东大街 27 号信远大厦写字楼 4 层	101500	89086316
延庆县营销服务部	延庆县龙庆南路 6 号 2 幢	102100	60168368
房山支公司	房山区良乡拱辰南大街 42 号楼 A 座商住楼 7 层 6 单元 701 室	102488	15001366766
平谷支公司	平谷区平谷镇保安街 61 号	110226	69963291

昆仑健康保险股份有限公司北京分公司

机构名称	地　址	邮　编	电　话
电话销售中心	东城区珠市口东大街2号万商汇数码城4层	100026	59296105
第二营销服务部	朝阳区建国路7号7层0701内A706号	100024	85931043

平安养老保险股份有限公司北京分公司

机构名称	地　址	邮　编	电　话
中关村支公司	海淀区海淀北二街8号3层310室	100190	13901194211

华夏人寿保险股份有限公司北京分公司

机构名称	地　址	邮　编	电　话
华夏人寿保险股份有限公司电话销售中心	东城区南竹竿胡同6号楼8层	100010	4008004008
宣武营销服务部	西城区宣外大街6号庄胜广场北楼东翼1528号	100052	63106600
大兴营销服务部	大兴区枣园东里40号楼11层2单元1101室	102600	69236985
密云营销服务部	密云县密云镇鼓楼东大街29号粮贸大厦9层西侧	101500	63106600
平谷营销服务部	平谷区平谷镇金谷园8号楼8幢底商1号	101200	13381120193

英大泰和人寿保险股份有限公司北京分公司

机构名称	地　址	邮　编	电　话
朝阳营销服务部	朝阳区东三环南路甲52楼顺迈金钻6层B2室	100022	13910091746

海淀营销服务部	海淀区永定路乙 1 号院乐府商务大厦 402 室	100080	58977852
昌平营销服务部	昌平区西环路 32－1 至 32－11 号 1～2 层 32－11 龙泽大厦 A313 室	102200	13911737317

信泰人寿保险股份有限公司北京分公司

机构名称	地　址	邮　编	电　话
西城营销服务部	西城区宣武门西大街甲 127 号大成大厦 12A 层 07 号	100037	52612004
房山营销服务部	房山区拱辰大街 98 号 10 层 1121 室	102488	18701328566
大兴营销服务部	大兴区枣园东里 40 号楼 12 层 3 单元 1201 室	102627	18701328566

阳光人寿保险股份有限公司北京分公司

机构名称	地　址	邮　编	电　话
阳光人寿保险股份有限公司朝阳电话销售中心	朝阳区东三环中路 16 号京粮大厦	100022	59046980
阳光人寿保险股份有限公司通州电话销售中心	通州区通胡大街 25 号 10 号楼第 4 层	101117	57240682
东城支公司	东城区灯市口大街 50 号好润大厦	100006	65268111
朝阳营销服务部	朝阳区东三环中路 20 号乐城中心 A 座 8 层	100022	65268111
石景山支公司	石景山区石景山路 22 号万商大厦 1210～1212 房间	100043	68651225
顺义支公司	顺义区双兴北区 33 号	101300	65268111

幸福人寿保险股份有限公司北京分公司

机构名称	地　址	邮　编	电　话
第一营销服务部	东城区珠市口东大街 13 号 1 层 102 室	100050	67094550

海淀支公司	海淀区西直门北大街32号院2号楼409房间	100082	85239988

百年人寿保险股份有限公司北京分公司

机构名称	地址	邮编	电话
东城营业部	东城区东直门南大街11号华普中心大厦1段A座16层1601室	100007	56759488

泰康养老保险股份有限公司北京分公司

机构名称	地址	邮编	电话
南站营销服务部	丰台区北京南站高架层西侧西A－1区域	100031	59311709

和谐健康保险股份有限公司北京分公司

机构名称	地址	邮编	电话
朝阳支公司	朝阳区东三环中路55号楼5层605室	100022	13910633133

安邦人寿保险股份有限公司北京分公司

机构名称	地址	邮编	电话
朝阳支公司	朝阳区青年路27号院2号楼2号底商	100025	59229989

(3) 外资保险公司

机构名称	地　址	邮　编	电　话
现代财产保险（中国）有限公司	朝阳区霄云路38号现代汽车大厦508室	100027	4006080808
中意财产保险有限公司营业部	朝阳区建国门外大街乙12号双子座大厦西塔26层	100022	59601818
苏黎世财产保险（中国）有限公司	朝阳区曙光西里甲5号院21号楼北京凤凰置地广场F座6层	100027	84547799
三星财产保险（中国）有限公司北京分公司	朝阳区建国路118号招商局大厦25层2506～2507A室	100022	65668100
利宝保险有限公司北京分公司	朝阳区建国路77号华贸中心3号楼9层	100025	59100788
美亚财产保险有限公司北京分公司	朝阳区光华路7号汉威大厦A座	100004	59692888
太阳联合保险（中国）有限公司北京分公司	西城区西直门外大街1号院3号楼22D2－D6	100044	59096188
三井住友海上火灾保险（中国）有限公司北京分公司	朝阳区东三环北路5号北京发展大厦1601室	100004	85598000
国泰财产保险有限责任公司北京分公司	西城区宣武门外大街甲1号环球财讯中心大厦412～413室	100052	59336888
日本财产保险（中国）保险有限公司北京分公司	朝阳区东三环中路1号环球金融中心东楼406～407室	100020	59817500
东京海上日动火灾保险（中国）有限公司北京分公司	朝阳区建国门外大街8号国际财源中心A座33层02单元	100022	59138879
史带财产保险股份有限公司北京分公司	东城区建国门南大街7号北京万豪酒店A座2208室、2210室	100005	50868399
瑞士再保险股份有限公司北京分公司	朝阳区建国门外大街乙12号双子座大厦	100022	65638888
慕尼黑再保险公司北京分公司	朝阳区建外大街2号银泰中心C座	100022	85919999

法国再保险公司北京分公司	朝阳区建国门外大街1号国贸1座1215～1220室	100004	65055238
瑞泰人寿保险有限公司	西城区西直门外大街18号金贸大厦D座3层	100025	4008109339
中法人寿保险有限责任公司	朝阳区建外大街永安东里8号华彬国际大厦1206室	100022	85288588
新光海航人寿保险有限责任公司	朝阳区建国门外大街乙12号双子座大厦东塔6层、8层	100022	59216666
友邦保险有限公司北京分公司	朝阳区建国门外大街8号国际财源中心西塔A、B座5层	100022	8008203588
信诚人寿保险有限公司北京分公司	东城区王府井大街138号新东安广场第3座10层1001～1027号	100738	4008838838
中意人寿保险有限公司北京分公司	朝阳区光华路5号院1号楼	100020	4008889888
中宏人寿保险有限公司北京分公司	西城区复兴门外大街A2号中化大厦4层	100045	4008188888
中英人寿保险有限公司北京分公司	朝阳区永安东里16号CBD国际大厦8层	100022	4008800900
工银安盛人寿保险有限公司北京分公司	朝阳区建国路116号招商局大厦R2楼2层	100022	4006705566
中荷人寿保险有限公司北京分公司	东城区东长安街1号东方广场东方经贸城东一办公楼5层	100738	4008161688
招商信诺人寿保险有限公司北京分公司	朝阳区建国路甲92号世茂大厦9层	100022	4008888288
海康人寿保险有限公司北京分公司	朝阳区工体北路甲2号盈科中心A座12层1210～1217A室	100027	58164868
华泰人寿保险股份有限公司北京分公司	西城区德胜门外大街125号德胜尚城大厦B座	100088	4008895509
恒安标准人寿保险有限公司北京分公司	朝阳区霄云路26号鹏润大厦B805～807室	100016	59235588
平安健康保险股份有限公司北京分公司	西城区金融大街23号平安大厦810单元	100032	95512
国泰人寿保险有限责任公司北京分公司	东城区白桥大街15号4层407～408室	100062	59620678
中德安联人寿保险有限公司北京分公司	朝阳区建国路81号华贸中心1号写字楼5层	100025	8009886688
中美联泰大都会人寿保险有限公司北京分公司	东城区东长安街1号东方广场东方经贸城东二办公楼12层	100738	85180966

长生人寿保险有限公司北京分公司	西城区平安里西大街28号中海国际中心	100034	63220122
中航三星人寿保险有限公司北京分公司	朝阳区建国路93号万达广场9号楼3层	100022	58201621
汇丰人寿保险有限公司北京分公司	朝阳区建国门外大街8号国际财源中心西塔楼11层	100022	59860000
交银康联人寿保险有限公司北京市分公司	西城区平安里西大街28号中海国际大厦9层906~909单元	100034	13661152272

（4）外资保险公司分支机构

长生人寿保险有限公司北京分公司

机构名称	地　址	邮　编	电　话
顺义营销服务部	顺义区南法信镇顺平路南法信段9号院1幢5层505室	101316	57711900

工银安盛人寿保险有限公司北京分公司

机构名称	地　址	邮　编	电　话
国贸营销服务部	朝阳区建国路116号招商局中心R2楼2层	100022	51358866

海康人寿保险有限公司北京分公司

机构名称	地　址	邮　编	电　话
朝外大街营销服务部	朝阳区工人体育场北路甲2号盈科中心A座12层1201室	200027	58164868

华泰人寿保险股份有限公司北京分公司

机构名称	地　址	邮　编	电　话
东城营销服务部	西城区德胜门外大街125号德胜尚城大厦B座3层北楼	100088	59375566
西城营销服务部	西城区德胜门外大街125号德胜尚城大厦B座2层北楼	100088	59375566
北太平庄营销服务部	西城区德胜门外大街125号401B－8	100088	59375522
房山营销服务部	房山区拱辰街道拱辰大街53号	102488	59375158
昌平营销服务部	昌平区八街双井胡同八街3号住宅楼1层6单元102号	100000	69726203

恒安标准人寿保险有限公司北京分公司

机构名称	地　址	邮　编	电　话
朝阳营销服务部	朝阳区宵云路26号鹏润大厦B805～807室	100016	59235582
第一营销服务部	新怡家园甲3号新怡商务楼B座8层801～802室	100062	59235588
昌平支公司	昌平区天通苑西三区26号楼18门	102218	13910011703

交银康联人寿保险有限公司北京市分公司

机构名称	地　址	邮　编	电　话
昌平营业部	昌平区昌平镇昌盛园一区15号楼1至2层2号底商	102200	63220167

信诚人寿保险有限公司北京分公司

机构名称	地　址	邮　编	电　话
信诚人寿保险有限公司电话销售中心	朝阳区京顺路5号曙光大厦C座4层	100020	18500234086
新东安营销服务部	东城区王府井大街138号新东安写字楼三座8层	100006	65888885
王府井营销服务部	东城区王府井大街138号新东安广场写字楼1座、2座	100006	85117988
海淀第一营销服务部	海淀区中关村南大街乙56号方圆大厦22层2203～2206室	100044	85181888
亚运村营销服务部	朝阳区安定路39号长新大厦604室	100029	85181888
朝阳第一营销服务部	朝阳区广顺北大街19号1层01层A17－A19	101213	85181888
昌平营销服务部	昌平科技园区超前路甲1号11号楼6层608室	102200	85181888
平谷营销服务部	平谷区平谷镇新开街33号楼18－3号	101200	89999578

友邦保险有限公司北京分公司

机构名称	地　址	邮　编	电　话
东城长安营销服务部	东城区东直门南大街甲3号居然大厦8层801室	100006	85117775
朝阳太阳宫营销服务部	朝阳区太阳宫中路12号楼2层202室	100028	64718760
朝阳建国路营销服务部	朝阳区建华南路6号院1号楼5层	100022	65666331
朝阳永安里营销服务部	朝阳区建华南路6号院1号楼5层03单元	100022	65666331
朝阳大望路营销服务部	朝阳区建华南路6号院1号楼5层07单元	100022	65666331
朝阳劲松营销服务部	朝阳区建华南路6号院1号楼5层01单元	100022	65666331
朝阳三元桥营销服务部	朝阳区东三环北路3号幸福大厦B座301室	100027	64619828

朝阳长虹桥营销服务部	朝阳区东三环北路17号11层1104室	100027	86106530
朝阳和平西桥营销服务部	朝阳区东三环北路3号B座315室	100013	64619828
朝阳光华路营销服务部	朝阳区建华南路6号院1号楼5层05单元	100022	65666331
通州营销服务部	通州区梨园地区梨园村轻轨南侧1号楼1号	101101	60557166
昌平营销服务部	昌平区回龙观西大街16号院1号楼3层D308室	100029	81715103

中荷人寿保险有限公司北京分公司

机构名称	地　址	邮　编	电　话
东方广场营销服务部	东城区东长安街1号东方广场中二办公楼7层1～2室	100738	65216685
第二营销服务部	朝阳区建外大街永安东里甲3号通用时代国际中心一号楼2层	110105	58793777

中美联泰大都会人寿保险有限公司北京分公司

机构名称	地　址	邮　编	电　话
中美联泰大都会人寿保险有限公司北京第一电话销售中心	东城区朝阳门内大街2号凯恒中心	100022	85180966
中美联泰大都会人寿保险有限公司北京第二电话销售中心	东城区东直门南大街11号B座1002室及11层	100007	85180966
中美联泰大都会人寿保险有限公司北京睿祺电话销售中心	东长安街1号东方广场东方经贸城东二办公楼15层1510室	100738	85180966
东三环中路营销服务部	朝阳区东三环中路20号A座17层	100022	85180966

中航三星人寿保险有限公司北京分公司

机构名称	地　址	邮　编	电　话
朝阳第一营销服务部	朝阳区建国路93号万达广场9号楼八层	100022	58201780

中意人寿保险有限公司北京分公司

机构名称	地　址	邮　编	电　话
中意人寿保险有限公司北京电话销售中心	朝阳区朝阳北路225号京龙大厦12层	100026	65097028
东恒营销服务部	东城区东直门外大街46号天恒大厦25层	100027	58190088
大成营销服务部	东直门外大街46号天恒大厦B座25层2508B	100027	58190088
国贸营销服务部	东直门外大街46号天恒大厦B座25层2507A、2507B	100027	58190088

中宏人寿保险有限公司北京分公司

机构名称	地　址	邮　编	电　话
朝阳区营销服务部	朝阳区朝阳公园路19号佳隆国际大厦07层0711~0713单元	100125	65390701

中英人寿保险有限公司北京分公司

机构名称	地址	邮编	电话
中英人寿保险有限公司北京电话销售中心	西城区黄寺大街甲23号院1号楼北广大厦第16层	100011	82235892
中英人寿保险有限公司北京朝阳电话销售中心	朝阳区朝阳北路225号京龙大厦508室	100022	85672888－257
朝阳区营销服务部	朝阳区永安东里16号CBD国际大厦812室	100022	85672888

招商信诺人寿保险有限公司北京分公司

机构名称	地址	邮编	电话
招商信诺人寿保险有限公司北京电话销售中心	东城区珠市口东大街4号312室	100000	85809055

新光海航人寿保险有限责任公司

机构名称	地址	邮编	电话
电话销售中心	建国路7号正嘉大厦6层	100033	59216666
朝阳支公司	朝阳区建国路7号正嘉大厦6层	100022	57593666

（5）保险代理公司

机构名称	地址	邮编	电话
安惠国际保险代理（北京）有限公司	东城区东四十条甲22号1号楼A710室	100007	4006786070
保通时空（北京）保险代理有限公司	海淀区紫竹院路116号嘉豪国际中心D座606室	100033	58931833
葆和（北京）保险代理有限公司	东城区安定门外大街183号4层N401	100020	56087928

北京爱马社保险代理有限公司	丰台区南三环中路小铁营10号5层东段	100075	58076944
北京安邦保险代理有限责任公司	西城区六铺炕街一号1层	100120	82032385
北京安平保险代理有限公司	西城区德胜门内西顺城街46号东101A	100035	66126609
北京佰阳保险代理有限公司	朝阳区建国路89号院4号楼19层2205室	100080	56200171
北京佰盈保险代理有限公司	海淀区彰化路138号院1号楼3层320室	100044	56138448
北京宝力诚保险代理有限责任公司	朝阳区安慧北里安园10号楼H座202室	100110	51667471
北京保佳保险销售有限责任公司	朝阳区京奥家园132号楼4层1门401号	100080	51079873
北京北盛联合保险代理有限责任公司	朝阳区高碑店乡半壁店村惠河南街1008－B四惠大厦	100024	65884700
北京博瑞和铭保险代理有限公司	朝阳区安贞西里四区16号楼－1	100029	64412240
北京财富之舟保险代理有限公司	大兴区经济开发区金辅路甲2号4幢4层408室	102600	60297165
北京财鑫保险代理有限公司	大兴区盛坊路4号1幢	100028	64475227
北京长久汽车保险销售有限公司	顺义区北京空港物流基地物流园八街1号2层B2－005房屋	101300	65732999
北京辰洋保险代理有限公司	海淀区北洼路西里19号A503室	100089	80793268
北京诚成保险代理有限公司	朝阳区东大桥路8号1楼3012室	100020	58701778
北京诚联保险代理有限公司	海淀区东北旺西路8号中关村软件园8号楼3层316室	100083	62304911
北京诚信保险代理有限公司	朝阳区东三环南路甲52号楼5层6C	100022	51660599
北京诚信通保险代理有限公司	平谷区贾各庄村东南街甲6号	101200	89997999
北京创富保险代理有限公司	朝阳区东三环中路39号院13号楼13层1603室	100022	51299166
北京德信保险代理有限公司	朝阳区安慧里四区16号化工大厦916室	100723	84885211
北京东方之家保险代理有限公司	丰台区角门18号枫竹苑二区1号楼4层413室	100070	57253391
北京丰裕保险代理有限公司	东城区东中街58号1号楼二单元303室	100027	65544788
北京富邦保险代理有限公司	东城区胜古中路1号20号楼2层218室	100033	64427323

北京高晟财富保险代理有限公司	朝阳区朝外大街甲6号4座23层	100010	58170806
北京格林保险代理有限公司	平谷区中关村科技园区平谷物流基地5号－050	100078	62366843
北京广安保险代理有限责任公司	平谷区平谷镇谷丰东路8号	101200	69988080
北京国诚国际保险代理有限公司	朝阳区东风乡将台洼甲80号院内甲8号	100016	67713603
北京国恒保险代理有限公司	西城区德胜门外大街73号北楼2层	100010	57279663
北京国济保险代理有限公司	西城区北三环中路甲29号院2号楼华尊大厦B座1501室	100029	62356665
北京国民保险代理有限公司	西城区车公庄大街9号院5号楼1402室	100044	62538000
北京国人保险代理有限公司	朝阳区建国门外大街丙24号楼18层2103室	100022	65666680
北京国泰保险代理有限公司	朝阳区幸福一村甲55号	100027	64162696
北京海商保险代理有限公司	朝阳区东四环中路60号楼305室	100010	59648671
北京恒荣汇彬保险代理有限公司	朝阳区光华路7号19层19B10单元	100079	57264419
北京恒泰保险代理有限公司	朝阳区秀水街1号建国门外外交公寓	100200	85322837
北京恒信保险代理有限公司	朝阳区芍药居北里305楼203～204号	100122	84929744
北京红枫鑫保险代理有限公司	朝阳区王四营乡道口村白鹿司6号－2层	100010	87731288
北京宏安信保险代理有限公司	海淀区中关村东路18号财智国际大厦A座1201室	100083	82600499－801
北京宏利保险代理有限公司	朝阳区建国门外大街1号16幢14层59室	100004	65350177
北京华诚保险代理有限公司	海淀区北三环西路32号恒润国际大厦809室	100086	82624648
北京华创明德保险代理有限公司	朝阳区大郊亭中街2号院1层乙2号楼	100022	58698747
北京华盛京港保险代理有限公司	海淀区北四环中路229号海泰大厦557室	100010	82885815
北京华夏经纬保险代理有限公司	朝阳区东三环中路59号楼601室	100022	58241666
北京华谊保险销售有限公司	东城区珠市口东大街2号4012室	100062	65387075
北京环宇康泰保险代理有限公司	丰台区丰管路22号院12栋105号	100073	63339582
北京汇通金隆保险代理有限公司	石景山区双园路一号1号楼608室、610室	100041	67684511
北京汇祥保险代理有限公司	海淀区复兴路20号44号楼319室	100036	68211690

北京吉顺佳保险代理有限公司	丰台区西四环南路46号国润商务大厦A座310室	100010	51661563
北京佳盛保险代理有限公司	昌平区科技园区何营路8号院6号楼5层502室	102200	60748979
北京嘉信保险代理有限公司	朝阳区百子湾南二路88号1幢6层623室	100025	84012449
北京嘉泽保险代理有限公司	朝阳区金盏乡东苇路北北京金港展览展示有限公司H区1号楼	100026	58205506
北京交广保险代理有限公司	朝阳区幸福三村北街1号	100027	84515731
北京金鼎涛保险代理有限公司	海淀区彰化南路18号1号楼3层328号	100076	88840744
北京金汉保险代理有限公司	海淀区四季青镇柴家坟78号	100097	88452586
北京金宏保险代理有限责任公司	西城区红莲南路28号6-1幢B座0309号	100055	64130456
北京金瑞卓森汽车保险代理有限公司	朝阳区利泽东园306号	100102	64392288
北京金石保险代理有限公司	朝阳区亚运村北小营欧陆经典北区C座8层0902室	100101	84850879
北京金隅民生保险代理有限公司	朝阳区朝阳北路104号楼4层408室	102208	58917195
北京金宇四越保险代理有限责任公司	昌平区鼓楼东街33号金宇大厦2层206室	102200	60741812
北京京安保险代理有限公司	西城区西直门南小街国英1号	100035	58561057
北京京安恒信保险代理有限公司	西城区平原里小区20号楼311室	100053	83554701
北京京广保险代理有限公司	朝阳区朝阳北路235号复地国际公寓703室	100020	85715028
北京京恒福保险代理有限公司	海淀区学院路7号3层309室	100083	62186351
北京京铁保险代理有限公司	丰台区莲花池东路120-1号北京西站西附楼5301室	100055	51935016
北京精诚信联保险销售有限公司	东城区东花市南里东区8号楼7层1单元709室	100062	67195677
北京开诚保险代理有限公司	丰台区东大街66号新空间写字楼309室	100071	63861768
北京开元保险代理有限公司	海淀区巴沟南路35号京江阳光A座310号	100089	82551322
北京康硕保险代理有限公司	丰台区南苑北里二区6号楼2层201室	100000	59273405
北京康泰保险代理有限公司	西城区灵境胡同42号1号楼4218室	100074	58042817
北京可为保险代理有限公司	朝阳区西坝河西里28号1号楼B0903室	100028	64475477

北京乐百家保险代理有限公司	西城区广外车站西街5号D层007室	100055	83724926
北京乐融保险代理有限公司	东城区南竹杆胡同2号银河搜候中心10层11106室	100044	56893300
北京立康保险代理有限公司	海淀区西直门北大街32号院1号楼8层905室	100081	59456934
北京丽华保险代理有限公司	丰台区丰台镇北大街14号1号楼403室	100071	84124980
北京利信保险代理有限公司	朝阳区首都机场西平街2号3层301室	100621	64097126
北京利亚保险代理有限公司	海淀区中关村南大街2号数码大厦A座2706室	100086	51727665
北京美安保险销售有限公司	朝阳区秀水街1号6号楼2单元1层2号	100600	85321905
北京美日保险代理有限公司	密云县经济开发区康宝路10－3号	100062	65387031
北京名阳保险代理有限公司	朝阳区光华路甲8号院1号楼15层	100079	65155189
北京铭信保险代理有限公司	西城区黄寺大街26号院4号楼	100035	82081236
北京平和保险代理有限公司	西城区阜成门外大街6号212室	100037	68008261
北京启盛保险代理有限公司	西城区莲花池东路106号汇融大厦B座1105室	100055	63958492
北京钱袋网保险代理有限责任公司	海淀区知春路6号锦秋国际大厦15层B03号	100088	82800993
北京乾安保险销售有限公司	海淀区西四环北路136号4幢平房3号	100055	88437573
北京仁怡保险代理有限公司	东城区中剪子巷17号329A室	100007	84012608
北京瑞安鸿泰保险代理有限公司	怀柔区杨宋镇凤瑞一园1号院和平路甲8号1层14单元101室	101400	61665978
北京瑞宝寿康保险代理有限公司	朝阳区小关北里45号世纪嘉园1号楼17A	100029	84896216
北京瑞金恒邦保险销售服务股份有限公司	东城区夕照寺中街4号7号楼320室	100022	68029246
北京瑞懋保险代理有限责任公司	海淀区复兴路2号23号南平房	100038	51916598
北京睿峰都保险代理有限责任公司	房山区城关街道顾八路1区1号—W18	102400	89358985
北京润昌保险代理有限公司	朝阳区东大桥路8号院3号楼15层	100097	62021595
北京润康保险代理有限公司	西城区新街口外大街8号金丰和写字楼A座415室	100088	67186620
北京赛保通保险代理有限公司	东城区幸福大街甲39号A－207	100062	67186899

北京赛福特保险代理有限公司	朝阳区安立路60号院2号住宅楼1502室	100101	64827061
北京申根保险代理有限公司	东城区东大地街1号24号楼2层B204	100020	64174035
北京胜易保险代理有限公司	东城区永定门内东街中里9-17号楼3030房间	100010	67018888
北京世纪隆盛保险代理有限公司	海淀区板井路69号世纪金源国际公寓东区10H	100097	88460345
北京市金诚华夏保险代理有限公司	丰台区科技园区3A地块工商联科技大厦	100070	63743368
北京市神舟保险代理有限公司	西城区新街口外大街8号综合楼4层404室	100033	82358474
北京市玉林保险代理有限责任公司	房山区西潞街道良乡西路苏庄三里17号楼11号	102400	69312808
北京双诚保险代理有限公司	东城区忠实里南街6号楼3单元603室	100022	87758893
北京泰铭保险代理有限责任公司	西城区莲花池东路甲5号院1号楼11层2单元1104室	100038	51289200
北京泰瑞保险代理有限责任公司	朝阳区望京中环南路甲2号7至8层B705	100012	84721125
北京泰洋保险代理有限公司	朝阳区吉庆里6号佳汇中心B座407号	100020	65531761
北京天地保险代理有限公司	海淀区中关村北二条13号6幢4层400号	100190	82671691
北京天岳保险代理有限公司	怀柔区青春路21号404室	101400	58773792
北京万家保险代理有限公司	海淀区阜成路115号北京印象1号楼205房间	100142	88128735
北京祥龙博瑞汽车保险代理有限公司	东城区长青园7号1栋3216室	100061	64650148
北京昕盈保险代理有限公司	丰台区万丰路317号	100039	86639611
北京新月保险代理有限责任公司	昌平区科技园区永安路26号	102200	80119100
北京信安保险代理有限公司	朝阳区北辰西路69号峻峰华亭C座5层	100029	58772233
北京信泰保险代理有限公司	海淀区昌运宫4号豪柏公寓B1-701号	100044	88420460
北京阳光保险代理有限公司	西城区华远北街2号1025室	100024	83988722
北京阳光干线保险代理有限公司	海淀区祁家豁子甲2号建德商务楼117室	100191	62369090
北京阳光金元汇保险代理有限公司	朝阳区关东店南街2号0511室	100020	57282792
北京耀莱汽车保险代理有限公司	朝阳区幸福二村40号楼-1至4层40-1内3层307室	100027	84389713

北京义邦保险代理有限公司	密云县康馨雅苑3号楼1层4单元102室	101500	89080119
北京易品保险代理有限公司	朝阳区东三环中路39号院18号楼23层2706室	100026	85718581
北京银华同邦保险代理有限公司	西城区宣武门西大街28号大成广场9门1917～1920室	100052	83139918
北京永通保险代理有限公司	平谷区平谷镇兴谷园小区18楼12号	101200	89982282
北京钰城保险代理有限责任公司	东城区和平里中街甲27号2幢甲608室	100012	88027726
北京远安保险代理有限公司	朝阳区霞光里66号院3号楼商业C06－2	100027	82231008
北京运通国瑞保险代理有限公司	密云经济开发区兴盛南路8号院1号楼110室、116室	101500	67863577
北京致用保险代理有限公司	西城区广安门南滨河路25号403室	100055	51656544－806
北京中金同安保险代理有限公司	海淀区西四环北路158号慧科大厦东区5层H2	100142	88591798
北京中联信保险销售服务有限公司	朝阳区工人体育场北路甲6号中宇大厦1层010C	100027	85235948
北京中逸保险代理有限公司	海淀区北三环西路48号1号楼A座12B	100086	51627409
北京众合四海保险代理有限公司	朝阳区安华里二区13号楼101室	100011	59221533
北京众恒保险代理有限责任公司	大兴区黄村镇车站北里51号楼1层102室	102600	69208553
北京众联荣盛保险代理有限公司	东城区夕照寺街14号4号楼3层	100023	59790423
北京资本动力保险代理有限公司	朝阳区东三环中路12号1号楼1401室	100022	87710095
大童保险销售服务有限公司	西城区宣武门西大街甲127号22层01～06室	100031	57382999
鼎泽保险代理有限公司	丰台区西三环南路59号518室	100071	63829393
泛华联兴保险销售股份公司	朝阳区建国路93号院9号楼4层405室	100027	58299852－216
富德保险销售有限公司	丰台区赵公口甲13号2号楼2层	100082	87809106
国福家庭保险销售服务有限责任公司	西城区莲花池东路106号2单元705室	100055	66290713
航联保险销售（北京）有限公司	东城区东直门南大街5号中青旅大厦8层801～803室	100007	58157000

和谐保险销售有限公司	朝阳区东三环中路 55 号楼 20 层 2302 室	100020	85256380
汇银林泰（北京）保险代理有限公司	海淀区北三环西路 99 号院 3 号楼 7 层	100080	82553362
汇泽保险销售服务有限公司	东城区朝阳门南小街 2 号楼 3 层 335 室	100010	58643561
金惠家保险代理有限公司	海淀区二里庄 34 号楼 8 单元 503 号	100083	82375133
康宏碧升保险代理有限公司	西城区西直门外大街 1 号院 3 号楼 18 层	100044	58085688
康盛（北京）保险销售有限公司	平谷区林荫北街 13 号信息大厦 1207～1208 室	101299	58614829
利星行宝汇汽车保险代理（北京）有限公司	朝阳区望京街 8 号院 1 号楼 801 室	100102	84778000
纳捷奥保险代理（北京）有限公司	海淀区车公庄西路乙 19 号华通大厦 B 座北塔 10 层 1027 室	100048	51666898
全天候保险代理（北京）有限公司	顺义区仁和镇沙陀村东路 1 号 –01 室	100024	51397938
融汇保险销售有限公司	朝阳区东三环中路 39 号院 17 号楼 6 层	100026	85660977
盛世合众保险销售有限公司	海淀区杏石口路 9 号 1 幢 2 层 201 室	100195	59949002
盛源兴保险代理（北京）有限责任公司	平谷区平谷镇文化南街 8 号楼	101200	69936856
世捷开元保险代理有限公司	石景山区八大处高科技园区西井路 3 号 3 号楼 8737 室	100041	57273371
太阳联创保险代理（北京）有限公司	朝阳区和平街东土城路 12 号院 3 号楼 1304 室	100013	87925664
天汇通易保险代理（北京）有限公司	海淀区中关村南大街一号北京友谊宾馆 60834 房间	100873	68949820
天勤保险代理（北京）有限公司	朝阳区幸福一村 55 号 1 号楼 1 层	100027	87667158
天圆地方（北京）保险代理有限公司	东城区珠市口东大街 4 号	100050	67053775
五星联盟（北京）保险销售有限公司	海淀区中关村南大街 17 号 3 号楼 19 层 1902 室	100054	52619182
新宝宇业（北京）保险代理有限公司	丰台区成寿寺路 5 号楼 5 层 512 室	100078	87527425
阳光一家家庭综合保险销售服务有限公司	朝阳区朝外大街乙 12 号 1 号楼昆泰国际大厦 9 层	100020	58289877
阳光之音保险销售服务有限公司	通州区梨园镇小街三队综合楼 3 层 A 区	101101	81593211
洋坤（北京）保险代理有限公司	怀柔区怀北镇西庄村 308 号	101408	82026960
宜信博诚保险销售服务（北京）有限公司	朝阳区建国路 88 号 8 号楼 12 层 1505 室	100022	57951600

英硕伦斯保险代理（北京）有限责任公司	西城区裕中西里 42 号楼 303～304 室	100027	67759836
中驰保险代理（北京）有限公司	石景山区石景山路乙 18 号院 3 号楼 6 层	100070	67089666
中佳保险代理有限公司	西城区南滨河路 27 号院 7 号楼 307 室	100055	63453588
中京国际保险销售（北京）有限公司	平谷区南岔子街 1 号 1～3 层	101200	69982586
中利保险销售有限公司	朝阳区吉庆里 14 号楼地上部分 507 室	100020	59694588
中天信合保险代理（北京）有限公司	西城区新街口外大街 8 号 101 室	100062	82086115

（6）保险经纪公司

机构名称	地　址	邮　编	电　话
安润国际保险经纪（北京）有限公司	西城区阜成门外大街 2 号	100037	68060129
安行保险经纪（北京）有限公司	西城区三里河一区 5 号院 7 号楼群房 5－3 号 3 层 301 室	100045	65387011
北京安华保险经纪有限公司	门头沟区城子大街 73－3 号	102300	58790790
北京安康保险经纪有限公司	朝阳区西坝河西里 28 号	100028	64477610
北京安平中鼎保险经纪有限公司	丰台区科技园富丰路 4 号工商联科技大厦 B 座 2004 室	100070	63784045
北京鞍汇联保险经纪有限公司	朝阳区东三环中路 39 号建外 SOHO15 号楼 805 室	100022	58695890
北京奥创保险经纪有限公司	朝阳区洼里乡北苑北辰居住区 B5 区商业及办公 11 层	100107	84938008
北京百川保险经纪有限公司	西城区天宁寺前街 2 号北院 19 幢 205A	100055	63319211
北京邦恒保险经纪有限公司	丰台区南四环西路 188 号 15 区 15 号楼 6 层	100070	57345109
北京大唐泰信保险经纪有限公司	西城区菜市口大街 1 号 13 层 1311 室	100052	83956356
北京大童保险经纪有限公司	平谷区林荫北街 13 号信息大厦 802 室	100031	57382999
北京鼎立保险经纪有限责任公司	海淀区知春路 51 号慎昌大厦 5 层 5079 室	100024	88851866

北京鼎盛保险经纪有限责任公司	朝阳区酒仙桥路甲4号3号楼1003室	100125	65065338
北京东方保险经纪有限公司	朝阳区东三环中路39号院18号楼18－2801室	100021	59000271
北京东方华信保险经纪有限公司	西城区高井胡同16号北京惠福园宾馆203房间	100089	68366080
北京方和万金保险经纪有限公司	海淀区北小马厂6号906室	100038	56213185
北京丰融保险经纪有限公司	东城区朝阳门内大街288号院1号楼5层622室	100027	84476292
北京富诚保险经纪有限公司	东城区广渠门南小街3号一单元1002室	100061	67169146
北京关爱保险经纪有限公司	朝阳区朝阳北路99号1号楼1903室	100123	65992887
北京广发保险经纪有限公司	密云县经济开发区兴盛南路8号开发区办公室501～615室	101500	69472620
北京国采保险经纪有限公司	东城区东直门外大街48号1幢10层办公楼10K	100027	84477169
北京国中保险经纪有限公司	朝阳区建国门外大街18号D702号	100022	65691466
北京海力保险经纪有限公司	丰台区政馨园一区2号楼8层822室	100033	56127490
北京合利仁保险经纪有限公司	朝阳区建国路77号	100025	58220292
北京和政保险经纪有限公司	朝阳区小营路5号楼15层1538室	100101	65301358
北京恒丰保险经纪有限公司	西城区西四南大街砖塔胡同40号宝塔宾馆308室	100034	88891941
北京宏源保险经纪有限公司	东城区工体北路工人体育馆北区2层6～7室	100027	51401796
北京华川恒健保险经纪有限公司	海淀区永泰庄北路9号永泰绿色生态园V6号院	100192	51582188
北京华汇保险经纪有限公司	西城区车公庄大街9号院5号楼14层1404室	100044	60250099
北京华融保险经纪有限公司	西城区阜成门外大街11号国宾大厦808室	100037	68002925
北京华夏保险经纪有限公司	东城区朝阳门内大街2号13层1602号	100007	65179916
北京华育保险经纪有限公司	东城区朝阳门北大街8号2号楼11层	100000	65545008
北京环球保险经纪有限公司	西城区西直门内南小街国英1号楼516室、518室	100035	58561188
北京汇保联保险经纪有限公司	石景山区石景山路20号2004A	100027	85235948
北京汇金保险经纪有限公司	朝阳区建国门外大街1号16号楼422～425室	100004	51660028

北京惠邦保险经纪有限公司	朝阳区裕民路12号中国国际科技会展中心C座901室	100029	82252371
北京惠保保险经纪有限公司	北京经济技术开发区同济南路19号2号楼4层B区	100122	57063999
北京吉泰保险经纪有限公司	海淀区紫竹院路81号院3号楼北方地产大厦6层609室	100089	88580566
北京嘉信保险经纪有限公司	朝阳区百子湾南二路88号1幢7层704室	100025	84012135
北京金诚国际保险经纪有限公司	海淀区西三环北路91号7号楼3层C02号房间	100048	52961111
北京金甲保险经纪有限公司	西城区西直门内南小街国英园1号楼707室	100035	58561769
北京金永泰保险经纪有限责任公司	海淀区西八里庄北里56号院西钓鱼台庄园3号楼4门401室	100141	88122415
北京康信保险经纪有限公司	朝阳区工人体育场北路8号院1号楼13层	100025	85861166
北京联合保险经纪有限公司	朝阳区静安里26号楼8~9层	100028	64680488
北京隆华保险经纪有限公司	朝阳区百子湾西里403号楼15层1501室	100033	87101985
北京美邦保险经纪有限公司	海淀区中关村南大街6号7层703室	100048	84473181
北京盟联保险经纪有限公司	海淀区翠微路12号5层1单元501室	101100	52858652
北京木易保险经纪有限责任公司	西城区西直门外大街18号楼18层1单元	100089	52963666
北京普华盛世保险经纪有限公司	石景山区鲁谷路35号楼13层1302室	100070	57126871
北京乾泰保险经纪有限公司	西城区平原里小区20号楼413室	100035	63180208
北京秦华保险经纪有限公司	西城区广安门外大街168号中座1010室	100055	63985525
北京仁信智合保险经纪有限公司	丰台区南四环西路128号院3号楼1816室	100070	83609322
北京瑞和保险经纪有限公司	朝阳区东三环中路55号楼20层2306室	100022	85256408
北京瑞信保险经纪有限公司	朝阳区北辰东路8号21号楼B座1401室	100101	84832950
北京润得保险经纪有限公司	朝阳区北小营欧陆经典万兴苑11座4层A室	100101	84851002
北京润盛保险经纪有限公司	朝阳区东方东路8号	100024	64681372

北京赛福哈博保险经纪有限公司	海淀区八里庄路 62 号院 1 号楼 2 层 234	100038	63378585
北京三角洲保险经纪有限责任公司	海淀区青云里满庭芳园小区 9 号楼青云当代大厦 1811 号	100086	62124086
北京神州安泰保险经纪有限公司	通州区潞城镇宝佳路 66 号	101117	88727711
北京盛安国际保险经纪有限公司	海淀区中关村东路 18 号财智国际大厦 A 座 1105 室	100083	82600498 - 801
北京盛唐保险经纪有限公司	朝阳区高碑店乡半壁店村惠河南街 1008 - B 四惠大厦	100023	56145295
北京泰丰保险经纪有限公司	东城区东水井胡同 11 号楼 3 层 3C02 室	100010	67281839
北京天道保险经纪有限责任公司	海淀区西郊半壁店 59 号 1 号楼 4 层 4288 室	100143	51502735
北京天和保险经纪有限公司	朝阳区北土城西路 7 号 F 座 802 室	100029	82275811
北京天时国际保险经纪有限公司	海淀区清华园街道清华大学 33 区 12 楼 3 层盛世华园酒店 301 室	100083	88578257
北京天易保险经纪有限公司	海淀区阜外亮甲店 1 号恩济西园 10 号楼西 3 门 3305 室	100142	68177335
北京同泰保险经纪有限责任公司	海淀区八里庄路 62 号院 1 号楼 7 层 724 室	100142	58221917
北京文晟保险经纪有限公司	朝阳区新源南路 6 号 1 号楼 43 层 4303 室	100073	84865183
北京问鼎保险经纪有限公司	朝阳区东三环中路 39 号院 14 号楼 1102 室	100022	58691652
北京物融保险经纪有限公司	西城区阜成门外大街甲 9 号国宾酒店 9 层 902 室	100037	68005737
北京协荣保险经纪有限公司	西城区南滨河路 27 号 7 号楼 18 层 1806 室	100055	83126679
北京新城保险经纪有限公司	朝阳区北土城西路 7 号国恒基业大厦 D 座 804 室	100029	51663231
北京新域保险经纪有限公司	东城区崇文门外大街 11 号 9 层 908 室	100062	67092376
北京鑫恒保险经纪有限公司	西城区西直门外大街 1 号院 2 号楼 12 层 12C5 室	100044	68563212
北京信成和盛保险经纪有限责任公司	朝阳区大郊亭中街 2 号院华腾国际公寓 5 号楼 12B	100124	63036418
北京信德保险经纪有限公司	海淀区昌运宫 4 号豪柏国际公寓 A1 座 2402 ~ 2403 室	100048	68436261

北京亚泰胜达保险经纪有限责任公司	西城区金融街通泰大厦703室	100033	58626666
北京阳光三泰保险经纪有限公司	石景山区政达路2号3层1单元3－06号	100040	59497070
北京银河时空保险经纪有限责任公司	海淀区北四环西路9号银谷大厦812室	100080	82525388
北京永诚保险经纪有限公司	海淀区中关村南大街2号科技会展中心数码银座803室	100083	80812570
北京永达理保险经纪有限公司	海淀区丹棱街18号创富大厦19层	100080	82647588
北京远安保险经纪有限公司	朝阳区霞光里66号院3号楼商业C06－1	100027	82231008
北京中兵保险经纪有限公司	海淀区紫竹院路69号17层1707单元	100089	68966743
北京中鼎保险经纪有限责任公司	西城区大安澜营胡同31号4号楼218室	100050	63163589
北京中海联合保险经纪有限公司	海淀区北四环西路52号15层1506房间	100080	51721189
北京中衡保险经纪有限公司	平谷区黄松峪乡黄松峪东街402号	100010	85902387
北京中金保险经纪有限公司	海淀区新街口外大街19号1区号3楼9716单元	100097	88400426
北京中联恒信保险经纪有限公司	西城区太平街6号6层E－711室	100050	59361219
北京中联金安保险经纪有限公司	海淀区知春路111号719室	100161	63943899
北京中瑞惠银国际保险经纪股份有限公司	东三环南路甲52号顺迈金钻大厦15层18C	100022	87729970
北京中泰鑫海保险经纪有限公司	西城区香炉营头条庄胜商住楼305室、328室	100052	83172500
北京中体保险经纪有限公司	东城区天坛东路50号国家体育总局训练局院内	100061	67162121
北京中天保险经纪有限公司	西城区闹市口大街1号院2号楼长安兴融中心6C	100031	59799818
北京中卫保险经纪有限公司	朝阳区安外外馆斜街甲1号泰利明苑A座	100101	85285599
北京中兴保险经纪有限公司	西城区广安门内大街6号8门502室	100053	87874667
标准（北京）保险经纪有限公司	朝阳区朝外大街乙12号1号楼昆泰国际大厦29层	100020	58289621
财富亿家（北京）保险经纪有限公司	东城区朝阳门南小街2号楼3层336室	100010	58643561
诚合保险经纪有限公司	海淀区复兴路40号中国铁建大厦8层	100855	52689665
达信（北京）保险经纪有限公司	朝阳区光华路1号北京嘉里中心北楼15层1506室	100020	65334000

道可特保险经纪（北京）有限公司	朝阳区八里庄西里 100 号住邦 2000 一号楼西区 1601 室	100025	85863605
德圣保险经纪有限公司	朝阳区南磨房路 37 号 7 层 707 室	100021	51908196
鼎高保险经纪有限责任公司	朝阳区光华路 8 号楼 4 层 A428 室、A436 室	100026	52450450
鼎昊（北京）国际保险经纪有限公司	丰台区南四环西路 188 号十区 8 号楼 4 层	100070	63703398
鼎力（北京）保险经纪有限公司	东城区东长安街 10 号 211A 室	100006	62121521
泛华博成保险经纪有限公司	通州区安顺二街 1 号	101100	52858652
方胜保险经纪有限公司	朝阳区西大望路 15 号 4 号楼 7 层 701 室	100022	67771270
国安国际保险经纪股份有限公司	朝阳区和平街十三区煤炭科技苑小区 35 号煤炭大厦	100013	64257976
国电保险经纪（北京）有限公司	西城区西直门外大街 18 号楼 2 层 7 单元 202 室	100044	58682591
国核保险经纪有限公司	西城区金融大街 17 号第 9 层 909 ~ 921 单元	100033	58198888
国联（北京）保险经纪有限公司	朝阳区北苑路 170 号 5 号楼 1203 室	100053	63202640
国泰路安保险经纪（北京）有限公司	西城区白纸坊西街 20 号圣都大厦 1806 室	100053	63585718
国投保险经纪有限公司	西城区西直门南小街 147 号楼 17 层 1701 室	100034	88006481
哈保保险经纪（北京）有限公司	朝阳区建国路 93 号院 10 号楼 601 室	100022	58203824
海盟国际保险经纪（北京）有限公司	朝阳区东大桥路 8 号院 3 号楼 4 层 2437 室	100020	64200617
海峡联合保险经纪（北京）有限责任公司	海淀区蓝靛厂东路 2 号院 2 号楼 2 单元 5E	100097	88878991
海亚（北京）国际保险经纪有限公司	朝阳区安慧北里小区秀园 15 号楼 4 层	100010	64912569
航联保险经纪有限公司	东城区东直门南大街 5 号中青旅大厦 9 层	100007	58157000
和德（北京）保险经纪有限公司	朝阳区东三环北路丙 2 号 14 层 17B08	100027	84464608
宏达通泰保险经纪（北京）有限公司	海淀区车公庄西路甲 19 号华通大厦 8 层 828 室	100048	51662261
宏孚保险经纪（北京）有限公司	朝阳区拂林路 9 号 D 座 1003 室	100107	64466561
华富（北京）保险经纪有限公司	西城区金融大街 35 号 1122 室	100033	88092087
华旅（北京）保险经纪有限公司	海淀区西四环北路 158 号慧科大厦东区 8A	100142	88592081

华泰保险经纪有限公司	西城区金融大街11号中国再保险大厦14层	100033	66576588
华信保险经纪有限公司	西城区宣武门内大街2号西楼办公1119~1124室	100031	83568356
佳达保险经纪（北京）有限公司	东长安街1号东方广场东方经贸城东三办公楼1109室	100738	65334100
江泰保险经纪股份有限公司	门头沟区石龙经济开发区永安路20号3号楼A－0291室	100875	62202788
金安保险经纪有限公司	海淀区板井路69号世纪金源国际公寓东区11层12I室	100097	88430676
金丰（北京）保险经纪有限公司	石景山区石景山路乙18号院3号楼5层613室	100040	88689990
金兰（北京）国际保险经纪有限公司	朝阳区慧忠北里315号楼1603号	100012	64938131
金联安保险经纪（北京）有限公司	昌平区东小口镇立汤路188号院北方明珠大厦1号楼2310室	102218	58608292
金晟保险经纪有限公司	朝阳区安定路10号中国有色大厦北楼3层	100029	64421991
九州联合（北京）保险经纪有限公司	海淀区车道沟8号5号楼A420	100089	68473708
开源（北京）国际保险经纪有限公司	西城区富国街2号富国饭店1502室	100034	66123935
康桥保险经纪有限公司	朝阳区惠新东街11号1幢5层B－1－502	100021	64981671
昆仑保险经纪股份有限公司	丰台区角门18号枫竹苑二区1号楼1101室	100068	87571701
黎明保险经纪有限公司	朝阳区农展南路5号1号楼1－5内3049室	100070	57126871
联华国际保险经纪（北京）有限公司	西城区闹市口大街一号院长安兴融中心3号楼519室	100031	59731672
领航国际保险经纪（北京）有限公司	朝阳区东四环中路60号楼305室	100025	58362067
民生保险经纪有限公司	朝阳区工体西路18号光彩国际公寓1号楼3A	100020	85259865
明亚保险经纪有限公司	朝阳区朝外大街22号泛利大厦5层501~502室	100020	85658565
全景保险经纪（北京）有限责任公司	朝阳区将台路6号丽都饭店内3层	100004	64373510
融超保险经纪有限公司	西城区阜外大街2号万通新世界广场A座1705号	100037	87615005

赛诺保险经纪（北京）有限公司	昌平区科技园区振兴路9号力兴大厦310室、319室	100097	80119057
三峡保险经纪有限责任公司	海淀区玉渊潭南路1号B座三峡大厦3层	100038	57081364
世纪保险经纪有限公司	西城区宣武门外大街10号庄胜广场办公楼南翼19层1937室	100031	88086600
苏黎世保险经纪（北京）有限公司	朝阳区曙光西里甲5号院21号楼凤凰置地广场F座写字楼6层	100028	84398000
通联保险经纪有限公司	丰台区靛厂路汉唐国际大厦3层	100039	63713236
文津国际保险经纪（北京）有限公司	朝阳区曙光西里甲5号院21号楼12层1207C单元	100080	84554001
五矿保险经纪（北京）有限责任公司	海淀区三里河路5号五矿大厦B座410室	100044	88821652
五洲（北京）保险经纪有限公司	东城区东长安街1号，东方广场东2座1704－5A	100738	85188766
新航保险经纪（北京）有限公司	朝阳区建国路88号7号楼710室	100022	85808907
新时代保险经纪有限公司	海淀区花园路7号	100088	84979909
扬子江保险经纪有限公司	顺义区天竺镇府右街6号	100125	57583451
宜安（北京）保险经纪有限公司	东城区东直门外大街48号东方银座1幢9层办公楼09K	100027	84476603
银河保险经纪（北京）有限责任公司	西城区金融大街35号国际企业大厦C座12层	100033	66568300
银泰（北京）保险经纪有限公司	海淀区高梁桥斜街59号院1号楼17层1701室	100044	82149692
英大长安保险经纪集团有限公司	西城区南横东街8号都城大厦12层	100052	63411499
英硕（北京）保险经纪有限公司	海淀区新街口外大街19号一区3号楼9308室	100088	62200812
宇泰保险经纪（北京）有限公司	通州区潞城镇胡郎路80号110室	100022	65675665
远通（北京）保险经纪有限公司	海淀区北四环西路9号	100080	52720502
正隆（北京）保险经纪股份有限公司	西城区佟麟阁路36号1幢1106房间	100044	66290533
中安联合保险经纪股份有限公司	海淀区高梁桥斜街28号7号楼503室	100044	52412269

中诚华峰保险经纪有限公司	海淀区西三环北路72号世纪经贸大厦B座22层07号	100037	67909568
中电投保险经纪有限公司	西城区西直门外大街18号楼3单元17层1701室	100044	56625687
中化保险经纪（北京）有限责任公司	西城区复兴门内大街28号凯晨世贸中心中座301～302室	100031	59568326
中汇国际保险经纪股份有限公司	朝阳区东三环中路39号建外SOHO15号楼808室	100022	58691896
中铝保险经纪（北京）股份有限公司	海淀区西直门北大街62号9层	100082	82298566
中盛国际保险经纪有限责任公司	东城区安定门东大街28号雍和大厦A座11层	100007	51239700
中盛融安国际保险经纪（北京）有限公司	海淀区大柳树路富海中心3号楼富海国际港1501室	100081	62138771－813
中泰国际保险经纪（北京）有限公司	海淀区海淀大街8号中钢大厦7层716～717室	100080	62686563
中铁保险经纪有限责任公司	西城区西绒线胡同28号天安国汇14层1410室	100031	59739002

（7）保险公估公司

机构名称	地　址	邮　编	电　话
北京爱马社保险公估有限公司	东城区忠实里南街甲6号楼A－1211	100075	87880659
北京安诚保险公估有限公司	怀柔区怀北镇西庄村308号	100122	84924025
北京安恒信保险公估有限公司	西城区南横东街8号都城大厦1106室	100052	63411487
北京邦业保险公估有限公司	朝阳区来广营西路甲8号3层	100022	85257312
北京保程保险公估有限公司	海淀区农大南路1号院2号楼2层办公B－207－448	100085	52720503
北京北极星保险公估有限公司	平谷区贾各庄村东南街甲6号	101200	69919999
北京大陆保险公估有限公司	西城区车公庄大街6号3号楼468室	100044	64462990
北京大唐泰信保险公估有限公司	西城区菜市口大街1号1303室	100053	83956378
北京德仁保险公估有限公司	朝阳区北苑路170号2号楼2－1603室	100022	58691977

北京俄杰斯特保险公估有限公司	丰台区丰台科学城恒富中街2号院1号楼3188室	100071	63814081
北京格林保险公估有限公司	西城区金融大街27号20层B段20层B2005室	100033	66215066
北京古辕行保险公估有限公司	西城区车公庄大街9号院5号楼1405室	100044	62538000－501
北京国信行保险公估有限公司	丰台区花乡南三环西路万柳桥西北侧商业及行政办公综合楼13层	100070	87565219
北京合信保险公估有限公司	丰台区政馨园一区2号楼7层711室	100079	56243483
北京和泰保险公估有限公司	海淀区复兴路乙59号巨星大厦108室	100036	62669764
北京华大保险公估有限公司	顺义区后沙峪镇安富街6号	100053	63480458
北京华泰保险公估有限公司	西城区金融大街11号中国再保险大厦8层0803室	100033	66577488
北京华信保险公估有限公司	西城区宣武门内大街2号华电大厦B座11层	100031	83568356
北京汇明保险公估有限公司	丰台区丰管路16号9号楼	100071	63257228
北京佳实德保险公估有限责任公司	海淀区复兴路40号中国铁建大厦5层东侧	100855	52689672
北京金正保险公估有限公司	海淀区西三环北路91号7号楼C02－1号房间	100048	52961111
北京君恒保险公估有限责任公司	东城区东花市北里东区1号楼3段7层	100062	67164581
北京龙江保险公估有限公司	朝阳区东三环中路20号楼26层5室	100022	56707084
北京平信保险公估有限公司	丰台区航丰路1号院2号楼10层1017号	100070	61240198
北京普惠保险公估有限责任公司	朝阳区西大望路63号院7号楼7层	100020	59600111
北京全天候保险公估有限公司	顺义区仁和镇顺通路6号	101300	69421005
北京仁济和保险公估有限责任公司	海淀区学院路7号8层809室	100191	66130459
北京首证保险公估有限公司	西城区德胜门内西顺城街46号	100035	66562573
北京天恒保险公估有限公司	海淀区北小马厂6号华天大厦2216室	100055	63986585
北京通宝行保险公估有限公司	石景山区政达路2号3层1单元	100040	83065677
北京鑫恒保险公估有限公司	西城区西直门外大街1号院2号楼12层	100044	68563212
北京一清行保险公估有限公司	海淀区中关村大街1号13层	100037	62019818
北京誉心保险公估有限责任公司	西城区珠市口西大街120号1号楼0605室	100050	83163518

北京正和保险公估有限公司	大兴区亦庄镇工业园科创三街富士办公楼 208 室	100023	67892179
北京正汇保险公估有限公司	朝阳区东三环中路 39 号建外 SOHO15 号楼 802 室	100022	59005459
北京中达信保险公估有限公司	海淀区车公庄西路 45 号院 1 层 A01 室	100048	68428636
北京中明保险公估有限公司	丰台区马连道卫强校村 118 号万丰基业大厦	100071	63346872
北京中咨保险公估有限公司	海淀区上地信息路 1 号 1－1 幢 A 栋 3 层 C 区	100085	82826109
北京众信保险公估有限公司	丰台区政馨园一区 2 号楼 816 室	100079	89696002
鼎信农业保险公估（北京）有限公司	顺义区金航中路 1 号院 2 号楼 401 室	101300	84545909
嘉福（北京）保险公估有限公司	朝阳区百子湾南 2 路 88 号 8 层 801 室	100022	58693424
金联安保险公估（北京）有限公司	朝阳区樱花园 28 号楼樱花集中办公区 0279 号	100029	58608356
竞胜保险公估有限公司	丰台区角门 18 号枫竹苑二区 1 号楼 1201 室	100068	87571701
平衡国际保险公估（北京）有限责任公司	海淀区蓝靛厂东路 2 号院 2 号楼 B 座 5E－3 室	100089	88878381
仁祥保险公估（北京）有限公司	海淀区车公庄西路甲 19 号华通大厦 716 室	100048	68482580
盛华（北京）保险公估有限公司	经济技术开发区荣华南路 16 号 1 幢	100176	13363280950
中瑞国际保险公估（北京）有限公司	朝阳区立水桥北侧 22 号楼 12 层 1522 室	100101	84832952
中至和保险公估（北京）有限公司	西城区太平街 6 号 E 座 619 室	100054	87877967

（8）外国保险公司北京代表处

机构名称	地　址	邮　编	电　话
安保集团北京代表处	东城区建国门内大街 7 号光华长安大厦 2 座 1726 室	100005	65102125
澳大利亚康联保险集团北京代表处	朝阳区建国门外大街 1 号国贸大厦 1 座 2908 室	100004	65055350
澳大利亚万诚保险有限公司北京代表处	朝阳区国贸大厦 1 座 2327～2328 室	100004	65052255－307
百慕大博纳再保险有限责任公司北京代表处	东城区东方广场写字楼 C1 座 1211 室	100738	85185780
百慕大凯林集团有限公司北京代表处	西城区武定侯街 6 号卓著中心 1202F 室	100033	88003707

加拿大永明人寿保险公司北京代表处	朝阳区金桐西路10号远洋光华国际大厦AB座10层A01室	100020	85906500
加拿大人寿保险公司北京代表处	东城区建国门内大街8号中粮广场B123室	100005	65264005
加拿大皇家银行人寿保险公司北京代表处	西城区金融街7号英蓝国际金融中心9层927室	100140	58399388
枫信金融控股责任有限公司北京代表处	朝阳区建国门外大街2号银泰中心写字楼15层1527室	100022	65637920
法国安盛公司北京代表处	西城区金融大街7号英蓝国际金融中心F907室	100140	66555983
法国安盟保险公司北京代表处	东城区建国门内大街7号光华长安大厦2座1022室	100005	65102170
法国国家人寿保险公司北京代表处	朝阳区建外大街永安里8号华彬大厦2101室	100022	85288185
法国科法斯信用保险公司北京代表处	建国门内大街1号国贸中心写字楼1座2925室	100004	65057092
法国巴黎财产保险有限公司北京代表处	朝阳区建国门外大街1号国贸大厦2023C室	100004	85910181
法国兴业保险股份有限公司北京代表处	西城区武定侯街2号泰康国际大厦1601A	100010	58513984
法国安盟甘寿险公司北京代表处	朝阳区建国门外大街甲6号SK大厦10层02A单元	100022	85086280
德国安联保险集团北京代表处	朝阳区亮马桥路50号燕莎中心办公楼C211室	100125	64638052
德国通用再保险公司北京代表处	东城区东长安街1号东方广场东三办公楼1105室	100738	85186532
德国安顾保险集团股份公司驻中国总代表处	朝阳区亮马桥路50号燕莎中心1号楼C713A	100125	64627675
其士保险有限公司北京代表处	西城区南礼士路丙3号楼海通大厦705室	100037	68000970
中银集团人寿保险有限公司北京代表处	西城区复兴门内大街1号中银大厦8号楼	100818	66533316
香港领航海上保险顾问有限公司北京代表处	朝阳区光华路1号嘉里中心北楼11层30室	100020	65997927
香港友邦保险控股有限公司北京代表处	朝阳区建国门外大街8号楼5层503单元	100022	57835556
荷兰保险有限公司北京代表处	朝阳区东三环北路8号亮马大厦1座1508室	100004	65907568－201
全球人寿保险国际公司北京代表处	朝阳区东三环北路38号安联大厦2606单元	100026	85151248
忠利保险有限公司北京代表处	朝阳区建外大街乙12号双子座大厦西塔9层06室	100022	59601817

第一生命保险公司北京代表处	朝阳区建国门外大街26号长富宫中心办公楼8005室	100022	65139031
日本东京海上日动火灾保险株式会社驻中国总代表处	朝阳区建国门外大街甲6号爱思开大厦1105室	110022	65630180
日本明治安田生命保险公司北京代表处	朝阳区建外大街26号长富宫办公楼6003室	100022	65139815
爱和谊日生同和保险公司驻中国总代表处	朝阳区呼家楼京广中心办公楼2912室	100020	65058960
日本生命保险公司北京代表处	朝阳区建国门外大街26号长富宫办公楼4007室	100022	65139240
三井住友海上火灾保险公司驻中国总代表处	朝阳区东三环北路五号北京发展大厦1608室	100004	65908500
日本住友生命保险公司北京代表处	朝阳区东三环北路5号北京发展大厦1幢7层719室	100004	65616120
韩国乐爱金财产保险有限公司北京代表处	朝阳区建国门外大街乙12号双子座大厦西塔EF层03号	100022	65632390
三星火灾海上保险公司北京代表处	朝阳区建国路118号招商局大厦25层	100022	65668100
三星生命保险公司北京代表处	朝阳区建国路118号招商局大厦2801A室	100022	656681001
韩国贸易保险公社北京代表处	朝阳区东三环北路2号南银大厦915室	100027	64106439
现代海上火灾保险有限公司北京代表处	朝阳区霄云路38号现代汽车大厦518室	100027	83600610
大韩再保险公司北京代表处	朝阳区建国路118号招商局大厦10层A2	100022	65906276
韩国韩华生命保险有限公司北京代表处	朝阳区光华路1号嘉里中心南楼1026室	100020	65837920
教保生命保险株式会社北京代表处	朝阳区霄云路36号国航大厦2109室	100027	65058658
韩国东部火灾海上保险公司北京代表处	朝阳区霄云路36号国航大厦1011室	100027	84475427
韩国首尔保证保险株式会社北京代表处	朝阳区东三环北路8号亮马河大厦1座1208室	100004	65900288
韩国兴国生命保险株式会社北京代表处	朝阳区霄云路36号1号楼611室	100027	84475411
俄罗斯赢国斯达保险有限公司北京代表处	朝阳区亮马桥路42号光明饭店0405室	100016	64685852
新加坡大东方人寿保险有限公司北京代表处	西城区月坛北街26号恒华国际商务中心写字楼710A	100045	58565501

西班牙曼福保险集团北京代表处	朝阳区工人体育场北路甲6号中宇大厦1809室	100027	59752558
南非和德保险有限公司北京代表处	朝阳区东三环北路丙2号天元港中心B座1708A	100027	84464164
瑞士苏黎世保险公司北京代表处	朝阳区曙光西里甲5号院21号楼北京凤凰置地广场F座6层	100028	84398100
富邦产物保险股份有限公司北京代表处	朝阳区建国路91号金地中心A座1210室	100026	58658843
（台湾）国泰人寿保险股份有限公司北京代表处	朝阳区东大桥路9号B楼6层02单元	100020	83913425
新光人寿保险股份有限公司北京代表处	东城区建国门内大街7号1822室	100005	65102115
富邦人寿保险股份有限公司北京代表处	朝阳区建国路91号金地中心A座1209室	100026	58658847
台湾人寿保险股份有限公司北京代表处	西城区西直门外大街1号院2号楼16C11室	100031	58302588
中国人寿保险股份有限公司（台湾）北京代表处	西城区闹市口大街1号院长安兴融中心3号楼619室	100032	65832585
台湾台银人寿保险股份有限公司北京代表处	朝阳区建国路118号18层1833室	100022	59233755
美国大都会人寿保险公司北京代表处	东城区长安街1号东方广场东方经贸城东二办公楼12层1211A	100738	85189790
美国国际集团北京代表处	西城区金融大街7号英蓝国际金融中心	100033	58332366
美国信安人寿保险公司北京代表处	朝阳区建外大街1号国贸写字楼1座416室	100004	64629266
美国信诺保险公司北京代表处	朝阳区建国路甲92号世贸大厦A座908室	100022	85809055
美国怡安保险（集团）公司北京代表处	朝阳区建外大街甲6号SV大厦1205室	100022	65630671
美国保德信保险公司北京代表处	朝阳区建国路118号招商局大厦29层290B	100022	65669800
美国北美洲保险公司北京代表处	西城区金融街35号国际企业大厦B座528室	100033	88091177
RGA美国再保险公司北京代表处	东城区东长安街1号东方广场东方经贸城西一办公楼15层	100738	85182528
美国展维住房抵押贷款保险公司北京代表处	朝阳区光华路1号嘉里中心北座11层	100020	65999159
美国联合保险公司北京代表处	西城区金融街35号国际企业大厦B座527室	100033	88091175

美国柏柯莱保险集团公司北京代表处	东城区东长安街1号东方广场东三座1905室	100738	85189168
美国史带公司北京代表处	朝阳区建国门外大街1号国贸写字楼1座11层11室	100004	65350319
美国法特瑞互助保险公司北京代表处	朝阳区建国路77号华贸中心三座24层	100025	85880198
美国国际金融保险公司北京代表处	朝阳区安立路80号马哥孛罗大厦606A	100101	59636798
美国联合健康保险公司北京代表处	朝阳区新源南路3号平安国际金融中心B座17层	100027	58291721
美国维朋公司北京代表处	朝阳区建国门外大街乙12号双子座大厦10楼1013室	100022	51235105
美国万凯公司北京代表处	朝阳区北苑路甲13号院北辰新纪元大厦2号楼1002B室	100107	84929668
英国保诚保险有限公司北京代表处	东城区长安街1号东方广场W1座610室	100738	85183098
劳合社北京代表处	朝阳区建国门外大街1号国贸大厦1座1229室	100004	65058391
英国耆卫公共有限公司北京代表处	朝阳区建外大街1号国贸写字楼1座1306室	100004	65057686
英国保柏金融公众有限公司北京代表处	朝阳区亮马桥路甲40号二十一世纪大厦3层A302室	100125	58571720
英国亚瑟J. 盖勒格英国有限公司北京代表处	朝阳区建外19号国际大厦A座23B	100004	65125954

5. 其他

（1）小额贷款公司

机构名称	地　址	邮　编	电　话
北京农投东方小额贷款有限公司	东城区朝阳门北大街6号首创大厦6层601室	100010	85283318
北京京融小额贷款股份有限公司	东城区光明路11号天玉大厦807室	100061	51902301

北京崇信农投小额贷款股份有限公司	东城区天坛东路 74 号 201A	100060	67166563
北京金瑞通小额贷款有限责任公司	东城区西花市南里东区 16 号楼 1 层商业 03 号	100062	87108131
北京润泽小额贷款股份有限公司	东城区朝阳门内大街 298 号	100010	59575137
北京鑫华小额贷款有限公司	东城区海运仓一号瀚海海运仓大厦 7 层 709 号	100007	51311833
北京市国旭小额贷款有限公司	西城区丰汇园 11 号楼丰汇时代大厦东 602 室	100032	58362740
北京金正融通小额贷款有限公司	西城区西砖胡同 2 号院 7 号楼 3 层	100052	83521115
北京江川小额贷款有限公司	西城区阜成门外大街 7 号国投大厦 18 层	100037	68095633
北京邦信小额贷款股份有限公司	西城区阜成门内大街 410 号	100033	66071560
北京聚亿达小额贷款股份有限公司	西城区榆树馆胡同 4 号	100044	88362788
北京德盛行小额贷款有限公司	西城区南礼士路 66 号 1 号楼建威大厦 811 室	100045	83169919
北京市文化产业小额贷款股份有限公司	西城区车公庄大街 4 号北礼士路甲 129 号	100044	68998820
北京华远小额贷款有限公司	西城区北展北街 17 号楼 901 室	100044	88321229
北京恒源小额贷款有限公司	朝阳区望京北路 9 号叶青大厦 A 座 7 层	100102	64391236
北京富安小额贷款有限公司	朝阳区东三环北路甲 2 号京信大厦 2 层 232 室	100027	84492068
北京市中金小额贷款股份有限公司	朝阳区广顺北大街 16 号院 2 号楼 9 层 909 室	100102	59780425
北京农投金阳小额贷款股份有限公司	朝阳区东三环北路 19 号楼 1505 房间	100020	59670699
北京商络小额贷款有限责任公司	朝阳区裕民路 12 号 1 号楼 10 层	100029	85183671
北京凤凰小额贷款股份有限公司	朝阳区新源南路 3 号 21 层	100027	56372222
北京朝汇通小额贷款股份有限公司	朝阳区东三环南路 17 号 B 座 8 层 D 室	100021	67498580
北京泛华小额贷款有限公司	朝阳区东三环北路向军南里二巷甲 5 号雨霖大厦 20 层	100027	51311777
北京市森福普惠小额贷款有限责任公司	朝阳区朝阳公园路 19 号一幢 11 层 1101 内 1112 单元	100125	52906102
北京国融富安小额贷款有限公司	朝阳区东三环北路辛 2 号迪阳大厦 12 层 1201 室	100020	84537708
北京鑫锐小额贷款有限公司	朝阳区东四环中立 82 号金长安大厦 2 座 2－1 座 2 单元 906 室	100124	51311833

北京华夏汇通小额贷款有限公司	朝阳区东三环南路甲52楼14层17D	100022	59810733
北京市中关村小额贷款股份有限公司	海淀区海淀北二街10号泰鹏大厦9层	100080	82483630
北京农投诚兴小额贷款股份有限公司	海淀区北四环西路58号理想国际大厦703A	100080	82607838
北京鑫泰小额贷款股份公司	海淀区北四环西路66号中国技术交易所2005室	100080	62682320
北京亚联财小额贷款有限公司	海淀区科学院南路2号融科资讯中心A座4层401单位	100190	62539666
北京乾元联合小额贷款有限公司	海淀区彩和坊路11号华一控股大厦	100080	82870036
北京京投信业小额贷款股份有限公司	海淀区长春桥路5号北京北纬四十度大酒店1层	100089	51297777
北京市古今小额贷款股份有限公司	海淀区龙翔路甲1号601~602室	100191	82038166
北京世欣仁达小额贷款股份有限公司	海淀区丹棱街6号523房间	100080	57569788
北京吉信小额贷款股份有限公司	海淀区海淀大街38号	100080	88506868
北京玺鑫小额贷款有限公司	海淀区知春路1号学院国际大厦1117室	100083	82339666
北京京汇小额贷款有限公司	海淀区苏州街20号院银丰大厦2号楼4层	100080	56348649
北京丰花小额贷款有限公司	丰台区花乡黄土岗甲一号	100160	83677826
北京农投丰融小额贷款股份有限公司	丰台区西四环南路101号丰台科技园创新大厦2035室	100070	63719141
北京鑫福海小额贷款有限公司	丰台区南苑路15号大红门服装城写字楼4层	100076	87299651
北京金鹏丽行小额贷款股份有限公司	丰台区凤凰嘴村2号	100073	63351678
北京乾元汇通小额贷款有限公司	丰台区丰管路50号	100071	83818403
北京国典永泰小额贷款股份有限公司	丰台区华源一里太平桥路15号103室	100073	84793608
北京丽泽创投小额贷款有限公司	丰台区丰北路77号	100071	63896666
北京金鼎盛小额贷款股份有限公司	丰台区海鹰路1号院1号楼302室	100070	63799358
北京财富小额贷款有限公司	丰台区西四环南路8-1号1幢702-1号	100070	84210320
北京石金小额贷款股份有限公司	石景山区中铁建设大厦20层	100040	52656198
北京金陵小额贷款有限公司	石景山区鲁谷路台湾街C2区5号楼	100040	68647601

北京铭鑫小额贷款有限公司	石景山区西井路17号实验楼4层	100140	88794608
北京市盛丰小额贷款有限责任公司	石景山区时代花园东街8号院2号楼101~104室	100043	88937113
北京农投京西小额贷款股份有限公司	门头沟区蓝龙家园6号楼2层B区	102399	69866777
北京华财小额贷款有限公司	门头沟区双峪路35号院1号18层2019室	102308	4008368099
北京华资小额贷款有限公司	门头沟区石龙经济开发区永安路20号1号楼12层1201室	102308	68372928
北京世欣瑞达小额贷款有限公司	门头沟区绿岛家园36号楼1层02－4	102399	69866691
北京广联达小额贷款有限公司	门头沟区永安路20号石龙高科大厦3号楼	102308	56616887
北京大方小额贷款有限公司	房山区良乡长虹西路翠柳东街1号	102488	69382395
北京龙盛源小额贷款有限公司	房山区良乡长虹东路2号	102488	69378911
北京中金福小额贷款有限责任公司	房山区良乡长虹西路73号1楼101室	102488	89360914
北京泽惠小额贷款有限责任公司	房山区燕房路临99号	102599	69348156
北京润兴源小额贷款有限公司	房山区良乡西路26号2号楼	102488	60357065
北京国能小额贷款股份公司	顺义区赵全营镇兆丰产业基地东盈路19号	101300	81499715
北京市旺泰小额贷款有限责任公司	顺义区赵全营镇兆丰产业基地东盈路19号3幢216~218室	101300	65996103
北京世欣顺达小额贷款有限公司	顺义区大孙各庄镇府前街10号11幢	101308	61426799
北京农投顺通小额贷款股份有限公司	顺义区牛栏山镇腾仁路22号3幢206室	101399	61429057
北京市农投首诚小额贷款股份有限公司	通州区梨园路120号	101101	80818188
北京澳美小额贷款有限公司	通州区京洲园402号楼40号	101121	80815517
北京银泰小额贷款有限公司	通州区云景南大街22号	101121	81511486
北京聚隆源小额贷款股份有限公司	通州区运河西大街21号9号楼－1至2层	101101	60540996
北京中融小额贷款有限公司	通州区宋庄镇草寺村村委会西南角200米205室	101119	68373378
北京兴宏小额贷款有限公司	大兴区首邑上城小区吉星德亿底商210号	102600	69229131
北京市兴融小额贷款股份有限公司	大兴区黄村镇兴丰北大街143号	102611	69248008

北京兴瑞小额贷款有限公司	大兴区黄村镇兴丰大街三段 118 号	102611	69222292
北京亦庄国际小额贷款有限公司	北京经济技术开发区文化园西路 8 号院 27 号楼 2 层 207 室	100176	87162501
北京金泰小额贷款有限公司	大兴区东大路 53 号院 2 号楼 103 室	102600	89230873
北京亿兆小额贷款股份有限公司	经济技术开发区荣华南路 19 号中铁十九局 1111 室	100176	67806572
北京汇富小额贷款股份有限公司	大兴区庞各庄镇龙景湾乙区 139 号 205 室	102601	69233488
北京世欣智达小额贷款有限公司	大兴区青云店镇民营科技园敬业路 1 号 3 幢 301 室	102605	69228672
北京金典小额贷款股份有限公司	昌平区龙水路 22 号院 28－6 号	102299	69714409
北京资丰小额贷款股份有限公司	昌平区龙水路 26 号	102299	69743290
北京农投金通小额贷款股份有限公司	昌平区东小口镇天通苑西苑 30 号楼 5 门	102218	84820329
北京农投谷成小额贷款股份有限公司	平谷区金谷园小区 21 号楼商铺－9 号	101299	69973284
北京庄子天运小额贷款有限公司	平谷区紫贵庄园 8 号楼 1～2 层	101299	89978992
北京华清融鑫小额贷款有限责任公司	平谷区平谷镇新开街 26－9 号	101299	61995656
北京市利源小额贷款股份有限公司	怀柔区富乐北大街 1 号乐红园小区 1 号楼	101400	89688893
北京世欣腾达小额贷款有限公司	怀柔区九渡河镇黄坎村 735 号 03 栋 01 室	101403	69681030
北京农投国汇小额贷款股份有限公司	密云县鼓楼东大街 19－6 号	101599	89088111
北京惠丰融金小额贷款有限公司	密云县花园小区	101599	69029540
北京农投庆融小额贷款股份有限公司	延庆县人民商场 5 层	102199	69145919
北京长江小额贷款有限公司	延庆县百泉街 10 号	102199	60168666

（2）融资担保机构

机构名称	地　址	邮　编	电　话
中国投融资担保有限公司	海淀区西三环北路 100 号金玉大厦 9 层	100048	68437040
北京首创融资担保有限公司	西城区闹市口大街 1 号长安兴融中心 4 号楼 3 层	100031	58528448

北京中关村科技融资担保有限公司	海淀区中关村南大街12号天作国际中心1号楼A座30层	100081	59705610
中鸿联合融资担保有限公司	海淀区学院路30号科大天工大厦B座13层	100083	59862989
北京瀚华融资担保有限公司	朝阳区东三环中路1号环球金融中心东塔5F	100020	57766600
北京资和信融资担保有限公司	西城区金融大街27号投资广场A座16层	100033	63019456
北京闽商融资担保有限公司	朝阳区望京中环南路9号3号楼5层501室	100102	64387366
华尊融资担保有限公司	海淀区丹棱街18号创富大厦1507A室	100080	82606698
中保财富融资担保有限公司	东城区广渠门内大街45号雍贵中心D座9层	100062	67150799
京银汇通融资担保有限公司	朝阳区东三环中路39号建外SOHO15号楼1608室	100022	59002396
华诚联合融资担保有限公司	朝阳区新源南路6号京城大厦1603号	100004	84868850－810
中国华海融资担保有限公司	朝阳区东三环北路霞光里18号佳程广场B座15层A单元	100027	84400395
北京晨光昌盛融资担保有限公司	昌平区科技园区超前路9号502房间	102200	69709488
北京中天财智融资担保有限公司	朝阳区东三环中路7号A座517室	100020	6533017
北京联合开元融资担保有限公司	西城区金融街大7号英蓝国际金融中心5层516室	100033	58369167
北京华夏兴业融资担保有限公司	西城区新街口外大街甲18号4层	100009	64004615
北京中小企业信用再担保有限公司	西城区平安里西大街28号楼17层	100034	63220330
中瑞信融资担保有限公司	东城区安定门西滨河路9号中成大厦901室	100011	84119267
中商联合融资担保有限公司	朝阳区西坝河南路1号金泰大厦2605室	100028	64402227
中投国泰融资担保有限公司	朝阳区亮马桥路甲40号二十一世纪大厦B座306～307室	100125	84447305
中金信诺融资担保有限公司	东城区北三环东路36号环球贸易中心B座2303室	100013	59575105
速融融资担保有限公司	东城区广渠门外大街广渠家园8号楼	100022	67737278
国能融资担保股份公司	朝阳区东三环北路甲19号嘉盛中心2301室	100021	59671096
中桥融资担保有限公司	海淀区西三环北路100号光耀东方中心1103室	100037	82335439

中诚润通融资担保有限公司	昌平科技园区白浮泉路10号北控科技大厦405室	102200	65676538
北京康正恒信融资担保有限公司	朝阳区裕民路12号1号楼A座1306室	100029	82252267
中嘉联合融资担保有限公司	朝阳区崔各庄乡南皋路1号2层	100015	6433733－818
华夏金谷融资担保有限公司	西城区金融大街35号国际企业大厦B座9层	100140	88093168
保福融资担保有限公司	海淀区中关村东路66号世纪科贸大厦B座501室	100190	52780693
北京海淀科技企业融资担保有限公司	海淀区北四环西路66号A座2003号	100080	82488530
世铎融资担保有限公司	朝阳区民族园路1号1号楼	100070	63704227
北京燕鸿融资担保有限责任公司	房山区良乡月华大街3号龙建大厦5层	102488	89358009
北京金家园融资担保有限公司	通州区玉带河东街85号1～2层	101100	52113870
金达融资担保有限责任公司	东城区安定门东大街28号雍和大厦1号楼D单元506室	100007	64097529
北京兴展融达融资担保有限公司	大兴区永华路1号院2号、3号、4号1层101室	102600	81297292
朔天通淼融资担保有限公司	朝阳区西坝河西里28号英特公寓B座2层208室	100028	64476957
北京金正光彩融资担保有限公司	西城区西砖胡同2号院7号楼311～312室	100053	83517538
北京海大富林融资担保有限公司	朝阳区光华路8号和乔大厦B座502室	100026	65811786
北京美嘉信融资担保有限公司	海淀区彩和坊路8号12层1218室	100080	62698362
北京三山永泰融资担保有限公司	海淀区西三环北路72号世纪经贸大厦B座809室	100048	51799759
顺泰融资担保有限公司	朝阳区东三环中路7号	100002	85171901
北京中联华水融资担保有限公司	丰台区星火路1号昌宁大厦11D2E	100070	52262752
北京安家世行融资担保有限公司	东城区东四十条68号平安发展大厦西区303室	100007	52181117
北京厚泽融资担保有限公司	朝阳区惠新里240号2号楼109A室	100029	64988811
中际恒瑞融资担保有限公司	丰台区南四环西路123号	100070	83638253
北京中科智融资担保有限公司	朝阳区建国路91号金地中心B座21层	100021	59050606
紫御湾融资担保有限公司	海淀区首体南路6号新世纪饭店写字楼15层1551室	100044	68492349

中企信用融资担保有限公司	西城区金融大街5号新盛大厦B座10层	100140	66555400
恩义融资担保有限公司	丰台区康泽园小区17号楼01室	100075	67269988
北京沃伦万联融资担保有限公司	西城区华远北街2号502室	100032	66159750
跃天财富融资担保有限公司	顺义区赵全营镇牛板路板桥段43号	101300	84210320
上合诚融资担保有限公司	朝阳区东四环中路78号大成国际中心	100124	59105885
中绿融资用担保有限公司	东城区朝阳门北大街2号港澳中心写字楼10层	100027	65511606
仕达融资担保有限公司	朝阳区东大桥路8号尚都国际中心A座2217室	100029	58700321－800
中鸿基融资担保有限公司	朝阳区东三环北路甲19号楼36层	100022	65816999
中融兴业融资担保有限公司	西城区太平桥大街丰融园15号楼4座1501室	101112	82616436
中商汇融资担保有限公司	朝阳区延静里中街3号新建科研楼508～510室	101300	60438027－8059
中元金汇融资担保有限公司	东城区马家堡路1号901～906室	100077	67210606
中保兴业融资担保有限公司	海淀区西直门北大街60号首钢国际大厦4018室	100082	58810096
北京硅银融资担保有限公司	朝阳区朝外大街甲6号万通中心A座1301室	100020	59152999
中扶华夏融资担保有限公司	东城区北三环东路36号环球贸易中心B栋1207室	100013	58256515
和协海峡融资担保有限公司	朝阳区建国门外大街2号院2号楼1601号单元	100022	85171671
北京市农业融资担保有限公司	大兴区西红门镇北京燕南鹿鸣春大酒店308室	100031	58529022
中硕融资担保有限公司	丰台区丰管路16号4号楼3001室	100071	83833051
北京亦庄国际融资担保有限公司	北京经济技术开发区景园北街2号BDA国际企业大道56栋5层	100176	87162340
中远信融资担保有限公司	西城区太平街6号4层E－507室	100050	59360388
兴融融资担保有限公司	海淀区西直门北大街32号院2号楼8层803室	100082	82211922
北京国雄融资担保有限公司	朝阳区建国门外大街甲6号	100022	59715860
中金兴业融资担保有限公司	海淀区西三环北路87号6层	100089	88820145
北京中兰德融资担保有限公司	朝阳区建国门路91号金地中心B座21层	100022	59050666

中投财富融资担保有限公司	朝阳区光华路4号东方梅地亚中心A座15层1802B	100026	85570177
北京首担融资担保有限公司	海淀区彩和坊路8号5层512室	100080	62698189
中际钰贷融资担保有限公司	朝阳区朝阳公园路19号1幢1501内1506室	100125	64665588
北京荣京融资担保有限公司	经济技术开发区荣京东街3号荣京丽都1幢A座4层	100176	67888933
中国创投融资担保有限公司	北京经济技术开发区科创十四街99号33幢D栋2层2101号	100176	84446889
中企达融资担保有限公司	朝阳区东四环中路82号金长安大厦3座2012号	100124	67298533
中运顺通融资担保有限公司	石景山区八大处高科技园区西井路3号2号楼489房间	100044	88320867
国瑞泰融资担保有限公司	西城区闹市口大街1号院4号楼12层F1	100031	58529077
北京鼎信创伟融资担保有限公司	怀柔区雁栖经济开发区雁栖路33号1幢	101400	69660091
北京诚信佳融资担保有限公司	丰台区西四环南路55号院7号楼	100071	63629142
中海国发融资担保有限公司	丰台区菜户营58号28层2801~2803室	100054	63356231
中光财富融资担保（北京）有限公司	海淀区紫竹院路81号北方地产大厦905室	100089	88829522
中融诚融资担保有限公司	朝阳区八里庄西里甲15号1幢303室	100025	65585995－811
北京同益达融资担保有限公司	朝阳区望京南湖东园122号博泰国际大厦A座1007室	100102	84712909－8022
北京光彩融资担保有限公司	顺义区仁和地区仓上街3号	101300	81482918
北京久久红业融资担保有限公司	丰台区芳城园一区17号楼B座103室	100078	58395175
北京东方天元融资担保有限公司	朝阳区慧忠北里219号楼6层	100012	64846479
中安泰融资担保有限公司	朝阳区北三环东路8号静安中心1572室	100028	51085382
财富时代融资担保有限公司	顺义区金马工业园区96号	100020	65857678
北京市住房贷款担保中心	海淀区北四环西路56号辉煌时代西座7~8层	100080	62695206
北京银达信融资担保有限责任公司	昌平区沙河镇沙阳路北侧1栋418室	102206	80708674

华夏融资担保有限公司	朝阳区芳园里小区22楼前	100015	65383504
御德金（北京）融资担保有限公司	海淀区海淀北二街8号中关村SOHO大厦1105室	100080	85118882
中通瑞丰融资担保有限公司	顺义区顺通路38号107室	101300	68373328
中源盛祥融资担保有限公司	海淀区西外大街168号腾达大厦2310室	100044	88576192
清大华智融资担保有限公司	东城区王家园胡同10号221C室	100027	82864288
北京密云农业融资担保有限公司	密云县信远大厦3段3层	101500	69072299
京乐融资担保有限公司	丰台区紫芳园六区5号楼2层3单元221室	100078	52810399
德和德美融资担保有限公司	东城区永定门内东街中里9－17号8号楼2074室	100050	84211061
中利人和融资担保有限公司	顺义区大孙各庄镇府前街16号	101308	88824073
中保信合融资担保有限公司	朝阳区亚运村汇欣公寓S座2402室	100101	65988870
北京国华文创融资担保有限公司	东城区安定门东大街28号国际版权交易中心F座203室	100007	64097765
中运顺通融资担保有限公司	顺义区赵全营镇牛板路板桥段43号602室	100013	84210320
中铁融资担保有限公司	西城区华远街11号	100032	51895090
富登投资信用担保有限公司北京融资担保分公司	西城区武定侯街6号卓著中心3层307单元	221100	025－83168908
重庆市三峡担保集团有限公司北京融资担保分公司	西城区宣武门西大街甲129号1704～1706室	100031	66422917
北京鑫顺融资担保有限公司	顺义区大东路6号111～120平房	101300	69431111
东方宝利（北京）融资担保有限公司	朝阳区慧忠里103号楼B座1101室	100101	84871017
国通融资担保有限公司	石景山区八大处高科技园区西井路3号2号楼237房间	101300	65423421
北京金成锦华融资担保有限公司	门头沟区石龙经济开发区永安路20号产业孵化中心3#科研办公楼B1－1925室	102300	82149657
北京万容鼎信融资担保有限公司	西城区新街口北大街57号623室	100035	62221663

中合中小企业融资担保股份有限公司	西城区阜外大街7号国投大厦11层	100037	68583112
汇民融资担保有限公司	海淀区紫竹院路116号嘉豪国际中心A座1109室	100097	58930017
北京宝越融资担保有限公司	西城区广安门外大街168号1幢12层	100055	83065916
联合融信（北京）担保有限公司	海淀区知春路6号锦秋国际大厦7层A07	100088	82961150
黑龙江省鑫正投资担保集团有限公司北京融资担保分公司	海淀区北洼路28号-1至10层	100089	65460638
北京和众汇金融资担保有限公司	顺义区腾仁路22号3幢308室	101301	61956391
北京市融川融资担保有限责任公司	朝阳区光华里甲17楼	100020	65019915
北京财富通融资担保有限公司	朝阳区建国路88号8号楼12层1207室	100022	83125559
北京中保国信融资担保有限公司	东城区滨河路1号8层807室	100011	13911594922
北京中技知识产权融资担保有限公司	海淀区北四环西路66号中国技术交易大厦B座15层	100080	13901234103
北京谷诚融资担保有限公司	平谷区乐园西小区7号	101200	13241626710
北京石创同盛融资担保有限公司	石景山区石景山路31号院盛景国际广场3号楼1218室	100040	13911354475
北京市文化科技融资担保有限公司	东城区东滨河路乙1号航星园1号楼	100011	13520296143
重庆进出口信用担保有限公司北京融资担保分公司	朝阳区朝阳门外大街甲6号14层3座1408室	100027	13627680080
中能通达融资担保有限公司	东城区隆福寺街95号北京东四福苑宾馆5层8502号	100007	13501209970
中元国信融资担保有限公司	朝阳区南新源西路松榆花园御景园2层	100020	65082366
北京瑞宝鼎国际投资担保有限公司	西城区西直门外大街1号院1号楼17层B5~B8室	100044	88029980-801
北京云政金融控股有限公司	密云县东源路10巷	101500	69067757
中鑫同洲融资担保有限公司	西城区德内大街兴华胡同31号	100009	83224889

（3）支付机构

机构名称	地　址	邮　编	电　话
资和信电子支付有限公司	海淀区东北旺北京中关村软件园孵化器1号楼B座1109～1110室	100094	88665528
开联通网络技术服务有限公司	海淀区马甸东路17号6层706室	100080	84783057
易宝支付有限公司	石景山区八大处高科技园区西井路3号3号楼558房间	100041	59013985
北京钱袋宝支付技术有限公司	海淀区知春路6号锦秋国际大厦15号	100088	59799152
北京数字王府井科技有限公司	东城区朝阳门内大街199号307室	100010	65148000
北京银联商务有限公司	海淀区车公庄西路乙19号华通大厦B座10层	100500	88019861
裕福支付有限公司	朝阳区建国路77号2801B	100025	85888656
网银在线（北京）科技有限公司	海淀区中关村南大街2号1号楼16层A座1901室	100086	65698686
拉卡拉支付有限公司	海淀区丹棱街6号1幢7层808室	100080	56710550
联动优势电子商务有限公司	西城区新街口外大街28号B座510室	100088	58351122
天翼电子商务有限公司	昌平区未来科技城南区中国电信集团公司院内	100062	58520462
联通支付有限公司	西城区金融大街35号901～902室	100032	66505686
国付宝信息科技有限公司	顺义区南法信镇顺畅大道1号B－041室	101300	85228932
北京海科融通支付服务股份有限公司	海淀区人大北路33号院1号楼大行基业大厦17层北侧	100080	82685056
易智付科技（北京）有限公司	海淀区知春路113号0706室	100086	82652626
资和信网络支付有限公司	海淀区东北旺北京中关村软件园孵化器2号楼2313～2314号	100094	88265528
中金支付有限公司	西城区平原里小区20号楼	100054	83519761

安易联融电子商务有限公司	西城区西单北大街甲 131 号 1105A 室	100032	59716386
北京爱农驿站科技服务有限公司	朝阳区来广营西路 5 号 2A	100012	59716386
北京首采联合电子商务有限责任公司	朝阳区雅宝路 10 号 8 层 801 室	100020	85638736
北京中欣银宝通支付服务有限公司	东城区珠市口东大街 14 号 308 室	100050	67077777
北京市政交通一卡通有限公司	西城区金融街 33 号通泰大厦 B 座 18 层	100032	88087735
北京雅酷时空信息交换技术有限公司	海淀区海淀中街 16 号 10 层 6 单元 1010 室	100080	51657126
北京中投科信电子商务有限责任公司	海淀区中关村南大街 1 号北京友谊宾馆 40123 房间	100038	63979733
北京一九付支付科技有限公司	海淀区农大南路 88 号 1 号楼 2 层 247 ~ 251 室	100080	57386888
北京数码视讯支付技术有限公司	顺义区文化营村北 3 幢 007 号平房	100085	82346115
汇元银通（北京）在线支付技术有限公司	海淀区人民大学北路 33 号院 1 号楼大行基业大厦 1605 室	100080	82684945
随行付支付有限公司	海淀区阜成路 67 号 17 层 1704 室	100036	52823977
北京恒信通电信服务有限公司	海淀区青龙桥后营北上坡 13 号	100091	64090016
北京和融通支付科技有限公司	西城区德胜门外大街 3 号 304 ~ 306 房间	100101	62353131
北京商银信商业信息服务有限责任公司	西城区复兴门南大街 2 号 1 号楼 1501 ~ 1510 室	100005	63106796
北京市银博盛世电子商务有限公司	西城区月坛北街 26 号恒华国际商务中心 A 座 1209 室	100045	58565009
北京银通支付有限公司	西城区华远北街 2 号 303 室	100032	66510188
北京交广科技发展有限公司	朝阳区建国门外大街 14 号 4 号楼 1619 号	100024	85013399
北京华瑞富达科技有限公司	西城区百万庄大街 11 号 3 层	100037	59508049
北京高汇通商业管理有限公司	朝阳区石佛营东里 133 号内 4 号 3 层 4 – 8 内 2	100028	56890222
北京润京搜索投资有限公司	东城区永定门内东街中里 9 – 17 号楼 431 室	100050	58029211
银信联（北京）商务服务有限公司	朝阳区建国路甲 92 号 –4 至 24 层 11 层 1111 室	100022	85893580
北京中诚信和支付有限公司	西城区五根檩胡同 11 号金泰通华苑写字间 B101 室	100035	62269055

北京广聚福企业商务服务有限公司	朝阳区东大桥路8号SOHO尚都2楼24层2－2703号	100020	58697787
北京商银科技有限公司	海淀区北四环西路66号1205～1206室	100080	82488399
国旅（北京）信息科技有限公司	东城区东直门外小街甲2号A座8层	100013	85228932
北京亚科技术开发有限责任公司	顺义区后沙峪镇裕民大街7号	101300	64513317
百联优力（北京）投资有限公司	朝阳区东大桥路8号尚都国际中心A座1610室	100020	51661203
银盈通支付有限公司	西城区宣武门外大街6号庄胜广场北办公楼东翼721～722室	100052	63133083
北京全顺通商贸有限公司	海淀区苏州街3号7层703室	100080	84885140
北京恒达万华支付有限公司	东城区崇文门外大街16号1幢1503室	100062	87555559
北京百付宝科技有限公司	海淀区上地十街10号百度大厦B座5层	100085	4008988855
北京中汇金电子商务有限公司	房山区良乡凯旋大街建设路18号－B579室	102488	65545750
北京国华汇银科技有限公司	海淀区花园北路14号67幢1层111号	100083	4006513600
北京繁星山谷信息技术有限公司	丰台区丰台镇南开西里23号楼4层404号	100097	51709888
北京永超科技有限公司	海淀区苏州街20号2号楼2层东侧	100080	4009218887
北京新浪支付科技有限公司	海淀区北四环西路58号907～908室	100080	82615275
北京帮付宝网络科技有限公司	朝阳区东三环中路55号楼5层601室	100020	85256984
北京理房通支付科技有限公司	怀柔区雁栖经济开发区雁栖大街13号	101408	59104734
北京畅捷通支付技术有限公司	海淀区北清路68号20号楼D2003室	100094	62434206

（4）交易机构

机构名称	地　址	邮　编	电　话
北京环境交易所有限公司	西城区丰汇园11号丰汇时代大厦3层	100032	66295776
北京金融资产交易所有限公司	西城区金融大街乙17号	100032	57896666

北京国际矿业权交易所有限公司	通州区台湖镇光机电一体化产业基地科创东二街北京国际矿业城58号楼3层	101111	56717016
中国林业产权交易所有限公司	西城区德外大街甲36号	100011	62030000
北京产权交易所有限公司	西城区金融大街甲17号	100033	66295566
中国民营企业交易中心有限公司	西城区武定侯街2号泰康国际大厦12层	100033	66290800
北京黄金交易中心有限公司	西城区宣武门西大街甲127号大成大厦15层	100031	56930055
北京兰格钢铁电子交易有限公司	莲花池西里29号公交大厦1001室	100073	63959922
北京金马甲产权网络交易有限公司	西城区丰汇园丰汇时代大厦3层	100033	83954972
北京全国棉花交易市场有限责任公司	西城区宣武门外大街甲1号环球财讯中心B座15层	100052	4008106850
北京国家粮食交易中心	西城区广安门南街60号荣宁园5号楼	100054	63565055－8001
联合产权交易所有限公司	朝阳区裕民路12号中国国际科技会展中心B座905室	100029	62026510
九歌艺术品交易有限公司	朝阳区东三环中路39号建外SOHO小区15幢28层2803室	100022	58692810
北京华彬艺术品产权交易中心有限公司	朝阳区建国门外大街永安东里8号华彬国际大厦2层	100022	85289401
北京大宗商品交易所有限公司	朝阳区东四环中路41号嘉泰国际大厦A座2层	100025	65202621
北京新传德国际版权交易中心有限公司	朝阳区呼家楼京广中心商务楼507室	100020	65974890
北京新华金融信息交易所有限公司	丰台区丽泽路9号	100073	83069800
北京新发地农产品电子交易中心有限公司	丰台区新发地京良路北侧办公楼	100160	83717367
北京特许经营权交易所有限公司	石景山区石景山路20号中铁建设大厦19层	100040	52656114
北京保险服务中心股份有限公司	朝阳区工体北路甲6号中宇大厦11层1103室	100027	85235649
北京贵金属交易所有限责任公司	朝阳区安贞西里二区17号楼莱安商务楼3层	100040	52656221
汉唐艺术品交易所有限公司	东城区东中街58号美惠大厦C－205室	100027	65546684
北京华商储备商品交易所有限责任公司	海淀区紫竹院路116号嘉豪国际中心A座16层	100097	58931228

北京国际酒类交易所有限公司	海淀区玉泉路 2 号	100143	88289800
中国技术交易所有限公司	海淀区北四环西路 66 号中国技术交易大厦 B 座 16 层	100080	62679600
北京软件和信息服务交易所有限公司	海淀区海淀南路甲 21 号中关村知识产权大厦 A 座 2 层	100080	61136010
中国工艺艺术品交易所有限公司	西城区太平街 6 号富力摩根中心 E310 室	100050	56189890
北京粮油交易所有限责任公司	房山区良乡镇政通路 6 号 7 层	102401	89369859
北京石油交易所股份有限公司	西城区丰汇园 11 号丰汇时代大厦 3 层	100032	4006167000
北京农村产权交易所有限公司	东城区王府井西街 9 号 1 层	100006	65237388
北京东方雍和国际版权交易中心有限公司	东城区安定门东大街 28 号雍和大厦 E 座 208 室	100007	64097700
北京农副产品交易所有限责任公司	朝阳区吉庆里 14 号佳汇国际中心 A 座 19 层	100020	65532788
北京京农商品交易服务中心有限公司	丰台区西四环南路 30 号院 8 – 1 号 12 层	100161	83828757
北京八达岭国际葡萄酒交易中心有限公司	延庆县延庆镇庆园街 65 号	102100	56766346
北京邮票交易中心有限责任公司	丰台区方庄南路 2 号	100161	13810578222
北京铁矿石交易中心股份有限公司	石景山区石景山路 31 号院盛景国际广场 3 号楼	100043	57712888
中关村股权交易服务集团有限公司	海淀区新建宫门路 2 号	100080	59207227
北京中勃上达电子商务有限公司	朝阳区安慧里四区 16 号楼中国化工大厦西配楼 4 层	100101	82032945
中新荣峰会艺术品交易中心有限公司	怀柔区雁栖经济开发区雁栖大街 31 号 1 号楼 103 室	101407	58248035

（5）协会、商会、学会

机构名称	地　址	邮　编	电　话
北京市银行业协会	海淀区车公庄西路乙 19 号华通大厦 B 座北塔 8 层	100048	88088014
北京证券业协会	西城区金融大街 35 号国企大厦 C 座 17 层	100032	66568614
北京保险行业协会	朝阳区向军北里 28 号院 1 号楼瀚海文化大厦 6 层	100020	65859118

北京保险中介行业协会	西城区西直门成铭大厦 B2 座 18H	100035	66008027
北京典当行业协会	东城区永定门内东街中里 9－17 号崇文商务大厦	100050	84544366
北京市金融业文化建设协会	西城区月坛南街 79 号	100045	68559162
北京期货商会	海淀区紫竹院路 31 号华澳中心嘉慧苑 1216 室	100089	52722016
北京金融街商会	西城区金融大街 33 号通泰大厦 B 座 616 室	100032	66574347
北京 CBD 金融商会	朝阳区京广中心商务楼 10 层 1007 室	100020	65978750
北京中关村海淀金融创新商会	海淀区海淀北二街 8 号中关村 SOHO 大厦 710 室	100080	82504182
北京市金融学会	西城区月坛南街 79 号	100045	68559272
北京市城市金融学会	西城区复兴门南大街 2 号天银大厦 B 座 906 室	100031	66410543
北京市钱币学会	西城区月坛南街 79 号	100045	68559317
北京市金融工会	东城区台基厂三条 3 号 6 号楼 110 室	100005	65592747

（6）信用评级机构

机构名称	地　　址	邮　编	电　话
大公国际资信评估有限公司	朝阳区霄云路 26 号 A 座鹏润大厦 29 层	100125	51087768
中国诚信信用管理有限公司	西城区年金融大街 26 号金阳大厦 4 层	100032	66428855
中诚信国际信用评级有限责任公司	西城区复兴门内大街 156 号招商国际金融中心 D 座 7 层	100031	66428877
联合资信评估有限公司	朝阳区建国门外大街 2 号 PICC 大厦 17 层	100022	85679696
东方金诚国际信用评估有限公司	西城区德外大街 83 号德胜国际中心 B 座 7 层	100088	62299713
长城资信评估有限公司	海淀区板井路 69 号世纪金源国际公寓 6－16C	100097	88433015
北京资信评级有限公司	西城区平安里西大街 28 号楼中海国际中心 17 层	100034	88366252
北京银建资信评估事务所	西城区广安门南滨河路 7 号	100055	63401197
北京国融工发投资咨询有限公司	朝阳区惠新东街 6 号乡镇企业大厦 6 层	100029	57587461

北京君维诚信用评估有限公司	海淀区苏州街49号盈智大厦301室	100080	82622979
北京中贸远大信用管理有限公司	东城区安定门外东后巷28号商务部研究院4号楼206室	100710	64260918
长城金桥金融咨询有限公司	西城区月坛北街2号月坛大厦A801	100045	68083498
联合信用管理有限公司北京分公司	朝阳区安慧里四区中国五矿大厦1801室	100101	64912118
中国诚信信用管理股份有限公司北京分公司	东城区礼士胡同54号	100010	57602009

（7）个人本外币兑换特许业务机构

机构名称	地　址
通济隆外币兑换（中国）有限公司北京首都机场第一兑换店	顺义区首都国际机场2号航站楼
通济隆外币兑换（中国）有限公司北京首都机场第二兑换店	顺义区首都国际机场3号航站楼A2C10－I
通济隆外币兑换（中国）有限公司北京首都机场第三兑换店	顺义区首都国际机场3号航站楼B2E12
通济隆外币兑换（中国）有限公司北京首都机场第四兑换店	顺义区首都机场2号航站楼2层E024
通济隆外币兑换（中国）有限公司北京首都机场第五兑换店	顺义区北京首都国际机场3号航站楼A2C17
通济隆外币兑换（中国）有限公司北京首都机场第六兑换店	顺义区首都机场1号航站楼1层Y119号
通济隆外币兑换（中国）有限公司北京天竺兑换店	顺义区天竺镇花梨坎村南
艾西益商务服务（北京）有限公司	朝阳区北辰西路69号峻峰华亭嘉园C－1502室
艾西益商务服务（北京）有限公司首都机场第二分公司	顺义区北京首都国际机场3号航站楼A4E10
艾西益商务服务（北京）有限公司首都机场第三分公司	顺义区北京首都国际机场3号航站楼A2C9－1
艾西益商务服务（北京）有限公司朝阳第一分公司	朝阳区国家体育场南路1号1幢1层807室
艾西益商务服务（北京）有限公司首都机场分公司	顺义区首都国际机场G108

北京恒生联合投资有限公司	顺义区首都机场 2 号航站楼 G112 号
北京恒生联合投资有限公司第一咨询营业部	顺义区首都国际机场 3 号航站楼 A2W8 – 1
北京恒生联合投资有限公司第二咨询营业部	顺义区首都国际机场 3 号航站楼 B2W12
北京恒生联合投资有限公司第三咨询营业部	顺义区首都机场 2 号航站楼 2 层国际隔离区 G235
北京恒生联合投资有限公司第五咨询营业部	朝阳区建国门外大街 8 号楼 1 层 103 单元
北京恒生联合货币兑换有限公司第六咨询营业部	朝阳区雅宝路街甲 5 号 1 层 101 内 1000 号
环九州信用管理（北京）有限公司首都机场分公司	顺义区首都机场 3 号航站楼 1 号 1 层 Y117C
环九州信用管理（北京）有限公司水秀分公司	朝阳区秀水东街 8 号 1 号楼 2 层 F2 – 0010
北京渤海通汇投资咨询有限公司	西城区西长安街复兴门外大街 19 号燕京饭店 1 层
北京渤海通汇投资咨询有限公司雅宝路分公司	顺义区南法信镇首都机场货运北路 3 号院 16 幢 101 室
中汇通兑投资管理有限公司	朝阳区工人体育场北路 8 号院 3 号楼 1 层
北京中汇通兑投资管理有限公司第一分公司	朝阳区秀水东街 8 号 4 层 F4 – 011
北京中汇通兑投资管理有限公司第二分公司	朝阳区朝外大街 6 号
北京中汇通兑投资管理有限公司第三分公司	朝阳区日坛北路 17 号 2 号楼 1 层 1519 室
北京乾坤运通商务咨询有限公司	海淀区苏州街 31 号 1 层
北京优汇商务服务有限公司	朝阳区建国路 99 号 9 层 909 室
北京优汇商务服务有限公司海淀第一分公司	学院路 15 号 1 区 9 栋 1 层 103 室
首科汇济融科技（北京）有限公司	朝阳区安翔北里甲 11 号院 1 号楼 B1007 室
上海汇元通商务服务有限公司北京红桥分公司	东城区天坛路 46 号迤北地上 1 层 198 号
上海汇元通商务服务有限公司北京秀一分公司	朝阳区秀水东街 8 号 1 层 C6 – 001
上海汇元通商务服务有限公司北京京亚袖分公司	朝阳区工体北路 58 号楼第 3 层第 3133 号
上海汇元通商务服务有限公司北京雅宝路分公司	朝阳区朝阳门南大街 16 号楼 1 层

（二）机构简介

恒丰银行股份有限公司北京分行

恒丰银行股份有限公司北京分行（以下简称恒丰银行北京分行）于2014年8月5日获银监会批准筹建，同年11月19日正式开业。

经营范围：吸收公众存款；发放短期、中期和长期贷款；办理国内外结算；办理票据承兑与贴现；代理发行、代理兑付、承销政府债券；从事同业拆借；买卖、代理买卖外汇；从事银行卡业务；提供信用证服务及担保；代理收付款项及代理保险业务；提供保管箱业务；总行在银监会批准的业务范围内授权的业务。

恒丰银行北京分行内设25个部门和1家营业机构，共有员工124人。

2014年末，恒丰银行北京分行资产总额95.63亿元，其中各项贷款余额47.01亿元；负债总额95.58亿元，其中各项存款余额74.76亿元。

负责人：邱野

地址：北京市西城区金融大街8号C座

邮编：100033

电话：010－50961888

传真：010－50961810

（黄未）

北京银行股份有限公司
资金运营中心

北京银行股份有限公司资金运营中心（以下简称北京银行资金运营中心）于2014年12月30日由北京银监局批准开业，营运资金1亿元。

经营范围：从事同业拆借、同业存款、同业借款；办理票据贴现；买卖政府债券、金融债券；代理发行、代理兑付、承销政府债券；买卖、代理买卖股票以外的外币有价证券；买卖、代理买卖外汇；金融衍生业务；代理及自营贵金属业务；总行在银监会批准的业务范围内授权的业务。

北京银行资金运营中心作为分行级专营机构，是在原北京银行股份有限公司资金交易部基础上成立，下设票据交易部、固定收益部、风险合规部、外汇与贵金属业务部、代客交易部、区域业务部、业务综合管理部、研究开发部8个部门，共有员工44人。

总经理：赵瑞安

地址：北京市西城区金融大街丙17号北京银行大厦21层

邮编：100033

电话：010－66223690

传真：010－66226069

（袁宝良）

北京银行股份有限公司信用卡中心

北京银行股份有限公司信用卡中心（以下简称北京银行信用卡中心）于2014年12月30日由北京银监局批准开业，营运资金1亿元。

经营范围：办理本外币信用卡的发行业务；办理信用卡项下的本外币贷款、结算、汇款、结汇和外汇兑换业务；代理国内外各类银行卡的收单业务；代理国外金融机构和国际组织信用卡的发卡、付款及资金清算业务；代理其他银行或机构信用卡发卡、收单业务的运营服务；代理信用卡项下的代收代付、代售、资信调查、咨询服务、见证业务；代理信用卡项下的理财服务；总行经银监会批准，授权专营机构经营的其他业务。

北京银行信用卡中心作为分行级专营机构，是在原北京银行股份有限公司信用卡中心基础上成立，下设市场部、销售渠道部、互联网业务部、风险政策部、风险管理部、信息技术部、运营部、客服中心、计划财务部、法务及审计部、办公室11个部门，共有员工368人。

总经理：冯丽华（女）

注册地址：北京市顺义区南法信镇华英园9号

办公地址：北京市丰台区南四环西路188号17区15号

邮编：100070

电话：010－63298855

传真：010－63298858

（袁宝良）

昆仑银行股份有限公司国际业务结算中心

昆仑银行股份有限公司国际业务结算中心（以下简称昆仑银行国际业务结算中心）于2014年5月30日获银监会批准筹建，同年9月29日经北京银监局批准正式成立。

经营范围：涉外贸易企业以国际贸易结算业务为背景的对公本外币存款、贷款、国内外结算、票据承兑与贴现、买卖及代理买卖外汇业务，信用证服务及担保，代理收付款项业务等。经中国人民银行批准，可以经营结汇、售汇业务。

昆仑银行国际业务结算中心为昆仑银行股份有限公司直属的分行级专营机构，内设国际结算部、风险与合规部、渠道运营部和综合部4个部门，共有员工33人。

2014年末，昆仑银行国际业务结算中心资产合计152 824.98万元，负债合计152 530.56万元，净利润294.42万元，完成结算量246 113.20万元。

负责人：董尚斌

地址：北京市西城区金融大街1号金亚光大厦B座1层

邮编：100033

电话：010－89026269

（王洪波）

西班牙桑坦德银行有限公司北京分行

西班牙桑坦德银行有限公司北京分行（以下简称西班牙桑坦德银行北京分行）于2014年3月31日经银监会批准开业，同年9月6日正式营业，营运资金为2亿元人民币等值的自由兑换货币。

经营范围：吸收公众存款；发放短期、中期和长期贷款；办理票据承兑与贴现；买卖政府债券、金融债券，买卖股票以外的其他外币有价证券；提供信用证服务及担保；办理国内外结算；买卖、代理买卖外汇；代理保险；从事同业拆借；提供保管箱服务；提供资信调查和咨询服务；经银监会批准的其他业务。

西班牙桑坦德银行北京分行内设财务及营运部、机构银行业务部、环球市场部、客户关系部、信用风险部、贸易和交易服务部以及合规部7个部门。

地址：北京市朝阳区光华路1号北京嘉里中心1118单元

邮编：100020

电话：010－56511000

传真：010－85679799

（陈巧凤）

供销集团财务有限公司

供销集团财务有限公司于2013年4月获准筹建，2014年2月20日获准开业，注册资本金5亿元，由中国供销集团有限公司100%出资。

经营范围：对成员单位办理财务和融资顾问、信用鉴证及相关的咨询、代理业务；协助成员单位实现交易款项的收付；经批准的保险代理业务；对成员单位提供担保；办理成员单位之间的委托贷款；对成员单位办理票据承兑与贴现；办理成员单位之间的内部转账结算及相应的结算、清算方案设计；吸收成员单位的存款；对成员单位办理贷款及融资租赁；从事同业拆借。

负责人：邢宏伟

地址：北京市西城区宣武门外大街甲1号C座2层

邮编：100052

电话：010－59338777

传真：010－59338339

（王大伟）

中煤财务有限责任公司

中煤财务有限责任公司于2013年6月获准筹建，2014年3月5日获准开业，注册资本金30亿元，主要股东为中国中煤能源股份有限公司、中国中煤能源集团有限公司。

经营范围：对成员单位办理财务和融资顾问、信用鉴证及相关的咨询、代理业务；协助成员单位实现交易款项的收付；经批准的保险代理业务；对成员单位提供担保；办理成员单位之间的委托贷款；对成员单位办理票据承兑与贴现；办理成员单位之间的内部转账结算及相应的结算、清算方案设计；吸收成员单位的存款；对成员单位办理贷款及融资租赁；从事同业拆借。

负责人：翁庆安

地址：北京市朝阳区黄寺大街1号中煤大厦6层

邮编：100120

电话：010－82277109

传真：010－82277100

（王大伟）

中铁财务有限责任公司

中铁财务有限责任公司于2013年7月获准筹建，2014年2月27日获准开业，注册资本金15亿元，主要股东为中国铁路工程总公司、中国中铁股份有限公司。

经营范围：对成员单位办理财务和融资顾问、信用鉴证及相关的咨询、代理业务；协助成员单位实现交易款项的收付；经批准的保险代理业务；对成员单位提供担保；办理成员单位之间的委托贷款；对成员单位办理票据承兑与贴现；办理成员单位之间的内部转账结算及相应的结算、清算方案设计；吸收成员单位的存款；对成员单位办理贷款及融资租赁；从事同业拆借。

负责人：林鑫

地址：北京市海淀区复兴路 69 号中国中铁大厦 C 座 5 层

邮编：100039

电话：010－51952352

传真：010－51952323

（王大伟）

北银金融租赁有限公司

北银金融租赁有限公司于 2013 年 8 月获批筹建，2014 年 1 月 20 日获准开业，注册资本金 20 亿元，由北京银行股份有限公司 100% 出资。

经营范围：融资租赁业务；转让和受让融资租赁资产；固定收益类证券投资业务；接受承租人的租赁保证金；同业拆借；向金融机构借款；境外借款；租赁物变卖及处理业务；经济咨询。

负责人：闫冰竹

地址：北京市西城区复兴门内大街 156 号 C 座 8 层、9 层

邮编：100031

电话：010－66429099

传真：010－66427480

（王大伟）

东兴期货有限责任公司北京营业部

东兴期货有限责任公司北京营业部是经证监会批准成立，并在国家工商管理局登记注册的合法期货经营机构，于 2014 年 1 月 3 日成立。

经营范围：商品期货经纪和金融期货经纪。

负责人：杨培东

地址：北京市东城区安定门东大街 28 号 2 号楼 8 层 802 室

邮编：100007

联系电话：010－59456345

瑞达期货股份有限公司北京大柳树路营业部

2014 年 1 月 10 日，瑞达期货股份有限公司北京大柳树路营业部正式开业，注册资本金 3 亿元，主要股东林志斌，占比 84.08%。

经营范围：商品期货经纪和金融期货经纪。

机构设置：客户服务部、机构事业部两个部门，从业人员 2 名。

负责人：李松

地址：北京市海淀区大柳树路 17 号富海国际港 702 室

邮编：100081

电话：010－62155857

传真：010－62156606

深圳瑞龙期货有限公司北京营业部

深圳瑞龙期货有限公司北京营业部是深圳瑞龙期货有限公司设立于北京市的分支机构，属有限责任公司分支机构，2014年4月开始筹建，10月16日正式开业。截至年末，共收入9.10万元，保证金规模1 183.23万元。

经营范围：商品期货经纪、金融期货经纪。

机构设置：业务岗、财务岗、信息技术管理岗、开户与合同管理岗、交易与风控岗，共有员工6人。

负责人：王占峰

地址：北京市朝阳区朝外大街甲6号万通中心C座905房

邮编：100020

电话：010－59070622

传真：010－59070655

银河期货有限公司北京朝外大街营业部

银河期货有限公司北京朝外大街营业部于2013年10月开始筹建，2014年3月正式开业，性质为期货公司分支机构，总部为银河期货有限公司。

2014年末，银河期货有限公司北京朝外大街营业部客户总数836户，客户保证金8 189.01万元。全年累计客户成交金额94 771 336.37万元，累计成交量5 269 916手，手续费收入828.29万元，净利润76.70万元。

经营范围：商品期货经纪、金融期货经纪。

机构设置：财务、客户服务、风险控制、市场开发等岗位。

负责人：姜然

地址：北京市朝阳区朝外大街16号中国人寿大厦13层1302～1306号

邮编：100020

电话：010－68569588

传真：010－6856977

长江财产保险股份有限公司北京分公司

长江财产保险股份有限公司北京分公司于2014年8月28日开始筹建，同年12月18日正式成立。

经营范围：财产损失保险；责任保险；信用保险和保证保险；短期健康保险和意外伤害保险；上述业务的再保险业务；国家法律、法规允许的保险资金运用业务；经保监会批准的其他保险业务。

机构设置：办公室、财务部、销售管理部、重客业务部、经代业务部、承保管理部、理赔客服部、营业部；共有员工23人。

负责人：陈宝柱

地址：北京市西城区西直门外大街18号金贸中心C2座12层

邮编：100044

电话：010－58687398

传真：010－58687374

（李响）

利安人寿保险有限公司北京分公司

利安人寿保险有限公司北京分公司于2014年12月23日正式开业。

机构设置：总经理室、银行保险业务部、团体保险业务部、计划财务部、客服中心、行政综合管理部、人力资源部，共有员工 20 人。

负责人：陆治

地址：北京市西城区复兴门外大街 A2 号 108#

邮编：100045

电话：010－59012666

传真：010－59012700

（秦琨）

北京润兴源小额贷款有限公司

成立时间：2014 年 1 月 9 日

公司类型：其他有限责任公司

注册资本金：5 000 万元

经营项目：在北京市房山区范围内发放贷款。

法人代表：田成

地址：北京市房山区良乡西路 26 号 2 号楼

电话：010－60357065

北京聚亿达小额贷款股份有限公司

成立时间：2014 年 2 月 20 日

公司类型：股份有限公司（非上市、自然人投资或控股）

注册资本金：10 000 万元

经营项目：在北京市西城区范围内发放贷款。

法人代表：高长敏

地址：北京市西城区榆树馆胡同 4 号

电话：010－88362788

北京金鼎盛小额贷款股份有限公司

成立时间：2014 年 4 月 14 日

公司类型：其他股份有限公司（非上市）

注册资本金：10 000 万元

经营项目：在北京市丰台区范围内发放贷款。

法人代表：王大忠

地址：北京市丰台区海鹰路 1 号院 1 号楼

电话：010－63799358

北京世欣瑞达小额贷款有限公司

成立时间：2014 年 4 月 18 日

公司类型：其他有限责任公司

注册资本金：10 000 万元

经营项目：在北京市门头沟区范围内发放贷款。

法人代表：潘蓉

地址：北京市门头沟区绿岛家园 36 号楼 1 层

电话：010－69866691

北京市森福普惠小额贷款有限责任公司

成立时间：2014 年 4 月 21 日

公司类型：其他有限责任公司

注册资本金：5 000 万元

经营项目：在北京市朝阳区范围内发放贷款。

法人代表：易东

地址：北京市朝阳区朝阳公园路 19 号一幢 11 层

电话：010－52906102

北京华资小额贷款有限公司

成立时间：2014 年 5 月 8 日
公司类型：其他有限责任公司
注册资本金：15 000 万元
经营项目：在北京市门头沟区范围内发放贷款。
法人代表：白玉坤
地址：北京市门头沟区石龙经济开发区永安路 20 号 1 号楼 12 层
电话：010－68372928

北京中融小额贷款有限公司

成立时间：2014 年 5 月 12 日
公司类型：其他股份有限公司（非上市）
注册资本金：10 000 万元
经营项目：在北京市通州区范围内发放贷款。
法人代表：杜波
地址：北京市通州区宋庄镇草寺村村委会西南角 205 室
电话：010－61429057

北京农投顺通小额贷款股份有限公司

成立时间：2014 年 5 月 14 日
公司类型：其他股份有限公司（非上市）
注册资本金：10 000 万元
经营项目：在北京市顺义区行政区域内发放贷款。
法人代表：李弘建
地址：北京市顺义区牛栏山镇腾仁路 22 号 3 幢 206 室
电话：010－61429057

北京市文化产业小额贷款股份有限公司

成立时间：2014 年 5 月 21 日
公司类型：其他股份有限公司（非上市）
注册资本金：20 000 万元
经营项目：在北京市文化创意产业功能区和文化创意产业集聚区范围内发放贷款。
法人代表：王森
地址：北京市西城区车公庄大街 4 号北礼士路甲 129 号 1 号楼 2 层
电话：010－83169919

北京国融富安小额贷款有限公司

成立时间：2014 年 6 月 13 日
公司类型：其他有限责任公司
注册资本金：10 000 万元
经营项目：在北京市朝阳区范围内发放贷款。
法人代表：慕英杰
地址：北京市朝阳区东三环北路辛 2 号迪阳大厦 12 层
电话：010－84537708

北京华远小额贷款有限公司

成立时间：2014 年 6 月 18 日
公司类型：其他有限责任公司
注册资本金：12 800 万元
经营项目：在北京市西城区范围内发

放贷款。

法人代表：杜凤超

地址：北京市西城区北展北街 17 号楼

电话：010－88321229

北京鑫锐小额贷款有限公司

成立时间：2014 年 6 月 18 日

公司类型：其他有限责任公司

注册资本金：40 000 万元

经营项目：在北京市朝阳区范围内发放贷款。

法人代表：陈岗

地址：北京市朝阳区东四环中路 82 号金长安大厦

电话：010－51311833

北京财富小额贷款有限公司

成立时间：2014 年 6 月 27 日

公司类型：其他有限责任公司

注册资本金：20 000 万元

经营项目：在北京市丰台区范围内发放贷款。

法人代表：王立国

地址：北京市丰台区西四环南路 8－1 号 1 幢 702－1 号

电话：010－84210320

北京世欣顺达小额贷款有限公司

成立时间：2014 年 8 月 5 日

公司类型：其他有限责任公司

注册资本金：10 000 万元

经营项目：在北京市顺义区范围内发放贷款。

法人代表：潘蓉

地址：北京市顺义区大孙各庄镇府前街 10 号 11 幢

电话：010－61426799

北京京汇小额贷款有限公司

成立时间：2014 年 9 月 12 日

公司类型：有限责任公司（外商投资企业法人独资）

注册资本金：10 000 万元

经营项目：在北京市范围内发放贷款。

法人代表：刘强东

地址：北京市海淀区苏州街 20 号院 2 号楼 4 层

电话：010－56348649

北京世欣智达小额贷款有限公司

成立时间：2014 年 10 月 17 日

公司类型：其他有限责任公司

注册资本金：10 000 万元

经营项目：在北京市大兴区范围内发放贷款。

法人代表：潘蓉

地址：北京市大兴区青云店镇民营科技园敬业路 1 号 3 幢 3 层 301 室

电话：010－69228672

北京世欣腾达小额贷款有限公司

成立时间：2014 年 10 月 31 日

公司类型：其他有限责任公司

注册资本金：10 000 万元

经营项目：在北京市怀柔区范围内发放贷款。

法人代表：赵春生

地址：北京市怀柔区九渡河镇黄坎村735号03栋01室

电话：010－69681030

北京广联达小额贷款有限公司

成立时间：2014年11月3日

公司类型：有限责任公司（法人独资）

注册资本金：10 000万元

经营项目：在北京市范围内发放贷款。

法人代表：王金洪

地址：北京市门头沟区石龙经济开发区永安路20号3号楼

电话：010－56616887

北京鑫华小额贷款有限公司

成立时间：2014年11月17日

公司类型：其他有限责任公司

注册资本金：12 000万元

经营项目：在北京市东城区范围内发放贷款。

法人代表：崔重云

地址：北京市东城区海运仓胡同1号709室

电话：010－57468950

北京华夏汇通小额贷款有限公司

成立时间：2014年12月4日

公司类型：其他有限责任公司

注册资本金：15 000万元

经营项目：在北京市朝阳区范围内发放贷款。

法人代表：卢希

地址：北京市朝阳区东三环南路甲52楼14层17D

电话：010－59810733

北京华清融鑫小额贷款有限责任公司

成立时间：2014年12月17日

公司类型：其他有限责任公司

注册资本金：5 000万元

经营项目：在北京市平谷区范围内发放贷款。

法人代表：燕军

地址：北京市平谷区平谷镇新开街26－9号

电话：010－61995656

（三）协会、商会、学会活动简介

北京市银行业协会

组织机构与负责人

会　长：严晓燕（女，北京银行股份有限公司行长）

副会长：朱鹤新（交通银行股份有限公司北京市分行行长）

王　良（招商银行股份有限公司北京分行行长）

屈家智（汇丰银行（中国）有限公司北京分行行长）

专职副会长：李　阳（女）

监事长：滕红军（花旗银行（中国）有限公司北京分行行长）

秘书长：赖　恽

会员单位

2014年末，共有会员91家。其中，中资会员48家（银行机构34家，非银行金融机构8家）；外资会员43家（银行机构34家，非银行金融机构1家，外国金融机构代表处8家）。

联系方式

地址：北京市海淀区车公庄西路乙19号华通大厦B座北塔8层

邮编：100048

传真：010－88018014

电子邮箱：office@bbanet.org

重要活动

1月14日，全国银行业维权与法律风险管理工作会议在广西南宁召开。北京市银行业协会（以下简称协会）获得"中国银行业2013年度银行业维权先进单位"的荣誉称号，并作为维权先进单位的代表在大会上介绍经验。

1月15日，协会召开第六届理事会第十七次会议。会议审议通过了《北京市银行业协会2013年工作总结及2014年工作计划》、《关于成立人力资源管理联席会、国际业务专业联席会、个人贷款业务联席会的议案》，各位理事听取了《关于对中冶纸业等关联企业实施维权进展情况的报告》，研究了对中冶纸业等关联企业实施进一步维权措施的工作方针。

1月17日，协会举办"银行票据业务风险防范暨防伪技术与鉴别"专项培训，32家票据业务联席会成员单位的相关人员共计96人参训，其中71名业务操作人员参加了考试。2月14日，协会就考试情况向各会员单位进行了通报。

1月21日，协会召开"优质服务示范单位表彰暨《2013年度北京市银行业服务发展改进报告》发布大会"，各会员单位主管领导、获奖单位代表以及新闻媒体代表近300人参加了会议。大会为获得"2013年度北京市银行业文明规范服务百佳示范单位"、"2013年度北京市银行业特色服务示范单位"以及获得消费者权益保护知识竞赛先进单位和先进个人颁奖，工商银行北京市分行、交通银行北京市分行、浦发银行北京分行的代表做了主题演讲，李阳专职副会长发布了《2013年度北京市银行业服务发展改进报告》。

2月26日，协会召开"北京银行业小微金融特色服务示范单位经验交流会"，8家北京地区"2013年度小微金融特色服务机构"就各自在发展小微金融服务方面所取得的经验进行了交流。

3月2～8日，协会组织14家会员单位主管服务工作的负责人赴南京、昆明、海口等地进行学习交流。参观了当地工商银行等7家银行所属的12家示范单位，并就智能网点建设、服务管理创新、服务效率提升、员工考核机制、百佳示范单位创建经验等与当地同业进行了交流。

3月20日，协会在北京农商银行顺义支行召开"北京银行业'三农'金融特色服务示范单位经验交流会"。北京农商银行新发地支行、龙泉支行，北京银行密云支行、建设银行北京大兴支行、浦发银行北京通州支行、中信银行北京房山支行分别以"创新'农'字特色，做强'农'字优势"、"结合地域经济特点，做企业和百姓身边的银行"等为题就各自在“三农”金融服务方面的经验进行了交流。

3月24~25日，协会组织召开“2014年第一次华北组村镇银行工作会议”，天津、内蒙古、大同等省市银行业协会专职副会长及相关业务负责人共计30人参会。25日，会议代表到北京顺义银座村镇银行进行实地调研，并赴北京顺鑫农业股份有限公司旗下的牛栏山酒厂和创新食品公司，了解北京郊区现代化农业建设情况。

3月，协会邀请光明网、新华网、《北京日报》、《北京青年报》、《法制晚报》的记者参加特殊服务特色示范单位的体验活动，邀请《金融时报》、《参考消息》的记者参加小微企业特色服务示范单位的体验活动。“3·15”来临之际，协会联合北京市消费者协会协接受了《北京晨报》关于北京市银行业在金融消费者保护领域的工作成果的专访。

3~9月，协会与《北京晨报》联合举办“金质服务在您身边”专题宣传活动，展示会员单位的服务改进举措和特色服务网点的风采，提升行业品牌形象。14家会员单位参加了活动，共刊发专题报道128篇。

4月3日，协会组织召开中冶纸业集团有限公司债务问题工作组第五次会议。会上，工作组成员单位针对《中国诚通控股集团有限公司〈关于尽快完善中冶纸业金融债务重组方案的函〉的复函》进行讨论、研究，明确提出本单位的意见和方案，并针对下一步的工作内容展开讨论与研究。

4月10日，协会与北京市高级人民法院共同组织召开银行卡纠纷座谈会，各中级法院和基层法院的庭长、主审法官的代表和协会法律委员会的主任行代表、中国银联北京分公司的代表参加了会议。

4月13~16日，协会组织多家会员单位小企业业务部门负责人赴杭州、台州、绍兴等地调研学习。调研组先后走访了浙江省银行业协会、浙江银监局、杭州银行、台州银行、绍兴银行等机构，与当地同业进行座谈，学习借鉴推进小微企业发展工作中的先进经验、工作思路以及创新的方式方法。

4月16~19日，协会组织部分会员单位银团业务部门负责人赴上海、苏州、南京等地调研学习。调研组与上海银行同业公会、工商银行上海市分行等机构进行交流，了解上海地区推进银团业务发展的经验，以及江苏地区银团贷款业务的发展动态，银行业支持制造业、水利、新能源、电子等行业的有效做法。

4月24日，协会组织召开“《中华人民共和国消费者权益保护法》培训暨北京市银行业协会个人金融服务消费者保护标准化小组成立会议”，55家会员单位的相关负责人共计100余人参加了会议。会上，北京市高级人民法院民一庭副庭长马军、中国青年政治学院副教授张严方就《中华人民共和国消费者权益保护法》第二次修订的相关内容进行了解读。

4月25日，协会召开第六届监事会第五次会议，花旗银行北京分行、国家开发银行北京市分行、中信银行总行营业部三家监事行的代表参加了会议。会议审议了《北京市银行业协会2013年度财务收支决算报告》。

协会召开个人理财业务投诉案例分析研讨会，26家会员单位理财业务部门负责人50余人参加了会议。工商银行北京市分行、建设银行北京市分行、交通银行北京市分行、招商银行北京分行、汇丰银行北京分行的代表分别对各自在理财产品销售过程中的典型投诉案例进行分析、反思和总结。

5 月 7 日，协会联合会员单位及主要媒体机构举办专题沙龙——“出国留学金融服务”。工商银行北京市分行、中国银行北京市分行等 10 家中外资会员单位出国金融业务部门负责人和新华网、光明网、《参考消息》、《北京日报》等 12 家主流媒体的记者与编辑共 32 人参加了活动。各会员单位分别介绍了各自为出国留学群体提供的差异化、个性化的贴心服务及产品。

5 月 15 日，协会举办“小微金融服务宣传月”成就展。本次展览共分五个板块，汇集了 41 家会员单位的 141 张图片。

6 月 6 日，协会召开第六届理事会第十九次会议。会议审议通过了《北京市银行业协会 2013 年度财务收支决算报告》、《北京市银行业协会 2014 年度财务收支预算报告》、《关于与北京市仲裁委员会建立合作机制》的议案，各理事听取了《秘书处对公业务重点工作情况汇报》、《秘书处关于对中冶纸业集团有限公司及关联企业采取维权措施进展情况的汇报》、《秘书处关于与人民法院共建执行联动机制情况的汇报》、《秘书处宣传与信息工作情况汇报》等，讨论了杭州银行北京分行提出的《关于规范职业操守，增强合规意识》的议题。

6 月 13 日，协会组织会员银行走进北京晨报社，举办北京银行业“金融知识大讲堂”活动，为报社员工讲解了出国金融服务、信用卡、个人理财业务、电子银行、个人消费贷款、反假币及金融诈骗等方面的金融知识。

6 月 20 日，协会召开“商业银行个人贷款业务创新发展与风险防范研讨会暨个人贷款业务联席会成立”会议，39 家中外资商业银行主管行长及部门负责人 70 余人参加了会议。工商银行北京市分行等 5 家主任单位和华夏银行北京分行等 5 家成员单位的主管行长分别介绍了各自个人贷款业务发展情况及经营特色。

7 月 11 日，协会组织农业银行北京市分行的业务人员走进北京长寿俱乐部，为 40 余位老年人介绍投资理财、养老金规划以及自助设备的使用等方面的金融知识。

7 月 22 日，协会组织召开“百佳示范单位”现场观摩研讨会，14 家会员银行主管服务工作的行长参加了会议。与会代表体验了交通银行北京松榆里支行、北京银行北辰路支行文明规范服务和提升客户体验的个性化服务。

7 月 25 日，协会组织工商银行北京市分行的业务人员走进北京多维视通技术有限公司，宣传防电信诈骗、银医卡的使用、电子银行特色业务以及人民币理财等金融知识。

8 月 4 ~ 15 日，协会分四批组织北京地区 87 家银行业金融机构针对与北京市高级人民法院共建网络查控机制问题进行座谈，听取各家机构的意见和建议。26 日，协会印发《关于银行业金融机构协助人民法院通过网络办理查询、冻结有关事项的通知》，推动全市银行业金融机构共建网络查控机制工作的开展。

8 月 27 日，协会联合北京市残疾人福利基金会为 80 余位残障人士举办了“走进特殊群体，开展特殊关爱——北京银行业金融知识大讲堂活动”。工商银行北京岳各庄支行、交通银行北京阜成门支行、北京银行总行营业部、邮储银行北京香山支行分别介绍了各自针对残障客户的无障碍服务设施及个性化服务方案，展现了北京银行业在服务残障客户方面所作的积极努力。

8 月 28 日，协会组织交通银行北京市分行的业务人员走进北京文豪广告公司，介绍手机银行的使用、安全理财投资的要点、太平洋双币信用卡理财等方面的金融知识，以及投资注意事项、防范非法集资的技巧等。

9 月 26 日，协会举办利率市场化高级别研讨会，邀请人行营业管理部姜再勇副主任做专题讲座，12 家商业银行主管行长及利率部门负责人 33 人参加会议并针对 LPR 定价及存款偏离度管理进行交流。

9 月 29 日，协会召开个人理财产品销售流程现场交流会，27 家成员单位相关部门负责人 30 余人参加了会议。汇丰银行北京分行张博敏以情景模拟和系统操作的形式，展示了汇丰银行为个人客户提供投资理财服务的全部环节与流程，何谐介绍了汇丰银行在个人理财产品销售中的内控制度、人员管理、客户评估、投诉处理等方面的要点。建设银行北京市分行石刚、邮储银行北京分行任爽分别介绍了银行产品销售录音录像试点工作经验、客户调查与存在的问题及进一步改进的方向。

10 月 9 日，协会对各银行创建“最安全银行”的申报资料进行初审，评选出了“安全管理先进单位”、“安全防范先进个人”候选单位和个人。

10 月 14 日，协会召开网络信息管理工作座谈会，24 家宣传工作联席会成员单位宣传工作负责人共 25 人参加了会议。会议邀请北京市互联网信息办公室违法和不良信息举报中心张晓家主任到会，与成员单位交流座谈。

10 月 14 ~ 16 日，协会陪同中国银行业协会检查验收工作组对五星级营业网点及“千佳示范单位”候选单位进行了检查验收。

10 月 17 日，协会在怀柔区双阳宾馆组织召开了做好亚太经济合作组织（APEC）会议期间金融服务保障工作会议，18 家会员单位服务管理部门的负责人以及怀柔区 12 家银行的主管行长等 40 余人参加了会议。

10 月 29 日，协会与北京市高级人民法院共建的北京市法院执行联动网络查询系统建成并投入运行。截至年末，北京市高级人民法院通过执行联动网络查询系统共查询 45 739 个自然人、35 889 个法人及其他组织，共有 34 家银行反馈了 75 332 个有效账户；为全市各级法院 10 706 个案件提供了 16 360 条执行线索，法院根据查询线索共执结了 7 000 个案件。

11 月 19 ~ 21 日，协会举办北京市银行机构 2014 年高管培训班，来自 39 家会员单位的 104 位支行长参加了培训。本次培训以新闻舆情管理、网络信息安全、监管政策解读、法律法规解读和优秀支行长管理经验分享为主题。

11 月 26 ~ 28 日，协会主办“第七届环渤海地区银行业协会联席会议”，来自北京、天津、河北、辽宁、山东、大连、青岛 7 个省市银行业协会的有关负责人参加了会议。与会代表就“建立环渤海银行业信息资源共享机制，促进区域内实体经济协调发展”、“加强环渤海银行业业务产品创新交流，提高区域内银行业整体服务水平”进行了交流，并讨论了联席会运作机制、协会间信息互通、各业务专题交流联动及协会体制改革等议题。

2014 年，协会开展“首都银行业榜样”评选活动，并联合北京市金融工会参与“2014 北京榜样”的评选。各会员单位共推荐出 186 名榜样候选人，最终评选出首都银行榜样人物和感动人物各 10 名。

2014 年，协会共受理各类投诉、咨询 523 件。其中，接待消费者来访 15 人，接收消费者发来的电子邮件 65 件，接听消费者的投诉、咨询电话 443 通。经审核，已受理的有效投诉为 512 件，因投诉要素不全或不在受理范围属于无效投诉的 11 件。全年共办理纠纷调解 52 件。其中，已达成调解协议的 45 件，涉及争议金额 369.24 万元；未达成调解协议的 7 件，涉及争议金额 114.83 万元。

（任浩杰）

北京证券业协会

组织机构与负责人

理事长：朱云来

秘书长：周　雷

常务副秘书长：许　慧

副秘书长：丛小路

会员单位

2014 年末，共有会员单位 421 家。其中，证券公司 19 家，证券分公司 47 家，基金管理公司 20 家，证券营业部 319 家，投资咨询公司 16 家。

联系方式

地址：北京市西城区金融大街 35 号国际企业大厦 C 座 17 层

邮编：100032

电话：010 - 66568614

传真：010 - 66568583、010 - 66568841

网址：http：//www. sabbj. org

电子邮箱：bjzq@163. com

重要活动

1 月 8 日，北京证券业协会（以下简称协会）召开资管业务委员会第一次全体会议，各位委员围绕委员会议事规则、如何提高证券公司资产管理业务创新能力和主动管理能力以及如何打造行业有竞争力的法律制度和监督环境等热点议题进行深入的分析交流。

2 月 10 日，协会制定并公布《北京证券业协会协助北京证监局对北京地区证券营业部监管分类评价中的自律管理扣分标准（试行）》。

3 月 5 日，协会召开成立 20 周年系列活动征求意见座谈会，北京地区的 18 家证券公司、21 家基金管理公司的总裁办、综合管理部负责人共 40 人参加了此次座谈会。

3 月 12 日，协会召开经纪业务委员会第二届第二次全体会议，各位委员围绕近期业界关注的佣金市场化等热点问题，从三个方面探讨加强证券公司经纪业务规范有序发展及加速业务转型。

3 月 20 日，协会召开自律规范委员会（筹）主任委员会议，5 位主任委员分别就自律规范委员会工作重点及北京地区营业部佣金报备等内容进行了讨论。

3 月 19 日，协会常务副秘书长许慧带队赴北京高华证券有限责任公司、建信基金管理有限责任公司参观、学习和交流。

3 月 27 日，根据协会经纪业务委员会二届一次全体会议讨论内容，经各委员讨论形成《关于互联网金融和行业创新发展政策的建议》，分别向北京证监局、中国证券业协会汇报。

4月25日，协会召开自律规范委员会第一次全体会议，各位委员围绕《议事规则》、加强证券经营机构客户服务、保护投资者合法权益工作展开讨论，并对委员会未来工作提出建议；按照《北京证券业协会专业委员会管理办法，全体委员同意主任委员、副主任委员人选。

4月26日，协会与北京素质办联合举办了北京地区投资顾问服务及营销培训——“素质工程公益大讲堂”，共438人参加。

5月9日，协会联合全国中小企业股份转让系统举办“营业部主办券商业务培训”，来自北京地区证券公司、分公司、营业部的相关负责人及业务骨干共393人参加。此次培训以“全国股份转让系统制度框架”、“主办券商投资者适当性管理”、“股票转让细则”为主题，并邀请招商证券、中信建投证券介绍业务经验。

5月23日，协会自律规范委员会召开第二次主任委员会议，就《北京辖区证券经纪业务合规经营倡议书》、《证券经纪“十不要”》的内容，以及倡议书签署形式等进行讨论。

6月28日，协会联合北京市金融工会举办“情缘夏至·相约怀柔”首都金融系统单身交友联谊活动，来自银行、证券、保险机构的近200名单身青年参加了活动。

7月2日，北京地区289名证券营业部负责人签署了《北京地区证券经纪业务合规经营倡议书》。协会将该倡议书和营业部负责人签名设计印制成册，分发给各会员单位，以此为鉴，共同维护首都证券市场持续稳定健康发展。

7月11日，北京地区基金管理公司第十二次督察长联席会召开，23家基金管理公司及主要办公地在京的2家基金管理公司的督察长、1家已获得公募资格的券商的合规总监，各基金管理公司监察稽核部总监，基金子公司风控负责人共计70余人参会。

7月23日至12月31日，按照中国证监会北京监管局《关于委托北京辖区自律组织做好“12386”热线事项工作的通知》要求，“12386”热线收到的投资者针对证券公司、基金管理公司、其他证券服务中介类诉求事项转至协会督促各相关会员单位办理。协会开发上线了“12386”热线受理转办系统，实现了所有的诉求事项可在线查询。截至年末，协会共接收“12386”热线诉求事项255件，已有221件妥善处理，170件达成和解。

8月30日，协会与北京市金融工会共同主办的“北京市第五届职业技能大赛证券业投资顾问比赛”正式启动，北京地区15家证券公司、3家证券分公司相关负责人及100余名参赛选手参加了启动仪式。10月29日，来自北京证券业的10位优秀投资顾问在北京职工服务中心，展开激烈的技能角逐，信达证券的王佳成为年度总冠军。

9月12～14日，协会联合北京期货商会、芝加哥投资学院举办期权交易策略培训，协会常务副秘书长许慧、北京期货商会副会长兼秘书长苏英、芝加哥投资学院相关负责人以及北京地区证券、基金、期货从业人员70余人参加了培训。

10月9日，协会协助北京证监局组织召开了《私募投资基金监督管理暂行办法》专题培训，北京市金融工作局、地方股权基金协会、辖区私募机构相关人员近500余人参加了培训。

10月16日，协会资管业务委员会在宏源证券北京资产管理分公司召开第二次全体会议，证监会机构部、中国基金业协会私募产品备案中心、北京证监局的领导出席了会议。证监会机构部孟繁永处长就资管业务相关法规政策进行解读，强调9月12日郑州会议提出的“八条底线”，并重申针对存续大集合的基本政策，支持证券公司资产管理业务创新。各委员就资产管理业务的发展与转型进行讨论，并针对产品备案中存在的问题提出意见建议。

10月28日，协会经纪业务委员会在信达证券召开第三次全体会议。参会委员对《转融通业务监督管理试行办法》进行了初步评估，对于转融通相关业务规则提出意见建议，并就证券经纪业务转型情况进行研讨。

11月14日，协会信息部在山东省莱芜市召开了“2014年北京证券业协会会刊——《首都证券之窗》优秀通讯员表彰暨培训会”。北京证券业协会姚万义顾问、山东省证券业协会侯成伟秘书长出席培训并讲话，《齐鲁晚报》深度报道部吕冰主编受邀担任主讲老师，来自21个证券公司、基金管理公司、证券分公司、营业部的相关人员30余人参加了培训。

11月，协会组织开展“认清本质，远离非法证券活动——保护投资者合法权益，打击非法证券活动宣传月”活动。11月28日，协会配合中国证券业协会并协同证监会打非局组成6人检查小组，对北京地区部分证券公司及营业部进行走访，现场检查了解打非宣传活动开展情况。

12月11日，“北京地区证券机构税收政策培训”在科技会堂召开。本次培训邀请西城区地税局、金融街第四税务所针对证券行业最新税收政策及税收常见问题和难点问题进行讲解，共有140多家单位的180多人参加了培训。

2014年，协会完成4期会刊——《首都证券之窗》的出版发行工作。

2014年，协会利用自己的网络培训平台，组织师资制作了专业课件，采取线上培训的方式，完成了北京地区证券从业人员后续职业培训工作，共有9 100多名证券从业人员参加了学习。

2014年，协会完成中国证券业协会交办的4次证券从业人员全国统考、8次证券从业资格预约式考试、2次注册国际投资分析师（CIIA）考试、2次保荐人胜任能力考试、1次香港证券及期货从业员资格考试等工作。

北京保险行业协会

组织机构与负责人

会　长：方　萍（女，北京保险行业协会）

副会长：陈志强（中国保险监督管理委员会北京监管局处长）

冯贤国（中国人民财产保险股份有限公司北京市分公司总经理）

臧　炜（中国太平洋财产保险股份有限公司北京分公司总经理）

李　莎（女，中国人寿财产保险股份有限公司北京市分公司总经理）

刘安林（中国人寿保险股份有限公司北京市分公司总经理）

吴　越（中国平安人寿保险股份有限公司北京分公司总经理）

何承周（泰康人寿保险股份有限公

司北京分公司总经理）

监事长：龙　泉（中国平安财产保险股份有限公司北京分公司总经理）

秘书长：陈志强（专职）

副秘书长：陆秀萍（女，专职）

李　枫（女，专职）

会员单位

2014 年末，共有会员公司 93 家。其中，财产保险公司 40 家，人身保险公司 52 家，专业性公司 1 家。准会员单位 7 家。

联系方式

地址：北京市朝阳区向军北里 28 号院 1 号楼瀚海文化大厦 6 层

邮编：100020

电话：010－65859118

传真：010－65925010

网址：http：//www. biabii. org. cn

电子邮箱：biabiibgs@ 126. com

重要活动

1 月 15 日，北京保险行业协会（以下简称协会）与北京铁路运输法院举行保险纠纷诉调对接工作签约仪式。

3 月 20 日，协会调解委员会参加由北京仲裁委员会调解中心、中国互联网协会调解中心、中国法律咨询中心调解中心、北京保险行业协会等 16 家“调解联盟”发起单位召开的座谈会，就 2014 年度主要工作进行商谈。

5 月 5 日，协会召开第八次会员大会暨第八届理事会第一次会议。会议选举产生了新一届理事会成员，方萍当选为会长，陈志强当选为常务副会长兼秘书长，冯贤国、李莎、吴越、何承周、臧伟、刘安林当选为副会长。

6 月 13 日，协会召开 2013 年度保险合同纠纷调解工作表彰会。会上，协会常务副会长兼秘书长陈志强对 2013 年调解工作进行总结，刁粤生副秘书长宣读了 2013 年度优秀调解员及积极进取奖获奖名单。景伟等 68 名调解员被评选为“优秀调解员”，张槐茵等 27 名调解员获得“积极进取奖”。

7 月 18 日至 9 月 12 日，协会与北京市金融工会联合主办北京市第五届职业技能大赛保险行业人身险业务员比赛。

8 月 27～29 日，协会常务副会长兼秘书长陈志强应邀参加《中国保险报》主办的“2014 保险新闻宣传峰会”，并做了题为“助力北京保险市场大发展　搭建保险新闻宣传大格局”的主题发言。

9 月 2 日，协会举办“2014 年寿险调解员培训”，31 家会员公司的 48 名寿险调解员参加了培训。业外调解员、北京调解联盟秘书长郭玉忠就调解工作中应把握的原则和细节进行讲解，并与参会人员交流调解工作体会，通过调解实务操作案例，让学员现场分组扮演不同角色，探讨调解过程中的具体案例及处置方法。

9 月 11 日，“北京保险行业车险理赔服务测评指标”新闻通报会在京举行。通报会发布了“结案周期、5 000 元以下非人伤案件结案周期、结案率、承诺达成率、持证定损人员充足度、立案投诉率”六项指标。

9 月 23 日，协会与平谷区卫生局召开联席会议，就中美联泰大都会人寿保险北京分公司反映的平谷地区异常保险索赔情况进行座谈研讨，并达成共识。

10 月 24 日，协会方萍会长、陆秀萍副秘书长参加在河北省石家庄市召开的保险行业宣传项目组工作会，并提出了建立新闻发言人制度、舆情监测及突发事件应急处理制度等建设性意见。

10 月 29～31 日，协会举办“2014 年度调解员及法务人员业务培训班”。来自 75 家会员公司的 125 名业内调解员和法务人员，以及 10 余名业外调解员共 140 余人参加了培训。

11 月 18 日，协会与《中国保险报》联合主办第 20 期“中国保险热点对话”。与会代表围绕“‘新国十条’背景下的北京车险创新与发展”这一主题，以“如何有效保护消费者合法权益”为核心，针对北京地区车险费率改革、承保规范化管理创新、车险服务创新、车险参与社会管理等热点问题进行研讨。

11 月 28 日，协会常务副会长兼秘书长陈志强接受《京华时报·金融周刊》记者的专题采访，就寿险从业人员资质分类管理、车险全面小额快赔、车险交通事故“E 赔付”以及保险纠纷调解及诉调对接北京模式进行了解答。

12 月 12 日，协会秘书处工会第一次会员大会暨成立大会召开。协会陆秀萍副秘书长、李枫副秘书长，北京市金融工会常务副主席王兆华等相关领导出席了会议。

12 月 18 日，协会举办行业通讯员培训班。央视《焦点访谈》资深策划余仁山、《中国保险报》首席摄影师刘书勇受邀担任主讲嘉宾，协会副秘书长陆秀萍出席并讲话，70 多家会员公司通讯员及宣传工作负责人 80 余人参加了培训。

12 月 29 日，协会召开“北京人身保险销售从业人员销售资质分类管理自律公约签署仪式暨新闻发布会”。北京保险中介行业协会、57 家在京寿险公司负责人和近 30 家在京媒体参会，太平洋人寿保险北京分公司等 5 家公司作为代表当场签署了自律公约，北京地区人身保险销售从业人员销售资质分类管理试点工作正式启动。

（周宏）

北京保险中介行业协会

组织机构与负责人

会　长：陈建国（北京国民保险代理有限公司董事长）

副会长：边　勇（华泰保险经纪有限公司副总裁）

吕　阳（英大长安保险经纪有限公司副总经理）

李永奇（航联保险经纪有限公司董事长）

黄伟坚（北京联合保险经纪有限公司总经理）

梁译之（华信保险经纪有限公司总经理）

韦　朴（达信（北京）保险经纪有限公司董事长）

高鹏飞（中电投保险经纪有限公司总经理）

陶立新（中铁保险经纪有限公司总经理）

陈　灿（昆仑保险经纪股份有限公司总经理）

监事长：张志安（江泰保险经纪有限公司副总裁）

秘书长：张永庄（专职）

会员公司

2014 年末，共有会员单位 185 家。其中，保险代理公司 72 家，保险经纪公司 88 家，保险公估公司 25 家。

联系方式

地址：北京市西城区西直门成铭大厦 B2 座 18H

邮编：100035
电话：010－66008027/010－66008028
传真：010－66113349
网址：http：//www. bjbxzjxh. org. cn
电子邮箱：bjbiia@126. com

重要活动

1月7日，北京保险中介行业协会（以下简称协会）参加北京市优秀中国特色社会主义事业建设者表彰大会。协会副会长、华信保险经纪有限公司总经理梁译之获得“第四届北京市优秀中国特色社会主义事业建设者”荣誉称号。

1月9日，协会召开第二届第十一次常务理事会。会议审议通过了2013年工作总结和2014年工作计划、2013年财务决算和2014年财务预算。随后召开的协会2013年年会上，陈建国会长向全体会员报告了2013年工作开展情况，中汇国际保险经纪股份有限公司总经理杨洲、北京睿峰都保险代理有限公司总经理王永新、宜信博诚保险销售服务（北京）有限公司副总经理孟繁锦、华泰保险公估公司有限公司总经理崔寄语作了经验交流，北京市金融工作局副局长郝硕博在会上讲话。

3月6日，协会举办北京保险中介机构财务管理培训班，139家保险中介机构近200名企业财务负责人参加培训。北京慧智宏景会计师事务所审计部经理侯敬东主讲了“企业所得税汇算清缴”政策，中汇国际保险经纪股份有限公司计划财务中心经理邢志华介绍了企业财务管理经验和做法，协会副会长高鹏飞就2014年保险中介机构外部审计审核工作、协会信息沟通和数据报送等项工作进行了部署。

3月18日，协会参加北京市民政局召开的“北京市社团工作会议”。会上，对2013年开展的社会组织评估工作进行总结，协会获得4A级社会组织称号。

3月20日，协会参加北京市金融团工委“2014年第一次委员会议”。会上，表彰了2013年度北京市金融业先进集体和个人。协会荣获优秀组织奖，海峡联合保险经纪（北京）有限责任公司被评为优秀团组织，北京嘉信保险代理有限公司杨享荣、海峡联合保险经纪（北京）有限责任公司毛玉婷被评为优秀团干部，华信保险经纪有限公司赵赫、刘文栋及北京中兵保险经纪有限公司温冬青、北京嘉信保险代理有限公司赵晓潇被评为优秀青年。

3月25日，协会向北京市社会建设办公室申请了2014年度政府购买社会组织服务项目。项目名称为“加快转型　服务社会　自我完善　自主发展”。

3月26日，协会召开第二届第十六次会长办公会。会议审议通过了协会2014年工作落实方案，审议了中铝保险经纪（北京）股份有限公司、北京睿峰都保险代理有限责任公司、中汇国际保险经纪股份有限公司、五洲（北京）保险经纪有限公司、北京启盛保险代理有限公司、北京大陆保险公估有限公司提出担任常务理事的申请，推选副会长李永奇为协会常务副会长，研究了加强秘书处建设等几项工作，通报了协会获得4A级社会组织称号等事宜。

4月9日，协会召开经营财险业务的保险经纪公司、保险代理公司座谈会。会议围绕2014年保险市场形势、营销模式创新等问题展开讨论。北京保监局副局长罗青、中介处处长崔振海到会，并听取了各公司的意见和建议。

4月10日，协会召开经营寿险业务

的保险经纪公司、保险代理公司座谈会。会议围绕 2014 年保险市场形势、保险产品创新等问题展开讨论。北京保监局副局长罗青、中介处处长崔振海到会，并听取了各公司的意见和建议。

4 月 15 日，协会组织会员公司参加了北京市金融工作局举办的金融大讲堂，听取了中国政法大学教授刘少军的专题讲座——“中国金融法的现状、问题与完善”。

4 月 23 日，协会召开第二届第十六次会长办公会第二次会议。会议听取并通过了新增补的 6 家常务理事单位的补充材料介绍，通过了新修订的协会入会须知，增补昆仑保险经纪有限公司为协会副会长单位、该公司总经理陈灿为协会副会长，并报北京保监局备案。

4 月 30 日，协会秘书长张永庄赴北京市司法局司法鉴定管理处，与该处负责人探讨保险公估参与司法鉴定事宜。

5 月 16 日，协会根据北京市委组织部、北京市人力资源和社会保障局“关于开展 2014 年北京市享受政府特殊津贴人员选拔工作的通知”，向北京市金融工作局推荐航联保险经纪有限公司董事长李永奇、江泰保险经纪股份有限公司副总裁张志安参加 2014 年北京市享受政府特殊津贴人员选拔工作。

5 月 20 日，协会通过北京市民政局 2013 年度社会组织年检工作。年检结论为合格。

5 月 27 日，协会参加北京市金融工作局“2014 年保险与非银行机构融资对接会”，向各区县金融办发放了《北京保险中介服务手册》。

5 月 28 日，协会召开第二届第十二次常务理事会。北京保监局副局长罗青参加会议。会议审议通过了协会 2014 年1 ~ 5 月工作总结及下半年重点工作、协会 2014 年 1 ~5 月财务收支情况，通报了协会副会长、部分常务理事单位变更情况及增补常务理事的情况，陈建国会长向新任常务理事单位中汇国际保险经纪股份有限公司、中铝保险经纪（北京）股份有限公司、五洲（北京）保险经纪有限公司、北京睿峰都保险代理有限公司、北京启盛保险代理有限公司、北京大陆保险公估有限公司颁发了牌匾和证书。

5 月 30 日，协会参加中国保监会北京监管局召开“保险中介市场清理整顿第一阶段工作动员大会”。6 月 3 日，协会向北京保监局报送《关于成立保险中介市场清理整顿工作领导小组的报告》。陈建国任领导小组组长，李永奇、黄伟坚任副组长，吴云涛、张忠魁、冯彦成、庞虹南为领导小组成员。领导小组下设办公室，负责日常工作。6 月 11 日，协会参加北京保监局召开的“保险中介市场清理整顿工作座谈会”。

6 月 12 日，协会召开“保险经纪业务经验交流暨行业发展研讨会”。协会副会长边勇、吕阳参加会议，65 家在京保险经纪公司的 70 余名企业负责人参加了会议。会上，航联保险经纪有限公司等 11 家公司的代表发言，江泰保险经纪股份有限公司、五洲（北京）保险经纪有限公司提交了经验交流材料。

6 月 18 日，北京市社会建设工作领导小组办公室专项考评组对协会 2013 年度使用社会建设专项资金购买社会组织服务项目进行考评，同意该项目结项。

6 月 23 日，协会根据北京保监局和北京市人力资源和社会保障局《关于推荐北京地区全国保险系统先进集体先进工作者和劳动模范的通知》精神，推荐北京保险中介行业协会为全国保险系统先进集体。

7月8日，协会举办“保险市场与保险中介报告会”。中汇国际保险经纪股份有限公司副董事长杨珊主讲，北京地区116家保险代理、保险经纪、保险公估公司的150余人参会。

7月9日，协会副会长吕阳为中国保险行业协会作“北京保险中介的现状与发展”的专题报告。

7月15日，协会与北京市金融工作局、北京保监局合作推出的《北京保险中介服务手册》发放给会员公司。

7月31日，协会秘书长张永庄、公估专业委员会主任冯彦成、副主任刘若、刘国浩赴北京市司法局司法鉴定管理处，与该处负责人就保险公估参与司法鉴定进行交流并提出相关建议。

8月4日，根据北京保监局《关于聘请新一届特邀廉政监督员的通知》要求，协会推荐航联保险经纪有限公司、康宏碧升保险代理有限公司、北京华泰保险公估有限公司为北京保监局特邀廉政监督员。

8月14日，协会向北京市高级人民法院报送《关于北京保险公估业申请司法鉴定资格的建议》。

8月15日，协会向会员公司发出《关于学习贯彻〈国务院关于加快现代保险服务业的若干意见〉的通知》。

9月4日，根据北京市金融团工委《关于开展北京市青年岗位能手（标兵）评选表彰工作的通知》，协会推荐江泰保险经纪股份有限公司唐莹为北京市青年岗位能手。

10月16日，协会组织保险中介行业非公企业团干部参加共青团北京市委员会、北京市团校举办的“2014年北京市非公企业团干部培训班”。

10月17日，协会参加北京市金融工作局、北京保监局召开的贯彻落实“新国十条”座谈会，讨论北京市政府《关于深化改革，加快推进北京现代保险服务业发展实施意见（征求意见稿）》，中汇国际保险经纪股份有限公司总经理杨洲、大童保险销售服务有限公司副总经理郑威、嘉福（北京）保险公估有限公司总经理李昕月参加了会议。

10月21日，协会召开换届工作筹备组会议。会议讨论了第三届理事会会长、副会长、监事长、秘书长候选人选名单。

11月3日，北京慧智宏景会计师事务所对协会第二届理事会法人代表、会长陈建国进行离任审计。

11月17日，协会在协会网站上，就《北京人身保险销售从业人员警示信息管理办法（征求意见稿）》，向在京保险中介机构征求意见。

11月26日，协会参加北京市金融工作局、北京保监局召开的“保险服务保障民生工作推进会”。英大长安保险经纪集团有限公司、华泰保险经纪有限公司、航联保险经纪有限公司、江泰保险经纪股份有限公司、中汇国际保险经纪股份有限公司、北京联合保险经纪有限公司、海峡联合保险经纪（北京）有限公司、泛华时代保险销售服务有限公司北京市分公司、大童保险销售服务有限公司、康宏碧升保险代理有限公司的负责人参加了会议。

12月2日，协会副会长吕阳、秘书长张永庄参加北京市社会科学届联合会第六次代表大会。协会副会长吕阳当选为北京市社科联第六届委员会委员。

12月11日，协会召开第二届第十七次会长办公会，审议通过了协会第三届理事会会长、副会长、秘书长候选人和监事会监事长、监事候选人及理事会常务理事候选人推荐名单；审议通过了协会换届工作方案、换届大会议程及大会召开的时间和地点，第三届理事会组建方案和选举办法及总监票人、监票人建议名单；推荐第二届理事会会长陈建国为协会名誉会长。

协会召开第二届第十三次常务理事会，审议通过了会长办公会提交讨论的各项议题；审议并原则通过了协会第二届理事会工作报告、第二届理事会财务工作报告、第二届监事会工作报告、协会章程（草案）和章程修改说明。同意北京众合四海保险代理有限公司、北京华泰保险公估有限公司增补为常务理事单位。

12月29日，协会参加北京保险行业协会召开的"北京地区人身险销售从业人员销售资质分类管理自律公约签约仪式暨新闻发布会"，并向在京保险中介机构转发《北京地区人身保险销售从业人员销售资质分类管理方案》。

12月30日，协会召开第三届会员大会暨第三届理事会第一次会议，137家会员公司的代表参加了大会。会议审议并通过了协会第二届理事会工作报告、第二届理事会财务工作报告、第二届监事会工作报告、《北京保险中介行业协会章程（修订草案）》修改说明；选举产生了由101人组成的第三届理事会、由43人组成的第三届常务理事会、由3人组成的第三届监事会；选举产生了李永奇为会长，吕阳、黄伟坚、梁译之、高鹏飞、陈灿、于利民、李铭、腾毅、吴云涛、张琪、董宝山为副会长，陶立新为秘书长的第三届理事会领导机构，张志安为监事长，季成、曹刚为监事的第三届监事会监督机构；提名并通过第二届理事会会长陈建国为协会名誉会长，全体会员表决通过了大会决议。

（左玉荣）

北京典当行业协会

组织机构与负责人

会　长：杨　永（北京市华夏典当行有限责任公司）

秘书长：郝凤琴（女）

会员单位

2014年末，会员单位共计318家。

联系方式

地址：北京市东城区永定门内东街中里9－17号崇文商务大厦

邮编：100050

电话：010－84544366

传真：010－84544368

网站：http：//www. bjpawn. org

电子邮箱：beijingpawn@ sina. com

重要活动

1月5日，北京典当行业协会（以下简称协会）副会长宋全安、秘书长郝凤琴应中国经济年鉴社的邀请，参加由国务院发展研究中心金融研究所、中国经济年鉴社举办的中国民间金融研讨会。

1月28日，协会向会员企业发送《关于配合北京市商务委员会开展风险排查的通知》。

2月20～25日，协会组织会员企业、协会法律顾问学习《典当业管理条例》（修改稿），并向国务院法制办提交修改建议。

4月2日，协会面向全体会员转发了

国务院发展研究中心金融研究所的《〈中国民间金融发展研究〉课题典当业发展研究子课题调研问卷》，34 家会员企业回复了问卷；7 月 8 日，协会向国务院发展研究中心金融研究所提交《北京典当行业协会关于国务院金融研究所调查问卷的回复》。

6 月 12 ~ 26 日，协会举办三期“典当风险控制方法”讲座，主题分别为“北京市典当法律文件中普遍存在问题及原因”、“通过典当案例解析典当业务操作过程中容易出现的风险”、“典当纠纷解决机制中的法律问题及对策”。

6 月 20 日，协会在京盛典当行就不良资产处置问题举办高管座谈会。

7 月 8 日，协会负责人及会员企业代表在国务院发展中心金融研究所举办的“我国（大陆）典当业的发展现状与存在问题”学术沙龙，介绍典当的经营管理。

9 月 26 日，协会承办“坚守底线，规范经营——禁止非法集资等行为主题教育培训”。

10 月 24 日，协会邀请北京市商务委员会信息中心为典当企业举办“典当企业互联网之道的探讨”讲座。

10 月 30 日，协会策划与《中国典当导报》联合编发的八期《纪念北京典当行业协会成立十周年》专栏第一期出版。

11 月 15 ~ 21 日，协会协助北京市商务委开展遴选本市典当企业验资银行工作。

12 月 8 日，协会向北京市商务委提出对《关于进一步引导和支持典当行做好中小微企业融资服务的通知》（征求意见稿）的建议，向北京市金融工作局提交对《典当涉及非法集资的风险指引》的修改建议。

（黄佳）

北京市金融业文化建设协会

组织机构与负责人

会　长：单　强（中国人民银行营业管理部党委委员、副主任）

秘书长：王远志（中国人民银行营业管理部宣传群工部部长）

监事长：王建红（中国工商银行股份有限公司北京市分行纪委书记、党委委员兼工委主任）

会员单位

2014 年末，共有会员单位 29 家，其中包括人行营业管理部、北京银监局、北京证监局、北京保监局及 18 家银行、6 家保险公司的在京机构及北京国际信托有限公司。

联系方式

办公地点：中国人民银行营业管理部

地址：北京市西城区月坛南街 79 号

邮编：100045

电话：010 - 68559162、010 - 68559505

传真：010 - 68559084

重要活动

3 月 24 日，北京市金融业文化建设协会（以下简称协会）召开 2014 年度工作会议，29 个会员单位的理事参加了会议。协会秘书长王远志就上一年度工作进行了回顾与总结，对 2014 年工作进行了部署和安排，并提出了具体要求；与会代表围绕如何创新金融文化载体、营造浓厚文化氛围、促进金融文化与金融业务的深度融合、实现首都金融经济的不断发展创新与繁荣进行了讨论。

5 月 22 ~ 24 日，协会在清华大学继续教育学院举办“金融文化”研修班，来自各会员单位的 46 名理事及负责文化建设的骨干参加了培训。研修班邀请清华大学经济管理学院刘玲玲教授、清华大学人文学院邹广文教授、国家行政学院李清泉教授分别就“中国宏观经济形势分析与政策解读”、“企业文化建设”、“国学智慧与领导韬略”进行了讲授；清华大学继续教育学院为参与培训的学员颁发了结业证书。

7月1～20日，协会通过“北京首都之窗”，就青年员工对社会主义核心价值观的认知认同与践行情况、当前所关心的问题，在北京市金融系统青年员工中开展网上问卷调查，共有2 128名青年员工参与。协会对调查问卷进行了收集汇总和分析，并对组织和参与这次问卷调查的单位与个人进行了奖励。工商银行北京市分行、农业银行北京市分行、农业发展银行北京市分行、交通银行北京市分行、浦发银行北京分行获评单位组织奖；75人获评答题奖（通过抽奖的方式），其中一等奖20个、二等奖30个、三等奖25个。

7月21日，协会举办国防知识专题讲座，邀请国防大学军事研究所副所长王宝付教授作“当前国际战略形势与国家安全环境”专题报告。

8月15～20日，协会分别在人行营业管理部、工商银行北京市分行等单位召开“青年员工践行社会义核心价值观”专题座谈会，与青年员工进行座谈与交流，了解当代青年员工对学习与践行社会主义核心价值观的认识与感想、在履职中面临的新情况和新问题、在成长中的梦想与诉求等。协会依据网上调查问卷分析和专题座谈会内容，9月底前形成了《关于北京市金融系统青年员工社会主义核心价值观的专题调研报告》。该报告已被北京市思想政治研究会评为2014年度“优秀调研课题”，并被推荐到全国思想政治研究会参与“优秀课题评选”。

（山峰）

北京期货商会

组织机构与负责人

会　长：王化栋（宏源期货有限公司总经理）

副会长：曹　胜（五矿经易期货有限公司副总经理）

邱　江（中国国际期货有限公司首席风险官）

苏　英（女，专职）

吴立军（中钢期货有限公司总经理）

席　立（中证期货有限公司副总经理）

许丹良（方正中期期货有限公司总经理）

姚　广（银河期货有限公司总经理）

赵广钰（格林大华期货有限公司副董事长）

秘书长：苏　英（女、兼职）

监事长：黄　辉（中粮期货有限公司总经理）

会员单位

2014年末，共有会员单位115家。其中，公司会员20家；营业部会员90家；特邀会员5家。

联系方式

地址：北京市海淀区紫竹院路31号华澳中心嘉慧苑1216室

邮编：100089

电话：010－52722016

传真：010－52722016－601

网址：http：//www. bjqh. org

重要活动

1月10日，北京期货商会（以下简称商会）营业部工作委员会召开2014年第一次工作会议，就2013年期货市场的形势及辖区营业部的经营情况进行分析与回顾，并布置了2014年的工作安排。

2月19日，商会联合大连商品交易所举办“聚丙烯期货分析师与业务人员培训班”，就聚丙烯期货相关现货产业、价格运行和市场相关情况进行解读，辖区从业人员200余人参加培训。

5月18日，由商会主办，安信期货有限公司承办的第五届“安信·期货杯”乒乓球比赛在石景山体育馆举行，共有31个单位、221名运动员参加了比赛。

5月24日，由北京证监局、北京市金融工作局主办，商会承办的“走进衍生品新时代——跨界与融合”第九届衍生品论坛在北京国宾酒店召开，来自北京市金融行业及相关行业的中高层管理人员及投资者近300人参加了论坛。

6月27日，商会分析师专业委员会举办第103期北京期货沙龙，就“当前经济形势及市场热点期货品种走势”进行分析与交流。

9月12～14日，商会联合北京证券业协会、芝加哥投资学院举办期权交易策略培训，北京市证券业相关人员共计70余人参加了培训。

10月24日，商会联合大连商品期货交易所举办“玉米淀粉期货研究与业务人员培训”，就玉米淀粉现货产业、价格运行和市场相关情况进行解读，辖区内从业人员近200人参加了培训。

11月16日，商会联合北京证券业协会、工信部赛迪研究院团委在京郊昌平区联合举办首都金融行业青年联谊会。北京市金融工作局、北京证监局、中国期货业协会、中国期货保证金监控中心、北京证券期货业从业人员、赛迪研究院的150余人参加了活动。

12月12日，商会举办组织辖区营业部经理培训，重点学习场外衍生品和资产管理等创新业务知识，辖区营业部经理80余人参加了培训。

（黄朝扬）

北京金融街商会

组织机构与负责人

理事长：陈耀先

常务副理事长：王功伟（北京金融街投资（集团）有限公司董事长）

副理事长：略

秘书长：鞠　瑾（北京金融街投资（集团）有限公司总经理）

会员单位

2014年末，共有会员单位188家，其中理事会会员单位119家。会员单位分别来自金融监管机构、金融机构、电信、电力、服务等不同行业。

联系方式

地址：北京市西城区金融大街33号通泰大厦B座616室

邮编：100032

电话：010－66574347

传真：010－66574389

网址：http：//www. bfscc. com

电子邮箱：bfscc@ sohu. com

重要活动

一、认真落实市区两级政府的金融产业优惠政策，为金融街区域机构提供优质政策服务北京金融街商会（以下简称商会）作为首都金融业优惠政策兑现的受理窗口部门，认真落实市区两级政府的金融产业优惠政策，全年共受理43家单位各项申报材料，兑现资金补助1.31亿元。

二、有效整合区域资源，健全服务体系，策划组织各类活动，增进区域机构之间、区域机构与政府之间的沟通与了解，扩大金融街的影响力

3月28日，商会举办“金融街经济改革与房地产走势”研讨会，邀请住建部政策研究专家、房地产业内代表人士、金融机构经济学家讨论房地产市场新政策与投资新动向，130余位会员单位相关业务人员参会。

7月18日，商会联合中关村科技园区西城园管理委员会共同举办“2014金融街外资银行与科技企业对接会”。汇丰银行等14家外资银行与中关村科技园区西城园区的21家科技型创新企业进行了交流。

9月15~19日，商会举办了“2014金融街——乐享人生·品质生活周”活动，为金融街人提供了理财、出行、医疗保健等多项服务，并邀请海内外30家主流媒体参会报道，累计上万人次参观咨询。

9月26日，商会举办“2014金融街人力资源管理论坛”，邀请北京市金融工作局、北京市人力资源和社会保障局领导和国有股份制商业银行、外资银行、科技企业等60余家公司人力资源部门负责人参加。

12月15日，商会联合北京大学光华管理学院举办2014金融街学术大讲堂“新政府、新格局、新思维——新常态下的经济与金融”，邀请著名经济学家樊纲作“2015年宏观经济形势的深度解读与预测”主题演讲，200余位会员单位相关业务部门领导参加了会议。

12月18日，商会在金融街国寿会议中心举办“新常态下的金融改革与发展”为主题的2015年中国经济形势分析会。会议邀请国家统计局新闻发言人、国民经济综合统计司盛来运司长、中国人民银行研究局陆磊局长、中国银监会政策研究局包祖明副局长、中国证监会研究中心正局级研究员黄运成、中国保监会发展改革部何肖锋副主任等专家就2015年经济金融形势作主题演讲，共同探讨中国经济与金融形势，畅论经济发展和市场机遇。各会员单位的300余名代表参加了会议。

2014年，商会组织了4次金融街健康大讲堂、3次金融街文化大讲堂、2次单身青年联谊会等系列主题活动，积极开展乒乓球、羽毛球等群众性运动。金融街医疗服务共同体中心开通的人民医院和北大医院两个预约挂号平台，全年为金融街会员单位员工及家属提供预约挂号5 252人次。

三、区域社会公益平台日趋完善，“一本书”爱心活动圆满成功，树立了金融街良好的社会责任形象

8月2日，商会联合中国人民银行、银监会、证监会、保监会的工会举办了“2014金融街——慕田峪送爱心寻爱之旅”，70余名青年员工每人准备了一只装着文具和书籍的爱心书包，送给怀柔渤海镇中心小学的贫困学生。

（史瑞）

北京CBD金融商会

组织机构与负责人

会　长：甘靖中（朝阳区人民政府常务副区长）

副会长：幸公杰（蒙特利尔银行（中国）有限公司副行长）

丁国良（汇丰银行（中国）有限公司副行长）

赖祥麟（友邦保险有限公司北京分公司总经理）

许宁跃（北京银行股份有限公司副行长）

马思中（中美联泰大都会人寿保险有限公司首席代表）

姜　新（中国中期投资股份有限公司董事长）

韩巍强（中国国际金融有限公司董事总经理）

王慧轩（中国人民人寿保险股份有限公司副总裁）

监事长：刘雪斌（女，澳大利亚和新西兰银行（中国）有限公司北京分行行长）

秘书长：赵　捷（朝阳区金融服务办公室党组书记、主任）

副秘书长：李　蘅（北京恒言投资有限公司总经理）

会员单位

2014 年末，共有会员单位 110 家，涵盖银行、信托、证券、保险、财务公司、汽车金融等多种企业类型。

联系方式

地址：北京市朝阳区京广中心商务楼 10 层 1003 室

电话：010－65978750

传真：010－65978236

邮编：100020

网站：http//www.cbdjrsh.org/

重要活动

2 月 14 日，北京 CBD 金融商会（以下简称商会）举办“祈福迎春——北京 CBD 金融商会福聚朝阳”交流活动，20 多位商会会员高层代表应邀参加。

3 月 5 日，由商会主办、渣打银行（中国）有限公司北京分行、北京和平文化基金会协办的“2014 首都金融界女士精英高层交流会”在和苑博物馆举办。

4 月 26 日，商会以“国际金融‘我先行’，绿色朝阳‘森呼吸’”为主题，举办共建“CBD 国际金融林”大型义务植树活动。20 家金融机构的 100 多名高管和员工参加了活动。

5 月 15 日，商会第十次理事和会员代表大会暨北京 CBD 金融家摄影大赛在国际金融博物馆召开。会议由商会监事长、澳大利亚和新西兰银行北京分行行长主持，90 余家会员单位高层代表参加了会议。

6 月 28 日，由商会主办、东亚银行北京分行冠名、朝阳区国际高端商务人才发展中心支持的“东亚银行——2014 北京 CBD 金融杯”羽毛球团体赛在朝阳体育中心举行。

9 月 16 日，由朝阳区人民政府和中国社会科学院金融研究所联合主办，商会协办的“2014 北京 CBD 国际金融圆桌会议”在朝阳区规划艺术馆召开。会议以“金融支持实体经济发展，促进经济结构转型升级”为主题。

10 月 18 日，商会举办“2014 北京 CBD 金融杯网球联谊赛”。

12 月 16 日，商会举办反非法集资主题话剧专场。

（梁晓）

北京中关村海淀科技金融创新商会

组织机构与负责人

会　长：李景欣（中国工商银行股

份有限公司北京海淀西区支行行长）

常务副会长：沈　鹏（北京海淀科技金融资本控股集团股份有限公司集团董事长兼总经理）

副会长：张文革（中国建设银行股份有限公司北京中关村分行副行长）

王红岐（中国农业银行股份有限公司北京海淀支行行长）

理事长：徐中兴（北京银行股份有限公司中关村分行副行长）

副理事长：李　莹（女，中国光大银行股份有限公司北京海淀支行行长）

秘书长：付　强

会员单位

2014年末，共有会员单位34家。其中，理事单位7家，普通会员单位27家。会员单位以银行、财务公司、小额贷款公司、担保公司等金融机构为主。

联系方式

地址：北京市海淀区海淀北二街8号中关村SOHO大厦710室

邮编：100080

电话：010－82504182

传真：010－82504282

网址：http：//www. haixinhui. org

重要活动

4月17日，北京中关村海淀科技金融创新商会（以下简称商会）与建设银行北京中关村分行联合举办“金融家俱乐部——2014年春季行长沙龙”，就互联网金融与传统金融业的差异、互联网金融存在的风险及防控措施、今后的发展趋势等进行研讨。

5月29日，商会在中关村PE大厦举办“金融微营销”讲座。

7月3日，商会在中关村PE大厦举办“‘新三板’投资机会与客户理财”讲座，中信建投证券股份有限公司张益陶老师讲解了“新三板”的上市规则、发展前景以及投资“新三板”的方式，8家金融机构相关业务负责人、北京市中永律师事务所负责人、海富天下信息技术（北京）有限公司负责人参加了讲座。

8月30日，商会在海淀体育馆举办2014年度海淀金融“工行海淀杯”乒乓球友谊赛，9家会员单位的12支代表队的40余名选手参赛。中国化工财务有限公司队、工商银行北京海淀支行队、光大银行北京海淀支行队获得男子团体前三名；光大银行北京海淀支行队、工商银行北京海淀支行队、海淀区金融办队获得女子团体前三名。

10月16日，商会与光大银行北京海淀支行联合举办“金融家俱乐部——2014年秋季行长沙龙”活动，就近期各传统金融机构与互联网金融进行融合的举措、目前取得的成果等进行研讨。

11月24日，商会在海淀体育馆举办2014年度羽毛球友谊赛。北京银行中关村分行队、农业银行北京海淀支行队、交通银行北京中关村园区支行队获得男子团体前三名；光大银行北京海淀支行队、中国化工财务有限公司队、农业银行北京海淀支行队获得女子团体前三名。

（薛明君）

北京市金融学会

组织机构与负责人

会　长：杨国中（国家外汇管理局党组纪检组组长、党组成员）

监事长：汪晓芳（女，中国工商银行股份有限公司北京市分行副行长）

秘书长：盛朝晖（清华控股集团财

务公司总经理）

会员单位

2014年末，共有团体会员单位60家。

联系方式

办公地点：中国人民银行营业管理部

地址：北京市西城区月坛南街79号

邮编：100045

电话：010－68559272

重要活动

4月，北京市金融学会（以下简称学会）召开了秘书长扩大会议，人行营业管理、北京银监局、北京证监局、北京保监局及主要会员单位代表出席会议。学会秘书长盛朝晖通报了2013年学会工作完成情况和财务收支情况，各会员单位充分肯定2013年学会工作，并对2014年学会工作计划提出建议。

5月，学会举办“流动性管理框架探索”报告会，邀请中国人民银行货币政策司经济分析处处长李斌博士作专题报告，26家会员单位的40余名代表参会。

8月，因工作需要，增补人行营业管理部副主任付喜国同志为学会副会长，主持学会日常工作。

10月，学会派员参加2014年社会科学普及周启动仪式。

11月，学会组织会员单位参加中国金融学会第十届全国优秀金融论文评选活动，推荐《我国存款保险制度设计及影响分析》等论文参加评选。

12月，学会参加北京市社会科学界联合会第六次代表大会，付喜国副会长当选为北京市社会科学界联合会第六届委员会委员。

12月，学会举办“宏观经济金融若干热点问题”专题报告会，邀请中国人民银行研究局首席经济学家马骏博士作题为“当前我国宏观经济金融若干热点问题”的主旨演讲。报告会由姜再勇副会长主持，26家会员单位及人行营业管理部各处室的90余名代表参会。

12月，学会组织会员单位参加“中国宏观经济分析和预测”学术讨论会征文。

（宋晓源）

北京市城市金融学会

组织机构与负责人

会　长：王珍军（中国工商银行股份有限公司北京市分行行长）

副会长：龚　萍（女，中国工商银行股份有限公司北京市分行副行长）

监事长：于云丽（女，中国工商银行股份有限公司北京市分行高级专家）

秘书长：贯鹏华（中国工商银行股份有限公司北京市分行管理信息部总经理）

下设机构情况

北京市城市金融学会青年经济理论研究分会

联系方式

地址：北京市西城区复兴门南大街2号天银大厦B座906室

邮编：100031

电话：010－66410543

传真：010－66410543

重要活动

一、组织开展重点课题研究、评选工作

1. 组织开展2014年度重点课题研究和分行课题调研活动。为贯彻中国工商银行（以下简称总行）“2014年中国城市金融学会理事会会议暨全国城市金融学会秘书长工作会议”的部署，北京市城市金融学会（以下简称学会）组织认领总行重点研究课题5个，同时启动工商银行北京市分行（以下简称分行）调研课题项目。截至年末，共有53个理事单位报送课题成果196篇。

2. 完成2013年度课题评选表彰和成果推广。2月，学会印发《关于公布学会2013年度优秀调研课题评选结果的通知》，表彰了84篇获奖课题的作者，并在分行网讯刊发了获三等奖以上的作品。

3. 完成总行第十二届全国城市金融优秀论文及调研报告评选推荐工作。根据中国城市金融学会要求，学会组织开展第十二届全国城市金融优秀论文及调研报告评选推荐作品筛评工作。学会依据当前热点问题及课题质量要求，各专业占比等情况，从25篇入围优秀论文（调研报告）中选出10篇参评，其中总行重点课题3篇，分行重点课题7篇。并联系撰稿人按照要求进行修改，于6月中旬报送总行学会，其中5篇获奖。

4. 积极组织学术交流和辅导活动。学会加大向行内外优秀刊物推荐课题成果的力度，学会秘书处继续与人行营业管理部《北京金融评论》、《北京市金融年鉴》两编辑部联系沟通，向其推送优秀成果19篇，刊发6篇。

二、开展金融消费者主题宣传教育和知识普及活动

1. 3月，组织开展“3·15”金融消费者主题宣传教育活动。学会以“普及消费者金融知识，保护消费者合法权益，建设人民满意银行”为主题，通过现场演示、主题宣讲、互动问答、主题沙龙等形式，向社会公众宣传反假货币、防诈骗、巧用卡、慎理财、消费者权益保护等知识，共开展大型金融知识宣传活动60余场，参与员工2 000多人，覆盖客户2万余人次。

2. 6~8月，开展2014年“普及金融知识万里行”活动。学会围绕“金融知识伴您同行服务月”、“电子银行多元宣传服务月”、“珍视个人信用宣传服务月”三个主题，以分行550余家网点为主阵地，组织开展大型金融知识普及活动近百场，参与员工2 000余人，覆盖客户2万余人次。

3. 9月，开展2014年“金融知识进万家”银行业金融知识宣传服务月活动。学会以“培养正确金钱观念　塑造良好理财习惯”为主题，组织开展大型金融知识宣传活动近百场，参与员工1 000多人，覆盖客户2万余人次。

三、做好学会日常管理和外联单位工作

1. 年初，按照《全国经济普查条例》及“北京市第三次全国经济普查告知书”的相关要求，配合西城区经济普查机构，如期完成第三次全国经济普查相关工作。

2. 4月，编报《北京市金融年鉴》编辑部北京市城市金融学会2013年度重要活动简况。

3. 完成北京市社团办、北京市社科联规定的学会执照年检，北京市技术监督局规定的学会组织机构代码证书年审。

4. 11月，根据分行工作需要变更学会秘书长，由分行管理信息部贯鹏华总经理担任学会秘书长。

（李杰）

北京市钱币学会

组织机构与负责人

会　长：姜再勇（中国人民银行营业管理部副主任）

监事长：温　桦（女，中国人民银行营业管理部内审处处长）

秘书长：李　杰（中国人民银行营业管理部货币金银处处长）

会员单位

2014年末，共有个人会员1 200人，团体会员32个。

联系方式

办公地点：中国人民银行营业管理部办公楼2001室

地址：北京市西城区月坛南街79号

邮编：100045

电话：010－68559317

传真：010－88655100

电子邮箱：zhidongli@ sina. com

重要活动

5～10月，北京市钱币学会（以下简称学会）与中国钱币博物馆、中国民俗钱币学会联合举办“吉金雅藏——中国历代民俗钱币展”。展览分为民俗钱名称由来、民俗钱产生与流传、民俗钱的铸造和民俗钱的种类4部分，共展出8位民俗钱币收藏家的精品收藏280余件以及400余幅钱币拓片和80余幅民俗图案，共接待国内外参观者2万人次。展览期间，学会还举办了学术报告会，学会团体会员的代表和部分个人会员共120人参加了报告会。

9月23～30日，应“法国法中文化艺术交流中心”及“奥地利奥中文化艺术友好交流协会”的邀请，学会与中国人民对外友好协会、中国钱币学会、中国民俗钱币学会共同组团对法国、奥地利进行了访问。其间，走访了法国国家图书馆币章部；在巴黎第七大学和第四大学举行了中法钱币学术研讨会和座谈会；参观了奥地利国家造币局并进行座谈，就金银币的防氧化、普通纪念币的发行量和发行渠道、大型金银币铸造工艺以及纪念章的生产设计等问题进行了交流。

12月26日，学会举行《北京纸币八百年·上卷》首发仪式。该书收录了金代以来800年间北京地区行用的各种纸币870余件，较全面地反映了中国纸币发展及金融业发展的全貌。为配合该书的出版，学会与北京市古代钱币展览馆合作举办了“盛世京华之掠影——北京纸币诞生800周年纸币展”，精选了600余件纸币精品及反映早期钱庄、银号发展的文物参展。

2014年，学会坚持举办“会员活动日”活动，共举办钱币知识讲座12期。其中《生肖、贺岁纪念币漫谈》、《从钱币看十三十四世纪蒙古人的宗教信仰》等专题讲座受到好评。

2014年，学会参加中国人民银行组织的普通纪念币发行30年征文活动，组织撰写了《普通纪念币发行30年回顾与展望》一文。与中国钱币学会联合举办3次专家座谈会，主题分别是“傅惟慈先生学术及生平座谈会”、“中国钱币评级鉴定标准问题研讨会”、“成立中国钱币学会纸币专业委员会和重组外币专业委员会座谈会”。委派专家为外交部集币协会作“钱币学研究与钱币收藏”的报告。应邀为朝阳区惠新东里社区群众宣讲钱币知识，主题分别为“钱币学与钱币文化”、“中国古代民俗钱币研究”。

（李志东）

北京市金融工会

组织机构与负责人

主　席：周玉忠

常务副主席：王兆华

副主席：张幼林（北京市金融工作局副局长兼）

副主席：方　芳（女）

会员单位

2014年末，共有会员单位57家，会员119 000人。年内，新成立1个区县金融工会联合会、2个基层工会委员会，新增工会会员2 000人。

联系方式

地址：北京市东城区台基厂大街三条3号6号楼109室

邮编：100005

电话：010－65592747

传真：010－65592747

邮箱：jrgh2006@163.com

重要活动

1月2～3日，北京市金融工会召开金融系统工会工作考评交流会，各基层工会的代表总结交流了本单位2013年工作完成情况和2014年工作思路，北京市总工会相关部门的负责同志就相关工作完成情况分项目进行现场评判打分。北京市总工会副主席潘建新同志出席会议并讲话。

2月21日，北京市金融工会召开一届六次委员（扩大）会议。会上，总结了2013年全市金融系统工会工作，部署了2014年工作任务，通报表彰了2013年度北京市总工会工作考核先进单位和2013年度北京市金融工会先进职工之家、先进职工小家和优秀工会工作者。北京市金融工会常委、委员、经审委员，非委员的直属基层工会主席，各区金融工会联合会主席，各行业协会负责人共70余人参加会议。

3月27日，北京市金融工会与首都职工素质工程指导办公室共同组织召开了“2014年首都金融系统职工素质建设工程推进会”。会议介绍了全市“素质工程2014年服务项目”，组织各基层工会与北京市职工素质工程指导办公室进行了服务项目对接。

3～4月，北京市金融工会开展了2014年北京市金融系统全国五一劳动奖状、奖章，全国工人先锋号，首都劳动奖状、奖章和北京市工人先锋号推荐评选工作。共评选出全国五一劳动奖章2人、全国工人先锋号1个；首都劳动奖章10人、首都劳动奖状2个、北京市工人先锋号4个。

3～8月，按照北京市总工会要求，北京市金融工会组织基层职工参加首都职工“中国梦·劳动美·我与改革创新”主题演讲比赛活动。建设银行北京市分行张雅竹、华夏银行赵勇江代表金融系统职工参加全市决赛，并荣获优秀选手奖。

4～10月，北京市金融工会组织全市金融系统开展“母婴关爱室”建设活动，共建立基层单位示范点10家。

5月14日，北京市金融工会召开首都金融系统劳模先进座谈会。劳模、先进个人、先进集体代表和所在单位工会领导40余人参加会议。会上，学习传达了北京市委工会工作会议和北京市总工会十三大会议精神，与会人员就做好劳模和先进人物的服务管理、充分发挥劳模和先进人物示范引领作用和推动金融系统工会工作创新发展提出了意见建议。

5～12月，北京市金融工会与北京市

银行业协会联合开展“2014 北京榜样——首都银行榜样”主题评选活动。共选出年度十大“首都银行榜样”和20名“榜样提名人物”，并推荐参评由北京市委宣传部、首都精神文明建设委员会办公室联合主办的“2014 北京榜样”大型评选活动。工商银行北京市分行杨爱军荣获“北京榜样·周榜样”。

6~9月，北京市金融工会和北京保险行业协会联合举办北京市第五届职业技能大赛保险行业人身险业务员比赛。北京地区保险业52家人寿保险公司的6.7万余名业务员，通过内部选拔，推荐出200名选手，参加复赛、半决赛和总决赛，最终选拔出“十佳人身险业务员”10名、“优秀人身险业务员”20名和“人身险业务能手”70名。

7月21~24日，北京市金融系统首都劳动奖章获得者及劳动奖状、工人先锋号等先进集体代表共20人参加了市总工会组织的先进代表北戴河休养活动。

7月22日，北京市金融工会召开了非公金融企业工会主席联系会议。按照北京市总工会要求，北京市金融工会除本系统非公金融机构外，与北京市服务工会、东城区总工会、西城区总工会，海淀区总工会、顺义区总工会下属的恒生银行北京分行工会、花旗银行北京分行工会、汇丰银行北京分行工会等10家非公金融企业工会建立了正式工作联系。

7月24日至8月2日，北京市金融工会组成赴青海省玉树地区工会对口支援慰问团，为青海省玉树地区工会送去90万元帮扶慰问金，支持当地工会基础建设、职工维权服务等工作。

8月11~14日，北京市金融工会组织全市金融系统技能人才赴北戴河休养，来自基层的2010年至2013年金融系统技能大赛获奖选手和相关政府金融主管部门、行业监管部门、行业协会（商会）等40余人参加。其间，还组织了业务学习和工作经验交流。

8~10月，北京市金融工会和北京证券行业协会联合举办北京市第五届职业技能大赛证券业投资顾问比赛。北京地区152家证券机构的1 500名从业人员参赛，经过网上初赛、复赛、半决赛、决赛，产生了3名“北京市职工高级职业技术能手”、10名“十佳投资顾问”、20名“优秀投资顾问”和10名“优秀参赛选手”。

9月27~28日，北京市金融工会联合北京市银行业协会、北京证券业协会、北京保险行业协会、北京期货商会联合举办了2014年首都金融系统职工羽毛球比赛，共有39家单位、150名运动员参赛。经过两天的角逐，共决出金融机构组前8名、金融机关组前6名，并评选出优秀组织奖5个、精神文明奖5个。

12月24日，北京市金融工会召开工作联席会议。会议就2014年主要工作完成情况、2015年工作思路及加强合作的重点工作进行了通报和协商。人行营业管理部、北京银监局、北京证监局、北京保监局、北京市金融工作局和北京市银行业协会、北京证券业协会、北京保险行业协会、北京期货商会的有关领导出席了会议。

12月28日，东城区金融工会联合会成立，北京市总工会副主席潘建新出席会议并讲话，东城区委常委汤钦飞、北京市金融工会主席周玉忠、东城区总工会主席张晓琳等领导出席会议。东城区属金融企业33名职工代表参加会议，并履行民主程序，选举产生了区金融工会联合会第一届委员会。

（胡树德）

（四）2014 年度北京市金融系统先进单位、先进个人名录

“全国五一巾帼标兵岗”获得单位

中国建设银行股份有限公司北京市分行科南路储蓄所

中国工商银行股份有限公司北京西客站支行营业部

中国农业银行股份有限公司北京市西城支行营业部

“全国五一巾帼标兵”获得者

宋　威　北京银行股份有限公司清华园支行行长

“全国巾帼文明岗”获得单位

中国银联股份有限公司北京分公司市场部

“全国巾帼建国标兵”获得者

谌春秋（女）中国人民银行营业管理部支付结算处清算组织监管科科长

庞　丹（女）中国银联股份有限公司北京分公司综合管理部

“全国金融五一劳动奖状”获得单位

（中国金融工会全国委员会
金工发〔2015〕7 号
2015 年 3 月 24 日）

中国工商银行股份有限公司北京顺义支行

“全国金融五一劳动奖章”获得者

（中国金融工会全国委员会
金工发〔2015〕7 号
2015 年 3 月 24 日）

邹仁鹏　中国光大银行股份有限公司北京金融街支行行长

张　丽（女）中国人寿保险股份有限公司北京市分公司平谷客户服务中心主管

“全国金融先锋号”获得集体

中国银行股份有限公司北京中银大厦支行营业部

中国建设银行股份有限公司北京科南路储蓄所

中国民族证券有限责任公司法律合规部

北京市劳动模范

杜艳红（女）杭州银行股份有限公司北京通州支行

郭晓蕾（女）新华人寿保险股份有限公司北京公司健康部

李　娟（女）北京银行股份有限公司西单支行

李一梅（女）华夏基金管理有限公司

林　煊（女）中信建投证券有限公司投资银行部

刘　畅　渤海银行股份有限公司北京东二环支行

刘珊珊（女）平安银行股份有限公司北京分行营业部

刘志远　中国人民财产保险股份有限公司北京市分公司电子商务营业部

吕　涛　交通银行股份有限公司北京东单支行

马　杰（回族）中国光大银行股份有限公司北京花园路支行

马　琳　中国民生银行股份有限公司总行营业部

任朝霞（女）中国建设银行股份有限公司北京中关村分行营业部

徐维进　中国邮政储蓄银行股份有限公司北京分行

许　慧（女）北京证券业协会

杨爱军　中国工商银行股份有限公司北京海淀支行运行管理部

杨　静（女）中国农业银行股份有限公司北京亚运村支行洛克时代支行

杨　琼（女）厦门国际银行股份有限公司北京分行

虞　德（女）华夏银行股份有限公司北京分行科技金融部

张　丽（女）中国银行股份有限公司北京奥运村支行

张远明　华泰财产保险有限公司北京分公司集团业务部

赵国成　中国民族证券有限责任公司北京佟麟阁路证券营业部

北京市模范集体

民生证券股份有限公司信息技术中心

上海浦东发展银行股份有限公司北京分行

瑞穗银行（中国）有限公司北京分行工会

中信银行股份有限公司总行营业部

北京银行股份有限公司北辰支行

中国人民银行先进集体

（人力资源和社会保障部
中国人民银行）
（人社部发〔2015〕10号
2015年1月29日）

中国人民银行营业管理部外汇综合业务处

中国人民银行先进工作者

（人力资源和社会保障部
中国人民银行）
（人社部发〔2015〕10号
2015年1月29日）

刘红霞（女）中国人民银行营业管理部营业室

中国人民银行青年文明号

（银发〔2015〕79 号
2015 年 3 月 13 日）

中国人民银行营业管理部科技处应用系统管理科

中国人民银行青年岗位能手

（银发〔2015〕79 号
2015 年 3 月 13 日）

卫宏泽　中国人民银行营业管理部货币金银处

“中国人民银行功德奖”获得者

（银办发〔2015〕68 号
2015 年 3 月 12 日）

韩　华　中国人民银行营业管理部营业室外汇业务核算科科长

中国人民银行五四红旗团委

（银团发〔2015〕7 号
2015 年 4 月 29 日）

中国人民银行营业管理团委

中国人民银行五四红旗团委支部

（银团发〔2015〕7 号
2015 年 4 月 29 日）

中国人民银行营业管理国库处团支部

中国人民银行五四红旗团委

（银团发〔2015〕7 号
2015 年 4 月 29 日）

袁　江　中国人民银行营业管理团委文体委员

中国人民银行优秀共青团员

（银团发〔2015〕7 号
2015 年 4 月 29 日）

宋　雪（女）中国人民银行营业管理外汇综合业务处

中国人民银行“女职工文明示范岗”获得单位

（银工委〔2015〕4 号
2015 年 2 月 13 日）

中国人民银行营业管理部清算中心